# 기본 수학의 정석®

## 수학 II

홍성대 지음

동영상 강의 ▶
www.sungji.com

성지출판(주)

# 머 리 말

고등학교에서 다루는 대부분의 과목은 기억력과 사고력의 조화를 통하여 학습이 이루어진다. 그중에서도 수학 과목의 학습은 논리적인 사고력이 중요시되기 때문에 진지하게 생각하고 따지는 학습 태도가 아니고서는 소기의 목적을 달성할 수가 없다. 그렇기 때문에 학생들이 수학을 딱딱하게 여기는 것은 당연한 일이다. 더욱이 수학은 계단적인 학문이기 때문에 그 기초를 확고히 하지 않고서는 막중한 부담감만 주는 귀찮은 과목이 되기 쉽다.

그래서 이 책은 논리적인 사고력을 기르는 데 힘쓰는 한편, 기초가 없어 수학 과목의 부담을 느끼는 학생들에게 수학의 기본을 튼튼히 해 줌으로써 쉽고도 재미있게, 그러면서도 소기의 목적을 달성할 수 있도록, 내가 할 수 있는 온갖 노력을 다 기울인 책이다.

진지한 마음으로 처음부터 차근차근 읽어 나간다면 수학 과목에 대한 부담감은 단연코 사라질 것이며, 수학 실력을 향상시키는 데 있어서 필요 충분한 벗이 되리라 확신한다.

끝으로 이 책을 내는 데 있어서 아낌없는 조언을 해주신 서울대학교 윤옥경 교수님을 비롯한 수학계의 여러분들께 감사드린다.

1966. 8. 31.

지은이 홍 성 대

# 개정판을 내면서

지금까지 수학Ⅰ, 수학Ⅱ, 확률과 통계, 미적분Ⅰ, 미적분Ⅱ, 기하와 벡터로 세분되었던 고등학교 수학 과정은 2018학년도 고등학교 입학생부터 개정 교육과정이 적용됨에 따라

수학, 수학Ⅰ, 수학Ⅱ, 미적분, 확률과 통계,
기하, 실용 수학, 경제 수학, 수학과제 탐구

로 나뉘게 된다. 이 책은 그러한 새 교육과정에 맞추어 꾸며진 것이다.

특히, 이번 개정판이 마련되기까지는 우선 남진영 선생님과 박재희 선생님의 도움이 무척 컸음을 여기에 밝혀 둔다. 믿음직스럽고 훌륭한 두 분 선생님이 개편 작업에 적극 참여하여 꼼꼼하게 도와준 덕분에 더욱 좋은 책이 되었다고 믿어져 무엇보다도 뿌듯하다.

또한, 개정판을 낼 때마다 항상 세심한 조언을 아끼지 않으신 서울대학교 김성기 명예교수님께는 이 자리를 빌려 특별히 깊은 사의를 표하며, 아울러 편집부 김소희, 송연정, 박지영, 오명희 님께도 감사한 마음을 전한다.

「수학의 정석」은 1966년에 처음으로 세상에 나왔으니 올해로 발행 51주년을 맞이하는 셈이다. 거기다가 이 책은 이제 세대를 뛰어넘은 책이 되었다. 할아버지와 할머니가 고교 시절에 펼쳐 보던 이 책이 아버지와 어머니에게 이어졌다가 지금은 손자와 손녀의 책상 위에 놓여 있다.

이처럼 지난 반세기를 거치는 동안 이 책은 한결같이 학생들의 뜨거운 사랑과 성원을 받아 왔고, 이러한 관심과 격려는 이 책을 더욱 좋은 책으로 다듬는 데 큰 힘이 되었다.

이 책이 학생들에게 두고두고 사랑 받는 좋은 벗이요 길잡이가 되기를 간절히 바라마지 않는다.

2017. 3. 1.

지은이 홍 성 대

# 차 례

# 1. 함수의 극한

함수의 극한／함수의 극한의 성질／미정계수의 결정

## §1. 함수의 극한

### 1 함수의 수렴

▶ $x \longrightarrow a$ : 이를테면

$$\boldsymbol{x} : \mathbf{2.9},\ \ \mathbf{2.99},\ \ \mathbf{2.999},\ \ \mathbf{2.9999},\ \cdots \qquad \cdots\cdots ①$$

$$\boldsymbol{x} : \mathbf{3.1},\ \ \mathbf{3.01},\ \ \mathbf{3.001},\ \ \mathbf{3.0001},\ \cdots \qquad \cdots\cdots ②$$

와 같이 변수 $x$가 3과 다른 값을 가지면서 3에 한없이 가까워지는 것을 $\boldsymbol{x \longrightarrow 3}$으로 나타낸다.

여기에서 ①과 같이 $x$가 3보다 작은 값을 가지면서 3에 한없이 가까워질 때에는 $\boldsymbol{x \longrightarrow 3-}$로 나타내고, ②와 같이 $x$가 3보다 큰 값을 가지면서 3에 한없이 가까워질 때에는 $\boldsymbol{x \longrightarrow 3+}$로 나타내며, $x \longrightarrow 3-$와 $x \longrightarrow 3+$를 통틀어 $\boldsymbol{x \longrightarrow 3}$으로 나타낸다.

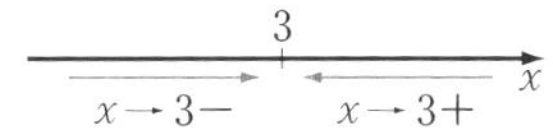


*Note* $x$의 값이 한없이 커지는 것을 $x \longrightarrow \infty$로 나타내고, $x$의 값이 음수이면서 그 절댓값이 한없이 커지는 것을 $x \longrightarrow -\infty$로 나타낸다.

여기에서 ∞는 한없이 커지는 상태를 나타내는 기호이며, 무한대라고 읽는다.

▶ 함수의 극한 : 이를테면 함수 $f(x)=x-1$에서 $x \longrightarrow 3$일 때의 $f(x)$의 값의 변화를 조사해 보면 다음과 같다.

| $x$ | 2.9, 2.99, 2.999, 2.9999, $\cdots \longrightarrow \mathbf{3}$ |
|---|---|
| $f(x)$ | 1.9, 1.99, 1.999, 1.9999, $\cdots \longrightarrow \mathbf{2}$ |

| $x$ | 3.1, 3.01, 3.001, 3.0001, $\cdots \longrightarrow \mathbf{3}$ |
|---|---|
| $f(x)$ | 2.1, 2.01, 2.001, 2.0001, $\cdots \longrightarrow \mathbf{2}$ |

따라서 $x \longrightarrow 3$일 때 $f(x)$의 값이 2에 한없이 가까워진다는 것을 알 수 있다.

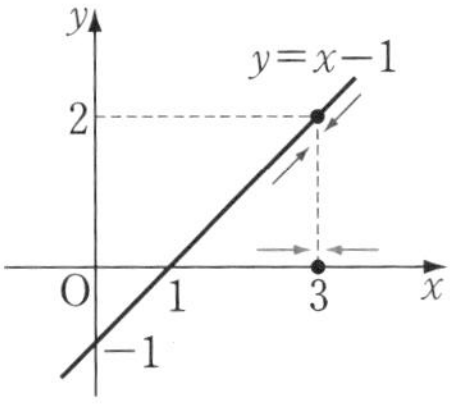


이것은 오른쪽 그림과 같이 $y=f(x)$의 그래프를 그려 보아도 쉽게 알 수 있다.

이런 경우 $x \longrightarrow 3$일 때 $f(x)$는 2에 수렴한다고 하고, 기호로 다음과 같이 나타낸다.

$$\boldsymbol{x \longrightarrow 3}\text{일 때}\quad \boldsymbol{f(x) \longrightarrow 2} \quad \text{또는} \quad \lim_{x\to3} \boldsymbol{f(x)=2}$$

이때, 2를 $x=3$에서의 $f(x)$의 극한 또는 극한값이라고 한다.

일반적으로 $x \longrightarrow a$일 때 $f(x)$가 상수 $l$에 수렴한다는 것을

$$\boldsymbol{x \longrightarrow a}\text{일 때}\quad \boldsymbol{f(x) \longrightarrow l} \quad \text{또는} \quad \lim_{x\to a} \boldsymbol{f(x)=l}$$

과 같이 나타낸다. 특히 상수함수 $f(x)=c$ (단, $c$는 상수)는 모든 실수 $x$에 대하여 함숫값이 $c$로 일정하므로 $a$의 값에 관계없이 다음이 성립한다.

$$\lim_{x\to a} \boldsymbol{f(x)}=\lim_{x\to a} \boldsymbol{c=c}$$

또, $x$의 값이 한없이 커지거나 음수이면서 그 절댓값이 한없이 커질 때에도 함수의 극한을 생각할 수 있다. 이를테면 $f(x)=\dfrac{1}{|x|}$의 그래프는 아래와 같으므로 $x$의 값이 한없이 커지면 $f(x)$는 0에 수렴하고, $x$의 값이 음수이면서 그 절댓값이 한없이 커질 때에도 $f(x)$는 0에 수렴한다는 것을 알 수 있다. 곧,

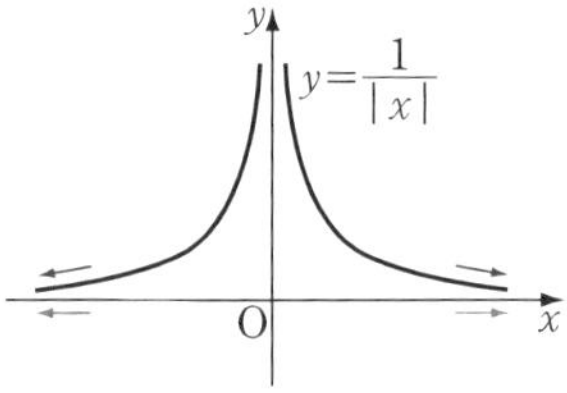


$$\lim_{x\to\infty} \frac{1}{|x|}=0, \quad \lim_{x\to-\infty} \frac{1}{|x|}=0$$

* ***Note*** lim는 극한을 뜻하는 limit의 약자이며, 리미트라고 읽는다.

**보기 1** 다음 극한값을 구하여라.

(1) $\lim_{x\to2}(x^2-1)$ (2) $\lim_{x\to-1} 4$ (3) $\lim_{x\to\infty}\left(-\dfrac{1}{x}\right)$ (4) $\lim_{x\to-\infty}\left(-\dfrac{1}{x}\right)$

연구 각 함수의 그래프를 그려 본다.

(1)

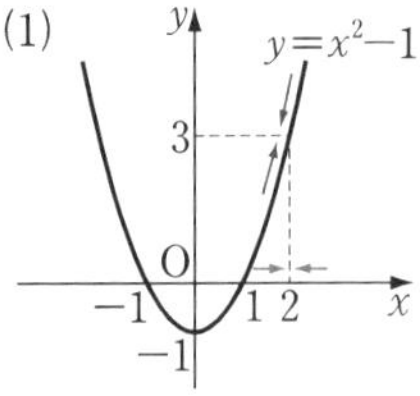


$\lim_{x\to2}(x^2-1)=\mathbf{3}$

(2)

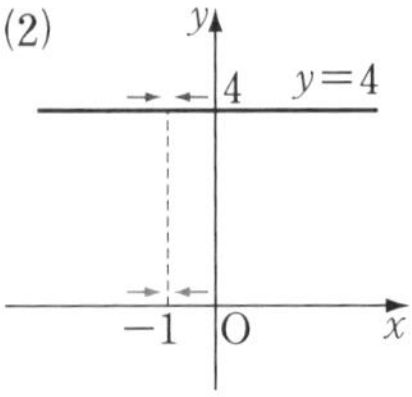


$\lim_{x\to-1} 4=\mathbf{4}$

(3), (4)

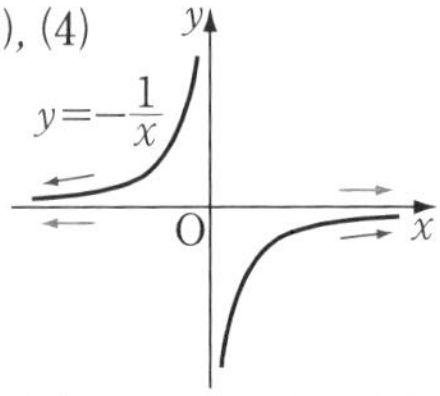


$\lim_{x\to\infty}\left(-\dfrac{1}{x}\right)=\mathbf{0}$, $\lim_{x\to-\infty}\left(-\dfrac{1}{x}\right)=\mathbf{0}$

## 2 좌극한과 우극한

이를테면 함수 $f(x)=x-1$에서

$$x \longrightarrow 3- \text{ 일 때 } f(x) \longrightarrow 2 \quad \text{곧, } \lim_{x\to3-} f(x)=2$$

이다. 이때, 2를 $x=3$에서의 $f(x)$의 좌극한 또는 좌극한값이라고 한다. 또,

$$x \longrightarrow 3+ \text{ 일 때 } f(x) \longrightarrow 2 \quad \text{곧, } \lim_{x\to3+} f(x)=2$$

이다. 이때, 2를 $x=3$에서의 $f(x)$의 우극한 또는 우극한값이라고 한다.

이와 같이 일반적으로 $x=a$에서 함수 $f(x)$의 극한값이 존재하면 $x=a$에서의 $f(x)$의 좌극한과 우극한이 모두 존재하고 두 값은 같다. 역으로 $x=a$에서 함수 $f(x)$의 좌극한과 우극한이 모두 존재하고 두 값이 같으면 $x=a$에서의 $f(x)$의 극한값이 존재한다.

**정석** $\displaystyle \lim_{x\to a} f(x)=l \iff \lim_{x\to a-} f(x)=\lim_{x\to a+} f(x)=l$

한편 $x=a$에서 함수 $f(x)$의 좌극한 또는 우극한이 존재하지 않거나, 좌극한과 우극한이 모두 존재하지만 두 값이 같지 않으면 $x=a$에서 $f(x)$의 극한값은 존재하지 않는다고 한다.

이를테면 $f(x)=\dfrac{|x|}{x}$에 대하여

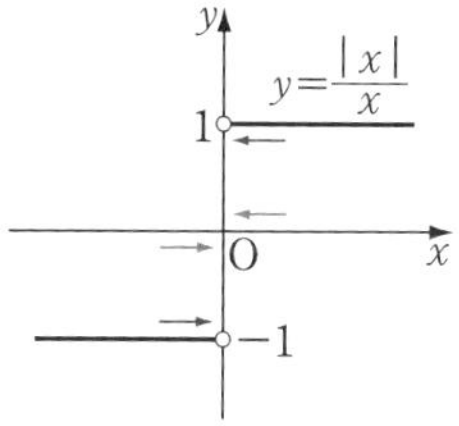


(i) $x \longrightarrow 0-$ 일 때 $x<0$이므로

$$\lim_{x\to0-}\frac{|x|}{x}=\lim_{x\to0-}\frac{-x}{x}=-1$$

(ii) $x \longrightarrow 0+$ 일 때 $x>0$이므로

$$\lim_{x\to0+}\frac{|x|}{x}=\lim_{x\to0+}\frac{x}{x}=1$$

이때, $\displaystyle\lim_{x\to0-} f(x)\neq\lim_{x\to0+} f(x)$이므로 $\displaystyle\lim_{x\to0} f(x)$의 값은 존재하지 않는다.

**보기 2** 다음 극한을 조사하여라.

(1) $\displaystyle\lim_{x\to0} x|x|$ (2) $\displaystyle\lim_{x\to2}\frac{x-2}{|x-2|}$

**연구** (1) $\displaystyle\lim_{x\to0-} x|x|=\lim_{x\to0-}\left(-x^2\right)=0,\ \lim_{x\to0+} x|x|=\lim_{x\to0+} x^2=0$이므로

$$\lim_{x\to0} x|x|=\mathbf{0}$$

(2) $\displaystyle\lim_{x\to2-}\frac{x-2}{|x-2|}=\lim_{x\to2-}\frac{x-2}{-(x-2)}=-1,\ \lim_{x\to2+}\frac{x-2}{|x-2|}=\lim_{x\to2+}\frac{x-2}{x-2}=1$이므로

극한값은 존재하지 않는다.

## 3 함수의 발산

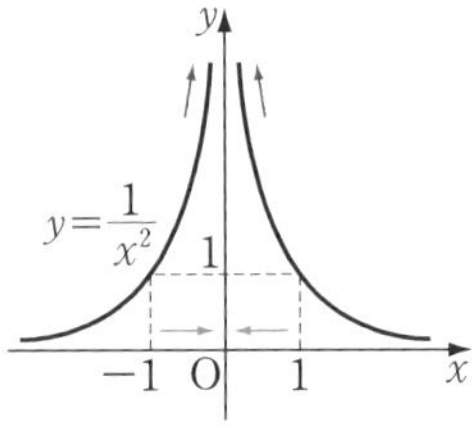


이를테면 $f(x)=\frac{1}{x^2}$의 그래프는 오른쪽과 같으므로 $x \longrightarrow 0$일 때 $f(x)$의 값은 한없이 커짐을 알 수 있다.

이런 경우 $x \longrightarrow 0$일 때 $f(x)$는 양의 무한대로 발산한다고 하고, 다음과 같이 나타낸다.

$$\boldsymbol{x \longrightarrow 0}\text{일 때 } \boldsymbol{f(x) \longrightarrow \infty} \quad \text{또는} \quad \lim_{x\to0} \boldsymbol{f(x)=\infty}$$

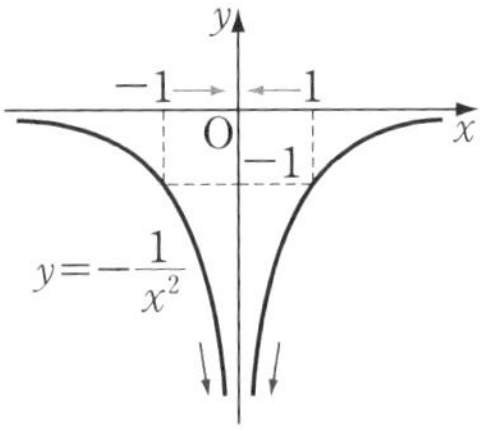


이와 마찬가지로 $f(x)=-\frac{1}{x^2}$에서와 같이 $x \longrightarrow 0$일 때 $f(x)$의 값이 음수이면서 그 절댓값이 한없이 커지면, $x \longrightarrow 0$일 때 $f(x)$는 음의 무한대로 발산한다고 하고, 다음과 같이 나타낸다.

$$\boldsymbol{x \longrightarrow 0}\text{일 때 } \boldsymbol{f(x) \longrightarrow -\infty} \quad \text{또는} \quad \lim_{x\to0} \boldsymbol{f(x)=-\infty}$$

일반적으로 $x \longrightarrow a$일 때 함수 $f(x)$가 $\infty$ 또는 $-\infty$로 발산하면

$$\lim_{x\to a} f(x)=\infty, \qquad \lim_{x\to a} f(x)=-\infty \qquad \cdots\cdots ⓧ$$

과 같이 나타낸다. 이것은 $x \longrightarrow \infty$ 또는 $x \longrightarrow -\infty$일 때도 마찬가지이다.

$f(x)$가 양의 무한대 또는 음의 무한대로 발산하는 경우를 포함하여 $f(x)$가 수렴하지 않는 경우, $f(x)$는 발산한다고 한다.

*Note $\infty$는 수가 아니므로 ⓧ에서 극한값이 존재한다고 생각해서는 안 된다.

**보기 3** 다음 극한을 조사하여라.

(1) $\lim_{x\to0+} \frac{1}{x}$ (2) $\lim_{x\to0-} \frac{1}{x}$ (3) $\lim_{x\to\infty} \frac{1}{x}$ (4) $\lim_{x\to-\infty} \frac{1}{x}$

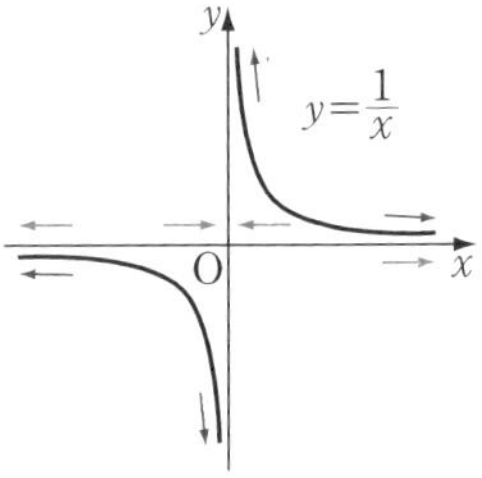


연구 $y=\frac{1}{x}$의 그래프를 그려 조사한다.

(1) $\lim_{x\to0+} \frac{1}{x}=\infty$ (2) $\lim_{x\to0-} \frac{1}{x}=-\infty$

(3) $\lim_{x\to\infty} \frac{1}{x}=0$ (4) $\lim_{x\to-\infty} \frac{1}{x}=0$

*Note 위에서 $\lim_{x\to0+} \frac{1}{x}=\infty$, $\lim_{x\to0-} \frac{1}{x}=-\infty$이므로 $\lim_{x\to0} \frac{1}{x}$의 값은 존재하지 않는다.

**기본 문제 1-1** 정의역이 $\{x \mid -2 \le x \le 2\}$인 함수 $y=f(x)$의 그래프가 $0 \le x \le 2$에서 오른쪽 그림과 같다.

정의역에 속하는 모든 실수 $x$에 대하여

$$f(-x)=-f(x)$$

일 때, $\displaystyle\lim_{x\to-1+} f(x)+\lim_{x\to2-} f(x)$의 값을 구하여라.

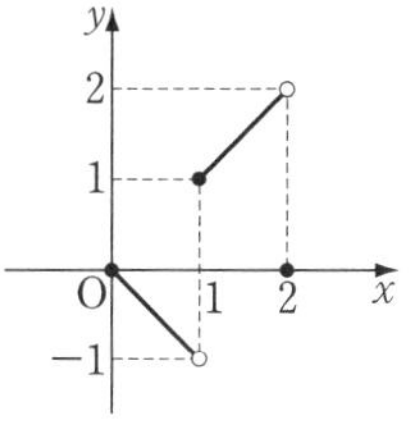

정석연구 정의역에 속하는 모든 실수 $x$에 대하여 $f(x)=-f(-x)$이므로 함수 $y=f(x)$의 그래프는 원점에 대하여 대칭이다.

**정석** $\boldsymbol{f(x)=-f(-x)} \iff$ 그래프가 원점에 대하여 대칭!

이를 이용하여 함수 $y=f(x)$의 그래프를 완성하고 극한을 조사한다.

모범답안 정의역 $\{x \mid -2 \le x \le 2\}$에서 함수 $y=f(x)$의 그래프는 오른쪽과 같다.

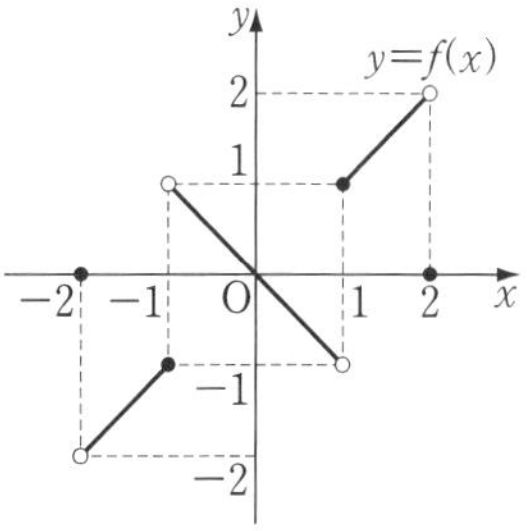


이때, $\displaystyle\lim_{x\to-1+} f(x)=1,\ \lim_{x\to2-} f(x)=2$

이므로

$\displaystyle\lim_{x\to-1+} f(x)+\lim_{x\to2-} f(x)=1+2=\mathbf{3}$ ← 답

*Note $\displaystyle\lim_{x\to1-} f(x)=-1,\ \lim_{x\to1+} f(x)=1$이므로 $\displaystyle\lim_{x\to1} f(x)$의 값은 존재하지 않는다.

마찬가지로 $\displaystyle\lim_{x\to-1} f(x)$의 값도 존재하지 않는다.

유제 **1**-1. 정의역이 $\{x \mid -2 \le x \le 2\}$인 함수 $y=f(x)$의 그래프가 $0 \le x \le 2$에서 오른쪽 그림과 같다. 정의역에 속하는 모든 실수 $x$에 대하여 $f(-x)=f(x)$일 때, $\displaystyle\lim_{x\to0} f(x)+\lim_{x\to-1-} f(x)$의 값을 구하여라. 답 **2**

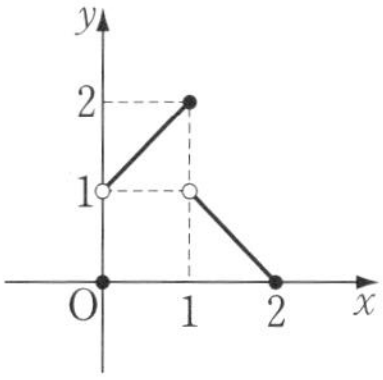

유제 **1**-2. 정의역이 실수 전체의 집합인 함수 $f(x)$가 $x \ge 0$에서

$$f(x)=\begin{cases} 0 & (x=0) \\ 2-x^2 & (0<x\le1) \\ x-2 & (x>1) \end{cases}$$

이고, 모든 실수 $x$에 대하여 $f(-x)=-f(x)$일 때, $\displaystyle\lim_{x\to-1+} f(x)+\lim_{x\to0-} f(x)$의 값을 구하여라. 답 **−3**

# §2. 함수의 극한의 성질

## 1 함수의 극한에 관한 기본 성질

함수 $f(x)$에 대하여 $\lim_{x\to a} f(x)$의 값은 $a$에 가까운 여러 값을 $x$에 대입하거나 $y=f(x)$의 그래프를 그려 구할 수 있다. 그러나 일반적으로는 다음 함수의 극한에 관한 기본 성질을 이용하여 구한다.

**기본정석** — 함수의 극한에 관한 기본 성질

$\lim_{x\to a} f(x)=\alpha,\ \lim_{x\to a} g(x)=\beta$ (단, $\alpha$, $\beta$는 실수)이면

(1) $\lim_{x\to a} kf(x)=k\alpha$ ($k$는 상수)

(2) $\lim_{x\to a} \{f(x)\pm g(x)\}=\alpha\pm\beta$ (복부호동순)

(3) $\lim_{x\to a} f(x)g(x)=\alpha\beta$

(4) $\lim_{x\to a} \dfrac{f(x)}{g(x)}=\dfrac{\alpha}{\beta}$ (단, $\beta\neq 0$)

*Advice* 1° 위의 성질은 $x \longrightarrow a+$, $x \longrightarrow a-$, $x \longrightarrow \infty$, $x \longrightarrow -\infty$일 때에도 성립한다.

2° 이 성질의 증명은 고등학교 교육과정의 수준을 넘으므로 여기에서는 증명 없이 인정하고 이용하기로 한다.

**보기 1** 다음 극한값을 구하여라.

(1) $\lim_{x\to 2} 3x$ (2) $\lim_{x\to 2}(3x+1)$

(3) $\lim_{x\to 2} x^2$ (4) $\lim_{x\to 2} \dfrac{x^2}{3x+1}$

연구 임의의 실수 $a$에 대하여

$$\lim_{x\to a} c=c\ (c\text{는 상수}),\qquad \lim_{x\to a} x=a$$

이므로 함수의 극한에 관한 기본 성질을 이용하면

(1) $\lim_{x\to 2} 3x=3\lim_{x\to 2} x=3\times 2=\mathbf{6}$

(2) $\lim_{x\to 2}(3x+1)=\lim_{x\to 2} 3x+\lim_{x\to 2} 1=6+1=\mathbf{7}$

(3) $\lim_{x\to 2} x^2=\lim_{x\to 2} x\times\lim_{x\to 2} x=2\times 2=\mathbf{4}$

(4) $\lim_{x\to 2} \dfrac{x^2}{3x+1}=\dfrac{\lim_{x\to 2} x^2}{\lim_{x\to 2}(3x+1)}=\mathbf{\dfrac{4}{7}}$

*Advice* | 함수의 극한에 관한 기본 성질을 이용하면

**정석** $f(x)$, $g(x)$가 다항함수이고 $g(a)\neq 0$일 때

$$\lim_{x\to a} f(x)=f(a), \quad \lim_{x\to a}\frac{f(x)}{g(x)}=\frac{f(a)}{g(a)}$$

가 성립함을 보일 수 있다. 따라서 **보기 1**은 다음과 같이 풀어도 된다.

(1) $\displaystyle\lim_{x\to 2} 3x=3\times 2=\mathbf{6}$  (2) $\displaystyle\lim_{x\to 2}(3x+1)=3\times 2+1=\mathbf{7}$

(3) $\displaystyle\lim_{x\to 2} x^2=2^2=\mathbf{4}$  (4) $\displaystyle\lim_{x\to 2}\frac{x^2}{3x+1}=\frac{2^2}{3\times 2+1}=\mathbf{\frac{4}{7}}$

한편 근호가 있는 식에 관한 극한의 성질을 따로 정리하지는 않지만 무리함수의 극한에 대하여 다음과 같이 정리해 두자.

**정석** $\displaystyle\lim_{x\to a} f(x)=\alpha$이고 $\alpha>0$이면 $\Longrightarrow$ $\displaystyle\lim_{x\to a}\sqrt{f(x)}=\sqrt{\alpha}$

**보기 2** 다음 극한값을 구하여라.

(1) $\displaystyle\lim_{x\to 1}\sqrt{x+3}$  (2) $\displaystyle\lim_{x\to -2}\frac{\sqrt{5-x}}{\sqrt{x^2+1}}$

연구 (1) $\displaystyle\lim_{x\to 1}\sqrt{x+3}=\sqrt{1+3}=\mathbf{2}$  (2) $\displaystyle\lim_{x\to -2}\frac{\sqrt{5-x}}{\sqrt{x^2+1}}=\frac{\sqrt{5-(-2)}}{\sqrt{(-2)^2+1}}=\mathbf{\frac{\sqrt{35}}{5}}$

## 2 함수의 극한의 대소 관계

일반적으로 함수의 극한에서는 다음과 같은 대소 관계가 성립한다.

**기본정석** — 함수의 극한의 대소 관계

$\displaystyle\lim_{x\to a} f(x)=\alpha$, $\displaystyle\lim_{x\to a} g(x)=\beta$ (단, $\alpha$, $\beta$는 실수)일 때,

$a$에 가까운 모든 실수 $x$에 대하여

(1) $f(x)\le g(x)$이면 $\Longrightarrow$ $\alpha\le\beta$

(2) $f(x)\le h(x)\le g(x)$이고 $\alpha=\beta$이면 $\Longrightarrow$ $\displaystyle\lim_{x\to a} h(x)=\alpha$

*Advice* 1° 위의 대소 관계는 $x\longrightarrow a+$, $x\longrightarrow a-$, $x\longrightarrow\infty$, $x\longrightarrow -\infty$일 때에도 성립한다.

2° 함수의 극한의 대소 관계는 함수의 대소에서 등호가 없는 경우에도 성립한다. 곧, 위의 **기본정석**에 주어진 조건에서

(1) $f(x)<g(x)$이면 $\alpha\le\beta$

(2) $f(x)<h(x)<g(x)$이고 $\alpha=\beta$이면 $\displaystyle\lim_{x\to a} h(x)=\alpha$

기본 문제 **1**-2 다음 극한값을 구하여라.

(1) $\displaystyle\lim_{x\to2}\frac{x^2-4}{x-2}$ (2) $\displaystyle\lim_{x\to1}\frac{x^3-x^2-4x+4}{x^2-1}$

정석연구 (1) $x \longrightarrow 2$일 때 (분모) $\longrightarrow 0$, (분자) $\longrightarrow 0$이다.

그런데 $x\neq2$일 때

$$\frac{x^2-4}{x-2}=\frac{(x+2)(x-2)}{x-2}=x+2 \qquad \cdots\cdots ⑦$$

이므로

$$\lim_{x\to2}\frac{x^2-4}{x-2}=\lim_{x\to2}(x+2)=\mathbf{4}$$

이다. 일반적으로 유리함수에서 $x \longrightarrow a$일 때

(분모) $\longrightarrow 0$, (분자) $\longrightarrow 0$

이면 분모와 분자는 모두 $x-a$를 인수로 가진다. 따라서

**정석** $\dfrac{0}{0}$ 꼴의 유리함수의 극한은

⟹ 분모, 분자를 인수분해한 다음 약분하여라.

모범답안 (1) **정석연구** 참조 답 **4**

(2) $\displaystyle(준 식)=\lim_{x\to1}\frac{(x+2)(x-2)(x-1)}{(x+1)(x-1)}=\lim_{x\to1}\frac{(x+2)(x-2)}{x+1}=-\frac{3}{2}$ ← 답

*Advice* | $\displaystyle\lim_{x\to2}\frac{x^2-4}{x-2}$에서 $x \longrightarrow 2$는 $x$가 2와 다른 값을 가지면서 2에 한없이 가까워진다는 뜻이므로 $x\neq2$인 경우만 생각하면 된다. 따라서 ⑦과 같은 변형이 가능하다.

또, 오른쪽 그래프에서 알 수 있듯이 $\displaystyle\lim_{x\to2}f(x)$의 값은 $f(2)$의 값이 어떻게 정의되어 있는가와 상관없다.

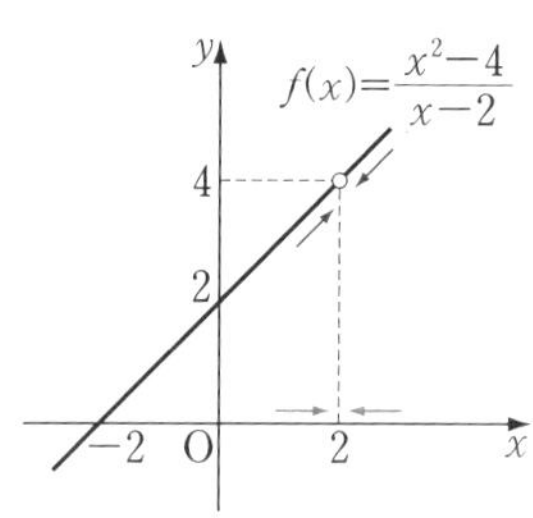


유제 **1**-3. 다음 극한값을 구하여라.

(1) $\displaystyle\lim_{x\to1}\frac{x^2-1}{x-1}$ (2) $\displaystyle\lim_{x\to0}\frac{6x^2-4x}{3x^2+4x}$ (3) $\displaystyle\lim_{x\to1}\frac{x^2-x}{x^2+x-2}$

(4) $\displaystyle\lim_{x\to2}\frac{x^3-8}{x-2}$ (5) $\displaystyle\lim_{x\to\sqrt{2}}\frac{x^4-4}{x^2-2}$ (6) $\displaystyle\lim_{x\to a}\frac{x^3-ax^2+a^2x-a^3}{x-a}$

답 (1) **2** (2) **−1** (3) $\mathbf{\dfrac{1}{3}}$ (4) **12** (5) **4** (6) $\mathbf{2a^2}$

기본 문제 **1**-3 다음 극한값을 구하여라.

(1) $\displaystyle\lim_{x\to9}\frac{x-9}{\sqrt{x}-3}$ (2) $\displaystyle\lim_{x\to0}\frac{\sqrt{2+x}-\sqrt{2}}{\sqrt{2}x}$ (3) $\displaystyle\lim_{x\to-8}\frac{x+8}{\sqrt[3]{x}+2}$

정석연구 이 문제 역시 (분모) ⟶ 0, (분자) ⟶ 0인 꼴이다.

이를테면 (1)의 경우, 앞에서와 같은 방법으로 하면

$$\lim_{x\to9}\frac{x-9}{\sqrt{x}-3}=\lim_{x\to9}\frac{(\sqrt{x}+3)(\sqrt{x}-3)}{\sqrt{x}-3}=\lim_{x\to9}(\sqrt{x}+3)=\sqrt{9}+3=\mathbf{6}$$

을 얻을 수도 있으나 일반적으로 다음 **정석**을 따르는 것이 능률적이다.

**정석** $\dfrac{0}{0}$ 꼴의 무리함수의 극한은

⟹ 분모, 분자 중 $\sqrt{\phantom{x}}$ 가 있는 쪽을 유리화하여라.

모범답안 (1) (준 식)$\displaystyle=\lim_{x\to9}\frac{(x-9)(\sqrt{x}+3)}{(\sqrt{x}-3)(\sqrt{x}+3)}=\lim_{x\to9}\frac{(x-9)(\sqrt{x}+3)}{x-9}$

$\displaystyle=\lim_{x\to9}(\sqrt{x}+3)=\sqrt{9}+3=\mathbf{6}$ ⟵ 답

(2) (준 식)$\displaystyle=\lim_{x\to0}\frac{(\sqrt{2+x}-\sqrt{2})(\sqrt{2+x}+\sqrt{2})}{\sqrt{2}x(\sqrt{2+x}+\sqrt{2})}$

$\displaystyle=\lim_{x\to0}\frac{(2+x)-2}{\sqrt{2}x(\sqrt{2+x}+\sqrt{2})}=\lim_{x\to0}\frac{x}{\sqrt{2}x(\sqrt{2+x}+\sqrt{2})}$

$\displaystyle=\lim_{x\to0}\frac{1}{\sqrt{2}(\sqrt{2+x}+\sqrt{2})}=\frac{1}{\sqrt{2}(\sqrt{2}+\sqrt{2})}=\mathbf{\frac{1}{4}}$ ⟵ 답

(3) (준 식)$\displaystyle=\lim_{x\to-8}\frac{(x+8)(\sqrt[3]{x^2}-2\sqrt[3]{x}+2^2)}{(\sqrt[3]{x}+2)(\sqrt[3]{x^2}-2\sqrt[3]{x}+2^2)}=\lim_{x\to-8}\frac{(x+8)(\sqrt[3]{x^2}-2\sqrt[3]{x}+4)}{x+8}$

$\displaystyle=\lim_{x\to-8}(\sqrt[3]{x^2}-2\sqrt[3]{x}+4)=\sqrt[3]{64}-2\sqrt[3]{-8}+4=\mathbf{12}$ ⟵ 답

**Note* 이 책에서는 좀 더 폭넓은 학습을 위하여 $\sqrt[3]{x}$ 와 같이 교육과정상 수학 I 에서 다루는 내용을 이용한 경우가 있다. 아직 수학 I 을 공부하지 않은 학생은 필요한 경우 수학 I 의 해당 부분을 찾아보길 바란다.

유제 **1**-4. 다음 극한값을 구하여라.

(1) $\displaystyle\lim_{x\to4}\frac{x-4}{\sqrt{x}-2}$ (2) $\displaystyle\lim_{x\to0}\frac{\sqrt{x+1}-1}{x}$ (3) $\displaystyle\lim_{x\to1}\frac{\sqrt{x+8}-3}{x-1}$

(4) $\displaystyle\lim_{x\to0}\frac{x}{\sqrt{x+9}-3}$ (5) $\displaystyle\lim_{x\to0}\frac{\sqrt{1+x+x^2}+x-1}{x}$ (6) $\displaystyle\lim_{x\to1}\frac{\sqrt[3]{x}-1}{x-1}$

답 (1) **4** (2) $\mathbf{\frac{1}{2}}$ (3) $\mathbf{\frac{1}{6}}$ (4) **6** (5) $\mathbf{\frac{3}{2}}$ (6) $\mathbf{\frac{1}{3}}$

**기본 문제 1-4** 다음 극한을 조사하여라.

(1) $\displaystyle\lim_{x\to\infty}\frac{2x+1}{3x^2-2x+1}$ (2) $\displaystyle\lim_{x\to\infty}\frac{5x^2-4x+1}{2x^2+3x-5}$ (3) $\displaystyle\lim_{x\to\infty}\frac{4x^2-3x+2}{3x+2}$

정석연구 $x \longrightarrow \infty$일 때 (분모) $\longrightarrow \infty$, (분자) $\longrightarrow \infty$이므로 $\dfrac{\infty}{\infty}$ 꼴이다.

이때, $\infty$는 수가 아니므로 $\dfrac{\infty}{\infty}=1$이라고 할 수 없다는 것에 주의하고, 다음 **정석**을 이용한다.

**정 석** $\dfrac{\infty}{\infty}$ 꼴의 유리함수의 극한은
$\Longrightarrow$ 분모의 최고차항으로 분모, 분자를 나누어라.

모범답안 (1) 준 식의 분모, 분자를 $x^2$으로 나누면

$$\lim_{x\to\infty}\frac{2x+1}{3x^2-2x+1}=\lim_{x\to\infty}\frac{\frac{2}{x}+\frac{1}{x^2}}{3-\frac{2}{x}+\frac{1}{x^2}}=\mathbf{0} \longleftarrow \boxed{\text{답}}$$

(2) 준 식의 분모, 분자를 $x^2$으로 나누면

$$\lim_{x\to\infty}\frac{5x^2-4x+1}{2x^2+3x-5}=\lim_{x\to\infty}\frac{5-\frac{4}{x}+\frac{1}{x^2}}{2+\frac{3}{x}-\frac{5}{x^2}}=\mathbf{\frac{5}{2}} \longleftarrow \boxed{\text{답}}$$

(3) 준 식의 분모, 분자를 $x$로 나누면

$$\lim_{x\to\infty}\frac{4x^2-3x+2}{3x+2}=\lim_{x\to\infty}\frac{4x-3+\frac{2}{x}}{3+\frac{2}{x}}=\boldsymbol{\infty} \longleftarrow \boxed{\text{답}}$$

*Advice* | 이 문제의 결과를 다음과 같이 정리할 수 있다.

$\dfrac{\infty}{\infty}$ 꼴의 유리함수의 극한은

(i) 분모의 차수가 분자의 차수보다 클 때에는 **0**이다.

(ii) 분자의 차수가 분모의 차수보다 클 때에는 $\infty$ 또는 $-\infty$이다.

(iii) 분모, 분자의 차수가 같을 때에는 **0**이 아닌 값이다.
이때에는 분모, 분자의 최고차항의 계수만 생각하면 된다.

유제 **1**-5. 다음 극한을 조사하여라.

(1) $\displaystyle\lim_{x\to\infty}\frac{2x-5}{4x^2-5x+1}$ (2) $\displaystyle\lim_{x\to\infty}\frac{4x^3+2x}{2x^3-4x^2+5x}$ (3) $\displaystyle\lim_{x\to\infty}\frac{3x^3-5x+2}{x^2+1}$

답 (1) **0** (2) **2** (3) $\boldsymbol{\infty}$

**기본 문제 1-5** 다음 극한값을 구하여라.

(1) $\displaystyle\lim_{x\to\infty}\frac{2x}{\sqrt{x^2+3}-4}$　　　(2) $\displaystyle\lim_{x\to-\infty}\frac{2x}{\sqrt{x^2+3}-4}$

정석연구 (1) $x \longrightarrow \infty$일 때 (분모) $\longrightarrow \infty$, (분자) $\longrightarrow \infty$이므로 $\dfrac{\infty}{\infty}$ 꼴이다.

분모의 $\sqrt{x^2+3}$을 $x$로 나누면　　⇦ $x \longrightarrow \infty$일 때 $x>0$

$$\frac{\sqrt{x^2+3}}{x}=\frac{\sqrt{x^2+3}}{\sqrt{x^2}}=\sqrt{\frac{x^2+3}{x^2}}=\sqrt{1+\frac{3}{x^2}} \quad \cdots\cdots①$$

과 같이 변형된다.

**정석** $\dfrac{\infty}{\infty}$ 꼴의 무리함수의 극한은
⟹ $\sqrt{\ }$ 안의 $\boldsymbol{x}$의 차수는 반으로 생각하고
분모의 최고차항으로 분모, 분자를 나누어라.

(2) $x \longrightarrow -\infty$는 $x$가 음수이면서 그 절댓값이 한없이 커지는 상태를 나타낸다. 따라서 이 문제에서는 $x<0$일 때 근호가 있는 식을 정리하는 방법을 생각해야 한다. 곧,

**정석** $\mathbf{A<0}$일 때　$\mathbf{A=-\sqrt{A^2}}$　　⇦ $A<0$일 때 $\sqrt{A^2}=-A$

이므로 $\sqrt{x^2+3}$을 $x$로 나누면

$$\frac{\sqrt{x^2+3}}{x}=\frac{\sqrt{x^2+3}}{-\sqrt{x^2}}=-\sqrt{\frac{x^2+3}{x^2}}=-\sqrt{1+\frac{3}{x^2}} \quad \cdots\cdots②$$

이다. ①과 ②의 차이를 정확히 이해해 두어라.

**정석** $\boldsymbol{x} \longrightarrow -\boldsymbol{\infty}$일 때 무리함수의 변형에 주의한다.

모범답안 분모, 분자를 $x$로 나누면

(1) (준 식)$\displaystyle=\lim_{x\to\infty}\frac{2}{\sqrt{\frac{x^2+3}{x^2}}-\frac{4}{x}}=\lim_{x\to\infty}\frac{2}{\sqrt{1+\frac{3}{x^2}}-\frac{4}{x}}=\mathbf{2}$ ← 답

(2) (준 식)$\displaystyle=\lim_{x\to-\infty}\frac{2}{-\sqrt{\frac{x^2+3}{x^2}}-\frac{4}{x}}=\lim_{x\to-\infty}\frac{2}{-\sqrt{1+\frac{3}{x^2}}-\frac{4}{x}}=\mathbf{-2}$ ← 답

***Note** (2)에서 $-x=t$로 치환한 다음 $\displaystyle\lim_{t\to\infty}\frac{-2t}{\sqrt{t^2+3}-4}$를 계산해도 된다.

유제 **1**-6. 다음 극한값을 구하여라.

(1) $\displaystyle\lim_{x\to\infty}\frac{\sqrt{x^2+1}-1}{x+1}$　　(2) $\displaystyle\lim_{x\to-\infty}\frac{\sqrt{x^2+1}-1}{x+1}$　　답 (1) **1** (2) **−1**

**기본 문제 1-6** 다음 극한을 조사하여라.

(1) $\lim_{x\to\infty}(2x^3-4x^2+5x-1)$ (2) $\lim_{x\to\infty}(\sqrt{x^2+3x+4}-x)$

(3) $\lim_{x\to0}\frac{1}{x}\left(1+\frac{1}{x-1}\right)$ (4) $\lim_{x\to0}\frac{1}{x}\left(\frac{1}{\sqrt{x+1}}-1\right)$

정석연구 (1), (2)는 $\infty-\infty$ 꼴이고, (3), (4)는 $\infty\times0$ 꼴이다.

**정석** $\infty-\infty$ 꼴, $\infty\times0$ 꼴의 극한은

$\infty\times c$, $\frac{c}{\infty}$, $\frac{\infty}{\infty}$, $\frac{0}{0}$ 중의 한 형태로 변형한다.

모범답안 (1) $\lim_{x\to\infty}(2x^3-4x^2+5x-1)=\lim_{x\to\infty}x^3\left(2-\frac{4}{x}+\frac{5}{x^2}-\frac{1}{x^3}\right)=\infty$ ← 답

(2) 분모를 1로 보고, 분자를 유리화하면

$$\lim_{x\to\infty}(\sqrt{x^2+3x+4}-x)=\lim_{x\to\infty}\frac{(x^2+3x+4)-x^2}{\sqrt{x^2+3x+4}+x}$$

$$=\lim_{x\to\infty}\frac{3x+4}{\sqrt{x^2+3x+4}+x}$$ ⇦ $\frac{\infty}{\infty}$ 꼴, $x$로 나눈다.

$$=\lim_{x\to\infty}\frac{3+\frac{4}{x}}{\sqrt{1+\frac{3}{x}+\frac{4}{x^2}}+1}=\frac{3}{2}$$ ← 답

(3) $\lim_{x\to0}\frac{1}{x}\left(1+\frac{1}{x-1}\right)=\lim_{x\to0}\left(\frac{1}{x}\times\frac{x}{x-1}\right)=\lim_{x\to0}\frac{1}{x-1}=-1$ ← 답

(4) $\lim_{x\to0}\frac{1}{x}\left(\frac{1}{\sqrt{x+1}}-1\right)=\lim_{x\to0}\left(\frac{1}{x}\times\frac{1-\sqrt{x+1}}{\sqrt{x+1}}\right)$ ⇦ $\frac{0}{0}$ 꼴, 분자를 유리화

$$=\lim_{x\to0}\frac{(1-\sqrt{x+1})(1+\sqrt{x+1})}{x\sqrt{x+1}(1+\sqrt{x+1})}=\lim_{x\to0}\frac{1-(x+1)}{x\sqrt{x+1}(1+\sqrt{x+1})}$$

$$=\lim_{x\to0}\frac{-1}{\sqrt{x+1}(1+\sqrt{x+1})}=-\frac{1}{2}$$ ← 답

유제 **1**-7. 다음 극한을 조사하여라.

(1) $\lim_{x\to-\infty}(4x^5+x^2+4)$ (2) $\lim_{x\to\infty}(\sqrt{x^2+1}-x)$

(3) $\lim_{x\to\infty}(\sqrt{x^2+2x}-x)$ (4) $\lim_{x\to0}\frac{1}{x}\left\{\frac{1}{(x+2)^2}-\frac{1}{4}\right\}$

답 (1) $-\infty$ (2) $\mathbf{0}$ (3) $\mathbf{1}$ (4) $-\frac{1}{4}$

## *Advice* | 함수의 극한의 유형별 정리

### 1 기본 극한

① $f(x)$가 다항함수일 때 $\lim\limits_{x\to a}f(x)=f(a)$

② $f(x)$, $g(x)$가 다항함수이고 $g(a)\neq 0$일 때 $\lim\limits_{x\to a}\dfrac{f(x)}{g(x)}=\dfrac{f(a)}{g(a)}$

③ $\lim\limits_{x\to 0+}\dfrac{1}{x}=\infty$, $\lim\limits_{x\to 0-}\dfrac{1}{x}=-\infty$

### 2 $\dfrac{0}{0}$ 꼴의 극한

① 유리함수는 먼저 분모, 분자를 인수분해한 다음 약분한다.

② 무리함수는 먼저 분모, 분자 중 $\sqrt{\phantom{x}}$ 가 있는 쪽을 유리화한다.

(예) $\lim\limits_{x\to 2}\dfrac{x^2-4}{x-2}$, $\lim\limits_{x\to 9}\dfrac{x-9}{\sqrt{x}-3}$ ⇦ 기본 문제 1-2, 1-3

### 3 $\dfrac{\infty}{\infty}$ 꼴의 극한

① 유리함수는 먼저 분모의 최고차항으로 분모, 분자를 나눈다.

② 무리함수는 $\sqrt{\phantom{x}}$ 안의 $x$의 차수는 반으로 생각하고 분모의 최고차항으로 분모, 분자를 나눈다.

(예) $\lim\limits_{x\to\infty}\dfrac{5x^2-4x+1}{2x^2+3x-5}$, $\lim\limits_{x\to\infty}\dfrac{2x}{\sqrt{x^2+3}-4}$ ⇦ 기본 문제 1-4, 1-5

### 4 $\infty-\infty$, $0\times\infty$ 꼴의 극한

적당히 변형하면

$$\infty\times c,\quad \frac{\infty}{c},\quad \frac{c}{\infty},\quad \frac{c}{0},\quad \frac{0}{0},\quad \frac{\infty}{\infty}$$

등의 꼴로 나타낼 수 있다. 이때,

$\infty\times c$, $\dfrac{\infty}{c}$ 꼴은 ⟹ $c>0$이면 $\infty$, $c<0$이면 $-\infty$

$\dfrac{c}{\infty}$ 꼴은 ⟹ $0$

$\dfrac{c}{0}$ 꼴은 ⟹ $c>0$일 때 분모 $\longrightarrow 0+$이면 $\infty$, 분모 $\longrightarrow 0-$이면 $-\infty$

$c<0$일 때 분모 $\longrightarrow 0+$이면 $-\infty$, 분모 $\longrightarrow 0-$이면 $\infty$

$\dfrac{0}{0}$, $\dfrac{\infty}{\infty}$ 꼴은 ⟹ 위의 2, 3의 방법을 따른다.

(예) $\lim\limits_{x\to\infty}(2x^3-4x^2+5x-1)$, $\lim\limits_{x\to 0}\dfrac{1}{x}\left(1+\dfrac{1}{x-1}\right)$ ⇦ 기본 문제 1-6

기본 문제 **1**-7 다음 물음에 답하여라.

(1) 함수 $f(x)$가 모든 실수 $x$에 대하여 $-x^2+6x-5\le f(x)\le x^2-2x+3$을 만족시킬 때, $\lim\limits_{x\to2}f(x)$의 값을 구하여라.

(2) $\lim\limits_{x\to\infty}\left(\dfrac{12}{x}\times\left[\dfrac{x}{3}\right]\right)$의 값을 구하여라.

단, $[x]$는 $x$보다 크지 않은 최대 정수이다.

정석연구 다음 함수의 극한의 대소 관계를 이용한다.

**정석** $\boldsymbol{a}$에 가까운 모든 실수 $\boldsymbol{x}$에 대하여 $\boldsymbol{f(x)\le h(x)\le g(x)}$이고

$\boldsymbol{\lim\limits_{x\to a}f(x)=\lim\limits_{x\to a}g(x)=l}$ ($\boldsymbol{l}$은 실수)이면 $\Longrightarrow$ $\boldsymbol{\lim\limits_{x\to a}h(x)=l}$

모범답안 (1) 모든 실수 $x$에 대하여 주어진 부등식이 성립하고

$$\lim_{x\to2}(-x^2+6x-5)=3,\quad \lim_{x\to2}(x^2-2x+3)=3$$

이므로 함수의 극한의 대소 관계에 의하여

$$\lim_{x\to2}f(x)=\mathbf{3} \longleftarrow \boxed{답}$$

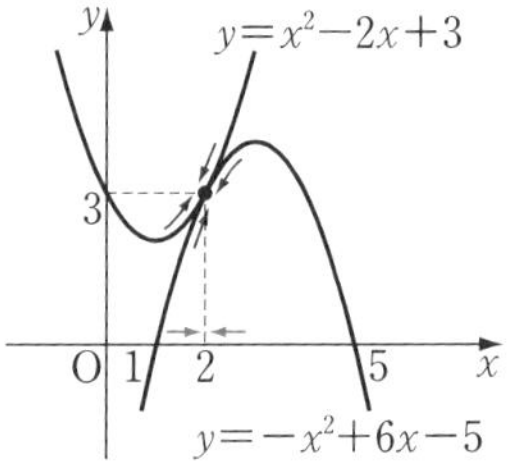


*Note 함수 $f(x)$가 주어진 부등식을 만족시키면 오른쪽 그림에서 $\lim\limits_{x\to2}f(x)=3$임을 알 수 있다.

(2) $\dfrac{x}{3}-1<\left[\dfrac{x}{3}\right]\le\dfrac{x}{3}$이므로

$x>0$일 때 $\quad \dfrac{12}{x}\left(\dfrac{x}{3}-1\right)<\dfrac{12}{x}\times\left[\dfrac{x}{3}\right]\le\dfrac{12}{x}\times\dfrac{x}{3}$

이때, $\lim\limits_{x\to\infty}\dfrac{12}{x}\left(\dfrac{x}{3}-1\right)=4$, $\lim\limits_{x\to\infty}\left(\dfrac{12}{x}\times\dfrac{x}{3}\right)=4$이므로

$$\lim_{x\to\infty}\left(\frac{12}{x}\times\left[\frac{x}{3}\right]\right)=\mathbf{4} \longleftarrow \boxed{답}$$

*Note $\left[\dfrac{x}{3}\right]=\dfrac{x}{3}-h\ (0\le h<1)$로 놓으면

$$(\text{준 식})=\lim_{x\to\infty}\frac{12}{x}\left(\frac{x}{3}-h\right)=\lim_{x\to\infty}\left(4-\frac{12h}{x}\right)=4$$

유제 **1**-8. 함수 $f(x)$가 모든 양의 실수 $x$에 대하여 $4x^2+3x<f(x)<4x^2+5x$를 만족시킬 때, $\lim\limits_{x\to\infty}\dfrac{f(x)}{3x^2+2x}$의 값을 구하여라. 답 $\dfrac{4}{3}$

유제 **1**-9. $\lim\limits_{x\to0}x\left(\left[\dfrac{1}{x}\right]-\dfrac{1}{x}\right)$의 값을 구하여라.

단, $[x]$는 $x$보다 크지 않은 최대 정수이다. 답 **0**

기본 문제 **1**-8 함수 $y=g(x)$의 그래프는 오른쪽과 같다.

$y=f(x)$의 그래프가 (1), (2), (3)과 같을 때, $\lim_{x \to 1} g(f(x))$의 값이 존재하면 그 값을 구하여라.

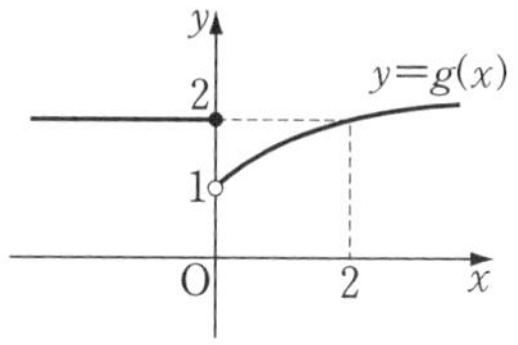


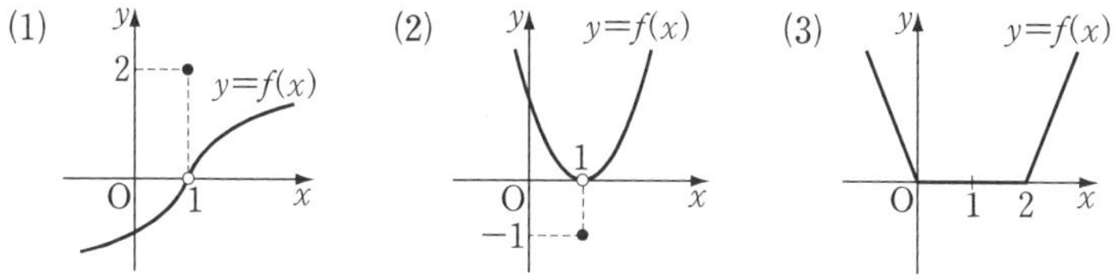


정석연구 (1) $f(x)=t$로 놓으면 $x \longrightarrow 1$일 때 $t \longrightarrow 0$이다.

따라서 $\lim_{x \to 1} g(f(x))=\lim_{t \to 0} g(t)$를 조사하면 된다.

**정 석** $\lim_{x \to a} \boldsymbol{g(f(x))}$는 $\Longrightarrow$ $\boldsymbol{f(x)=t}$로 놓고 $\boldsymbol{t}$의 극한부터 조사한다.

(2) $x \longrightarrow 1$일 때 $f(x) \longrightarrow 0$이지만 (1)과는 다르게 $f(x)>0$이다.

따라서 $f(x)=t$로 놓으면 $x \longrightarrow 1$일 때 $t \longrightarrow 0+$이다.

(3) $x=1$의 주변에서 $f(x)=0$, 곧 $f(x)$는 상수함수이다.

따라서 $x=1$의 주변에서 $g(f(x))=g(0)$, 곧 $g(f(x))$도 상수함수이다.

모범답안 (1) $f(x)=t$로 놓으면 $x \longrightarrow 1$일 때 $t \longrightarrow 0$이므로

$\lim_{x \to 1} g(f(x))=\lim_{t \to 0} g(t)$의 값은 존재하지 않는다. ← 답

(2) $f(x)=t$로 놓으면 $x \longrightarrow 1$일 때 $t \longrightarrow 0+$이다.

$\therefore \lim_{x \to 1} g(f(x))=\lim_{t \to 0+} g(t)=\mathbf{1}$ ← 답

(3) $x=1$의 주변에서 $f(x)=0$(상수함수)이므로

$x=1$의 주변에서 $g(f(x))=g(0)=2$(상수함수)이다.

$\therefore \lim_{x \to 1} g(f(x))=g(0)=\mathbf{2}$ ← 답

유제 **1**-10. 함수 $y=f(x)$의 그래프가 오른쪽과 같다.

다음 극한을 조사하여라.

(1) $\lim_{x \to 0} f(f(x))$ (2) $\lim_{x \to 2} f(f(x))$

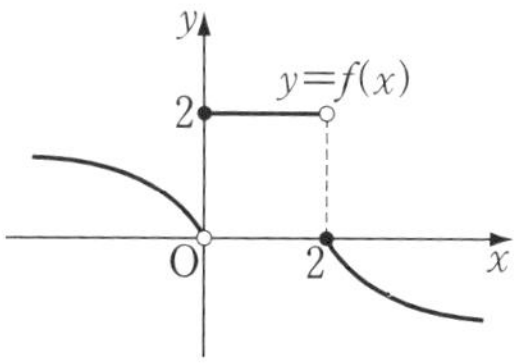


답 (1) 극한값은 존재하지 않는다. (2) **0**

**기본 문제 1-9** 포물선 $y=x^2$의 꼭짓점 O와 이 포물선 위의 다른 점 P를 지나고 중심이 $y$축 위에 있는 원을 생각하자.

점 P가 이 포물선을 따라 점 O에 한없이 가까워질 때, 원의 반지름의 길이의 극한값을 구하여라.

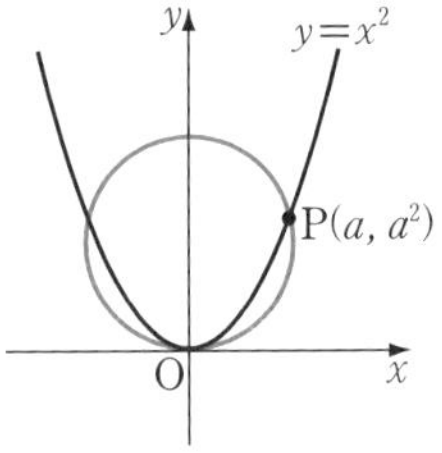


정석연구 오른쪽 그림에서 점 P의 좌표를 $(a, a^2)$, 원의 반지름의 길이를 $r$라고 하면

점 P가 점 O에 한없이 가까이 갈 때 원의 반지름의 길이의 극한

은

$a \longrightarrow 0$일 때 $r$의 극한

이다.

따라서 $a$와 $r$ 사이의 관계식을 구한 다음 $\lim_{a\to0} r$의 값을 구해 보자.

**정석** 도형의 극한에 관한 문제 $\Longrightarrow$ 좌표를 이용하여 나타내어 보자.

모범답안 점 P가 포물선 $y=x^2$ 위의 점이므로 P$(a, a^2)$이라고 하면 점 P가 점 O에 한없이 가까이 갈 때 $a \longrightarrow 0$이다.

또, 원의 반지름의 길이를 $r$라고 하면 중심이 $y$축 위에 있고, 원점 O를 지나므로 중심의 좌표는 $(0, r)$이다.

따라서 원의 방정식은 $x^2+(y-r)^2=r^2$

점 P를 지나므로 $a^2+(a^2-r)^2=r^2$

$a\neq0$이므로 $r=\dfrac{1}{2}(1+a^2)$

$$\therefore \lim_{a\to0} r=\lim_{a\to0}\frac{1}{2}(1+a^2)=\mathbf{\frac{1}{2}} \longleftarrow \text{답}$$

유제 **1**-11. 중심이 A$(2, 0)$이고 반지름의 길이가 1인 원에 외접하고, $y$축에 접하는 원의 중심을 P, 점 P에서 $x$축에 내린 수선의 발을 H라고 하자.

중심이 점 P인 원의 반지름의 길이가 한없이 커질 때, $\dfrac{\overline{\mathrm{PH}}^2}{\overline{\mathrm{PA}}}$의 극한값을 구하여라. 답 **6**

유제 **1**-12. 원 $x^2+y^2=1$ 위의 두 점 A$(-1, 0)$, B$(1, 0)$과 이 원 위를 움직이는 점 P가 있다. 점 P를 지나는 원의 접선이 $x$축과 만나는 점을 Q라고 하자. 점 P가 제1사분면 위에서 점 B에 한없이 가까이 갈 때, $\dfrac{\triangle \mathrm{PAQ}}{\triangle \mathrm{POQ}}$의 극한값을 구하여라. 단, O는 원점이다. 답 **2**

## § 3. 미정계수의 결정

이를테면 $a$가 상수일 때

$$\lim_{x\to1}\frac{x-a}{x^2-1} \qquad \cdots\cdots ㉮$$

을 생각해 보자.

$a\neq1$이면 ㉮은 $x \longrightarrow 1$일 때 ⇦ $\frac{1-a}{0}$ 꼴

(분자) $\longrightarrow 1-a\,(\neq0)$, (분모) $\longrightarrow 0$

이므로 발산한다.

$a=1$이면 ㉮은

$$\lim_{x\to1}\frac{x-1}{x^2-1}=\lim_{x\to1}\frac{x-1}{(x+1)(x-1)}=\lim_{x\to1}\frac{1}{x+1}=\frac{1}{2}$$

이므로 $\frac{1}{2}$에 수렴한다.

따라서 ㉮이 수렴할 조건은 $a=1$이고, 이때 극한값은 $\frac{1}{2}$임을 알 수 있다. 이와 같이 극한값이 존재한다는 조건만으로도 미지수를 정할 수 있다.

**기본정석** — **미정계수의 결정**

두 함수 $f(x)$, $g(x)$에 대하여 $\lim_{x\to a}\frac{f(x)}{g(x)}=\alpha$ ($\alpha$는 실수)일 때,

(1) $\lim_{x\to a}g(x)=0$이면 $\Longrightarrow$ $\lim_{x\to a}f(x)=0$

(2) $\lim_{x\to a}f(x)=0$이고 $\alpha\neq0$이면 $\Longrightarrow$ $\lim_{x\to a}g(x)=0$

**보기 1** $\lim_{x\to2}\frac{x^2-4}{x-a}=b$ (단, $b\neq0$)일 때, 상수 $a$, $b$의 값을 구하여라.

연구 $x \longrightarrow 2$일 때 0이 아닌 극한값이 존재하고 (분자) $\longrightarrow 0$이므로 (분모) $\longrightarrow 0$이어야 한다.

왜냐하면 만일 $\lim_{x\to2}(x-a)\neq0$이면 $\lim_{x\to2}\frac{x^2-4}{x-a}=0$이 되어 $b\neq0$이라는 조건에 모순이기 때문이다.

따라서 $\lim_{x\to2}(x-a)=0$에서 $2-a=0$ $\quad\therefore$ $\boldsymbol{a=2}$

이때, $\boldsymbol{b}=\lim_{x\to2}\frac{x^2-4}{x-2}=\lim_{x\to2}\frac{(x+2)(x-2)}{x-2}=\lim_{x\to2}(x+2)=\mathbf{4}$

**정석** **0**이 아닌 극한값이 존재하고
(분자) $\longrightarrow$ **0**이면 $\Longrightarrow$ (분모) $\longrightarrow$ **0**

기본 문제 **1**-10 다음을 만족시키는 상수 $a$, $b$의 값을 구하여라.

(1) $\displaystyle\lim_{x\to1}\frac{ax-2x^2}{x-1}=b$  (2) $\displaystyle\lim_{x\to1}\frac{x-1}{x^2+ax+b}=\frac{1}{3}$

정석연구 (1) $x \longrightarrow 1$일 때 (분모) $\longrightarrow 0$이다.

따라서 극한값이 존재하기 위해서는 (분자) $\longrightarrow 0$이어야 한다. 곧,

**정석** $\displaystyle\lim_{x\to a}\frac{f(x)}{g(x)}=\alpha$ ($\alpha$는 실수)이고 $\displaystyle\lim_{x\to a}g(x)=0$이면

$\Longrightarrow \displaystyle\lim_{x\to a}f(x)=0$ ⇦ (분모) $\longrightarrow 0$이면 (분자) $\longrightarrow 0$

(2) $x \longrightarrow 1$일 때 (분자) $\longrightarrow 0$이다. 따라서 0이 아닌 극한값이 존재하기 위해서는 우선 (분모) $\longrightarrow 0$이어야 한다.

**정석** $\displaystyle\lim_{x\to a}\frac{f(x)}{g(x)}=\alpha$ ($\alpha$는 0이 아닌 실수)이고 $\displaystyle\lim_{x\to a}f(x)=0$이면

$\Longrightarrow \displaystyle\lim_{x\to a}g(x)=0$ ⇦ (분자) $\longrightarrow 0$이면 (분모) $\longrightarrow 0$

이때, $\dfrac{0}{0}$ 꼴의 극한은 **기본 문제 1**-2(p. 14)와 같은 방법으로 구한다.

모범답안 (1) $x \longrightarrow 1$일 때 극한값이 존재하고 (분모) $\longrightarrow 0$이므로 (분자) $\longrightarrow 0$

$$\therefore \lim_{x\to1}(ax-2x^2)=0 \quad \therefore a-2=0 \quad \therefore a=2$$

$$\therefore b=\lim_{x\to1}\frac{ax-2x^2}{x-1}=\lim_{x\to1}\frac{2x-2x^2}{x-1}=\lim_{x\to1}\frac{-2x(x-1)}{x-1}$$

$$=\lim_{x\to1}(-2x)=-2$$

답 $\boldsymbol{a=2,\ b=-2}$

(2) $x \longrightarrow 1$일 때 0이 아닌 극한값이 존재하고

(분자) $\longrightarrow 0$이므로 (분모) $\longrightarrow 0$

$$\therefore \lim_{x\to1}(x^2+ax+b)=0 \quad \therefore 1+a+b=0 \quad \therefore b=-a-1$$

$$\therefore \lim_{x\to1}\frac{x-1}{x^2+ax+b}=\lim_{x\to1}\frac{x-1}{x^2+ax-a-1}=\lim_{x\to1}\frac{x-1}{(x-1)(x+a+1)}=\frac{1}{2+a}$$

$$\therefore \frac{1}{2+a}=\frac{1}{3} \quad \therefore \boldsymbol{a=1} \quad \therefore \boldsymbol{b=-2} \longleftarrow \text{답}$$

유제 **1**-13. 다음을 만족시키는 상수 $a$, $b$의 값을 구하여라.

(1) $\displaystyle\lim_{x\to1}\frac{x^2+ax-3}{x-1}=b$  (2) $\displaystyle\lim_{x\to2}\frac{x^2+ax+b}{x-2}=5$

(3) $\displaystyle\lim_{x\to2}\frac{x^3-2x^2+ax+b}{x^2+x-6}=\frac{1}{5}$  (4) $\displaystyle\lim_{x\to-2}\frac{x+2}{ax^2+bx+4}=\frac{1}{4}$

답 (1) $\boldsymbol{a=2,\ b=4}$ (2) $\boldsymbol{a=1,\ b=-6}$ (3) $\boldsymbol{a=-3,\ b=6}$ (4) $\boldsymbol{a=-1,\ b=0}$

**기본 문제 1-11** 다음을 만족시키는 다항함수 $f(x)$를 구하여라.

$$\lim_{x\to\infty}\frac{f(x)}{2x^2+x+1}=1, \quad \lim_{x\to2}\frac{f(x)}{x^2-x-2}=1$$

정석연구 **기본 문제 1-4**(p. 16)에서 $\dfrac{\infty}{\infty}$ 꼴의 유리함수는 분모의 최고차항으로 분모, 분자를 나누어 극한을 조사하였다. 이와 같이 하면 이를테면

$$\lim_{x\to\infty}\frac{2x+1}{x^2+2x}=0, \quad \lim_{x\to\infty}\frac{3x^2+1}{4x^2+2x}=\frac{3}{4}, \quad \lim_{x\to\infty}\frac{x^2+1}{2x+1}=\infty$$

이다. 이 결과를 살펴보면 분모, 분자의 차수가 같을 때에는 극한값은 0이 아닌 실수이고, 이때에는 분모, 분자의 최고차항의 계수만 생각하면 된다는 것을 알 수 있다. 또, 이 역도 생각할 수 있다.

**정석** $x \longrightarrow \infty$일 때 유리함수의 극한에서
(i) 분모, 분자의 차수가 같을 때, 극한값은 **0**이 아닌 실수이다.
(ii) 극한값이 **0**이 아닌 실수일 때, 분모, 분자의 차수는 같다.

모범답안 $\displaystyle\lim_{x\to\infty}\frac{f(x)}{2x^2+x+1}=1$ ……① $\qquad \displaystyle\lim_{x\to2}\frac{f(x)}{x^2-x-2}=1$ ……②

①로부터 $f(x)$는 이차식이므로 $f(x)=ax^2+bx+c\ (a\neq0)$로 놓으면

①은 $\displaystyle\lim_{x\to\infty}\frac{ax^2+bx+c}{2x^2+x+1}=1 \quad \therefore \frac{a}{2}=1 \quad \therefore a=2$

이때, ②는 $\displaystyle\lim_{x\to2}\frac{f(x)}{x^2-x-2}=\lim_{x\to2}\frac{2x^2+bx+c}{(x-2)(x+1)}=1$

$\therefore \displaystyle\lim_{x\to2}(2x^2+bx+c)=0 \quad \therefore 8+2b+c=0 \quad \therefore c=-2b-8$

이때, $f(x)=2x^2+bx-2b-8=(x-2)(2x+b+4)$이므로

$$\lim_{x\to2}\frac{f(x)}{x^2-x-2}=\lim_{x\to2}\frac{(x-2)(2x+b+4)}{(x-2)(x+1)}=\frac{b+8}{3}=1$$

$\therefore b=-5 \quad \therefore c=10-8=2 \quad \therefore \boldsymbol{f(x)=2x^2-5x+2}$ ← 답

유제 **1**-14. 함수 $f(x)=\dfrac{ax^3+bx^2+cx+d}{x^2+x-2}$가 $\displaystyle\lim_{x\to1}f(x)=2,\ \lim_{x\to\infty}f(x)=1$을 만족시킬 때, $f(2)$의 값을 구하여라. 답 $\dfrac{7}{4}$

유제 **1**-15. 다음을 만족시키는 다항함수 $f(x)$를 구하여라.

$$\lim_{x\to\infty}\frac{f(x)-2x^3}{x^2}=1, \quad \lim_{x\to0}\frac{f(x)}{x}=-3$$

답 $\boldsymbol{f(x)=2x^3+x^2-3x}$

## 연습문제 1

**1-1** 다항함수 $f(x)$에 대하여 $\displaystyle\lim_{x\to1}\frac{8(x^4-1)}{(x^2-1)f(x)}=1$일 때, $f(1)$의 값은?

① 12 ② 14 ③ 16 ④ 18 ⑤ 20

**1-2** 정의역이 실수 전체의 집합인 함수 $f(x)$가 다음 두 조건을 만족시킨다.

(가) $f(x)=\begin{cases}3-x & (0\le x<1)\\ x^2-1 & (1\le x<2)\end{cases}$

(나) 모든 실수 $x$에 대하여 $f(x+2)=f(x)$

$\displaystyle\lim_{x\to-99+}f(x)+\lim_{x\to100-}f(x)+\lim_{x\to200+}f(x)$의 값을 구하여라.

**1-3** $f(x)=[1-x]+[x-1]$일 때, $\displaystyle\lim_{x\to0+}f(x)\times\lim_{x\to0-}f(x)$의 값은?

단, $[x]$는 $x$보다 크지 않은 최대 정수이다.

① $-2$ ② $-1$ ③ 0 ④ 1 ⑤ 2

**1-4** 다음 물음에 답하여라.

(1) $\displaystyle\lim_{x\to0}\frac{f(x)}{x}=1$일 때, $\displaystyle\lim_{x\to0}\frac{x^2-f(x)}{x^2+f(x)}$의 값을 구하여라.

(2) $\displaystyle\lim_{x\to\infty}\frac{f(x)}{x}$의 값이 존재할 때, $\displaystyle\lim_{x\to\infty}\frac{x^2-f(x)}{x^2+f(x)}$의 값을 구하여라.

**1-5** 1보다 큰 상수 $a$에 대하여 $\displaystyle\lim_{x\to1}\frac{|x-a|-(a-1)}{x-1}$의 값은?

① $-2$ ② $-1$ ③ 0 ④ 1 ⑤ 2

**1-6** $\displaystyle\lim_{x\to a}\frac{x^3+2x^2-a^2x-2a^2}{x^2-a^2}=5$일 때, 상수 $a$의 값을 구하여라.

**1-7** $\displaystyle\lim_{x\to0}\frac{x}{\sqrt{a+x}-\sqrt{a}}=4$일 때, $\displaystyle\lim_{x\to0}\frac{\sqrt{a+2x}-\sqrt{a-2x}}{x}$의 값을 구하여라.

단, $a$는 상수이다.

**1-8** 다음을 만족시키는 상수 $a$의 값을 구하여라.

(1) $\displaystyle\lim_{x\to\infty}\left(\sqrt{x^2+ax}-\sqrt{x^2-ax}\right)=4$ (2) $\displaystyle\lim_{x\to\infty}\left(x+a-\sqrt{x^2+x+1}\right)=0$

**1-9** 다음 극한값을 구하여라. 단, $[x]$는 $x$보다 크지 않은 최대 정수이다.

(1) $\displaystyle\lim_{x\to2+}\frac{x^2-4}{x-[x]}$ (2) $\displaystyle\lim_{x\to\infty}\frac{[x+3]}{x-1}$ (3) $\displaystyle\lim_{x\to\infty}\left(\sqrt{[x^2+x]}-x\right)$

**1-10** 실수 $t$에 대하여 직선 $y=t$가 함수 $y=|x^2-4|$의 그래프와 만나는 점의 개수를 $f(t)$라고 할 때, $\lim_{t\to4-}f(t)\times\lim_{t\to4+}f(t)$의 값은?

① 2 ② 4 ③ 6 ④ 8 ⑤ 10

**1-11** 직선 $y=x+1$ 위에 두 점 A$(-1, 0)$과 P$(t, t+1)$이 있다. 점 P를 지나고 직선 $y=x+1$에 수직인 직선이 $y$축과 만나는 점을 Q라고 할 때, $\lim_{t\to\infty}\dfrac{\overline{\mathrm{AQ}}}{\overline{\mathrm{AP}}}$의 값은?

① 1 ② $\sqrt{2}$ ③ $\sqrt{3}$ ④ 2 ⑤ $\sqrt{5}$

**1-12** 두 함수 $f(x)=\sqrt{x+3}$, $g(x)=2-\sqrt{x-1}$의 그래프가 만나는 점을 P라고 하자. 선분 OP 위를 움직이는 점 Q를 지나고 $y$축에 수직인 직선이 두 곡선 $y=f(x)$, $y=g(x)$와 만나는 점을 각각 A, B라 하고, 점 B를 지나고 $x$축에 수직인 직선이 직선 OP와 만나는 점을 C라고 하자. 점 Q의 $x$좌표를 $t$라고 할 때, $\lim_{t\to1-}\dfrac{\overline{\mathrm{BC}}}{\overline{\mathrm{AB}}}$의 값을 구하여라. 단, O는 원점이다.

**1-13** 반지름의 길이가 $a$인 원에서 직교하는 두 반지름을 $\overline{\mathrm{OA}}$, $\overline{\mathrm{OB}}$라고 하자. $\overline{\mathrm{OA}}$ 위의 임의의 점 P에서 $\overline{\mathrm{OB}}$에 평행하게 그은 직선이 호 AB와 만나는 점을 R라고 할 때, $\angle\mathrm{ORP}=\angle\mathrm{ORQ}$가 되도록 점 Q를 $\overline{\mathrm{OB}}$ 위에 잡는다. 이때, 점 P가 원의 중심 O에 한없이 가까워지면 점 Q는 어떤 점에 가까워지는가?

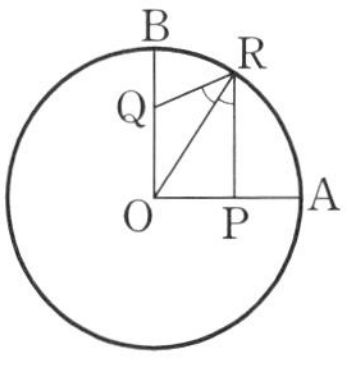


**1-14** 다음을 만족시키는 상수 $a$의 값을 구하여라.

(1) $\lim_{x\to\infty}\dfrac{3x^3+4x-1}{ax^3+2x^2+2}=\dfrac{1}{2}$ (2) $\lim_{x\to\infty}\dfrac{ax}{\sqrt{x^2+1}-1}=2$

**1-15** 다음을 만족시키는 상수 $a$, $b$의 값을 구하여라.

(1) $\lim_{x\to0}\dfrac{\sqrt{a+x}-\sqrt{2}}{x}=b$ (2) $\lim_{x\to2}\dfrac{a\sqrt{x-1}+b}{x-2}=1$

**1-16** 다음을 만족시키는 삼차함수 $f(x)$를 구하여라.

(1) $\lim_{x\to1}\dfrac{f(x)}{x-1}=4$, $\lim_{x\to2}\dfrac{f(x)}{x-2}=3$ (2) $\lim_{x\to0}\dfrac{f(x)}{x(x-1)}=1$, $\lim_{x\to1}\dfrac{f(x)}{x(x-1)}=2$

**1-17** 최고차항의 계수가 1인 두 이차함수 $f(x)$, $g(x)$가 다음 두 조건을 만족시킬 때, $g(7)$의 값을 구하여라.

(가) $g(1)=0$ (나) $\lim_{x\to n}\dfrac{f(x)}{g(x)}=n(n-1)$ (단, $n=1, 2$)

# 2. 함수의 연속

연속함수／최대 · 최소 정리와 사잇값의 정리

## § 1. 연속함수

### 1 열린구간 · 닫힌구간

두 실수 $a$, $b\,(a<b)$에 대하여 다음 실수의 집합

$$\{x\,|\,a\le x\le b\},\quad \{x\,|\,a<x<b\},\quad \{x\,|\,a\le x<b\},\quad \{x\,|\,a<x\le b\}$$

를 각각 구간이라 하고, 기호로

$$[a,\ b],\qquad (a,\ b),\qquad [a,\ b),\qquad (a,\ b]$$

와 같이 나타낸다.

이때, $(a,\ b)$를 열린구간, $[a,\ b]$를 닫힌구간, $[a,\ b)$, $(a,\ b]$를 반열린 구간 또는 반닫힌 구간이라고 한다.

또, 실수 $a$에 대하여 다음 실수의 집합

$$\{x\,|\,x\le a\},\quad \{x\,|\,x<a\},\quad \{x\,|\,x\ge a\},\quad \{x\,|\,x>a\}$$

도 각각 구간이라 하고, 기호로

$$(-\infty,\ a],\qquad (-\infty,\ a),\qquad [a,\ \infty),\qquad (a,\ \infty)$$

와 같이 나타낸다. 또, 실수 전체의 집합도 하나의 구간으로 보고 기호로 $(-\infty,\ \infty)$와 같이 나타낸다.

이들을 수직선 위에 그림으로 나타내면 다음과 같다.

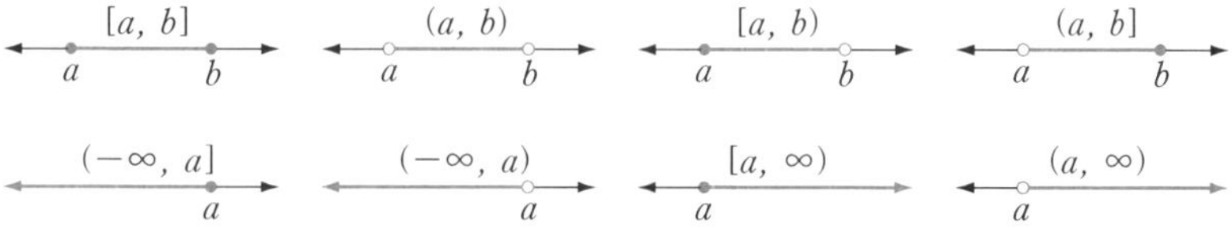

**보기** 1 다음 함수의 정의역을 구간의 기호를 써서 나타내어라.

(1) $f(x)=x^2$　　(2) $f(x)=\dfrac{x^2-1}{x-1}$

(3) $f(x)=\dfrac{2}{x^2-1}$　　(4) $f(x)=\sqrt{x-1}$

연구 (2)에서는 $x-1\neq0$, (3)에서는 $x^2-1\neq0$, (4)에서는 $x-1\geq0$이다.

(1) $(-\infty,\ \infty)$　　(2) $(-\infty,\ 1)\cup(1,\ \infty)$

(3) $(-\infty,\ -1)\cup(-1,\ 1)\cup(1,\ \infty)$　　(4) $[1,\ \infty)$

## 2 함수의 연속

이를테면 네 함수

$$f(x)=x+1,\quad g(x)=\frac{x^2+x}{x},\quad h(x)=[x],\quad k(x)=\begin{cases} x^2 & (x\neq0) \\ -1 & (x=0)\end{cases}$$

의 그래프는 다음과 같다. 단, $[x]$는 $x$보다 크지 않은 최대 정수이다.

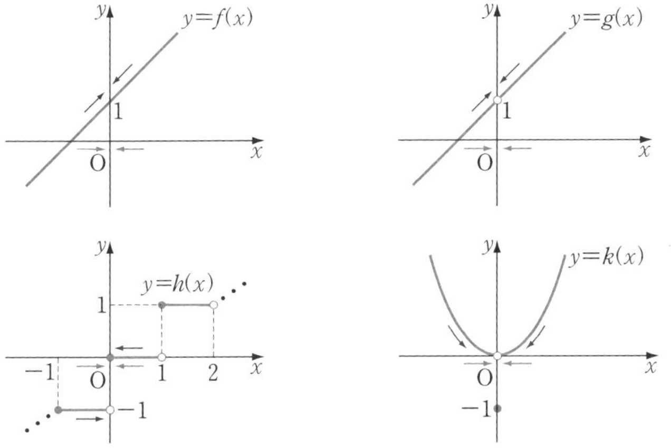


이 중 $y=f(x)$의 그래프는 $x=0$인 점에서 이어져 있지만, 나머지 세 함수의 그래프는 $x=0$인 점에서 끊어져 있다. 이때, 함수 $f(x)$는 $\boldsymbol{x=0}$에서 연속이라 하고, 함수 $g(x)$, $h(x)$, $k(x)$는 $\boldsymbol{x=0}$에서 불연속이라고 한다.

$x=0$에서 불연속인 함수 $g(x)$, $h(x)$, $k(x)$에는 다음과 같은 특징이 있다.

(i) 함수 $g(x)$는 $x=0$에서 정의되지 않는다.

(ii) $\displaystyle\lim_{x\to0-}h(x)=-1,\ \lim_{x\to0+}h(x)=0$이므로

함수 $h(x)$는 $x\longrightarrow0$일 때 극한값이 존재하지 않는다.

(iii) $\displaystyle\lim_{x\to0}k(x)=0,\ k(0)=-1$이므로　⇦ $\displaystyle\lim_{x\to0}k(x)\neq k(0)$

함수 $k(x)$는 $x\longrightarrow0$일 때의 극한값과 $k(0)$이 같지 않다.

그러나 $x=0$에서 연속인 함수 $f(x)$에서는 다음이 성립한다.

(i) $x=0$에서 정의되어 있다. 곧, $f(0)=1$

(ii) $x \longrightarrow 0$일 때 극한값이 존재한다. 곧, $\lim_{x\to 0} f(x)=1$

(iii) (i)과 (ii)의 값이 일치한다. 곧, $\lim_{x\to 0} f(x)=f(0)$

이상을 일반화하여 함수의 연속과 불연속을 다음과 같이 정의한다.

**기본정석** **함수의 연속과 불연속**

(1) $\boldsymbol{x=a}$**에서 연속**

함수 $f(x)$가

(i) $\boldsymbol{x=a}$에서 정의되어 있고,

(ii) $\boldsymbol{\lim_{x\to a} f(x)}$가 존재하며,

(iii) $\boldsymbol{\lim_{x\to a} f(x)=f(a)}$

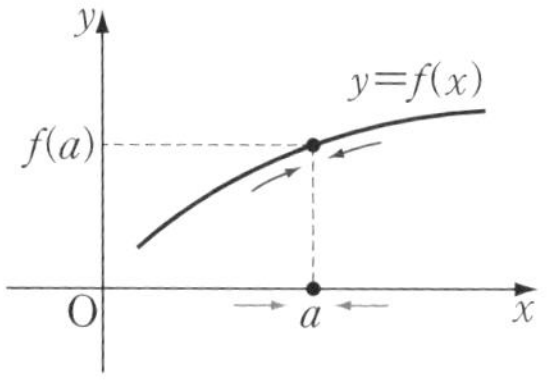


일 때, $f(x)$는 $\boldsymbol{x=a}$에서 연속이라고 한다.

이때, 함수 $y=f(x)$의 그래프는 $x=a$인 점에서 이어져 있다.

(2) $\boldsymbol{x=a}$**에서 불연속**

함수 $f(x)$가 $x=a$에서 연속이 아닐 때, $f(x)$는 $\boldsymbol{x=a}$에서 불연속이라고 한다.

이때, 함수 $y=f(x)$의 그래프는 $x=a$인 점에서 끊어져 있다.

*Advice* 1° 앞에서 살펴본 함수

$$g(x)=\frac{x^2+x}{x}, \quad h(x)=[x], \quad k(x)=\begin{cases} x^2 & (x\neq 0) \\ -1 & (x=0) \end{cases}$$

은 $x=0$에서 불연속인 함수의 예이다. 그래프와 함께 기억해 두어라.

2° 함수 $g(x)$를

$$g(x)=\begin{cases} \dfrac{x^2+x}{x} & (x\neq 0) \\ 1 & (x=0) \end{cases}$$

과 같이 정의하면 $\lim_{x\to 0} g(x)=g(0)=1$이므로 $x=0$에서 연속이다.

3° 책에 따라서는 정의역의 원소에 대해서만 연속, 불연속을 생각한다. 이를테면 함수 $y=\dfrac{1}{x}$은 $x=0$에서 정의되지 않으므로 이 값에서 연속, 불연속을 생각하지 않는다.

하지만 이 책에서는 $y=\dfrac{1}{x}$은 $x=0$에서 불연속이라고 약속한다.

**보기** 2 함수 $f(x)=\begin{cases} \dfrac{x^2-1}{x+1} & (x\neq-1) \\ a & (x=-1) \end{cases}$ 가 $x=-1$에서 연속일 때, 상수 $a$의 값을 구하여라.

연구 $\lim_{x\to-1} f(x)$가 존재하고 이 값이 $a$이므로

$$a=\lim_{x\to-1}\frac{x^2-1}{x+1}=\lim_{x\to-1}\frac{(x+1)(x-1)}{x+1}=\lim_{x\to-1}(x-1)=-2$$

**보기** 3 함수 $f(x)=x$는 모든 실수에서 연속임을 증명하여라.

연구 임의의 실수 $a$에 대하여

$$\lim_{x\to a} f(x)=\lim_{x\to a} x=a,\quad f(a)=a \qquad \therefore \lim_{x\to a} f(x)=f(a)$$

곧, $f(x)$는 $x=a$에서 연속이다. 따라서 $f(x)$는 모든 실수에서 연속이다.

**Note* 같은 방법으로 상수함수 $f(x)=c$도 모든 실수에서 연속임을 보일 수 있다.

## 3 구간에서의 연속

함수 $f(x)$가 열린구간 $(a,\ b)$에 속하는 모든 $x$에서 연속이면 $f(x)$는 열린구간 $(\boldsymbol{a},\ \boldsymbol{b})$에서 연속이라고 정의한다.

또, 함수 $f(x)$가

(i) 열린구간 $(\boldsymbol{a},\ \boldsymbol{b})$에서 연속이고

(ii) $\lim_{x\to a+} \boldsymbol{f(x)=f(a)},\quad \lim_{x\to b-} \boldsymbol{f(x)=f(b)}$

이면 닫힌구간 $[\boldsymbol{a},\ \boldsymbol{b}]$에서 연속이라고 정의한다.

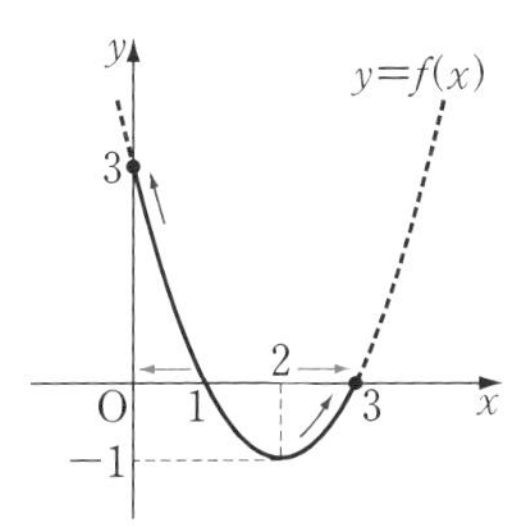


이를테면 닫힌구간 $[0,\ 3]$에서 정의된 함수 $f(x)=x^2-4x+3$은 열린구간 $(0,\ 3)$에서 연속이고

$$\lim_{x\to0+} f(x)=3=f(0),\quad \lim_{x\to3-} f(x)=0=f(3)$$

이므로 $f(x)$는 닫힌구간 $[0,\ 3]$에서 연속이다.

일반적으로 함수 $f(x)$가 어떤 구간에 속하는 모든 실수에서 연속이면 $f(x)$는 이 구간에서 연속 또는 이 구간에서 연속함수라고 한다.

## 4 연속함수의 성질

앞서 공부한 함수의 극한에 관한 기본 성질(p. 12)을 이용하면 다음 연속함수의 성질이 성립한다는 것을 설명할 수 있다. 직관적으로 이해하고, 연속함수를 공부하는 데 활용할 수 있도록 하자.

**기본정석** — **연속함수의 성질**

두 함수 $f(x)$, $g(x)$가 모두 $x=a$에서 연속이면 다음 함수도 $x=a$에서 연속이다.

(1) $kf(x)$ (단, $k$는 상수) (2) $f(x)\pm g(x)$

(3) $f(x)g(x)$ (4) $\dfrac{f(x)}{g(x)}$ (단, $g(a)\neq 0$)

**보기 4** 두 함수 $f(x)$, $g(x)$가 모두 $x=a$에서 연속일 때, 다음 함수 중 $x=a$에서 반드시 연속이라고 할 수 없는 것은?

① $2f(x)+3g(x)$ ② $2f(x)-3g(x)$ ③ $2f(x)\times 3g(x)$

④ $\{f(x)\}^2$ ⑤ $2f(x)+\dfrac{g(x)}{f(x)}$

연구 연속함수의 성질 (1)에 의하여 $2f(x)$와 $3g(x)$는 모두 연속이다.

따라서 성질 (2), (3)에 의하여

$$2f(x)+3g(x),\quad 2f(x)-3g(x),\quad 2f(x)\times 3g(x)$$

도 모두 연속이다.

또, $\{f(x)\}^2=f(x)f(x)$이므로 성질 (3)에 의하여 연속이다.

그러나 $f(a)=0$일 수 있으므로 $\dfrac{g(x)}{f(x)}$는 반드시 연속이라고 할 수 없다.

따라서 $2f(x)+\dfrac{g(x)}{f(x)}$도 반드시 연속이라고 할 수 없다. 답 ⑤

## 5 기본 함수의 연속성

기본 함수의 연속성을 정리하면 다음과 같다.

다항함수 $a_nx^n+a_{n-1}x^{n-1}+\cdots+a_1x+a_0$ …… 구간 $(-\infty, \infty)$에서 연속

유리함수 $\dfrac{f(x)}{g(x)}$ ($f$, $g$는 다항함수) …… $g(x)\neq 0$인 모든 실수에서 연속

무리함수 $\sqrt{f(x)}$ ($f$는 다항함수) …… $f(x)\geq 0$인 모든 실수에서 연속

*Advice* 1° 다항함수는 항등함수 $f(x)=x$와 상수함수 $f(x)=c$의 곱과 합으로 된 함수라고 할 수 있다. 따라서 앞면의 **보기 3**의 결과와 연속함수의 성질에서 다항함수는 구간 $(-\infty, \infty)$에서 연속이다.

2° 유리함수나 무리함수는 정의역에서 연속이다.

곧, 유리함수는 분모가 0이 아닐 때 연속이고, 무리함수는 근호 안의 식의 값이 음수가 아닐 때 연속이다.

**기본 문제 2-1** 다음 함수의 $x=1$에서의 연속성을 조사하여라.
단, $[x]$는 $x$보다 크지 않은 최대 정수이다.

(1) $f(x)=\dfrac{x^2-1}{x-1}$ (2) $f(x)=\begin{cases}\sqrt{x-1} & (x\ge1)\\ 1-x & (x<1)\end{cases}$ (3) $f(x)=x-[x]$

정석연구 함수의 연속의 정의를 다시 정리해 보면

**정 의** (i) $\boldsymbol{x=a}$에서 정의되어 있고,
(ii) $\displaystyle\lim_{x\to a}\boldsymbol{f(x)}$가 존재하며,
(iii) $\displaystyle\lim_{x\to a}\boldsymbol{f(x)=f(a)}$
일 때, 함수 $\boldsymbol{f(x)}$는 $\boldsymbol{x=a}$에서 연속이라고 한다.

또한 (i), (ii), (iii) 중 어느 한 조건이라도 만족시키지 않으면 함수 $f(x)$는 $x=a$에서 불연속이라고 한다.

모범답안 (1) $x=1$일 때 $f(x)$가 정의되지 않으므로 $x=1$에서 불연속 ← 답

(2) $f(1)=\sqrt{1-1}=0$, 곧 $f(1)$은 정의된다.

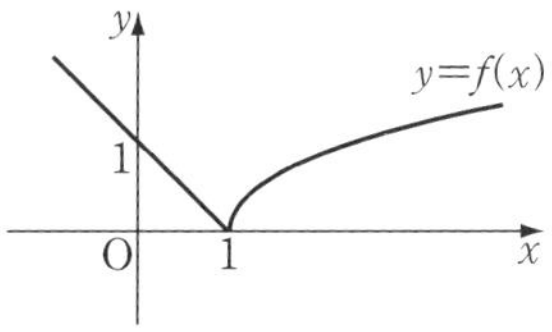


또, $\displaystyle\lim_{x\to1+}f(x)=\lim_{x\to1+}\sqrt{x-1}=0$,
$\displaystyle\lim_{x\to1-}f(x)=\lim_{x\to1-}(1-x)=0$
이므로 $\displaystyle\lim_{x\to1}f(x)=0$
따라서 $\displaystyle\lim_{x\to1}f(x)=f(1)$이므로 $f(x)$는 $x=1$에서 연속 ← 답

(3) $f(1)=1-[1]=0$, 곧 $f(1)$은 정의된다.

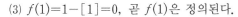

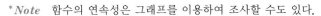

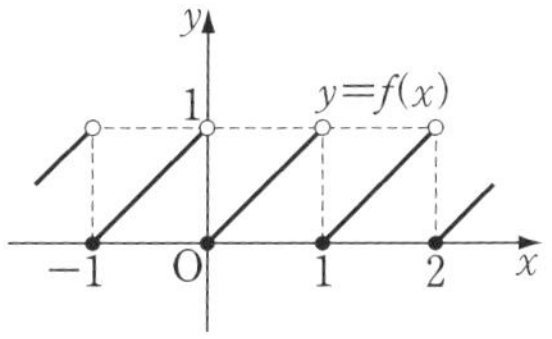


그런데
$\displaystyle\lim_{x\to1+}f(x)=\lim_{x\to1+}(x-[x])=1-1=0$,
$\displaystyle\lim_{x\to1-}f(x)=\lim_{x\to1-}(x-[x])=1-0=1$
이므로 $\displaystyle\lim_{x\to1}f(x)$는 존재하지 않는다.
따라서 $f(x)$는 $x=1$에서 불연속 ← 답

***Note** 함수의 연속성은 그래프를 이용하여 조사할 수도 있다.

**유제 2-1.** 다음 함수의 $x=0$에서의 연속성을 조사하여라.

(1) $f(x)=\dfrac{3x-1}{x+1}$ (2) $f(x)=\begin{cases}x^2+1 & (x\ne0)\\ 0 & (x=0)\end{cases}$

답 (1) 연속 (2) 불연속

**기본 문제 2-2** 다음 함수 $f(x)$가 $x=1$에서 연속일 때, 상수 $a$, $b$의 값을 구하여라.

$$f(x)=\begin{cases} \dfrac{a\sqrt{x+1}-b}{x-1} & (x\neq1) \\ \sqrt{2} & (x=1) \end{cases}$$

정석연구 함수 $f(x)$가 $x=a$에서 연속이면

$$\lim_{x\to a} f(x)=f(a)$$

임을 이용한다.

또, 두 함수 $f(x)$, $g(x)$에 대하여

**정석** $\displaystyle\lim_{x\to a}\frac{f(x)}{g(x)}=\alpha$ ($\alpha$는 실수)일 때

$\displaystyle\lim_{x\to a} g(x)=0$이면 $\Longrightarrow$ $\displaystyle\lim_{x\to a} f(x)=0$

이다.

모범답안 함수 $f(x)$가 $x=1$에서 연속이면

$$\lim_{x\to1} f(x)=f(1) \quad \text{곧,} \quad \lim_{x\to1}\frac{a\sqrt{x+1}-b}{x-1}=\sqrt{2} \qquad \cdots\cdots①$$

이 성립한다.

①에서 $x \longrightarrow 1$일 때 극한값이 존재하고 (분모) $\longrightarrow 0$이므로 (분자) $\longrightarrow 0$이어야 한다.

$$\therefore \lim_{x\to1}\left(a\sqrt{x+1}-b\right)=0 \quad \therefore \sqrt{2}a-b=0 \quad \therefore b=\sqrt{2}a \qquad \cdots\cdots②$$

$$\therefore \lim_{x\to1}\frac{a\sqrt{x+1}-b}{x-1}=\lim_{x\to1}\frac{a\sqrt{x+1}-\sqrt{2}a}{x-1}=\lim_{x\to1}\frac{a\{(x+1)-2\}}{(x-1)\left(\sqrt{x+1}+\sqrt{2}\right)}$$

$$=\lim_{x\to1}\frac{a}{\sqrt{x+1}+\sqrt{2}}=\frac{a}{2\sqrt{2}}$$

$$\therefore \frac{a}{2\sqrt{2}}=\sqrt{2} \quad \therefore a=4$$

이 값을 ②에 대입하면 $b=4\sqrt{2}$ 답 $\boldsymbol{a=4,\ b=4\sqrt{2}}$

유제 **2**-2. 열린구간 $(-1,\ 1)$에서 정의된 함수

$$f(x)=\begin{cases} \dfrac{\sqrt{1+x}-\sqrt{1-x}}{x} & (x\neq0) \\ a & (x=0) \end{cases}$$

가 $x=0$에서 연속일 때, 상수 $a$의 값을 구하여라. 답 $\boldsymbol{a=1}$

기본 문제 **2**-3 두 함수

$$f(x)=x^2-4x+a, \quad g(x)=\begin{cases} 2 & (|x-b|>1) \\ 1 & (|x-b|\le 1) \end{cases}$$

에 대하여 함수 $f(x)g(x)$가 실수 전체의 집합에서 연속일 때, 상수 $a$, $b$의 값을 구하여라.

정석연구 함수 $f(x)$, $g(x)$가 $x=a$에서 연속이면 함수 $f(x)g(x)$는 $x=a$에서 연속이다. 따라서 $f(x)$가 불연속이거나 $g(x)$가 불연속인 $x$의 값에서 $f(x)g(x)$가 연속일 조건만 찾으면 된다.

**정석** $\boldsymbol{f(x)}$, $\boldsymbol{g(x)}$가 $\boldsymbol{x=a}$에서 연속이면
$\Longrightarrow$ $\boldsymbol{f(x)g(x)}$는 $\boldsymbol{x=a}$에서 연속이다.

모범답안 $f(x)$는 실수 전체의 집합에서 연속이고, $g(x)$는 $|x-b|=1$, 곧 $x=b\pm1$에서만 불연속이므로 $f(x)g(x)$가 $x=b\pm1$에서 연속이면 실수 전체의 집합에서 연속이다.

$f(x)g(x)$가 $x=b+1$에서 연속이려면

$$\lim_{x\to b+1+} f(x)g(x)=f(b+1)\times2, \quad \lim_{x\to b+1-} f(x)g(x)=f(b+1)\times1,$$
$$f(b+1)g(b+1)=f(b+1)\times1$$

에서 $2f(b+1)=f(b+1)$ $\quad\therefore f(b+1)=0$

$x=b-1$에서 같은 방법으로 생각하면 $f(b-1)=0$

따라서 $f(x)=x^2-4x+a=0$의 두 근이 $b+1$, $b-1$이므로

$(b+1)+(b-1)=4$, $(b+1)(b-1)=a$ $\quad\therefore$ $\boldsymbol{a=3}$, $\boldsymbol{b=2}$ ← 답

*Advice* | 일반적으로 $f(x)$가 $x=a$에서 연속, $g(x)$가 $x=a$에서 불연속이고 $f(x)g(x)$가 $x=a$에서 연속이면 $f(a)=0$이다. 그러나 역은 성립하지 않는다. 이를테면

$$f(x)=x, \quad g(x)=\begin{cases} \dfrac{1}{x^2} & (x\ne0) \\ 1 & (x=0) \end{cases}$$

이면 $f(0)=0$이지만 $f(x)g(x)$는 $x=0$에서 연속이 아니다.

유제 **2**-3. 두 함수

$$f(x)=x^2+ax+b, \quad g(x)=\begin{cases} \dfrac{1}{x-1} & (x\ne1) \\ 1 & (x=1) \end{cases}$$

에 대하여 함수 $f(x)g(x)$가 실수 전체의 집합에서 연속일 때, 상수 $a$, $b$의 값을 구하여라.

답 $\boldsymbol{a=-2}$, $\boldsymbol{b=1}$

**기본 문제 2-4** 두 함수 $y=f(x)$와 $y=g(x)$의 그래프가 오른쪽과 같을 때, $-1\leq x\leq 3$에서 함수 $g\big(f(x)\big)$가 불연속인 $x$의 값을 구하여라.

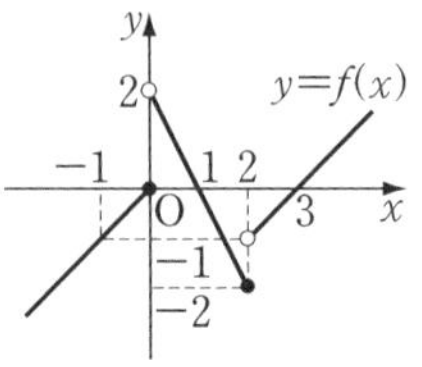


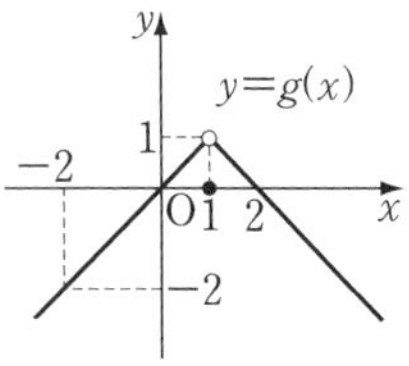


정석연구 함수 $f(x)$가 $x=a$에서 연속이고, 함수 $g(x)$가 $x=f(a)$에서 연속이면

$$\lim_{x\to a} g\big(f(x)\big)=g\big(f(a)\big)$$

이므로 합성함수 $g\big(f(x)\big)$는 $x=a$에서 연속이다.

따라서 $g\big(f(x)\big)$가 $x=a$에서 불연속이면 $f(x)$가 $x=a$에서 불연속이거나 $g(x)$가 $x=f(a)$에서 불연속이다.

**정석** $\boldsymbol{f(x)}$가 $\boldsymbol{x=a}$에서 연속, $\boldsymbol{g(x)}$가 $\boldsymbol{x=f(a)}$에서 연속이면
$\Longrightarrow$ $\boldsymbol{g\big(f(x)\big)}$는 $\boldsymbol{x=a}$에서 연속이다.

모범답안 $f(x)$는 $x=0,\ 2$에서 불연속이고, $g(x)$는 $x=1$에서 불연속이다.

그리고 $-1\leq x\leq 3$에서 $f(x)=1$의 해는 $x=\dfrac{1}{2}$이다.

(i) $x=0$에서

$$\lim_{x\to 0+} g\big(f(x)\big)=\lim_{t\to 2-} g(t)=0,\quad \lim_{x\to 0-} g\big(f(x)\big)=\lim_{t\to 0-} g(t)=0$$

이고 $g\big(f(0)\big)=g(0)=0$이므로 $g\big(f(x)\big)$는 $x=0$에서 연속이다.

(ii) $x=2$에서

$$\lim_{x\to 2+} g\big(f(x)\big)=\lim_{t\to -1+} g(t)=-1,\quad \lim_{x\to 2-} g\big(f(x)\big)=\lim_{t\to -2+} g(t)=-2$$

이므로 $g\big(f(x)\big)$는 $x=2$에서 불연속이다.

(iii) $x=\dfrac{1}{2}$에서 $f(x)$는 연속이므로 $\displaystyle\lim_{x\to\frac{1}{2}} g\big(f(x)\big)=\lim_{t\to 1} g(t)=1$

그런데 $g\Big(f\Big(\dfrac{1}{2}\Big)\Big)=g(1)=0$이므로 $g\big(f(x)\big)$는 $x=\dfrac{1}{2}$에서 불연속이다.

답 $\boldsymbol{x=\dfrac{1}{2},\ 2}$

유제 **2**-4. 함수 $f(x)=\begin{cases} -x^2+2 & (x\leq 1) \\ -x^2+4x-3 & (x>1) \end{cases}$에 대하여 $g=f\circ f$라고 할 때, $g(x)$가 불연속인 $x$의 값을 구하여라. 답 $\boldsymbol{x=-1,\ 1}$

# §2. 최대 · 최소 정리와 사잇값의 정리

## 1 최대 · 최소 정리

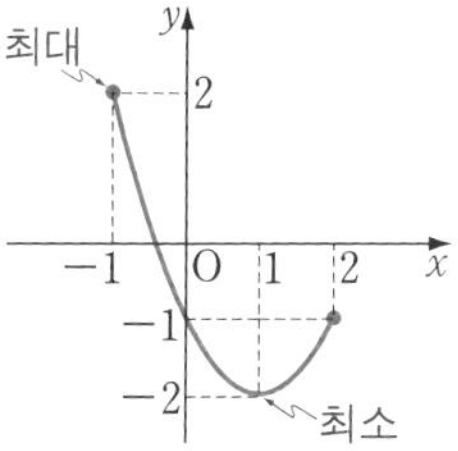


이를테면

구간 $[-1, 2]$, 구간 $(-1, 2]$

에서 이차함수 $f(x)=x^2-2x-1$의 최댓값과 최솟값을 각각 알아보자.

$f(x)=(x-1)^2-2$이므로 닫힌구간 $[-1, 2]$에서는

$x=-1$일 때 최댓값은 2,

$x=1$일 때 최솟값은 $-2$

이다.

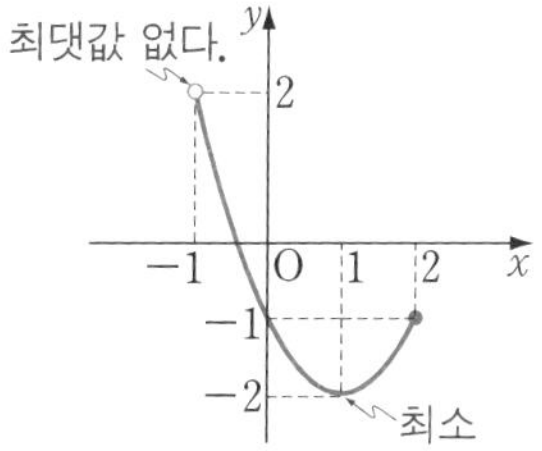


그러나 반열린 구간 $(-1, 2]$에서는

$x=1$일 때 최솟값은 $-2$

이지만 최댓값은 없다.

이와 같이 이차함수가 닫힌구간에서 정의된 경우 최댓값과 최솟값을 모두 가지지만, 열린구간 또는 반열린 구간(또는 반닫힌 구간)에서 정의된 경우 최댓값이나 최솟값을 가지지 않을 수도 있다.

이 성질을 모든 연속함수에 대하여 일반화하면 다음과 같다.

**기본정석** — **최대 · 최소 정리**

> 함수 $f(x)$가 닫힌구간 $[a, b]$에서 연속이면 $f(x)$는 이 구간에서 반드시 최댓값과 최솟값을 가진다.

*Advice* 1° 이 성질의 증명은 고등학교 교육과정의 수준을 넘으므로 생략한다. 그 내용만 정확히 이해해 두길 바란다.

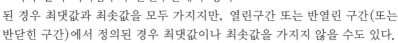

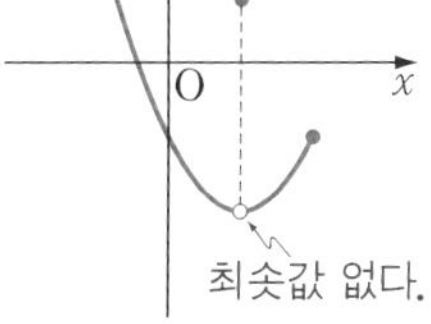


2° 오른쪽 그림과 같이 닫힌구간에서 정의되더라도 이 구간에서 연속이 아니면 최댓값이나 최솟값을 가지지 않을 수 있다.

이 정리에서 두 조건

닫힌구간, 연속

이 꼭 필요하다는 것을 기억하길 바란다.

## 2 사잇값의 정리

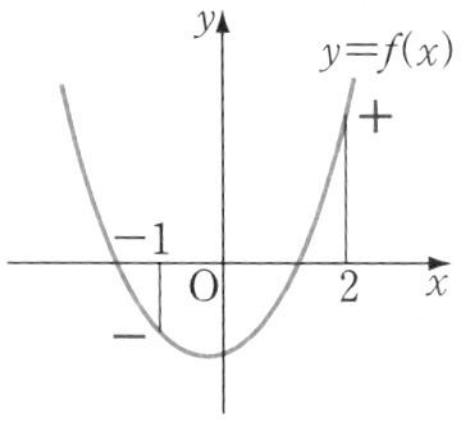


이를테면 이차함수 $f(x)=x^2+ax+b$가

$$f(-1)<0, \quad f(2)>0$$

을 만족시키면 이차방정식 $f(x)=0$은 구간 $(-1,\ 2)$에서 하나의 실근을 가진다.

그러나 유리함수 $g(x)=\dfrac{1}{x-1}$은

$$g(-1)=-\frac{1}{2}<0, \quad g(2)=1>0$$

을 만족시키지만, 방정식 $g(x)=0$은 구간 $(-1,\ 2)$에서 실근을 가지지 않는다.

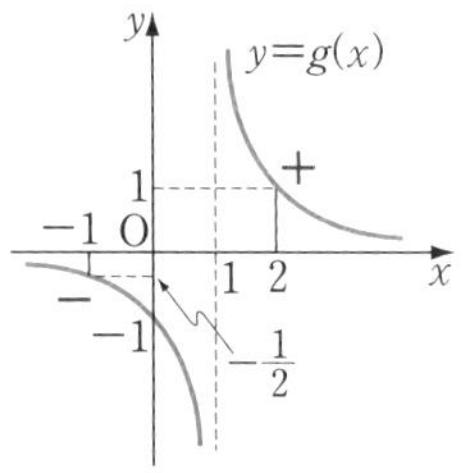


왜냐하면 함수 $g(x)$가 $x=1$에서 연속이 아니므로 오른쪽 그림과 같이 주어진 구간에서 $y=g(x)$의 그래프가 $x$축과 만나지 않기 때문이다.

이와 같은 연속함수의 성질을 다음과 같이 정리할 수 있다.

**기본정석** — **사잇값의 정리**

함수 $f(x)$가 닫힌구간 $[a,\ b]$에서 연속이고 $f(a)\neq f(b)$이면 $f(a)$와 $f(b)$ 사이의 임의의 실수 $k$에 대하여 $f(c)=k$인 $c$가 열린구간 $(a,\ b)$에 적어도 하나 존재한다.

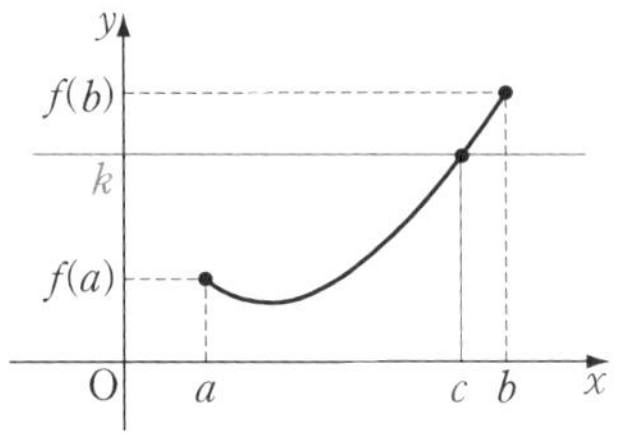


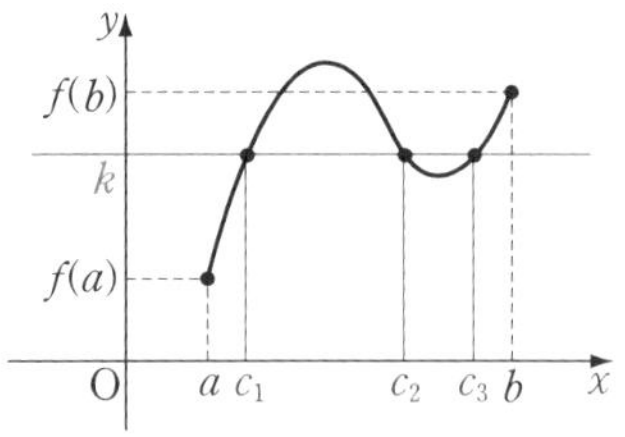


**보기** 1 방정식 $x^3-4x+2=0$이 구간 $(1,\ 2)$에서 적어도 하나의 실근을 가짐을 보여라.

**연구** $f(x)=x^3-4x+2$로 놓으면 $f(x)$는 구간 $[1,\ 2]$에서 연속이고

$$f(1)=-1<0, \quad f(2)=2>0$$

이므로 $f(x)=0$은 구간 $(1,\ 2)$에서 적어도 하나의 실근을 가진다.

*Note 1° 사잇값의 정리에서 $f(a)$와 $f(b)$의 부호가 다르고 $k=0$인 경우이다.

2° 사잇값의 정리만으로는 방정식 $f(x)=0$의 실근의 개수를 알 수 없다.

**기본 문제 2-5** 다음 방정식이 주어진 구간에서 적어도 하나의 실근을 가짐을 보여라.

(1) $x^4+x^3-9x+1=0$, $(1, 3)$ (2) $\dfrac{x^3-2x^2}{x-1}=1$, $(2, 3)$

정석연구 주어진 구간에서 방정식의 실근이 존재하는지를 묻는 문제이다. 이때에는 사잇값의 정리의 특수한 경우로서

**정석** $\boldsymbol{f(x)}$가 구간 $[\boldsymbol{a}, \boldsymbol{b}]$에서 연속이고 $\boldsymbol{f(a)f(b)<0}$이면 $\boldsymbol{f(x)=0}$은 구간 $(\boldsymbol{a}, \boldsymbol{b})$에서 적어도 하나의 실근을 가진다

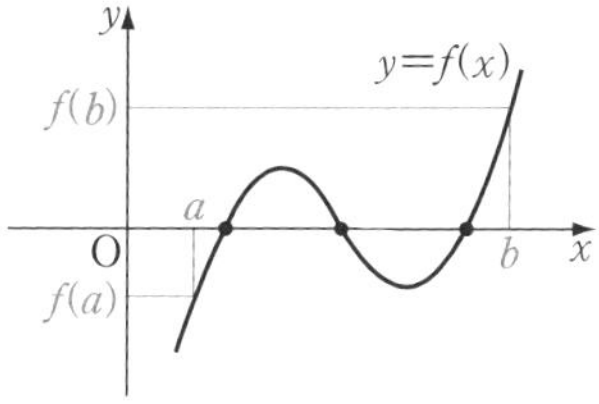


는 성질을 이용한다.

(1)은 $f(x)=x^4+x^3-9x+1$, (2)는 $f(x)=\dfrac{x^3-2x^2}{x-1}-1$

로 놓고 각각 위의 **정석**을 적용해 보아라.

모범답안 (1) $f(x)=x^4+x^3-9x+1$로 놓으면 $f(x)$는 실수 전체의 집합에서 연속이므로 구간 $[1, 3]$에서도 연속이고

$$f(1)=-6<0, \qquad f(3)=82>0$$

따라서 사잇값의 정리에 의하여 방정식 $f(x)=0$은 구간 $(1, 3)$에서 적어도 하나의 실근을 가진다.

(2) $f(x)=\dfrac{x^3-2x^2}{x-1}-1$로 놓으면 $f(x)$는 구간 $[2, 3]$에서 연속이고

$$f(2)=-1<0, \qquad f(3)=\frac{7}{2}>0$$

따라서 사잇값의 정리에 의하여 방정식 $f(x)=0$은 구간 $(2, 3)$에서 적어도 하나의 실근을 가진다.

**Note* $f(x)=\dfrac{x^3-2x^2}{x-1}$으로 놓고 $f(x)$가 구간 $[2, 3]$에서 연속이고 $f(2)<1$, $f(3)>1$임을 이용해도 된다.

유제 **2**-5. 다음 방정식이 주어진 구간에서 적어도 하나의 실근을 가짐을 보여라.

(1) $x^3+2x+2=0$, $(-1, 0)$ (2) $\dfrac{2x-1}{x^3+1}=x-1$, $\left(\dfrac{1}{2}, 2\right)$

(3) $x^2-1=\sqrt{-x}$, $(-2, -1)$

## 연습문제 2

**2-1** $0<x<2$에서 함수 $f(x)=[x^2-1]$이 불연속이 되는 $x$의 값의 개수는?
단, $[x]$는 $x$보다 크지 않은 최대 정수이다.

① 0 ② 1 ③ 2 ④ 3 ⑤ 4

**2-2** 함수 $F(x)=\begin{cases} (1+x^2)f(x) & (x\neq 0) \\ 0 & (x=0) \end{cases}$이 $x=0$에서 연속일 때, $f(0)$의 값을 구하여라. 단, $f(x)$는 $x=0$에서 연속이다.

**2-3** 구간 $(0, 2)$에서 정의된 두 함수 $f(x)$, $g(x)$가

$$f(x)=\begin{cases} \dfrac{1}{x}-1 & (0<x\leq 1) \\ \dfrac{1}{x-1}-1 & (1<x<2), \end{cases} \qquad g(x)=\begin{cases} x^2+1 & (0<x\leq 1) \\ (x-1)^3 & (1<x<2) \end{cases}$$

일 때, 함수 $f(x)g(x)$의 $x=1$에서의 연속성을 조사하여라.

**2-4** 좌표평면에서 중심이 점 $(0, 3)$이고 반지름의 길이가 1인 원을 C라고 하자. 반지름의 길이가 $r$인 원 중에서, 원 C와 한 점에서 만나고 동시에 $x$축에 접하는 원의 개수를 $f(r)$라고 하자.

$0<r<4$에서 함수 $f(r)$가 불연속인 $r$의 값을 구하여라.

**2-5** 함수 $f(x)=\begin{cases} \dfrac{2x^2+ax+a}{x-1} & (x\neq 1) \\ b & (x=1) \end{cases}$가 실수 전체의 집합에서 연속일 때, 상수 $a$, $b$의 값을 구하여라.

**2-6** 함수 $f(x)=\begin{cases} x(x-1) & (|x|>1) \\ -x^2+ax+b & (|x|\leq 1) \end{cases}$가 실수 전체의 집합에서 연속이 되도록 상수 $a$, $b$의 값을 정하여라.

**2-7** 함수 $f(x)=\begin{cases} -x & (|x|>1) \\ x & (|x|\leq 1) \end{cases}$에 대하여 다음 중 옳은 것만을 있는 대로 고른 것은?

> ㄱ. 함수 $f(x)$가 불연속인 $x$의 값은 2개이다.
> ㄴ. 함수 $f(x+1)$은 $x=0$에서 연속이다.
> ㄷ. 함수 $\{f(x)\}^2$은 실수 전체의 집합에서 연속이다.

① ㄱ ② ㄴ ③ ㄱ, ㄴ ④ ㄱ, ㄷ ⑤ ㄱ, ㄴ, ㄷ

**2-8** 함수 $y=f(x)$의 그래프와 $y=g_1(x)$, $y=g_2(x)$, $y=g_3(x)$의 그래프가 아래 그림과 같이 주어져 있다. 함수 $g_1(x)$, $g_2(x)$, $g_3(x)$ 중 $f(x)$와 곱하여 얻어지는 함수 $f(x)g_k(x)$ (단, $k=1$, 2, 3)가 구간 $[-1, 3]$에서 연속이 되는 $g_k(x)$만을 있는 대로 고른 것은?

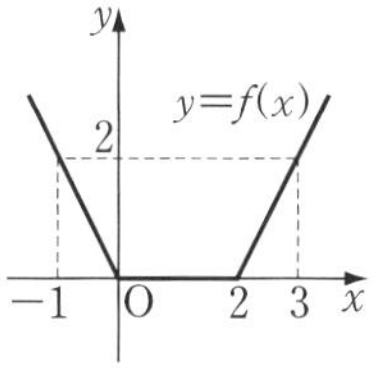


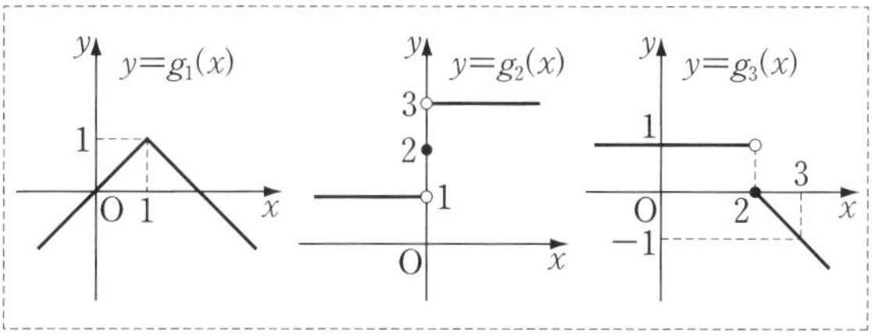


① $g_1(x)$　② $g_2(x)$　③ $g_1(x)$, $g_2(x)$
④ $g_1(x)$, $g_3(x)$　⑤ $g_1(x)$, $g_2(x)$, $g_3(x)$

**2-9** 실수 전체의 집합에서 정의된 함수 $y=f(x)$의 그래프가 오른쪽과 같다. 또, 삼차함수 $g(x)$는 최고차항의 계수가 1이고 $g(0)=3$이다.

함수 $(g\circ f)(x)$가 실수 전체의 집합에서 연속일 때, $g(x)$를 구하여라.

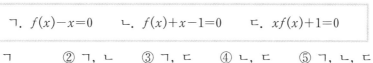

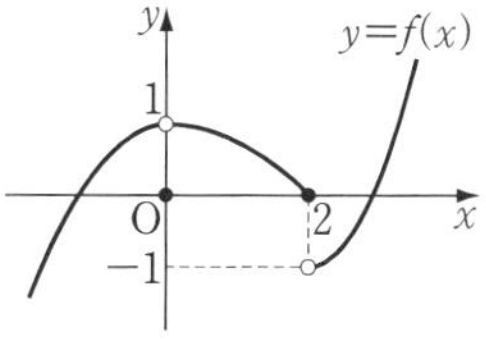


**2-10** 함수 $f(x)$가 구간 $[a, b]$에서 연속일 때, 다음 중 옳은 것은?

① $f(a)f(b)<0$이면 방정식 $f(x)=0$은 구간 $[a, b]$에서 오직 하나의 실근을 가진다.

② $f(a)f(b)>0$이면 방정식 $f(x)=0$은 구간 $[a, b]$에서 실근을 가지지 않는다.

③ $f(a)f(b)=0$이면 방정식 $f(x)=0$은 구간 $[a, b]$에서 적어도 두 개의 실근을 가진다.

④ $f(a)=f(b)$이면 방정식 $f(x)=0$은 구간 $[a, b]$에서 무수히 많은 실근을 가진다.

⑤ 함수 $f(x)$는 구간 $[a, b]$에서 반드시 최댓값과 최솟값을 가진다.

**2-11** 연속함수 $f(x)$가 $f(0)=1$, $f(2)=-1$을 만족시킬 때, 다음 방정식 중 구간 $(0, 2)$에서 반드시 실근을 가지는 것만을 있는 대로 고른 것은?

ㄱ. $f(x)-x=0$　ㄴ. $f(x)+x-1=0$　ㄷ. $xf(x)+1=0$

① ㄱ　② ㄱ, ㄴ　③ ㄱ, ㄷ　④ ㄴ, ㄷ　⑤ ㄱ, ㄴ, ㄷ

# 3. 함수의 미분

미분계수／도함수／미분법

## § 1. 미분계수

### 1 평균변화율

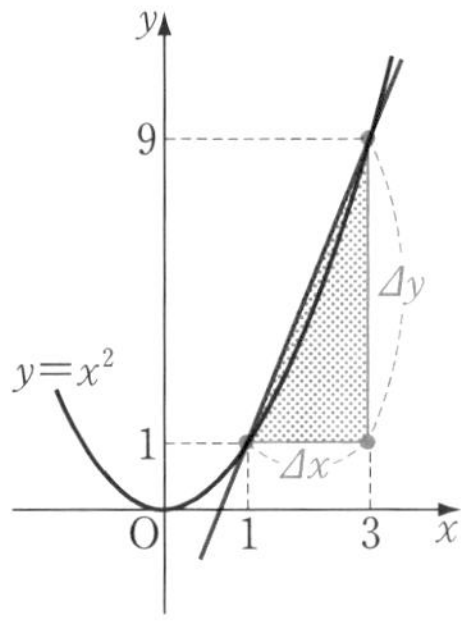


이를테면 $y=x^2$에서 (오른쪽 그림 참조) $x$의 값이 1부터 3까지 2만큼 변하면 이에 따라 $y$의 값은 1부터 9까지 8만큼 변한다.

이때, $x$의 변화량 2를 **$x$의 증분**이라 하고, **$\boldsymbol{\Delta x}$**로 나타낸다. 곧,

$$\Delta x=3-1=2$$

또, $y$의 변화량 8을 $\Delta x$에 대한 **$y$의 증분**이라 하고, **$\boldsymbol{\Delta y}$**로 나타낸다. 곧,

$$\Delta y=9-1=8$$

여기에서 $y$의 증분 $\Delta y$를 $x$의 증분 $\Delta x$로 나눈

$$\frac{\Delta y}{\Delta x}=\frac{9-1}{3-1}=4$$

를 함수 $y=x^2$에서 $x$의 값이 1부터 3까지 변할 때의 $y$의 평균변화율 또는 구간 $[1, 3]$에서의 $y$의 평균변화율이라고 한다.

또, 이 평균변화율은 위의 그림에서 두 점 $(1, 1)$, $(3, 9)$를 지나는 직선의 기울기를 나타냄을 알 수 있다.

평균변화율 ⟹ 곡선 위의 두 점을 지나는 직선의 기울기

*Note $\Delta$는 그리스 문자로 '델타'라고 읽는다.

**기본정석** — **평균변화율**

(1) 평균변화율의 정의

함수 $y=f(x)$에서

$$\frac{\Delta y}{\Delta x}=\frac{f(a+\Delta x)-f(a)}{\Delta x}$$

를 $x$의 값이 $a$부터 $a+\Delta x$까지 변할 때의 $y$의 평균변화율이라고 한다.

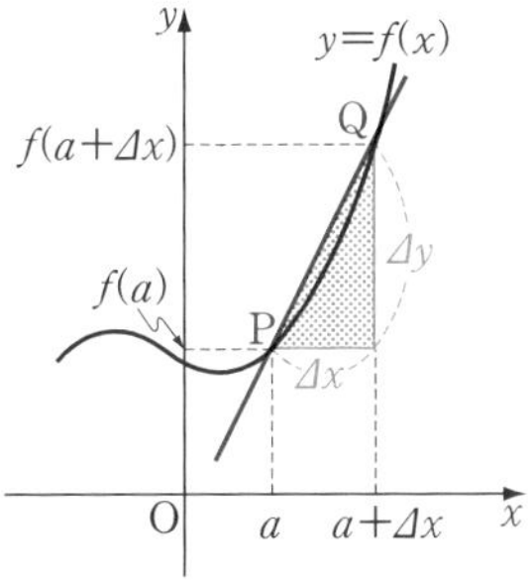


(2) 평균변화율의 기하적 의미

함수 $y=f(x)$의 평균변화율은 곡선 $y=f(x)$의 $x$좌표가 $a$인 점과 $a+\Delta x$인 점을 지나는 직선의 기울기(직선 PQ의 기울기)를 나타낸다.

*Advice* | $a+\Delta x=b$라고 하면 $\Delta x=b-a$이므로 위의 평균변화율의 정의를 다음과 같이 바꾸어 쓸 수도 있다.

**정의** 함수 $\boldsymbol{y=f(x)}$의 구간 $[\boldsymbol{a},\ \boldsymbol{b}]$에서의 평균변화율은

$$\frac{\Delta y}{\Delta x}=\frac{f(b)-f(a)}{b-a}$$

**보기 1** $x$의 값이 1부터 4까지 변할 때, 다음 함수의 평균변화율을 구하여라.

(1) $y=2x+1$ (2) $y=x^2-4x+2$ (3) $y=\sqrt{x}$

연구 (1) $f(x)=2x+1$로 놓으면

$$\frac{\Delta y}{\Delta x}=\frac{f(4)-f(1)}{4-1}=\frac{(2\times4+1)-(2\times1+1)}{3}=\mathbf{2}$$

(2) $f(x)=x^2-4x+2$로 놓으면

$$\frac{\Delta y}{\Delta x}=\frac{f(4)-f(1)}{4-1}=\frac{(4^2-4\times4+2)-(1^2-4\times1+2)}{3}=\mathbf{1}$$

(3) $f(x)=\sqrt{x}$로 놓으면 $\dfrac{\Delta y}{\Delta x}=\dfrac{f(4)-f(1)}{4-1}=\dfrac{\sqrt{4}-\sqrt{1}}{3}=\mathbf{\dfrac{1}{3}}$

**보기 2** 함수 $y=x^2+2x$의 구간 $[a,\ a+2]$에서의 평균변화율이 6일 때, $a$의 값을 구하여라.

연구 $f(x)=x^2+2x$로 놓으면

$$\frac{\Delta y}{\Delta x}=\frac{f(a+2)-f(a)}{(a+2)-a}=\frac{\{(a+2)^2+2(a+2)\}-(a^2+2a)}{2}=2a+4$$

평균변화율이 6이므로 $2a+4=6$ $\quad\therefore$ $\boldsymbol{a=1}$

## 2 미분계수(순간변화율)

이를테면 함수 $y=x^2$에서 $x$의 값이 1부터 $1+\Delta x$까지 변할 때의 평균변화율은

$$\frac{\Delta y}{\Delta x}=\frac{(1+\Delta x)^2-1^2}{(1+\Delta x)-1}=2+\Delta x$$

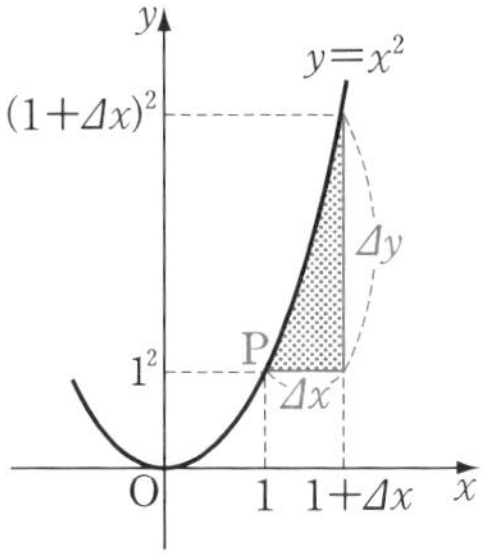


이다. 여기에서 $x$의 증분 $\Delta x$가

$\Delta x=0.1,\quad \Delta x=0.01,\quad \cdots$

과 같이 0에 가까운 값일 때의 평균변화율은

$\Delta x=0.1$일 때 $\dfrac{\Delta y}{\Delta x}=2+\Delta x=2+0.1=2.1$

$\Delta x=0.01$일 때 $\dfrac{\Delta y}{\Delta x}=2+\Delta x=2+0.01=2.01$

$\cdots\cdots$

이다. 따라서 $\Delta x$가 0에 한없이 가까워질 때의 평균변화율의 극한값은

$$\Delta x \longrightarrow 0\text{일 때 } \frac{\Delta y}{\Delta x} \longrightarrow 2 \qquad \text{곧, } \lim_{\Delta x\to 0}\frac{\Delta y}{\Delta x}=2$$

인 것을 알 수 있다. 이때, 「함수 $y=x^2$의 $x=1$에서의 미분계수는 2이다 또는 순간변화율은 2이다」라고 한다.

또, 이 미분계수는 위의 그림에서 곡선 $y=x^2$ 위의 점 P에서의 접선의 기울기임을 알 수 있다.

**기본정석** — **미분계수(순간변화율)**

(1) 미분계수(순간변화율)의 정의

함수 $y=f(x)$에서 $x$의 값이 $a$부터 $a+\Delta x$까지 변할 때의 평균변화율의 $\Delta x \longrightarrow 0$일 때의 극한값, 곧

$$\lim_{\Delta x\to 0}\frac{\Delta y}{\Delta x}=\lim_{\Delta x\to 0}\frac{f(a+\Delta x)-f(a)}{\Delta x}$$

가 존재할 때, 이 극한값을 함수 $f(x)$의 $x=a$에서의 미분계수 또는 순간변화율이라 하고,

$$f'(a),\quad y'_{x=a},\quad \left[\frac{dy}{dx}\right]_{x=a}$$

로 나타낸다.

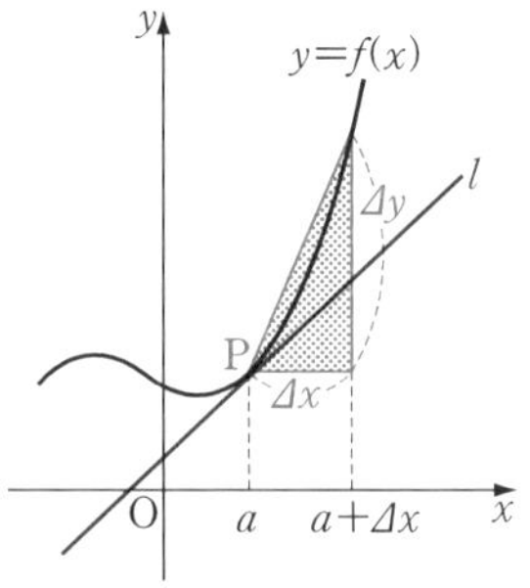


(2) 미분계수의 기하적 의미

함수 $y=f(x)$의 $x=a$에서의 미분계수 $f'(a)$는 $x$좌표가 $a$인 점에서의 접선의 기울기(그림에서 접선 $l$의 기울기)이다.

*Advice* 1° 앞면의 미분계수의 정의에서 $a+\Delta x=x$ 라고 하면 $\Delta x=x-a$ 이고 $\Delta x \longrightarrow 0$ 일 때 $x \longrightarrow a$ 이므로 다음과 같이 정의할 수도 있다.

**정의** 함수 $y=f(x)$의 $x=a$에서의 미분계수는

$$f'(a)=\lim_{\Delta x\to 0}\frac{\Delta y}{\Delta x}=\lim_{x\to a}\frac{f(x)-f(a)}{x-a}$$

2° 곡선 $y=f(x)$ 위의 두 점 P, Q에 대하여 점 P를 고정하고 점 Q가 이 곡선을 따라 점 P에 한없이 가까워질 때, 직선 PQ가 점 P를 지나는 일정한 직선 $l$에 한없이 가까워지면 직선 $l$을 점 P에서의 곡선 $y=f(x)$의 접선이라 하고, 점 P를 접점이라고 한다.

**보기 3** 다음 함수의 $x=1$에서의 미분계수를 구하여라.

(1) $f(x)=-x^2$ (2) $f(x)=x^3+x$ (3) $f(x)=\dfrac{1}{x}$ (4) $f(x)=\sqrt{x}$

연구 미분계수의 정의에 따라 구한다. 곧,

**정의** 함수 $y=f(x)$의 $x=1$에서의 미분계수는

$$f'(1)=\lim_{\Delta x\to 0}\frac{f(1+\Delta x)-f(1)}{\Delta x}$$

(1) $f'(1)=\lim_{\Delta x\to 0}\dfrac{-(1+\Delta x)^2+1^2}{\Delta x}=\lim_{\Delta x\to 0}\dfrac{-2\Delta x-(\Delta x)^2}{\Delta x}=\lim_{\Delta x\to 0}-(2+\Delta x)=\mathbf{-2}$

(2) $f'(1)=\lim_{\Delta x\to 0}\dfrac{(1+\Delta x)^3+(1+\Delta x)-(1^3+1)}{\Delta x}=\lim_{\Delta x\to 0}\dfrac{4\Delta x+3(\Delta x)^2+(\Delta x)^3}{\Delta x}$

$=\lim_{\Delta x\to 0}\{4+3\Delta x+(\Delta x)^2\}=\mathbf{4}$

(3) $f'(1)=\lim_{\Delta x\to 0}\dfrac{\dfrac{1}{1+\Delta x}-\dfrac{1}{1}}{\Delta x}=\lim_{\Delta x\to 0}\dfrac{-1}{1+\Delta x}=\mathbf{-1}$

(4) $f'(1)=\lim_{\Delta x\to 0}\dfrac{\sqrt{1+\Delta x}-\sqrt{1}}{\Delta x}=\lim_{\Delta x\to 0}\dfrac{\Delta x}{\Delta x\left(\sqrt{1+\Delta x}+1\right)}=\mathbf{\dfrac{1}{2}}$

**Note* $x$의 증분 $\Delta x$ 대신 $h$, $t$ 등의 문자를 사용해도 된다.

**보기 4** 함수 $f(x)=x^2-3x$의 $x=a$에서의 미분계수가 5일 때, 상수 $a$의 값을 구하여라.

연구 $f'(a)=\lim_{\Delta x\to 0}\dfrac{(a+\Delta x)^2-3(a+\Delta x)-(a^2-3a)}{\Delta x}$

$=\lim_{\Delta x\to 0}\dfrac{(2a-3+\Delta x)\Delta x}{\Delta x}=2a-3$

미분계수가 5이므로 $2a-3=5$ $\therefore$ $\mathbf{a=4}$

## 3 미분가능성과 연속성

함수 $f(x)$에 대하여

(i) $\boldsymbol{x=a}$에서 정의되어 있고,

(ii) $\displaystyle\lim_{x\to a}\boldsymbol{f(x)}$가 존재하며,

(iii) $\displaystyle\lim_{x\to a}\boldsymbol{f(x)=f(a)}$

일 때, $f(x)$는 $x=a$에서 연속이라 한다고 공부하였다.

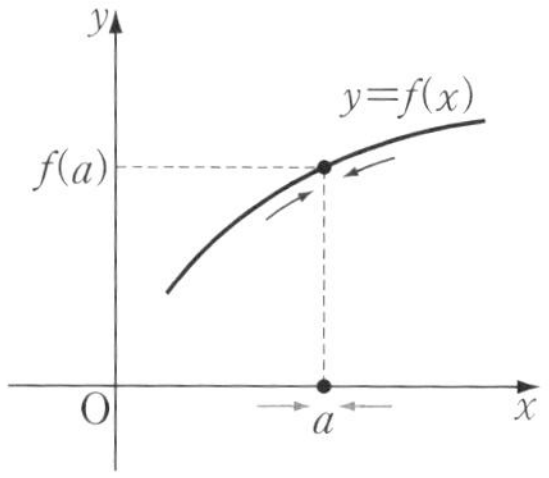


또, 함수 $f(x)$에 대하여

$$\lim_{x\to a}\frac{\boldsymbol{f(x)-f(a)}}{\boldsymbol{x-a}}$$

가 존재하면 이 극한값을 $f(x)$의 $x=a$에서의 미분계수라 하고, $f'(a)$로 나타낸다는 것도 공부하였다. $f(x)$의 $x=a$에서의 미분계수가 존재할 때, $f(x)$는 $x=a$에서 **미분가능**하다고 한다. 또, 미분계수가 존재하지 않을 때, $f(x)$는 $x=a$에서 **미분가능하지 않다** 또는 **미분불가능**하다고 한다.

그리고 함수 $f(x)$가 어떤 열린구간에 속하는 모든 $x$의 값에서 미분가능하면 $f(x)$는 이 **구간에서 미분가능**하다고 한다. 특히 함수 $f(x)$가 정의역에 속하는 모든 $x$의 값에서 미분가능하면 $f(x)$는 **미분가능한 함수**라고 한다.

함수 $f(x)$의 미분가능성과 연속성 사이에는 다음 관계가 성립한다.

**기본정석** — **미분가능성과 연속성**

(i) 함수 $\boldsymbol{f(x)}$가 $\boldsymbol{x=a}$에서 미분가능하면 $\boldsymbol{f(x)}$는 $\boldsymbol{x=a}$에서 연속이다.

(ii) 함수 $\boldsymbol{f(x)}$가 어떤 구간에서 미분가능하면 $\boldsymbol{f(x)}$는 이 구간에서 연속이다.

(i), (ii)의 역은 성립하지 않는다.

*Advice* | (i)의 증명　함수 $f(x)$가 $x=a$에서 미분가능하면

$$\lim_{x\to a}\frac{f(x)-f(a)}{x-a}=f'(a)$$

이므로

$$\lim_{x\to a}\{f(x)-f(a)\}=\lim_{x\to a}\left\{\frac{f(x)-f(a)}{x-a}\times(x-a)\right\}=f'(a)\times0=0$$

곧, $\lim_{x \to a} f(x) = f(a)$

따라서 $f(x)$는 $x=a$에서 연속이다.

그러나 다음 **보기 5**의 (2)에서와 같이 함수 $f(x)$가 $x=a$에서 연속이라고 해서 반드시 $f(x)$가 $x=a$에서 미분가능한 것은 아니다.

**보기 5** 다음 함수의 $x=0$에서의 연속성과 미분가능성을 조사하여라.

(1) $f(x)=x^2$ (2) $f(x)=|x|$

연구 함수 $f(x)$의 연속성과 미분가능성은 다음 **정의**에 따라 조사한다.

**정의** $f(a)=\lim_{x \to a} f(x)$이면 ⟹ $x=a$에서 연속

$\lim_{x \to a} \dfrac{f(x)-f(a)}{x-a}$가 존재하면 ⟹ $x=a$에서 미분가능

(1) $f(x)=x^2$에서

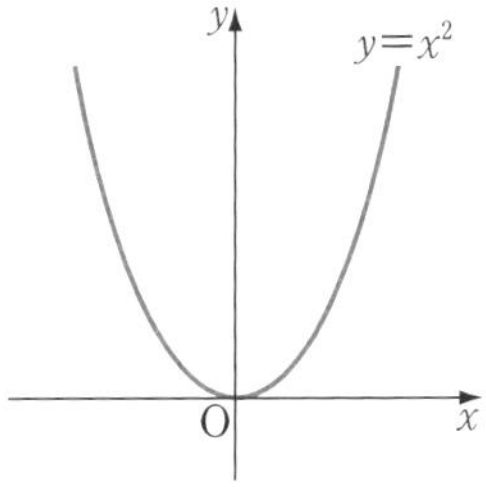


(i) $f(0)=0$, $\lim_{x \to 0} f(x) = \lim_{x \to 0} x^2 = 0$이므로

$f(0)=\lim_{x \to 0} f(x)$

따라서 $f(x)$는 $x=0$에서 연속이다.

(ii) $\lim_{x \to 0} \dfrac{f(x)-f(0)}{x-0} = \lim_{x \to 0} \dfrac{x^2-0^2}{x}$

$= \lim_{x \to 0} x = 0$ (존재)

따라서 $f(x)$는 $x=0$에서 미분가능하다.

(2) $f(x)=|x|$에서

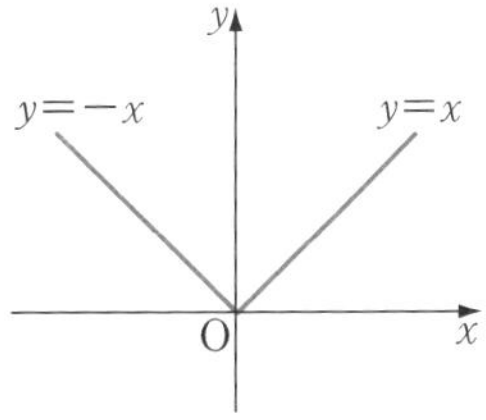


(i) $f(0)=0$, $\lim_{x \to 0} f(x) = \lim_{x \to 0} |x| = 0$이므로

$f(0)=\lim_{x \to 0} f(x)$

따라서 $f(x)$는 $x=0$에서 연속이다.

(ii) $\lim_{x \to 0} \dfrac{f(x)-f(0)}{x-0} = \lim_{x \to 0} \dfrac{|x|-|0|}{x}$

$= \lim_{x \to 0} \dfrac{|x|}{x}$

에서 $\lim_{x \to 0+} \dfrac{|x|}{x} = \lim_{x \to 0+} \dfrac{x}{x} = 1$, $\lim_{x \to 0-} \dfrac{|x|}{x} = \lim_{x \to 0-} \dfrac{-x}{x} = -1$

이므로 극한값이 존재하지 않는다.

따라서 $f(x)$는 $x=0$에서 미분가능하지 않다.

***Note** 함수 $y=f(x)$의 그래프가 $y=|x-a|$의 그래프와 같이 $x=a$인 점에서 꺾인 모양이면 함수 $f(x)$는 $x=a$에서 연속이지만 미분가능하지 않다.

기본 문제 **3**-1 함수 $f(x)=x^2+3x+4$에 대하여 다음 물음에 답하여라.

(1) $x$의 값이 $a$부터 $b$까지 변할 때의 평균변화율을 구하여라.

(2) 위의 평균변화율이 1이고 $b=a+2$일 때, $a$, $b$의 값을 구하여라.

(3) $x=c$에서의 미분계수와 (1)의 평균변화율이 같을 때, $c$를 $a$, $b$로 나타내어라.

정석연구 평균변화율과 미분계수의 정의를 명확히 이해한다.

**정의** 함수 $\boldsymbol{y=f(x)}$에서

평균변화율 : $\boldsymbol{\dfrac{\Delta y}{\Delta x}=\dfrac{f(a+\Delta x)-f(a)}{\Delta x}}$, $\boldsymbol{\dfrac{\Delta y}{\Delta x}=\dfrac{f(b)-f(a)}{b-a}}$

미 분 계 수 : $\boldsymbol{f'(c)=\lim_{\Delta x\to 0}\dfrac{f(c+\Delta x)-f(c)}{\Delta x}}$

모범답안 (1) $y=f(x)$에서

$$\frac{\Delta y}{\Delta x}=\frac{f(b)-f(a)}{b-a}=\frac{(b^2+3b+4)-(a^2+3a+4)}{b-a}$$

$$=\frac{(b+a)(b-a)+3(b-a)}{b-a}=\boldsymbol{a+b+3} \longleftarrow \boxed{\text{답}}$$

(2) 조건으로부터 $a+b+3=1$, $b=a+2$

연립하여 풀면 $\boldsymbol{a=-2,\ b=0} \longleftarrow$ 답

(3) $$f'(c)=\lim_{\Delta x\to 0}\frac{f(c+\Delta x)-f(c)}{\Delta x}$$

$$=\lim_{\Delta x\to 0}\frac{\{(c+\Delta x)^2+3(c+\Delta x)+4\}-(c^2+3c+4)}{\Delta x}$$

$$=\lim_{\Delta x\to 0}(2c+3+\Delta x)=2c+3$$

조건으로부터 $2c+3=a+b+3$ $\therefore$ $\boldsymbol{c=\dfrac{a+b}{2}} \longleftarrow$ 답

*Note 평균변화율과 미분계수가 같을 때는 오른쪽 그림과 같이 직선 AB와 접선 $l$이 평행할 때이다.

또, (3)의 결과에 따르면 포물선에서 직선 AB와 평행한 접선의 접점 C의 $x$좌표는 선분 AB의 중점의 $x$좌표임을 알 수 있다.

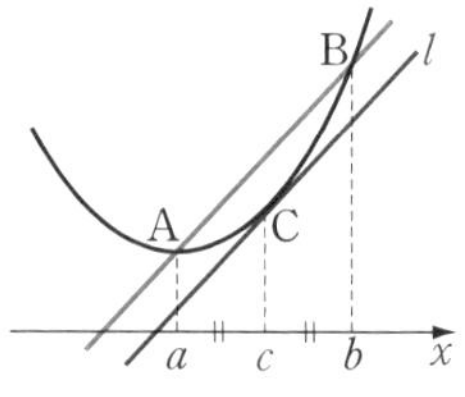


유제 **3**-1. 함수 $f(x)=x^3-1$에 대하여 $x$의 값이 1부터 4까지 변할 때의 평균변화율과 $x=c$ (단, $1<c<4$)에서의 미분계수가 같을 때, $c$의 값을 구하여라.

답 $\boldsymbol{c=\sqrt{7}}$

기본 문제 **3**-2 $f'(a)=2$인 다항함수 $f(x)$에 대하여 다음 극한값을 구하여라.

(1) $\displaystyle\lim_{h\to0}\frac{f(a+3h)-f(a)}{h}$ (2) $\displaystyle\lim_{h\to0}\frac{f(a+h^2)-f(a)}{h}$

(3) $\displaystyle\lim_{h\to0}\frac{f(a+3h)-f(a+h^2)}{h}$

정석연구 $\displaystyle\lim_{\Delta x\to0}\frac{f(a+\Delta x)-f(a)}{\Delta x}$ 의 꼴로 만드는 데 목표를 둔다.

이와 같은 꼴로 만들면 미분계수의 정의

$$\textbf{정의}\quad \lim_{\Delta x\to0}\frac{\boldsymbol{f(a+\Delta x)-f(a)}}{\boldsymbol{\Delta x}}=\boldsymbol{f'(a)}$$

를 이용할 수 있다.

이를테면 (1)의 경우 $3h$를 $\Delta x$로 생각하면 분모가 $3h$가 되어야 한다는 것에 착안하여 식을 변형한다.

모범답안 (1) $\displaystyle\lim_{h\to0}\frac{f(a+3h)-f(a)}{h}=\lim_{h\to0}\left\{\frac{f(a+3h)-f(a)}{3h}\times3\right\}$

$=f'(a)\times3=2\times3=\mathbf{6}$ ← 답

(2) $\displaystyle\lim_{h\to0}\frac{f(a+h^2)-f(a)}{h}=\lim_{h\to0}\left\{\frac{f(a+h^2)-f(a)}{h^2}\times h\right\}$

$=f'(a)\times0=2\times0=\mathbf{0}$ ← 답

(3) $\displaystyle\lim_{h\to0}\frac{f(a+3h)-f(a+h^2)}{h}=\lim_{h\to0}\frac{f(a+3h)-f(a)+f(a)-f(a+h^2)}{h}$

$\displaystyle=\lim_{h\to0}\left\{\frac{f(a+3h)-f(a)}{h}-\frac{f(a+h^2)-f(a)}{h}\right\}$

$\displaystyle=\lim_{h\to0}\left\{\frac{f(a+3h)-f(a)}{3h}\times3-\frac{f(a+h^2)-f(a)}{h^2}\times h\right\}$

$=f'(a)\times3-f'(a)\times0=2\times3=\mathbf{6}$ ← 답

유제 **3**-2. $f'(a)=1$인 다항함수 $f(x)$에 대하여 다음 극한값을 구하여라.

(1) $\displaystyle\lim_{h\to0}\frac{f(a-h)-f(a)}{h}$ (2) $\displaystyle\lim_{h\to0}\frac{f(a)-f(a+2h)}{h}$

(3) $\displaystyle\lim_{h\to0}\frac{f(a+3h)-f(a-2h)}{h}$ (4) $\displaystyle\lim_{h\to0}\frac{f(a+h^3)-f(a)}{h}$

답 (1) $\mathbf{-1}$ (2) $\mathbf{-2}$ (3) $\mathbf{5}$ (4) $\mathbf{0}$

기본 문제 **3**-3 $f(1)=3,\ f'(1)=2$인 다항함수 $f(x)$에 대하여 다음 극한값을 구하여라.

(1) $\displaystyle\lim_{x\to1}\frac{f(x)-f(1)}{x^2-1}$ (2) $\displaystyle\lim_{x\to1}\frac{x^3-1}{f(x)-f(1)}$

(3) $\displaystyle\lim_{x\to1}\frac{f(x^2)-f(1)}{x-1}$ (4) $\displaystyle\lim_{x\to1}\frac{x^2f(1)-f(x^2)}{x-1}$

정석연구 $\displaystyle\lim_{t\to a}\frac{f(t)-f(a)}{t-a}$의 꼴로 만든 다음

$$\textbf{정 의}\quad \lim_{t\to a}\frac{f(t)-f(a)}{t-a}=f'(a)$$

를 이용해 보아라.

모범답안 (1) (준 식)$\displaystyle=\lim_{x\to1}\left\{\frac{f(x)-f(1)}{x-1}\times\frac{1}{x+1}\right\}=f'(1)\times\frac{1}{2}=\mathbf{1}$ ← 답

(2) (준 식)$\displaystyle=\lim_{x\to1}\left\{\frac{x-1}{f(x)-f(1)}\times(x^2+x+1)\right\}=\lim_{x\to1}\left\{\frac{1}{\frac{f(x)-f(1)}{x-1}}\times(x^2+x+1)\right\}$

$\displaystyle=\frac{1}{f'(1)}\times3=\mathbf{\frac{3}{2}}$ ← 답

(3) (준 식)$\displaystyle=\lim_{x\to1}\left\{\frac{f(x^2)-f(1)}{x^2-1}\times(x+1)\right\}=f'(1)\times2=\mathbf{4}$ ← 답

(4) (준 식)$\displaystyle=\lim_{x\to1}\frac{x^2f(1)-f(1)+f(1)-f(x^2)}{x-1}$

$\displaystyle=\lim_{x\to1}\left\{\frac{(x^2-1)f(1)}{x-1}-\frac{f(x^2)-f(1)}{x-1}\right\}$

$\displaystyle=\lim_{x\to1}\left\{(x+1)f(1)-\frac{f(x^2)-f(1)}{x^2-1}\times(x+1)\right\}$

$=2f(1)-f'(1)\times2=2\times3-2\times2=\mathbf{2}$ ← 답

유제 **3**-3. $f'(2)=3$일 때, 다음 극한값을 구하여라.

(1) $\displaystyle\lim_{x\to2}\frac{f(x)-f(2)}{x^2-4}$ (2) $\displaystyle\lim_{x\to2}\frac{x^3-8}{f(x)-f(2)}$

답 (1) $\mathbf{\frac{3}{4}}$ (2) **4**

유제 **3**-4. 함수 $f(x)$가 모든 실수에서 미분가능할 때, 다음 극한값을 $a$, $f(a)$, $f'(a)$, $f'(a^3)$으로 나타내어라.

(1) $\displaystyle\lim_{x\to a}\frac{f(x^3)-f(a^3)}{x-a}$ (2) $\displaystyle\lim_{x\to a}\frac{af(x)-xf(a)}{x-a}$

답 (1) $\mathbf{3a^2f'(a^3)}$ (2) $\mathbf{af'(a)-f(a)}$

기본 문제 **3**-4 다음 함수의 $x=0$에서의 연속성과 미분가능성을 조사하여라.

(1) $f(x)=x|x|$ (2) $f(x)=x^2-4|x|+3$

정석연구 함수 $f(x)$의 연속성과 미분가능성은 다음을 이용하여 조사한다.

**정석** $\boldsymbol{f(a)=\lim_{x\to a} f(x)}$이면 $\Longrightarrow$ $\boldsymbol{x=a}$에서 연속

$\boldsymbol{\lim_{x\to a}\frac{f(x)-f(a)}{x-a}}$ 또는 $\boldsymbol{\lim_{h\to 0}\frac{f(a+h)-f(a)}{h}}$가 존재하면

$\Longrightarrow$ $\boldsymbol{x=a}$에서 미분가능

모범답안 (1) (i) $f(0)=0,\ \lim_{x\to 0} f(x)=\lim_{x\to 0} x|x|=0$

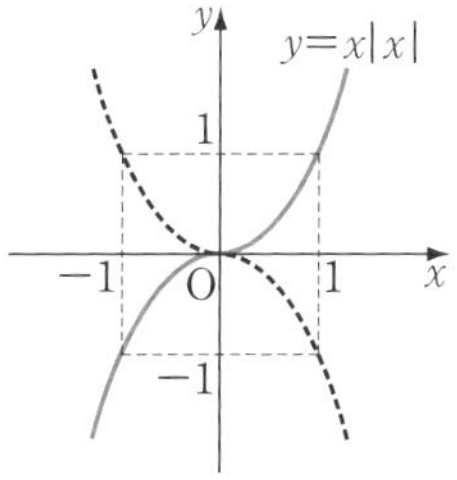


이므로 $f(0)=\lim_{x\to 0} f(x)$

따라서 $f(x)$는 $x=0$에서 연속이다.

(ii) $\lim_{h\to 0}\frac{f(0+h)-f(0)}{h}=\lim_{h\to 0}\frac{h|h|-0}{h}$

$=\lim_{h\to 0}|h|=0$ (존재)

따라서 $f(x)$는 $x=0$에서 미분가능하다.

답 연속, 미분가능

*Note $x=0$인 점에서 접선의 기울기는 0이다.

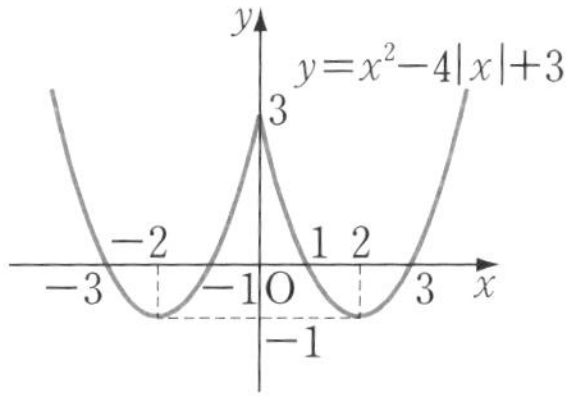


(2) (i) $f(0)=3,\ \lim_{x\to 0} f(x)=3$이므로

$f(0)=\lim_{x\to 0} f(x)$

따라서 $f(x)$는 $x=0$에서 연속이다.

(ii) $\lim_{h\to 0}\frac{f(0+h)-f(0)}{h}=\lim_{h\to 0}\frac{(h^2-4|h|+3)-3}{h}=\lim_{h\to 0}\left(h-\frac{4|h|}{h}\right)$

그런데

$$\lim_{h\to 0-}\left(h-\frac{4|h|}{h}\right)=4,\quad \lim_{h\to 0+}\left(h-\frac{4|h|}{h}\right)=-4$$

이므로 극한값이 존재하지 않는다. 따라서 $f(x)$는 $x=0$에서 미분가능하지 않다.

답 연속, 미분불가능

유제 **3**-5. 함수 $f(x)=|x-1|$의 $x=1$에서의 연속성과 미분가능성을 조사하여라.

답 연속, 미분불가능

# §2. 도 함 수

이를테면 함수 $f(x)=x^2$의 $x=a$에서의 미분계수는 정의에 의하여

$$f'(a)=\lim_{\Delta x\to 0}\frac{(a+\Delta x)^2-a^2}{\Delta x}=\lim_{\Delta x\to 0}(2a+\Delta x)=2a$$

이다. 따라서 함수 $f(x)$의 $x=1,\ x=2,\ x=3,\ \cdots$ 에서의 미분계수는

$$\boldsymbol{f'(1)=2,\quad f'(2)=4,\quad f'(3)=6,\quad \cdots}$$ ⇦ $f'(a)=2a$에 대입

이다. 이와 같이 $a$에 함수 $f(x)$의 $x=a$일 때의 미분계수 $2a$를 대응시키는 관계를 생각하면 이 대응 관계는 함수이다. 이 함수를 $f(x)$의 도함수라고 하며 $f'$을 써서 나타낸다. 곧,

$$f' : a \longrightarrow 2a \quad \text{또는} \quad f'(a)=2a$$

일반적으로 $f(x)$의 도함수는 위의 식에서 $a$ 대신 $x$를 써서 $f'(x)=2x$와 같이 나타낸다.

**기본정석** — **도함수**

(1) 도함수의 정의

어떤 구간에서 미분가능한 함수 $y=f(x)$에 대하여

$$\lim_{\Delta x\to 0}\frac{\Delta y}{\Delta x}=\lim_{\Delta x\to 0}\frac{f(x+\Delta x)-f(x)}{\Delta x}$$

를 $x$에 관한 $y$의 도함수라 하고,

$$y',\quad f'(x),\quad \frac{dy}{dx},\quad \frac{df(x)}{dx},\quad \frac{d}{dx}f(x)$$

등의 기호를 써서 나타낸다.

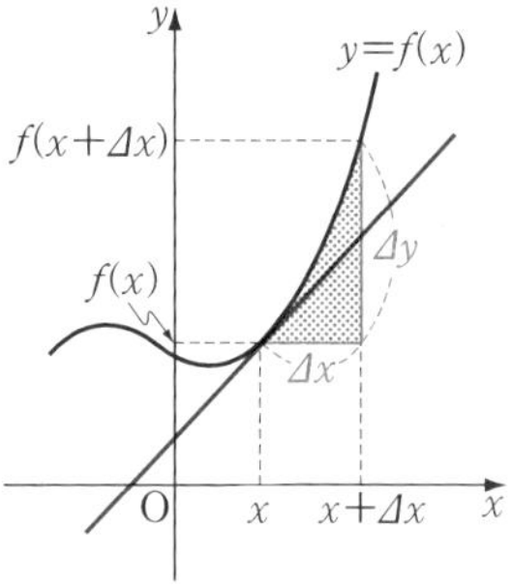


(2) 도함수의 기하적 의미

함수 $f(x)$의 도함수 $f'(x)$는 함수 $y=f(x)$의 그래프 위의 $x$좌표가 $x$인 점에서의 접선의 기울기를 나타낸다.

**보기 1** 함수 $f(x)=x^3$의 도함수를 구하여라.

연구 $f'(x)=\lim_{\Delta x\to 0}\dfrac{f(x+\Delta x)-f(x)}{\Delta x}=\lim_{\Delta x\to 0}\dfrac{(x+\Delta x)^3-x^3}{\Delta x}$

$$=\lim_{\Delta x\to 0}\frac{3x^2\Delta x+3x(\Delta x)^2+(\Delta x)^3}{\Delta x}=\lim_{\Delta x\to 0}\left\{3x^2+3x\Delta x+(\Delta x)^2\right\}=\boldsymbol{3x^2}$$

지금까지 공부한 평균변화율, 미분계수, 도함수의 정의와 이들의 기하적 의미를 정리하면 다음과 같다.

**정 의** 함수 $y=f(x)$에서

(i) 평균변화율 $\Longrightarrow$ $\dfrac{\Delta y}{\Delta x}=\dfrac{f(a+\Delta x)-f(a)}{\Delta x}$

곡선 $y=f(x)$ 위의 $x=a$인 점과 $x=a+\Delta x$인 점을 지나는 직선의 기울기

(ii) 미분계수 $\Longrightarrow$ $f'(a)=\lim\limits_{\Delta x\to 0}\dfrac{\Delta y}{\Delta x}=\lim\limits_{\Delta x\to 0}\dfrac{f(a+\Delta x)-f(a)}{\Delta x}$

곡선 $y=f(x)$ 위의 $x=a$인 점에서의 접선의 기울기

(iii) 도함수 $\Longrightarrow$ $f'(x)=\lim\limits_{\Delta x\to 0}\dfrac{\Delta y}{\Delta x}=\lim\limits_{\Delta x\to 0}\dfrac{f(x+\Delta x)-f(x)}{\Delta x}$

곡선 $y=f(x)$ 위의 점 $\big(x,\ f(x)\big)$에서의 접선의 기울기

**보기 2** 함수 $f(x)=x^2+x$에 대하여 다음 물음에 답하여라.

(1) 구간 $[1,\ 3]$에서의 평균변화율을 구하여라.

(2) $x=2$에서의 미분계수를 구하여라.

(3) 도함수 $f'(x)$를 구하여라.

연구 (1) $y=f(x)$에서 $\dfrac{\Delta y}{\Delta x}=\dfrac{f(3)-f(1)}{3-1}=\dfrac{(3^2+3)-(1^2+1)}{3-1}=\mathbf{5}$

(2) $f'(2)=\lim\limits_{\Delta x\to 0}\dfrac{f(2+\Delta x)-f(2)}{\Delta x}=\lim\limits_{\Delta x\to 0}\dfrac{\{(2+\Delta x)^2+(2+\Delta x)\}-(2^2+2)}{\Delta x}$

$=\lim\limits_{\Delta x\to 0}\dfrac{5\Delta x+(\Delta x)^2}{\Delta x}=\lim\limits_{\Delta x\to 0}(5+\Delta x)=\mathbf{5}$

(3) $f'(x)=\lim\limits_{\Delta x\to 0}\dfrac{f(x+\Delta x)-f(x)}{\Delta x}=\lim\limits_{\Delta x\to 0}\dfrac{\{(x+\Delta x)^2+(x+\Delta x)\}-(x^2+x)}{\Delta x}$

$=\lim\limits_{\Delta x\to 0}\dfrac{(\Delta x)^2+2x\Delta x+\Delta x}{\Delta x}=\lim\limits_{\Delta x\to 0}(\Delta x+2x+1)=\mathbf{2x+1}$

***Note** 1° $f'(x)=2x+1$에 $x=2$를 대입하면

$$f'(2)=2\times2+1=5$$

이다. 여러 $x$의 값에서의 미분계수를 구할 때에는 $f'(x)$를 구한 다음 $x$의 값을 대입하면 된다는 것을 알 수 있다.

2° (1), (2), (3)에서 구한 값의 기하적 의미는 다음과 같다.

(1) 곡선 $y=f(x)$ 위의 $x=1$인 점과 $x=3$인 점을 지나는 직선의 기울기는 5이다.

(2) 곡선 $y=f(x)$ 위의 $x=2$인 점에서의 접선의 기울기는 5이다.

(3) 곡선 $y=f(x)$ 위의 점 $\big(x,\ f(x)\big)$에서의 접선의 기울기는 $2x+1$이다.

기본 문제 **3**-5 도함수의 정의를 이용하여 다음 함수의 도함수를 구하고, $x=2$에서의 미분계수를 구하여라.

(1) $f(x)=x^2-3x-4$ (2) $f(x)=\sqrt{x+2}$

정석연구 도함수의 정의는 다음과 같다.

**정 의** $\boldsymbol{y=f(x)}$의 도함수 $\Longrightarrow$ $\displaystyle \boldsymbol{f'(x)=\lim_{\Delta x\to 0}\frac{f(x+\Delta x)-f(x)}{\Delta x}}$

위의 도함수의 정의를 이용하여 $f'(x)$를 구한 다음, $x=2$를 대입하면 $x=2$에서의 미분계수를 구할 수 있다.

모범답안 (1) $\displaystyle f'(x)=\lim_{\Delta x\to 0}\frac{f(x+\Delta x)-f(x)}{\Delta x}$

$$=\lim_{\Delta x\to 0}\frac{\{(x+\Delta x)^2-3(x+\Delta x)-4\}-(x^2-3x-4)}{\Delta x}$$

$$=\lim_{\Delta x\to 0}(2x-3+\Delta x)=\boldsymbol{2x-3} \longleftarrow \text{답}$$

$$\therefore\ f'(2)=2\times2-3=\boldsymbol{1} \longleftarrow \text{답}$$

(2) $\displaystyle f'(x)=\lim_{\Delta x\to 0}\frac{f(x+\Delta x)-f(x)}{\Delta x}$

$$=\lim_{\Delta x\to 0}\frac{\sqrt{x+\Delta x+2}-\sqrt{x+2}}{\Delta x}=\lim_{\Delta x\to 0}\frac{(x+\Delta x+2)-(x+2)}{\Delta x\left(\sqrt{x+\Delta x+2}+\sqrt{x+2}\right)}$$

$$=\lim_{\Delta x\to 0}\frac{1}{\sqrt{x+\Delta x+2}+\sqrt{x+2}}=\boldsymbol{\frac{1}{2\sqrt{x+2}}} \longleftarrow \text{답}$$

$$\therefore\ f'(2)=\frac{1}{2\sqrt{2+2}}=\boldsymbol{\frac{1}{4}} \longleftarrow \text{답}$$

**Note* 1° $\Delta x$ 대신 $h$, $t$ 등의 문자를 사용해도 된다.

2° 수학 Ⅱ에서는 다항함수의 도함수만 구할 수 있으면 충분하다. 그러나 다항함수가 아닌 유리함수나 무리함수도 도함수의 정의를 이용하면 구할 수 있어 같이 소개하였다.

유제 **3**-6. 도함수의 정의를 이용하여 다음 함수의 도함수를 구하고, $x=1$에서의 미분계수를 구하여라.

(1) $y=3x^2$ (2) $y=x^2+4x+3$ (3) $y=x^3+1$

(4) $y=\sqrt{x}$ (5) $y=\sqrt{x}+2$ (6) $y=\dfrac{1}{x}$

답 (1) $\boldsymbol{y'=6x,\ y'_{x=1}=6}$ (2) $\boldsymbol{y'=2x+4,\ y'_{x=1}=6}$ (3) $\boldsymbol{y'=3x^2,\ y'_{x=1}=3}$

(4) $\boldsymbol{y'=\dfrac{1}{2\sqrt{x}},\ y'_{x=1}=\dfrac{1}{2}}$ (5) $\boldsymbol{y'=\dfrac{1}{2\sqrt{x}},\ y'_{x=1}=\dfrac{1}{2}}$ (6) $\boldsymbol{y'=-\dfrac{1}{x^2},\ y'_{x=1}=-1}$

# §3. 미 분 법

## 1 미분법의 기본 공식

함수 $f(x)$의 도함수 $f'(x)$를 구하는 것을 함수 $f(x)$를 $x$에 관하여 미분한다고 하고, 이 계산법을 미분법이라고 한다.

이제 미분법의 기본 공식을 생각해 보자.

이를테면 $y=x$, $y=x^2$, $y=x^3$, $y=x^4$, $\cdots$ 의 도함수를

**정 의** $$y=f(x) \Longrightarrow y'=\lim_{\Delta x\to 0}\frac{f(x+\Delta x)-f(x)}{\Delta x}$$

에 의하여 일일이 구해 보면

$$y=x \Longrightarrow y'=1\times x^0,\quad y=x^2 \Longrightarrow y'=2x,$$
$$y=x^3 \Longrightarrow y'=3x^2,\quad y=x^4 \Longrightarrow y'=4x^3,\quad \cdots$$

이다. 이때, 원래 함수와 도함수의 계수와 지수를 각각 비교해 보면

$$y=x^n \Longrightarrow y'=nx^{n-1}$$ ⇦ $n$은 자연수

임을 알 수 있다. 앞으로 이 식을 공식으로 기억해 두고 이용한다면 도함수의 정의를 이용하여 구하는 것보다 훨씬 능률적으로 계산할 수 있을 것이다.

**기본정석** — 미분법의 기본 공식

두 함수 $f(x)$, $g(x)$의 도함수가 존재할 때

(1) $y=c$ (상수)이면 $\Longrightarrow$ $y'=0$

(2) $y=x^n$ ($n$은 자연수)이면 $\Longrightarrow$ $y'=nx^{n-1}$

(3) $y=cf(x)$ ($c$는 상수)이면 $\Longrightarrow$ $y'=cf'(x)$

(4) $y=f(x)\pm g(x)$이면 $\Longrightarrow$ $y'=f'(x)\pm g'(x)$ (복부호동순)

(5) $y=f(x)g(x)$이면 $\Longrightarrow$ $y'=f'(x)g(x)+f(x)g'(x)$

*Advice* 1° 위의 미분법의 기본 공식들은 도함수의 정의를 이용하면 증명할 수 있다. 교과서 또는 실력 수학 Ⅱ (p. 53~54)를 참고하길 바란다.

2° 이를테면 이차함수 $f(x)=2x^2+3x-1$에서 $x^2$, $x$는 각각 미분가능한 함수이고, 여기에 계수를 곱한 $2x^2$, $3x$도 각각 미분가능한 함수이다. 따라서 $2x^2$, $3x$, 상수 1의 합 또는 차로 표현된 $f(x)$는 미분가능한 함수이다.

**정 석** 다항함수는 실수 전체의 집합에서 미분가능하다.

**Note* 0이 아닌 실수 $a$에 대하여 $a^0=1$이다. ⇦ 수학 Ⅰ

**보기** 1 다음 함수를 미분하여라.

(1) $y=0$ (2) $y=3$ (3) $y=2020$

연구 (1) $\boldsymbol{y'=0}$ (2) $\boldsymbol{y'=0}$ (3) $\boldsymbol{y'=0}$

**보기** 2 다음 함수를 미분하여라.

(1) $y=x^5$ (2) $y=x^{10}$

연구 (1) $y'=5x^{5-1}=\boldsymbol{5x^4}$ (2) $y'=10x^{10-1}=\boldsymbol{10x^9}$

**보기** 3 다음 함수를 미분하여라.

(1) $y=4x$ (2) $y=-5x^4$

연구 (1) $y'=4(x)'=4x^{1-1}=\boldsymbol{4}$ (2) $y'=-5(x^4)'=-5\times4x^{4-1}=\boldsymbol{-20x^3}$

**보기** 4 다음 함수를 미분하여라.

(1) $y=3x^4-5x^3+2x^2-7$ (2) $y=7x^5-8x^2+5x$

연구 (1) $y'=(3x^4)'-(5x^3)'+(2x^2)'-(7)'=\boldsymbol{12x^3-15x^2+4x}$

(2) $y'=(7x^5)'-(8x^2)'+(5x)'=\boldsymbol{35x^4-16x+5}$

**보기** 5 함수 $f(x)=(x^2+2)(x-1)$을 미분하고, $x=1$에서의 미분계수를 구하여라.

연구 $f'(x)=(x^2+2)'(x-1)+(x^2+2)(x-1)'=2x(x-1)+(x^2+2)\times1$

$=\boldsymbol{3x^2-2x+2}$

$\therefore\ f'(1)=3\times1^2-2\times1+2=\boldsymbol{3}$

*Note 이와 같이 함수 $f(x)$에서 $f'(a)$를 구할 때, 미분계수의 정의를 이용하는 것보다 미분법을 이용하여 먼저 $f'(x)$를 구하고 여기에 $x=a$를 대입하는 것이 간편하다.

**정석** $\boldsymbol{f'(a)}$의 계산 $\Longrightarrow$ 먼저 $\boldsymbol{f'(x)}$를 구하고 $\boldsymbol{x=a}$를 대입!

## 2 $y=f(x)g(x)h(x)$ 꼴의 미분법

$f(x)g(x)h(x)$를 $\{f(x)g(x)\}h(x)$로 나타내면 기본 공식 (5)에 의하여

$$\begin{aligned}y'&=\{f(x)g(x)\}'h(x)+\{f(x)g(x)\}h'(x)\\&=\{f'(x)g(x)+f(x)g'(x)\}h(x)+f(x)g(x)h'(x)\\&=f'(x)g(x)h(x)+f(x)g'(x)h(x)+f(x)g(x)h'(x)\end{aligned}$$

이것을 다음과 같이 기억해 두면 알기 쉽다.

**정석** $\boldsymbol{u,\ v,\ w}$가 미분가능한 함수일 때,

$$\boldsymbol{y=uvw \Longrightarrow y'=u'vw+uv'w+uvw'}$$

**보기** 6 함수 $f(x)=(x+1)(2x+1)(3x+1)$의 도함수를 구하여라.

연구 $f'(x)=(x+1)'(2x+1)(3x+1)+(x+1)(2x+1)'(3x+1)$
$+(x+1)(2x+1)(3x+1)'$
$=(2x+1)(3x+1)+(x+1)\times2\times(3x+1)+(x+1)(2x+1)\times3$
$=\boldsymbol{18x^2+22x+6}$

## 3 $\boldsymbol{y=\{f(x)\}^n}$의 미분법

이를테면 $y=(2x+1)^3$의 도함수를 구하고자 할 때,

$$\textbf{정석}\quad y=x^n \Longrightarrow y'=nx^{n-1}$$

을 써서 $y'=3(2x+1)^2$이라고 하면 안 된다. 왜냐하면 이것은 $y$를 $x$에 관하여 미분한 것이 아니고, $y$를 $2x+1$에 관하여 미분한 것이기 때문이다.

일반적으로 $y=\{f(x)\}^n$ 꼴의 미분법을 생각해 보자.

$y=\{f(x)\}^2$이면

$y'=\{f(x)f(x)\}'=f'(x)f(x)+f(x)f'(x)=2f(x)f'(x)$

$y=\{f(x)\}^3$이면

$y'=\left[\{f(x)\}^2f(x)\right]'=\left[\{f(x)\}^2\right]'f(x)+\{f(x)\}^2f'(x)$
$=2f(x)f'(x)f(x)+\{f(x)\}^2f'(x)=3\{f(x)\}^2f'(x)$

이와 같이 하면 일반적으로 $n$이 자연수일 때 다음 관계가 성립한다.

$$\textbf{정석}\quad y=\{f(x)\}^n \Longrightarrow y'=n\{f(x)\}^{n-1}f'(x)$$

이와 같이 $f(x)$에 관하여 미분한 다음, 여기에 다시 $f'(x)$를 곱해야 한다는 것에 주의해야 한다.

$$y=\{f(x)\}^n \Longrightarrow y'=n\{f(x)\}^{n-1}f'(x)$$

이 $f(x)$를 미분한 것

이것은 합성함수의 미분법으로 미적분에서 다루게 되어 있으나, 알고 있으면 능률적으로 계산할 수 있기 때문에 여기에 소개하였다.

*Note 미적분은 고등학교 교육과정상 수학 Ⅱ에서 공부하는 미분과 적분을 심화하여 다루는 수학 과목 이름이다.

**보기** 7 함수 $f(x)=(2x+1)^3$의 도함수를 다음 방법으로 구하여라.

(1) $f(x)$를 전개하여 구하여라.

(2) $y=\{f(x)\}^n$의 미분법을 이용하여 구하여라.

연구 (1) $f(x)=8x^3+12x^2+6x+1$이므로 $f'(x)=24x^2+24x+6=\boldsymbol{6(2x+1)^2}$

(2) $f'(x)=3(2x+1)^2(2x+1)'=3(2x+1)^2\times2=\boldsymbol{6(2x+1)^2}$

**기본 문제 3-6** 다음 함수의 도함수를 구하여라.

(1) $y=(x^2+3)(x^3+2x^2+5)$ (2) $y=(x^2+1)(2x+1)(3x+1)$

(3) $y=(3x^2+2x+1)^5$ (4) $y=(x+1)^3(x^2-1)^2$

정석연구 (1), (2)는 다음 곱의 미분법을 이용한다.

**정석** $\boldsymbol{u,\ v,\ w}$가 미분가능한 함수일 때,

$$\boldsymbol{y=uv \implies y'=u'v+uv'}$$
$$\boldsymbol{y=uvw \implies y'=u'vw+uv'w+uvw'}$$

또, (3), (4)는 다음 합성함수의 미분법을 이용한다.

**정석** $\boldsymbol{y=\{f(x)\}^n \implies y'=n\{f(x)\}^{n-1}f'(x)}$

모범답안 (1) $y'=(x^2+3)'(x^3+2x^2+5)+(x^2+3)(x^3+2x^2+5)'$

$=2x(x^3+2x^2+5)+(x^2+3)(3x^2+4x)$

$=\boldsymbol{5x^4+8x^3+9x^2+22x}$ ← 답

(2) $y'=(x^2+1)'(2x+1)(3x+1)+(x^2+1)(2x+1)'(3x+1)$
$+(x^2+1)(2x+1)(3x+1)'$

$=2x(2x+1)(3x+1)+(x^2+1)\times2\times(3x+1)+(x^2+1)(2x+1)\times3$

$=\boldsymbol{24x^3+15x^2+14x+5}$ ← 답

(3) $y'=5(3x^2+2x+1)^4(3x^2+2x+1)'=5(3x^2+2x+1)^4(6x+2)$

$=\boldsymbol{10(3x+1)(3x^2+2x+1)^4}$ ← 답

(4) $y'=\{(x+1)^3\}'(x^2-1)^2+(x+1)^3\{(x^2-1)^2\}'$

$=3(x+1)^2(x^2-1)^2+(x+1)^3\times2(x^2-1)\times2x$

$=\boldsymbol{(x+1)^4(x-1)(7x-3)}$ ← 답

유제 **3**-7. 다음 함수의 도함수를 구하여라.

(1) $y=(2x-5)(4x^2+7x-5)$ (2) $y=(x^2-1)(1-2x)(3x-5)$

(3) $y=6(3x-1)^3-2(3x-1)^2+3$ (4) $y=(x^2-1)^5(x+6)^7$

답 (1) $\boldsymbol{y'=24x^2-12x-45}$ (2) $\boldsymbol{y'=-24x^3+39x^2+2x-13}$

(3) $\boldsymbol{y'=6(3x-1)(27x-11)}$ (4) $\boldsymbol{y'=(x^2-1)^4(x+6)^6(17x^2+60x-7)}$

유제 **3**-8. 다음을 계산하여라.

$$\frac{d}{dx}\left\{(x^2+\sqrt{2}\,x+1)(x^2-\sqrt{2}\,x+1)\right\}$$

답 $\boldsymbol{4x^3}$

유제 **3**-9. 함수 $f(x)=(x^5+x)^2$에 대하여 $f'(1)$의 값을 구하여라.

답 **24**

기본 문제 **3**-7 다음에서 상수 $a$, $b$, $c$의 값을 구하여라.

(1) 함수 $f(x)=ax^2+bx+c$가 모든 실수 $x$에 대하여 $(x+1)f'(x)=2f(x)$를 만족시키고 $f(0)=1$이다.

(2) 함수 $f(x)=x^4+ax^2+bx$가 다음을 만족시킨다.

$$\lim_{x\to2}\frac{f(x)-f(2)}{x-2}=14, \qquad \lim_{x\to1}\frac{f(x)-f(1)}{x^2-1}=-2$$

정석연구 (1) $f(x)=ax^2+bx+c$, $f'(x)=2ax+b$를 조건식에 대입한다.

(2) 다음 미분계수의 정의를 이용한다.

$$\textbf{정 의}\quad \lim_{x\to a}\frac{f(x)-f(a)}{x-a}=f'(a)$$

모범답안 (1) $f(0)=1$이므로 $f(x)=ax^2+bx+c$에서 $c=1$

$f'(x)=2ax+b$이므로 $(x+1)f'(x)=2f(x)$에서

$(x+1)(2ax+b)=2(ax^2+bx+1)$ $\quad\therefore (2a-b)x+b-2=0$

$x$에 관한 항등식이므로 $2a-b=0$, $b-2=0$ $\quad\therefore a=1$, $b=2$

답 $\boldsymbol{a=1}$, $\boldsymbol{b=2}$, $\boldsymbol{c=1}$

(2) 첫 번째 조건식에서 $f'(2)=14$ ……①

두 번째 조건식에서

$$\lim_{x\to1}\frac{f(x)-f(1)}{x^2-1}=\lim_{x\to1}\left\{\frac{f(x)-f(1)}{x-1}\times\frac{1}{x+1}\right\}=f'(1)\times\frac{1}{2}=-2$$

이므로 $f'(1)=-4$ ……②

한편 $f(x)=x^4+ax^2+bx$에서 $f'(x)=4x^3+2ax+b$

①, ②에 의하여 $32+4a+b=14$, $4+2a+b=-4$

연립하여 풀면 $\boldsymbol{a=-5}$, $\boldsymbol{b=2}$ ← 답

유제 **3**-10. 함수 $f(x)=x^2+ax+b$가 모든 실수 $x$에 대하여 $xf'(x)-3f(x)+x^2-3=0$을 만족시킬 때, 상수 $a$, $b$의 값을 구하여라.

답 $\boldsymbol{a=0}$, $\boldsymbol{b=-1}$

유제 **3**-11. 함수 $f(x)=x^5+ax^3$이 $\displaystyle\lim_{x\to2}\frac{x-2}{f(x)-f(2)}=\frac{1}{8}$을 만족시킬 때, 상수 $a$의 값을 구하여라. 답 $\boldsymbol{a=-6}$

유제 **3**-12. 함수 $f(x)=ax^4+bx^2+cx+1$이

$$\lim_{x\to\infty}\frac{f(x)}{x^2-5x+5}=2, \qquad \lim_{h\to0}\frac{f(1+h)-f(1)}{h}=5$$

를 만족시킬 때, 상수 $a$, $b$, $c$의 값을 구하여라. 답 $\boldsymbol{a=0}$, $\boldsymbol{b=2}$, $\boldsymbol{c=1}$

기본 문제 **3**-8 다음 물음에 답하여라.

(1) $f(x)=x^4-2x^3+x+4$ 일 때, $\displaystyle\lim_{h\to0}\frac{f(1+h)-f(1-h)}{h}$ 의 값을 구하여라.

(2) $\displaystyle\lim_{x\to1}\frac{x^{10}+2x-3}{x-1}$ 의 값을 구하여라.

정석연구 (1) $f(x)$를 직접 대입하는 것보다는

$$\textbf{정 의}\quad \lim_{h\to0}\frac{f(1+h)-f(1)}{h}=f'(1)$$

을 이용하여 구하는 극한을 $f'(1)$을 써서 나타내는 것이 간단하다.

(2) $f(x)=x^{10}+2x-3$ 으로 놓으면 $f(1)=0$ 이므로 $f(x)=(x-1)g(x)$

이때, $g(x)$를 조립제법을 써서 구하면

$$f(x)=(x-1)(x^9+x^8+x^7+x^6+x^5+x^4+x^3+x^2+x+3)$$

$$\therefore\ (\text{준 식})=\lim_{x\to1}(x^9+x^8+x^7+x^6+x^5+x^4+x^3+x^2+x+3)=12$$

이와 같이 $g(x)$를 구하기 복잡한 경우에는 다음을 이용할 수도 있다.

$$\textbf{정 의}\quad \lim_{x\to1}\frac{f(x)-f(1)}{x-1}=f'(1)$$

모범답안 (1) $\displaystyle(\text{준 식})=\lim_{h\to0}\frac{f(1+h)-f(1)+f(1)-f(1-h)}{h}$

$$=\lim_{h\to0}\left\{\frac{f(1+h)-f(1)}{h}+\frac{f(1-h)-f(1)}{-h}\right\}$$

$$=f'(1)+f'(1)=2f'(1)$$

한편 $f'(x)=4x^3-6x^2+1$ 이므로 $f'(1)=-1$

$\therefore$ (준 식)$=2\times(-1)=$**$-2$** ← 답

(2) $f(x)=x^{10}+2x$ 로 놓으면 $f(1)=3$ 이므로

$$\lim_{x\to1}\frac{x^{10}+2x-3}{x-1}=\lim_{x\to1}\frac{f(x)-f(1)}{x-1}=f'(1)$$

그런데 $f'(x)=10x^9+2$ 이므로 $f'(1)=10\times1^9+2=$**12** ← 답

유제 **3**-13. $\displaystyle f(a)=\lim_{x\to a}\frac{x^3-a^3}{x-a}$ 일 때, $\displaystyle\lim_{h\to0}\frac{f(a+h)-f(a-h)}{h}$ 를 구하여라.

답 **$12a$**

유제 **3**-14. $\displaystyle\lim_{x\to1}\frac{x^n-3x+2}{x-1}=10$ 일 때, 자연수 $n$의 값을 구하여라.

답 **$n=13$**

**기본 문제 3-9** 함수 $f(x)=\begin{cases} x^3-3x^2+px & (x\le 1) \\ qx^2-6x+4 & (x>1) \end{cases}$ 가 $x=1$에서 미분가능할 때, 상수 $p$, $q$의 값을 구하여라.

정석연구 다항함수 $f_1(x)$, $f_2(x)$에 대하여 $f(x)=\begin{cases} f_1(x) & (x\le a) \\ f_2(x) & (x>a) \end{cases}$ 와 같이 정의된 함수 $f(x)$가 $x=a$에서 미분가능하다고 하자.

$f(x)$는 $x=a$에서 연속이므로

$$f(a)=\lim_{x\to a-}f(x)=\lim_{x\to a+}f(x) \qquad \therefore\ f_1(a)=f_2(a)$$

또, $f_1(x)$와 $f_2(x)$는 $x=a$에서 미분가능하므로

$$\lim_{h\to 0-}\frac{f(a+h)-f(a)}{h}=\lim_{h\to 0-}\frac{f_1(a+h)-f_1(a)}{h}=f_1'(a),$$

$$\lim_{h\to 0+}\frac{f(a+h)-f(a)}{h}=\lim_{h\to 0+}\frac{f_2(a+h)-f_2(a)}{h}=f_2'(a)$$

그런데 $x=a$에서 $f(x)$의 미분계수가 존재해야 하므로 $f_1'(a)=f_2'(a)$ 곧,

**정석** 다항함수 $\boldsymbol{f_1}$, $\boldsymbol{f_2}$에 대하여

$\boldsymbol{f(x)=\begin{cases} f_1(x) & (x\le a) \\ f_2(x) & (x>a) \end{cases}}$ 가 $\boldsymbol{x=a}$에서 미분가능하면

(i) $\boldsymbol{f_1(a)=f_2(a)}$ (ii) $\boldsymbol{f_1'(a)=f_2'(a)}$

모범답안 $f_1(x)=x^3-3x^2+px$, $f_2(x)=qx^2-6x+4$ 로 놓으면

$$f_1'(x)=3x^2-6x+p,\quad f_2'(x)=2qx-6$$

(i) $f(x)$는 $x=1$에서 연속이므로

$f_1(1)=f_2(1)$ $\quad\therefore\ 1-3+p=q-6+4$

$\therefore\ p=q$ ……①

(ii) $f(x)$는 $x=1$에서 미분가능하므로

$f_1'(1)=f_2'(1)$ $\quad\therefore\ 3-6+p=2q-6$

$\therefore\ p=2q-3$ ……②

①, ②를 연립하여 풀면 $\boldsymbol{p=3,\ q=3}$ ← 답

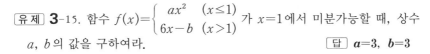

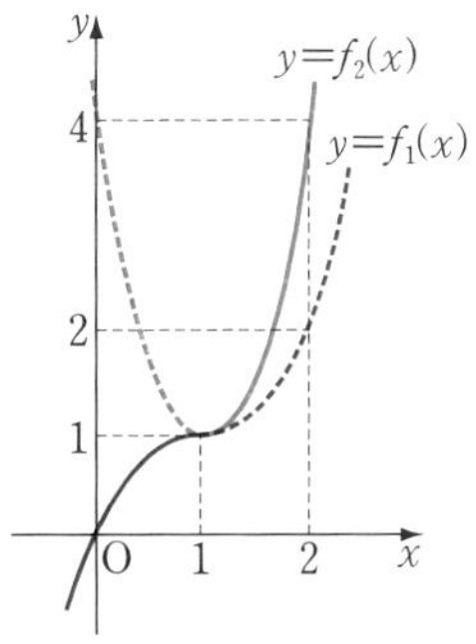


유제 **3**-15. 함수 $f(x)=\begin{cases} ax^2 & (x\le 1) \\ 6x-b & (x>1) \end{cases}$ 가 $x=1$에서 미분가능할 때, 상수 $a$, $b$의 값을 구하여라.

답 $\boldsymbol{a=3,\ b=3}$

**기본 문제 3-10** 다음 물음에 답하여라.

(1) 다항식 $x^7-2x+4$를 $(x-1)^2$으로 나눈 나머지를 구하여라.

(2) 다항식 $x^5-5x+a$가 $(x-b)^2$으로 나누어 떨어지도록 양수 $a$, $b$의 값을 정하여라.

---

모범답안 (1) 몫을 $\mathrm{Q}(x)$, 나머지를 $ax+b$라고 하면

$$x^7-2x+4=(x-1)^2\mathrm{Q}(x)+ax+b \qquad \cdots\cdots①$$

양변에 $x=1$을 대입하면 $3=a+b$ ……②

①은 $x$에 관한 항등식이므로 양변을 $x$에 관하여 미분하면

$$7x^6-2=2(x-1)\mathrm{Q}(x)+(x-1)^2\mathrm{Q}'(x)+a$$

양변에 $x=1$을 대입하면 $5=a$이고, ②에 대입하면 $b=-2$

따라서 구하는 나머지는 $5x-2$이다. 답 $\boldsymbol{5x-2}$

(2) 몫을 $\mathrm{Q}(x)$라고 하면 $x^5-5x+a=(x-b)^2\mathrm{Q}(x)$ ……③

양변에 $x=b$를 대입하면 $b^5-5b+a=0$ ……④

③은 $x$에 관한 항등식이므로 양변을 $x$에 관하여 미분하면

$$5x^4-5=2(x-b)\mathrm{Q}(x)+(x-b)^2\mathrm{Q}'(x)$$

양변에 $x=b$를 대입하면 $5b^4-5=0$ $\therefore$ $b^4=1$

$b>0$이므로 $b=1$이고, ④에 대입하면 $a=4$ 답 $\boldsymbol{a=4,\ b=1}$

*Advice* | 다항식 $f(x)$를 $(x-a)^2$으로 나눈 몫을 $\mathrm{Q}(x)$, 나머지를 $mx+n$이라고 하면 $f(x)=(x-a)^2\mathrm{Q}(x)+mx+n$ ……①

①은 $x$에 관한 항등식이므로 양변을 $x$에 관하여 미분하면

$$f'(x)=2(x-a)\mathrm{Q}(x)+(x-a)^2\mathrm{Q}'(x)+m \qquad \cdots\cdots②$$

①, ②는 모두 $x$에 관한 항등식이므로 $x=a$를 대입하면

$$f(a)=ma+n,\ f'(a)=m \quad \therefore\ n=f(a)-af'(a)$$

따라서 $f(a)=0$, $f'(a)=0$이면 $m=0$, $n=0$이다. 또, 역도 성립한다.

**정석** 다항식 $\boldsymbol{f(x)}$가 $\boldsymbol{(x-a)^2}$으로 나누어 떨어진다

$$\Longleftrightarrow \boldsymbol{f(a)=0,\quad f'(a)=0}$$

유제 **3**-16. $x^{10}$을 $(x-1)^2$으로 나눈 나머지를 구하여라. 답 $\boldsymbol{10x-9}$

유제 **3**-17. $x^{10}+ax+b$가 $(x-1)^2$으로 나누어 떨어지도록 상수 $a$, $b$의 값을 정하여라. 답 $\boldsymbol{a=-10,\ b=9}$

유제 **3**-18. 다항식 $f(x)$가 $f(1)=2$, $f'(1)=3$을 만족시킬 때, $f(x)$를 $(x-1)^2$으로 나눈 나머지를 구하여라. 답 $\boldsymbol{3x-1}$

## 연습문제 3

**3-1** 함수 $f(x)$가 모든 실수 $x$에 대하여 $f(-x)=f(x)$를 만족시키고 $x=0$에서 미분가능할 때, $f'(0)$의 값은?

① $-2$ ② $-1$ ③ $0$ ④ $1$ ⑤ $2$

**3-2** 다항함수 $f(x)$에 대하여 $f(1)=1$, $f'(1)=3$일 때, 다음을 구하여라.

(1) $\displaystyle\lim_{x\to1}\frac{\{f(x)\}^2-1}{x-1}$ (2) $\displaystyle\lim_{x\to1}\frac{xf(x)-1}{x^2-1}$

**3-3** 다항함수 $f(x)$에 대하여 다음 물음에 답하여라.

(1) $f'(0)=\dfrac{1}{2}$일 때, $\displaystyle\lim_{n\to\infty}n^3\left\{f\left(\frac{2}{n}\right)-f(0)\right\}^3$의 값을 구하여라.

(2) $f'(a)=3$일 때, $\displaystyle\lim_{n\to\infty}n\left\{f\left(a+\frac{2}{n}\right)-f\left(a-\frac{2}{n}\right)\right\}$의 값을 구하여라.

**3-4** 다항함수 $f(x)$에 대하여 $\displaystyle\lim_{x\to2}\frac{f(x+1)-8}{x^2-4}=5$일 때, $f(3)$, $f'(3)$의 값을 구하여라.

**3-5** 실수 전체의 집합에서 정의된 함수 $f(x)$가 모든 실수 $x$, $y$에 대하여

$$f(x+y)=f(x)+f(y)+xy$$

를 만족시킬 때, 다음 물음에 답하여라.

(1) $f(0)$의 값을 구하여라.

(2) $f'(0)=2$일 때, $f'(2)$의 값을 구하여라.

**3-6** 다항함수 $f(x)$가 모든 실수 $x$에 대하여 $|f(2x)-f(x)|\le x^2$을 만족시킬 때, $f'(0)$의 값은?

① $-2$ ② $-1$ ③ $0$ ④ $1$ ⑤ $2$

**3-7** $x>0$에서 미분가능한 함수 $f(x)$가

$$f(1)=2,\quad f(2)=6,\quad 2x\le f(x)\le 3x$$

를 만족시킬 때, $f'(1)$, $f'(2)$의 값을 구하여라.

**3-8** 삼차함수 $f(x)$가 $f(0)=1$, $f(1)=1$, $f'(0)=4$, $f'(1)=3$을 만족시킬 때, $f'(2)$의 값은?

① 36 ② 40 ③ 44 ④ 48 ⑤ 52

**3-9** 함수 $f(x)=\displaystyle\sum_{k=1}^{n}\frac{1}{2k-1}x^{2k-1}$에 대하여 $f'(2)=341$일 때, 자연수 $n$의 값은?

① 3 ② 4 ③ 5 ④ 6 ⑤ 7

**3-10** $f(x)=x^2+ax+3$일 때, 방정식 $xf'(x)-2f(x)+x^2+3=0$의 한 근이 $-3$이라고 한다. 상수 $a$의 값과 다른 한 근을 구하여라.

**3-11** 함수 $f(x)=x^3+2x^2-5x+1$에 대하여

$$\lim_{h\to0}\frac{1}{h}\left\{\sum_{k=1}^{n}f(1+kh)-nf(1)\right\}=420$$

을 만족시키는 자연수 $n$의 값은?

① 16 ② 17 ③ 18 ④ 19 ⑤ 20

**3-12** 함수 $f(x)=x^3+ax^2+bx-20$이 모든 양수 $x$에 대하여 $24x-48\le f(x)\le 2x^3-16$을 만족시킬 때, 상수 $a$, $b$의 값을 구하여라.

**3-13** 두 다항함수 $f(x)$, $g(x)$가

$$f(0)=1,\quad f'(0)=-6,\quad g(0)=4,\quad \lim_{x\to0}\frac{f(x)g(x)-4}{x}=0$$

을 만족시킬 때, $g'(0)$의 값은?

① 21 ② 22 ③ 23 ④ 24 ⑤ 25

**3-14** $n$차 다항함수 $f(x)$가 모든 실수 $x$에 대하여 $2f(x)=(x+1)f'(x)+1$을 만족시키고 $f(0)=0$이다.

(1) $f(x)$의 차수 $n$을 구하여라. (2) $f(x)$를 구하여라.

**3-15** 삼차함수 $f(x)$가 서로 다른 세 실수 $a$, $b$, $c$에 대하여

$$f(a)=f(b)=0,\qquad f'(a)=f'(c)=0$$

을 만족시킨다. 이때, $c$를 $a$와 $b$로 나타내어라.

**3-16** 오른쪽 그림은 함수 $y=1$과 $y=0$의 그래프의 일부이다. 두 점 A(0, 1), B(1, 0) 사이를 $0\le x\le1$에서 정의된 함수 $y=ax^3+bx^2+cx+1$의 그래프를 이용하여 연결하였다.

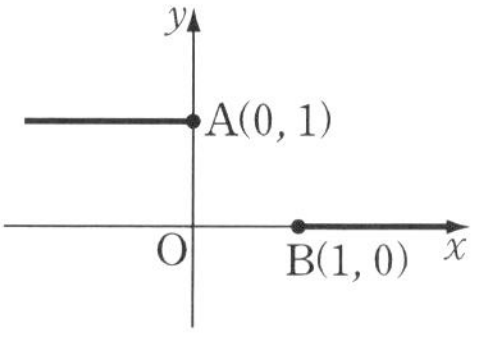


이와 같이 연결한 그래프 전체를 나타내는 함수가 구간 $(-\infty, \infty)$에서 미분가능할 때, 상수 $a$, $b$, $c$의 값을 구하여라.

**3-17** 좌표평면 위에 오른쪽 그림과 같이 점 찍은 부분을 내부로 하는 도형이 있다. 이 도형의 내부와 네 점 $(0, 0)$, $(t, 0)$, $(t, t)$, $(0, t)$를 꼭짓점으로 하는 정사각형의 내부가 겹치는 부분의 넓이를 $f(t)$라고 하자. 구간 $(0, 4)$에서 함수 $f(t)$가 미분가능하지 않은 모든 $t$의 값의 합을 구하여라.

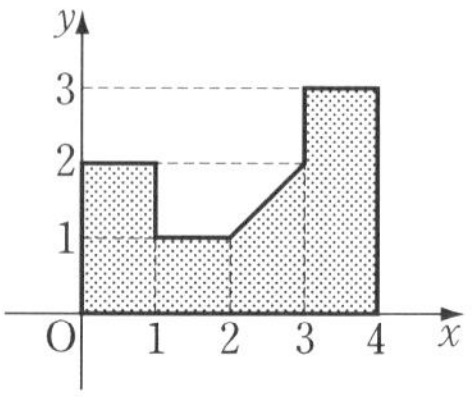

# 4. 곡선의 접선과 미분

미분계수의 기하적 의미／
접선의 방정식／평균값 정리

## § 1. 미분계수의 기하적 의미

### 1 접선의 기울기

앞에서 공부한 미분계수의 기하적 의미를 다시 정리하면 다음과 같다.

**기본정석** ── 미분계수와 접선의 기울기

미분가능한 함수 $y=f(x)$의 그래프에서

(i) $x$좌표가 $a$인 점에서의 접선의 기울기 $\Longrightarrow$ $f'(a)$

(ii) 점 $(x,\ f(x))$에서의 접선의 기울기 $\Longrightarrow$ $f'(x)$

*Advice* | 미분계수 $f'(a)$를 구할 때에는 그 정의를 이용하는 것보다

**정석** $f'(a)$의 계산 $\Longrightarrow$ 먼저 $f'(x)$를 구하고 $x=a$를 대입

하는 것이 능률적이다.

보기 1 함수 $f(x)=x^2+1$의 그래프 위의 $x$좌표가 $x=-1,\ x=0,\ x=1$인 점에서의 접선의 기울기를 각각 구하여라.

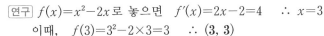

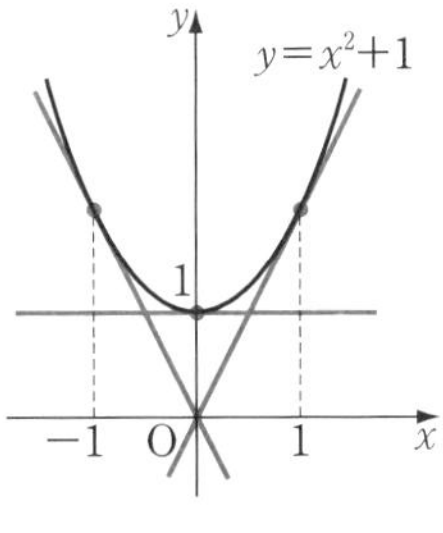


연구 $f'(x)=2x$이므로

$f'(-1)=\mathbf{-2},\quad f'(0)=\mathbf{0},\quad f'(1)=\mathbf{2}$

보기 2 곡선 $y=x^2-2x$ 위의 점 중에서 그 점에서의 접선의 기울기가 4인 점의 좌표를 구하여라.

연구 $f(x)=x^2-2x$로 놓으면 $f'(x)=2x-2=4\quad \therefore\ x=3$

이때, $f(3)=3^2-2\times3=3\quad \therefore\ \mathbf{(3,\ 3)}$

**기본 문제 4-1** 다음 물음에 답하여라.

(1) 곡선 $y=x^3+ax+b$ 위의 점 $(2,\ 4)$에서의 접선의 방정식이 $y=x+c$일 때, 상수 $a,\ b,\ c$의 값을 구하여라.

(2) 곡선 $y=ax^3+bx^2+cx$ 위의 두 점 $(1,\ 3)$, $(2,\ 0)$에서의 접선이 평행할 때, 상수 $a,\ b,\ c$의 값을 구하여라.

정석연구 (1) 점 $(2,\ 4)$에서의 접선의 방정식이 $y=x+c$이므로

(i) $x=2$인 점에서 주어진 곡선의 접선의 기울기는 1이다.

(ii) 접선은 점 $(2,\ 4)$를 지난다.

는 것을 이용해 보아라.

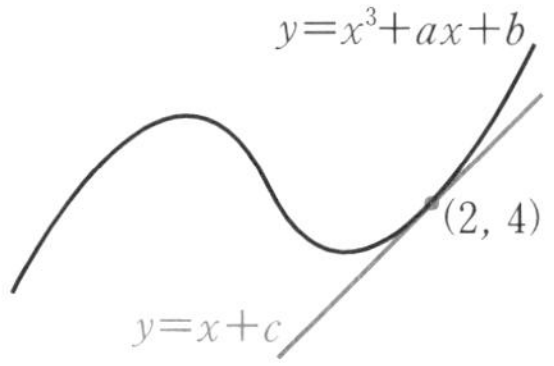


(2) 접선이 평행하다는 것은 다음과 같이 정리할 수 있다.

**정석** 접선이 평행하다 $\Longleftrightarrow$ 접선의 기울기가 같다
$\Longleftrightarrow$ 접점에서의 미분계수가 같다

모범답안 (1) $f(x)=x^3+ax+b$, $g(x)=x+c$로 놓으면 $f'(x)=3x^2+a$

문제의 조건으로부터 $f(2)=4$, $g(2)=4$, $f'(2)=1$이므로

$$8+2a+b=4,\quad 2+c=4,\quad 12+a=1$$

연립하여 풀면 $\boldsymbol{a=-11,\ b=18,\ c=2}$ ← 답

(2) $f(x)=ax^3+bx^2+cx$로 놓으면 $f'(x)=3ax^2+2bx+c$

문제의 조건으로부터 $f(1)=3$, $f(2)=0$, $f'(1)=f'(2)$이므로

$$a+b+c=3,\quad 8a+4b+2c=0,\quad 3a+2b+c=12a+4b+c$$

연립하여 풀면 $\boldsymbol{a=2,\ b=-9,\ c=10}$ ← 답

유제 **4**-1. 점 $(1,\ 5)$를 지나는 곡선 $y=x^3+ax^2+bx$가 있다.
이 곡선 위의 $x=-1$인 점에서의 접선의 기울기가 1일 때, 상수 $a,\ b$의 값을 구하여라. 답 $\boldsymbol{a=2,\ b=2}$

유제 **4**-2. 곡선 $y=x^3+ax^2+bx+c$가 점 $(1,\ 3)$을 지나고, 점 $(2,\ 8)$에서 직선 $y=11x-14$에 접한다. 상수 $a,\ b,\ c$의 값을 구하여라.

답 $\boldsymbol{a=1,\ b=-5,\ c=6}$

유제 **4**-3. 곡선 $y=ax^3+bx^2+cx+d$가 점 $(0,\ 1)$에서 직선 $y=x+1$에 접하고, 점 $(3,\ 4)$에서 직선 $y=-2x+10$에 접한다. 상수 $a,\ b,\ c,\ d$의 값을 구하여라. 답 $\boldsymbol{a=-\frac{1}{3},\ b=1,\ c=1,\ d=1}$

**기본 문제 4-2** 두 곡선

$$y=x^3+ax, \qquad y=bx^2+1$$

이 $x=-1$인 점에서 같은 직선에 접할 때, 상수 $a$, $b$의 값을 구하여라.

[정석연구] 일반적으로 두 곡선

$$y=f(x) \quad \cdots\cdots ① \qquad y=g(x) \quad \cdots\cdots ②$$

가 아래 그림과 같이 $x=t$인 점에서 같은 직선에 접할 때, $x=t$인 점에서 두 곡선이 접한다고 한다.

이때, 다음 성질을 알 수 있다.

(i) $x=t$에서 ①의 함숫값과 ②의 함숫값이 같다. 곧,

$$f(t)=g(t)$$

(ii) $x=t$인 점에서 ①의 접선의 기울기와 ②의 접선의 기울기가 같다. 곧,

$$f'(t)=g'(t)$$

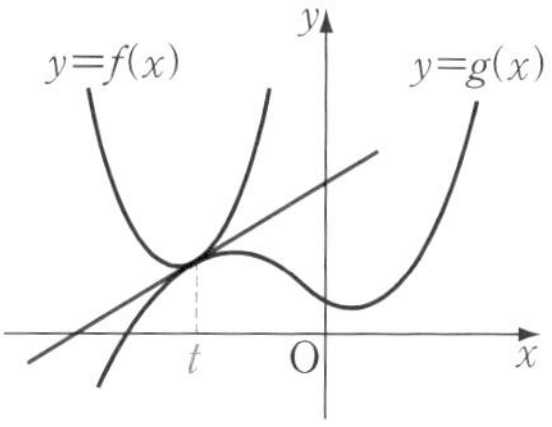


이상을 정리하면 다음과 같다.

**정석** 두 곡선 $y=f(x)$, $y=g(x)$가 $x=t$인 점에서 같은 직선에 접하면

$$\Longrightarrow f(t)=g(t), \quad f'(t)=g'(t)$$

[모범답안] $f(x)=x^3+ax$, $g(x)=bx^2+1$로 놓으면

$$f'(x)=3x^2+a, \qquad g'(x)=2bx$$

두 곡선이 $x=-1$인 점에서 같은 직선에 접하므로

$f(-1)=g(-1)$에서 $-1-a=b+1$ $\quad\therefore a+b+2=0$ $\cdots\cdots ③$

$f'(-1)=g'(-1)$에서 $3+a=-2b$ $\quad\therefore a+2b+3=0$ $\cdots\cdots ④$

③, ④를 연립하여 풀면 $\boldsymbol{a=-1,\ b=-1}$ ← [답]

**Note* 접점의 $x$좌표가 주어지지 않을 때에는 $x=t$로 놓고 푼다.

[유제] **4**-4. 직선 $y=ax+2$가 곡선 $y=x^3$에 접할 때, 상수 $a$의 값을 구하여라. [답] $\boldsymbol{a=3}$

[유제] **4**-5. 두 곡선 $y=ax^3-x$, $y=bx^2+c$가 점 $(1,\ 0)$을 지나고, 이 점에서 공통접선을 가질 때, 상수 $a$, $b$, $c$의 값을 구하여라.

[답] $\boldsymbol{a=1,\ b=1,\ c=-1}$

[유제] **4**-6. 두 포물선 $y=x^2$, $y=a-x^2$의 교점에서의 접선이 직교할 때, 상수 $a$의 값을 구하여라. [답] $\boldsymbol{a=\frac{1}{2}}$

# §2. 접선의 방정식

## 1 접선의 방정식

이를테면 곡선 $y=x^2$ 위의 점 (2, 4)에서의 접선의 방정식을 구해 보자.

$f(x)=x^2$으로 놓으면 $f'(x)=2x$이므로 $x=2$인 점에서의 접선의 기울기는

$$f'(2)=2\times2=4$$

따라서 구하는 접선의 방정식은

$$y-4=4(x-2) \quad \therefore \ \boldsymbol{y=4x-4}$$

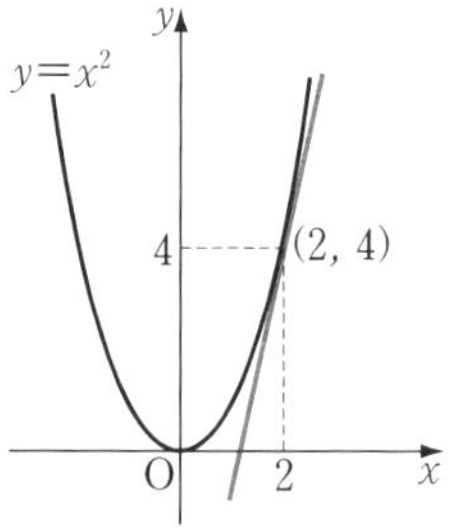


일반적으로 접선의 방정식은 미분계수를 이용하여 다음과 같이 구할 수 있다.

**기본정석** **접선의 방정식**

다항함수 $\boldsymbol{y=f(x)}$의 그래프 위의 점 $\mathbf{P}(\boldsymbol{x_1}, \boldsymbol{y_1})$에서

(i) 접선의 기울기는 $\boldsymbol{f'(x_1)}$

(ii) 접선의 방정식은

$$\boldsymbol{y-y_1=f'(x_1)(x-x_1)}$$

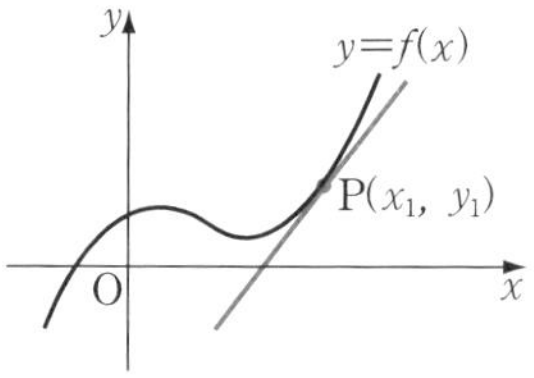


*Advice* | 기본 수학(상) (p. 153)에서와 같이 이차방정식의 판별식을 이용하여 접선의 방정식을 구할 수도 있다.

위의 예에서 점 (2, 4)를 지나는 접선의 기울기를 $m$이라고 하면

$$y-4=m(x-2) \quad \therefore \ y=mx-2m+4 \quad \cdots\cdots ㉮$$

㉮을 $y=x^2$에 대입하여 정리하면 $x^2-mx+2m-4=0$

$$D=m^2-4(2m-4)=0\text{에서} \quad (m-4)^2=0 \quad \therefore \ m=4$$

이 값을 ㉮에 대입하면 $\boldsymbol{y=4x-4}$

이와 같이 판별식을 이용하는 방법은 대개의 경우 미분계수를 이용하는 것보다 계산이 복잡하다. 뿐만 아니라 주어진 곡선의 방정식이 이차식이 아닐 때에는 판별식을 이용할 수 없는 경우가 대부분이다.

따라서 특별한 경우가 아니면 접선의 기울기는 미분계수를 이용하여 구하도록 하자.

## 2 접선의 방정식을 구하는 방법

접선의 방정식을 구하는 문제는 크게

접점의 좌표, 접선의 기울기, 곡선 밖의 점

이 주어지는 경우로 나눌 수 있다. 접점의 좌표가 주어진 경우는 앞서 살펴보았다. 나머지 경우는 다음 **보기**에서 공부해 보자.

**보기** 1 곡선 $y=x^2$에 접하고 기울기가 2인 직선의 방정식을 구하여라.

연구 $y=x^2$에서 $y'=2x$이므로 접선의 기울기가 2인 접점의 $x$좌표는

$2x=2$에서 $x=1$ 이때, $y=1$

따라서 접점의 좌표는 $(1,\ 1)$이고, 구하는 접선의 방정식은

$y-1=2(x-1)$ ∴ $\boldsymbol{y=2x-1}$

**보기** 2 점 $(0,\ 3)$에서 곡선 $y=x^2+4$에 그은 접선의 방정식을 구하여라.

연구 이 문제에서는 점 $(0,\ 3)$이 접점이 아니라 곡선 밖의 점이라는 것에 주의해야 한다. 이런 경우에는 접점의 $x$좌표를 $a$로 놓는다. 이때, 접점의 좌표는 $(a,\ a^2+4)$이다.

또, $f(x)=x^2+4$로 놓으면 $f'(x)=2x$이므로 이 점에서의 접선의 기울기는 $f'(a)=2a$

따라서 이 점에서의 접선의 방정식은

$y-(a^2+4)=2a(x-a)$ ……㉮

이 직선이 점 $(0,\ 3)$을 지나므로

$3-(a^2+4)=2a(0-a)$ ∴ $a=\pm 1$

이때, ㉮은 $\boldsymbol{y=2x+3,\ y=-2x+3}$

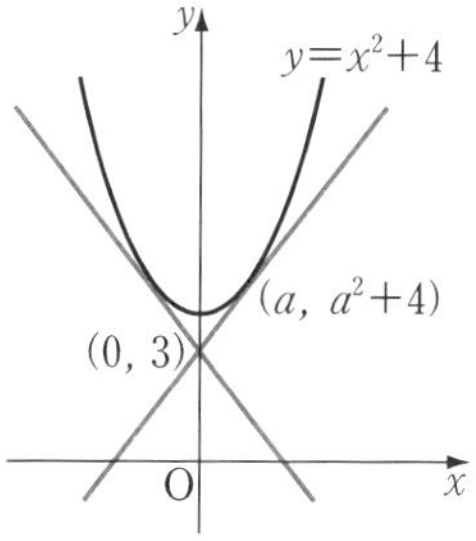


**기본정석** **접선의 방정식을 구하는 방법**

곡선 $\boldsymbol{y=f(x)}$의 접선의 방정식을 구하는 방법

(i) 접점 $\boldsymbol{(a,\ f(a))}$가 주어진 경우 : 접선의 기울기가 $f'(a)$이므로 접선의 방정식은 $\boldsymbol{y-f(a)=f'(a)(x-a)}$

(ii) 기울기 $\boldsymbol{m}$이 주어진 경우 : $f'(x)=m$을 만족시키는 $x$의 값이 접점의 $x$좌표이다. 이 값부터 구한다.

(iii) 곡선 밖의 점이 주어진 경우 : 접점의 좌표를 $(a,\ f(a))$로 놓고 이 점에서의 접선의 방정식을 구한 다음, 이 접선이 곡선 밖의 주어진 점을 지날 조건을 구한다.

기본 문제 4-3 곡선 $y=x^3+x^2-3x+4$에 대하여 다음에 답하여라.
(1) 이 곡선 위의 점 $(1, 3)$에서의 접선의 방정식을 구하여라.
(2) 이 곡선 위의 점 $(1, 3)$을 지나고, 이 점에서의 접선에 수직인 직선의 방정식을 구하여라.

정석연구 점 $(1, 3)$이 곡선 위의 점이라는 것이 문제에 밝혀져 있다.

만일 점 $(1, 3)$이 곡선 위의 점인가 아닌가에 대하여 분명히 밝히지 않은 문제에서는 $x=1$, $y=3$을 곡선의 방정식에 대입하여 그 방정식이

성립하면 ⟹ 곡선 위의 점, 성립하지 않으면 ⟹ 곡선 밖의 점

이라고 생각하면 된다.

**정석** 곡선 $\boldsymbol{y=f(x)}$ 위의 점 $(\boldsymbol{x_1}, \boldsymbol{y_1})$에서의 접선의 방정식은

$$\boldsymbol{y-y_1=f'(x_1)(x-x_1)} \qquad \Leftarrow \text{(기울기)}=f'(x_1)$$

모범답안 $f(x)=x^3+x^2-3x+4$로 놓으면 $f'(x)=3x^2+2x-3$

(1) 이 곡선 위의 $x=1$인 점에서의 접선의 기울기는 $f'(1)=3+2-3=2$

따라서 점 $(1, 3)$을 지나고 기울기가 2인 직선이므로 구하는 접선의 방정식은

$$y-3=2(x-1)$$

곧, $\boldsymbol{y=2x+1}$ ← 답

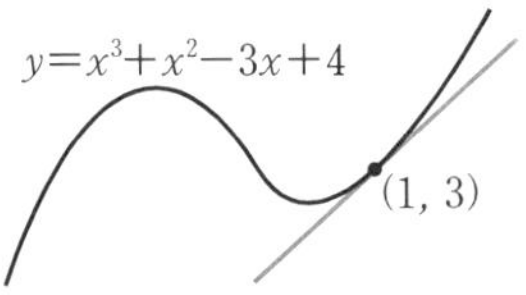


(2) 점 $(1, 3)$에서의 접선의 기울기가 2이므로, 접선에 수직인 직선의 기울기는 $-\dfrac{1}{2}$이다.

따라서 구하는 직선의 방정식은

$$y-3=-\frac{1}{2}(x-1)$$

곧, $\boldsymbol{y=-\dfrac{1}{2}x+\dfrac{7}{2}}$ ← 답

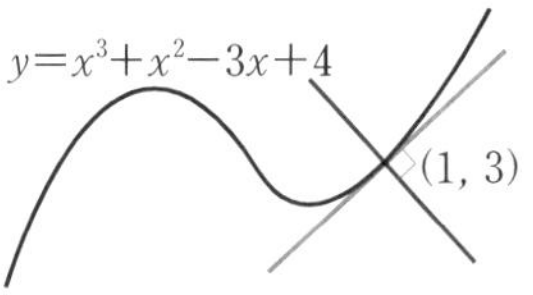


*Advice* | (2)에서와 같이 곡선 $y=f(x)$ 위의 점 P를 지나고, 점 P에서의 접선에 수직인 직선을 점 P에서의 법선이라고 한다.

유제 **4**-7. 곡선 $y=x^3-4x^2+5x$ 위의 점 $(2, 2)$에서의 접선의 방정식을 구하여라. 답 $\boldsymbol{y=x}$

유제 **4**-8. 곡선 $y=x^3-3x^2+4$ 위의 점 $(1, 2)$에서의 법선의 방정식을 구하여라. 답 $\boldsymbol{y=\dfrac{1}{3}x+\dfrac{5}{3}}$

**기본 문제 4-4** 곡선 $y=x^3-11x+3$의 접선 중에서 다음을 만족시키는 직선의 방정식을 구하여라.

(1) 기울기가 양수이고 $x$축과 이루는 예각의 크기가 $45°$이다.

(2) 직선 $x-8y+16=0$에 수직이다.

정석연구 일반적으로 곡선 $y=f(x)$의 접선의 기울기가 $m$으로 주어지면

$$f'(x)=m$$

을 만족시키는 $x$의 값을 찾아 접점부터 구한다.

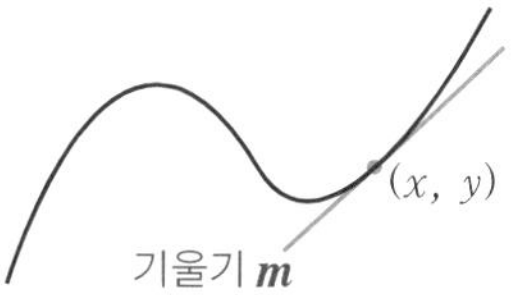


**정석** 기울기가 주어지면 ⟹ 먼저 접점의 좌표를 구하여라.

모범답안 $y=x^3-11x+3$에서 $y'=3x^2-11$

(1) 접선의 기울기가 $\tan 45°=1$인 접점의 $x$좌표는

$3x^2-11=1$에서 $x^2=4$ $\therefore x=\pm 2$

$x=2$일 때 $y=-11$, $x=-2$일 때 $y=17$

따라서 접점의 좌표는 $(2, -11)$, $(-2, 17)$이다.

기울기는 1이므로 구하는 접선의 방정식은

$$y+11=1\times(x-2),\quad y-17=1\times(x+2)$$

$\therefore$ $\boldsymbol{y=x-13,\ y=x+19}$ ← 답

(2) 직선 $x-8y+16=0$에 수직인 직선의 기울기는 $-8$이므로

$3x^2-11=-8$에서 $x^2=1$ $\therefore x=\pm 1$

$x=1$일 때 $y=-7$, $x=-1$일 때 $y=13$

따라서 접점의 좌표는 $(1, -7)$, $(-1, 13)$이다.

수직인 직선의 기울기는 $-8$이므로 구하는 직선의 방정식은

$$y+7=-8(x-1),\quad y-13=-8(x+1)$$

$\therefore$ $\boldsymbol{y=-8x+1,\ y=-8x+5}$ ← 답

유제 **4**-9. 포물선 $y=x^2$의 접선 중에서 기울기가 양수이고 $x$축과 이루는 예각의 크기가 $45°$인 직선의 방정식을 구하여라. 답 $\boldsymbol{y=x-\frac{1}{4}}$

유제 **4**-10. 곡선 $y=x^3-12x+3$의 접선 중에서 직선 $9x+y-2=0$에 평행한 직선의 방정식을 구하여라. 답 $\boldsymbol{y=-9x+1,\ y=-9x+5}$

유제 **4**-11. 곡선 $y=x^3-3x+1$ 위의 점 중에서 이 점에서의 접선의 기울기가 9인 점은 두 개 있다. 두 점 사이의 거리를 구하여라. 답 $4\sqrt{2}$

**기본 문제 4-5** 점 (3, 1)에서 곡선 $y=x^3-2x^2+1$에 그은 접선은 세 개 있다. 이 중에서 기울기 $m$이 $0<m<1$을 만족시키는 접선의 방정식을 구하여라.

[정석연구] $x=3$, $y=1$을 $y=x^3-2x^2+1$에 대입하면 등식이 성립하지 않으므로 점 (3, 1)은 이 곡선 위의 점이 아니다. 이와 같이

**정석** 곡선 $\boldsymbol{y=f(x)}$의 접선의 방정식을 구할 때
곡선 밖의 점이 주어지면 ⟹ 접점의 $\boldsymbol{x}$좌표를 $\boldsymbol{a}$로 놓아라.

[모범답안] $f(x)=x^3-2x^2+1$로 놓으면 $f'(x)=3x^2-4x$

따라서 접점의 $x$좌표를 $a$라고 하면 $y$좌표는 $a^3-2a^2+1$이므로 접점의 좌표는

$$(a,\ a^3-2a^2+1)$$

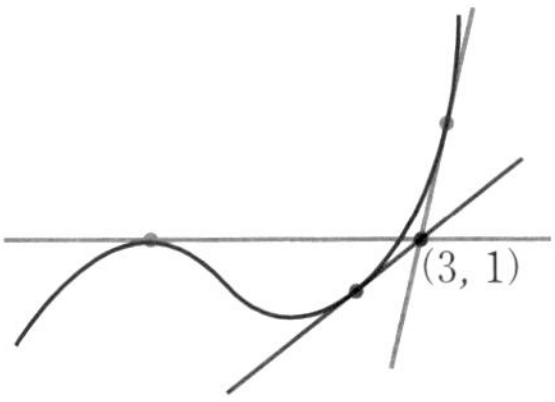


이 점에서의 접선의 기울기는

$$f'(a)=3a^2-4a$$

이므로 접선의 방정식은

$$y-(a^3-2a^2+1)=(3a^2-4a)(x-a)$$

$$\therefore\ y=(3a^2-4a)x-2a^3+2a^2+1 \qquad \cdots\cdots ①$$

이 직선이 점 (3, 1)을 지나므로 $1=(3a^2-4a)\times 3-2a^3+2a^2+1$

$$\therefore\ 2a^3-11a^2+12a=0 \qquad \therefore\ a(a-4)(2a-3)=0$$

$$\therefore\ a=0,\ 4,\ \frac{3}{2} \qquad \text{이때, } f'(a)=0,\ 32,\ \frac{3}{4}$$

문제의 조건에서 $0<f'(a)<1$이므로 $a=\dfrac{3}{2}$

①에 대입하면 $\boldsymbol{y=\dfrac{3}{4}x-\dfrac{5}{4}}$ ← [답]

[유제] **4**-12. 다음 주어진 점에서 곡선에 그은 접선의 방정식을 구하여라.

(1) $y=\dfrac{1}{4}x^4+3$, 점 (0, 0)  (2) $y=x^3-4x^2+5x-2$, 점 (2, 8)

[답] (1) $\boldsymbol{y=2\sqrt{2}\,x}$, $\boldsymbol{y=-2\sqrt{2}\,x}$ (2) $\boldsymbol{y=5x-2}$

[유제] **4**-13. 점 (0, 2)에서 곡선 $y=x^3-2x$에 그은 접선의 접점을 P라 하고, 접선과 곡선의 P가 아닌 교점을 Q라고 할 때, 선분 PQ의 길이를 구하여라.

[답] $\boldsymbol{3\sqrt{2}}$

[유제] **4**-14. 점 (0, 3)에서 곡선 $y=x^3+5$에 그은 접선의 접점을 지나고, 이 접선에 수직인 직선의 방정식을 구하여라.

[답] $\boldsymbol{y=-\dfrac{1}{3}x+\dfrac{19}{3}}$

**기본 문제 4-6** 포물선 $y=x^2$ 위에 원점이 아닌 점 P가 있다. 점 P에서의 접선이 $x$축, $y$축과 만나는 점을 각각 Q, R라 하고, 점 P를 지나고 접선에 수직인 직선이 $y$축과 만나는 점을 S라고 하자.

(1) $\overline{PQ} : \overline{QR}$를 구하여라.

(2) $\triangle PRS=1.25$일 때, 제 1 사분면의 점 P의 좌표를 구하여라.

(3) 점 P가 원점 O에 한없이 가까워질 때, 점 S가 한없이 가까워지는 점의 좌표를 구하여라.

정석연구 점 P의 $x$좌표를 $a$로 놓고, 점 P에서의 접선의 방정식을 구한다.

**정석** 곡선 $\boldsymbol{y=f(x)}$ 위의 점 $(\boldsymbol{a},\ \boldsymbol{b})$에서의 접선의 방정식은

$$\boldsymbol{y-b=f'(a)(x-a)}$$

모범답안 (1) 점 P의 $x$좌표를 $a$라고 하면

$$\mathrm{P}(a,\ a^2)$$

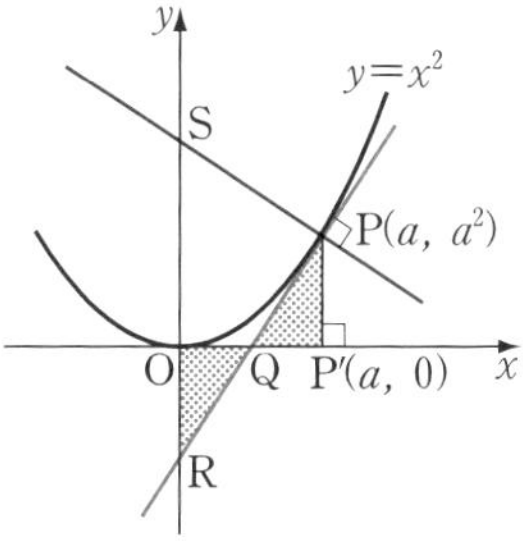


$f(x)=x^2$으로 놓으면 $f'(x)=2x$이므로

점 P에서의 접선의 기울기는 $f'(a)=2a$

따라서 점 P에서의 접선의 방정식은

$y-a^2=2a(x-a)$ 곧, $y=2ax-a^2$

이때, 점 Q의 $x$좌표는 $y=0$에서 $x=\dfrac{a}{2}$

오른쪽 그림에서 $\triangle PQP' \backsim \triangle RQO$이므로

$$\overline{PQ} : \overline{QR}=\overline{P'Q} : \overline{QO}=\left|a-\frac{1}{2}a\right| : \left|\frac{1}{2}a\right|=\mathbf{1 : 1} \longleftarrow \text{답}$$

(2) 점 P에서의 법선의 기울기는 $-\dfrac{1}{2a}$이므로 법선의 방정식은

$$y-a^2=-\frac{1}{2a}(x-a) \quad \text{곧, } y=-\frac{1}{2a}x+a^2+\frac{1}{2} \qquad \therefore \mathrm{S}\left(0,\ a^2+\frac{1}{2}\right)$$

$$\therefore \triangle PRS=\frac{1}{2}\left(a^2+\frac{1}{2}+a^2\right)a=1.25 \ (\because a>0)$$

$$\therefore 4a^3+a-5=0 \qquad \therefore (a-1)(4a^2+4a+5)=0$$

$a>0$이므로 $a=1$ $\therefore$ **P(1, 1)** $\longleftarrow$ 답

(3) $a \longrightarrow 0$일 때 $a^2+\dfrac{1}{2} \longrightarrow \dfrac{1}{2}$이므로 $\mathrm{S} \longrightarrow \left(\mathbf{0},\ \dfrac{\mathbf{1}}{\mathbf{2}}\right) \longleftarrow$ 답

유제 **4**-15. 곡선 $y=x^3$ 위의 점 $\mathrm{A}(a,\ a^3)$(단, $a\neq0$)에서의 접선과 법선이 $y$축과 만나는 점을 각각 B, C라고 하자.

$\triangle ABC$의 넓이를 S라고 할 때, $\displaystyle\lim_{a\to0}S$의 값을 구하여라. 답 $\dfrac{\mathbf{1}}{\mathbf{6}}$

**기본 문제 4-7** 곡선 $y=x^3$ 위의 점 $(1, 1)$에서의 접선의 $x$절편을 $a_1$, 곡선 위의 점 $(a_1, a_1^3)$에서의 접선의 $x$절편을 $a_2$라고 하자. 이와 같이 곡선 위의 점 $(a_n, a_n^3)$에서의 접선의 $x$절편을 $a_{n+1}$이라고 하여

$$a_1,\ a_2,\ a_3,\ \cdots,\ a_n,\ \cdots$$

을 정할 때, $a_{10}$을 구하여라.

단, $n$은 자연수이다.

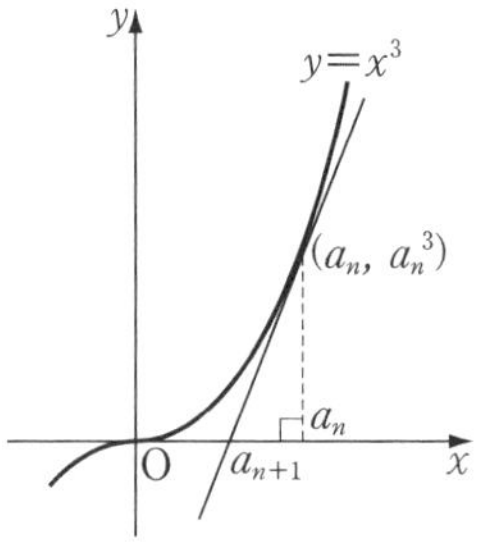


정석연구 점 $(a_n, a_n^3)$에서의 접선의 방정식을 구한 다음, $y=0$일 때 $x=a_{n+1}$임을 이용하여 $a_{n+1}$을 $a_n$에 관한 식으로 나타낸다.

모범답안 $y=x^3$에서 $y'=3x^2$이므로 점 $(1, 1)$에서의 접선의 방정식은

$$y-1=3(x-1) \quad \therefore\ y=3x-2$$

$y=0$일 때 $x=a_1$이므로

$$0=3a_1-2 \quad \therefore\ a_1=\frac{2}{3}$$

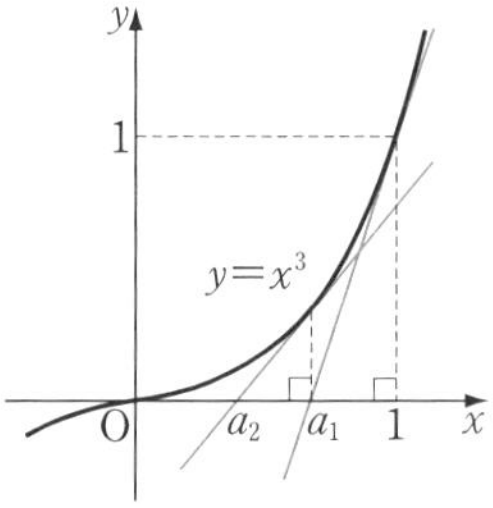


또, 점 $(a_n, a_n^3)$에서의 접선의 방정식은

$$y-a_n^3=3a_n^2(x-a_n)$$

$y=0$일 때 $x=a_{n+1}$이므로

$$0-a_n^3=3a_n^2(a_{n+1}-a_n)$$

$a_n\neq0$이므로 $a_{n+1}=\dfrac{2}{3}a_n\ (n=1, 2, 3, \cdots)$

따라서 수열 $\{a_n\}$은 첫째항이 $a_1=\dfrac{2}{3}$, 공비가 $\dfrac{2}{3}$인 등비수열이다.

$$\therefore\ a_n=\frac{2}{3}\times\left(\frac{2}{3}\right)^{n-1}=\left(\frac{2}{3}\right)^n \quad \therefore\ \boldsymbol{a_{10}=\left(\frac{2}{3}\right)^{10}} \longleftarrow \boxed{답}$$

*Note 첫째항이 $a$, 공비가 $r$인 등비수열의 일반항은 $a_n=ar^{n-1}$ ⇦ 수학 I

**유제 4-16.** 곡선 $y=x^4$ 위의 점 $(1, 1)$에서의 접선의 $x$절편을 $a_1$, 곡선 위의 점 $(a_1, a_1^4)$에서의 접선의 $x$절편을 $a_2$라고 하자. 이와 같이 곡선 위의 점 $(a_n, a_n^4)$에서의 접선의 $x$절편을 $a_{n+1}$이라고 하여

$$a_1,\ a_2,\ a_3,\ \cdots,\ a_n,\ \cdots$$

을 정할 때, $a_{20}$을 구하여라.

단, $n$은 자연수이다.

답 $\left(\dfrac{3}{4}\right)^{20}$

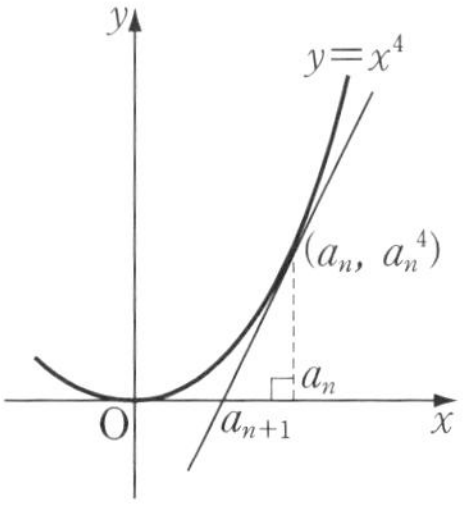

# §3. 평균값 정리

## 1 롤의 정리

다음은 좌표평면에서 $y$좌표가 같은 두 점, 이를테면 A(0, 2)와 B(3, 2)를 직선 또는 부드러운 곡선으로 연결한 그림이다.

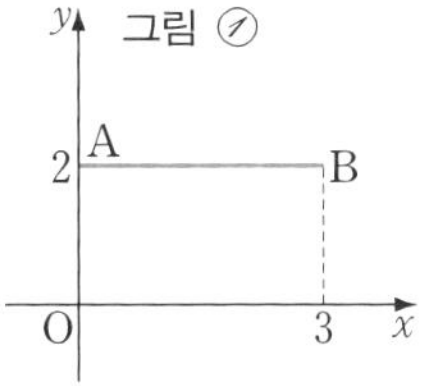


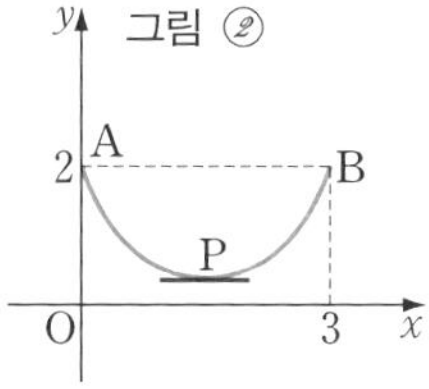


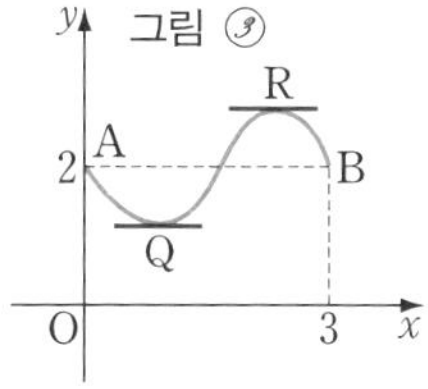


그림 ②에서는 점 P에서의 접선의 기울기가 0이고, 그림 ③에서는 두 점 Q, R에서의 접선의 기울기가 0이라는 것을 알 수 있다.

또, 그림 ①에서는 직선의 방정식이 $y=2$이고 $0<x<3$일 때 $y'=0$이므로 구간 $(0, 3)$에 속하는 모든 점에서의 접선의 기울기가 0이라 생각할 수 있다.

따라서 세 경우 모두 접선의 기울기가 0이 되는 점이 구간 $(0, 3)$에 적어도 하나 존재한다.

이는 좌표평면에서 $y$좌표가 같은 두 점을 미분가능한 함수의 그래프로 연결한 경우 항상 성립하는 성질이다. 이를 롤의 정리라고 한다.

**기본정석** **롤의 정리**

함수 $f(x)$가 닫힌구간 $[a, b]$에서 연속이고 열린구간 $(a, b)$에서 미분가능할 때, $f(a)=f(b)$이면

$$f'(c)=0 \quad (a<c<b)$$

인 $c$가 적어도 하나 존재한다.

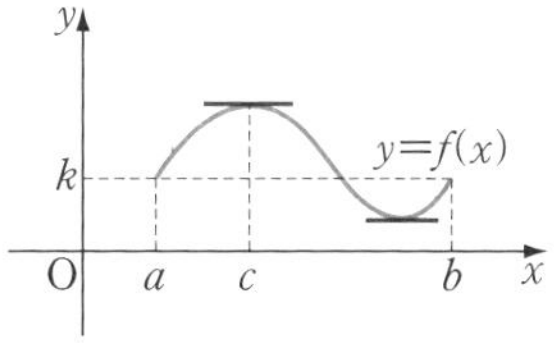


*Advice* | 롤의 정리는 $f(x)$가 구간 $(a, b)$에서 미분가능할 때 성립한다는 것에 특히 주의해야 한다.

이를테면 $f(x)=|x-1|$은 구간 $[0, 2]$에서 연속이고 $f(0)=f(2)=1$이지만, $f'(c)=0$인 $c$가 구간 $(0, 2)$에 존재하지 않는다.

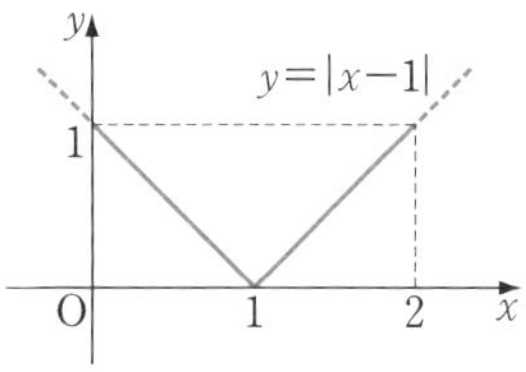

**보기** 1 $f(x)=12x-3x^2$일 때 $f'(c)=0$(단, $0<c<4$)인 $c$가 존재함을 롤의 정리를 이용하여 보이고, 이때 $c$의 값을 구하여라.

연구 함수 $f(x)$는 닫힌구간 $[0, 4]$에서 연속이고 열린구간 $(0, 4)$에서 미분가능하며, $f(0)=f(4)=0$이므로 롤의 정리에 의하여

$$f'(c)=0 \quad (0<c<4)$$

인 $c$가 존재한다.

이때, $f'(x)=12-6x$에서

$$f'(c)=12-6c=0 \quad \therefore \ \boldsymbol{c=2}$$

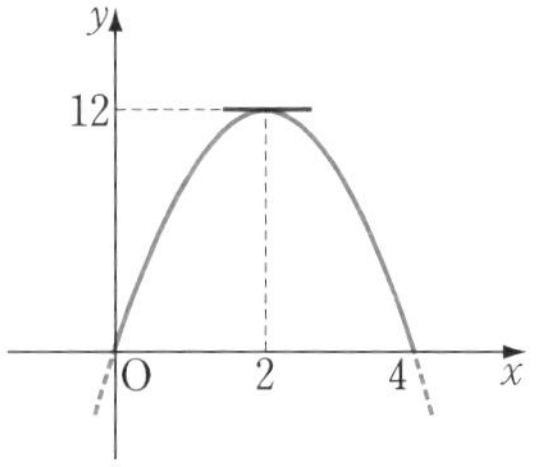


## 2 평균값 정리

함수 $y=f(x)$가 닫힌구간 $[a, b]$에서 연속이고 열린구간 $(a, b)$에서 미분가능하다고 하자. 그림 ①과 같이 $f(a)=f(b)$인 경우 롤의 정리가 성립한다. 여기에서 점 P가 롤의 정리가 성립하는 점이라고 하면 이 점에서의 접선은 두 점 $\mathrm{A}(a, f(a))$, $\mathrm{B}(b, f(b))$를 연결하는 직선과 평행하다는 것을 알 수 있다.

이와 같은 성질은 이를테면 그림 ②와 같이 $f(a)\neq f(b)$인 경우에도 성립한다.

곧, 곡선 위에 적어도 한 점이 존재하여 (그림에서 점 Q) 이 점에서의 접선이 두 점 $\mathrm{A}(a, f(a))$, $\mathrm{B}(b, f(b))$를 연결하는 직선과 평행하다. 이를 평균값 정리라고 한다.

그림 ①

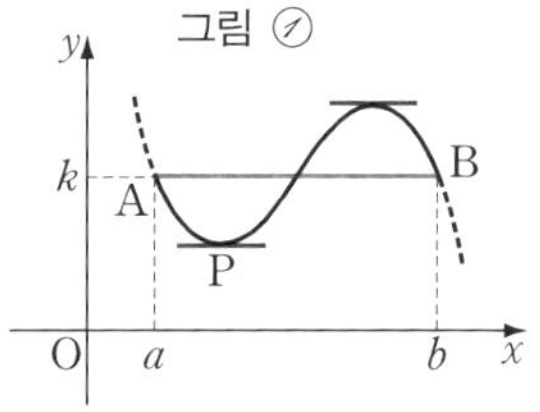


그림 ②

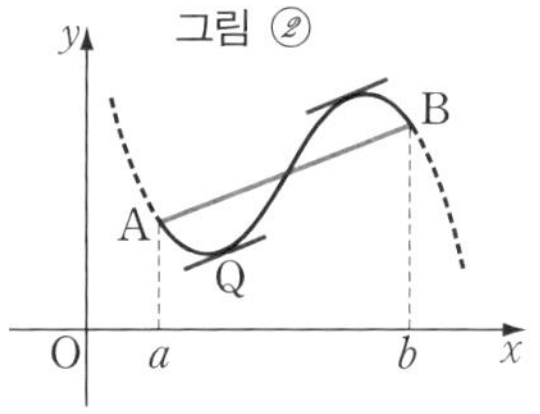


**기본정석** **평균값 정리**

함수 $f(x)$가 닫힌구간 $[a, b]$에서 연속이고 열린구간 $(a, b)$에서 미분가능하면

$$\boldsymbol{\frac{f(b)-f(a)}{b-a}=f'(c) \quad (a<c<b)}$$

인 $c$가 적어도 하나 존재한다.

*Advice* | 롤의 정리와 평균값 정리의 증명은 교과서 또는 실력 수학 Ⅱ (p. 74~76)를 참조하여라.

**보기** 2 함수 $f(x)=x^2$에 대하여 구간 $[0,\ 2]$에서 평균값 정리를 만족시키는 $c$의 값을 구하여라.

연구 구간 $[0,\ 2]$에서의 평균변화율과 $x=c$에서의 순간변화율이 같아지는 $c$의 값을 구간 $(0,\ 2)$에서 구하면 된다.

$f(x)=x^2$에서 $f'(x)=2x$이므로

$$\frac{f(2)-f(0)}{2-0}=f'(c)\ (0<c<2)$$

$$\therefore\ \frac{2^2-0}{2-0}=2c \qquad \therefore\ \boldsymbol{c=1}$$

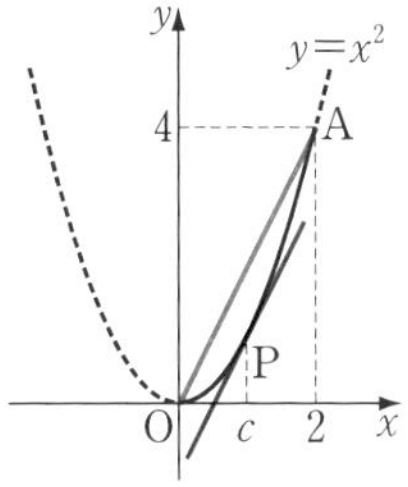


*Note 오른쪽 그림과 같이 구간 $(0,\ 2)$에서 두 점 $\mathrm{O}(0,\ 0)$, $\mathrm{A}(2,\ 4)$를 지나는 직선과 평행하고 $y=x^2$의 그래프에 접하는 직선에 대하여 접점의 $x$좌표를 구하는 것과 같다.

## 3 평균값 정리의 활용

함수 $f(x)$가 닫힌구간 $[a,\ b]$에서 연속이고 열린구간 $(a,\ b)$에서 미분가능하며, $f'(x)=0$이라고 하자.

$x$가 구간 $(a,\ b)$에 속할 때, 평균값 정리에 의하여

$$\frac{f(x)-f(a)}{x-a}=f'(c), \quad a<c<x$$

인 $c$가 존재한다. 그런데 $f'(c)=0$이므로

$$\frac{f(x)-f(a)}{x-a}=0 \qquad \therefore\ f(x)=f(a)$$

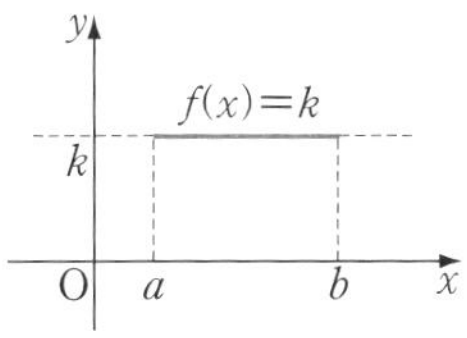


따라서 $x\in(a,\ b)$인 모든 $x$에 대하여 $f(x)=f(a)$이다. 그리고 $f(x)$는 구간 $[a,\ b]$에서 연속이므로 구간 $[a,\ b]$에서 $f(x)=f(a)$이다. 곧,

**정석** $\boldsymbol{f(x)}$가 구간 $[\boldsymbol{a},\ \boldsymbol{b}]$에서 연속, 구간 $(\boldsymbol{a},\ \boldsymbol{b})$에서 미분가능할 때,
$\boldsymbol{f'(x)=0}$이면 $\boldsymbol{f(x)}$는 구간 $[\boldsymbol{a},\ \boldsymbol{b}]$에서 상수함수이다.

이 정리는 미적분에서 기본이 되는 성질이다. 평균값 정리를 이용하여 설명할 수 있다는 것도 같이 기억해 두자.

**보기** 3 두 함수 $f(x)$, $g(x)$가 구간 $[a,\ b]$에서 연속이고 구간 $(a,\ b)$에서 미분가능하다고 하자. 구간 $(a,\ b)$에서 $f'(x)=g'(x)$이면 구간 $[a,\ b]$에서 $f(x)=g(x)+\mathrm{C}$를 만족시키는 상수 $\mathrm{C}$가 존재함을 증명하여라.

연구 함수 $f(x)-g(x)$는 구간 $[a,\ b]$에서 연속이고, 구간 $(a,\ b)$에서

$$\{f(x)-g(x)\}'=f'(x)-g'(x)=0$$

이므로 $f(x)-g(x)$는 구간 $[a,\ b]$에서 상수함수이다. 따라서 구간 $[a,\ b]$에서 $f(x)-g(x)=\mathrm{C}$, 곧 $f(x)=g(x)+\mathrm{C}$를 만족시키는 상수 $\mathrm{C}$가 존재한다.

**기본 문제 4-8** 함수 $f(x)$가 실수 전체의 집합에서 미분가능하고, $f(-1)=-1$, $f(0)=1$, $f(1)=0$일 때, 다음을 증명하여라.

(1) $f(a)=\dfrac{1}{2}$인 $a$가 구간 $(-1, 1)$에 두 개 이상 존재한다.

(2) $f'(b)=-1$인 $b$가 구간 $(-1, 1)$에 한 개 이상 존재한다.

정석연구 조건을 만족시키는 $y=f(x)$의 그래프를 오른쪽과 같이 그리면 다음을 알 수 있다.

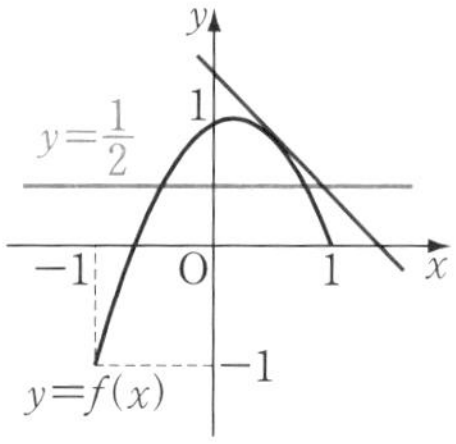


① 직선 $y=\dfrac{1}{2}$과 구간 $(-1, 1)$에서 적어도 두 점에서 만난다.

② 기울기가 $-1$이고 접점의 $x$좌표가 구간 $(-1, 1)$에 속하는 접선이 적어도 하나 있다.

따라서 (1), (2)는 모두 참임을 추측할 수 있다. 이때, 각각의 증명은

(1) 구간 $(-1, 0)$과 $(0, 1)$에서 사잇값의 정리를 이용하고,

(2) 구간 $(0, 1)$에서 평균값 정리를 이용해 보자.

**정석** 사잇값의 정리, 평균값 정리를 이용할 때에는
$\Longrightarrow$ 문제 해결에 필요한 구간을 찾는다.

모범답안 (1) $f(x)$는 구간 $(-\infty, \infty)$에서 미분가능하므로 연속이고, $f(-1)=-1$, $f(0)=1$이므로 구간 $(-1, 0)$에 $f(a)=\dfrac{1}{2}$인 $a$가 적어도 하나 존재한다. 또, $f(0)=1$, $f(1)=0$이므로 구간 $(0, 1)$에 $f(a)=\dfrac{1}{2}$인 $a$가 적어도 하나 존재한다. ⇦ 사잇값의 정리

따라서 $f(a)=\dfrac{1}{2}$인 $a$가 구간 $(-1, 1)$에 두 개 이상 존재한다.

(2) $f(x)$는 미분가능하므로 $\dfrac{f(1)-f(0)}{1-0}=f'(b)$, $0<b<1$ ⇦ 평균값 정리
을 만족시키는 $b$가 적어도 하나 존재한다. 그런데 $f(1)=0$, $f(0)=1$이므로 $f'(b)=-1$을 만족시키는 $b$가 구간 $(0, 1)$에 적어도 하나 존재한다.

따라서 $f'(b)=-1$인 $b$가 구간 $(-1, 1)$에 한 개 이상 존재한다.

유제 **4**-17. 다항함수 $f(x)$가 $f(0)=-1$, $f(1)=1$, $f(2)=-1$을 만족시킬 때, 다음을 증명하여라.

(1) 구간 $(0, 2)$에서 방정식 $f(x)=0$은 적어도 두 개의 실근을 가진다.

(2) 구간 $(0, 2)$에서 방정식 $f'(x)=0$은 적어도 하나의 실근을 가진다.

(3) 구간 $(0, 1)$에서 방정식 $f'(x)=2$는 적어도 하나의 실근을 가진다.

## 연습문제 4

**4-1** 오른쪽 그림은 $x>0$에서 미분가능한 함수 $y=f(x)$와 $y=x$의 그래프이다. $0<a<b$일 때, 다음 중 옳은 것만을 있는 대로 고른 것은?

ㄱ. $\dfrac{f(a)}{a}<\dfrac{f(b)}{b}$

ㄴ. $f(b)-f(a)>b-a$

ㄷ. $f'(a)>f'(b)$

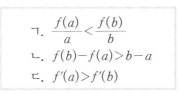

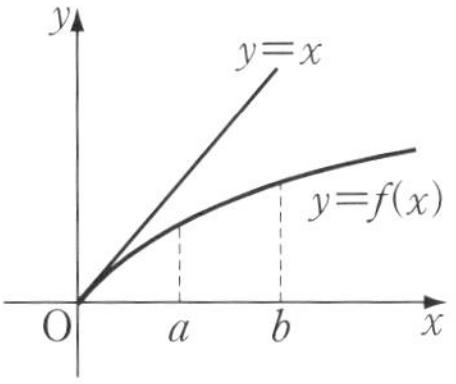


① ㄱ ② ㄴ ③ ㄷ ④ ㄱ, ㄴ ⑤ ㄴ, ㄷ

**4-2** 다항함수 $f(x)$가 모든 실수 $x$에 대하여 $f(3+x)=f(3-x)$를 만족시킨다. $f'(1)=5$일 때, $x=5$인 점에서의 접선의 기울기를 구하여라.

**4-3** 다음 두 곡선이 접할 때, 상수 $a$의 값을 구하여라.

$$y=-x^3+x^2+12x+3, \qquad y=x^3-2x^2+a$$

**4-4** 곡선 $y=x^3-6x^2+11x$의 접선 중에서 기울기가 최소인 접선의 방정식을 구하여라.

**4-5** 포물선 $y=-\dfrac{1}{4}x^2$ 위의 점 $(2,\ -1)$에서의 접선과 $x$축, $y$축으로 둘러싸인 삼각형의 넓이는?

① $\dfrac{1}{4}$ ② $\dfrac{1}{2}$ ③ $\dfrac{3}{4}$ ④ 1 ⑤ $\dfrac{5}{4}$

**4-6** 두 다항함수 $f(x)$, $g(x)$가 다음 두 조건을 만족시킨다.

㈎ $f(x)+g(x)=4x^2$ ㈏ $\displaystyle\lim_{x\to1}\frac{f(x)-g(x)}{x-1}=2$

곡선 $y=g(x)$ 위의 점 $\big(1,\ g(1)\big)$에서의 접선의 방정식이 $y=h(x)$일 때, $h(10)$의 값을 구하여라.

**4-7** 곡선 $y=x^4$과 점 $(1,\ 1)$에서 접하고, 중심이 $y$축 위에 있는 원의 반지름의 길이를 구하여라.

**4-8** 곡선 $y=x^3$ 위를 움직이는 점 P가 있다. 점 P에서의 접선이 $y$축과 만나는 점을 Q라고 할 때, 선분 PQ의 중점의 자취의 방정식을 구하여라.

단, 점 P는 원점이 아니다.

**4-9** 두 곡선 $y=x^3$과 $y=x^3+4$에 동시에 접하는 직선의 방정식을 구하여라.

**4-10** 곡선 $y=x^3-2x+3$에 접하고 직선 $y=x+2$에 평행한 직선은 두 개 있다. 이 두 직선 사이의 거리는?

① $\sqrt{7}$ ② $2\sqrt{2}$ ③ 3 ④ $\sqrt{10}$ ⑤ $\sqrt{11}$

**4-11** 원점 O에서 곡선 $y=x^4-x^2+2$에 그은 두 접선의 접점을 각각 A, B라고 할 때, △OAB의 넓이는?

① 1 ② 2 ③ 3 ④ 4 ⑤ 5

**4-12** 직선 $y=x-1$ 위의 점 P에서 곡선 $y=x^2$에 그은 두 접선이 직교할 때, 점 P의 좌표를 구하여라.

**4-13** 포물선 $y=x^2+3x$가 $x$축과 만나는 점 중 원점이 아닌 점을 A라고 하자. 이 포물선 위의 점 $\mathrm{P}(a, b)$는 점 A에서 포물선 위의 점 $\mathrm{B}(1, 4)$까지 움직인다. 삼각형 ABP의 넓이가 최대일 때, $a$, $b$의 값을 구하여라.

**4-14** 곡선 $y=x^3-px$ (단, $p>0$) 위에 원점이 아닌 점 P가 있다.

점 P에서의 접선이 $y$축과 만나는 점을 Q, 곡선과 만나는 점 중 P가 아닌 점을 R라고 할 때, $\overline{\mathrm{PQ}}:\overline{\mathrm{QR}}$를 구하여라.

**4-15** 함수 $f(x)=x^3+ax^2+x$에 대하여 곡선 $y=f(x)$ 위의 점 $\big(t, f(t)\big)$에서의 접선이 $y$축과 만나는 점을 P라고 할 때, 원점과 점 P 사이의 거리를 $g(t)$라고 하자. 함수 $g(t)$가 실수 전체의 집합에서 미분가능할 때, 상수 $a$의 값을 구하여라.

**4-16** 함수 $f(x)=x^3-3x^2+2$의 그래프에 접하고 기울기가 9인 두 직선을 $l$, $m$이라고 하자. 곡선 $y=f(x)$에 접하고 $y$축에 수직인 두 직선과 직선 $l$, $m$으로 둘러싸인 도형의 넓이를 구하여라.

**4-17** 구간 $(-\infty, \infty)$에서 미분가능한 함수 $f(x)$가 $\lim_{x\to\infty} f'(x)=2$를 만족시킬 때, $\lim_{x\to\infty}\{f(x+1)-f(x)\}=2$임을 증명하여라.

**4-18** 닫힌구간 $[0, 3]$에서 정의된 함수 $f(x)=\dfrac{1}{3}x^3-x^2+1$이 있다.

구간 $[0, 3]$에 속하는 서로 다른 두 수 $x_1$, $x_2$에 대하여 평균변화율 $\dfrac{f(x_2)-f(x_1)}{x_2-x_1}$의 집합을 S라고 할 때, 다음 중 옳은 것은?

① $\mathrm{S}\subset\{t\,|\,-1\le t\le 3\}$ ② $\mathrm{S}\subset\{t\,|\,-3\le t\le 1\}$ ③ $\mathrm{S}\subset\{t\,|\,-2\le t\le 1\}$

④ $\mathrm{S}\subset\{t\,|\,-2\le t\le 2\}$ ⑤ $\mathrm{S}\subset\{t\,|\,0\le t\le 4\}$

# 5. 극대·극소와 미분

함수의 증가와 감소／함수의 극대와 극소

## §1. 함수의 증가와 감소

### 1 함수의 증가와 감소

이를테면 함수 $f(x)=x^2$은

(i) 구간 $(0, \infty)$에서 $x$의 값이 증가함에 따라 $f(x)$의 값이 증가한다.

이때, 이 구간에 속하는 임의의 두 수 $a$, $b$에 대하여

$$a<b\text{일 때}\quad f(a)<f(b)$$

가 성립한다.

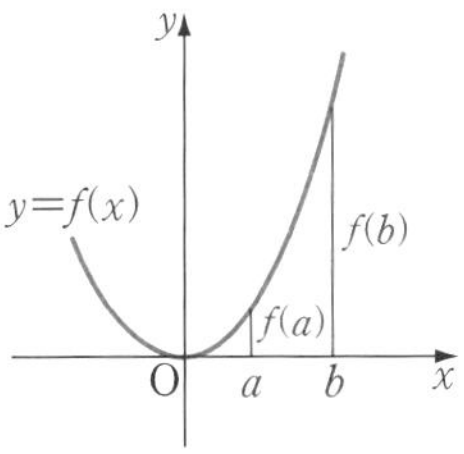


(ii) 구간 $(-\infty, 0)$에서 $x$의 값이 증가함에 따라 $f(x)$의 값이 감소한다.

이때, 이 구간에 속하는 임의의 두 수 $a$, $b$에 대하여

$$a<b\text{일 때}\quad f(a)>f(b)$$

가 성립한다.

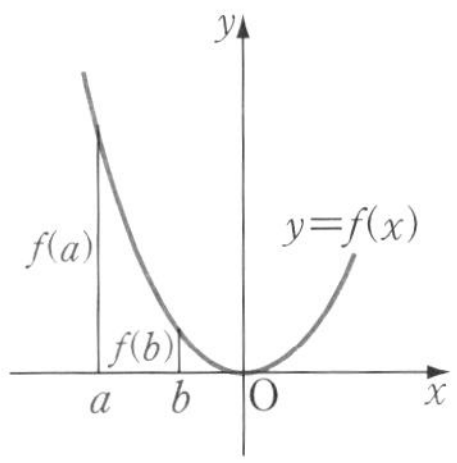


**기본정석** **함수의 증가, 감소의 정의**

함수 $f(x)$가 어떤 구간에 속하는 임의의 두 수 $a$, $b$에 대하여

$$\boldsymbol{a<b \Longrightarrow f(a)<f(b)}$$

일 때, $f(x)$는 이 구간에서 증가한다고 한다. 또,

$$\boldsymbol{a<b \Longrightarrow f(a)>f(b)}$$

일 때, $f(x)$는 이 구간에서 감소한다고 한다.

*Advice* | 함수 $f(x)$가 정의역 전체에서 증가하면 함수 $f(x)$를 **증가함수**라 하고, 정의역 전체에서 감소하면 함수 $f(x)$를 **감소함수**라고 한다.

## 2 $f'(x)$의 부호와 $f(x)$의 증감

이를테면 함수 $f(x)=x^2$은 구간 $(0, \infty)$에서

$$f'(x)=2x>0$$

이다. 이때, 오른쪽 그림에서 알 수 있는 바와 같이 $f(x)$는 구간 $(0, \infty)$에서 증가한다.

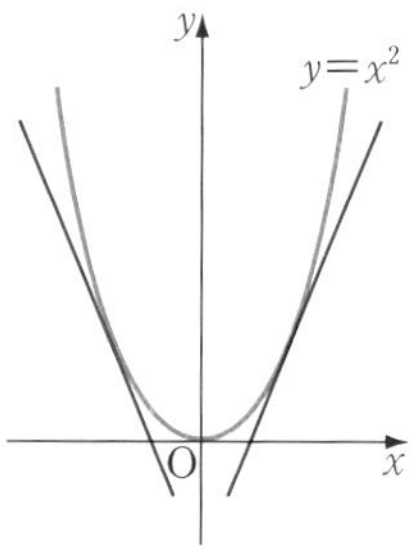


마찬가지로 구간 $(-\infty, 0)$에서 $f'(x)<0$이고, 이때 $f(x)$는 구간 $(-\infty, 0)$에서 감소한다.

일반적으로 함수 $f(x)$가 어떤 구간에서 미분가능하며 $f'(x)>0$이라고 하자.

이 구간에서 임의로 두 수 $x_1, x_2(x_1<x_2)$를 잡으면 평균값 정리에 의하여

$$\frac{f(x_2)-f(x_1)}{x_2-x_1}=f'(c), \quad x_1<c<x_2$$

를 만족시키는 $c$가 존재한다.

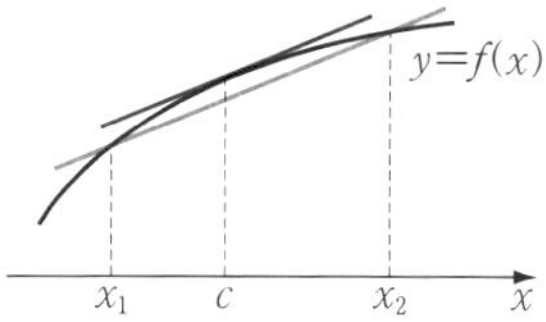


그런데 $f'(c)>0$, $x_2-x_1>0$이므로 $f(x_2)-f(x_1)>0$이다. 곧, $x_1<x_2$인 모든 $x_1, x_2$에 대하여 $f(x_1)<f(x_2)$이므로 $f(x)$는 증가한다.

같은 방법으로 어떤 구간에서 $f'(x)<0$일 때, $f(x)$는 이 구간에서 감소한다는 것도 설명할 수 있다.

**기본정석** — **$f'(x)$의 부호와 $f(x)$의 증감**

함수 $f(x)$가 어떤 구간에서 미분가능하고, 이 구간에서

① $f'(x)>0$이면 $f(x)$는 이 구간에서 증가한다.

② $f'(x)<0$이면 $f(x)$는 이 구간에서 감소한다.

③ $f'(x)=0$이면 $f(x)$는 이 구간에서 상수이다.

$f'(x)>0$ ⟹ 증가

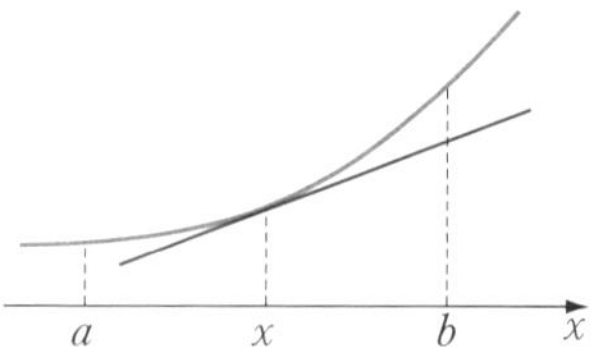


$f'(x)<0$ ⟹ 감소

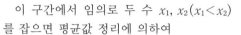

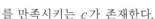

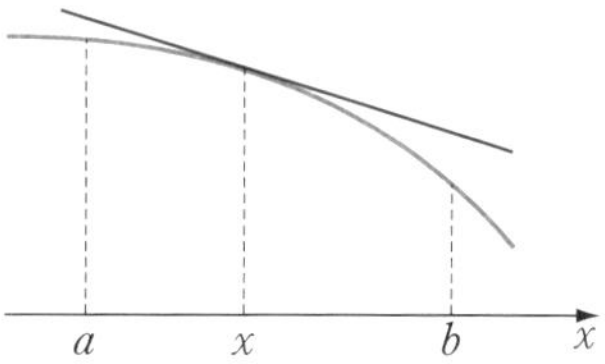

*Advice* ║ 앞의 **기본정석**에서 ①, ②의 역은 성립하지 않는다.

이를테면

함수 $\boldsymbol{f(x)=x^3}$은

구간 $(-\infty,\ \infty)$에서 증가하지만

$$f'(0)=0$$

이다. 또,

함수 $\boldsymbol{f(x)=-x^3}$은

구간 $(-\infty,\ \infty)$에서 감소하지만

$$f'(0)=0$$

이다.

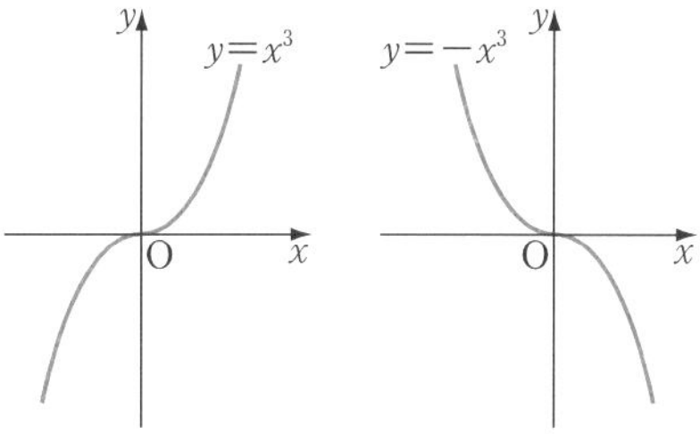


다시 말하면 $f(x)=x^3$은 증가하지만 $f'(x)=3x^2\geq 0$이고, $f(x)=-x^3$은 감소하지만 $f'(x)=-3x^2\leq 0$이다. 곧, $f'(x)=0$일 때도 있다.

따라서 다음과 같이 정리할 수 있다.

**정석** 함수 $\boldsymbol{f(x)}$가 어떤 구간에서 미분가능하고, 이 구간에서

① $\boldsymbol{f(x)}$가 증가하면 $\Longrightarrow$ 이 구간에서 $\boldsymbol{f'(x)\geq 0}$

② $\boldsymbol{f(x)}$가 감소하면 $\Longrightarrow$ 이 구간에서 $\boldsymbol{f'(x)\leq 0}$

**보기 1** 도함수 $f'(x)$가 다음과 같은 함수 $f(x)$ 중에서 구간 $(1,\ 3)$에서 감소하는 것은?

① $f'(x)=(x-1)(3-x)$ ② $f'(x)=x(3-x)^2$

③ $f'(x)=-x^2(1-x)$ ④ $f'(x)=x(1+x)(3-x)$

⑤ $f'(x)=x(x+2)(1-x)$

연구 ①, ②, ③, ④ $1<x<3$일 때 $f'(x)>0$이므로 $f(x)$는 구간 $(1,\ 3)$에서 증가한다.

⑤ $1<x<3$일 때 $f'(x)<0$이므로 $f(x)$는 구간 $(1,\ 3)$에서 감소한다.

답 ⑤

**보기 2** 다음 함수가 증가함수임을 보여라.

(1) $f(x)=x^3-6x^2+15x+5$ (2) $f(x)=x^3-3x^2+3x-5$

연구 (1) $f'(x)=3x^2-12x+15=3(x-2)^2+3>0$

따라서 $f(x)$는 구간 $(-\infty,\ \infty)$에서 증가하므로 증가함수이다.

(2) $f'(x)=3x^2-6x+3=3(x-1)^2\geq 0$

그런데 $f'(x)$는 $x=1$일 때에만 $f'(x)=0$이므로 $f(x)$는 구간 $(-\infty,\ \infty)$에서 증가한다. 곧, $f(x)$는 증가함수이다.

**기본 문제 5-1** 다음 물음에 답하여라.

(1) 함수 $f(x)=x^3+ax^2+ax+2$가 구간 $(-\infty, \infty)$에서 증가하기 위한 실수 $a$의 값의 범위를 구하여라.

(2) 함수 $f(x)=x^3-6x^2+ax-2$가 구간 $(1, 4)$에서 감소하기 위한 실수 $a$의 값의 범위를 구하여라.

정석연구 함수 $f(x)$의 증감과 $f'(x)$의 부호에 관하여 $f(x)$가 상수함수가 아닌 다항함수인 경우에는 다음과 같이 정리할 수 있다.

**정석** $\boldsymbol{f(x)}$가 상수함수가 아닌 다항함수일 때, 어떤 구간에서

(i) $\boldsymbol{f(x)}$가 증가 $\Longleftrightarrow$ $\boldsymbol{f'(x)\ge 0}$

(ii) $\boldsymbol{f(x)}$가 감소 $\Longleftrightarrow$ $\boldsymbol{f'(x)\le 0}$

모범답안 (1) $f(x)=x^3+ax^2+ax+2$에서 $f'(x)=3x^2+2ax+a$

$f(x)$가 실수 전체의 집합에서 증가할 때에는 모든 실수 $x$에 대하여 $f'(x)\ge 0$이므로

$$D/4=a^2-3a=a(a-3)\le 0 \quad \therefore\ \boldsymbol{0\le a\le 3} \longleftarrow \boxed{\text{답}}$$

(2) $f(x)=x^3-6x^2+ax-2$에서

$$f'(x)=3x^2-12x+a$$
$$=3(x-2)^2+a-12$$

구간 $(1, 4)$에서 $f(x)$가 감소할 때에는 이 구간에서 $f'(x)\le 0$이다.

따라서 오른쪽 그림에서

$f'(4)=a\le 0$ $\boxed{\text{답}}$ $\boldsymbol{a\le 0}$

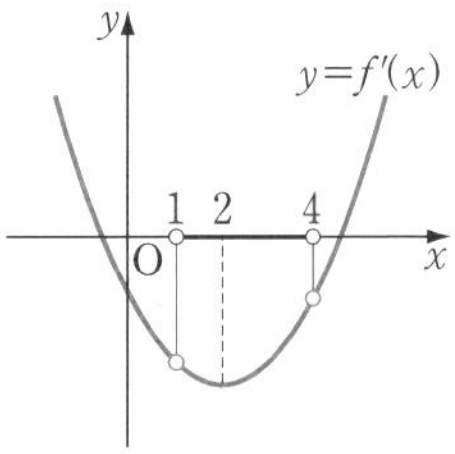

유제 **5**-1. 다음 함수 $f(x)$가 구간 $(-\infty, \infty)$에서 증가할 때, 실수 $a$의 값의 범위를 구하여라.

$$f(x)=\frac{1}{3}x^3+ax^2+(5a-4)x+2$$ $\boxed{\text{답}}$ $\boldsymbol{1\le a\le 4}$

유제 **5**-2. 다음 함수 $f(x)$가 구간 $(-\infty, \infty)$에서 감소할 때, 실수 $a$의 값의 범위를 구하여라.

$$f(x)=-x^3+ax^2-3x+4$$ $\boxed{\text{답}}$ $\boldsymbol{-3\le a\le 3}$

유제 **5**-3. 다음 함수 $f(x)$가 구간 $[2, \infty)$에서 증가하도록 실수 $a$의 값의 범위를 정하여라.

$$f(x)=2x^3-3(a+2)x^2+12ax$$ $\boxed{\text{답}}$ $\boldsymbol{a\le 2}$

# §2. 함수의 극대와 극소

## 1 함수의 극대와 극소

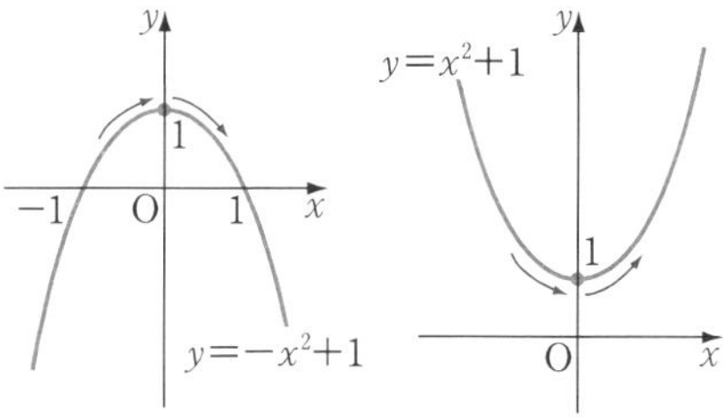


이를테면 위로 볼록한 이차함수 $f(x)=-x^2+1$의 그래프의 꼭짓점은 점 $(0,\ 1)$이고, 이 점의 주변에서

$$f(x) \le f(0)=1$$

이다. 이때, $f(x)$는 $x=0$에서 **극대**라 하고, $f(0)=1$을 **극댓값**이라고 한다. 그리고 점 $(0,\ 1)$을 **극대점**이라고 한다.

한편 아래로 볼록한 이차함수 $g(x)=x^2+1$의 그래프의 꼭짓점은 점 $(0,\ 1)$이고, 이 점의 주변에서

$$g(x) \ge g(0)=1$$

이다. 이때, $g(x)$는 $x=0$에서 **극소**라 하고, $g(0)=1$을 **극솟값**이라고 한다. 그리고 점 $(0,\ 1)$을 **극소점**이라고 한다.

극댓값과 극솟값을 통틀어 **극값**이라 하고, 극대점과 극소점을 통틀어 **극점**이라고 한다.

일반적으로 다음과 같이 정의한다.

**기본정석** — 극대와 극소

(1) 극대 · 극댓값

함수 $f(x)$가 $x=a$를 포함하는 어떤 열린구간에서 $f(x) \le f(a)$이면 $f(x)$는 $x=a$에서 극대라 하고, $f(a)$를 극댓값이라고 한다.

(2) 극소 · 극솟값

함수 $f(x)$가 $x=b$를 포함하는 어떤 열린구간에서 $f(x) \ge f(b)$이면 $f(x)$는 $x=b$에서 극소라 하고, $f(b)$를 극솟값이라고 한다.

(3) 극값 · 극점

극댓값과 극솟값을 통틀어 극값이라고 한다. 또, 함수 $y=f(x)$의 그래프에서 극대인 점 $\big(a,\ f(a)\big)$를 극대점, 극소인 점 $\big(b,\ f(b)\big)$를 극소점이라 하고, 극대점과 극소점을 통틀어 극점이라고 한다.

*Advice* ‖ 이를테면 함수 $y=f(x)$의 그래프가 오른쪽과 같다고 하자.

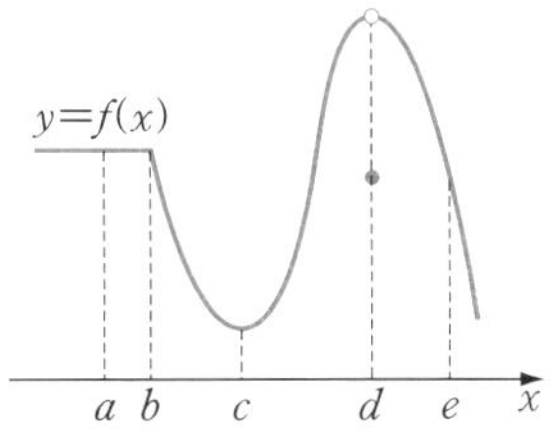


$x=a$의 주변에서 $f(x)\le f(a)$이고 동시에 $f(x)\ge f(a)$이므로 $x=a$에서 극대이면서 동시에 극소이다.

$x=b$의 주변에서 $f(x)\le f(b)$이므로 $x=b$에서 극대이다.

$x=c$의 주변에서 $f(x)\ge f(c)$이므로 $x=c$에서 극소이다.

또, $x=d$의 주변에서 $f(x)\ge f(d)$이므로 $x=d$에서 극소이다.

$x=e$의 주변에서는 $x<e$이면 $f(x)\ge f(e)$이고 $x>e$이면 $f(x)\le f(e)$이므로 $x=e$에서 극대도, 극소도 아니다.

## 2 극대 · 극소와 미분계수

이를테면 함수 $f(x)=-x^2+1$은 $x=0$에서 극대이다. 이때, $f'(x)=-2x$이므로 $f'(0)=0$임을 확인할 수 있다.

일반적으로 미분가능한 함수 $f(x)$가 $x=a$에서 극대라고 하면 절댓값이 충분히 작은 모든 $h$에 대하여

$f(a+h)\le f(a)$이므로

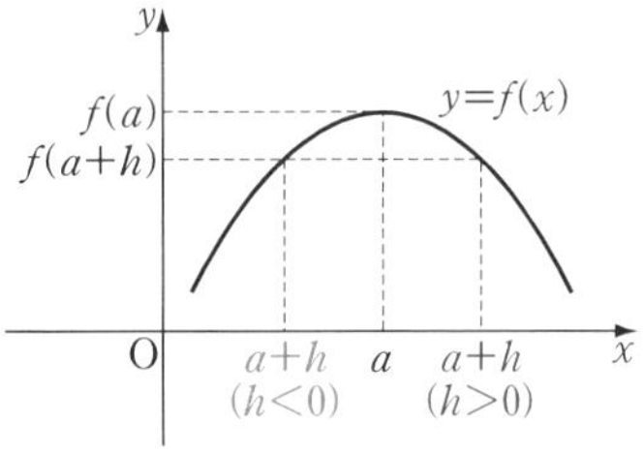


$h>0$이면 $\dfrac{f(a+h)-f(a)}{h}\le 0$,

$h<0$이면 $\dfrac{f(a+h)-f(a)}{h}\ge 0$

$$\therefore\ \lim_{h\to 0+}\frac{f(a+h)-f(a)}{h}\le 0,\quad \lim_{h\to 0-}\frac{f(a+h)-f(a)}{h}\ge 0$$

그런데 $f(x)$는 $x=a$에서 미분가능하므로 위의 우극한과 좌극한이 같다.

$$\therefore\ \lim_{h\to 0}\frac{f(a+h)-f(a)}{h}=0 \qquad \therefore\ f'(a)=0$$

같은 방법으로 미분가능한 함수 $f(x)$가 $x=a$에서 극소이면 $f'(a)=0$임을 증명할 수 있다.

**기본정석** — **극대 · 극소와 미분계수**

미분가능한 함수 $f(x)$에 대하여

$x=a$에서 극값을 가지면 $\Longrightarrow$ $f'(a)=0$

*Advice* 1° 앞의 **기본정석**의 역은 성립하지 않는다.

곧, $f'(a)=0$ 이라고 해서 항상 $f(x)$가 $x=a$ 에서 극값을 가지는 것은 아니다.

이를테면 함수 $f(x)=x^3+1$ 에서 $f'(x)=3x^2$ 이므로 $f'(0)=0$ 이지만 $f(x)$는 $x=0$ 에서 극대도, 극소도 아니다. 곧, $f(x)$는 $x=0$ 에서 극값을 가지지 않는다.

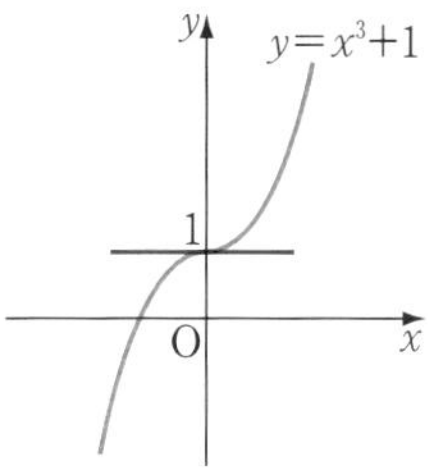


2° 함수 $f(x)$가 미분가능하다는 조건이 없는 경우 $x=a$ 에서 극값을 가지더라도 $f'(a)$가 존재하지 않을 수도 있다.

이를테면 함수 $f(x)=|x|$는 $x=0$ 에서 극소이지만 $f'(0)$은 존재하지 않는다.

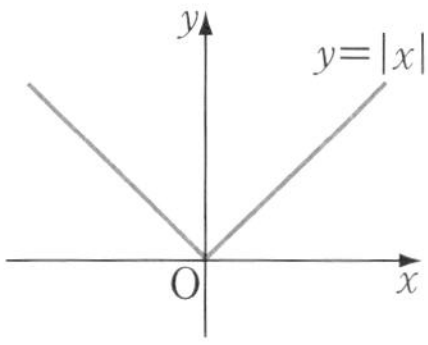


## 3 도함수의 부호와 극대 · 극소

이를테면 미분가능한 함수 $f(x)=-x^2+1$ 의 도함수의 부호와 극대 · 극소의 관계를 알아보자.

$f'(x)=-2x$ 에서 $f'(0)=0$ 이고

$x<0$ 일 때 $f'(x)>0 \Longrightarrow f(x)$는 증가한다.

$x>0$ 일 때 $f'(x)<0 \Longrightarrow f(x)$는 감소한다.

곧, $x=0$ 의 좌우에서 $f'(x)$의 부호가 양에서 음으로 바뀌고, $y=f(x)$의 그래프는 오른쪽과 같으므로 $x=0$ 에서 극대이다.

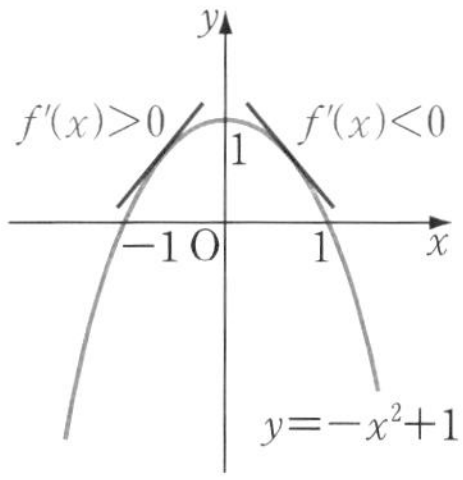


그러나 $g(x)=x^3-1$ 의 경우 $g'(x)=3x^2$ 에서 $g'(0)=0$ 이지만

$x<0$ 일 때 $g'(x)>0 \Longrightarrow g(x)$는 증가한다.

$x>0$ 일 때 $g'(x)>0 \Longrightarrow g(x)$는 증가한다.

곧, $x=0$ 의 좌우에서 $g'(x)$의 부호가 바뀌지 않고, $g(x)$는 $x=0$ 에서 극값을 가지지 않는다.

일반적으로 다음이 성립한다.

**기본정석** — 도함수의 부호와 극대 · 극소

미분가능한 함수 $\boldsymbol{f(x)}$에 대하여 $\boldsymbol{f'(a)=0}$ 이고 $\boldsymbol{x=a}$ 의 좌우에서 $\boldsymbol{f'(x)}$의 부호가

(i) 양(+)에서 음(−)으로 바뀌면 $\boldsymbol{f(x)}$는 $\boldsymbol{x=a}$ 에서 극대이다.

(ii) 음(−)에서 양(+)으로 바뀌면 $\boldsymbol{f(x)}$는 $\boldsymbol{x=a}$ 에서 극소이다.

*Advice* | 미분가능한 함수 $f(x)$의 극값을 찾을 때에는 $f'(x)=0$인 실수 $x$의 값을 모두 찾은 다음, 이 값의 좌우에서 $f'(x)$의 부호를 조사하여 $f(x)$가 극대인지 극소인지 또는 극대도, 극소도 아닌지를 확인하면 된다.

## 4 극대 · 극소와 함수의 그래프

도함수를 이용하면 극값을 구할 수 있고, 극값을 이용하여 함수의 그래프의 개형을 그릴 수 있다.

**보기 1** 함수 $f(x)=x^2-4x+3$의 극값을 구하고, 그래프의 개형을 그려라.

연구 $f'(x)=0$인 $x$의 값을 구한다. 곧,

$$f'(x)=2x-4=2(x-2)=0 \quad \therefore\ x=2$$

이때, $x=2$의 좌우에서 $f'(x)$의 부호와 $f(x)$의 증감을 조사하면

$x<2$일 때 $f'(x)<0$ 따라서 $f(x)$는 감소

$x>2$일 때 $f'(x)>0$ 따라서 $f(x)$는 증가

이것을 표로 만들면 다음과 같다.

| $x$ | $-\infty$ | $\cdots$ | 2 | $\cdots$ | $\infty$ |
|---|---|---|---|---|---|
| $f'(x)$ | | $-$ | 0 | $+$ | |
| $f(x)$ | $\infty$ | ↘ | 극소 | ↗ | $\infty$ |

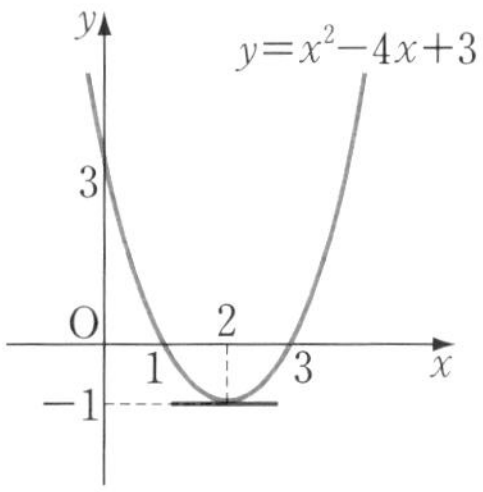


그런데 $f(2)=2^2-4\times2+3=-1$이므로

극솟값 $\boldsymbol{f(2)=-1}$ ⇦ 극댓값은 없다.

또, 위의 표를 이용하여 함수 $y=f(x)$의 그래프를 그리면 위의 오른쪽 그림과 같다.

* *Note* 위에서 $f'(x)$의 부호와 $f(x)$의 증감을 기록한 표를 증감표라고 한다.

**기본정석** **극값을 이용하여 그래프를 그리는 방법**

다항함수 $\boldsymbol{y=f(x)}$의 그래프를 그리는 방법

첫째 — 먼저 $f'(x)=0$인 실수 $x$의 값을 구한다.

둘째 — 이 값의 좌우에서 $f'(x)$의 부호를 조사한다.

셋째 — 이에 따라 $f(x)$의 증감을 조사하여 극값을 구한다.

넷째 — 구한 극점을 매끄러운 곡선으로 연결한다.

*Advice* | 삼차함수, 사차함수의 그래프의 개형은 **기본 문제 5-2, 3, 4**에서 위의 순서에 따라 그려 보아라.

**기본 문제 5-2** 다음 함수의 극값을 구하고, 그래프의 개형을 그려라.

(1) $f(x)=x^3-3x-2$ (2) $f(x)=-2x^3+9x^2-12x+6$

모범답안 (1) $f(x)=x^3-3x-2$ 에서

$f'(x)=3x^2-3=3(x+1)(x-1)$

$f'(x)=0$ 에서 $x=-1,\ 1$

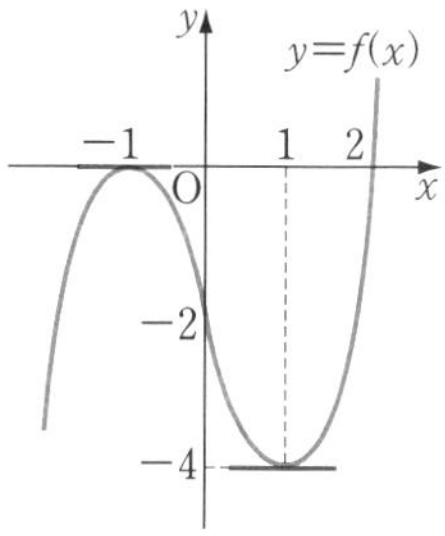


| $x$ | $-\infty$ | $\cdots$ | $-1$ | $\cdots$ | $1$ | $\cdots$ | $\infty$ |
|---|---|---|---|---|---|---|---|
| $f'(x)$ | | $+$ | $0$ | $-$ | $0$ | $+$ | |
| $f(x)$ | $-\infty$ | ↗ | 극대 | ↘ | 극소 | ↗ | $\infty$ |

따라서 극댓값 $\boldsymbol{f(-1)=0}$, 극솟값 $\boldsymbol{f(1)=-4}$

**Note* $x$ 절편은 $f(x)=x^3-3x-2=(x+1)^2(x-2)=0$ 에서 $x=-1,\ 2$ 이다.

(2) $f(x)=-2x^3+9x^2-12x+6$ 에서

$f'(x)=-6x^2+18x-12=-6(x-1)(x-2)$

$f'(x)=0$ 에서 $x=1,\ 2$

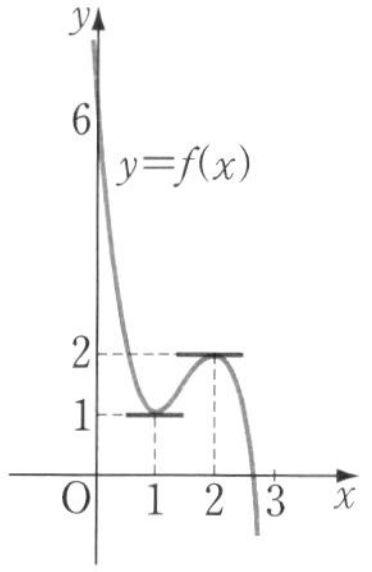


| $x$ | $-\infty$ | $\cdots$ | $1$ | $\cdots$ | $2$ | $\cdots$ | $\infty$ |
|---|---|---|---|---|---|---|---|
| $f'(x)$ | | $-$ | $0$ | $+$ | $0$ | $-$ | |
| $f(x)$ | $\infty$ | ↘ | 극소 | ↗ | 극대 | ↘ | $-\infty$ |

따라서 극솟값 $\boldsymbol{f(1)=1}$, 극댓값 $\boldsymbol{f(2)=2}$

**Note* $f(2)=2>0,\ f(3)=-3<0$ 이므로 그래프는 $x$ 축과 구간 $(2,\ 3)$ 에서 만난다.

*Advice* | 삼차함수가 극값을 2개 가질 때, 그 그래프는 $x^3$ 의 계수가 양수이면 오른쪽 그림 ①과 같은 모양이 되고, $x^3$ 의 계수가 음수이면 오른쪽 그림 ②와 같은 모양이 된다.

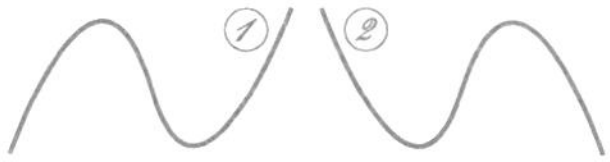


유제 **5**-4. 다음 함수의 극값을 구하고, 그래프의 개형을 그려라.

(1) $f(x)=x^3-3x+2$ (2) $f(x)=1+3x-x^3$

(3) $f(x)=x^3-3x^2-9x+27$ (4) $f(x)=-x^3+3x^2-6$

답 (1) 극댓값 $\boldsymbol{f(-1)=4}$, 극솟값 $\boldsymbol{f(1)=0}$

(2) 극댓값 $\boldsymbol{f(1)=3}$, 극솟값 $\boldsymbol{f(-1)=-1}$

(3) 극댓값 $\boldsymbol{f(-1)=32}$, 극솟값 $\boldsymbol{f(3)=0}$

(4) 극댓값 $\boldsymbol{f(2)=-2}$, 극솟값 $\boldsymbol{f(0)=-6}$

기본 문제 **5**-3 다음 함수의 극값을 조사하고, 그래프의 개형을 그려라.

(1) $f(x)=x^3-3x^2+3x+1$ (2) $f(x)=-x^3+3x^2-4x+3$

정석연구 미분가능한 함수 $f(x)$의 극값은 다음을 이용하여 조사한다.

**정석** 미분가능한 함수 $\boldsymbol{f(x)}$가 $\boldsymbol{x=a}$에서 극값을 가지면

$\Longrightarrow$ $\boldsymbol{f'(a)=0}$이고 $\boldsymbol{x=a}$의 좌우에서 $\boldsymbol{f'(x)}$의 부호가 바뀐다.

이때, $f'(a)=0$인 $a$가 존재하지 않거나, $f'(a)=0$인 $a$가 존재하더라도 $x=a$의 좌우에서 $f'(x)$의 부호가 바뀌지 않으면 함수 $f(x)$는 $x=a$에서 극값을 가지지 않는다.

모범답안 (1) $f(x)=x^3-3x^2+3x+1$에서

$$f'(x)=3x^2-6x+3=3(x-1)^2\geq 0$$

이므로 $f(x)$는 구간 $(-\infty, \infty)$에서 증가한다. 따라서 극값은 없다.

또, $f(-1)=-6<0$, $f(0)=1>0$이므로 그래프는 구간 $(-1, 0)$에서 $x$축과 만나고, $f'(1)=0$이므로 $x=1$인 점에서 $x$축에 평행한 접선을 가진다. 곧, 그래프는 오른쪽과 같다.

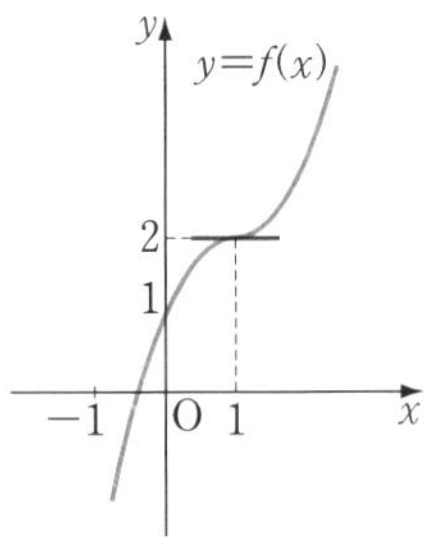


(2) $f(x)=-x^3+3x^2-4x+3$에서

$$f'(x)=-3x^2+6x-4=-3(x-1)^2-1<0$$

이므로 $f(x)$는 구간 $(-\infty, \infty)$에서 감소한다. 따라서 극값은 없다.

또, $f(1)=1>0$, $f(2)=-1<0$이므로 그래프는 구간 $(1, 2)$에서 $x$축과 만난다. 곧, 그래프는 오른쪽과 같다.

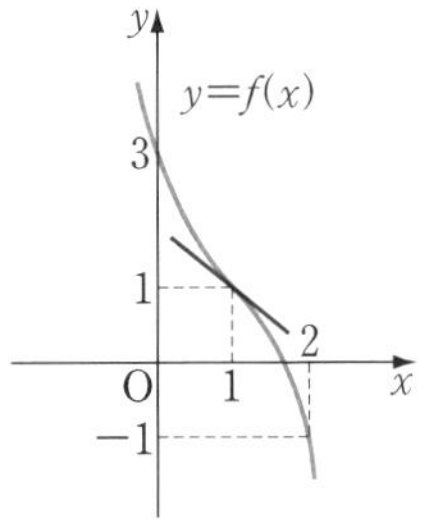


*Advice* | (1)에서 $f'(1)=0$이므로 $y=f(x)$의 그래프는 $x=1$인 점에서 $x$축에 평행한 접선을 가진다.

그러나 (2)에서는 $f'(x)\leq -1$이므로 접선의 기울기의 최댓값은 $-1$($x=1$일 때)이다. 위의 그래프에서 붉은 선은 이것을 나타낸다.

유제 **5**-5. 다음 함수의 극값을 조사하고, 그래프의 개형을 그려라.

(1) $f(x)=x^3+3x^2+5x+1$ (2) $f(x)=-x^3+3x^2-3x+5$

답 (1) 극값은 없다. (증가함수) (2) 극값은 없다. (감소함수)

**기본 문제 5-4** 다음 함수의 극값을 구하고, 그래프의 개형을 그려라.

(1) $f(x)=3x^4-8x^3-6x^2+24x+9$

(2) $f(x)=x^4-6x^2-8x+13$

모범답안 (1) $f(x)=3x^4-8x^3-6x^2+24x+9$ 에서

$$f'(x)=12x^3-24x^2-12x+24=12(x+1)(x-1)(x-2)$$

$f'(x)=0$ 에서 $x=-1,\ 1,\ 2$

| $x$ | $-\infty$ | $\cdots$ | $-1$ | $\cdots$ | $1$ | $\cdots$ | $2$ | $\cdots$ | $\infty$ |
|---|---|---|---|---|---|---|---|---|---|
| $f'(x)$ | | $-$ | 0 | $+$ | 0 | $-$ | 0 | $+$ | |
| $f(x)$ | $\infty$ | ↘ | 극소 | ↗ | 극대 | ↘ | 극소 | ↗ | $\infty$ |

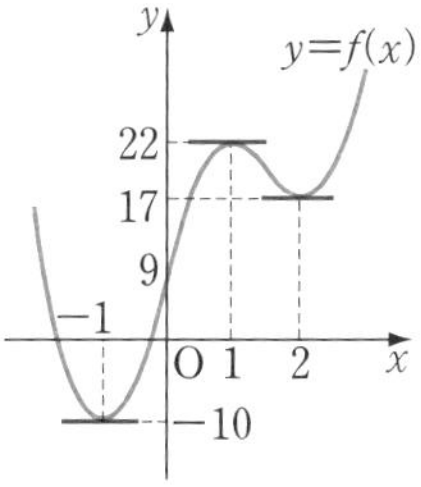


따라서 극댓값 $\boldsymbol{f(1)=22}$,

극솟값 $\boldsymbol{f(-1)=-10}$, $\boldsymbol{f(2)=17}$

이고, 그래프는 오른쪽과 같다.

(2) $f(x)=x^4-6x^2-8x+13$ 에서

$$f'(x)=4x^3-12x-8=4(x+1)^2(x-2)$$

$f'(x)=0$ 에서 $x=-1,\ 2$

| $x$ | $-\infty$ | $\cdots$ | $-1$ | $\cdots$ | $2$ | $\cdots$ | $\infty$ |
|---|---|---|---|---|---|---|---|
| $f'(x)$ | | $-$ | 0 | $-$ | 0 | $+$ | |
| $f(x)$ | $\infty$ | ↘ | | ↘ | 극소 | ↗ | $\infty$ |

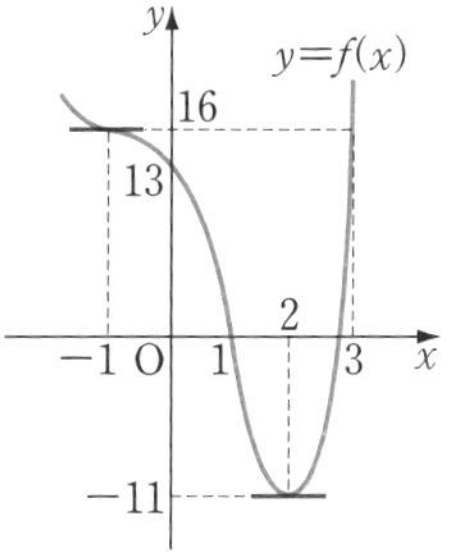


따라서 극댓값은 없고, 극솟값 $\boldsymbol{f(2)=-11}$

이며, 그래프는 오른쪽과 같다.

*Note $f'(-1)=0$ 이지만, $x=-1$ 의 좌우에서 $f'(x)$ 의 부호가 바뀌지 않으므로 함수 $f(x)$ 는 $x=-1$ 에서 극값을 가지지 않는다.

또, 그래프를 그릴 때에는 $x=-1$ 인 점에서의 곡선의 접선이 $x$ 축에 평행하다는 것에 주의해야 한다.

유제 **5**-6. 다음 함수의 극값을 구하고, 그래프의 개형을 그려라.

(1) $f(x)=x^4-4x^3+4x^2+6$ (2) $f(x)=-x^4+4x^3-3$

(3) $f(x)=x^4-4x^3+6x^2-4x+2$

답 (1) 극댓값 $\boldsymbol{f(1)=7}$, 극솟값 $\boldsymbol{f(0)=6}$, $\boldsymbol{f(2)=6}$

(2) 극댓값 $\boldsymbol{f(3)=24}$ (3) 극솟값 $\boldsymbol{f(1)=1}$

## Advice | 다항함수의 그래프의 개형

**1** $f(x)=ax+b\ (a\neq 0)$

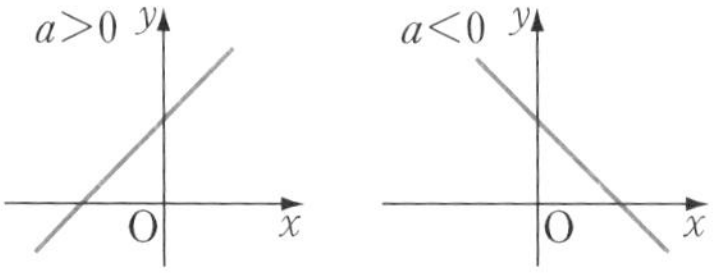


**2** $f(x)=ax^2+bx+c\ (a\neq 0)$

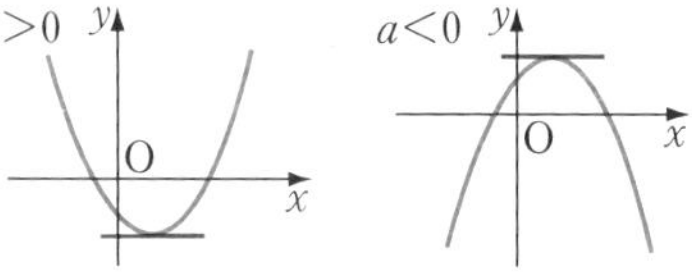


**3** $f(x)=ax^3+bx^2+cx+d\ (a\neq 0)$

$f'(x)=0$ 의 근이

(1) 서로 다른 두 실근 $\alpha$, $\beta$　(2) 중근 $\alpha$　(3) 허근

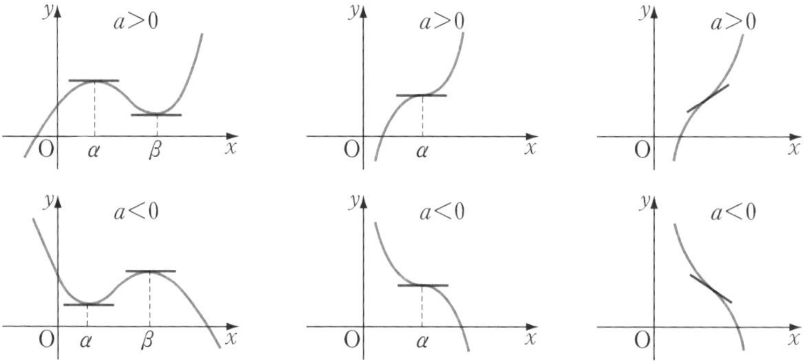


**4** $f(x)=ax^4+bx^3+cx^2+dx+e\ (a\neq 0)$

$f'(x)=0$ 의 근이

(1) 서로 다른 세 실근　(2) $\alpha$가 이중근　(3) $\alpha$가 삼중근　(4) $\alpha$만 실근

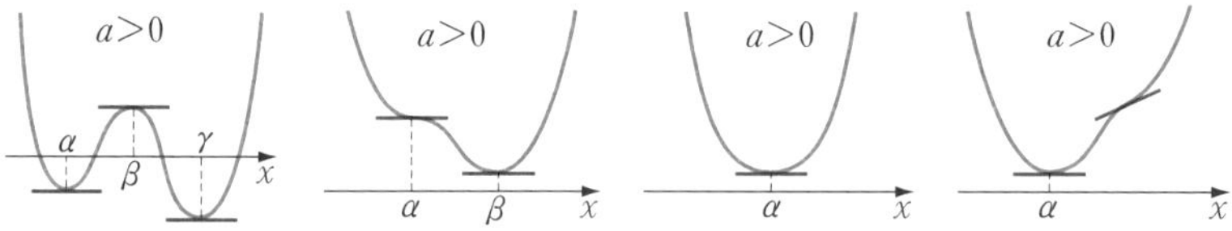


* *Note*　$a<0$인 경우의 그래프의 개형은 $x$축에 대하여 대칭이동한 모양이다.

**5** $f(x)=ax^5+bx^4+cx^3+dx^2+ex+f\ (a\neq 0)$

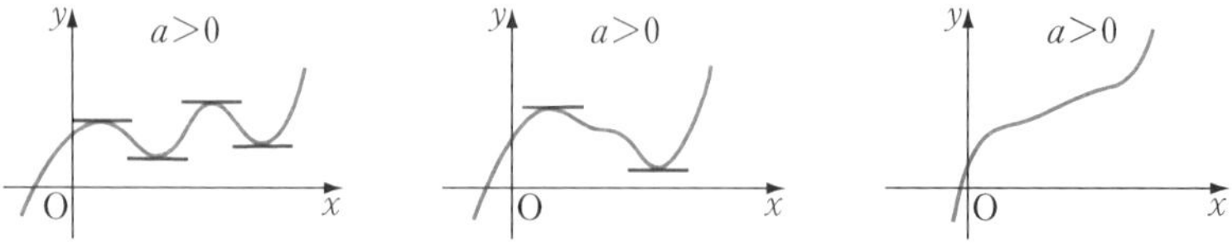

**기본 문제 5-5** 함수 $y=f(x)$의 도함수 $y=f'(x)$의 그래프가 오른쪽과 같을 때, 함수 $y=f(x)$의 그래프에서 극대 또는 극소가 되는 점의 개수를 구하여라.

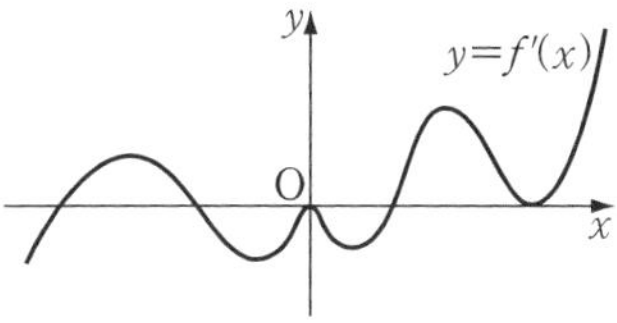


정석연구 $y=f'(x)$의 그래프로부터 $y=f(x)$의 극대와 극소 또는 그래프의 개형을 구하기 위해서는 $f'(x)$의 부호를 조사하면 된다.

**정석** $\boldsymbol{y=f'(x)}$의 그래프가 주어진 경우
$\Longrightarrow$ $\boldsymbol{f'(x)=0}$인 $\boldsymbol{x}$의 좌우에서 $\boldsymbol{f'(x)}$의 부호를 조사!

모범답안 $y=f'(x)$의 그래프가 $x$축과 만나는 점의 $x$좌표를 오른쪽 그림과 같이 나타낼 때, $f'(x)=0$인 $x$의 값은 $x=a,\ b,\ 0,\ c,\ d$이므로 아래와 같은 증감표를 얻을 수 있다.

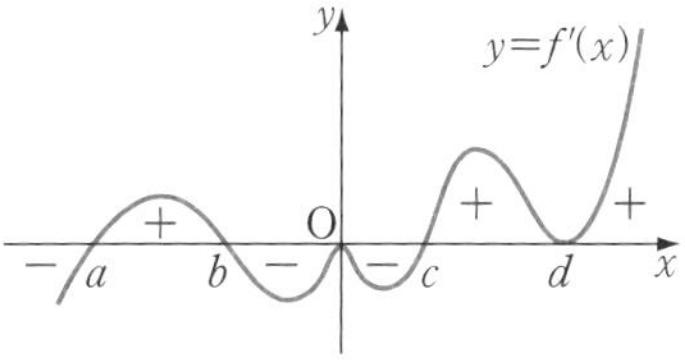


| $x$ | $\cdots$ | $a$ | $\cdots$ | $b$ | $\cdots$ | 0 | $\cdots$ | $c$ | $\cdots$ | $d$ | $\cdots$ |
|---|---|---|---|---|---|---|---|---|---|---|---|
| $f'(x)$ | $-$ | 0 | $+$ | 0 | $-$ | 0 | $-$ | 0 | $+$ | 0 | $+$ |
| $f(x)$ | ↘ | 극소 | ↗ | 극대 | ↘ | | ↘ | 극소 | ↗ | | ↗ |

이 표에서 극대점이 1개, 극소점이 2개이므로 극대 또는 극소가 되는 점은 모두 3개이다. 답 3

*Advice* | $y=f(x)$의 그래프의 개형은 오른쪽과 같다.

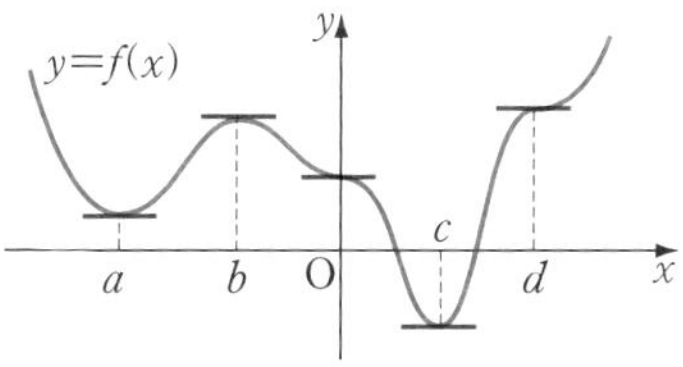


유제 **5**-7. 함수 $y=f(x)$의 도함수 $y=f'(x)$의 그래프가 오른쪽과 같다.
다음 중 옳은 것은?

① $f(x)$는 구간 $(-2,\ 1)$에서 증가한다.
② $f(x)$는 구간 $(1,\ 3)$에서 감소한다.
③ $f(x)$는 구간 $(4,\ 5)$에서 증가한다.
④ $f(x)$는 $x=2$에서 극소이다.
⑤ $f(x)$는 $x=3$에서 극소이다.

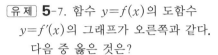

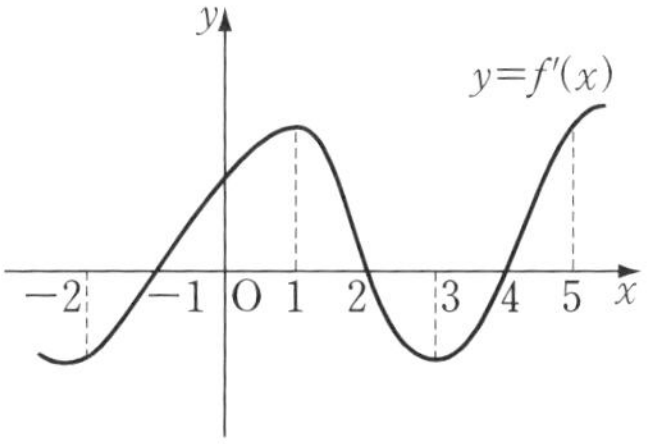


답 ③

기본 문제 5-6 다음 물음에 답하여라.

(1) 함수 $f(x)=x^3-3x+a$의 극댓값이 12일 때, 상수 $a$의 값과 극솟값을 구하여라.

(2) 함수 $f(x)=x^4+4a^3x+16$의 극솟값이 4일 때, 실수 $a$의 값을 구하여라. 또, 극댓값이 있으면 구하여라.

정석연구 $f(x)$가 다항함수일 때, $f(x)$가 $x=\alpha$에서 극값을 가지면 $f'(\alpha)=0$이고 $x=\alpha$의 좌우에서 $f'(x)$의 부호가 바뀐다. 따라서 $f'(x)=0$의 실근을 구한 다음, 실근의 좌우에서 $f'(x)$의 부호를 조사한다.

**정석** 극값에 관한 문제 $\Longrightarrow$ $\boldsymbol{f'(x)=0}$의 실근을 구한 다음, 실근의 좌우에서 $\boldsymbol{f'(x)}$의 부호를 조사한다.

$f'(x)$의 부호를 조사할 때에는 증감표를 이용한다.

모범답안 (1) $f'(x)=3x^2-3$
$=3(x+1)(x-1)$

| $x$ | $\cdots$ | $-1$ | $\cdots$ | $1$ | $\cdots$ |
|---|---|---|---|---|---|
| $f'(x)$ | $+$ | $0$ | $-$ | $0$ | $+$ |
| $f(x)$ | ↗ | 극대 | ↘ | 극소 | ↗ |

$f'(x)=0$에서 $x=-1,\ 1$

오른쪽 증감표에 의하여 $x=-1$일 때 극대이다.

극댓값이 12이므로 $f(-1)=-1+3+a=12$ $\therefore a=10$

이때, 극솟값은 $f(1)=1-3+a=8$ 답 $\boldsymbol{a=10}$, 극솟값 **8**

(2) $f'(x)=4x^3+4a^3=4(x+a)(x^2-ax+a^2)$

그런데 $a=0$이면 극솟값이 4일 수 없다. 곧, $a\neq0$이므로

$$x^2-ax+a^2=\left(x-\frac{a}{2}\right)^2+\frac{3a^2}{4}>0$$

| $x$ | $\cdots$ | $-a$ | $\cdots$ |
|---|---|---|---|
| $f'(x)$ | $-$ | $0$ | $+$ |
| $f(x)$ | ↘ | 극소 | ↗ |

따라서 $f'(x)=0$의 실근은 $x=-a$

오른쪽 증감표에 의하여 $x=-a$일 때 극소이다.

극솟값이 4이므로 $f(-a)=a^4-4a^4+16=4$ $\therefore a^4=4$

$a$는 실수이므로 $a=\pm\sqrt{2}$

위의 증감표에서 극댓값은 없다. 답 $\boldsymbol{a=\pm\sqrt{2}}$, 극댓값은 없다.

유제 **5**-8. 함수 $f(x)=x^3-3a^2x+8$의 극솟값이 $-8$일 때, 양수 $a$의 값을 구하여라. 또, 극댓값을 구하여라. 답 $\boldsymbol{a=2}$, 극댓값 **24**

유제 **5**-9. 함수 $f(x)=-x^4+6x^2-8x+a$의 극댓값이 0일 때, 상수 $a$의 값을 구하여라. 또, 극솟값이 있으면 구하여라. 답 $\boldsymbol{a=-24}$, 극솟값은 없다.

기본 문제 5-7 함수 $f(x)=x^3+3ax^2+bx+c$가 $x=-1,\ 3$에서 극값을 가질 때, 다음 물음에 답하여라.

(1) 상수 $a$, $b$의 값을 구하여라.

(2) 극댓값과 극솟값의 차를 구하여라.

(3) 극댓값이 7일 때, 상수 $c$의 값과 극솟값을 구하여라.

정석연구 $x=-1,\ 3$에서 극값을 가지므로 $f'(-1)=0,\ f'(3)=0$이다.

또, $x^3$의 계수가 양수이므로 $y=f(x)$의 그래프의 개형은 오른쪽과 같다. 따라서 $x=-1$에서 극대, $x=3$에서 극소이다.

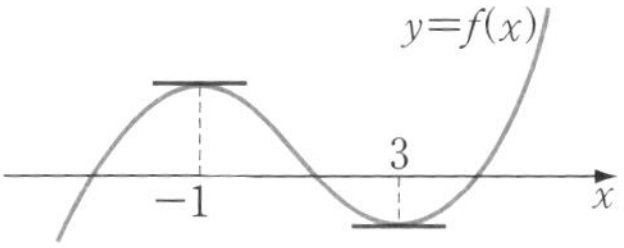


이와 같이 삼차함수나 사차함수의 그래프의 개형을 알고 있으면 증감표를 만들지 않아도 극대, 극소를 판정할 수 있어 보다 편하게 계산할 수 있다.

**정석** 다항함수 $\boldsymbol{f(x)}$가 $\boldsymbol{x=\alpha}$에서 극값 $\boldsymbol{\beta}$를 가지면

$$\Longrightarrow \boldsymbol{f(\alpha)=\beta,\quad f'(\alpha)=0}$$

모범답안 (1) $f(x)=x^3+3ax^2+bx+c$에서 $f'(x)=3x^2+6ax+b$

$x=-1,\ 3$에서 극값을 가지므로

$$f'(-1)=3-6a+b=0,\quad f'(3)=27+18a+b=0$$

연립하여 풀면 $\boldsymbol{a=-1,\ b=-9}$ ← 답

*Note $f'(x)=3x^2+6ax+b=0$의 두 근이 $-1,\ 3$이므로 근과 계수의 관계를 이용하여 $a$, $b$의 값을 구해도 된다.

(2) $x=-1$에서 극대, $x=3$에서 극소이고 $f(x)=x^3-3x^2-9x+c$이므로

$$f(-1)=-1-3+9+c=c+5,\quad f(3)=27-27-27+c=c-27$$

따라서 극댓값과 극솟값의 차는 $(c+5)-(c-27)=\boldsymbol{32}$ ← 답

(3) 극댓값이 7이므로 $c+5=7$ $\therefore c=2$

따라서 극솟값은 $f(3)=c-27=-25$ 답 $\boldsymbol{c=2}$, 극솟값 $\boldsymbol{-25}$

유제 **5**-10. 함수 $f(x)=x^3+3ax^2+3bx+c$가 $x=1,\ 2$에서 극값을 가질 때, 다음 물음에 답하여라.

(1) 상수 $a$, $b$의 값을 구하여라.

(2) 극댓값과 극솟값의 차를 구하여라.

(3) 극솟값이 $-2$일 때, 상수 $c$의 값과 극댓값을 구하여라.

답 (1) $\boldsymbol{a=-\frac{3}{2},\ b=2}$ (2) $\boldsymbol{\frac{1}{2}}$ (3) $\boldsymbol{c=-4}$, 극댓값 $\boldsymbol{-\frac{3}{2}}$

**기본 문제 5-8** 삼차함수 $f(x)$가 $x=-3$에서 극댓값 1을 가지고, 곡선 $y=f(x)$ 위의 점 $(0, 1)$에서의 접선의 방정식이 $y=9x+1$이다.

이때, 함수 $f(x)$를 구하여라.

정석연구 문제의 뜻을 그래프로 나타내면 오른쪽과 같다.

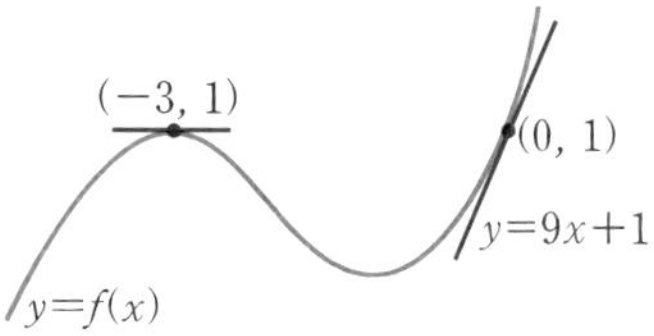


구하는 함수 $f(x)$를

$$f(x)=ax^3+bx^2+cx+d\ (a\neq0)$$

로 놓은 다음

**정석** (i) 다항함수 $\boldsymbol{f(x)}$가 $\boldsymbol{x=\alpha}$에서 극값 $\boldsymbol{\beta}$를 가지면

$$\Longrightarrow \boldsymbol{f(\alpha)=\beta,\ f'(\alpha)=0}$$

(ii) 곡선 $\boldsymbol{y=f(x)}$ 위의 점 $\boldsymbol{(\alpha, \beta)}$에서의 접선의 기울기가 $\boldsymbol{m}$이면

$$\Longrightarrow \boldsymbol{f(\alpha)=\beta,\ f'(\alpha)=m}$$

임을 이용하여 문제의 조건을 식으로 나타내어 본다.

모범답안 $f(x)=ax^3+bx^2+cx+d\,(a\neq0)$로 놓으면

$$f'(x)=3ax^2+2bx+c$$

함수 $f(x)$는 $x=-3$에서 극댓값 1을 가지므로

$$f(-3)=-27a+9b-3c+d=1 \quad \cdots\cdots①$$

$$f'(-3)=27a-6b+c=0 \quad \cdots\cdots②$$

또, 곡선 $y=f(x)$는 점 $(0, 1)$을 지나고, 이 점에서의 접선의 기울기가 9이므로

$$f(0)=d=1 \quad \cdots\cdots③ \qquad f'(0)=c=9 \quad \cdots\cdots④$$

①, ②, ③, ④를 연립하여 풀면 $a=1,\ b=6,\ c=9,\ d=1$

$$\therefore\ \boldsymbol{f(x)=x^3+6x^2+9x+1} \longleftarrow \boxed{답}$$

* *Note* 사실 이 풀이는 $f(x)$가 $x=-3$에서 극값 1을 가질 조건을 푼 것이다.

직접 $f'(x)$를 구해 보면 $f'(x)=3x^2+12x+9=3(x+1)(x+3)$이므로 $f(x)$는 $x=-3$에서 극댓값을, $x=-1$에서 극솟값을 가진다.

유제 **5**-11. 함수 $f(x)=x^3+ax^2+bx+c$가 $x=-1$에서 극값을 가지고, 곡선 $y=f(x)$ 위의 점 $(0, 1)$에서 직선 $y=x+1$에 접한다.

이때, $f(1)$의 값을 구하여라. 답 **5**

유제 **5**-12. $x=-1$에서 극댓값 5를 가지고, $x=1$에서 극솟값 1을 가지는 삼차함수 $f(x)$를 구하여라. 답 $\boldsymbol{f(x)=x^3-3x+3}$

**기본 문제 5-9** $f(x)=x^3-(a+2)x^2+3ax-a^2$에 대하여 다음을 구하여라.

(1) $f(x)$가 극값을 가지지 않을 때, 실수 $a$의 값의 범위

(2) $f(x)$가 $x>0$에서 극값을 두 개 가질 때, 실수 $a$의 값의 범위

정석연구 삼차함수 $f(x)=ax^3+bx^2+cx+d$의 그래프의 개형은

**$a>0$일 때** 다음 세 가지 꼴로 나눌 수 있다.

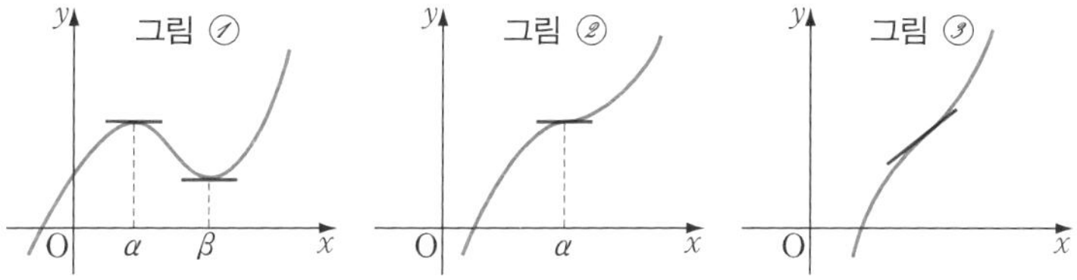


(i) $f'(x)=0$이 서로 다른 두 실근 $\alpha$, $\beta$를 가진다 $\Longleftrightarrow$ 그림 ①

(ii) $f'(x)=0$이 중근 $\alpha$를 가진다 $\Longleftrightarrow$ 그림 ②

(iii) $f'(x)=0$이 허근을 가진다 $\Longleftrightarrow$ 그림 ③

**$a<0$일 때** 이때에도 같은 방법으로 생각할 수 있다.

**정 석** 삼차함수 $f(x)$에 대하여

$f'(x)=0$이 서로 다른 두 실근 $\Longleftrightarrow$ $f(x)$가 극값을 가진다

$f'(x)=0$이 중근 또는 허근 $\Longleftrightarrow$ $f(x)$가 극값을 가지지 않는다

(2) $x>0$에서 $f'(x)=0$이 서로 다른 두 실근을 가지면 된다.

모범답안 $f'(x)=3x^2-2(a+2)x+3a$

(1) $f'(x)=0$이 중근 또는 허근을 가지므로 $D/4=(a+2)^2-3\times 3a\le 0$

$\therefore (a-1)(a-4)\le 0 \quad \therefore \mathbf{1\le a\le 4}$ ← 답

(2) $x>0$에서 $f'(x)=0$이 서로 다른 두 실근을 가지려면

$D/4>0$에서 $(a-1)(a-4)>0 \quad \therefore a<1,\ a>4$ ……①

(축)$>0$에서 $\dfrac{a+2}{3}>0 \quad \therefore a>-2$ ……②

$f'(0)>0$에서 $3a>0 \quad \therefore a>0$ ……③

①, ②, ③의 공통 범위를 구하면 $\mathbf{0<a<1,\ a>4}$ ← 답

***Note** (1) 극값을 가지지 않을 조건은 $f(x)$가 증가함수일 조건과 같다.

유제 **5**-13. 함수 $f(x)=x^3+ax^2+ax+1$에 대하여 다음을 구하여라.

(1) $f(x)$가 극값을 가지지 않을 때, 실수 $a$의 값의 범위

(2) $f(x)$가 $0<x<1$에서 오직 하나의 극값을 가질 때, 실수 $a$의 값의 범위

답 (1) $\mathbf{0\le a\le 3}$ (2) $\mathbf{-1<a<0}$

기본 문제 **5**-10 함수 $f(x)=x^4-4x^3+2ax^2$이 극댓값을 가지지 않을 때, 실수 $a$의 값의 범위를 구하여라.

[정석연구] $f(x)$가 사차식이므로 $f'(x)$는 삼차식이다. 이때, 삼차방정식 $f'(x)=0$의 근은

서로 다른 세 실근, 실근 한 개와 중근 한 개,
삼중근, 실근 한 개와 허근 두 개

의 경우로 나눌 수 있다.

사차항의 계수가 양수일 때, 각 경우에 대한 $y=f(x)$의 그래프를 생각하면 $f'(x)=0$의 근이

서로 다른 세 실근

인 경우에만 오른쪽 그림과 같이 $y=f(x)$의 극댓값이 존재한다는 것을 알 수 있다. ⇦ p. 92

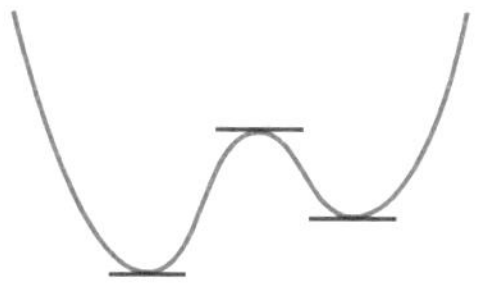

**정석** 최고차항의 계수가 양수인 사차함수 $\boldsymbol{f(x)}$가 극댓값을 가진다
$\iff$ $\boldsymbol{f'(x)=0}$이 서로 다른 세 실근을 가진다

[모범답안] $f'(x)=4x^3-12x^2+4ax=4x(x^2-3x+a)$

$f(x)$가 극댓값을 가지기 위해서는 $f'(x)=0$이 서로 다른 세 실근을 가져야 한다.

따라서 $g(x)=x^2-3x+a$라고 할 때, 방정식 $g(x)=0$이 0이 아닌 서로 다른 두 실근을 가지면 되므로

$$g(0)\neq 0 \text{이고 } D=9-4a>0 \quad \therefore a\neq 0 \text{이고 } a<\frac{9}{4}$$

따라서 극댓값을 가지지 않을 조건은 $\boldsymbol{a=0}$ **또는** $\boldsymbol{a\geq\frac{9}{4}}$ ← [답]

*Note 이 조건은 사차함수 $f(x)$가 극값을 하나만 가지기 위한 조건과 같다.

*Advice* | 삼차식 $f'(x)=ax^3+bx^2+cx+d$를 위와 같이

(일차식)×(이차식)

의 꼴로 인수분해할 수 없는 경우가 있다. 이런 경우 $f'(x)=0$이 서로 다른 세 실근을 가질 조건은 p. 113, 115에서와 같이 삼차함수의 그래프를 이용하여 찾는다.

[유제] **5**-14. 함수 $f(x)=x^4-4(a-1)x^3+2(a^2-1)x^2$이 극댓값을 가질 때, 실수 $a$의 값의 범위를 구하여라. [답] $\boldsymbol{a<-1,\ -1<a<1,\ a>\frac{13}{5}}$

## 연습문제 5

**5-1** 함수 $f(x)=\frac{1}{3}x^3-ax^2+3ax$의 역함수가 존재하도록 하는 실수 $a$의 최댓값은?

① 3 ② 4 ③ 5 ④ 6 ⑤ 7

**5-2** 함수 $f(x)=x^3-(a+2)x^2+ax$에 대하여 곡선 $y=f(x)$ 위의 점 $(t,\ f(t))$에서의 접선의 $y$절편을 $g(t)$라고 하자. 함수 $g(t)$가 열린구간 $(0,\ 5)$에서 증가할 때, 실수 $a$의 값의 범위를 구하여라.

**5-3** 함수 $y=x^3-6x^2+9x+1$의 그래프에 대하여 다음 물음에 답하여라.

(1) 극대점과 극소점 사이의 거리를 구하여라.

(2) 극대점과 극소점을 잇는 선분의 수직이등분선의 방정식을 구하여라.

(3) 극대점, 극소점, 원점을 꼭짓점으로 하는 삼각형의 넓이를 구하여라.

**5-4** 함수 $f(x)=x^4-2x^3$의 구간 $[a,\ a+1]$에서의 평균변화율을 $\mathrm{F}(a)$라고 하자. 이때, 함수 $\mathrm{F}(a)$가 극대가 되는 $a$의 값과 극소가 되는 $a$의 값을 구하여라.

**5-5** 함수 $f(x)=\frac{1}{9}\left|x^3(x+4)\right|$에 대하여

$$\lim_{h\to0+}\frac{f(x+h)-f(x)}{h}\times\lim_{h\to0-}\frac{f(x+h)-f(x)}{h}\le0$$

을 만족시키는 모든 실수 $x$의 값의 합은?

① $-1$ ② $-3$ ③ $-5$ ④ $-7$ ⑤ $-9$

**5-6** $t>-1$인 실수 $t$에 대하여 최고차항의 계수가 1이고 다음 두 조건을 만족시키는 삼차함수 $f(x)$의 극댓값을 $g(t)$라고 하자.

(가) $f(3t)=0$

(나) 모든 실수 $x$에 대하여 $(x+3)f(x)\ge0$이다.

이때, $g(t)=108$을 만족시키는 실수 $t$의 값은?

① 0 ② 1 ③ 2 ④ 3 ⑤ 4

**5-7** 사차함수 $y=f(x)$의 그래프가 오른쪽과 같을 때, 방정식 $f(x)f'(x)=0$의 서로 다른 실근의 개수는?

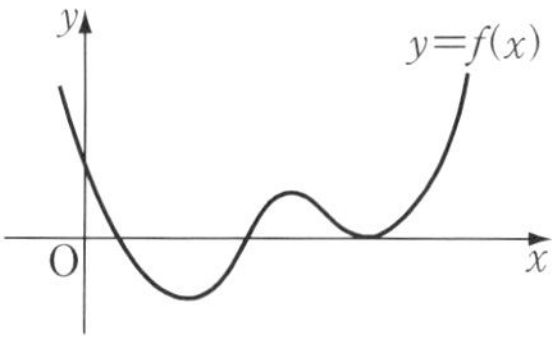


① 3 ② 4 ③ 5

④ 6 ⑤ 7

**5-8** 오른쪽 그림은 $-1<x<7$에서 정의된 함수 $y=f(x)$의 그래프를 나타낸 것이다.

다음 중 옳지 않은 것은?

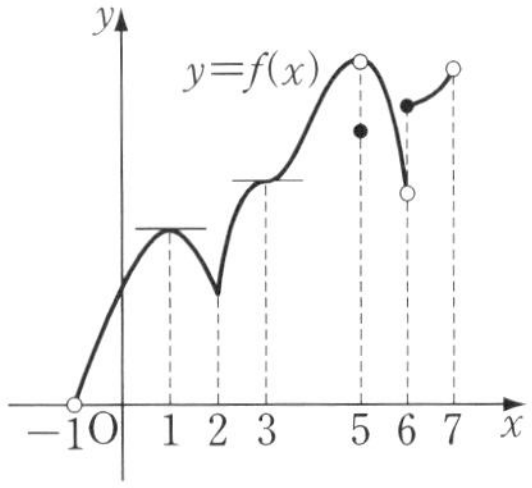


① $f'(0)>0$이다.

② $\lim_{x\to5}f(x)$는 존재한다.

③ $f(x)$의 미분가능하지 않은 점은 3개이다.

④ $f'(x)=0$인 점은 2개이다.

⑤ $f(x)$의 극댓값은 존재하지만, 극솟값은 존재하지 않는다.

**5-9** 이차함수 $y=f(x)$와 일차함수 $y=g(x)$의 그래프가 오른쪽과 같고, $f'(b)=0$이다.

함수 $h(x)=f(x)g(x)$가 $x=p$에서 극소일 때, 다음 중 옳은 것은?

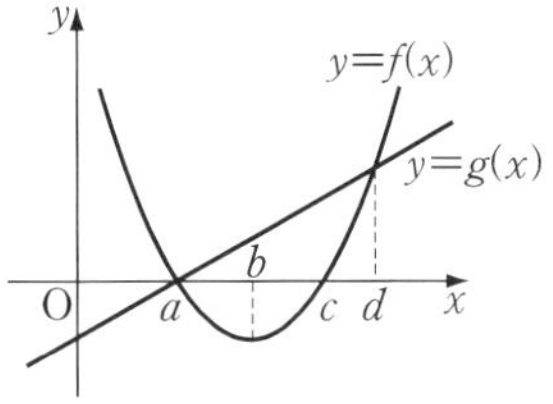


① $a<p<b$ ② $p=b$ ③ $b<p<c$

④ $p=c$ ⑤ $c<p<d$

**5-10** 삼차함수 $f(x)$의 도함수와 이차함수 $g(x)$의 도함수의 그래프가 오른쪽과 같다.

$h(x)=f(x)-g(x)$라고 할 때, 다음 명제가 참인지 거짓인지 말하여라.

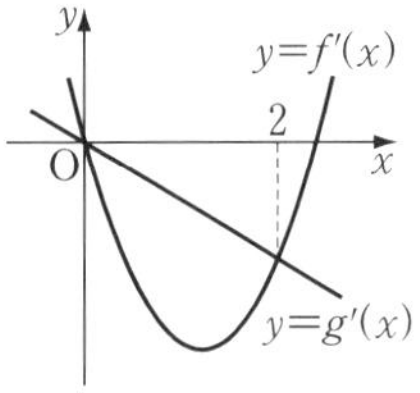


(1) $h(x)$는 $0<x<2$에서 감소한다.

(2) $h(x)$는 $x=2$에서 극솟값을 가진다.

(3) $y=h(x)$의 그래프는 $x$축과 서로 다른 세 점에서 만난다.

**5-11** 다항함수 $f(x)$가 $x=0$에서 극댓값을 가질 때, 다음 명제가 참인지 거짓인지 말하여라.

(1) 함수 $|f(x)|$는 $x=0$에서 극댓값을 가진다.

(2) 함수 $f(|x|)$는 $x=0$에서 극댓값을 가진다.

**5-12** 삼차함수 $y=ax^3+bx^2+cx+d$의 그래프가 오른쪽과 같을 때, 상수 $a$, $b$, $c$, $d$의 부호를 정하여라. 단, $\beta>|\alpha|$이다.

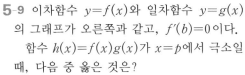

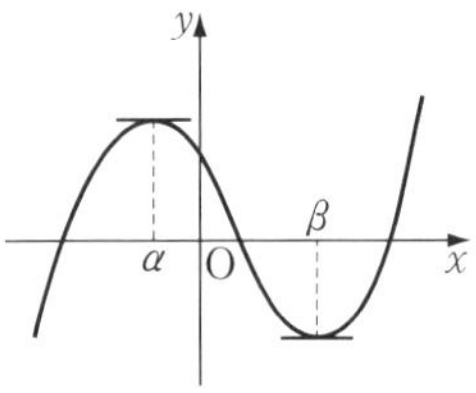


**5-13** 함수 $y=x^3-3ax^2+4a$의 그래프가 $x$축에 접할 때, 양수 $a$의 값은?

① 1 ② 2 ③ 3 ④ 4 ⑤ 5

**5-14** 함수 $f(x)=-x^3+3ax+b$의 극댓값이 4, 극솟값이 0일 때, 상수 $a$, $b$의 값을 구하여라.

**5-15** 다음 두 조건을 만족시키는 삼차함수 $f(x)$를 구하여라.

(가) $x=1$에서 극값 $-4$를 가진다. (나) $\lim_{x\to0}\dfrac{f(x)}{x}=-3$

**5-16** 함수 $f(x)=x^3-3ax^2+9x+27$의 극댓값과 극솟값의 합이 0일 때, 실수 $a$의 값을 구하여라.

**5-17** 삼차함수 $f(x)=x^3-a^2x^2+ax$가 $0<x<1$에서 극댓값을, $x>1$에서 극솟값을 가지도록 실수 $a$의 값의 범위를 정하여라.

**5-18** $a$가 0이 아닌 실수일 때, 곡선 $y=x^3+3ax^2+a^3$의 극대점과 극소점을 잇는 선분의 중점의 자취의 방정식을 구하여라.

**5-19** 함수 $f(x)=x^3+ax^2+bx$가 $x=1$에서 극솟값을 가질 때, 점 $(a, b)$는 어떤 도형 위에 있는가? 좌표평면 위에 나타내어라.

**5-20** 삼차함수 $f(x)$가 모든 실수 $x$에 대하여 $f(-x)=-f(x)$를 만족시킨다. $f(x)$의 계수가 모두 정수이고 $f(1)=5$, $1<f'(1)<7$일 때, 함수 $f(x)$의 극댓값을 구하여라.

**5-21** 최고차항의 계수가 1인 삼차함수 $f(x)$가 모든 실수 $x$에 대하여 $f(-x)=-f(x)$를 만족시킨다. 방정식 $|f(x)|=2$가 서로 다른 네 실근을 가질 때, $f(3)$의 값을 구하여라.

**5-22** 함수 $f(x)=x^4+ax^3+bx^2-12x$가 $x=1$에서 극값 $-9$를 가질 때, 상수 $a$, $b$의 값과 $f(x)$의 극댓값을 구하여라.

**5-23** 최고차항의 계수가 1인 사차함수 $y=f(x)$가 모든 실수 $x$에 대하여 $f(2+x)=f(2-x)$를 만족시키고, 그래프는 원점을 지난다. 이 함수가 $x=1$에서 극솟값을 가질 때, 극댓값을 구하여라.

**5-24** 다음 세 조건을 만족시키는 사차함수 $y=f(x)$의 그래프가 항상 지나는 점의 좌표를 구하여라.

(가) $f(x)$의 최고차항의 계수는 1이다.

(나) 곡선 $y=f(x)$는 점 $\big(2, f(2)\big)$에서 직선 $y=2$에 접한다.

(다) $f'(0)=0$

**5-25** 서로 다른 두 실수 $\alpha$, $\beta$가 계수가 실수인 사차방정식 $f(x)=0$의 근일 때, 다음 명제가 참인지 거짓인지 말하여라.

(1) $f'(\alpha)=0$이면 다항식 $f(x)$는 $(x-\alpha)^2$으로 나누어 떨어진다.

(2) $f'(\alpha)f'(\beta)=0$이면 방정식 $f(x)=0$은 허근을 가지지 않는다.

(3) $f'(\alpha)f'(\beta)>0$이면 방정식 $f(x)=0$은 서로 다른 네 실근을 가진다.

# ⑥. 최대 · 최소와 미분

함수의 최대와 최소／최대와 최소의 활용

## § 1. 함수의 최대와 최소

### 1 함수의 최댓값과 최솟값

이를테면 구간 $[-1, 3]$에서 이차함수 $f(x)=x^2-4x+6$의 최댓값과 최솟값은 함수의 그래프를 그려 구했다. 곧,

$$f(x)=(x-2)^2+2$$

이므로 함수의 그래프는 오른쪽과 같고,

최댓값 **11**,　　최솟값 **2**

이다.

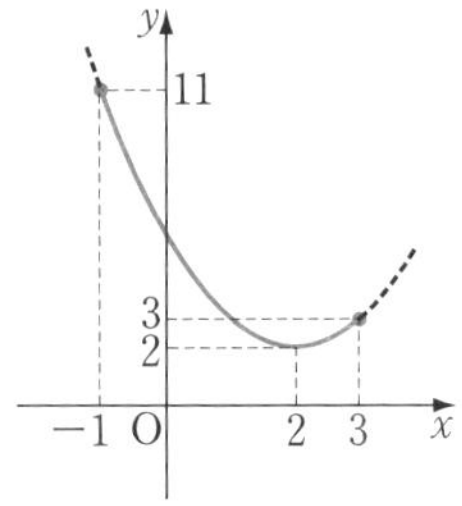


삼차함수, 사차함수와 같은 다항함수의 최댓값과 최솟값 역시 그래프를 이용하거나 증감표를 이용하여 구할 수 있다.

이를테면 구간 $[-3, 2]$에서 삼차함수

$$f(x)=x^3+3x^2 \quad \Leftarrow f'(x)=3x(x+2)$$

의 증감표는 아래와 같고, 그래프의 개형은 오른쪽과 같다. 따라서

최댓값 **20**,　　최솟값 **0**

임을 알 수 있다.

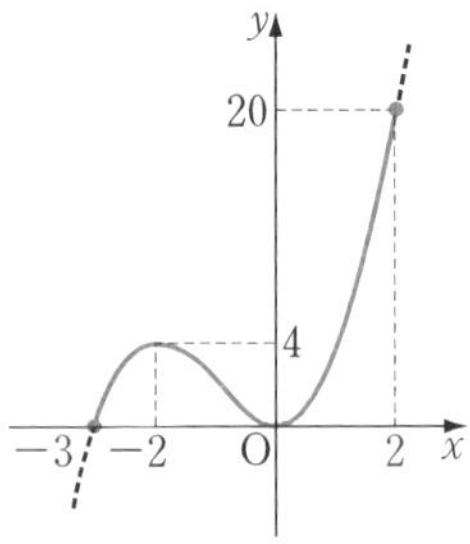


| $x$ | $-3$ | $\cdots$ | $-2$ | $\cdots$ | $0$ | $\cdots$ | $2$ |
|---|---|---|---|---|---|---|---|
| $f'(x)$ | | $+$ | $0$ | $-$ | $0$ | $+$ | |
| $f(x)$ | $0$ | ↗ | $4$ | ↘ | $0$ | ↗ | $20$ |

구간이 어떻게 주어지느냐에 따라 최댓값 또는 최솟값이 존재하지 않을 수도 있다.

이를테면 구간 $(-3,\ 2)$에서 함수

$$f(x)=x^3+3x^2$$

의 그래프는 오른쪽과 같으므로 최솟값은 0이지만, 최댓값은 존재하지 않는다.

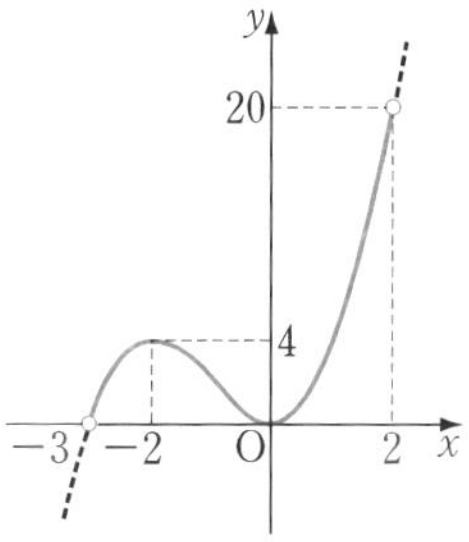


또, 구간 $(-\infty,\ \infty)$에서 함수

$$f(x)=x^3+3x^2$$

의 그래프는 오른쪽과 같으므로 최댓값과 최솟값은 모두 존재하지 않는다.

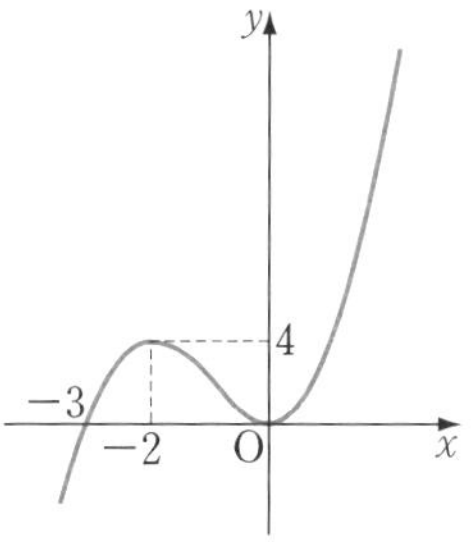


위의 예 이외에도 구간 $[-3,\ 2)$, $(-3,\ 2]$ 등에서 최댓값과 최솟값을 생각해야 하는 경우도 있다.

다음 그림은 어떤 구간에서의 삼차함수의 그래프와 이때의 최대와 최소를 나타낸 것이다.

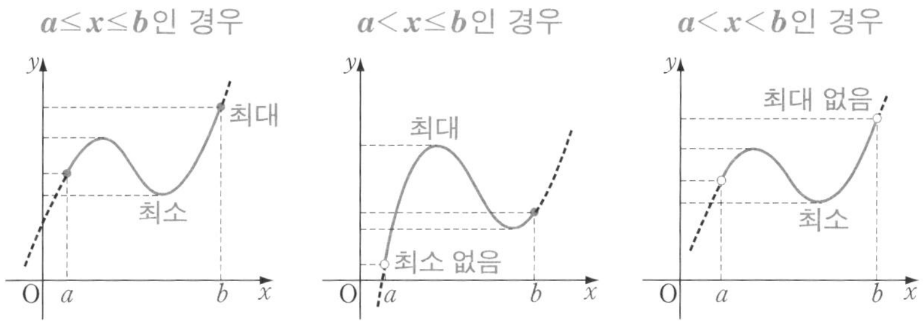


지금까지 예에서 알 수 있듯이 주어진 구간에 따라 다항함수의 최댓값 또는 최솟값은 존재할 수도 있고, 존재하지 않을 수도 있다. 그러나 최댓값과 최솟값이 존재하면 이 값은 극값 또는 경계에서의 함숫값임을 알 수 있다.

또, 다항함수는 연속함수이므로 닫힌구간 $[a,\ b]$에서 항상 최댓값과 최솟값을 가진다(최대 · 최소 정리). 따라서 다음과 같이 정리해 두자.

**기본정석** — **다항함수의 최대와 최소**

구간 $[a,\ b]$에서 다항함수 $f(x)$의

최댓값은 ⟹ $f(x)$의 모든 극댓값, $f(a)$, $f(b)$ 중에서 최대인 것

최솟값은 ⟹ $f(x)$의 모든 극솟값, $f(a)$, $f(b)$ 중에서 최소인 것

기본 문제 **6**-1 다음 함수의 최댓값과 최솟값을 구하여라.

(1) $y=2x^3-9x^2+12x-2$ (단, $0\le x\le 3$)

(2) $y=|x(x+3)^2-9|$ (단, $-4\le x\le 1$)

정석연구 (1) 도함수를 이용하여 극값을 가지는 $x$의 값을 구한 다음, 증감표를 만들거나 함수의 그래프를 그려 최댓값과 최솟값을 찾는다.

**정석** 최대 · 최소 문제 ⟹ 증감표나 그래프를 이용한다.

(2) 먼저 $y=x(x+3)^2-9$의 그래프를 그린 다음 $x$축 아랫부분을 꺾어 올리면 주어진 함수의 그래프를 그릴 수 있다. 절댓값 기호가 있으므로 최댓값, 최솟값을 증감표만으로 찾지 말고, 그래프를 그려 찾는 것이 좋다.

모범답안 (1) $f(x)=2x^3-9x^2+12x-2$로 놓으면

$f'(x)=6x^2-18x+12$
$\quad=6(x-1)(x-2)$

$f'(x)=0$에서 $x=1, 2$

$0\le x\le 3$에서 증감을 조사하면 오른쪽과 같으므로

| $x$ | 0 | $\cdots$ | 1 | $\cdots$ | 2 | $\cdots$ | 3 |
|---|---|---|---|---|---|---|---|
| $f'(x)$ | | + | 0 | − | 0 | + | |
| $f(x)$ | −2 | ↗ | 3 | ↘ | 2 | ↗ | 7 |

$x=3$일 때 최댓값 **7**, $x=0$일 때 최솟값 **−2** ⟵ 답

(2) $f(x)=x(x+3)^2-9$로 놓으면

$f'(x)=3x^2+12x+9=3(x+3)(x+1)$

$f'(x)=0$에서 $x=-3, -1$

| $x$ | −4 | $\cdots$ | −3 | $\cdots$ | −1 | $\cdots$ | 1 |
|---|---|---|---|---|---|---|---|
| $f'(x)$ | | + | 0 | − | 0 | + | |
| $f(x)$ | −13 | ↗ | −9 | ↘ | −13 | ↗ | 7 |

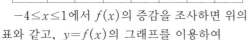

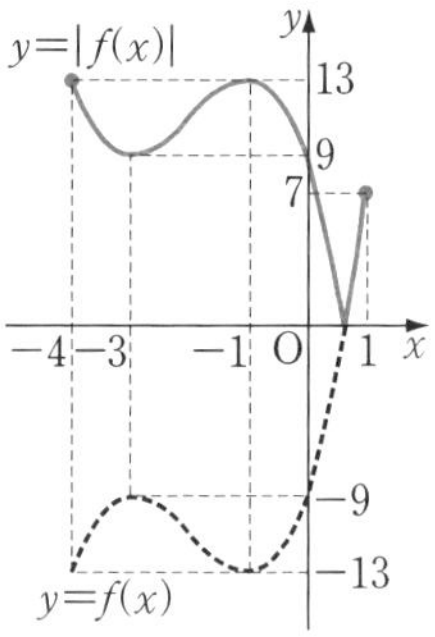


$-4\le x\le 1$에서 $f(x)$의 증감을 조사하면 위의 표와 같고, $y=f(x)$의 그래프를 이용하여 $y=|f(x)|$의 그래프를 그리면 위의 오른쪽 그림의 초록 실선과 같다.

따라서 최댓값 **13**, 최솟값 **0** ⟵ 답

*Note 최대일 때 $x$의 값은 $-4, -1$이지만, 최소일 때 $x$의 값은 그래프의 개형만으로는 알 수 없다.

유제 **6**-1. 다음 함수의 최댓값과 최솟값을 구하여라.

(1) $y=x^3-12x$ (단, $-3\le x\le 3$) (2) $y=|x^2(x-3)|$ (단, $-2\le x\le 4$)

답 (1) 최댓값 **16**, 최솟값 **−16** (2) 최댓값 **20**, 최솟값 **0**

**기본 문제 6-2** 다음 물음에 답하여라.

(1) 함수 $f(x)=x^4-6x^2+8x+13$의 최댓값 또는 최솟값을 구하여라.

(2) 구간 $[1, 4]$에서 정의된 함수 $f(x)=ax^4-4ax^3+b$(단, $a>0$)의 최댓값이 3, 최솟값이 $-6$일 때, 상수 $a$, $b$의 값을 구하여라.

정석연구 (1) 앞에서 공부한 사차함수의 그래프의 개형(p. 91, p. 92의 4)에서 알 수 있는 바와 같이 구간 $(-\infty, \infty)$에서 사차항의 계수가

양수일 때 최솟값, 음수일 때 최댓값

을 가진다. 이는 이차함수의 경우와 같다.

(2) 구간 $[1, 4]$에서 증감표를 만들어 최대 또는 최소가 되는 $x$의 값부터 찾아보자.

**정석** 최대 · 최소 문제 ⟹ 증감표를 만든다.

모범답안 (1) $f'(x)=4x^3-12x+8=4(x-1)^2(x+2)$

$f'(x)=0$에서 $x=1, -2$

| $x$ | $\cdots$ | $-2$ | $\cdots$ | $1$ | $\cdots$ |
|---|---|---|---|---|---|
| $f'(x)$ | $-$ | $0$ | $+$ | $0$ | $+$ |
| $f(x)$ | ↘ | $-11$ | ↗ | $16$ | ↗ |

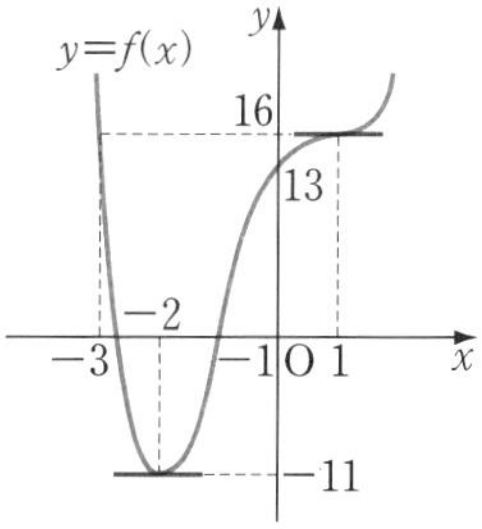


위의 증감표에서

최솟값 $-11$, 최댓값 없다. ← 답

(2) $f'(x)=4ax^3-12ax^2=4ax^2(x-3)=0$에서 $x=0, 3$

$a>0$일 때 구간 $[1, 4]$에서 증감을 조사하면 오른쪽과 같으므로

| $x$ | $1$ | $\cdots$ | $3$ | $\cdots$ | $4$ |
|---|---|---|---|---|---|
| $f'(x)$ | | $-$ | $0$ | $+$ | |
| $f(x)$ | $b-3a$ | ↘ | $b-27a$ | ↗ | $b$ |

최솟값은 $f(3)=b-27a$

또, $f(1)=b-3a$, $f(4)=b$

이고, $a>0$이므로 $f(1)<f(4)$이다. 따라서 최댓값은 $f(4)=b$이다.

$\therefore\ b=3,\ b-27a=-6 \qquad \therefore\ \boldsymbol{a=\frac{1}{3},\ b=3}$ ← 답

유제 **6**-2. 함수 $f(x)=-x^4+2x^2$의 최댓값 또는 최솟값을 구하여라.

답 최댓값 **1**, 최솟값 없다.

유제 **6**-3. 구간 $[-1, 2]$에서 정의된 함수 $f(x)=ax^3-6ax^2+b$(단, $a>0$)의 최댓값이 3, 최솟값이 $-29$일 때, 상수 $a$, $b$의 값을 구하여라.

답 $\boldsymbol{a=2,\ b=3}$

## § 2. 최대와 최소의 활용

기본 문제 **6**-3 한 변의 길이가 24 cm인 정사각형 모양의 종이에서 그림과 같이 점 찍은 부분을 오려 내고, 나머지를 접어서 뚜껑이 있는 직육면체 모양의 상자를 만들려고 한다. 이 상자의 부피가 최대가 되는 $x$의 값과 이때의 부피를 구하여라.

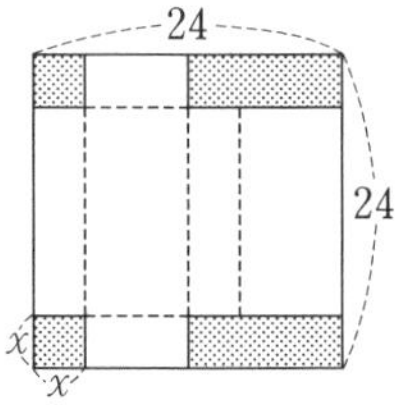


정석연구 문제의 뜻에 따라 상자를 만들어 보면 오른쪽 그림과 같다.

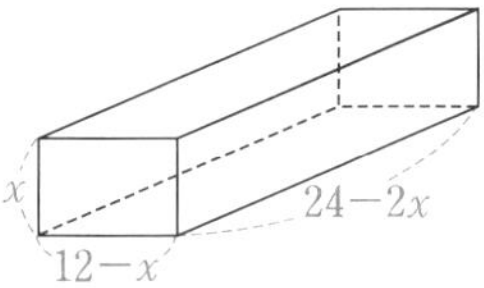


여기에서 $x$의 범위는 $0<x<12$이다.

이와 같이 겉으로는 변수의 범위가 명확히 나타나 있지 않더라도 문제의 조건 속에 변수의 범위가 숨어 있는 경우도 있다.

**정석** 최대 · 최소 문제는 ⟹ 변수의 범위에 주의하여라.

모범답안 상자의 부피를 V라고 하면

$$V=(12-x)(24-2x)x$$
$$=2x^3-48x^2+288x\ (0<x<12)$$
$$V'=6x^2-96x+288=6(x-4)(x-12)$$

| $x$ | (0) | $\cdots$ | 4 | $\cdots$ | (12) |
|---|---|---|---|---|---|
| V′ | | + | 0 | − | |
| V | (0) | ↗ | 512 | ↘ | (0) |

따라서 **$x=4$ cm일 때 512 $\text{cm}^3$** ← 답

유제 **6**-4. 한 변의 길이가 12 cm인 정사각형 모양의 종이에서 그림과 같이 점 찍은 부분을 오려 내고, 나머지를 접어서 뚜껑이 없는 직육면체 모양의 상자를 만들려고 한다. 이 상자의 부피가 최대가 되는 $x$의 값과 이때의 부피를 구하여라. 답 **$x=2$ cm일 때 128 $\text{cm}^3$**

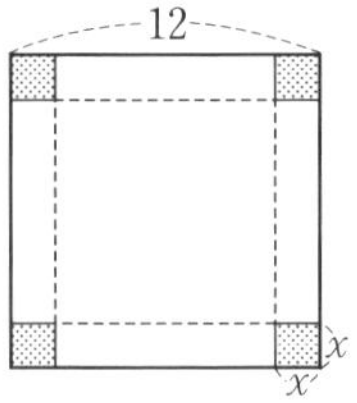


유제 **6**-5. 한 변의 길이가 $a$ cm인 정삼각형 모양의 종이에서 그림과 같이 합동인 사각형 3개를 오려 내고, 나머지를 접어서 뚜껑이 없는 정삼각기둥 모양의 상자를 만들려고 한다. 이 상자의 부피가 최대일 때, $x$를 구하여라. 답 **$x=\dfrac{a}{6}$ cm**

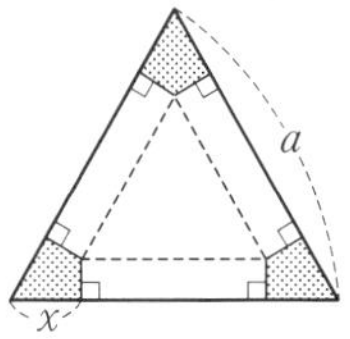

기본 문제 **6**-4 오른쪽 그림과 같이 포물선 $y=9-x^2$이 $x$축과 만나는 점을 각각 A, B라고 하자. 또, 사각형 ABCD가 사다리꼴이 되도록 포물선 위에 두 점 C, D를 잡자. 이때, 사각형 ABCD의 넓이의 최댓값을 구하여라.

단, 두 점 C, D의 $y$좌표는 양수이다.

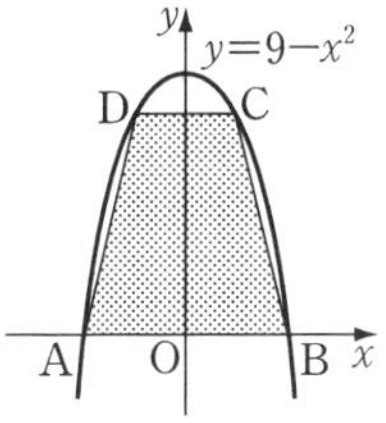


정석연구 점 C의 좌표를 C$(x, y)$로 놓고, 사각형 ABCD의 넓이를 $x$로 나타내어 보자. 이때, 점 C의 $y$좌표가 양수이므로 $x$의 범위가 제한된다는 것에 주의한다.

**정 석** 최대 · 최소 문제는 ⟹ 변수의 범위에 주의하여라.

모범답안 $y=9-x^2=0$에서 $x=\pm3$

$\therefore$ A$(-3, 0)$, B$(3, 0)$

또, 점 C의 좌표를 C$(x, y)$라고 하면 점 D의 좌표는 D$(-x, y)$이다.

□ABCD의 넓이를 S$(x)$라고 하면

$$S(x)=\frac{1}{2}(\overline{AB}+\overline{DC})\times y=\frac{1}{2}(6+2x)(9-x^2)$$

$$=-x^3-3x^2+9x+27\ (0<x<3)$$

$$\therefore\ S'(x)=-3x^2-6x+9$$

$$=-3(x+3)(x-1)$$

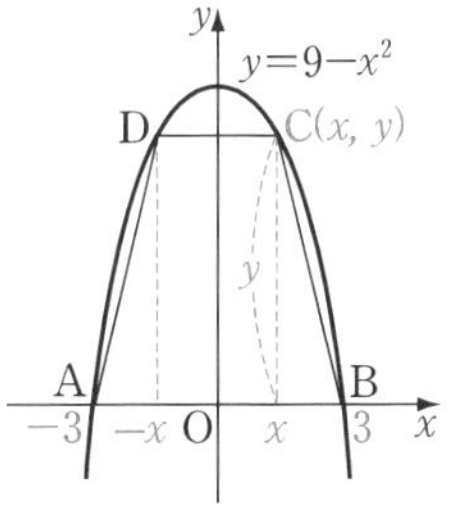


$0<x<3$에서 S$(x)$의 증감을 조사하면 오른쪽과 같고, S$(x)$의 최댓값은

S$(1)=-1-3+9+27=$**32** ← 답

| $x$ | (0) | … | 1 | … | (3) |
|---|---|---|---|---|---|
| $S'(x)$ | | + | 0 | − | |
| $S(x)$ | (27) | ↗ | 최대 | ↘ | (0) |

유제 **6**-6. 오른쪽 그림과 같이 포물선 $y=6x-x^2$ 위의 두 점 A, B에서 $x$축에 내린 수선의 발을 각각 D, C라고 하자. □ABCD가 직사각형일 때, 이 사각형의 넓이의 최댓값을 구하여라. 단, 두 점 A, B의 $y$좌표는 양수이다. 답 **$12\sqrt{3}$**

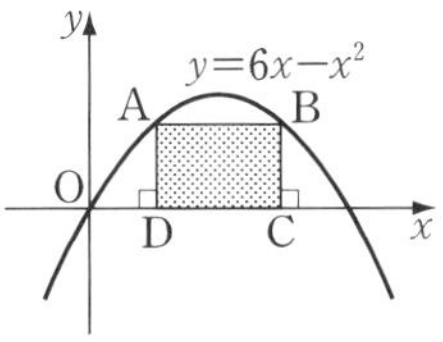


유제 **6**-7. 포물선 $y=12-x^2$과 직선 $y=k$(단, $k>0$)가 서로 다른 두 점 A, B에서 만난다. 이때, 원점 O와 두 점 A, B를 꼭짓점으로 하는 △OAB의 넓이가 최대가 되는 상수 $k$의 값과 이때의 넓이를 구하여라.

답 **$k=8$**, 넓이 : **16**

기본 문제 6-5 밑면의 반지름의 길이가 1인 원뿔에 원기둥이 내접해 있다. 이 원기둥의 부피가 최대일 때, 원기둥의 밑면의 반지름의 길이를 구하여라.

정석연구 문제를 이해하기 쉽게 그림으로 나타내면 오른쪽 아래와 같다.

**정석** 조건에 알맞은 그림을 그려라.

원기둥의 부피가 최대일 때, 원기둥의 밑면의 반지름의 길이를 구하는 문제이므로

밑면의 반지름의 길이를 $\boldsymbol{x}$로 놓고

원기둥의 높이를 $x$로 나타낼 수 있으면 부피를 $x$의 함수로 나타낼 수 있다.

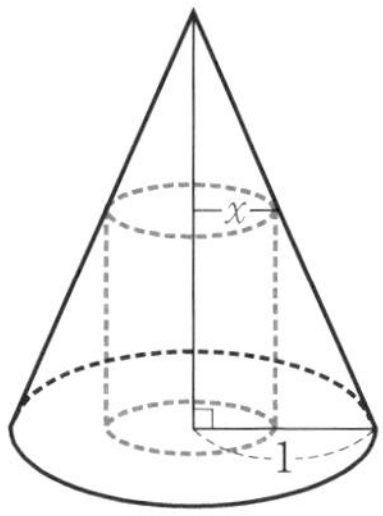


**정석** 변수 $\boldsymbol{x}$로 나타낼 수 있는 부분을 찾아라.

모범답안 원뿔의 높이를 $h$라 하고, 원기둥의 밑면의 반지름의 길이를 $x$, 높이를 $y$라고 하면

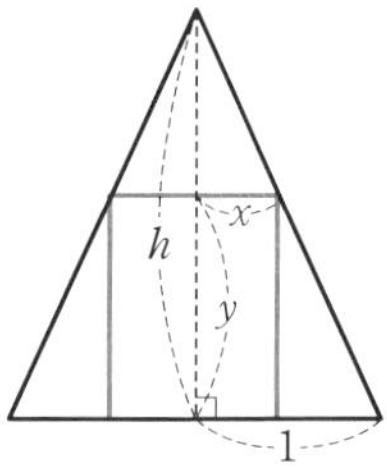


$$h : 1=(h-y) : x$$

$$\therefore\ h-y=hx \qquad \therefore\ y=h(1-x)$$

원기둥의 부피를 V라고 하면

$$\mathrm{V}=\pi x^2 y=\pi x^2 h(1-x)$$
$$=\pi h(x^2-x^3)\ (0<x<1)$$

$$\therefore\ \frac{d\mathrm{V}}{dx}=\pi h(2x-3x^2)$$
$$=-\pi hx(3x-2)$$

$0<x<1$에서 V의 증감을 조사하면 오른쪽과 같으므로 V는 $x=\frac{2}{3}$일 때 최대이다. 답 $\boldsymbol{\frac{2}{3}}$

| $x$ | (0) | $\cdots$ | $\frac{2}{3}$ | $\cdots$ | (1) |
|---|---|---|---|---|---|
| V′ | | + | 0 | − | |
| V | (0) | ↗ | 최대 | ↘ | (0) |

* *Note* 원뿔의 높이와는 무관한 문제이다. 이런 경우 원뿔의 높이를 1로 놓고 계산하면 계산 과정은 간단하지만 모범답안이라고 할 수 없다.

유제 **6**-8. 모선의 길이가 3 cm인 원뿔의 부피의 최댓값을 구하여라.

답 $\boldsymbol{2\sqrt{3}\,\pi}$ **cm³**

유제 **6**-9. 반지름의 길이가 3 cm인 공을 깎아서 부피가 최대인 원기둥을 만들려고 한다. 원기둥의 높이를 몇 cm로 하면 되는가? 답 $\boldsymbol{2\sqrt{3}}$ **cm**

**기본 문제 6-6** 점 A(3, 0)과 포물선 $y=x^2$ 위를 움직이는 점 P 사이의 거리를 $l$이라고 할 때, $l$의 최솟값과 이때 점 P의 좌표를 구하여라.

정석연구 점 P가 포물선 $y=x^2$ 위의 점이므로 좌표를 $\mathrm{P}(t,\ t^2)$으로 놓으면

$$l=\sqrt{(t-3)^2+(t^2-0)^2}$$

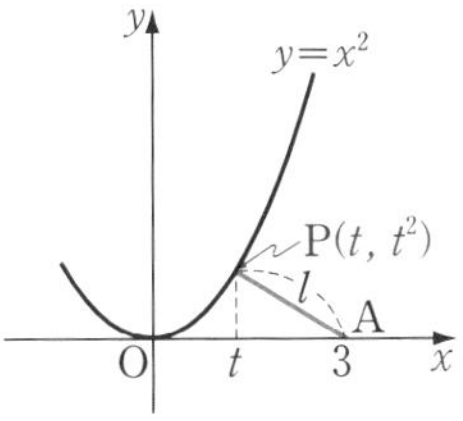


**정석** 두 점 $(\boldsymbol{x_1},\ \boldsymbol{y_1})$, $(\boldsymbol{x_2},\ \boldsymbol{y_2})$ 사이의 거리는

$$\Longrightarrow \sqrt{(\boldsymbol{x_2}-\boldsymbol{x_1})^2+(\boldsymbol{y_2}-\boldsymbol{y_1})^2}$$

여기서는 $l$의 최솟값을 바로 구하는 것보다

$$l^2=(t-3)^2+(t^2-0)^2$$

의 최솟값부터 구하는 것이 간단하다.

모범답안 $\mathrm{P}(t,\ t^2)$이라고 하면 $\quad l^2=(t-3)^2+(t^2-0)^2=t^4+t^2-6t+9$

여기에서 $f(t)=t^4+t^2-6t+9$로 놓으면

$$f'(t)=4t^3+2t-6=2(t-1)(2t^2+2t+3)$$

그런데 $\quad 2t^2+2t+3=2\left(t+\dfrac{1}{2}\right)^2+\dfrac{5}{2}>0$

이므로 $f'(t)=0$의 실근은 $t=1$이다.

| $t$ | $\cdots$ | 1 | $\cdots$ |
|---|---|---|---|
| $f'(t)$ | $-$ | 0 | $+$ |
| $f(t)$ | $\searrow$ | 최소 | $\nearrow$ |

오른쪽 증감표에서 $f(t)$는 $t=1$일 때 최솟값 5를 가진다.

따라서 $l$의 최솟값 $\sqrt{5}$, $\mathbf{P(1,\ 1)}$ ← 답

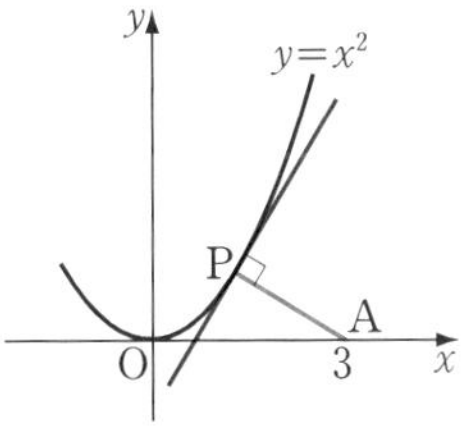


*Note $l$이 최소가 되려면 점 P에서 포물선에 접하는 직선이 직선 PA에 수직이어야 한다. 곧, 직선 PA는 점 P에서의 포물선의 법선이다.

이를 이용하여 점 P를 찾은 다음 $l$의 최솟값을 구할 수도 있다.

유제 **6**-10. 점 (6, 3)과 포물선 $y=x^2$ 위를 움직이는 점 P 사이의 거리를 $l$이라고 할 때, $l$의 최솟값과 이때 점 P의 좌표를 구하여라.

답 최솟값 $\sqrt{17}$, **P(2, 4)**

유제 **6**-11. 두 점 O(0, 0), A(10, 0)과 포물선 $y=x^2+1$ 위를 움직이는 점 P에 대하여 $\overline{\mathrm{OP}}^2+\overline{\mathrm{AP}}^2$의 최솟값을 구하여라. 답 **90**

유제 **6**-12. 좌표평면 위를 움직이는 점 P의 시각 $t$에서의 좌표는 $x=t(2-t)$, $y=\sqrt{2}(t-1)$이다. 점 P가 원점 O에 가장 가까울 때의 시각 $t$를 구하여라. 답 $\boldsymbol{t=1}$

## 연습문제 6

**6-1** 함수 $y=(x^2-4x+3)^3-3x^2+12x-13$ (단, $0\le x\le 3$)의 최댓값과 최솟값을 구하여라.

**6-2** $f(x)=x^3-6x^2+10$, $g(x)=x^2-2x-2$일 때, $-2\le x\le 2$에서 $y=(f\circ g)(x)$의 최댓값과 최솟값을 구하여라.

**6-3** 등식 $x^2+3y^2=9$를 만족시키는 실수 $x$, $y$에 대하여 $x^2+xy^2$의 최솟값을 구하여라.

**6-4** 함수 $f(x)=x^3+ax^2+bx+1$이 $x=3$에서 극값 1을 가질 때, 구간 $[-1, 3]$에서 함수 $f(x)$의 최댓값은?

① 4 ② 5 ③ 9 ④ 10 ⑤ 11

**6-5** 함수 $f(x)=-x^4+ax^3+b$의 최댓값이 30이고 $f'(-1)=-8$일 때, 상수 $a$, $b$의 값을 구하여라.

**6-6** 구간 $[-2, 3]$에서 함수 $f(x)=x^3-3x^2-9x+a$의 최댓값과 최솟값의 합이 0일 때, 상수 $a$의 값은?

① 11 ② 12 ③ 13 ④ 14 ⑤ 15

**6-7** 구간 $[-a, a]$에서 함수 $f(x)=x^3-3x^2+2$의 최댓값과 최솟값의 합이 $-92$일 때, 상수 $a$의 값은? 단, $a\ge 3$이다.

① 3 ② 4 ③ 5 ④ 6 ⑤ 7

**6-8** 양수 $a$에 대하여 함수 $f(x)=x^3+4ax^2-3a^2x+1$이 구간 $[-a, a]$에서 최댓값 M, 최솟값 $\dfrac{13}{27}$을 가진다. $a+\text{M}$의 값은?

① 6 ② 7 ③ 8 ④ 9 ⑤ 10

**6-9** 양수 $t$에 대하여 구간 $[0, t]$에서 함수 $f(x)=x^3-6x^2+9x+1$의 최댓값을 $g(t)$라고 하자. 함수 $g(t)$가 구간 $(0, a)$에서 미분가능할 때, $a$의 최댓값은?

① 1 ② 2 ③ 3 ④ 4 ⑤ 5

**6-10** 미분가능한 두 함수 $f(x)$와 $g(x)$의 그래프는 $x=a$와 $x=b$인 점에서 만나고, $a<c<b$인 $x=c$에서 두 함숫값의 차가 최대이다.

다음 중 옳은 것은?

① $f'(c)=-g'(c)$ ② $f'(c)=g'(c)$ ③ $f'(a)=g'(b)$
④ $f'(b)=g'(b)$ ⑤ $f'(a)=g'(a)$

**6-11** 좌표평면의 제1사분면에서 직선 $y=-x+1$ 위를 움직이는 점 P에서 $x$축에 내린 수선의 발을 H라고 하자. △OPH를 $x$축을 회전축으로 하여 회전시킨 회전체의 부피의 최댓값을 구하여라. 단, O는 원점이다.

**6-12** 밑면의 반지름의 길이 $r$와 높이 $h$의 합이 일정한 원기둥이 있다. 원기둥의 부피가 최대일 때, $r:h$를 구하여라.

**6-13** 지름의 길이가 $a$ cm인 통나무에서 단면이 직사각형인 목재를 만들려고 한다. 목재의 단면의 가로, 세로의 길이가 각각 $x$ cm, $y$ cm일 때, 목재의 강도는 $x$와 $y^2$의 곱에 정비례한다고 한다.

목재의 강도가 가장 강할 때, $x:y$를 구하여라.

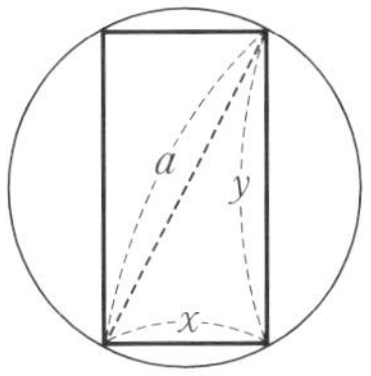


**6-14** 반지름의 길이가 3 cm인 구에 내접하는 원뿔 중 부피가 최대인 것의 높이를 구하여라.

**6-15** 좌표평면 위에 점 A(2, 0)이 있다. $0<t<1$일 때, $y$축 위의 점 P(0, $2t$)와 점 A를 잇는 선분 PA의 수직이등분선이 $x$축과 만나는 점을 Q라고 하자. △OPQ의 넓이를 $f(t)$라고 할 때, $f(t)$의 최댓값을 구하여라.

단, O는 원점이다.

**6-16** 오른쪽 그림과 같이 좌표평면 위에 포물선 $y=\frac{1}{4}x^2$과 세 점 A(4, 0), B(4, 4), C(0, 4)가 있다. 원점 O와 점 B 사이에서 포물선 위를 움직이는 점 P에 대하여 점 P를 지나고 $x$축, $y$축에 각각 수직인 직선이 $x$축, 직선 $x=4$, 직선 $y=4$, $y$축과 만나는 점을 각각 Q, R, S, T라고 하자. □PQAR와 □PSCT의 넓이의 합이 최대일 때, 점 P의 $x$좌표를 구하여라.

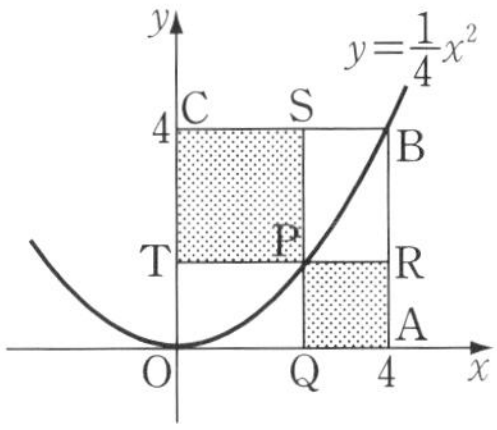


**6-17** 오른쪽 그림과 같이 한 변의 길이가 2인 정사각형 ABCD의 두 대각선의 교점의 좌표는 (2, 0)이고, 한 변의 길이가 2인 정사각형 PQRS의 두 대각선의 교점은 곡선 $y=\sqrt{2x}$ 위에 있다. 두 정사각형의 내부의 공통부분의 넓이의 최댓값을 구하여라. 단, 두 정사각형의 모든 변은 $x$축 또는 $y$축에 수직이다.

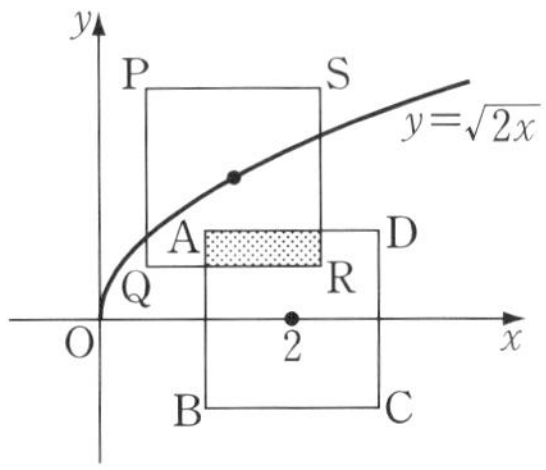

# 7. 방정식 · 부등식과 미분

방정식과 미분／부등식과 미분

## § 1. 방정식과 미분

### 1 방정식의 실근의 개수

계수가 실수인 이차방정식 $ax^2+bx+c=0$의 실근의 개수는 판별식 $\mathrm{D}=b^2-4ac$의 부호를 조사하여 구할 수 있다.

또는 이차함수의 그래프를 이용하여 이차방정식의 근을 판별할 수도 있다.

이를테면 두 이차함수 $y=f(x)$와 $y=g(x)$의 그래프가 오른쪽 그림과 같다고 하자.

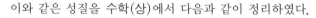

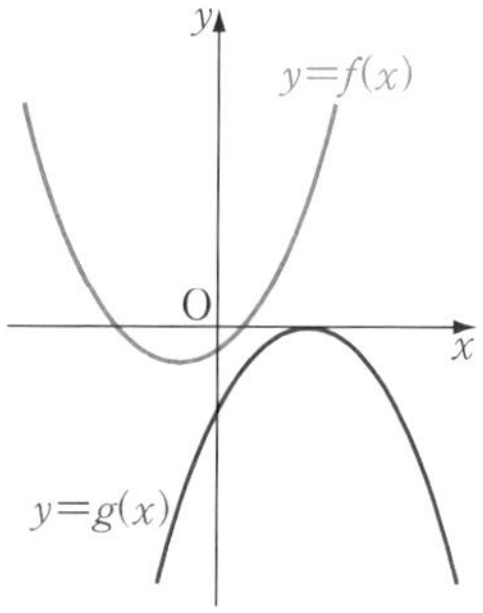


(i) $y=f(x)$의 그래프가 $x$축과 서로 다른 두 점에서 만나므로 방정식 $f(x)=0$은 서로 다른 두 실근을 가진다.

(ii) $y=g(x)$의 그래프가 $x$축과 접하므로 방정식 $g(x)=0$은 중근(실근)을 가진다.

(iii) $y=f(x)$의 그래프와 $y=g(x)$의 그래프가 만나지 않으므로 방정식 $f(x)=g(x)$는 두 허근을 가진다.

이와 같은 성질을 수학(상)에서 다음과 같이 정리하였다.

**기본정석** — **함수의 그래프와 방정식**

(1) 함수 $\boldsymbol{y=f(x)}$의 그래프와 $\boldsymbol{x}$축이 만나는 점의 $\boldsymbol{x}$좌표
$\iff$ 방정식 $\boldsymbol{f(x)=0}$의 실근

(2) 함수 $\boldsymbol{y=f(x)}$와 $\boldsymbol{y=g(x)}$의 그래프의 교점의 $\boldsymbol{x}$좌표
$\iff$ 방정식 $\boldsymbol{f(x)=g(x)}$의 실근

## 2 삼차함수의 그래프와 방정식

이차함수의 그래프를 이용하여 이차방정식의 근을 판별하는 것과 같은 방법으로 삼차함수의 그래프를 이용하여 삼차방정식의 근을 판별할 수 있다. 그 방법을 알아보자.

다음은 앞에서 공부한 삼차함수 $f(x)=ax^3+bx^2+cx+d\ (a>0)$의 그래프의 개형이다.

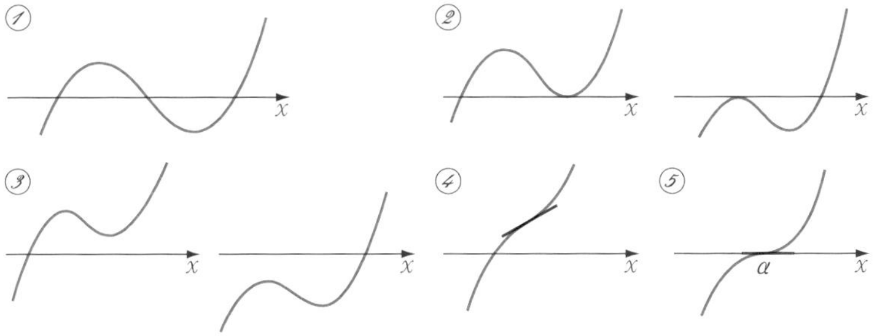


이제 삼차방정식 $f(x)=0$의 실근의 개수를 다음과 같이 극값을 가지는 경우와 가지지 않는 경우로 나누어 생각해 보자.

(i) 극값을 가지는 경우

① 극댓값과 극솟값의 부호가 다르다.

이때에는 $x$축과 서로 다른 세 점에서 만나므로 $f(x)=0$은 서로 다른 세 실근을 가진다.

② 극댓값 또는 극솟값이 0이다.

이때에는 $x$축과 접하고 $x$축과 다른 한 점에서 만나므로 $f(x)=0$은 이중근과 다른 하나의 실근을 가진다.

③ 극댓값과 극솟값의 부호가 같다.

이때에는 $x$축과 한 점에서 만나므로 $f(x)=0$은 하나의 실근과 두 허근을 가진다.

(ii) 극값을 가지지 않는 경우

④ $x$축과 한 점에서 만나고 그 점에서 $x$축에 접하지 않는 경우는 하나의 실근과 두 허근을 가진다.

⑤ $x=\alpha$인 점에서 $x$축에 접하면(이 점에서의 접선의 기울기가 0이면) 삼중근 $\alpha$를 가진다.

$f(x)$가 사차함수인 경우에도 $y=f(x)$의 그래프를 이용하면 사차방정식 $f(x)=0$의 근을 판별할 수 있다. 다음 **보기 1**에서 확인하여라.

**보기** 1 다음 방정식의 근을 판별하여라.

(1) $2x^3+3x^2-12x-4=0$　　(2) $x^3-6x^2+9x+1=0$

(3) $x^3-6x^2+12x-8=0$　　(4) $x^4-2x^2-1=0$

연구 (1) $f(x)=2x^3+3x^2-12x-4$로 놓으면

$f'(x)=6x^2+6x-12=6(x+2)(x-1)$

증감을 조사하면

극댓값 $f(-2)=16$, 극솟값 $f(1)=-11$

따라서 $f(x)=0$은 서로 다른 세 실근을 가진다.

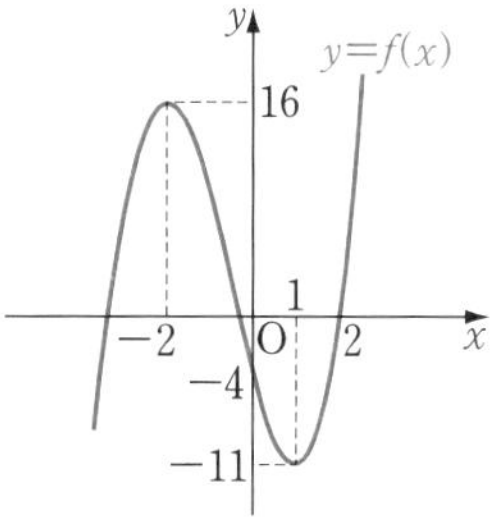


(2) $f(x)=x^3-6x^2+9x+1$로 놓으면

$f'(x)=3x^2-12x+9=3(x-1)(x-3)$

증감을 조사하면

극댓값 $f(1)=5$, 극솟값 $f(3)=1$

따라서 $f(x)=0$은 하나의 실근과 두 허근을 가진다.

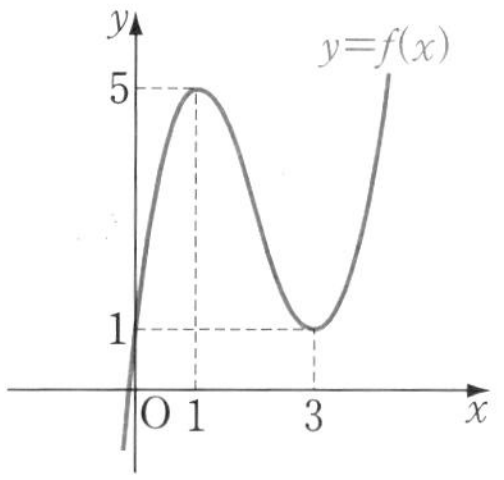


(3) $f(x)=x^3-6x^2+12x-8$로 놓으면

$f'(x)=3x^2-12x+12=3(x-2)^2\geq 0$

따라서 함수 $f(x)$는 증가하고 $y=f(x)$의 그래프는 $x=2$에서 $x$축에 접한다.

따라서 $f(x)=0$은 삼중근을 가진다.

*Note 삼차함수 $f(x)$가 구간 $(-\infty, \infty)$에서 증가 또는 감소하고 그래프가 $x$축에 접하면 삼차방정식 $f(x)=0$은 삼중근을 가진다.

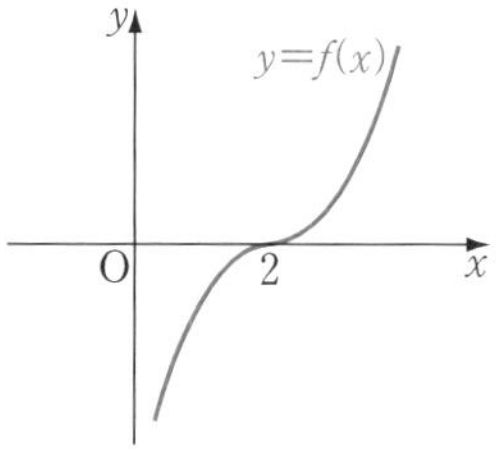


(4) $f(x)=x^4-2x^2-1$로 놓으면

$f'(x)=4x^3-4x=4x(x+1)(x-1)$

증감을 조사하면

극댓값 $f(0)=-1$,

극솟값 $f(1)=f(-1)=-2$

따라서 $f(x)=0$은 서로 다른 두 실근과 두 허근을 가진다.

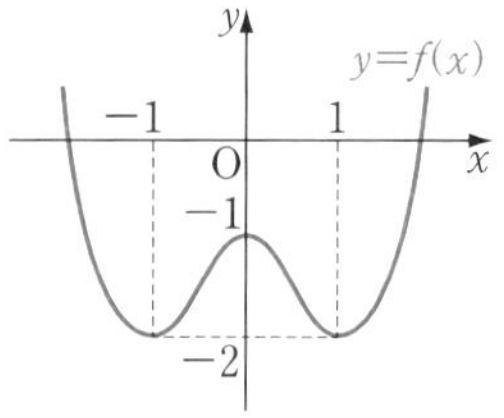


*Note 실근으로 (1)은 음의 실근 2개, 양의 실근 1개, (2)는 음의 실근 1개, (3)은 양의 실근 1개(삼중근), (4)는 음의 실근 1개, 양의 실근 1개를 가진다는 것도 알 수 있다.

**기본 문제 7-1** $x$에 관한 삼차방정식 $x^3-3x+a=0$에 대하여

(1) 서로 다른 세 실근을 가지도록 실수 $a$의 값의 범위를 정하여라.

(2) 이중근과 다른 하나의 실근을 가지도록 실수 $a$의 값을 정하여라.

(3) 하나의 실근과 두 허근을 가지도록 실수 $a$의 값의 범위를 정하여라.

[정석연구] 극값을 가지므로 다음과 같은 그래프의 개형을 생각한다.

[모범답안] $f(x)=x^3-3x+a$로 놓으면

$f'(x)=3x^2-3=3(x+1)(x-1)$

따라서 극댓값 $f(-1)=a+2$,

극솟값 $f(1)=a-2$

| $x$ | $\cdots$ | $-1$ | $\cdots$ | $1$ | $\cdots$ |
|---|---|---|---|---|---|
| $f'(x)$ | $+$ | $0$ | $-$ | $0$ | $+$ |
| $f(x)$ | ↗ | 극대 | ↘ | 극소 | ↗ |

(1) 극댓값이 양수, 극솟값이 음수이어야 하므로 ⇦ 그림 ①

$a+2>0,\ a-2<0 \quad \therefore\ \boldsymbol{-2<a<2}$ ← [답]

(2) 극댓값 또는 극솟값이 0이어야 하므로 ⇦ 그림 ②

$a+2=0$ 또는 $a-2=0 \quad \therefore\ \boldsymbol{a=-2,\ 2}$ ← [답]

(3) 극값이 모두 양수이거나 모두 음수이어야 하므로 ⇦ 그림 ③

$(a+2)(a-2)>0 \quad \therefore\ \boldsymbol{a<-2,\ a>2}$ ← [답]

*Advice* | $x^3-3x+a=0 \iff x^3-3x=-a$이므로

$y=x^3-3x$ ……① $\qquad y=-a$ ……②

로 놓고, 곡선 ①과 직선 ②의 교점의 개수를 조사해도 된다. 곧, 오른쪽 그림에서

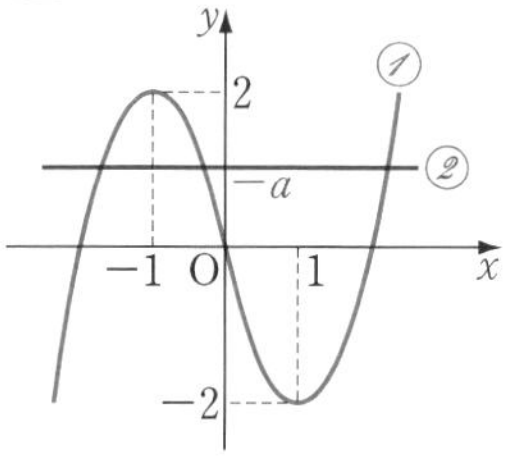


(1) $-2<-a<2$에서 $\quad \boldsymbol{-2<a<2}$

(2) $-a=2,\ -a=-2$에서 $\quad \boldsymbol{a=-2,\ 2}$

(3) $-a>2,\ -a<-2$에서 $\quad \boldsymbol{a<-2,\ a>2}$

[유제] **7**-1. $x$에 관한 삼차방정식 $x^3+6x^2+9x+k=0$에 대하여

(1) 이중근과 다른 하나의 실근을 가지도록 실수 $k$의 값을 정하여라.

(2) 하나의 실근과 두 허근을 가지도록 실수 $k$의 값의 범위를 정하여라.

(3) $0<k<4$일 때, 이 방정식의 서로 다른 실근의 개수를 구하여라.

[답] (1) $\boldsymbol{k=0,\ 4}$ (2) $\boldsymbol{k<0,\ k>4}$ (3) **3**

**기본 문제 7-2** $x$에 관한 삼차방정식 $x^3-3x^2-9x-m=0$의 근이 다음을 만족시키도록 실수 $m$의 값 또는 값의 범위를 정하여라.

(1) 하나의 음의 실근과 서로 다른 두 양의 실근

(2) 하나의 양의 실근과 두 허근

(3) 하나의 음의 실근과 양의 이중근

모범답안 $f(x)=x^3-3x^2-9x-m$ 으로 놓으면

$$f'(x)=3x^2-6x-9=3(x+1)(x-3)$$

| $x$ | $\cdots$ | $-1$ | $\cdots$ | $3$ | $\cdots$ |
|---|---|---|---|---|---|
| $f'(x)$ | $+$ | $0$ | $-$ | $0$ | $+$ |
| $f(x)$ | ↗ | 극대 | ↘ | 극소 | ↗ |

따라서 극댓값 $f(-1)=5-m$,

극솟값 $f(3)=-27-m$

(1) $y=f(x)$의 그래프가 오른쪽 그림의 위치에 있으면 되므로

(극댓값)$>0$, (극솟값)$<0$, ($y$절편)$>0$

곧, $5-m>0$, $-27-m<0$, $-m>0$

$\therefore$ $\boldsymbol{-27<m<0}$ ← 답

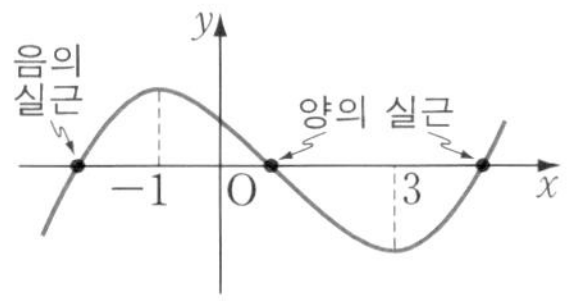


(2) $y=f(x)$의 그래프가 오른쪽 그림의 위치에 있으면 되므로

(극댓값)$<0$ 곧, $5-m<0$

$\therefore$ $\boldsymbol{m>5}$ ← 답

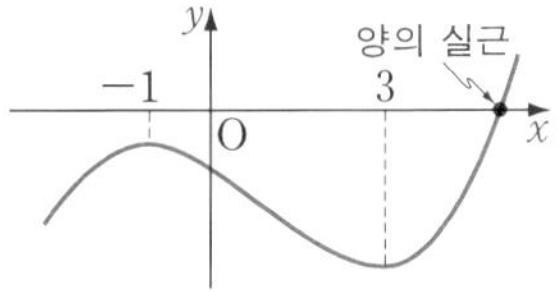


(3) $y=f(x)$의 그래프가 오른쪽 그림의 위치에 있으면 되므로

(극솟값)$=0$ 곧, $-27-m=0$

$\therefore$ $\boldsymbol{m=-27}$ ← 답

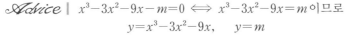

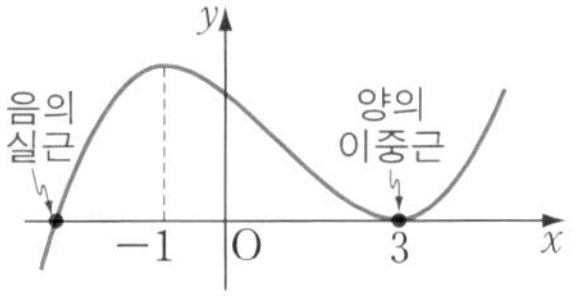


*Advice* | $x^3-3x^2-9x-m=0 \iff x^3-3x^2-9x=m$이므로

$$y=x^3-3x^2-9x, \quad y=m$$

으로 놓고, 두 그래프의 교점의 위치를 생각해도 된다.

유제 **7**-2. $x$에 관한 삼차방정식 $x^3-3x^2-9x-m=0$이 하나의 음의 실근과 두 허근을 가지도록 실수 $m$의 값의 범위를 정하여라. 답 $\boldsymbol{m<-27}$

유제 **7**-3. $x$에 관한 삼차방정식 $2x^3+3x^2-12x+m=0$이 하나의 음의 실근과 서로 다른 두 양의 실근을 가지도록 실수 $m$의 값의 범위를 정하여라.

답 $\boldsymbol{0<m<7}$

**기본 문제 7-3** 곡선 $y=x^3-x+1$과 직선 $y=2x+a$가 다음을 만족시키도록 실수 $a$의 값 또는 값의 범위를 정하여라.

(1) 곡선과 직선이 서로 다른 세 점에서 만난다.

(2) 곡선과 직선이 한 점에서는 만나고, 다른 한 점에서는 접한다.

(3) 곡선과 직선이 오직 한 점에서 만난다.

[정석연구] 곡선과 직선이 만나는 점의 $x$좌표는 방정식

$$x^3-x+1=2x+a$$

의 실근이므로 이 방정식이

서로 다른 세 실근을 가지는 경우,

이중근과 다른 하나의 실근을 가지는 경우,

하나의 실근과 두 허근을 가지는 경우

를 생각하면 된다.

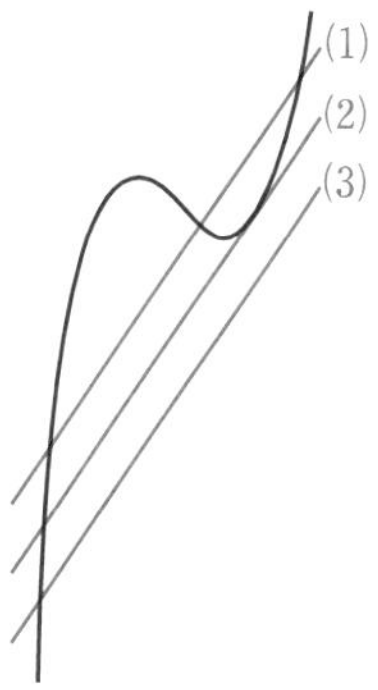


**정석** 곡선 $\boldsymbol{y=f(x)}$, $\boldsymbol{y=g(x)}$의 교점의 개수

$\Longleftrightarrow$ 방정식 $\boldsymbol{f(x)=g(x)}$의 실근의 개수

[모범답안] 곡선과 직선이 만나는 점의 $x$좌표는 방정식

$$x^3-x+1=2x+a \quad \text{곧,} \quad x^3-3x+1-a=0 \qquad \cdots\cdots ㉮$$

의 실근이다.

$f(x)=x^3-3x+1-a$로 놓으면

$f'(x)=3x^2-3=3(x+1)(x-1)$

따라서 극댓값 $f(-1)=3-a$,

극솟값 $f(1)=-1-a$

| $x$ | $\cdots$ | $-1$ | $\cdots$ | $1$ | $\cdots$ |
|---|---|---|---|---|---|
| $f'(x)$ | $+$ | $0$ | $-$ | $0$ | $+$ |
| $f(x)$ | ↗ | 극대 | ↘ | 극소 | ↗ |

(1) 방정식 ㉮이 서로 다른 세 실근을 가져야 하므로

$f(-1)=3-a>0$, $f(1)=-1-a<0$ $\quad\therefore$ $\boldsymbol{-1<a<3}$ ← [답]

(2) 방정식 ㉮이 이중근과 다른 하나의 실근을 가져야 하므로

$f(-1)=3-a=0$ 또는 $f(1)=-1-a=0$ $\quad\therefore$ $\boldsymbol{a=3,\ -1}$ ← [답]

(3) 방정식 ㉮이 하나의 실근과 두 허근을 가져야 하므로

$f(-1)f(1)=(3-a)(-1-a)>0$ $\quad\therefore$ $\boldsymbol{a<-1,\ a>3}$ ← [답]

[유제] **7**-4. 두 곡선 $y=x^3-2x^2+3x+4$, $y=x^2+3x-3a+a^2$에 대하여

(1) 두 곡선이 접할 때, 실수 $a$의 값을 구하여라.

(2) 두 곡선이 서로 다른 세 점에서 만날 때, 실수 $a$의 값의 범위를 구하여라.

[답] (1) $\boldsymbol{a=-1,\ 0,\ 3,\ 4}$ (2) $\boldsymbol{-1<a<0,\ 3<a<4}$

**기본 문제 7-4** 점 $(1,\ a)$에서 곡선 $y=x^3-x$에 두 개 이상의 접선을 그을 수 있을 때, 실수 $a$의 값의 범위를 구하여라.

모범답안 $y=x^3-x$에서 $y'=3x^2-1$

따라서 곡선 위의 점 $(t,\ t^3-t)$에서의 접선의 방정식은

$$y-(t^3-t)=(3t^2-1)(x-t)$$

이 직선이 점 $(1,\ a)$를 지나므로

$$a-(t^3-t)=(3t^2-1)(1-t)$$

정리하면 $-2t^3+3t^2-1=a$ ……①

이 방정식이 서로 다른 두 개 이상의 실근을 가질 때, 두 개 이상의 접선을 그을 수 있다. 따라서

$y=-2t^3+3t^2-1$ ……② $y=a$ ……③

으로 놓을 때, 곡선 ②와 직선 ③이 서로 다른 두 개 이상의 교점을 가지도록 $a$의 값의 범위를 정하면 된다.

②에서

$$y'=-6t^2+6t=-6t(t-1)$$

| $t$ | $\cdots$ | 0 | $\cdots$ | 1 | $\cdots$ |
|---|---|---|---|---|---|
| $y'$ | $-$ | 0 | $+$ | 0 | $-$ |
| $y$ | ↘ | $-1$ | ↗ | 0 | ↘ |

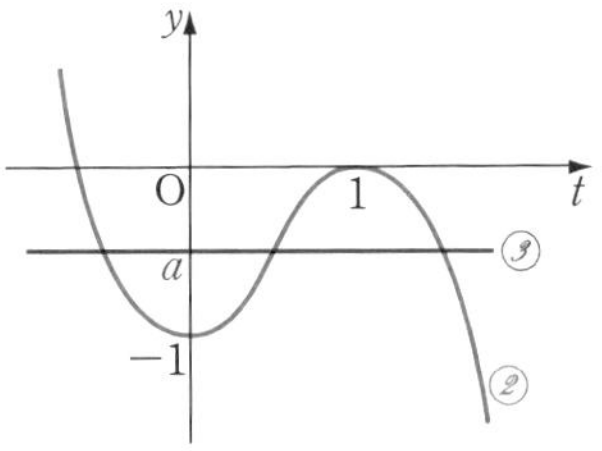


따라서 오른쪽 그림에서

$-1\le a\le 0$ ← 답

*Advice* 1° ①을 $t$에 관하여 정리하면 $2t^3-3t^2+a+1=0$이므로 이 삼차방정식이 이중근과 다른 하나의 실근을 가지거나 서로 다른 세 실근을 가지도록 $a$의 값의 범위를 정해도 된다. **기본 문제 7-1**을 참조하여라.

2° 오직 하나의 접선을 그을 수 있기 위한 조건은 $a<-1,\ a>0$이고, 세 접선을 그을 수 있기 위한 조건은 $-1<a<0$이다.

유제 **7**-5. 점 $(-2,\ 0)$에서 곡선 $y=x^3+ax-2$에 오직 한 개의 접선을 그을 수 있을 때, 실수 $a$의 값의 범위를 구하여라. 답 $a<-5,\ a>-1$

유제 **7**-6. 점 $(0,\ a)$에서 곡선 $y=x^3+3x^2$에 서로 다른 세 개의 접선을 그을 수 있을 때, 실수 $a$의 값의 범위를 구하여라. 답 $-1<a<0$

# § 2. 부등식과 미분

## 1 부등식의 증명

이를테면 $x \geq 0$일 때, 부등식

$$x^3-3x+3>0$$

이 성립한다는 것을 보이기 위하여 함수의 그래프를 이용할 수도 있다.

곧, $f(x)=x^3-3x+3$으로 놓으면

$$f'(x)=3x^2-3=3(x+1)(x-1)$$

이므로 $x \geq 0$에서 $f(x)$의 증감은 아래와 같다.

| $x$ | 0 | $\cdots$ | 1 | $\cdots$ |
|---|---|---|---|---|
| $f'(x)$ | | $-$ | 0 | $+$ |
| $f(x)$ | 3 | ↘ | 1 | ↗ |

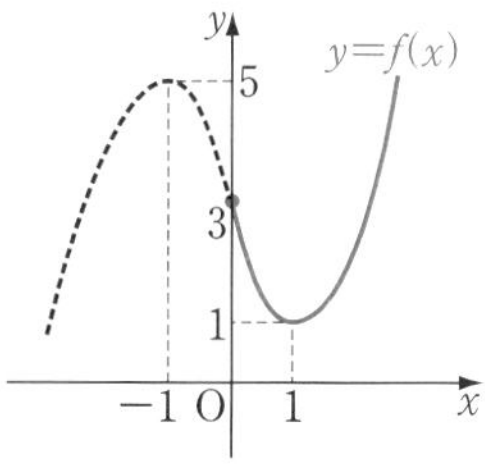


따라서 $x \geq 0$일 때 $f(x)$의 최솟값이 1이다.

$$\therefore\ f(x)=x^3-3x+3>0$$

일반적으로 부등식을 증명할 때에는 다음 성질을 이용한다.

**기본정석** **미분을 이용한 부등식의 증명**

(1) 구간 $[a, b]$에서 함수 $f(x)$의 최솟값이 양수이면
⟹ 이 구간에서 부등식 $f(x)>0$이 성립한다.

(2) 구간 $[a, b]$에서 함수 $f(x)-g(x)$의 최솟값이 양수이면
⟹ 이 구간에서 부등식 $f(x)>g(x)$가 성립한다.

(3) 구간 $(a, \infty)$에서 함수 $f(x)$가 증가하고 $f(a) \geq 0$이면
⟹ 이 구간에서 부등식 $f(x)>0$이 성립한다.

**보기 1** $x>2$일 때, $x^3-2x>x+2$임을 증명하여라.

**연구** $f(x)=(x^3-2x)-(x+2)=x^3-3x-2$로 놓으면

$$f'(x)=3x^2-3=3(x+1)(x-1)$$

그런데 $x>2$일 때 $f'(x)>0$이므로 $f(x)$는 $x>2$에서 증가한다.

한편 $f(2)=0$이므로 $x>2$일 때 $f(x)>0$

$$\therefore\ x^3-2x>x+2$$

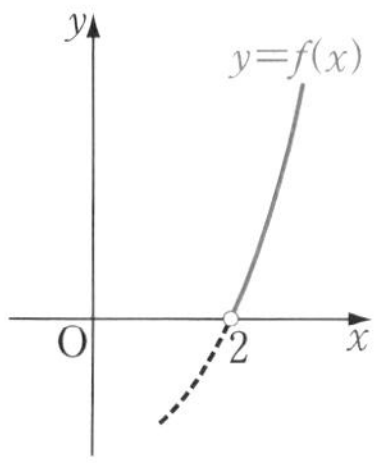

기본 문제 **7**-5 모든 실수 $x$에 대하여 부등식

$$x^4+4k^3x+3>0$$

이 성립하기 위한 실수 $k$의 값의 범위를 구하여라.

정석연구 사차함수 $f(x)=ax^4+bx^3+cx^2+dx+e$의 그래프는 최고차항의 계수의 부호와 극값에 따라 다음과 같이 여러 모양의 곡선이 된다.

그러나 극값에 관계없이 최고차항의 계수의 부호에 따라 다음이 성립한다.

$a>0$이면 최솟값을, $a<0$이면 최댓값을 반드시 가진다.

이는 최고차항의 차수가 짝수인 다항함수에서 항상 성립하는 성질이다.

이 문제의 경우 $f(x)=x^4+4k^3x+3$으로 놓으면 $x^4$의 계수가 양수이므로 위의 첫째, 둘째 그림에서와 같이 $f(x)$는 반드시 최솟값을 가진다.

따라서 $f(x)$의 최솟값이 0보다 크면 모든 실수 $x$에 대하여 $f(x)>0$이다.

**정석** 구간 $(-\infty, \infty)$에서 $f(x)$의 최솟값이 $0$보다 크면
$\Longrightarrow$ 모든 실수 $x$에 대하여 $f(x)>0$이 성립한다.

모범답안 $f(x)=x^4+4k^3x+3$으로 놓으면

$f'(x)=4x^3+4k^3=4(x+k)(x^2-kx+k^2)$

여기에서 모든 실수 $x$에 대하여

$$x^2-kx+k^2=\left(x-\frac{k}{2}\right)^2+\frac{3}{4}k^2\ge0$$

| $x$ | $\cdots$ | $-k$ | $\cdots$ |
|---|---|---|---|
| $f'(x)$ | $-$ | 0 | $+$ |
| $f(x)$ | ↘ | 최소 | ↗ |

이므로 오른쪽 증감표에 의하여 $f(x)$는 $x=-k$일 때 최소이다.

따라서 모든 실수 $x$에 대하여 $f(x)>0$이려면

$$f(-k)=-3k^4+3=-3(k-1)(k+1)(k^2+1)>0$$

$k^2+1>0$이므로 $(k-1)(k+1)<0$ $\therefore$ $-1<k<1$ ← 답

유제 **7**-7. 모든 실수 $x$에 대하여 다음 부등식이 성립함을 증명하여라.

$$x^4+4x^3+9\ge2x^2+12x$$

유제 **7**-8. 모든 실수 $x$에 대하여 부등식 $x^4+6x^2+a\ge4x^3+8x$가 성립하기 위한 실수 $a$의 값의 범위를 구하여라. 답 $a\ge8$

기본 문제 **7**-6 두 함수

$$f(x)=5x^3-10x^2+k, \quad g(x)=5x^2+2$$

에 대하여 $0<x<3$에서 부등식 $f(x)>g(x)$가 성립하기 위한 실수 $k$의 값의 범위를 구하여라.

정석연구 $h(x)=f(x)-g(x)$로 놓고, $0<x<3$에서 $h(x)>0$이 성립할 조건을 구한다.

곧, $0<x<3$에서 $h(x)$의 증감을 조사한 다음, 이 구간에서 $y=h(x)$의 그래프가 $x$축보다 위쪽에 있기 위한 조건을 구하면 된다.

그런데 $h(x)$는 최고차항의 계수가 양수인 삼차함수이고, 증감을 조사해 보면 $x=0$에서 극대, $x=2$에서 극소이므로 $x=2$에서 최소이다.

따라서

$$h(2)>0$$

을 만족시키는 $k$의 값의 범위를 구하면 된다.

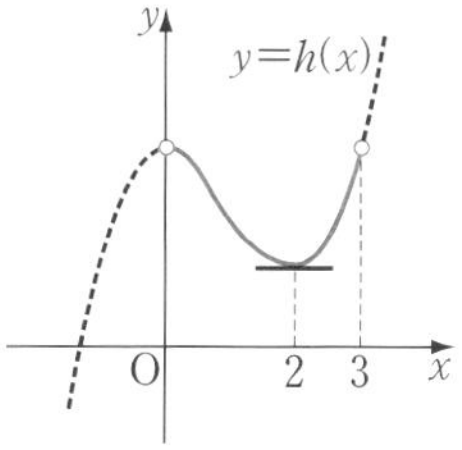


**정석** 어떤 구간에서 항상 $f(x)>0$이면

⟹ 이 구간에서 $y=f(x)$의 그래프가 $x$축의 위쪽에 존재

모범답안 $h(x)=f(x)-g(x)$로 놓으면

$$h(x)=5x^3-15x^2+k-2$$

이므로

$$h'(x)=15x^2-30x$$
$$=15x(x-2)$$

$0<x<3$에서 $h(x)$의 증감을 조사하면 오른쪽과 같다.

| $x$ | (0) | $\cdots$ | 2 | $\cdots$ | (3) |
|---|---|---|---|---|---|
| $h'(x)$ | | $-$ | 0 | $+$ | |
| $h(x)$ | $(k-2)$ | ↘ | 최소 | ↗ | $(k-2)$ |

따라서 $h(x)$는 $x=2$일 때 최소이므로 $0<x<3$에서 $h(x)>0$이려면

$$h(2)=k-22>0 \quad \therefore \ \boldsymbol{k>22} \longleftarrow \text{답}$$

유제 **7**-9. 함수 $f(x)=-x^3+6x^2-4a$에 대하여 $x\ge0$에서 부등식 $f(x)<0$이 성립하기 위한 실수 $a$의 값의 범위를 구하여라. 답 $\boldsymbol{a>8}$

유제 **7**-10. 두 함수

$$f(x)=x^3+x^2-5x+a, \quad g(x)=-x^3+4x^2+7x$$

에 대하여 $x\ge0$에서 부등식 $f(x)\ge g(x)$가 성립하기 위한 실수 $a$의 값의 범위를 구하여라. 답 $\boldsymbol{a\ge20}$

## 연습문제 7

**7-1** $x$에 관한 삼차방정식 $x^3+(a-1)x^2+b=0$이 $x=2$를 이중근으로 가질 때, $a+b$의 값은?

① $-2$ ② $-1$ ③ $0$ ④ $1$ ⑤ $2$

**7-2** 함수 $f(x)=2x^3-6ax-3a$가 극값을 가지고 방정식 $f(x)=0$이 오직 하나의 실근을 가질 때, 실수 $a$의 값의 범위를 구하여라.

**7-3** $x$에 관한 삼차방정식 $3x^2-x^3-a=0$이 3보다 큰 실근을 가질 때, 정수 $a$의 최댓값은?

① $-3$ ② $-2$ ③ $-1$ ④ $0$ ⑤ $1$

**7-4** $x$에 관한 방정식 $|x|(x-2)^2=a$가 서로 다른 네 실근을 가질 때, 실수 $a$의 값의 범위를 구하여라.

**7-5** 함수 $y=2x^3-3x^2-12x-10$의 그래프를 $y$축의 방향으로 $a$만큼 평행이동했더니 함수 $y=f(x)$의 그래프가 되었다. 방정식 $f(x)=0$이 이중근과 다른 하나의 실근을 가질 때, 상수 $a$의 값을 구하여라.

**7-6** 두 함수 $y=6x^3-x$, $y=|x-a|$의 그래프가 서로 다른 두 점에서 만날 때, 상수 $a$의 값을 구하여라.

**7-7** $x$에 관한 사차방정식 $x^4-4x^3-2x^2+12x-a=0$이 중근을 가질 때, 상수 $a$의 값을 구하여라.

**7-8** 함수 $y=x^4-6x^2+2ax$가 극댓값을 가질 때, 실수 $a$의 값의 범위를 구하여라.

**7-9** 두 함수 $y=x^4-4x+a$, $y=-x^2+2x-a$의 그래프가 오직 한 점에서 만날 때, 상수 $a$의 값은?

① $1$ ② $2$ ③ $3$ ④ $4$ ⑤ $5$

**7-10** $x>-1$인 모든 실수 $x$에 대하여 부등식 $4x^3-3x^2-6x-a+3>0$이 성립할 때, 실수 $a$의 값의 범위를 구하여라.

**7-11** 함수 $f(x)=x^3+ax^2+bx+4$가 다음 두 조건을 만족시킬 때, $f(2)$의 값을 구하여라. 단, $a$, $b$는 상수이다.

(가) $f(1)=f'(1)$

(나) $x\ge0$인 모든 실수 $x$에 대하여 $f(x)\ge f'(x)$이다.

**7-12** $n$은 자연수이고 $x>2$일 때, 다음 두 식의 대소를 비교하여라.

$$x^{n+1}-2^{n+1},\qquad (n+1)\times2^n(x-2)$$

# 8. 속도 · 가속도와 미분

속도와 가속도／시각에 대한
함수의 순간변화율

## § 1. 속도와 가속도

### 1 평균속도, 속도, 가속도

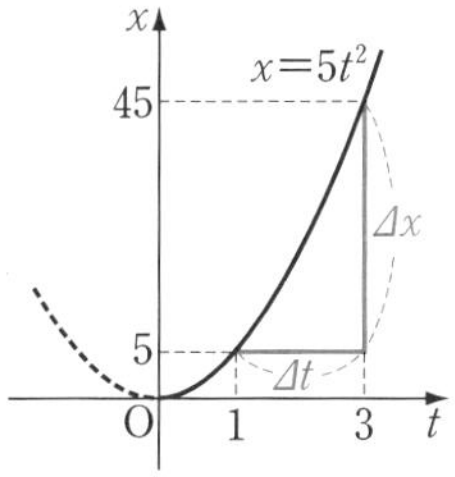


어떤 물체가 낙하할 때, 낙하 시간 $t$(초)와 낙하 거리 $x$(m) 사이에는

$$\boldsymbol{x=5t^2}$$

인 관계가 있다고 한다.

이제 이 물체가 낙하하기 시작해서 1초부터 3초까지의 평균속도를 구해 보면

$$(\text{평균속도})=\frac{\text{낙하 거리}(\Delta x)}{\text{낙하 시간}(\Delta t)}=\frac{5\times3^2-5\times1^2}{3-1}=20\,(\text{m/s})$$

이며, 이것은 구간 $[1, 3]$에서의 $x=5t^2$의 평균변화율과 같다.

마찬가지로 이 물체가 낙하하기 시작해서 1초부터 $1+\Delta t$초까지의 평균속도는

$$\frac{\Delta x}{\Delta t}=\frac{5(1+\Delta t)^2-5\times1^2}{\Delta t}=10+5\Delta t$$

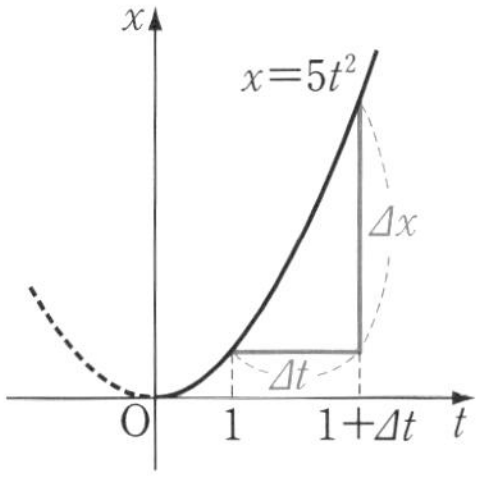


이다. 여기에서 시간의 증분 $\Delta t$가

$$\Delta t=0.1,\ \Delta t=0.01,\ \Delta t=0.001,\ \cdots$$

과 같이 $\Delta t \longrightarrow 0$일 때를 생각하면

$$\lim_{\Delta t\to0}\frac{\Delta x}{\Delta t}=\lim_{\Delta t\to0}(10+5\Delta t)=10$$

이며, 이것은 $t=1$인 순간의 속도를 뜻함을 알 수 있다.

또, 이 순간속도는 $t=1$에서의 $x=5t^2$의 순간변화율과 같다.

일반적으로

$$x=5t^2 \text{에서} \quad \frac{dx}{dt}=10t$$

는 시각 $t$에서의 속도를 뜻하며, 흔히 $v$로 나타낸다.

여기에서 $t=1$, $t=2$에서의 속도는 각각 다음과 같이 구한다.

$$\left[\frac{dx}{dt}\right]_{t=1}=10\times1=10, \qquad \left[\frac{dx}{dt}\right]_{t=2}=10\times2=20$$

또, 속도 $v=10t$는 다시 $t$의 함수이므로 이 함수의 도함수를 생각할 수 있다. 곧, 시각 $t$에서의 속도 $v$의 도함수인 $v'=10$을 시각 $t$에서의 가속도라 하고, 흔히 $a$로 나타낸다.

**기본정석** **속도와 가속도**

수직선 위를 움직이는 점 P의 시각 $t$에서의 위치 $x$가 $x=f(t)$일 때

(1) 시각 $t$에서의 속도 $v$는

$$v=\lim_{\Delta t\to0}\frac{\Delta x}{\Delta t}=\frac{dx}{dt}=f'(t)$$

(2) 시각 $t$에서의 가속도 $a$는

$$a=\lim_{\Delta t\to0}\frac{\Delta v}{\Delta t}=\frac{dv}{dt}=v'$$

*Advice* 1° 속도 $v$의 절댓값 $|v|$를 속력이라고 한다. 또, 가속도 $a$의 절댓값 $|a|$를 가속력이라고 한다.

2° 속도가 일정한 운동을 등속 운동, 가속도가 일정한 운동을 등가속도 운동이라고 한다. 등속 운동에서는 속도가 상수이므로 가속도는 0이다.

**보기** 1 속도 20 m/s로 지면에서 똑바로 위로 던진 돌의 $t$초 후의 높이를 $f(t)$(m)라고 하면 $f(t)=20t-5t^2$이라고 한다.

(1) 돌을 던진 후, 처음 2초 동안의 평균속도를 구하여라.

(2) 돌을 던진 지 1초 후, 2초 후, 3초 후의 속도를 구하여라.

(3) 돌을 던진 지 $t$초 후의 가속도를 구하여라.

연구 (1) $\dfrac{\Delta f(t)}{\Delta t}=\dfrac{f(2)-f(0)}{2-0}=\dfrac{(20\times2-5\times2^2)-(20\times0-5\times0^2)}{2}=\mathbf{10}$ **(m/s)**

(2) 속도를 $v$ (m/s)라고 하면 $v=f'(t)=20-10t$이므로

$f'(1)=\mathbf{10}$ **(m/s)**, $f'(2)=\mathbf{0}$ **(m/s)**, $f'(3)=-\mathbf{10}$ **(m/s)**

(3) 가속도를 $a$ (m/s²)라고 하면

$a=v'=(20-10t)'=-\mathbf{10}$ **(m/s²)**

**기본 문제 8-1** 지상 30 m의 높이에서 매초 25 m의 속도로 똑바로 위로 던진 돌의 $t$초 후의 지면으로부터의 높이를 $h$(m)라고 하면 $h=30+25t-5t^2$이라고 한다. 다음 물음에 답하여라.

(1) 던진 지 2초 후, 3초 후의 속도를 구하여라.
(2) 이 돌이 땅에 떨어질 때의 속도를 구하여라.
(3) 이 돌이 최고 높이에 도달할 때의 높이를 구하여라.
(4) 처음부터 땅에 떨어질 때까지의 평균속력을 구하여라.

정석연구 $t$초 후의 속도를 $v$라고 하면 $v$는 시각 $t$에서의 $h$의 순간변화율이다.

$$\textbf{정석}\quad v=\lim_{\Delta t\to 0}\frac{\Delta h}{\Delta t}=\frac{dh}{dt}$$

모범답안 $h=30+25t-5t^2$ ……①

$t$초 후의 속도를 $v(t)$ (m/s)라고 하면 $v(t)=\dfrac{dh}{dt}=25-10t$ ……②

(1) 2초 후의 속도는 $v(2)=25-10\times2=\mathbf{5}$ **(m/s)**
3초 후의 속도는 $v(3)=25-10\times3=\mathbf{-5}$ **(m/s)** ← 답

(2) 땅에 떨어질 때는 $h=0$이므로
①에서 $30+25t-5t^2=0$ $\therefore t=-1, 6$
그런데 $t\geq0$이므로 $t=6$
따라서 땅에 떨어질 때의 속도는
$v(6)=25-10\times6=\mathbf{-35}$ **(m/s)** ← 답

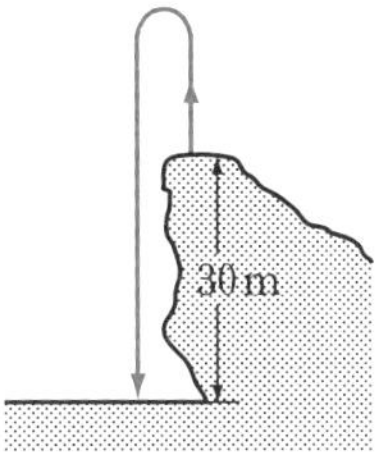


(3) 최고 높이에 도달했을 때는 $v(t)=0$이므로
②에서 $25-10t=0$ $\therefore t=2.5$
따라서 이때의 높이는 ①에서
$h=30+25\times2.5-5\times2.5^2=\mathbf{61.25}$ **(m)** ← 답

(4) 처음부터 땅에 떨어질 때까지 운동한 전체 거리는
$61.25\times2-30=92.5$ (m)이고, 이때까지 걸린 시간은 6초이므로
평균속력은 $\dfrac{92.5}{6}=\mathbf{\dfrac{185}{12}}$ **(m/s)** ← 답 ⇦ (평균속력)$=\dfrac{(\text{이동 거리})}{(\text{걸린 시간})}$

유제 **8**-1. 지면에서 똑바로 위로 던진 물체의 $t$초 후의 높이를 $h$(m)라고 할 때, $h=15t-4.9t^2$이라고 한다. 다음 물음에 답하여라.

(1) 물체를 던질 때의 속도를 구하여라.
(2) 몇 초 후에 최고 높이에 도달하는가?

답 (1) **15 m/s** (2) $\mathbf{\dfrac{75}{49}}$초

**기본 문제 8-2** 수직선 위를 움직이는 점 P의 시각 $t$에서의 위치 $x$가

$$x=\frac{1}{3}t^3-5t^2+16t$$

라고 한다.

(1) 점 P가 움직이는 방향이 바뀌는 시각 $t$를 구하여라.

(2) $2\le t\le 9$에서 최대 속력을 구하여라.

정석연구 (1) 점 P는

속도가 양수이면 ⟹ 양의 방향

속도가 음수이면 ⟹ 음의 방향

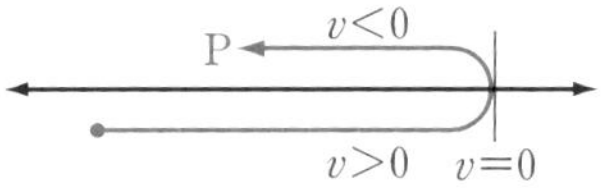


으로 움직인다. 또,

움직이는 방향이 바뀔 때 ⟹ 속도는 **0**

이다.

(2) 속력은 속도의 절댓값이다.

모범답안 (1) $x=f(t)$로 놓으면

$$f'(t)=t^2-10t+16=(t-2)(t-8)$$

| $t$ | $\cdots$ | 2 | $\cdots$ | 8 | $\cdots$ |
|---|---|---|---|---|---|
| $f'(t)$ | + | 0 | − | 0 | + |

시각 $t$에서 움직이는 방향이 바뀌면 $f'(t)=0$이고 이 점의 좌우에서 $f'(t)$의 부호가 바뀌므로 **$t=2,\ 8$** ← 답

(2) $f'(t)=(t-5)^2-9,\quad f'(2)=0,\quad f'(9)=7$

이므로 $v=f'(t)$의 그래프는 오른쪽과 같다.

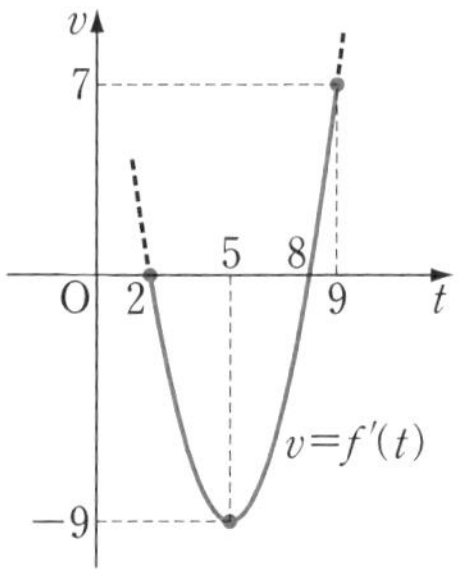


따라서 $|f'(t)|$의 최댓값은

$$|f'(5)|=|-9|=\mathbf{9}$$ ← 답

유제 **8**-2. 수직선 위를 움직이는 점 P의 시각 $t$에서의 위치 $x$가 $x=t^3-6t^2+5t$라고 한다.

(1) 점 P가 마지막으로 원점을 지날 때의 속도를 구하여라.

(2) $0\le t\le 3$에서 최대 속력을 구하여라.

답 (1) **20** (2) **7**

유제 **8**-3. 수직선 위를 움직이는 점 P의 시각 $t$ (단, $t\ge 0$)에서의 속도 $v=f(t)$의 그래프가 오른쪽과 같다고 한다.

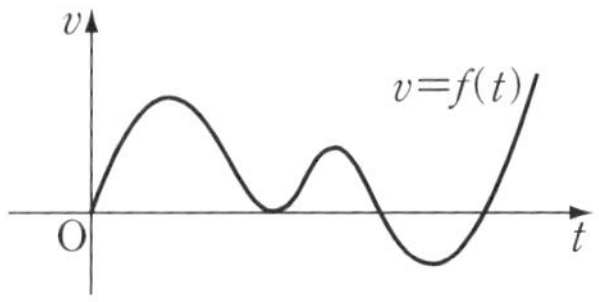


이때, 점 P가 움직이는 방향이 바뀌는 횟수를 구하여라. 답 **2**

**기본 문제 8-3** 수직선 위를 움직이는 점 P의 시각 $t$(단, $0\le t\le 3$)에서의 속도 $v(t)$의 그래프가 오른쪽과 같다. $v(t)$는 $t=2$를 제외한 구간 $(0, 3)$에서 미분가능하고, $v(t)$의 그래프는 구간 $(0, 1)$에서 원점과 점 $(1, k)$를 잇는 직선과 한 점에서 만난다. 다음 중 점 P의 시각 $t$에서의 가속도 $a(t)$를 나타내는 그래프의 개형으로 가장 알맞은 것은?

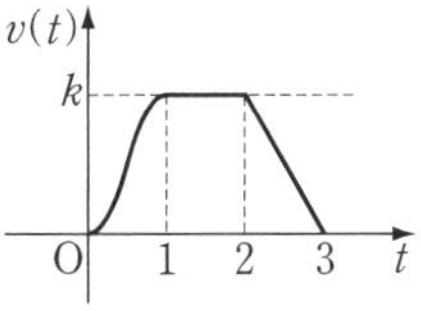


①
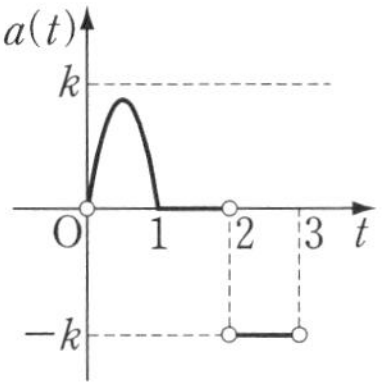


②
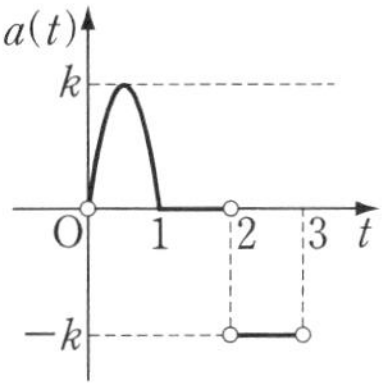


③
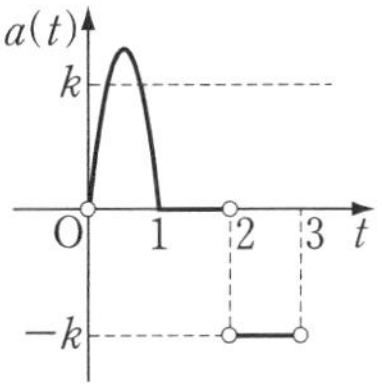


정석연구 $a(t)=v'(t)$이므로 주어진 그래프에서 접선의 기울기를 조사한다.

**정석** $\boldsymbol{a(t)=v'(t)}$

모범답안 구간 $(0, 1)$에서 $v(t)$의 그래프의 접선의 기울기가 커졌다가 작아지므로 $a(t)$는 증가하다가 감소한다. 또, $v'(1)=0$이므로 $a(1)=0$이다.

또, 원점과 점 $(1, k)$를 잇는 직선의 기울기가 $k$이므로 오른쪽 그림과 같이 기울기가 $k$인 접선이 두 개 있다. ……*

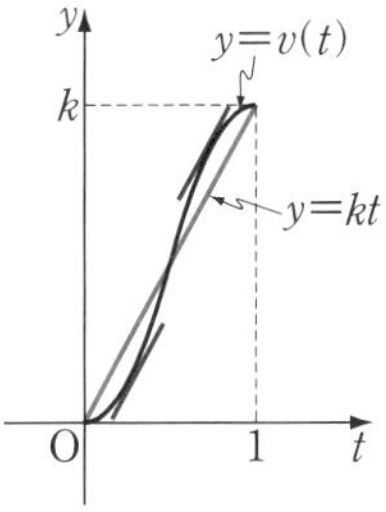


따라서 $a(t)$의 그래프는 직선 $y=k$와 구간 $(0, 1)$에서 서로 다른 두 점에서 만난다.

구간 $(1, 2)$에서 $v(t)$는 상수함수이므로 $a(t)=0$이고, 구간 $(2, 3)$에서 $v(t)$의 그래프는 기울기가 $-k$인 직선이므로 $a(t)=-k$이다. 답 ③

*Note* *는 평균값 정리를 이용하여 설명할 수 있다. ⇦ p.76

유제 **8**-4. 수직선 위를 움직이는 점 P의 시각 $t$(단, $t\ge 0$)에서의 위치를 $f(t)$라고 할 때, 시각 $t$에서의 점 P의 속도 $v(t)$의 그래프가 오른쪽과 같다고 한다.

구간 $[0, d]$에서 $f(t)$의 최댓값은?

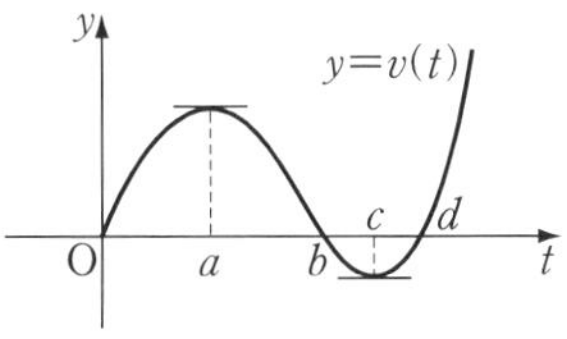


① $f(0)$ ② $f(a)$ ③ $f(b)$ ④ $f(c)$ ⑤ $f(d)$ 답 ③

# § 2. 시각에 대한 함수의 순간변화율

## 1 길이의 순간변화율

이를테면 시각 $t$일 때의 길이 $l$이 $l=2t^2+t$를 만족시키면서 변하는 물체가 있을 때, $t=1$부터 $t=1+\Delta t$까지 $l$의 평균변화율을 구해 보면

$$\frac{\Delta l}{\Delta t}=\frac{\{2(1+\Delta t)^2+(1+\Delta t)\}-(2\times1^2+1)}{\Delta t}=2\Delta t+5$$

이다. 여기에서 $\Delta t \longrightarrow 0$일 때를 생각하면

$$\lim_{\Delta t\to0}\frac{\Delta l}{\Delta t}=\lim_{\Delta t\to0}(2\Delta t+5)=5$$

이며, 이것은 $t=1$에서의 $l$의 순간변화율을 나타낸다.

일반적으로 시각 $t$일 때 길이가 $l$인 물체가 $\Delta t$ 시간 동안 길이가 $\Delta l$만큼 변했다고 하면

시각 $t$에서의 길이 $l$의 순간변화율은

$$\Longrightarrow \lim_{\Delta t\to0}\frac{\Delta l}{\Delta t}=\frac{dl}{dt}$$

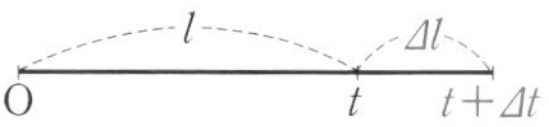


이다.

만일 이 물체의 한쪽 끝이 고정되어 있다면 길이의 순간변화율은 다른 쪽 끝이 이동하는 속도이다.

**보기** 1 $t$초일 때, 길이 $l$ cm가 $l=t^2+2t+5$를 만족시키면서 변하는 물체가 있다. 3초일 때, 이 물체의 길이의 순간변화율을 구하여라.

연구 $l=t^2+2t+5$에서

$$\frac{dl}{dt}=2t+2 \quad \therefore \left[\frac{dl}{dt}\right]_{t=3}=2\times3+2=8\,(\mathbf{cm/s})$$

## 2 넓이의 순간변화율

시각 $t$일 때 넓이가 S인 도형이 $\Delta t$ 시간 동안 넓이가 $\Delta$S만큼 변했다고 하면

시각 $t$에서의 넓이 S의 순간변화율은

$$\Longrightarrow \lim_{\Delta t\to0}\frac{\Delta S}{\Delta t}=\frac{dS}{dt}$$

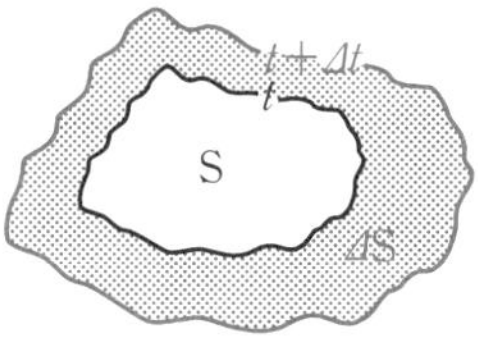


이다.

**보기** 2 $t$초일 때, 한 변의 길이 $l$ cm가 $l=3t+1$을 만족시키면서 변하는 정사각형이 있다. 2초일 때, 이 정사각형의 넓이의 순간변화율을 구하여라.

연구 $t$초일 때, 정사각형의 넓이를 $\mathrm{S}(\mathrm{cm}^2)$라고 하면

$$\mathrm{S}=(3t+1)^2=9t^2+6t+1$$

$$\therefore \frac{d\mathrm{S}}{dt}=18t+6 \quad \therefore \left[\frac{d\mathrm{S}}{dt}\right]_{t=2}=18\times2+6=\mathbf{42}\,(\mathbf{cm^2/s})$$

## 3 부피의 순간변화율

시각 $t$일 때 부피가 $\mathrm{V}$인 입체가 $\Delta t$ 시간 동안 부피가 $\Delta\mathrm{V}$만큼 변했다고 하면

$$\text{시각 } t\text{에서의 부피 V의 순간변화율은} \Longrightarrow \lim_{\Delta t\to0}\frac{\Delta\mathrm{V}}{\Delta t}=\frac{d\mathrm{V}}{dt}$$

이다.

일반적으로 시각에 대한 함수의 순간변화율은 다음과 같이 정리할 수 있다.

**기본정석** — **시각에 대한 함수의 순간변화율**

시각 $t$의 함수 $y=f(t)$가 주어질 때,

$$\text{시각 } t\text{에서의 } y\text{의 순간변화율은} \Longrightarrow \lim_{\Delta t\to0}\frac{\Delta y}{\Delta t}=\frac{dy}{dt}=f'(t)$$

*Advice* | $y$가 길이를 나타낼 때는 길이의 순간변화율, 넓이를 나타낼 때는 넓이의 순간변화율, 부피를 나타낼 때는 부피의 순간변화율이 된다.

**보기** 3 $t$초일 때, 반지름의 길이 $r$ cm가 $r=0.1t$를 만족시키면서 변하는 공이 있다. 100초일 때, 이 공의 겉넓이의 순간변화율과 부피의 순간변화율을 구하여라.

연구 $t$초일 때, 공의 겉넓이를 $\mathrm{S}(\mathrm{cm}^2)$, 부피를 $\mathrm{V}(\mathrm{cm}^3)$라고 하면

$$\mathrm{S}=4\pi r^2=4\pi\times(0.1t)^2=0.04\pi t^2,$$

$$\mathrm{V}=\frac{4}{3}\pi r^3=\frac{4}{3}\pi\times(0.1t)^3=\frac{1}{3}\times0.004\pi t^3$$

따라서 $\dfrac{d\mathrm{S}}{dt}=0.08\pi t$, $\dfrac{d\mathrm{V}}{dt}=0.004\pi t^2$이므로

$$\left[\frac{d\mathrm{S}}{dt}\right]_{t=100}=0.08\pi\times100=\mathbf{8\pi}\,(\mathbf{cm^2/s}),$$

$$\left[\frac{d\mathrm{V}}{dt}\right]_{t=100}=0.004\pi\times100^2=\mathbf{40\pi}\,(\mathbf{cm^3/s})$$

기본 문제 **8**-4 키가 180 cm인 사람이 4 m 높이의 가로등의 바로 밑에서부터 일직선 위를 매분 88 m의 속도로 걸어갈 때,

(1) 이 사람의 머리 끝의 그림자의 속도를 구하여라.

(2) 그림자의 길이의 순간변화율을 구하여라.

정석연구 문제의 조건에 맞게 그림을 그려 보면 아래와 같다. 이때, (1)에서는 점 B의 위치를, (2)에서는 선분 QB의 길이를 시각 $t$의 함수로 나타낸 다음

**정석** 길이 $l$이 시각 $t$의 함수로서 $l=f(t)$로 주어질 때,
길이 $l$의 순간변화율 $\Longrightarrow$ $f'(t)$

를 이용한다.

모범답안 (1) 오른쪽 그림과 같이 가로등의 위 끝을 A, 아래 끝을 O라 하고, $t$분 후에 점 O로부터 $x$ m 떨어진 지점 Q에 도달했을 때 머리 끝 P의 그림자 B와 O 사이의 거리를 $y$ m라고 하면

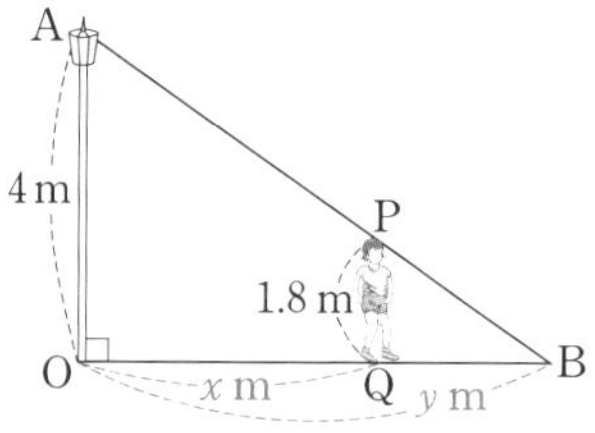


$$\frac{\overline{OB}}{\overline{OA}}=\frac{\overline{QB}}{\overline{QP}} \quad \therefore \ \frac{y}{4}=\frac{y-x}{1.8}$$

$t$분 후에는 $x=88t$이므로 $y=160t$

$$\therefore \ \frac{dy}{dt}=\mathbf{160\,(m/min)} \longleftarrow \boxed{답}$$

(2) $t$분 후의 그림자의 길이를 $l$ (m)이라 하면 $l=y-x=160t-88t=72t$

$$\therefore \ \frac{dl}{dt}=\mathbf{72\,(m/min)} \longleftarrow \boxed{답}$$

*Advice* | 문제의 조건으로부터 $\dfrac{dx}{dt}=88$ (m/min)이다.

또, 그림자의 길이의 순간변화율 $\dfrac{dl}{dt}$은 점 B의 위치의 순간변화율과 점 Q의 위치의 순간변화율의 차인 $\dfrac{dy}{dt}-\dfrac{dx}{dt}$와 같다.

유제 **8**-5. 키가 165 cm인 사람이 3 m 높이의 가로등의 바로 밑에서부터 일직선 위를 매분 90 m의 속도로 걸어갈 때, 이 사람의 머리 끝의 그림자의 속도를 구하여라. 답 **200 m/min**

유제 **8**-6. 점 P는 원점 O를 출발하여 $t$초 후에는 좌표평면 위의 점 $(3t,\ 4t)$에 있다고 한다. 선분 OP의 길이의 순간변화율을 구하여라. 답 **5**

기본 문제 8-5 반지름의 길이가 매초 2 mm의 비율로 증가하는 공이 있다. 단, 처음 공의 반지름의 길이는 0 cm로 생각한다.

(1) 반지름의 길이가 10 cm일 때, 겉넓이의 순간변화율을 구하여라.

(2) 반지름의 길이가 10 cm일 때, 부피의 순간변화율을 구하여라.

정석연구 겉넓이, 부피를 각각 시각 $t$의 함수로 나타낸 다음

**정석** 시각 $t$에서의 $y$의 순간변화율은 $\Longrightarrow \displaystyle\lim_{\Delta t\to 0}\frac{\Delta y}{\Delta t}=\frac{dy}{dt}$

를 이용해 보아라.

모범답안 공의 반지름의 길이가 증가한 지 $t$초 후의 반지름의 길이를 $r$ (cm), 겉넓이를 S (cm$^2$), 부피를 V (cm$^3$)라고 하면

$r=0.2t$ ……①　　　$\mathrm{S}=4\pi r^2$ ……②　　　$\mathrm{V}=\frac{4}{3}\pi r^3$ ……③

반지름의 길이가 10 cm인 시각 $t$는 ①에서 $10=0.2t$ ∴ $t=50$ (초)

(1) ①을 ②에 대입하면 $\mathrm{S}=0.16\pi t^2$

$\therefore \dfrac{d\mathrm{S}}{dt}=0.32\pi t$ $\therefore \left[\dfrac{d\mathrm{S}}{dt}\right]_{t=50}=\mathbf{16\pi}$ **(cm$^2$/s)** ← 답

(2) ①을 ③에 대입하면 $\mathrm{V}=\frac{1}{3}\times 0.032\pi t^3$

$\therefore \dfrac{d\mathrm{V}}{dt}=0.032\pi t^2$ $\therefore \left[\dfrac{d\mathrm{V}}{dt}\right]_{t=50}=\mathbf{80\pi}$ **(cm$^3$/s)** ← 답

*Advice* 미적분에서 배우는 내용이지만 p. 57에 소개한 합성함수의 미분법을 쓰면 더 간단히 구할 수 있다.

(1) $\mathrm{S}=4\pi r^2$에서 양변을 $t$에 관하여 미분하면

$\dfrac{d\mathrm{S}}{dt}=8\pi r\dfrac{dr}{dt}=8\pi\times 10\times 0.2=\mathbf{16\pi}$ **(cm$^2$/s)** ⇦ $\dfrac{dr}{dt}=0.2,\ r=10$

(2) $\mathrm{V}=\frac{4}{3}\pi r^3$에서 양변을 $t$에 관하여 미분하면

$\dfrac{d\mathrm{V}}{dt}=4\pi r^2\dfrac{dr}{dt}=4\pi\times 10^2\times 0.2=\mathbf{80\pi}$ **(cm$^3$/s)** ⇦ $\dfrac{dr}{dt}=0.2,\ r=10$

유제 8-7. 잔잔한 호수에 돌을 던지면 동심원의 파문이 생긴다. 파문의 맨 바깥 원의 반지름의 길이가 매초 20 cm의 비율로 커질 때, 3초 후의 이 원의 넓이의 순간변화율을 구하여라. 답 **2400$\pi$ cm$^2$/s**

유제 8-8. 각 모서리의 길이가 매분 0.002 cm씩 증가하는 정육면체가 있다. 모서리의 길이가 3 cm일 때, 부피의 순간변화율을 구하여라.
단, 처음 각 모서리의 길이는 0 cm로 생각한다. 답 **0.054 cm$^3$/min**

## 연습문제 8

**8-1** 어떤 열차가 제동을 건 후 $t$초 동안 움직인 거리 $x$ m는 $x=24t-0.4t^2$이라고 한다. 제동을 건 후 정지할 때까지 움직인 거리는?
① 180 m ② 210 m ③ 340 m ④ 360 m ⑤ 380 m

**8-2** 수직선 위를 움직이는 두 점 P, Q의 시각 $t$에서의 위치가 각각 $f(t)=2t^2-2t$, $g(t)=t^2-8t$이다. 두 점 P, Q가 서로 반대 방향으로 움직이는 시각 $t$의 범위를 구하여라.

**8-3** 수직선 위를 움직이는 두 점 P, Q의 시각 $t$에서의 위치가 각각 $f(t)=t^2(t^2-8t+18)$, $g(t)=mt$이다. $t>0$에서 두 점 P, Q의 속도가 같을 때가 3회 있기 위한 실수 $m$의 값의 범위를 구하여라.

**8-4** 동시에 출발하여 수직선 위를 움직이는 두 점 P, Q가 있다. 출발한 지 $t$초 후의 두 점 P, Q의 위치가 각각 $x_1(t)=kt$, $x_2(t)=t^3-3t^2+27$일 때, 두 점 P, Q가 적어도 한 번 만나게 되는 상수 $k$의 최솟값을 구하여라.

**8-5** 두 자동차 A, B가 같은 지점에서 동시에 출발하여 직선 도로를 한 방향으로만 달리고 있다. $t$초 동안 A, B가 움직인 거리는 각각 미분가능한 함수 $f(t)$, $g(t)$로 주어지고 다음 두 조건을 만족시킨다.

(가) $f(20)=g(20)$ (나) $10\le t\le 30$에서 $0<f'(t)<g'(t)$

$10\le t\le 30$에서 A와 B의 위치에 관한 다음 설명 중 옳은 것은?
① B가 항상 A의 앞에 있다. ② A가 항상 B의 앞에 있다.
③ B가 A를 한 번 추월한다. ④ A가 B를 한 번 추월한다.
⑤ A가 B를 추월한 후, B가 다시 A를 추월한다.

**8-6** 두 점 P, Q가 동시에 좌표평면의 원점 O를 출발하여 P는 $x$축의 양의 방향으로, Q는 $y$축의 양의 방향으로 각각 매초 2, 4의 속도로 움직인다.
직선 PQ와 직선 $y=2x$의 교점을 R라고 할 때, 선분 OR의 길이의 순간변화율을 구하여라.

**8-7** 반지름의 길이가 10 cm인 원이 있다. 반지름의 길이가 매초 1 mm의 비율로 증가할 때, 10초 후의 원의 넓이의 순간변화율을 구하여라.

**8-8** 밑면의 반지름의 길이가 매초 1 cm의 비율로 증가하고, 높이가 매초 1 cm의 비율로 감소하는 원기둥이 있다. 밑면의 반지름의 길이가 3 cm, 높이가 10 cm일 때, 원기둥의 부피의 순간변화율을 구하여라.

# ⑨. 부정적분

부정적분의 정의／부정적분의 계산

## § 1. 부정적분의 정의

### 1 부정적분과 적분상수

이를테면 $x^3$의 도함수를 구하면 $3x^2$이다. 이것을

**$x^3$의 도함수는 $3x^2$이다,**
**$x^3$을 미분하면 $3x^2$이다**

라 하고,

$$(x^3)'=3x^2, \qquad \frac{d}{dx}x^3=3x^2$$

과 같이 기호를 사용하여 나타내었다.

이와 같은 사실로부터

$x^3$은 도함수가 $3x^2$인 함수이다

라고 할 수 있다. 이것을 앞으로는 부정적분 또는 원시함수라는 용어를 사용하여

$x^3$은 $3x^2$의 부정적분이다,
$x^3$은 $3x^2$의 원시함수이다

라고 하기로 약속하자. 그런데

$$x^3-1, \quad x^3+1, \quad x^3+5, \quad x^3+100, \quad \cdots$$

과 같이 $x^3+C$(단, C는 상수) 꼴의 함수도 모두 도함수가 $3x^2$이므로 $x^3+C$ 꼴의 함수는 모두 $3x^2$의 부정적분이 될 수 있다. 따라서

**$3x^2$의 부정적분은 $x^3+C$(단, C는 상수)이다**

라고 한다. 이때, C를 적분상수라고 한다.

또, 이것을 기호를 사용하여

$$\int 3x^2 dx = x^3 + C$$

로 나타내기로 한다.

부정적분

$$\int 3x^2 \; dx \; = \; x^3 + C$$

미 분 적분상수

**기본정석** — **부정적분(원시함수)의 정의**

함수 $f(x)$가 주어져 있을 때, $F'(x)=f(x)$인 함수 $F(x)$를 $f(x)$의 부정적분 또는 원시함수라고 한다.

$F(x)$가 함수 $f(x)$의 부정적분의 하나일 때, $f(x)$의 모든 부정적분은 $F(x)+C$의 꼴로 나타내어지며, 이것을

$$\int f(x)dx = F(x) + C \quad (\text{단, } C\text{는 상수})$$

로 나타낸다. 곧,

$$F'(x) = f(x) \iff \int f(x)dx = F(x) + C$$

여기에서 C를 적분상수, 함수 $f(x)$를 피적분함수, $x$를 적분변수라 하고, $f(x)$의 부정적분을 구하는 것을 $f(x)$를 적분한다라고 한다.

*Advice* 1° 기호 $\int$은 Sum의 첫 글자 S를 길게 늘어뜨린 것으로 적분 또는 인테그랄(integral)이라고 읽는다. 그리고 $dx$는 $x$에 관하여 적분한다는 뜻이다.

2° 열린구간에서 $F(x)$, $G(x)$가 미분가능하고, $F'(x)=G'(x)$이면

$$G(x)=F(x)+C \quad (\text{단, } C\text{는 상수})$$

가 성립한다는 것은 평균값 정리에서 증명하였다. ⇦ p. 77 보기 3

따라서 $F(x)$가 $f(x)$의 부정적분 중 하나이면 $f(x)$의 모든 부정적분은 $F(x)+C$(단, C는 상수) 꼴임을 설명할 수 있다.

**보기 1** 다음 등식을 만족시키는 다항함수 $f(x)$를 구하여라. 단, C는 상수이다.

(1) $\int f(x)dx = x^3+4x^2+C$ (2) $\int (x+1)f(x)dx = x^3-3x+C$

연구 부정적분의 정의를 확실하게 이해해 두어야 한다.

**정석** $\int f(x)dx = F(x)+C \implies F'(x)=f(x)$

(1) $f(x)=(x^3+4x^2+C)'$ $\quad \therefore$ $\boldsymbol{f(x)=3x^2+8x}$

(2) $(x+1)f(x)=(x^3-3x+C)'$ $\quad \therefore$ $(x+1)f(x)=3x^2-3$

$\therefore$ $(x+1)f(x)=3(x+1)(x-1)$ $\quad \therefore$ $\boldsymbol{f(x)=3(x-1)}$

기본 문제 9-1 다음 식을 간단히 하여라.

(1) $\dfrac{d}{dx}\left(\int x^3 dx\right)$ (2) $\int\left(\dfrac{d}{dx}x^3\right)dx$

모범답안 (1) $(x^4)'=4x^3$이므로 $\left(\dfrac{1}{4}x^4\right)'=x^3$ $\quad\therefore \int x^3 dx=\dfrac{1}{4}x^4+C$

$$\therefore \frac{d}{dx}\left(\int x^3 dx\right)=\frac{d}{dx}\left(\frac{1}{4}x^4+C\right)=\boldsymbol{x^3} \leftarrow \text{답}$$

(2) $\dfrac{d}{dx}x^3=3x^2$이므로 $\int\left(\dfrac{d}{dx}x^3\right)dx=\int 3x^2\,dx=\boldsymbol{x^3+C} \leftarrow$ 답

*Advice* 1° 이와 같이 미분과 적분은 서로 역연산이므로, $x^3$을 적분하고 다시 미분하든, 미분하고 다시 적분하든 결과는 역시 자기 자신인 $x^3$이 됨을 알 수 있다. 다만 미분한 다음 적분하면 적분상수 C가 생긴다는 것에 주의해야 한다.

2° 일반적으로 다음 관계가 성립한다.

(i) $\dfrac{d}{dx}\left(\int f(x)dx\right)=f(x)$ (ii) $\int\left(\dfrac{d}{dx}f(x)\right)dx=f(x)+C$

(증명) (i) $f(x)$의 부정적분의 하나를 $F(x)$라고 하면

$$\int f(x)dx=F(x)+C$$

$$\therefore \frac{d}{dx}\left(\int f(x)dx\right)=\frac{d}{dx}\left(F(x)+C\right)=F'(x)$$

$F(x)$가 $f(x)$의 부정적분 중 하나이므로 $F'(x)=f(x)$

$$\therefore \frac{d}{dx}\left(\int f(x)dx\right)=f(x)$$

(ii) $\int\left(\dfrac{d}{dx}f(x)\right)dx=G(x)$로 놓으면 $\dfrac{d}{dx}G(x)=\dfrac{d}{dx}f(x)$

$G(x)$와 $f(x)$의 도함수가 같으므로 $G(x)=f(x)+C$ (단, C는 상수)

$$\therefore \int\left(\frac{d}{dx}f(x)\right)dx=f(x)+C$$

**Note* 특별한 말이 없어도 부정적분에서 C는 적분상수를 의미하는 것으로 한다.

유제 **9**-1. $\dfrac{d}{dx}\int(ax^2+3x+2)dx=9x^2+bx+c$를 만족시키는 상수 $a$, $b$, $c$의 값을 구하여라. 답 $\boldsymbol{a=9,\ b=3,\ c=2}$

유제 **9**-2. 다음 등식을 만족시키는 상수 $a$, $b$, $c$의 값을 구하여라.

$\int(6x^2+ax-3)dx=bx^3+2x^2-cx+2$ 답 $\boldsymbol{a=4,\ b=2,\ c=3}$

# § 2. 부정적분의 계산

## 1 부정적분의 기본 공식

적분은 미분의 역연산이므로 미분법에서 공부한 기본 공식의 역을 생각하면 다음 공식을 얻는다.

**기본정석** — 부정적분의 기본 공식

(1) $\int k\,dx = kx + C$ (단, $k$는 상수, C는 적분상수)

(2) $\int x^n dx = \dfrac{1}{n+1}x^{n+1} + C$ (단, $n$은 자연수, C는 적분상수)

(3) $\int kf(x)dx = k\int f(x)dx$ (단, $k$는 0이 아닌 상수)

(4) $\int \{f(x) \pm g(x)\}dx = \int f(x)dx \pm \int g(x)dx$ (복부호동순)

*Advice* | 적분 공식을 증명할 때에는 미분을 이용한다. 곧, 위의 각 식의 우변을 미분하면 좌변의 피적분함수가 된다는 것을 보이면 된다.

**정석** $\int f(x)dx = F(x) + C$의 증명은

$\Longrightarrow$ $\big(F(x)+C\big)' = f(x)$임을 보인다.

(증명) (1) $\dfrac{d}{dx}(kx+C) = k$ $\quad\therefore \int k\,dx = kx + C$

(2) $\dfrac{d}{dx}\left(\dfrac{1}{n+1}x^{n+1} + C\right) = \dfrac{1}{n+1} \times (n+1)x^n = x^n$

$$\therefore \int x^n dx = \frac{1}{n+1}x^{n+1} + C$$

(3) $\dfrac{d}{dx}\left(k\int f(x)dx\right) = k \times \dfrac{d}{dx}\left(\int f(x)dx\right) = kf(x)$

$$\therefore \int kf(x)dx = k\int f(x)dx$$

(4) $\dfrac{d}{dx}\left(\int f(x)dx \pm \int g(x)dx\right) = \dfrac{d}{dx}\left(\int f(x)dx\right) \pm \dfrac{d}{dx}\left(\int g(x)dx\right)$

$$= f(x) \pm g(x)$$

$$\therefore \int \{f(x) \pm g(x)\}\,dx = \int f(x)dx \pm \int g(x)dx \text{ (복부호동순)}$$

**보기** 1 다음 부정적분을 구하여라.

(1) $\int 3\,dx$　(2) $\int (-5)\,dx$　(3) $\int 1\,dx$　(4) $\int 0\,dx$

연구 (1) $\boldsymbol{3x+C}$　(2) $\boldsymbol{-5x+C}$　(3) $\boldsymbol{x+C}$　(4) $\mathbf{C}$

*Note (3) $\int 1\,dx$에서 1을 생략하고 $\int dx$로 쓰기도 한다.

**보기** 2 다음 부정적분을 구하여라.

(1) $\int x\,dx$　(2) $\int x^3 dx$　(3) $\int 5x^4 dx$　(4) $\int 7x^5 dx$

연구 (1) $\int x\,dx=\int x^1 dx=\frac{1}{1+1}x^{1+1}+\mathrm{C}=\boldsymbol{\frac{1}{2}x^2+C}$

(2) $\int x^3 dx=\frac{1}{3+1}x^{3+1}+\mathrm{C}=\boldsymbol{\frac{1}{4}x^4+C}$

(3) $\int 5x^4 dx=5\int x^4 dx=5\left(\frac{1}{4+1}x^{4+1}+\mathrm{C}_1\right)=\boldsymbol{x^5+C}$

*Note 위에서 $x^5+5\mathrm{C}_1$로 두어도 되지만 $5\mathrm{C}_1$도 임의의 상수를 나타내므로 이것을 간단히 C로 나타내는 것이 일반적인 표현이다.

실제 계산에서는 아래와 같이 중간 과정을 생략한다.

(4) $\int 7x^5 dx=7\times\frac{1}{5+1}x^{5+1}+\mathrm{C}=\boldsymbol{\frac{7}{6}x^6+C}$

**보기** 3 다음 부정적분을 구하여라.

(1) $\int (3x^2+6x-5)dx$　(2) $\int (x^4-4x^3+x^2-3x+2)dx$

(3) $\int (2x-1)^2 dx$　(4) $\int (x+1)^3 dx$

연구 (1) $\int (3x^2+6x-5)dx=\int 3x^2 dx+\int 6x\,dx-\int 5\,dx$

$=(x^3+\mathrm{C}_1)+(3x^2+\mathrm{C}_2)-(5x+\mathrm{C}_3)$

$=\boldsymbol{x^3+3x^2-5x+C}$

*Note $\mathrm{C}_1+\mathrm{C}_2-\mathrm{C}_3$도 임의의 상수이므로 이것을 C로 나타낸 것이다.

실제 계산에서는 $(3x^2+6x-5)$의 $3x^2$, $6x$, $-5$를 각각 적분한 다음 마지막에 적분상수 C를 쓰면 된다.

(2) $\int (x^4-4x^3+x^2-3x+2)dx=\boldsymbol{\frac{1}{5}x^5-x^4+\frac{1}{3}x^3-\frac{3}{2}x^2+2x+C}$

(3) $\int (2x-1)^2 dx=\int (4x^2-4x+1)dx=\boldsymbol{\frac{4}{3}x^3-2x^2+x+C}$

(4) $\int (x+1)^3 dx=\int (x^3+3x^2+3x+1)dx=\boldsymbol{\frac{1}{4}x^4+x^3+\frac{3}{2}x^2+x+C}$

*Note 검산할 때는 부정적분을 미분한 것이 피적분함수가 되는지 확인해 본다.

기본 문제 9-2 다음 부정적분을 구하여라.

(1) $\int x(x-1)(x-2)dx$ (2) $\int(x^2+x+1)(x^2-x+1)dx$

(3) $\int\frac{x^4+x^2+1}{x^2-x+1}dx$ (4) $\int\frac{y^3}{y+1}dy+\int\frac{1}{y+1}dy$

정석연구 (1), (2) 적분에서는

$$\int f(x)g(x)dx \neq \left(\int f(x)dx\right)\left(\int g(x)dx\right)$$

인 것에 주의한다. 먼저 피적분함수를 전개하여 정리하여라.

**정 석** 피적분함수가 곱의 꼴이면 $\Longrightarrow$ 전개한 다음 적분한다.

(3) 먼저 피적분함수를 약분하여 다항함수로 만들어라.

(4) $\int\frac{y^3}{y+1}dy$와 $\int\frac{1}{y+1}dy$를 바로 구하기는 쉽지 않다. 이런 경우 피적분함수를 모아 정리하면 부정적분을 간단히 구할 수 있는 경우가 있다.

**정 석** $\int f(x)dx\pm\int g(x)dx=\int\{f(x)\pm g(x)\}dx$ (복부호동순)

이때, 적분변수가 같아야 함에 주의한다.

모범답안 (1) (준 식)$=\int(x^3-3x^2+2x)dx=\frac{1}{4}x^4-x^3+x^2+C$ ← 답

(2) (준 식)$=\int(x^4+x^2+1)dx=\frac{1}{5}x^5+\frac{1}{3}x^3+x+C$ ← 답

(3) (준 식)$=\int\frac{(x^2+x+1)(x^2-x+1)}{x^2-x+1}dx=\int(x^2+x+1)dx$

$=\frac{1}{3}x^3+\frac{1}{2}x^2+x+C$ ← 답

(4) (준 식)$=\int\left(\frac{y^3}{y+1}+\frac{1}{y+1}\right)dy=\int\frac{(y+1)(y^2-y+1)}{y+1}dy$

$=\int(y^2-y+1)\,dy=\frac{1}{3}y^3-\frac{1}{2}y^2+y+C$ ← 답

유제 9-3. 다음 부정적분을 구하여라.

(1) $\int(t-2)(t^2+2t+4)dt$ (2) $\int\frac{x^3+8}{x+2}dx$

(3) $\int(x-1)^3dx-\int(x+1)^3dx$ (4) $\int\frac{x^3+3x^2}{x^2+x-1}dx-\int\frac{x^2+1}{x^2+x-1}dx$

답 (1) $\frac{1}{4}t^4-8t+C$ (2) $\frac{1}{3}x^3-x^2+4x+C$ (3) $-2x^3-2x+C$ (4) $\frac{1}{2}x^2+x+C$

기본 문제 9-3 다음 물음에 답하여라.

(1) $f'(x)=3x^2-4x+2$이고 $f(1)=3$인 함수 $f(x)$를 구하여라.

(2) 함수 $y=3x^2+2ax+1$의 부정적분 중에서 $x=0$일 때 함숫값이 1이고, $x=1$일 때 함숫값이 2인 것을 구하여라. 단, $a$는 상수이다.

(3) 곡선 $y=f(x)$ 위의 점 $(x, y)$에서의 접선의 기울기가 $2x$라고 한다. 이러한 곡선 중에서 점 $(1, 0)$을 지나는 곡선의 방정식을 구하여라.

정석연구 (2)에서는 $f'(x)=3x^2+2ax+1$을, (3)에서는 $f'(x)=2x$를 주고 $f(x)$를 구하는 문제이다. 이와 같이 생각하면 (1), (2), (3) 모두 $f'(x)$를 주고 $f(x)$를 구하는 문제임을 알 수 있다.

**정석** $\boldsymbol{f(x)=\int f'(x)dx}$ ……㉮

모범답안 (1) $f(x)=\int f'(x)dx=\int(3x^2-4x+2)dx=x^3-2x^2+2x+C$

한편 $f(1)=3$이므로 $1-2+2+C=3$ $\therefore$ $C=2$

$\therefore$ $\boldsymbol{f(x)=x^3-2x^2+2x+2}$ ← 답

(2) $f(x)=\int(3x^2+2ax+1)dx$라고 하면 $f(x)=x^3+ax^2+x+C$

$f(0)=1$, $f(1)=2$이므로 $C=1$, $1+a+1+C=2$ $\therefore$ $a=-1$

$\therefore$ $\boldsymbol{f(x)=x^3-x^2+x+1}$ ← 답

(3) 문제의 조건으로부터 $f'(x)=2x$

$\therefore$ $f(x)=\int f'(x)dx=\int 2x\,dx=x^2+C$ $\therefore$ $y=x^2+C$

이 그래프가 점 $(1, 0)$을 지나므로 $C=-1$ $\therefore$ $\boldsymbol{y=x^2-1}$ ← 답

*Note $f(x)$는 $f'(x)$의 부정적분 중 하나이므로 $\int f'(x)dx=f(x)+C$로 쓰는 것이 정확한 표현이다. 이 문제에서는 $\int f'(x)dx$를 계산하는 과정에서 적분상수가 나타나므로 ㉮에서는 적분상수를 따로 쓰지 않는 것이 편리하다.

유제 **9**-4. $f'(x)=3x^2+6x-1$이고 $f(0)=3$인 함수 $f(x)$를 구하여라.

답 $\boldsymbol{f(x)=x^3+3x^2-x+3}$

유제 **9**-5. 함수 $y=2x+a$의 부정적분 중에서 $x=1$일 때 함숫값이 3이고, $x=3$일 때 함숫값이 5인 것을 구하여라. 단, $a$는 상수이다.

답 $\boldsymbol{x^2-3x+5}$

유제 **9**-6. 점 $(1, 3)$을 지나는 곡선 $y=f(x)$ 위의 점 $(x, y)$에서의 접선의 기울기가 $3x^2+2x-4$일 때, $f(x)$를 구하여라. 답 $\boldsymbol{f(x)=x^3+x^2-4x+5}$

기본 문제 9-4 함수 $f(x)$의 도함수를 $f'(x)$라고 할 때, $y=f'(x)$의 그래프는 오른쪽 그림과 같은 포물선이라고 한다.

$f(x)$의 극댓값이 7이고 $f(0)=2$일 때, $f(x)$의 극솟값을 구하여라.

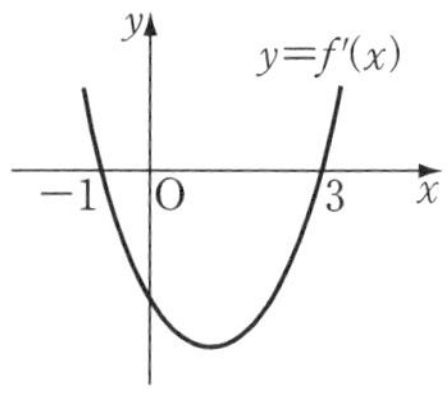


정석연구 $y=f'(x)$의 그래프는 $x$축과 $x=-1, 3$인 점에서 만나고 아래로 볼록한 포물선이므로

$$f'(x)=a(x+1)(x-3) \quad (a>0)$$

으로 나타낼 수 있다.

또, 위의 그래프에서

$x<-1$일 때 $f'(x)>0$,

$-1<x<3$일 때 $f'(x)<0$,

$x>3$일 때 $f'(x)>0$

이므로 함수 $f(x)$의 증감을 조사하면 위의 표와 같다.

| $x$ | $\cdots$ | $-1$ | $\cdots$ | $3$ | $\cdots$ |
|---|---|---|---|---|---|
| $f'(x)$ | $+$ | $0$ | $-$ | $0$ | $+$ |
| $f(x)$ | ↗ | 극대 | ↘ | 극소 | ↗ |

**정석** $\boldsymbol{f(x)=\int f'(x)dx}$

모범답안 $f'(x)=a(x+1)(x-3)=a(x^2-2x-3)\ (a>0)$으로 놓으면

$$f(x)=\int f'(x)dx=\int a(x^2-2x-3)dx=a\left(\frac{1}{3}x^3-x^2-3x\right)+C$$

$y=f'(x)$의 그래프로부터 $f(x)$는 $x=-1$에서 극대이므로

$$f(-1)=a\left(-\frac{1}{3}-1+3\right)+C=7 \qquad \cdots\cdots ㉮$$

또, 문제의 조건에서 $f(0)=2$이므로 $C=2$

㉮에 대입하면 $a=3$ $\quad\therefore\ f(x)=x^3-3x^2-9x+2$

또, $f(x)$는 $x=3$에서 극소이므로 극솟값은 $f(3)=\boldsymbol{-25}$ ← 답

유제 **9**-7. $f'(x)=3x^2-12x+9$이고 $f(x)$의 극댓값이 4일 때, 함수 $f(x)$와 $f(x)$의 극솟값을 구하여라.

답 $\boldsymbol{f(x)=x^3-6x^2+9x}$, 극솟값 **0**

유제 **9**-8. 함수 $f(x)$의 도함수 $y=f'(x)$의 그래프가 오른쪽 그림과 같은 포물선이고, $f(x)$의 극댓값이 20, 극솟값이 −12일 때, 함수 $f(x)$를 구하여라.

답 $\boldsymbol{f(x)=x^3-12x+4}$

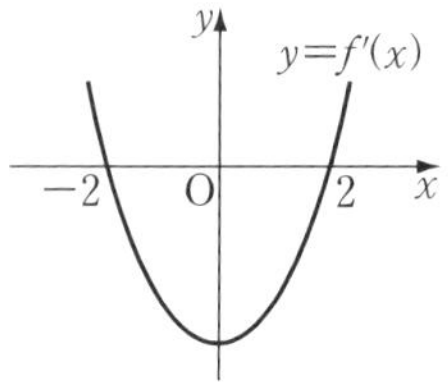

기본 문제 9-5 다항함수 $f(x)$, $g(x)$가

$$\frac{d}{dx}\{f(x)+g(x)\}=2, \quad \frac{d}{dx}\{f(x)g(x)\}=2x$$

를 만족시킨다. $f(0)=-1$, $g(0)=1$일 때, 다음을 구하여라.

(1) $f(x)+g(x)$ (2) $f(x)g(x)$ (3) $f(x)$, $g(x)$

정석연구 도함수로부터 원시함수를 구하는 문제이다.

$$\textbf{정 석}\quad \frac{d}{dx}\mathrm{F}(x)=f(x) \iff \mathrm{F}(x)=\int f(x)dx$$

를 이용해 보아라.

모범답안 (1) $\dfrac{d}{dx}\{f(x)+g(x)\}=2$이므로 $f(x)+g(x)=2x+C_1$

양변에 $x=0$을 대입하면 $f(0)+g(0)=C_1$

문제의 조건에서 $f(0)=-1$, $g(0)=1$이므로 $C_1=0$

$\therefore$ $\boldsymbol{f(x)+g(x)=2x}$ ← 답

(2) $\dfrac{d}{dx}\{f(x)g(x)\}=2x$이므로 $f(x)g(x)=x^2+C_2$

양변에 $x=0$을 대입하면 $f(0)g(0)=C_2$

문제의 조건에서 $f(0)=-1$, $g(0)=1$이므로 $C_2=-1$

$\therefore$ $\boldsymbol{f(x)g(x)=x^2-1}$ ← 답

(3) $f(x)+g(x)=2x$, $f(x)g(x)=(x+1)(x-1)$인 다항함수 $f(x)$, $g(x)$는

$$\begin{cases} f(x)=x+1 \\ g(x)=x-1 \end{cases} \quad \text{또는} \quad \begin{cases} f(x)=x-1 \\ g(x)=x+1 \end{cases}$$

문제의 조건에서 $f(0)=-1$, $g(0)=1$이므로

$\boldsymbol{f(x)=x-1,\ g(x)=x+1}$ ← 답

유제 9-9. $\{f(x)g(x)\}'=2x-3$, $f(0)=-1$, $g(0)=-2$를 만족시키고 계수가 정수인 일차함수 $f(x)$와 $g(x)$를 구하여라.

답 $\boldsymbol{f(x)=x-1,\ g(x)=x-2}$

유제 9-10. 다항함수 $f(x)$, $g(x)$가

$$\frac{d}{dx}\{f(x)+g(x)\}=2, \quad \frac{d}{dx}\{f(x)g(x)\}=2x+3$$

을 만족시킨다. $f(0)=1$, $g(0)=2$일 때, 다음을 구하여라.

(1) $f(x)+g(x)$ (2) $f(x)g(x)$ (3) $f(x)$, $g(x)$

답 (1) $\boldsymbol{2x+3}$ (2) $\boldsymbol{x^2+3x+2}$ (3) $\boldsymbol{f(x)=x+1,\ g(x)=x+2}$

## 연습문제 9

**9-1** $\int\left\{1-f(x)\right\}dx=\frac{1}{4}x^2(6-x^2)+C$를 만족시키는 함수 $f(x)$의 극댓값과 극솟값을 구하여라. 단, C는 상수이다.

**9-2** $f(x)=\int(3x^2+4x-3)dx-\int(3x^2+2x)dx$이고 $f(0)=2$일 때, $f(5)$의 값을 구하여라.

**9-3** 미분가능한 함수 $f(x)$, $g(x)$에 대하여 $f'(x)=g'(x)$, $f(0)-g(0)=1$일 때, $f(1)-g(1)$의 값은?

① $-2$ ② $-1$ ③ $0$ ④ $1$ ⑤ $2$

**9-4** 함수 $y=f(x)$에 대하여 $x$의 증분 $\Delta x$와 $y$의 증분 $\Delta y$ 사이에

$$\Delta y=(x+1)\Delta x+\frac{1}{2}(\Delta x)^2$$

인 관계가 성립한다. $f(0)=2$일 때, $f(2)$의 값은?

① 2 ② 4 ③ 6 ④ 8 ⑤ 10

**9-5** 삼차함수 $f(x)$의 부정적분을 $\mathrm{F}(x)$라고 할 때,

$$\mathrm{F}(x)=xf(x)-6x^3(x-1)$$

이 성립한다. $f(1)=0$일 때, $f(0)$의 값을 구하여라.

**9-6** 이차함수 $f(x)$에 대하여 함수 $g(x)$가

$$g(x)=\int\left\{2x^2+f(x)\right\}dx,\quad f(x)+g(x)=3x+2$$

를 만족시킬 때, $g(2)$의 값을 구하여라.

**9-7** 다음을 만족시키는 다항함수 $f(x)$와 $g(x)$를 구하여라.

$$f'(x)+g'(x)=3x^2+1,\quad g(x)+2f'(1)x=x^2,\quad f'(1)+f(1)=-1$$

**9-8** $f'(x)=2|x|$인 함수 $f(x)$에 대하여 $f(1)=3$일 때, $f(-1)$의 값을 구하여라.

**9-9** 다항함수 $f(x)$가 $f'(x)=2x-a$, $\lim_{x\to1}\frac{f(x)}{x-1}=a-4$를 만족시킬 때, 상수 $a$의 값과 $f(0)$의 값을 구하여라.

**9-10** 다항함수 $f(x)$가 모든 실수 $x$, $y$에 대하여

$$f(x+y)=f(x)+f(y)+3xy$$

를 만족시킨다. $f'(0)=1$일 때, $f(2)$의 값은?

① 2 ② 4 ③ 8 ④ 10 ⑤ 12

# 10. 정 적 분

정적분의 정의／정적분의 계산

## § 1. 정적분의 정의

### 1 정적분의 정의 (I)

이를테면 함수 $f(x)=3x^2$의 한 부정적분을 $F(x)$라고 하면

$F(x)=x^3+C$ (단, C는 적분상수) ⇦ $F(x)=\int 3x^2dx=x^3+C$

이다. 이때, 임의의 두 실수 $a$, $b$에 대하여

$$F(b)-F(a)=(b^3+C)-(a^3+C)=b^3-a^3$$

이다. 곧, $F(b)-F(a)$의 값은 적분상수 C의 값에 관계없이 하나로 정해진다는 것을 알 수 있다.

일반적으로 닫힌구간 $[a, b]$에서 연속인 함수 $f(x)$의 한 부정적분을 $F(x)$, 다른 한 부정적분을 $G(x)$라고 하면

$F(x)=G(x)+C$ (단, C는 상수)

이므로 두 실수 $a$, $b$에 대하여

$$F(b)-F(a)=\{G(b)+C\}-\{G(a)+C\}=G(b)-G(a)$$

이다. 곧, $F(b)-F(a)$의 값은 C의 값에 관계없이 하나로 정해진다.

이때, 일정한 값 $F(b)-F(a)$를 함수 $f(x)$의 $a$에서 $b$까지의 정적분이라 하고, 기호로

$$\int_a^b f(x)dx$$

와 같이 나타낸다. 여기서 $F(b)-F(a)$를 기호 $\Big[F(x)\Big]_a^b$로 나타내면

$$\int_a^b f(x)dx=\Big[F(x)\Big]_a^b=F(b)-F(a)$$

이다. 이때, $a$와 $b$를 각각 정적분의 아래끝, 위끝이라고 한다.

이상을 정리하면 다음과 같다.

**기본정석** — 정적분의 정의 (Ⅰ)

닫힌구간 $[a, b]$에서 연속인 함수 $f(x)$의 한 부정적분을 $\mathrm{F}(x)$라고 할 때, 곧 $\int f(x)dx=\mathrm{F}(x)+\mathrm{C}$ (단, C는 적분상수)일 때, $\mathrm{F}(b)-\mathrm{F}(a)$를 $f(x)$의 $a$에서 $b$까지의 정적분이라 하고,

$$\int_a^b f(x)dx=\Big[\mathrm{F}(x)\Big]_a^b=\mathrm{F}(b)-\mathrm{F}(a)$$

와 같이 나타낸다.

이때, $a$와 $b$를 각각 정적분의 아래끝, 위끝이라고 한다.

*Advice* 1° $\int_a^b f(x)dx$를 'integral $a$에서 $b$까지 $f(x)dx$'라고 읽는다.

2° $\int_a^b f(x)dx$의 값을 구하는 것을 $f(x)$를 $a$에서 $b$까지 적분한다고 한다.

**보기 1** 다음 정적분의 값을 구하여라.

(1) $\int_1^3 3x^2dx$　　　　(2) $\int_1^3 (6x^2-4x+3)dx$

연구 다음 정적분의 정의를 이용한다.

**정의** $f(x)$가 구간 $[a, b]$에서 연속이고 $\int f(x)dx=\mathrm{F}(x)+\mathrm{C}$이면

$$\int_a^b f(x)dx=\Big[\mathrm{F}(x)\Big]_a^b=\mathrm{F}(b)-\mathrm{F}(a)$$

(1) 먼저 부정적분 $\int 3x^2dx$를 구한다. 곧, $\int 3x^2dx=x^3+\mathrm{C}$

다음에 $x^3+\mathrm{C}$에 $x=3$을 대입한 값에서 $x=1$을 대입한 값을 뺀다. 그리고 이것을 다음과 같이 나타내어 계산한다.

$$\int_1^3 3x^2dx=\Big[x^3+\mathrm{C}\Big]_1^3=(3^3+\mathrm{C})-(1^3+\mathrm{C})=\mathbf{26}$$

이때, 적분상수 C의 값에 관계없이 정적분의 값은 일정하므로 C를 생략하고 다음과 같이 계산하는 것이 보통이다.

$$\int_1^3 3x^2dx=\Big[x^3\Big]_1^3=3^3-1^3=\mathbf{26}$$

(2) $\int_1^3 (6x^2-4x+3)dx=\Big[2x^3-2x^2+3x\Big]_1^3$

$$=(2\times3^3-2\times3^2+3\times3)-(2\times1^3-2\times1^2+3\times1)$$

$$=\mathbf{42}$$

*Advice* | $\int f(x)dx=\mathrm{F}(x)+\mathrm{C}$ 라고 할 때,

$$\int_a^b f(x)dx=\Big[\mathrm{F}(x)\Big]_a^b=\mathrm{F}(b)-\mathrm{F}(a),\quad \int_a^b f(t)dt=\Big[\mathrm{F}(t)\Big]_a^b=\mathrm{F}(b)-\mathrm{F}(a)$$

이므로

**정석** $\displaystyle\int_a^b f(x)dx=\int_a^b f(t)dt$

이다. 따라서 적분변수 $x$가 다른 변수 $t$로 바뀌어도 정적분의 값에는 변함이 없음을 알 수 있다.

**보기 2** $\mathrm{F}(x)=\displaystyle\int_1^x (x^3-2)dx$ 일 때, 다음 중 $\mathrm{F}(-x)$와 같은 것은?

① $\displaystyle\int_1^x (-x^3-2)dx$ ② $\displaystyle\int_{-1}^{-x} (x^3-2)dx$ ③ $\displaystyle\int_1^{-x} (-x^3-2)dx$

④ $\displaystyle\int_1^{-x} (x^3-2)dx$ ⑤ $-\displaystyle\int_1^x (x^3-2)dx$

연구 $\mathrm{F}(x)=\displaystyle\int_1^x (x^3-2)dx=\int_1^x (t^3-2)dt$ 이므로 $\mathrm{F}(-x)$는 위끝 $x$의 부호만 바뀐다. 곧, $\mathrm{F}(-x)=\displaystyle\int_1^{-x} (t^3-2)dt=\int_1^{-x} (x^3-2)dx$ 답 ④

## 2 정적분의 정의 (Ⅱ)

앞에서 정적분은 닫힌구간 $[a,\ b]$에서, 곧

$$a<b \text{일 때}\quad \int_a^b f(x)dx$$

로 정의하였다. $a=b$, $a>b$일 때에는 다음과 같이 정의한다.

**기본정석** — 정적분의 정의 (Ⅱ)

(1) $\displaystyle\int_a^a f(x)dx=0$

(2) $a>b$일 때 $\displaystyle\int_a^b f(x)dx=-\int_b^a f(x)dx$

*Advice* | 이를테면

$$\int_0^0 f(x)dx=0,\quad \int_1^1 f(x)dx=0,\quad \int_3^1 f(x)dx=-\int_1^3 f(x)dx$$

이다. 또한 위의 정의에 의하면 $a>b$일 때에도

$$\int_a^b f(x)dx=-\int_b^a f(x)dx=-\Big[\mathrm{F}(x)\Big]_b^a \qquad \Leftarrow \int f(x)dx=\mathrm{F}(x)+\mathrm{C}$$

$$=-\big\{\mathrm{F}(a)-\mathrm{F}(b)\big\}=\mathrm{F}(b)-\mathrm{F}(a)$$

가 성립한다.

따라서 $a$, $b$의 대소에 관계없이 다음 **정석**이 성립한다.

**정석** $f(x)$가 $a$, $b$를 포함한 구간에서 연속이고

$$\int f(x)dx=\mathrm{F}(x)+\mathrm{C} \text{ 이면 } \int_a^b f(x)dx=\mathrm{F}(b)-\mathrm{F}(a)$$

보기 3 정적분 $\int_3^1 (x^2-4x+3)dx$의 값을 구하여라.

연구 $\int (x^2-4x+3)dx=\frac{1}{3}x^3-2x^2+3x+\mathrm{C}$ 이므로

$$\int_3^1 (x^2-4x+3)dx=\left[\frac{1}{3}x^3-2x^2+3x\right]_3^1$$

$$=\left(\frac{1}{3}\times1^3-2\times1^2+3\times1\right)-\left(\frac{1}{3}\times3^3-2\times3^2+3\times3\right)=\mathbf{\frac{4}{3}}$$

*Note $\int_3^1 (x^2-4x+3)dx$를 $-\int_1^3 (x^2-4x+3)dx$로 변형하여 계산해도 된다.

## 3 정적분과 넓이 사이의 관계

함수 $f(t)$가 닫힌구간 $[a, b]$에서 연속이고 $f(t)\ge0$일 때, 곡선 $y=f(t)$와 $t$축 및 두 직선 $t=a$, $t=b$로 둘러싸인 도형의 넓이를 S라고 하자.

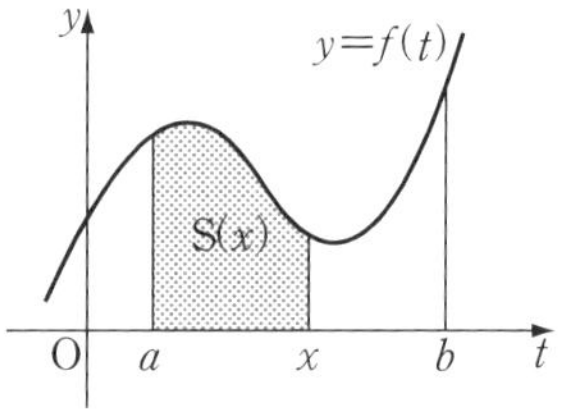


오른쪽 그림과 같이 $a\le x\le b$인 $x$에 대하여 곡선 $y=f(t)$와 $t$축 및 두 직선 $t=a$, $t=x$로 둘러싸인 도형의 넓이를 $\mathrm{S}(x)$라고 하면, $\mathrm{S}(x)$는 연속함수이고

$$\mathrm{S}(a)=0, \quad \mathrm{S}(b)=\mathrm{S}$$

이다.

$\Delta x>0$일 때, $x$의 증분 $\Delta x$에 대한 $\mathrm{S}(x)$의 증분을 $\Delta\mathrm{S}$라고 하면

$$\Delta\mathrm{S}=\mathrm{S}(x+\Delta x)-\mathrm{S}(x)$$

이고, 이것은 오른쪽 그림에서 초록 빗금 친 부분의 넓이이다.

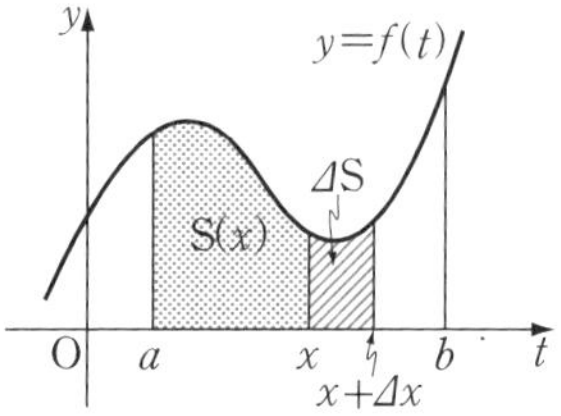


이때, 함수 $f(t)$는 구간 $[x, x+\Delta x]$에서 연속이므로 이 구간에서 최댓값과 최솟값을 가진다.

최댓값을 M, 최솟값을 $m$이라고 하면

$$m\Delta x\le\Delta\mathrm{S}\le\mathrm{M}\Delta x$$

이므로 $$m\le\frac{\Delta\mathrm{S}}{\Delta x}\le\mathrm{M} \quad \cdots\cdots①$$

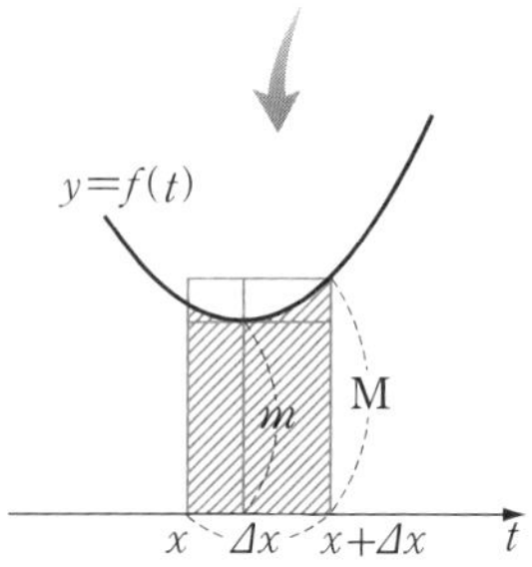

또, $\Delta x<0$일 때 $\Delta x$에 대한 $\mathrm{S}(x)$의 증분을 $\Delta\mathrm{S}$라고 하면 오른쪽 그림의 초록 빗금 친 부분의 넓이는 $-\Delta\mathrm{S}$이다.

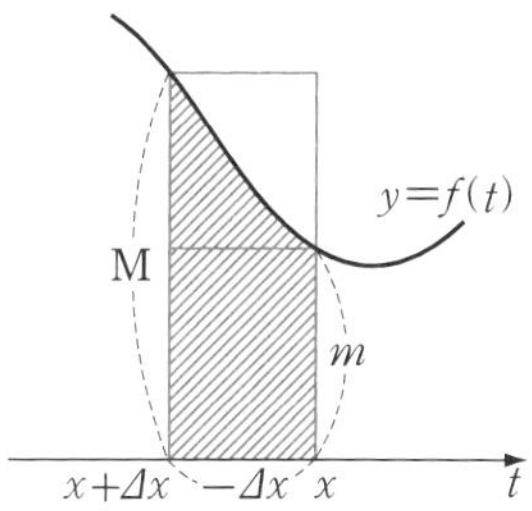


이때, 구간 $[x+\Delta x,\ x]$에서 함수 $f(t)$의 최댓값을 M, 최솟값을 $m$이라고 하면

$$m(-\Delta x)\le-\Delta\mathrm{S}\le\mathrm{M}(-\Delta x)$$

이고, $-\Delta x>0$이므로

$$m\le\frac{\Delta\mathrm{S}}{\Delta x}\le\mathrm{M} \qquad \cdots\cdots②$$

한편 함수 $f(t)$는 구간 $[a,\ b]$에서 연속이므로

$$\Delta x \longrightarrow 0\text{일 때}\quad m \longrightarrow f(x)\text{이고}\quad \mathrm{M} \longrightarrow f(x)$$

따라서 ①, ②에서 $\displaystyle\lim_{\Delta x\to 0}\frac{\Delta\mathrm{S}}{\Delta x}=f(x)$

곧, $\mathrm{S}'(x)=f(x)$ ⇦ $\displaystyle\lim_{\Delta x\to 0}\frac{\mathrm{S}(x+\Delta x)-\mathrm{S}(x)}{\Delta x}=\mathrm{S}'(x)$

이므로 $\mathrm{S}(x)$는 $f(x)$의 부정적분 중 하나이다.

이때, $f(x)$의 다른 한 부정적분을 $\mathrm{F}(x)$라고 하면

$$\mathrm{S}(x)=\mathrm{F}(x)+\mathrm{C}\ (\text{단, C는 상수})$$

이고, $\mathrm{S}(a)=0$에서 $\mathrm{C}=-\mathrm{F}(a)$이므로

$$\mathrm{S}=\mathrm{S}(b)=\mathrm{F}(b)+\mathrm{C}=\mathrm{F}(b)-\mathrm{F}(a)=\int_a^b f(t)dt$$

이다.

곧, 함수 $f(x)$가 구간 $[a,\ b]$에서 연속이고 $f(x)\ge0$일 때, 곡선 $y=f(x)$와 $x$축 및 두 직선 $x=a$, $x=b$로 둘러싸인 도형의 넓이를 S라고 하면

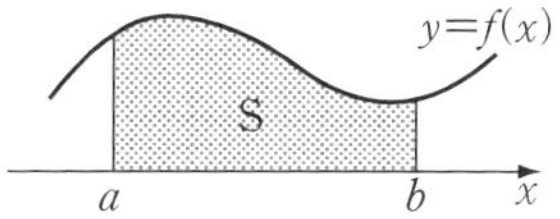


$$\mathrm{S}=\int_a^b \boldsymbol{f(x)dx}$$

한편 구간 $[a,\ b]$에서 $f(x)\le0$일 때에는 곡선 $y=f(x)$가 곡선 $y=-f(x)$와 $x$축에 대하여 대칭이고 $-f(x)\ge0$이므로 곡선 $y=f(x)$와 $x$축 및 두 직선 $x=a$, $x=b$로 둘러싸인 도형의 넓이를 S라고 하면

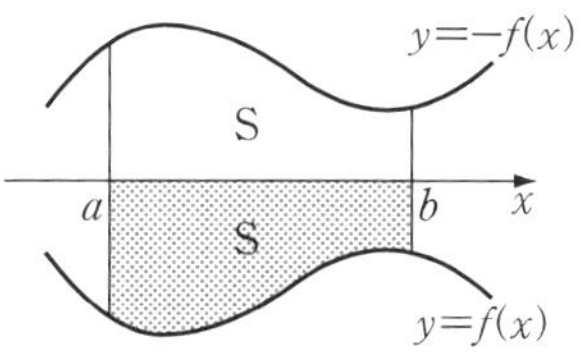


$$\mathrm{S}=\int_a^b \{-\boldsymbol{f(x)}\}\boldsymbol{dx}$$

**기본정석** **정적분과 넓이 사이의 관계**

함수 $f(x)$가 닫힌구간 $[a,\ b]$에서 연속일 때, 곡선 $y=f(x)$와 $x$축 및 두 직선 $x=a$, $x=b$로 둘러싸인 도형의 넓이를 S라고 하면

(i) 구간 $[a,\ b]$에서 $f(x)\ge 0$인 경우

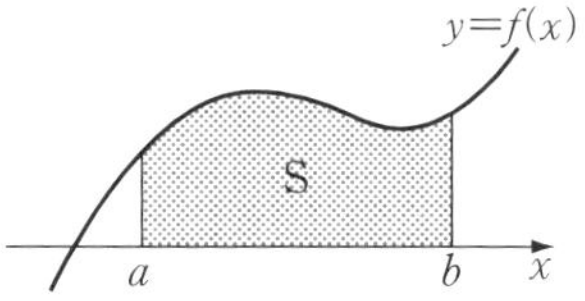


$$\mathrm{S}=\int_a^b f(x)dx$$

(ii) 구간 $[a,\ b]$에서 $f(x)\le 0$인 경우

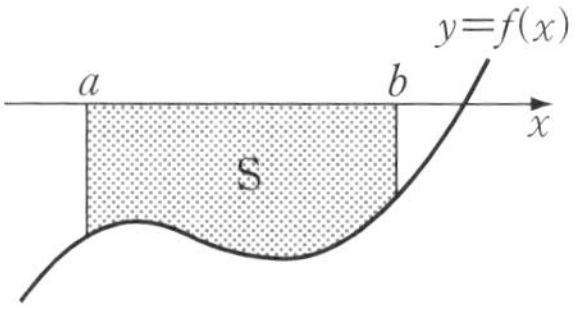


$$\mathrm{S}=\int_a^b \{-f(x)\}dx$$

*Advice* | 오른쪽 그림과 같이 구간 $[a,\ b]$에서 $f(x)$의 부호가 일정하지 않을 때의 넓이는 $f(x)$의 값이 양수인 구간과 음수인 구간으로 나누어 구하면 된다.

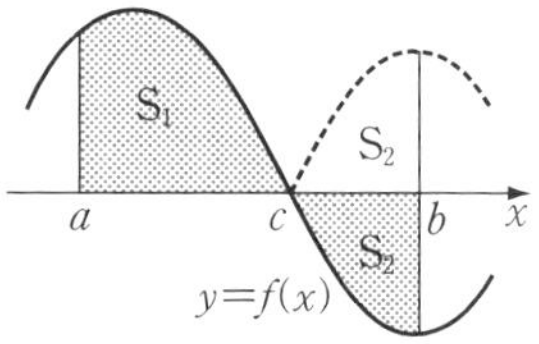


곧, 오른쪽 그림에서 곡선 $y=f(x)$와 $x$축 및 두 직선 $x=a$, $x=b$로 둘러싸인 도형의 넓이를 S라고 하면

$$\mathrm{S}=\mathrm{S}_1+\mathrm{S}_2=\int_a^c f(x)dx+\int_c^b \{-f(x)\}dx$$

이고, 이것은 절댓값 기호를 써서 $\mathrm{S}=\int_a^b |f(x)|dx$와 같이 나타낼 수도 있다.

이와 같은 정적분과 넓이 사이의 관계에 대해서는 12단원에서 다시 깊이 있게 다룬다.

**보기 4** 아래 그림의 점 찍은 부분의 넓이 S를 구하여라.

(1)

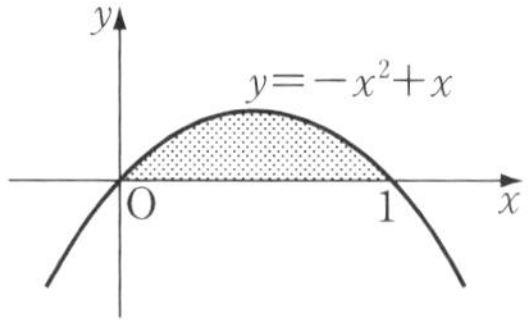


(2)

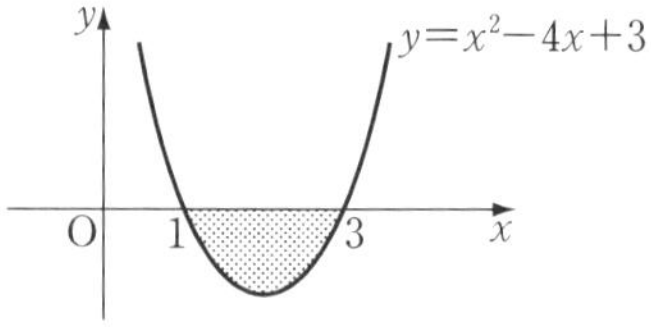


연구 (1) $\mathrm{S}=\int_0^1(-x^2+x)dx=\left[-\frac{1}{3}x^3+\frac{1}{2}x^2\right]_0^1=-\frac{1}{3}+\frac{1}{2}=\mathbf{\frac{1}{6}}$

(2) $\mathrm{S}=\int_1^3\{-(x^2-4x+3)\}dx=\int_1^3(-x^2+4x-3)dx$

$=\left[-\frac{1}{3}x^3+2x^2-3x\right]_1^3=(-9+18-9)-\left(-\frac{1}{3}+2-3\right)=\mathbf{\frac{4}{3}}$

기본 문제 **10**-1 다음 정적분의 값을 구하여라.

(1) $\int_0^1 (x-1)(x^2+x+1)dx$ (2) $\int_{-1}^2 (t+1)(t^2-1)dt$

정석연구 먼저 부정적분을 구한 다음

**정 의** $f(x)$가 구간 $[a,\ b]$에서 연속이고 $\int f(x)dx=\mathrm{F}(x)+\mathrm{C}$이면

$$\int_a^b f(x)dx=\Big[\mathrm{F}(x)\Big]_a^b=\mathrm{F}(b)-\mathrm{F}(a)$$

를 이용한다.

또, 일반적으로 $\Big[ax^3+bx^2+cx\Big]_\alpha^\beta$ 의 계산은

$$\Big[ax^3+bx^2+cx\Big]_\alpha^\beta = \begin{cases} (a\beta^3+b\beta^2+c\beta)-(a\alpha^3+b\alpha^2+c\alpha) \\ a(\beta^3-\alpha^3)+b(\beta^2-\alpha^2)+c(\beta-\alpha) \quad \cdots\cdots ㉮ \end{cases}$$

과 같이 두 가지 방법을 생각할 수 있다. 보통 항이 두 개 이상일 때는 ㉮과 같은 방법으로 계산하는 것이 능률적이다.

이를테면 $\int_2^3 (8x^3-6x)dx$ 는

$$\int_2^3 (8x^3-6x)dx=\Big[2x^4-3x^2\Big]_2^3=2(3^4-2^4)-3(3^2-2^2)=115$$

와 같이 계산하면 된다.

모범답안 (1) $\int(x-1)(x^2+x+1)dx=\int(x^3-1)dx=\dfrac{1}{4}x^4-x+\mathrm{C}$

$\therefore \int_0^1 (x-1)(x^2+x+1)dx=\Big[\dfrac{1}{4}x^4-x\Big]_0^1=\dfrac{1}{4}-1=-\dfrac{3}{4}$ ← 답

(2) $\int(t+1)(t^2-1)dt=\int(t^3+t^2-t-1)dt=\dfrac{1}{4}t^4+\dfrac{1}{3}t^3-\dfrac{1}{2}t^2-t+\mathrm{C}$

$\therefore \int_{-1}^2 (t+1)(t^2-1)dt=\Big[\dfrac{1}{4}t^4+\dfrac{1}{3}t^3-\dfrac{1}{2}t^2-t\Big]_{-1}^2$

$=\dfrac{1}{4}(16-1)+\dfrac{1}{3}(8+1)-\dfrac{1}{2}(4-1)-(2+1)$

$=\dfrac{9}{4}$ ← 답

유제 **10**-1. 다음 정적분의 값을 구하여라.

(1) $\int_{-1}^2 (x^3+9x^2-6x-4)dx$ (2) $\int_{-1}^1 x(1-x)^2dx$

(3) $\int_2^3 (y-2)(y^2+2y+4)dy$

답 (1) $\dfrac{39}{4}$ (2) $-\dfrac{4}{3}$ (3) $\dfrac{33}{4}$

**기본 문제 10-2** 아래 그림의 점 찍은 부분의 넓이 S를 구하여라.

(1)

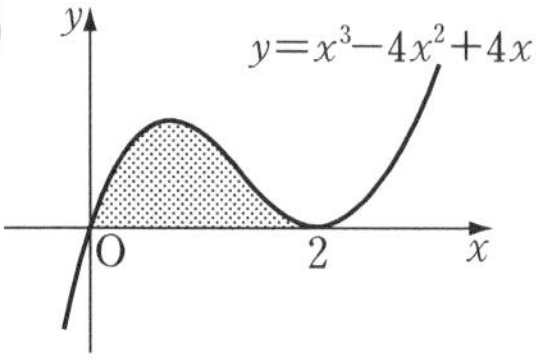


(2)

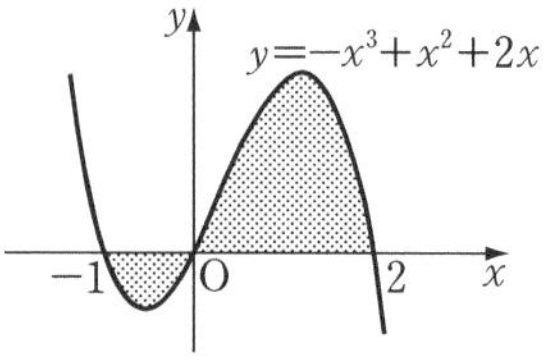


정석연구 구간 $[a,\ b]$에서 곡선 $y=f(x)$와 $x$축 사이의 넓이를 S라고 할 때, S는 다음과 같이 정적분으로 나타낼 수 있다.

$$f(x)\ge 0 \Longrightarrow S=\int_a^b f(x)\,dx \qquad f(x)\le 0 \Longrightarrow S=\int_a^b \{-f(x)\}\,dx$$

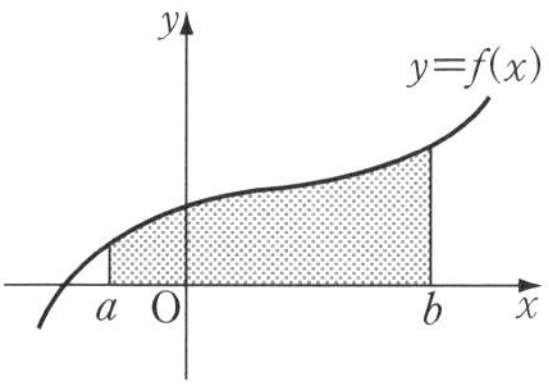


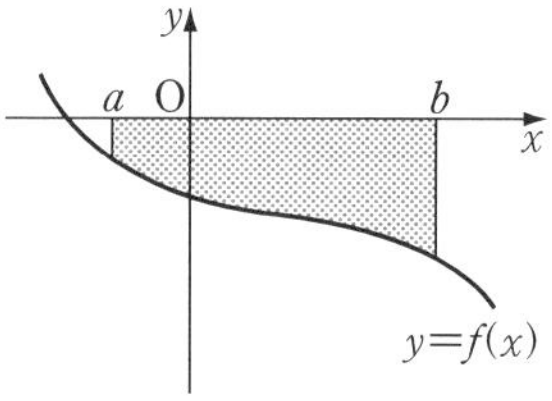


특히 구간 $[a,\ b]$에서 $f(x)\le 0$인 경우에 주의해야 한다.

모범답안 (1) $S=\int_0^2 (x^3-4x^2+4x)\,dx=\left[\frac{1}{4}x^4-\frac{4}{3}x^3+2x^2\right]_0^2$

$=4-\frac{32}{3}+8=\mathbf{\frac{4}{3}}$ ← 답

(2) $S=\int_{-1}^0 \{-(-x^3+x^2+2x)\}\,dx+\int_0^2 (-x^3+x^2+2x)\,dx$

$=\left[\frac{1}{4}x^4-\frac{1}{3}x^3-x^2\right]_{-1}^0+\left[-\frac{1}{4}x^4+\frac{1}{3}x^3+x^2\right]_0^2=\frac{5}{12}+\frac{8}{3}=\mathbf{\frac{37}{12}}$ ← 답

**유제 10-2.** 아래 그림의 점 찍은 부분의 넓이를 구하여라.

(1)

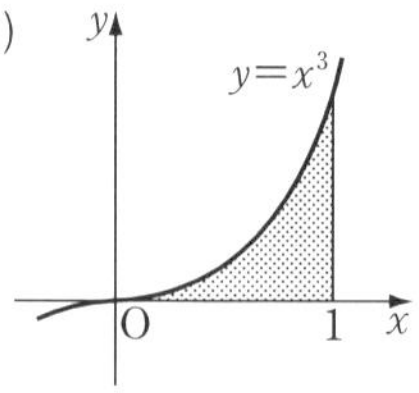


(2)

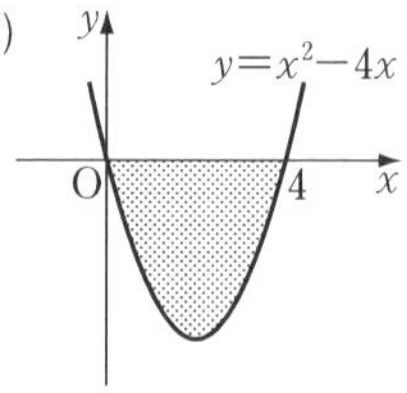


(3)

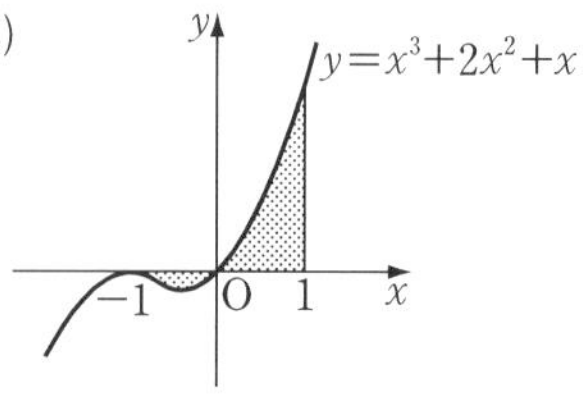


답 (1) $\mathbf{\frac{1}{4}}$ (2) $\mathbf{\frac{32}{3}}$ (3) $\mathbf{\frac{3}{2}}$

# § 2. 정적분의 계산

## 1 정적분의 기본 공식

부정적분에서 다음과 같은 기본 공식이 성립함을 공부하였다. ⇦ p. 136

$$\int kf(x)dx=k\int f(x)dx \text{ (단, } k\text{는 0이 아닌 상수)}$$

$$\int \{f(x)\pm g(x)\}dx=\int f(x)dx\pm\int g(x)dx \text{ (복부호동순)}$$

이와 같은 공식이 정적분에서도 성립하는지 알아보자.

두 함수 $f(x)$, $g(x)$의 한 부정적분을 각각 $\mathrm{F}(x)$, $\mathrm{G}(x)$라고 하자.

$k$가 0이 아닌 상수일 때,

$$\int kf(x)dx=k\int f(x)dx=k\mathrm{F}(x)+\mathrm{C} \text{ (단, C는 적분상수)}$$

이므로

$$\int_a^b kf(x)dx=\Big[k\mathrm{F}(x)\Big]_a^b=k\mathrm{F}(b)-k\mathrm{F}(a)=k\{\mathrm{F}(b)-\mathrm{F}(a)\}=k\int_a^b f(x)dx$$

이고, 이것은 $k=0$일 때에도 성립한다. 또,

$$\int \{f(x)+g(x)\}dx=\int f(x)dx+\int g(x)dx$$
$$=\mathrm{F}(x)+\mathrm{G}(x)+\mathrm{C} \text{ (단, C는 적분상수)}$$

이므로

$$\int_a^b \{f(x)+g(x)\}dx=\Big[\mathrm{F}(x)+\mathrm{G}(x)\Big]_a^b=\{\mathrm{F}(b)+\mathrm{G}(b)\}-\{\mathrm{F}(a)+\mathrm{G}(a)\}$$
$$=\{\mathrm{F}(b)-\mathrm{F}(a)\}+\{\mathrm{G}(b)-\mathrm{G}(a)\}$$
$$=\int_a^b f(x)dx+\int_a^b g(x)dx$$

이다. 마찬가지 방법으로 하면 다음이 성립함도 확인할 수 있다.

$$\int_a^b \{f(x)-g(x)\}dx=\int_a^b f(x)dx-\int_a^b g(x)dx$$

한편 세 실수 $a$, $b$, $c$를 포함하는 구간에서 연속인 함수 $f(x)$의 한 부정적분을 $\mathrm{F}(x)$라고 하면 다음이 성립한다.

$$\int_a^c f(x)dx+\int_c^b f(x)dx=\Big[\mathrm{F}(x)\Big]_a^c+\Big[\mathrm{F}(x)\Big]_c^b$$
$$=\{\mathrm{F}(c)-\mathrm{F}(a)\}+\{\mathrm{F}(b)-\mathrm{F}(c)\}$$
$$=\mathrm{F}(b)-\mathrm{F}(a)=\int_a^b f(x)dx$$

다음은 이와 같은 정적분의 기본 공식을 정리한 것이다. 이들은 모두 $a$, $b$, $c$의 대소에 관계없이 성립한다.

**기본정석** — **정적분의 기본 공식**

(1) $\displaystyle\int_a^b kf(x)dx=k\int_a^b f(x)dx$ (단, $k$는 상수)

(2) $\displaystyle\int_a^b \{f(x)\pm g(x)\}dx=\int_a^b f(x)dx\pm\int_a^b g(x)dx$ (복부호동순)

(3) $\displaystyle\int_a^b f(x)dx=\int_a^c f(x)dx+\int_c^b f(x)dx$

*Advice* | (3)은 다음과 같이 이해해도 된다.

오른쪽 그림에서 $a<c<b$이고 $f(x)\ge 0$일 때, 구간 $[a,\ b]$에서의 넓이는 두 구간 $[a,\ c]$, $[c,\ b]$에서의 넓이의 합과 같다.

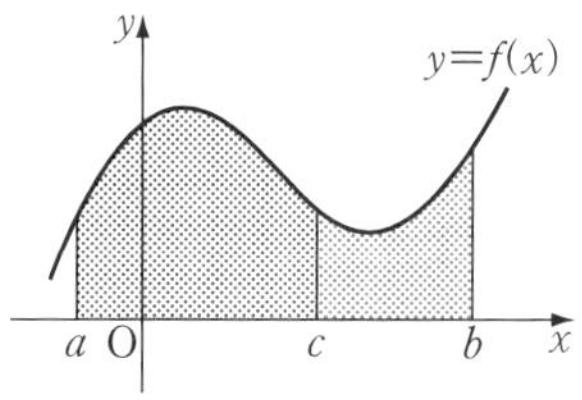


**보기** 1 다음 정적분의 값을 구하여라.

(1) $\displaystyle\int_1^3(x^2-4x)dx$

(2) $\displaystyle\int_0^2(x^2+3)dx+\int_2^0(3-x^2)dx$ (3) $\displaystyle\int_0^1(4x^3-2x)dx+\int_1^3(4x^3-2x)dx$

연구 (1) $\displaystyle(\text{준 식})=\int_1^3 x^2dx-4\int_1^3 x\,dx=\left[\frac{1}{3}x^3\right]_1^3-4\left[\frac{1}{2}x^2\right]_1^3$

$\displaystyle=\frac{1}{3}(3^3-1^3)-2(3^2-1^2)=-\boldsymbol{\frac{22}{3}}$

(2) $\displaystyle(\text{준 식})=\int_0^2(x^2+3)dx-\int_0^2(3-x^2)dx=\int_0^2\{(x^2+3)-(3-x^2)\}dx$

$\displaystyle=\int_0^2 2x^2dx=2\int_0^2 x^2dx=2\left[\frac{1}{3}x^3\right]_0^2=\frac{2}{3}\times 2^3=\boldsymbol{\frac{16}{3}}$

(3) $\displaystyle(\text{준 식})=\int_0^3(4x^3-2x)dx=4\int_0^3 x^3dx-2\int_0^3 x\,dx$

$\displaystyle=4\left[\frac{1}{4}x^4\right]_0^3-2\left[\frac{1}{2}x^2\right]_0^3=3^4-3^2=\mathbf{72}$

**Note* 위에서 (1), (3)은 기본 공식을 적용하는 방법을 연습하기 위한 것이고, 실제로는 다음과 같이 하면 된다.

(1) $\displaystyle(\text{준 식})=\left[\frac{1}{3}x^3-2x^2\right]_1^3=\frac{1}{3}(3^3-1^3)-2(3^2-1^2)=-\boldsymbol{\frac{22}{3}}$

(3) $\displaystyle(\text{준 식})=\int_0^3(4x^3-2x)dx=\left[x^4-x^2\right]_0^3=3^4-3^2=\mathbf{72}$

기본 문제 10-3 다음 등식이 성립함을 증명하여라.

$$\int_{\alpha}^{\beta} a(x-\alpha)(x-\beta)dx=-\frac{a}{6}(\beta-\alpha)^3 \text{ (단, } a\text{는 상수)}$$

정석연구 $(x-\alpha)(x-\beta)$를 전개하여 부정적분을 구한다. 정적분의 값은

**정석** $\left[\boldsymbol{ax^3+bx^2+cx}\right]_{\alpha}^{\beta}=\boldsymbol{a(\beta^3-\alpha^3)+b(\beta^2-\alpha^2)+c(\beta-\alpha)}$

를 이용하여 구하는 것이 능률적이다.

모범답안 (좌변) $=a\int_{\alpha}^{\beta}\left\{x^2-(\alpha+\beta)x+\alpha\beta\right\}dx$

$$=a\left[\frac{1}{3}x^3-\frac{1}{2}(\alpha+\beta)x^2+\alpha\beta x\right]_{\alpha}^{\beta}$$

$$=a\left\{\frac{1}{3}(\beta^3-\alpha^3)-\frac{1}{2}(\alpha+\beta)(\beta^2-\alpha^2)+\alpha\beta(\beta-\alpha)\right\}$$

$$=\frac{a}{6}(\beta-\alpha)\left\{2(\beta^2+\alpha\beta+\alpha^2)-3(\alpha+\beta)^2+6\alpha\beta\right\}$$

$$=-\frac{a}{6}(\beta-\alpha)(\beta^2-2\alpha\beta+\alpha^2)=-\frac{a}{6}(\beta-\alpha)^3$$

*Advice* | 위의 등식의 좌변은 $a\neq0$인 경우

$a(x-\alpha)(x-\beta)=0$

의 두 근이

$\alpha$(아래끝), $\beta$(위끝)

으로 되어 있는 특수한 꼴로서 포물선

$y=a(x-\alpha)(x-\beta)$

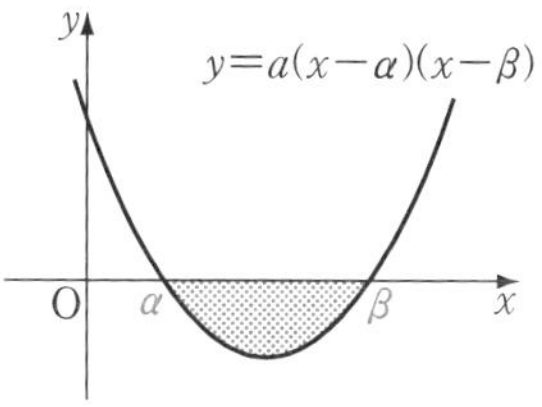


와 $x$축으로 둘러싸인 도형의 넓이를 구할 때 나타나는 꼴이다.

따라서 공식으로 기억해 두고서 활용하면 편리하다.

**정석** $\displaystyle\int_{\alpha}^{\beta}\boldsymbol{a(x-\alpha)(x-\beta)dx=-\frac{a}{6}(\beta-\alpha)^3}$

이를테면 $\displaystyle\int_{1}^{2}3(x-1)(x-2)dx=-\frac{3}{6}(2-1)^3=-\frac{1}{2}$ 이다.

유제 **10**-3. 다음 정적분의 값을 구하여라.

(1) $\displaystyle\int_{2}^{3}(x^2-5x+6)dx$ (2) $\displaystyle\int_{0}^{2}(2x-x^2)dx$ (3) $\displaystyle\int_{1}^{3}2(x-1)(3-x)dx$

답 (1) $-\frac{1}{6}$ (2) $\frac{4}{3}$ (3) $\frac{8}{3}$

기본 문제 **10**-4 다음 정적분의 값을 구하여라.

(1) $\int_1^2 (\sqrt{x}+1)^3 dx - \int_1^2 (\sqrt{x}-1)^3 dx$ (2) $\int_0^{\frac{1}{2}} \frac{x^3}{x-1} dx + \int_{\frac{1}{2}}^0 \frac{1}{y-1} dy$

정석연구 피적분함수가 무리함수 또는 다항함수가 아닌 유리함수이므로 부정적분을 바로 구할 수는 없다. 이런 경우

**정 석** $a$, $b$가 실수일 때

(i) $\int_a^b f(x)dx = \int_a^b f(t)dt$

(ii) $\int_a^b f(x)dx = -\int_b^a f(x)dx$

(iii) $\int_a^b f(x)dx \pm \int_a^b g(x)dx = \int_a^b \{f(x) \pm g(x)\} dx$ (복부호동순)

를 이용하여 피적분함수를 다항함수로 바꾸어 보아라.

모범답안 (1) (준 식)$=\int_1^2 \{(\sqrt{x}+1)^3 - (\sqrt{x}-1)^3\} dx = \int_1^2 (6x+2)dx$

$=\Big[3x^2+2x\Big]_1^2 = 3(2^2-1^2)+2(2-1) = \mathbf{11}$ ← 답

(2) (준 식)$=\int_0^{\frac{1}{2}} \frac{x^3}{x-1} dx + \int_{\frac{1}{2}}^0 \frac{1}{x-1} dx = \int_0^{\frac{1}{2}} \frac{x^3}{x-1} dx - \int_0^{\frac{1}{2}} \frac{1}{x-1} dx$

$=\int_0^{\frac{1}{2}} \frac{x^3-1}{x-1} dx = \int_0^{\frac{1}{2}} \frac{(x-1)(x^2+x+1)}{x-1} dx = \int_0^{\frac{1}{2}} (x^2+x+1)dx$

$=\Big[\frac{1}{3}x^3 + \frac{1}{2}x^2 + x\Big]_0^{\frac{1}{2}} = \frac{1}{3} \times \left(\frac{1}{2}\right)^3 + \frac{1}{2} \times \left(\frac{1}{2}\right)^2 + \frac{1}{2} = \mathbf{\frac{2}{3}}$ ← 답

*Advice* | 부정적분에서는 적분변수가 같으면

$$\int f(x)dx \pm \int g(x)dx = \int \{f(x) \pm g(x)\} dx$$

와 같이 피적분함수를 모아서 계산할 수 있다.

정적분에서는 적분변수가 다르더라도 아래끝과 위끝이 각각 같으면

$$\int_a^b f(x)dx \pm \int_a^b g(t)dt = \int_a^b f(x)dx \pm \int_a^b g(x)dx = \int_a^b \{f(x) \pm g(x)\} dx$$

와 같이 적분변수를 맞춘 다음 피적분함수를 모아서 계산할 수 있다.

유제 **10**-4. 다음 정적분의 값을 구하여라.

(1) $\int_0^1 (x+1)^3 dx - \int_0^1 (x-1)^3 dx$ (2) $\int_0^2 \frac{x^3}{x-4} dx + \int_2^0 \frac{4y^2}{y-4} dy$

답 (1) **4** (2) $\mathbf{\frac{8}{3}}$

**기본 문제 10-5** 다음 정적분의 값을 구하여라.

(1) $\displaystyle\int_{-3}^{3}(2x^7+5x^5-x^3+3x^2+x+2)dx$

(2) $\displaystyle\int_{-2}^{0}(4x^7+3x^3+6x^2+2)dx-\int_{2}^{0}(4x^7+3x^3+6x^2+2)dx$

정석연구 위끝, 아래끝의 부호가 다르고 절댓값이 같다는 특징을 가진 문제이다.

(i) $f(x)$가 우함수, 곧 $f(-x)=f(x)$일 때에는 아래 왼쪽 그림에서

$$\int_{-a}^{a}f(x)dx=\mathrm{S}+\mathrm{S}=2\mathrm{S}=2\int_{0}^{a}f(x)dx$$

(ii) $f(x)$가 기함수, 곧 $f(-x)=-f(x)$일 때에는 아래 오른쪽 그림에서

$$\int_{-a}^{a}f(x)dx=-\mathrm{S}+\mathrm{S}=0$$

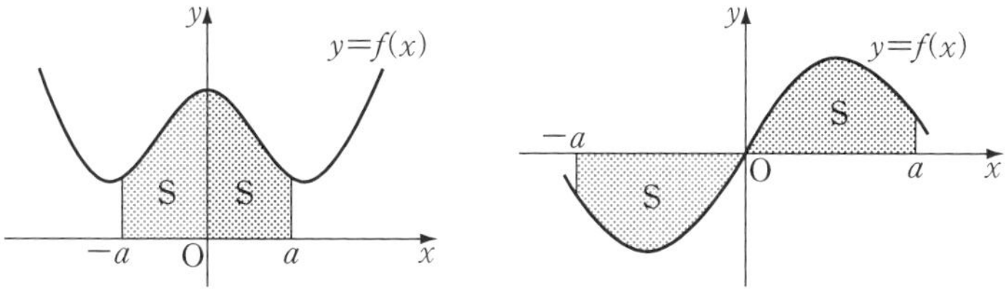


**정석** $f(-x)=f(x)$ (우함수) $\Longrightarrow$ $\displaystyle\int_{-a}^{a}f(x)dx=2\int_{0}^{a}f(x)dx$

$f(-x)=-f(x)$ (기함수) $\Longrightarrow$ $\displaystyle\int_{-a}^{a}f(x)dx=0$

모범답안 (1) (준 식)$\displaystyle=\int_{-3}^{3}(2x^7+5x^5-x^3+x)dx+\int_{-3}^{3}(3x^2+2)dx$

$\displaystyle=0+2\int_{0}^{3}(3x^2+2)dx=2\Big[x^3+2x\Big]_0^3=2\times33=\mathbf{66}$ ← 답

(2) (준 식)$\displaystyle=\int_{-2}^{0}(4x^7+3x^3+6x^2+2)dx+\int_{0}^{2}(4x^7+3x^3+6x^2+2)dx$

$\displaystyle=\int_{-2}^{2}(4x^7+3x^3+6x^2+2)dx=\int_{-2}^{2}(4x^7+3x^3)dx+\int_{-2}^{2}(6x^2+2)dx$

$\displaystyle=0+2\int_{0}^{2}(6x^2+2)dx=2\Big[2x^3+2x\Big]_0^2=2\times20=\mathbf{40}$ ← 답

유제 **10**-5. 다음 정적분의 값을 구하여라.

(1) $\displaystyle\int_{-1}^{1}x^3(1-x)^2dx$ (2) $\displaystyle\int_{-1}^{0}(x^5+x^3)dx+\int_{0}^{1}(x^5+x^3)dx$

답 (1) $-\dfrac{4}{5}$ (2) **0**

기본 문제 **10**-6 함수 $f(x)=\begin{cases} x^2+1 & (x\le1) \\ -x+3 & (x\ge1) \end{cases}$ 에 대하여 다음 정적분의 값을 구하여라.

(1) $\int_{-1}^{1} f(x)dx$ (2) $\int_{0}^{3} f(x)dx$ (3) $\int_{0}^{3} xf(x)dx$

정석연구 적분구간 안에서 함수가 다를 때에는 적분구간을 나누어서 적분한다. 곧,

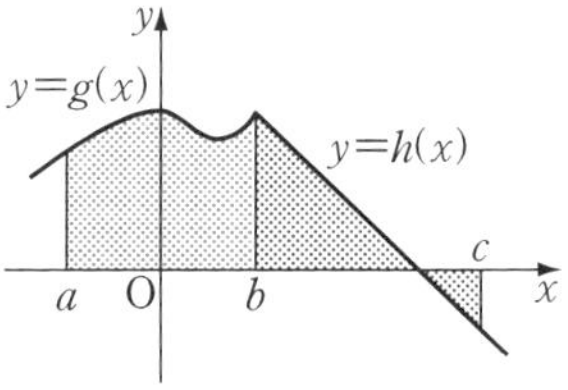


**정석** $\boldsymbol{f(x)=\begin{cases} g(x) & (a\le x\le b) \\ h(x) & (b\le x\le c) \end{cases}}$ 일 때,

$$\int_{a}^{c} f(x)dx=\int_{a}^{b} g(x)dx+\int_{b}^{c} h(x)dx$$

이 문제의 경우 오른쪽 그림을 참조하면

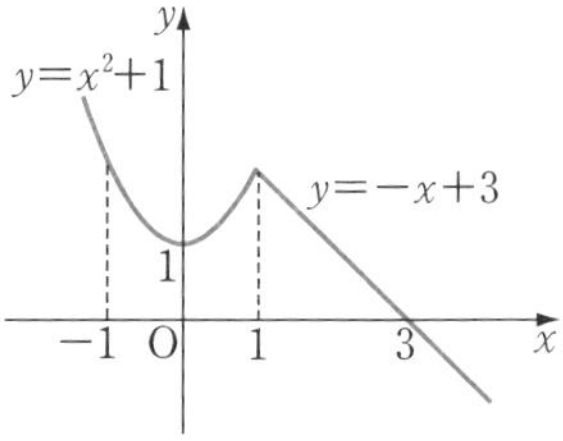


(1) 적분구간이 $[-1, 1]$ 이므로
$f(x)=x^2+1$

(2), (3) 적분구간이 $[0, 3]$ 이므로
구간 $[0, 1]$ 에서 $f(x)=x^2+1$,
구간 $[1, 3]$ 에서 $f(x)=-x+3$

을 대입하여 적분하면 된다.

모범답안 (1) $\int_{-1}^{1} f(x)dx=\int_{-1}^{1}(x^2+1)dx=2\left[\frac{1}{3}x^3+x\right]_0^1=2\times\frac{4}{3}=\boldsymbol{\frac{8}{3}}$ ← 답

(2) $\int_{0}^{3} f(x)dx=\int_{0}^{1} f(x)dx+\int_{1}^{3} f(x)dx=\int_{0}^{1}(x^2+1)dx+\int_{1}^{3}(-x+3)dx$

$=\left[\frac{1}{3}x^3+x\right]_0^1+\left[-\frac{1}{2}x^2+3x\right]_1^3=\frac{4}{3}+2=\boldsymbol{\frac{10}{3}}$ ← 답

(3) $\int_{0}^{3} xf(x)dx=\int_{0}^{1} xf(x)dx+\int_{1}^{3} xf(x)dx=\int_{0}^{1} x(x^2+1)dx+\int_{1}^{3} x(-x+3)dx$

$=\left[\frac{1}{4}x^4+\frac{1}{2}x^2\right]_0^1+\left[-\frac{1}{3}x^3+\frac{3}{2}x^2\right]_1^3=\frac{3}{4}+\frac{10}{3}=\boldsymbol{\frac{49}{12}}$ ← 답

유제 **10**-6. 함수 $y=f(x)$의 그래프가 오른쪽과 같을 때, 다음 정적분의 값을 구하여라.

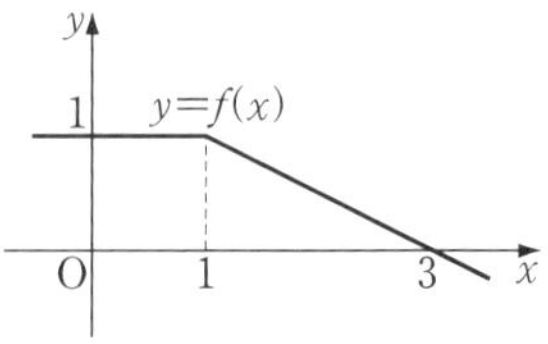


(1) $\int_{0}^{3} f(x)dx$ (2) $\int_{0}^{3} xf(x)dx$

답 (1) **2** (2) $\boldsymbol{\frac{13}{6}}$

**기본 문제 10-7** 다음 정적분의 값을 구하여라.

(1) $\displaystyle\int_0^1 |x-1|\,dx$ (2) $\displaystyle\int_0^3 |x-1|\,dx$ (3) $\displaystyle\int_0^2 |x^2-x|\,dx$

정석연구 적분구간 안에서 절댓값 기호 안의 부호가 양수인지 음수인지를 판정하여 먼저 절댓값 기호를 없앤다. 이를테면 $y=|x|$일 때

(i) 구간 $[0, 2]$에서 $|x|=x$이므로

$$\int_0^2 |x|\,dx=\int_0^2 x\,dx$$

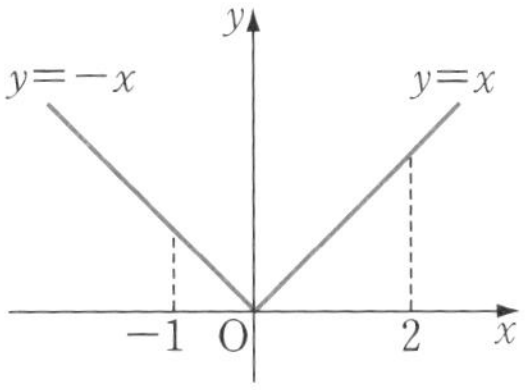


(ii) 구간 $[-1, 0]$에서 $|x|=-x$이므로

$$\int_{-1}^0 |x|\,dx=\int_{-1}^0 (-x)\,dx$$

(iii) 구간 $[-1, 2]$에서는 $x$의 부호가 $x=0$을 경계로 하여 바뀐다. 따라서 다음과 같이 적분구간을 $[-1, 0]$과 $[0, 2]$로 나눈다.

$$\int_{-1}^2 |x|\,dx=\int_{-1}^0 |x|\,dx+\int_0^2 |x|\,dx=\int_{-1}^0 (-x)\,dx+\int_0^2 x\,dx$$

모범답안 (1) $\displaystyle\int_0^1 |x-1|\,dx=\int_0^1 (-x+1)\,dx=\left[-\frac{1}{2}x^2+x\right]_0^1=\mathbf{\frac{1}{2}}$ ← 답

(2) $\displaystyle\int_0^3 |x-1|\,dx=\int_0^1 |x-1|\,dx+\int_1^3 |x-1|\,dx=\int_0^1 (-x+1)\,dx+\int_1^3 (x-1)\,dx$

$\displaystyle=\left[-\frac{1}{2}x^2+x\right]_0^1+\left[\frac{1}{2}x^2-x\right]_1^3=\frac{1}{2}+2=\mathbf{\frac{5}{2}}$ ← 답

(3) $\displaystyle\int_0^2 |x^2-x|\,dx=\int_0^2 \left|x(x-1)\right|\,dx=\int_0^1 \{-x(x-1)\}\,dx+\int_1^2 x(x-1)\,dx$

$\displaystyle=\left[-\frac{1}{3}x^3+\frac{1}{2}x^2\right]_0^1+\left[\frac{1}{3}x^3-\frac{1}{2}x^2\right]_1^2=\frac{1}{6}+\frac{5}{6}=\mathbf{1}$ ← 답

***Note** 위의 정적분의 값은 각각 아래 그림의 점 찍은 부분의 넓이와 같다.

(1)

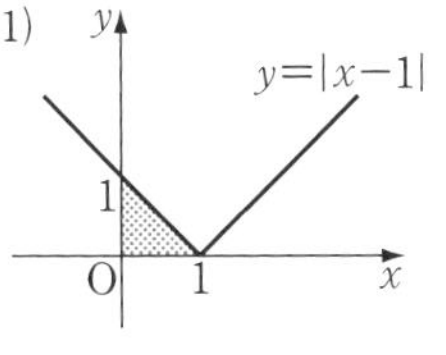


(2)

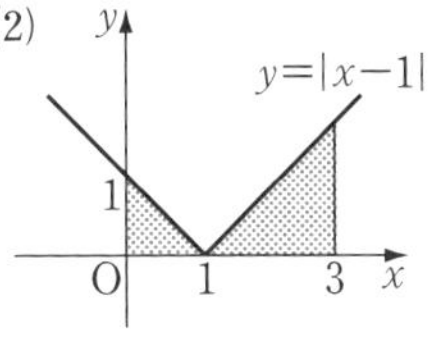


(3)

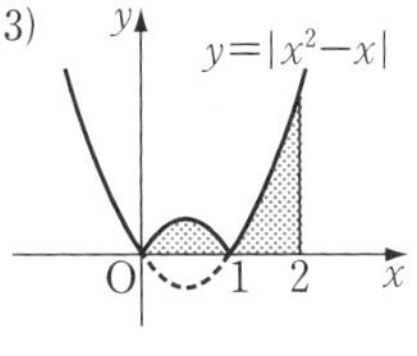


**유제 10-7.** 다음 정적분의 값을 구하여라.

(1) $\displaystyle\int_{-1}^2 \left(x+|x|+1\right)dx$ (2) $\displaystyle\int_0^3 |x^2-4|\,dx$

답 (1) **7** (2) $\mathbf{\frac{23}{3}}$

**기본 문제 10-8** 오른쪽 그림은 미분가능한 함수 $f(x)$의 도함수 $y=f'(x)$의 그래프의 개형이다.

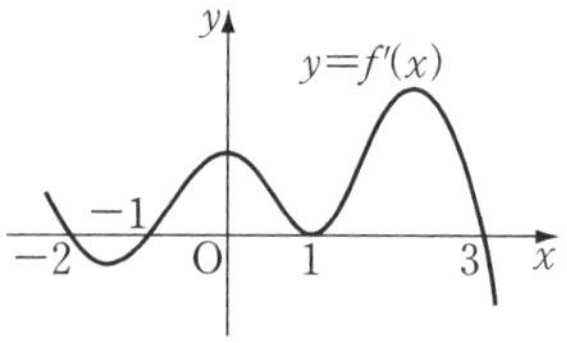


$f(-2)=f(0)=0$, $f(4)>0$일 때, 다음 중 가장 큰 값은? 단, $x<-2$일 때 $f'(x)>0$이고, $x>3$일 때 $f'(x)<0$이다.

① $\int_{-4}^{0} f(x)dx$ ② $\int_{-3}^{1} f(x)dx$ ③ $\int_{-2}^{2} f(x)dx$
④ $\int_{-1}^{3} f(x)dx$ ⑤ $\int_{0}^{4} f(x)dx$

정석연구 $y=f'(x)$의 그래프로부터 $y=f(x)$의 그래프의 개형을 유추해 본다.

**정석** $f(x)$의 증감은 ⟹ $f'(x)$의 부호로 조사한다.

모범답안 $f'(x)=0$의 실근은 $x=-2, -1, 1, 3$이고,

$x<-2$, $-1<x<1$, $1<x<3$일 때 $f'(x)>0$

$-2<x<-1$, $x>3$일 때 $f'(x)<0$

이므로 함수 $f(x)$의 증감표는 아래와 같다.

| $x$ | $\cdots$ | $-2$ | $\cdots$ | $-1$ | $\cdots$ | $1$ | $\cdots$ | $3$ | $\cdots$ |
|---|---|---|---|---|---|---|---|---|---|
| $f'(x)$ | $+$ | $0$ | $-$ | $0$ | $+$ | $0$ | $+$ | $0$ | $-$ |
| $f(x)$ | ↗ | 극대 | ↘ | 극소 | ↗ | | ↗ | 극대 | ↘ |

또, 문제의 조건으로부터

$f(-2)=0$, $f(0)=0$, $f(4)>0$

이므로 $y=f(x)$의 그래프의 개형은 오른쪽과 같다.

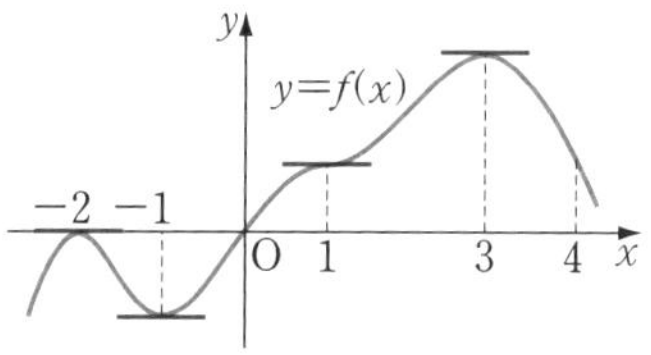


따라서 정적분의 값의 크기를 비교하면

$$\int_{-4}^{0} f(x)dx<\int_{-3}^{1} f(x)dx<\int_{-2}^{2} f(x)dx<\int_{-1}^{3} f(x)dx<\int_{0}^{4} f(x)dx$$ 답 ⑤

유제 **10**-8. 오른쪽 그림은 삼차함수 $f(x)$의 도함수 $y=f'(x)$의 그래프의 개형이다.

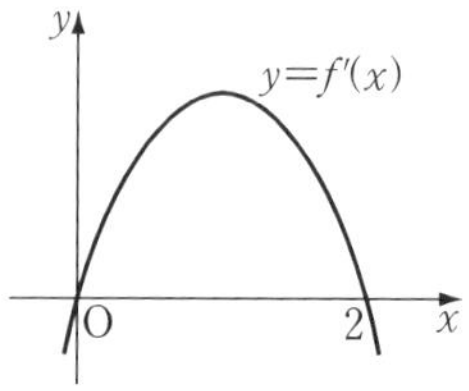


$f(0)=f(3)=0$일 때, 다음 중 $\int_{-1}^{n} f(x)dx$의 값이 최대가 되는 상수 $n$의 값은?

① 0 ② 1 ③ 2 ④ 3 ⑤ 4

답 ④

기본 문제 **10**-9 다음 물음에 답하여라.

(1) $f(x)=ax^2+bx+1$이 다음 두 조건을 만족시킬 때, 상수 $a$, $b$의 값을 구하여라.

(가) $\lim_{x\to1}\frac{f(x)-f(1)}{x-1}=4$　　(나) $\int_0^1 f(x)dx=1$

(2) $f'(x)=6x-a$인 함수 $f(x)$가 다음 두 조건을 만족시킬 때, 상수 $a$의 값과 $f(x)$를 구하여라.

(가) $f(1)=0$　　(나) $\int_0^1 f(x)dx=0$

---

모범답안 (1) $f(x)=ax^2+bx+1$이므로　$f'(x)=2ax+b$

조건 (가)에서 $f'(1)=4$이므로　$2a+b=4$ ……①

조건 (나)에서

$$\int_0^1 f(x)dx=\int_0^1(ax^2+bx+1)dx=\left[\frac{1}{3}ax^3+\frac{1}{2}bx^2+x\right]_0^1$$

$$=\frac{1}{3}a+\frac{1}{2}b+1=1 \quad \therefore\ 2a+3b=0 \qquad \cdots\cdots②$$

①, ②를 연립하여 풀면　$\boldsymbol{a=3,\ b=-2}$ ← 답

(2) $f'(x)=6x-a$이므로　$f(x)=3x^2-ax+\mathrm{C}$ ……①

조건 (가)에서 $f(1)=0$이므로　$3-a+\mathrm{C}=0$ ……②

조건 (나)에서 $\int_0^1 f(x)dx=0$이므로　$\int_0^1(3x^2-ax+\mathrm{C})dx=0$

$$\therefore\ \left[x^3-\frac{1}{2}ax^2+\mathrm{C}x\right]_0^1=0 \quad \therefore\ 1-\frac{1}{2}a+\mathrm{C}=0 \qquad \cdots\cdots③$$

②, ③을 연립하여 풀면　$a=4$, $\mathrm{C}=1$

이 값을 ①에 대입하면　$f(x)=3x^2-4x+1$

답 $\boldsymbol{a=4,\ f(x)=3x^2-4x+1}$

유제 **10**-9. 다음을 만족시키는 일차함수 $f(x)$를 구하여라.

$f(2)=0,\ \int_0^1 xf(x)dx=\frac{1}{3}$　　답 $\boldsymbol{f(x)=-\frac{1}{2}x+1}$

유제 **10**-10. 곡선 $y=f(x)$ 위의 점 $(x,\ y)$에서의 접선의 기울기는 $2x-1$이다. $\int_0^2 f(x)dx=13$일 때, $\int_0^1 f(x)dx$의 값을 구하여라.　답 **6**

유제 **10**-11. 다음을 만족시키는 이차함수 $f(x)$를 구하여라.

$f(0)=2,\ \int_0^1 f(x)dx=3,\ \int_0^1 xf(x)dx=2$　　답 $\boldsymbol{f(x)=12x^2-6x+2}$

**기본 문제 10-10** 다음 등식을 만족시키는 다항함수 $f(x)$를 구하여라.

(1) $f(x)=2x+\int_0^2 f(x)dx$ (2) $f(x)=x^2-x+\int_0^1 xf'(x)dx$

정석연구 이를테면

$$\int_0^1(3x^2+2x-1)dx=\Big[x^3+x^2-x\Big]_0^1=1$$

과 같이 정적분의 위끝, 아래끝이 상수일 때는 그 정적분의 값도 상수이다.

따라서 (1)과 (2)에서

$$\int_0^2 \boldsymbol{f(x)dx=p} \ (\boldsymbol{p}\text{는 상수}), \qquad \int_0^1 \boldsymbol{xf'(x)dx=q} \ (\boldsymbol{q}\text{는 상수})$$

로 놓을 수 있다.

**정석** $\boldsymbol{a, b}$가 상수일 때 $\int_a^b \boldsymbol{f(x)dx} \Longrightarrow$ 일정(상수)

모범답안 (1) $f(x)=2x+\int_0^2 f(x)dx$ ······①

$\int_0^2 f(x)dx=p$로 놓으면 $f(x)=2x+p$ ······②

②를 ①에 대입하면

$$2x+p=2x+\int_0^2(2x+p)dx \qquad \text{곧, } p=\int_0^2(2x+p)dx$$

$$\therefore\ p=\Big[x^2+px\Big]_0^2 \qquad \therefore\ p=4+2p \qquad \therefore\ p=-4$$

이 값을 ②에 대입하면 $\boldsymbol{f(x)=2x-4}$ ← 답

*Note ②를 ①에 대입하지 않고 $\int_0^2 f(x)dx=p$에 대입해도 된다.

(2) $f(x)=x^2-x+\int_0^1 xf'(x)dx$ ······①

$\int_0^1 xf'(x)dx=q$로 놓으면 $f(x)=x^2-x+q$ ······②

이고 $f'(x)=2x-1$이므로 이를 ①에 대입하면

$$x^2-x+q=x^2-x+\int_0^1 x(2x-1)dx$$

$$\therefore\ q=\int_0^1 x(2x-1)dx=\Big[\frac{2}{3}x^3-\frac{1}{2}x^2\Big]_0^1=\frac{1}{6}$$

이 값을 ②에 대입하면 $\boldsymbol{f(x)=x^2-x+\frac{1}{6}}$ ← 답

유제 **10**-12. 다음 등식을 만족시키는 다항함수 $f(x)$를 구하여라.

(1) $f(x)=4x+\int_0^3 xf'(x)dx$ (2) $f(x)=x^3-3x+\int_0^2 f(x)dx$

답 (1) $\boldsymbol{f(x)=4x+18}$ (2) $\boldsymbol{f(x)=x^3-3x+2}$

## 연습문제 10

**10-1** $\int_0^2 (3x^2+a)dx=10$일 때, 상수 $a$의 값은?

① 1　② 2　③ 3　④ 4　⑤ 5

**10-2** 다음 정적분의 값을 구하여라.

(1) $\int_{2-\sqrt{2}}^{2+\sqrt{2}} 3(x^2-4x+2)dx$　(2) $\int_0^1 \left(x^2+\frac{1}{3}x^4+\frac{1}{5}x^6+\cdots+\frac{1}{19}x^{20}\right)dx$

(3) $\int_{-2}^{2} \left|(x-1)(x^2+x+1)\right|dx$

**10-3** 수열 $\{a_n\}$에 대하여 $\sum_{k=1}^{n} a_k=\int_0^n (4x+1)dx$일 때, $a_{10}$은?

① 39　② 41　③ 43　④ 45　⑤ 47

**10-4** 자연수 $n$에 대하여 $a_n=\int_0^1 x^n(1-x)dx$일 때, $\sum_{n=1}^{10} a_n$의 값은?

① $\frac{1}{12}$　② $\frac{1}{6}$　③ $\frac{1}{4}$　④ $\frac{1}{3}$　⑤ $\frac{5}{12}$

**10-5** $\int_0^1 \left(\sum_{k=1}^{n} \frac{1}{k}x^k\right)dx=\frac{12}{13}$를 만족시키는 자연수 $n$의 값은?

① 11　② 12　③ 13　④ 14　⑤ 15

**10-6** 다음 부등식을 만족시키는 자연수 $n$의 최솟값을 구하여라.

$$\int_0^{0.5} \left(\sum_{k=1}^{n} kx^{k-1}\right)dx \geq 0.99$$

**10-7** $\int_0^1 f(x)dx=\int_0^1 xf(x)dx=\int_0^1 x^2f(x)dx=0$이고 $\int_0^1 x^3f(x)dx=1$일 때, $\int_0^1 \left(x-\frac{1}{2}\right)^3 f(x)dx$의 값은?

① $\frac{1}{8}$　② $\frac{1}{4}$　③ $\frac{1}{2}$　④ 1　⑤ 2

**10-8** 자연수 $n$에 대하여 $a_n=\int_n^{n+1} 3t^2dt$일 때, $\sum_{n=1}^{99} a_n$의 값을 구하여라.

**10-9** 실수 $a$, $b$ 중에서 크지 않은 것을 $a \wedge b$로 나타낼 때, $\int_0^3 (x \wedge x^2)dx$의 값을 구하여라.

**10-10** $f(x)=\left||x-2|-3\right|$ 일 때, $\int_0^8 f(x)dx-\int_6^8 f(x)dx+\int_{-2}^0 f(x)dx$ 의 값을 구하여라.

**10-11** 모든 실수 $a$, $b$에 대하여 $\int_a^b f(x)dx-\int_{-b}^{-a} f(x)dx=0$ 을 만족시키는 연속함수 $f(x)$가 있다. $\int_1^5 f(x)dx=5$, $\int_{-5}^{-3} f(x)dx=10$ 일 때, $\int_1^3 f(x)dx$ 의 값을 구하여라.

**10-12** $0\le x\le 1$ 에서 $y=f(x)$의 그래프가 오른쪽과 같고, 모든 실수 $x$에 대하여

$$f(-x)=f(x),\quad f(x)=f(x+2)$$

가 성립할 때, $\int_{-5}^5 f(x)dx$ 의 값은?

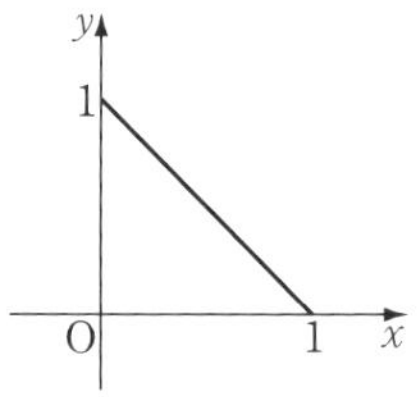


① 3 ② 4 ③ 5 ④ 6 ⑤ 7

**10-13** 연속함수 $f(x)$가 다음 세 조건을 만족시킨다.

(가) 모든 실수 $x$에 대하여 $f(2+x)=f(2-x)$

(나) $\int_{-2}^2 f(x)dx=2k+4$ (다) $\int_0^6 f(x)dx=k^2$

$\int_0^4 f(x)dx$ 의 값이 최소가 되는 상수 $k$의 값을 구하여라.

**10-14** 다음 등식을 만족시키는 실수 $a$의 값을 구하여라.

(1) $\int_0^a |x^2-1|dx=a\ (a\ge 1)$

(2) $\int_0^1 |x-a|dx=\dfrac{5}{2}\ (a\ge 0)$

**10-15** $x=1$, $3$에서 극값을 가지는 삼차함수 $y=f(x)$의 그래프가 오른쪽과 같을 때, $\int_0^3 \left|f'(x)\right|dx$ 의 값을 구하여라.

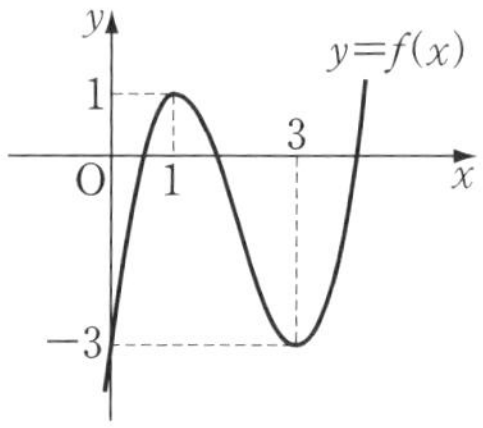


**10-16** 최고차항의 계수가 양수인 삼차함수 $f(x)$가 다음 두 조건을 만족시킬 때, $f(x)$의 극솟값을 구하여라.

(가) 함수 $f(x)$는 $x=0$, $1$에서 극값을 가진다.

(나) 1보다 큰 모든 실수 $t$에 대하여 $\int_0^t \left|f'(x)\right|dx=f(t)+f(0)$이다.

**10-17** 삼차함수 $f(x)=x^3-3x-1$에 대하여 구간 $[-1,\ t]$에서 $\left|f(x)\right|$의 최댓값을 $g(t)$라고 할 때, $\int_{-1}^2 g(t)dt$ 의 값을 구하여라. 단, $t\ge -1$이다.

**10-18** 양수 $a$에 대하여 삼차함수 $f(x)=-x(x+a)(x-a)$가 $x=b$에서 극댓값을 가진다. $\int_{-b}^{a}f(x)dx=p$, $\int_{b}^{a+b}f(x-b)dx=q$일 때, $\int_{-b}^{a}\left|f(x)\right|dx$의 값을 $p$, $q$로 나타내어라.

**10-19** 함수 $f(x)=x^3$에 대하여 $y=f(x)$의 그래프를 $x$축의 방향으로 $a$만큼, $y$축의 방향으로 $b$만큼 평행이동했더니 함수 $y=g(x)$의 그래프와 일치하였다. $g(0)=0$이고 $\int_{a}^{3a}g(x)dx-\int_{0}^{2a}f(x)dx=32$일 때, 양수 $a$, $b$의 값을 구하여라.

**10-20** 다항함수 $f(x)$가 모든 실수 $x$에 대하여
$f(x)=3x^2+\int_{0}^{1}(2x-1)f(t)dt$를 만족시킬 때, $\int_{0}^{1}f(x)dx$의 값은?

① 1 ② 2 ③ 3 ④ 4 ⑤ 5

**10-21** 다항함수 $f(x)$가 모든 실수 $x$에 대하여

$$f(x)=4x^3+3x^2+2x\int_{0}^{1}f(x)dx+\int_{0}^{2}f(x)dx$$

를 만족시킬 때, $\int_{1}^{2}f(x)dx$의 값을 구하여라.

**10-22** 모든 실수 $x$에 대하여 $f(x)=1+\int_{-1}^{1}(x^2-t)f(t)dt$를 만족시키는 다항함수 $f(x)$를 구하여라.

**10-23** 두 다항함수 $f(x)$, $g(x)$가 다음을 만족시킬 때, $f(2)g(2)$의 값은?

$$f(x)=x+1+\int_{0}^{2}g(t)dt,\quad g(x)=2x-3+\int_{0}^{1}f(t)dt$$

① 1 ② 2 ③ 3 ④ 4 ⑤ 5

**10-24** 모든 일차함수 $g(x)$에 대하여 $\int_{-1}^{1}(x^2+ax+b)g(x)dx=0$이 성립하도록 상수 $a$, $b$의 값을 정하여라.

**10-25** 삼차 이하의 모든 다항함수 $f(x)$에 대하여

$$\int_{-1}^{1}f(x)dx=f\left(-\sqrt{\frac{1}{2}}\right)p+f(0)q+f\left(\sqrt{\frac{1}{2}}\right)p$$

가 성립하도록 상수 $p$, $q$의 값을 정하여라.

**10-26** 다항함수 $f(x)$가 모든 실수 $x$에 대하여
$f\big(f(x)\big)=\int_{0}^{x}f(t)dt-x^2+3x+3$을 만족시킬 때, $f(1)$의 값을 구하여라.

# 11. 정적분으로 정의된 함수

정적분으로 정의된 함수

## § 1. 정적분으로 정의된 함수

### 1 정적분과 미분의 관계

이를테면 위끝이 변수 $x$이고 아래끝이 상수 1인 정적분

$$\int_1^x (t^3-t^2)dt \qquad \cdots\cdots ⑦$$

을 계산하면

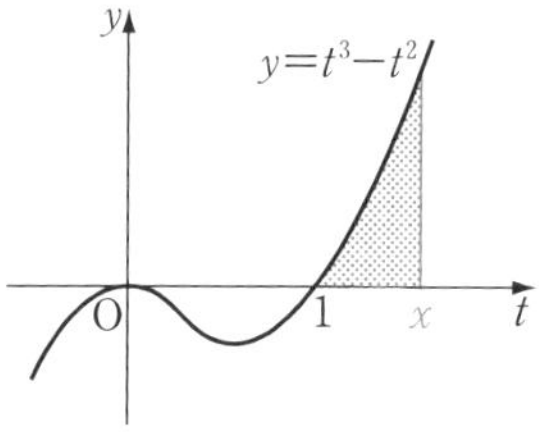


$$\int_1^x (t^3-t^2)dt=\left[\frac{1}{4}t^4-\frac{1}{3}t^3\right]_1^x$$
$$=\frac{1}{4}(x^4-1)-\frac{1}{3}(x^3-1)$$
$$=\frac{1}{4}x^4-\frac{1}{3}x^3+\frac{1}{12}$$

이다. 따라서 ⑦은 위끝 $x$의 함수라는 것을 알 수 있다.

또, ⑦을 $x$에 관하여 미분하면

$$\frac{d}{dx}\int_1^x (t^3-t^2)dt=\frac{d}{dx}\left(\frac{1}{4}x^4-\frac{1}{3}x^3+\frac{1}{12}\right)=x^3-x^2$$

이다. 따라서 이 식은 ⑦에서 피적분함수의 $t$에 $x$를 대입한 것과 같다.

일반적으로 $f(x)$가 연속함수이고 $a$가 상수일 때, $f(x)$의 한 부정적분을 $\mathrm{F}(x)$라고 하면

$$\int_a^x f(t)dt=\Big[\mathrm{F}(t)\Big]_a^x=\mathrm{F}(x)-\mathrm{F}(a) \qquad \cdots\cdots ㉡$$

이므로 $\int_a^x f(t)dt$는 $x$의 함수이다.

②를 $x$에 관하여 미분하면

$$\frac{d}{dx}\int_a^x f(t)dt=\frac{d}{dx}\{\mathrm{F}(x)-\mathrm{F}(a)\}=\mathrm{F}'(x)=f(x)$$

이상을 정리하면 다음과 같다.

**기본정석** 정적분과 미분의 관계

$f(x)$가 연속함수일 때, 상수 $a$와 임의의 실수 $x$에 대하여

$$\frac{d}{dx}\int_a^x f(t)dt=f(x)$$

*Advice* | 위의 관계는 피적분함수에 변수 $x$가 포함된 경우에는 성립하지 않는다는 것에 주의해야 한다.

이를테면

$$\frac{d}{dx}\int_a^x xf(t)dt\neq xf(x)$$

이다. 이 경우 $x$는 적분변수 $t$에 대해서는 상수이므로 먼저

$\int_a^x xf(t)dt=x\int_a^x f(t)dt$로 변형한 다음, $x$에 관하여 미분해야 한다.

⇦ 기본 문제 11-1

## 2 정적분으로 정의된 함수의 미분

정적분으로 정의된 함수를 미분할 때에는 정적분과 미분의 관계에 따른 다음 **정석**을 이용한다.

**정석** $f(x)$가 연속함수일 때

$$\frac{d}{dx}\int_a^x f(t)dt=f(x)\ (\text{단, } a\text{는 상수})$$

한편 연속함수 $f(x)$의 한 부정적분을 $\mathrm{F}(x)$라고 할 때, 다음과 같이 위끝과 아래끝에 모두 변수 $x$가 있는 경우

$$\int_x^{x+a} f(t)dt=\Big[\mathrm{F}(t)\Big]_x^{x+a}=\mathrm{F}(x+a)-\mathrm{F}(x)$$ ⇦ $a$는 상수

이므로

$$\frac{d}{dx}\int_x^{x+a} f(t)dt=\frac{d}{dx}\{\mathrm{F}(x+a)-\mathrm{F}(x)\}=\mathrm{F}'(x+a)-\mathrm{F}'(x)$$
$$=f(x+a)-f(x)$$

이다.

마찬가지 방법으로 하면

$$\frac{d}{dx}\int_{x+a}^{x+b} f(t)dt=f(x+b)-f(x+a)$$ ⇦ $a$, $b$는 상수

임을 알 수 있다.

이상을 정리하면 다음과 같다.

**기본정석** **정적분으로 정의된 함수의 미분**

$f(x)$가 연속함수일 때

(i) $\dfrac{d}{dx}\displaystyle\int_a^x f(t)dt=f(x)$ (단, $a$는 상수)

(ii) $\dfrac{d}{dx}\displaystyle\int_x^{x+a} f(t)dt=f(x+a)-f(x)$ (단, $a$는 상수)

*Advice* 1° 부정적분을 미분하는 경우와 정적분을 미분하는 경우 미분하는 변수에 주의해야 한다. 곧,

부정적분의 경우 : $\dfrac{d}{dx}\displaystyle\int f(x)dx=f(x)$, $\dfrac{d}{dt}\displaystyle\int f(t)dt=f(t)$

정적분의 경우 : $\dfrac{d}{dx}\displaystyle\int_a^x f(t)dt=f(x)$, $\dfrac{d}{dt}\displaystyle\int_a^t f(x)dx=f(t)$

2° 위의 성질은 위끝 또는 아래끝이 $x+a$ ($a$는 상수)의 꼴이 아닌 경우에는 성립하지 않는다.

이를테면 $\dfrac{d}{dx}\displaystyle\int_x^{x^2} 2t\,dt$와 같은 꼴에는 적용할 수 없다. 곧,

$$\frac{d}{dx}\int_x^{x^2} 2t\,dt \neq 2x^2-2x$$

이다. 이때에는 다음과 같이 먼저 정적분을 계산한 다음 미분하면 된다.

$$\frac{d}{dx}\int_x^{x^2} 2t\,dt=\frac{d}{dx}\Big[t^2\Big]_x^{x^2}=\frac{d}{dx}(x^4-x^2)=4x^3-2x$$

**보기** 1 다음 함수를 $x$에 관하여 미분하여라.

(1) $y=\displaystyle\int_2^x (t^4+5t^2-3t+1)dt$ (2) $y=\displaystyle\int_x^{x+1}(2t^2+t)dt$

**연구** (1) $y'=\dfrac{d}{dx}\displaystyle\int_2^x (t^4+5t^2-3t+1)dt=\boldsymbol{x^4+5x^2-3x+1}$

(2) $y'=\dfrac{d}{dx}\displaystyle\int_x^{x+1}(2t^2+t)dt=\{2(x+1)^2+(x+1)\}-(2x^2+x)=\boldsymbol{4x+3}$

기본 문제 **11**-1 다음 함수를 $x$에 관하여 미분하여라.

(1) $y=\int_1^x (x-t)(t+1)dt$　　　(2) $y=\int_x^{x+3} (2x+1)(t-1)dt$

정석연구 피적분함수에 적분변수 $t$와는 다른 변수 $x$가 포함된 경우, $x$는 $t$에 대해서는 상수이므로

**정석** $\int_a^b kf(x)dx=k\int_a^b f(x)dx$ ($k$는 상수)

를 이용하여 식을 변형한 다음 미분해야 한다.

$x$에 관하여 미분할 때는 다음 **정석**을 이용한다.

**정석** $\dfrac{d}{dx}\int_a^x f(t)dt=f(x)$ ($a$는 상수)

$\dfrac{d}{dx}\int_x^{x+a} f(t)dt=f(x+a)-f(x)$ ($a$는 상수)

모범답안 (1) $y=\int_1^x \{x(t+1)-t(t+1)\}dt=x\int_1^x (t+1)dt-\int_1^x t(t+1)dt$

이므로

$$y'=(x)'\int_1^x (t+1)dt+x\left\{\int_1^x (t+1)dt\right\}'-\left\{\int_1^x t(t+1)dt\right\}'$$

$$=\int_1^x (t+1)dt+x(x+1)-x(x+1)$$

$$=\int_1^x (t+1)dt=\left[\frac{1}{2}t^2+t\right]_1^x=\boldsymbol{\frac{1}{2}x^2+x-\frac{3}{2}} \longleftarrow \text{답}$$

(2) $y=(2x+1)\int_x^{x+3} (t-1)dt$ 이므로

$$y'=(2x+1)'\int_x^{x+3} (t-1)dt+(2x+1)\left\{\int_x^{x+3} (t-1)dt\right\}'$$

$$=2\int_x^{x+3} (t-1)dt+(2x+1)\{(x+3-1)-(x-1)\}$$

$$=\int_x^{x+3} (2t-2)dt+3(2x+1)=\left[t^2-2t\right]_x^{x+3}+3(2x+1)$$

$$=\{(x+3)^2-2(x+3)\}-(x^2-2x)+3(2x+1)=\boldsymbol{12x+6} \longleftarrow \text{답}$$

유제 **11**-1. 다음 함수를 $x$에 관하여 미분하여라.

(1) $y=\int_1^x (x^2+1)(2t+1)dt$　　　(2) $y=\int_x^{x+2} t(2x+3t)dt$

답 (1) $\boldsymbol{y'=4x^3+3x^2-2x+1}$　(2) $\boldsymbol{y'=20x+16}$

**기본 문제 11-2** 다음 극한값을 구하여라.

$$\lim_{x\to2}\frac{1}{x-2}\int_2^x(t^2+t+1)dt$$

정석연구 먼저 정적분부터 구하는 방법을 생각할 수 있다.

$$\int_2^x(t^2+t+1)dt=\left[\frac{1}{3}t^3+\frac{1}{2}t^2+t\right]_2^x=\frac{1}{6}(x-2)(2x^2+7x+20)$$

$$\therefore\ (\text{준 식})=\lim_{x\to2}\frac{1}{6}(2x^2+7x+20)=\mathbf{7}$$

또는 $\int(t^2+t+1)dt=\mathrm{F}(t)+\mathrm{C}$라고 하면

$$\int_2^x(t^2+t+1)dt=\Big[\mathrm{F}(t)\Big]_2^x=\mathrm{F}(x)-\mathrm{F}(2)$$

이므로 다음 미분계수의 정의를 이용할 수도 있다.

**정의** $\displaystyle\lim_{x\to a}\frac{\mathrm{F}(x)-\mathrm{F}(a)}{x-a}=\mathrm{F}'(a)$

모범답안 $\int(t^2+t+1)dt=\mathrm{F}(t)+\mathrm{C}$ ……㉮

이라고 하면 $\int_2^x(t^2+t+1)dt=\Big[\mathrm{F}(t)\Big]_2^x=\mathrm{F}(x)-\mathrm{F}(2)$

$$\therefore\ \lim_{x\to2}\frac{1}{x-2}\int_2^x(t^2+t+1)dt=\lim_{x\to2}\frac{\mathrm{F}(x)-\mathrm{F}(2)}{x-2}=\mathrm{F}'(2)$$

한편 ㉮에서 $\mathrm{F}'(t)=t^2+t+1$이므로 $\mathrm{F}'(2)=2^2+2+1=7$

$$\therefore\ \lim_{x\to2}\frac{1}{x-2}\int_2^x(t^2+t+1)dt=\mathbf{7}\longleftarrow \text{답}$$

*Advice* | 일반적으로 $\int f(t)dt=\mathrm{F}(t)+\mathrm{C}$라고 하면

$$\int_a^x f(t)dt=\Big[\mathrm{F}(t)\Big]_a^x=\mathrm{F}(x)-\mathrm{F}(a)$$

$$\therefore\ \lim_{x\to a}\frac{1}{x-a}\int_a^x f(t)dt=\lim_{x\to a}\frac{\mathrm{F}(x)-\mathrm{F}(a)}{x-a}=\mathrm{F}'(a)=f(a)\quad \text{곧,}$$

**정석** $\displaystyle\lim_{x\to a}\frac{1}{x-a}\int_a^x f(t)dt=f(a)$

위의 문제는 $f(t)=t^2+t+1$, $a=2$인 경우이므로 (준 식)$=f(2)=\mathbf{7}$

유제 **11**-2. 다음 극한값을 구하여라.

(1) $\displaystyle\lim_{x\to2}\frac{1}{x-2}\int_2^x(3t+1)(t-2)dt$ (2) $\displaystyle\lim_{x\to0}\frac{1}{x}\int_0^x|t-a|dt$ (단, $a$는 상수)

(3) $\displaystyle\lim_{x\to1}\frac{1}{x-1}\int_1^{x^2}(t^4-3t^3+2t^2+1)dt$

답 (1) **0** (2) $|\boldsymbol{a}|$ (3) **2**

기본 문제 11-3 다음 극한값을 구하여라.

(1) $\displaystyle\lim_{h\to0}\frac{1}{h}\int_1^{1+2h}(x^4-x^2+1)dx$ (2) $\displaystyle\lim_{h\to0}\frac{1}{h}\int_{3-h}^{3+h}|x^2-4|dx$

정석연구 **기본 문제 11-2**에서와 같은 방법으로 미분계수의 정의

$$\textbf{정의}\quad \lim_{h\to0}\frac{F(a+h)-F(a)}{h}=F'(a)$$

를 활용할 수 있는 꼴로 변형하여 계산한다.

모범답안 (1) $\displaystyle\int(x^4-x^2+1)dx=F(x)+C$ ……①

이라고 하면

$$\int_1^{1+2h}(x^4-x^2+1)dx=\Big[F(x)\Big]_1^{1+2h}=F(1+2h)-F(1)$$

$$\therefore\ (\text{준 식})=\lim_{h\to0}\frac{F(1+2h)-F(1)}{h}=\lim_{h\to0}\frac{F(1+2h)-F(1)}{2h}\times2=2F'(1)$$

한편 ①에서 $F'(x)=x^4-x^2+1$이므로 $F'(1)=1-1+1=1$

$\therefore$ (준 식)$=2F'(1)=2\times1=\mathbf{2}$ ← 답

(2) $\displaystyle\int|x^2-4|dx=F(x)+C$ ……②

라고 하면

$$\int_{3-h}^{3+h}|x^2-4|dx=\Big[F(x)\Big]_{3-h}^{3+h}=F(3+h)-F(3-h)$$

$$\therefore\ (\text{준 식})=\lim_{h\to0}\frac{F(3+h)-F(3-h)}{h}$$
$$=\lim_{h\to0}\left\{\frac{F(3+h)-F(3)}{h}+\frac{F(3-h)-F(3)}{-h}\right\}$$
$$=F'(3)+F'(3)=2F'(3)$$

한편 ②에서 $F'(x)=|x^2-4|$이므로 $F'(3)=|3^2-4|=5$

$\therefore$ (준 식)$=2F'(3)=2\times5=\mathbf{10}$ ← 답

유제 **11**-3. 다음 극한값을 구하여라.

(1) $\displaystyle\lim_{h\to0}\frac{1}{h}\int_2^{2+2h}(x^2+x+1)dx$ (2) $\displaystyle\lim_{h\to0}\frac{1}{h}\int_{-h}^{2h}(x^4+x+1)dx$

(3) $\displaystyle\lim_{t\to\infty}t\int_0^{\frac{2}{t}}(x^2+3)|x-2|dx$

답 (1) **14** (2) **3** (3) **12**

기본 문제 **11**-4 다항함수 $f(x)$가 모든 실수 $x$에 대하여 다음 등식을 만족시킬 때, 상수 $a$의 값과 $f(x)$를 구하여라.

(1) $\int_1^x f(t)dt=x^4+x^3-2ax$ (2) $\int_a^x x(t+3)f(t)dt=x^4-27x^2\ (a>0)$

정석연구 이와 같은 유형의 문제에서 $a$의 값은

**정의** $\int_k^k f(x)dx=0$

을 이용하여 구한다. 또, $f(x)$는

**정석** $\dfrac{d}{dx}\int_a^x f(t)dt=f(x)$ ($a$는 상수)

를 이용하여 구한다.

모범답안 (1) 준 식에 $x=1$을 대입하면 $0=1+1-2a$ $\therefore$ $\boldsymbol{a=1}$ ← 답

$$\therefore \int_1^x f(t)dt=x^4+x^3-2x$$

양변을 $x$에 관하여 미분하면 $\boldsymbol{f(x)=4x^3+3x^2-2}$ ← 답

(2) 준 식에서 $x\int_a^x (t+3)f(t)dt=x^4-27x^2$

$\int_a^x (t+3)f(t)dt$는 $x$의 다항함수이므로

$$\int_a^x (t+3)f(t)dt=x^3-27x \qquad \cdots\cdots ㉮$$

$x=a$를 대입하면 $0=a^3-27a$ $\therefore$ $a(a+3\sqrt{3})(a-3\sqrt{3})=0$

$a>0$이므로 $\boldsymbol{a=3\sqrt{3}}$ ← 답

또, ㉮의 양변을 $x$에 관하여 미분하면 $(x+3)f(x)=3x^2-27$

$$\therefore (x+3)f(x)=3(x+3)(x-3)$$

$f(x)$는 다항함수이므로 $\boldsymbol{f(x)=3(x-3)}$ ← 답

유제 **11**-4. 다항함수 $f(x)$가 모든 실수 $x$에 대하여 다음 등식을 만족시킬 때, $f(10)$의 값을 구하여라. 단, $a$는 상수이다.

(1) $\int_2^x f(t)dt=x^2+ax+2$ (2) $\int_x^a f(t)dt=-2x^2+3x-1$

(3) $\int_a^x (t-1)f(t)dt=\dfrac{1}{4}x^4-x$ 답 (1) **17** (2) **37** (3) **111**

유제 **11**-5. 다항함수 $f(x)$가 모든 실수 $x$에 대하여 $\int_0^x f(t)dt=x^2+x$를 만족시킬 때, $\int_0^1 f(3x^2)dx$의 값을 구하여라. 답 **3**

**기본 문제 11-5** 다항함수 $f(x)$가 모든 실수 $x$에 대하여

$$xf(x)=2x^3-3x^2+\int_1^x f(t)dt$$

를 만족시킬 때, $f(x)$를 구하여라.

정석연구 이를테면 $\int_1^2 f(t)dt$는 위끝, 아래끝이 모두 상수이므로 정적분의 값을 상수 $a$로 놓고 식을 정리하면 된다. 그러나 $\int_1^x f(t)dt$는 위끝 $x$의 함수이므로 $x$에 관하여 미분한 다음 식을 정리한다.

**정석** $\dfrac{d}{dx}\int_a^x f(t)dt=f(x)$ ($a$는 상수)

모범답안 $xf(x)=2x^3-3x^2+\int_1^x f(t)dt$ ……①

양변을 $x$에 관하여 미분하면

$f(x)+xf'(x)=6x^2-6x+f(x)$  $\therefore$ $xf'(x)=6x(x-1)$

$f'(x)$는 다항함수이므로 $f'(x)=6x-6$

$\therefore$ $f(x)=\int(6x-6)dx=3x^2-6x+C$ ……②

한편 ①에 $x=1$을 대입하면 $1\times f(1)=2-3+0$  $\therefore$ $f(1)=-1$

따라서 ②로부터 $f(1)=3-6+C=-1$  $\therefore$ $C=2$

이 값을 ②에 대입하면 $\boldsymbol{f(x)=3x^2-6x+2}$ ← 답

*Advice* | ①에 $x=1$을 대입하여 $f(1)=-1$을 얻는 과정에서

**정의** $\int_a^a f(x)dx=0$

을 이용하였다. 이와 같은 조건은 눈에 쉽게 띄지 않으므로 이런 유형의 문제에서 빠뜨리지 않도록 주의해야 한다.

유제 **11**-6. 다항함수 $f(x)$가 모든 실수 $x$에 대하여

$$\int_1^x f(t)dt=xf(x)-x^2+4$$

를 만족시킬 때, $f(2)$의 값을 구하여라. 답 $-1$

유제 **11**-7. 다항함수 $f(x)$가 모든 실수 $x$에 대하여

$$\{f(x)\}^2=1+\int_0^x f(t)dt$$

를 만족시키고 $f(0)>0$일 때, $f(x)$를 구하여라. 답 $\boldsymbol{f(x)=\frac{1}{2}x+1}$

기본 문제 **11**-6 함수 $f(x)$에 대하여 $f'(x)$가 연속함수이고

$$f(x)=x^2+2x+\int_0^x (x-t)f'(t)dt$$

일 때, $f'(2)-f(2)$의 값을 구하여라.

정석연구 정적분으로 정의된 함수를 미분할 때,

**정석** $\dfrac{d}{dx}\displaystyle\int_a^x f(t)dt=f(x)$, $\dfrac{d}{dx}\displaystyle\int_a^x tf(t)dt=xf(x)$ ⇦ $a$는 상수

와 같이 피적분함수가 적분변수 $t$만의 함수이면 위와 같이 미분하면 된다.

그러나 이 문제와 같이 피적분함수에 적분변수 $t$와는 다른 변수 $x$가 포함되어 있을 때에는

$$\int_a^x (x-t)f'(t)dt=\int_a^x \{xf'(t)-tf'(t)\}dt=\int_a^x xf'(t)dt-\int_a^x tf'(t)dt$$
$$=x\int_a^x f'(t)dt-\int_a^x tf'(t)dt$$

⇦ 적분변수가 $t$이므로 $x$는 상수로 생각!

와 같이 변형한 다음 미분해야 한다.

모범답안 $f(x)=x^2+2x+\displaystyle\int_0^x (x-t)f'(t)dt$

$$=x^2+2x+x\int_0^x f'(t)dt-\int_0^x tf'(t)dt$$

에서 $x=0$을 대입하면 $f(0)=0$ ⇦ $\displaystyle\int_0^0 tf'(t)dt=0$

또, 이 식의 양변을 $x$에 관하여 미분하면

$$f'(x)=2x+2+(x)'\int_0^x f'(t)dt+x\left\{\int_0^x f'(t)dt\right\}'-\left\{\int_0^x tf'(t)dt\right\}'$$
$$=2x+2+\int_0^x f'(t)dt+xf'(x)-xf'(x)$$
$$=2x+2+\Big[f(t)\Big]_0^x=2x+2+f(x)-f(0)$$

$f(0)=0$이므로 $f'(x)=2x+2+f(x)$

곧, $f'(x)-f(x)=2x+2$이므로 $f'(2)-f(2)=\mathbf{6}$ ← 답

유제 **11**-8. $G(x)=\displaystyle\int_0^x (x-t)f'(t)dt$이고 $f(x)=x^3+x^2+x+1$일 때, $G'(x)$를 구하여라. 답 $\mathbf{G'(x)=x^3+x^2+x}$

유제 **11**-9. 모든 실수 $x$에 대하여 $\displaystyle\int_1^x (x-t)f(t)dt=x^4+ax^2+bx$를 만족시키는 연속함수 $f(x)$를 구하여라. 단, $a$, $b$는 상수이다.

답 $\mathbf{f(x)=12x^2-6}$

기본 문제 **11**-7 $f(x)=\int_1^x 3(t+1)(t-1)dt$ 일 때, 다음 물음에 답하여라.

(1) 함수 $f(x)$의 극값을 구하여라.

(2) $\lim_{h\to0}\dfrac{f(2+4h)-f(2)}{h}$ 의 값을 구하여라.

정석연구 $f(x)=\int_1^x (3t^2-3)dt=\Big[t^3-3t\Big]_1^x=x^3-3x+2$

이고, 이로부터 (1), (2)의 값을 구할 수 있다.

다만 (2)의 값을 구할 때 피적분함수가 복잡한 경우에는 $f(x)$를 직접 구하는 것보다는

$$\textbf{정석}\quad \frac{d}{dx}\int_a^x f(t)dt=f(x)\ (a\text{는 상수})$$

를 이용하여 조건식에서 $f'(x)$를 구하는 것이 능률적이다.

모범답안 조건식의 양변을 $x$에 관하여 미분하면

$f'(x)=3(x+1)(x-1)$

(1) 오른쪽 증감표에 의하여 $f(x)$는 $x=-1$에서 극대, $x=1$에서 극소이다. 한편 조건식에서

| $x$ | $\cdots$ | $-1$ | $\cdots$ | $1$ | $\cdots$ |
|---|---|---|---|---|---|
| $f'(x)$ | $+$ | $0$ | $-$ | $0$ | $+$ |
| $f(x)$ | ↗ | 극대 | ↘ | 극소 | ↗ |

$f(x)=\Big[t^3-3t\Big]_1^x=x^3-3x+2$

이므로 **극댓값 4, 극솟값 0** ← 답

(2) (준 식)$=\lim_{h\to0}\dfrac{f(2+4h)-f(2)}{4h}\times4=4f'(2)$ ⇦ $f'(x)=3(x+1)(x-1)$

$=4\times3(2+1)(2-1)=\mathbf{36}$ ← 답

유제 **11**-10. 다음 함수 $f(x)$의 극솟값을 구하여라.

(1) $f(x)=\int_1^x (t^2-2t)dt$ (2) $f(x)=\int_x^{x+2} t(t-1)dt$

답 (1) $-\dfrac{2}{3}$ (2) $\dfrac{1}{6}$

유제 **11**-11. $x\ge-1$일 때, 함수 $f(x)=\int_{-1}^x |t|(1-t)dt$ 의 최댓값을 구하여라.

답 1

유제 **11**-12. 모든 실수 $x$에 대하여 $\int_0^x f(t)dt=x^3-3x$ 일 때, $\lim_{h\to0}\dfrac{f(1+3h)-f(1)}{h}$ 의 값을 구하여라.

답 18

## 연습문제 11

**11-1** $f(x)=x^5+3x$ 일 때, $\lim_{x\to1}\frac{1}{x^2-1}\int_1^{x^3}f(t)dt$ 의 값은?

① 2 ② 3 ③ 4 ④ 5 ⑤ 6

**11-2** 곡선 $y=6x^2+1$과 $x$축 및 두 직선 $x=1-h$, $x=1+h$ (단, $h>0$)로 둘러싸인 부분의 넓이를 $\mathrm{S}(h)$라고 할 때, $\lim_{h\to0+}\frac{\mathrm{S}(h)}{h}$ 의 값을 구하여라.

**11-3** $f(x)=\int_0^x|t^2-t+2|dt$ 일 때, $\lim_{h\to2}\frac{1}{h^2-4}\int_2^h f'(x)dx$ 의 값은?

① 1 ② 2 ③ 3 ④ 4 ⑤ 5

**11-4** 구간 $(-\infty, \infty)$에서 연속인 함수 $f(x)$가 모든 실수 $x$에 대하여 $\int_a^x f(t)dt=(x+1)|x-a|$를 만족시킬 때, 상수 $a$의 값을 구하여라.

**11-5** 다항함수 $f(x)$에 대하여 $f(x)+2x+\int_2^x f(t)dt$가 $(x-2)^2$으로 나누어 떨어질 때, $f'(x)$를 $x-2$로 나눈 나머지를 구하여라.

**11-6** 이차함수 $y=f(x)$의 그래프가 오른쪽과 같을 때, 함수 $g(x)=\int_x^{x+1}f(t)dt$가 최소가 되는 $x$의 값은?

① 1 ② 2 ③ $\frac{5}{2}$ ④ $\frac{7}{2}$ ⑤ 4

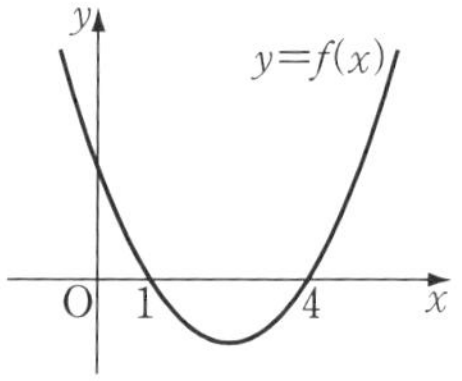


**11-7** 함수 $f(x)=x^3-3x+a$에 대하여 함수 $\mathrm{F}(x)=\int_0^x f(t)dt$가 극댓값을 가지도록 하는 실수 $a$의 값의 범위를 구하여라.

**11-8** 미분가능한 함수 $f(x)$가 모든 실수 $x$에 대하여

$$f(x)=xf'(x)+3, \qquad f(x)+4x^3+3x^2=2\int_0^x tf(t)dt+6x+3$$

을 만족시킬 때, $f(1)$의 값을 구하여라.

**11-9** 모든 실수 $x$에 대하여 다음을 만족시키는 다항함수 $f(x)$, $g(x)$를 구하여라.

$$f'(x)+g(x)=4x+3, \qquad f(x)-\int_0^x g(t)dt=-x+1$$

**11-10** 다항함수 $f(x)$가 모든 실수 $x$에 대하여 $\int_a^{2x-1}f(t)dt=x^2-2x$를 만족시킬 때, $f(a)$의 값을 구하여라. 단, $a>0$이다.

# 12. 넓이와 적분

곡선과 좌표축 사이의 넓이
／두 곡선 사이의 넓이

## § 1. 곡선과 좌표축 사이의 넓이

### 1 곡선과 $x$축 사이의 넓이

앞에서 공부한 정적분과 넓이 사이의 관계를 다시 정리해 보자.

함수 $f(t)$가 구간 $[a, b]$에서 연속이고 $f(t) \geq 0$일 때, $a \leq x \leq b$인 $x$에 대하여 곡선 $y=f(t)$와 $t$축 및 두 직선 $t=a$, $t=x$로 둘러싸인 도형의 넓이를 $\mathrm{S}(x)$라고 하면

$$\mathrm{S}'(x)=f(x)$$ ⇦ p. 147

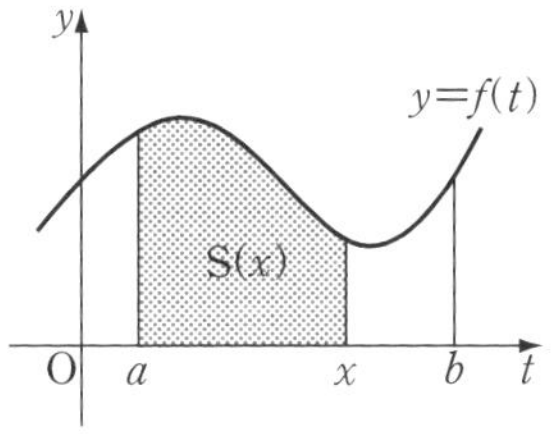


이므로 $\mathrm{S}(x)$는 $f(x)$의 부정적분 중 하나이다.

이때, $f(x)$의 다른 한 부정적분을 $\mathrm{F}(x)$라고 하면

$$\mathrm{S}(x)=\mathrm{F}(x)+\mathrm{C} \text{ (단, C는 상수)}$$

이고, $\mathrm{S}(a)=0$에서 $\mathrm{C}=-\mathrm{F}(a)$이므로

$$\mathrm{S}(b)=\mathrm{F}(b)+\mathrm{C}=\mathrm{F}(b)-\mathrm{F}(a)=\int_a^b f(t)dt$$

곧, 함수 $f(x)$가 구간 $[a, b]$에서 연속이고 $f(x) \geq 0$일 때, 곡선 $y=f(x)$와 $x$축 및 두 직선 $x=a$, $x=b$로 둘러싸인 도형의 넓이를 S라고 하면

$$\mathrm{S}=\int_a^b \boldsymbol{f(x)dx}$$

한편 구간 $[a, b]$에서 $f(x) \leq 0$일 때에는 곡선 $y=f(x)$가 곡선 $y=-f(x)$와 $x$축에 대하여 대칭이고 $-f(x) \geq 0$이므로 곡선 $y=f(x)$와 $x$축 및 두 직선 $x=a$, $x=b$로 둘러싸인 도형의 넓이를 S라고 하면

$$\mathrm{S}=\int_a^b \{-f(x)\}dx=-\int_a^b \boldsymbol{f(x)dx}$$

따라서 오른쪽 그림과 같이 구간 $[a, b]$에서 $f(x)$의 부호가 일정하지 않을 때의 넓이는 $f(x)$의 값이 양수인 구간과 음수인 구간으로 나누어서 다음과 같이 구하면 된다.

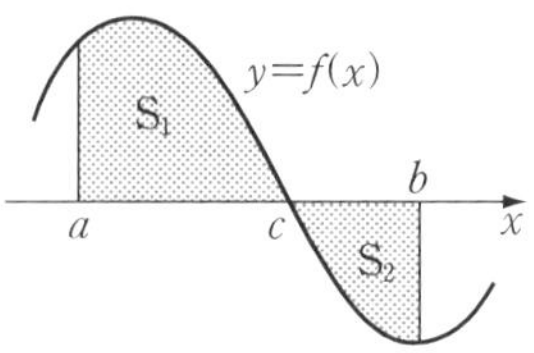


오른쪽 그림에서 점 찍은 두 부분의 넓이를 각각 $S_1$, $S_2$라고 하면

$$S_1=\int_a^c f(x)dx,\quad S_2=-\int_c^b f(x)dx$$

이므로 넓이의 합은

$$S_1+S_2=\int_a^c \boldsymbol{f(x)dx}-\int_c^b \boldsymbol{f(x)dx}$$

또한 이 식은 다음과 같이 절댓값 기호를 써서 나타낼 수 있다.

$$S_1+S_2=\int_a^c f(x)dx+\int_c^b \{-f(x)\}dx=\int_a^c |f(x)|dx+\int_c^b |f(x)|dx$$
$$=\int_a^b |\boldsymbol{f(x)}|\boldsymbol{dx}$$

**기본정석** **곡선과 $x$축 사이의 넓이**

(i) 구간 $[a, b]$에서 $f(x)\ge0$인 경우

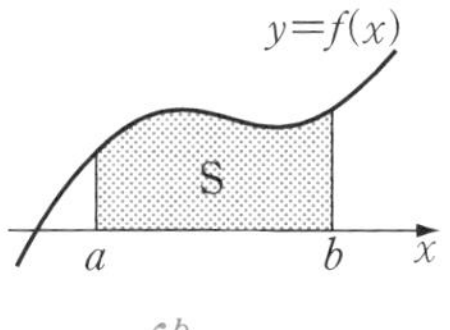


$$S=\int_a^b \boldsymbol{f(x)dx}$$

(ii) 구간 $[a, b]$에서 $f(x)\le0$인 경우

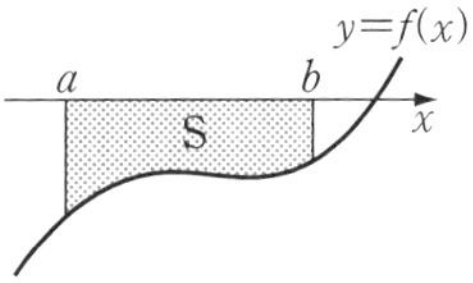


$$S=-\int_a^b \boldsymbol{f(x)dx}$$

(iii) 구간 $[a, b]$에서 일반적인 경우

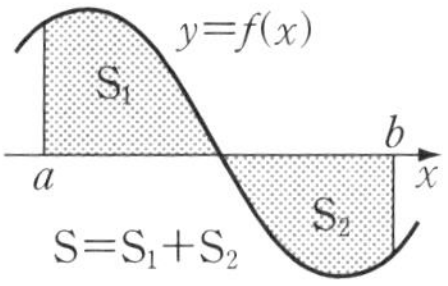


$$S=\int_a^b |\boldsymbol{f(x)}|\boldsymbol{dx}$$

**보기** 1 곡선 $y=x^2-4x+3$과 좌표축으로 둘러싸인 도형의 넓이를 구하여라.

연구 $x^2-4x+3=0$에서 $x=1,\ 3$

따라서 오른쪽 그림의 점 찍은 부분의 넓이를 구하는 것과 같다. 이 넓이를 S라고 하면

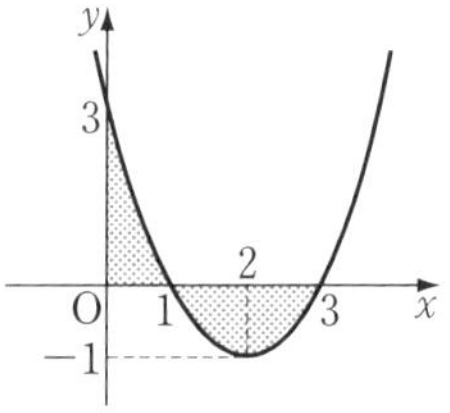


$$S=\int_0^3 |x^2-4x+3|dx$$
$$=\int_0^1 (x^2-4x+3)dx-\int_1^3 (x^2-4x+3)dx$$
$$=\left[\frac{1}{3}x^3-2x^2+3x\right]_0^1-\left[\frac{1}{3}x^3-2x^2+3x\right]_1^3=\frac{4}{3}-\left(-\frac{4}{3}\right)=\boldsymbol{\frac{8}{3}}$$

## 2 곡선과 *y*축 사이의 넓이

곡선과 $y$축 사이의 넓이는 곡선과 $x$축 사이의 넓이를 구할 때와 같은 방법으로 생각하여 구한다.

오른쪽 그림과 같이 구간 $[\alpha, \beta]$에서 $g(y)\ge0$일 때, 곡선 $x=g(y)$와 $y$축 및 두 직선 $y=\alpha$, $y=\beta$로 둘러싸인 도형의 넓이를 S라고 하면

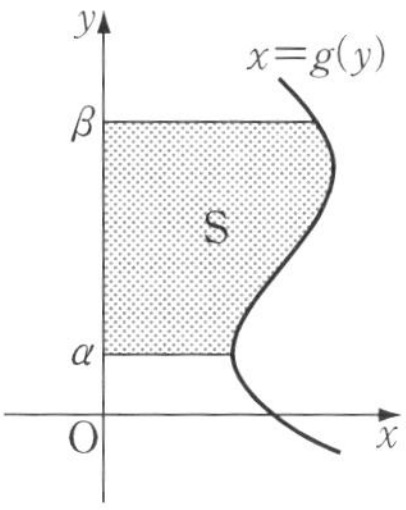


$$S=\int_{\alpha}^{\beta} g(y)dy$$

한편 구간 $[\alpha, \beta]$에서 $g(y)\le0$일 때에는 곡선 $x=g(y)$가 곡선 $x=-g(y)$와 $y$축에 대하여 대칭이고 $-g(y)\ge0$이므로 곡선 $x=g(y)$와 $y$축 및 두 직선 $y=\alpha$, $y=\beta$로 둘러싸인 도형의 넓이를 S라고 하면

$$S=\int_{\alpha}^{\beta}\{-g(y)\}dy=-\int_{\alpha}^{\beta} g(y)dy$$

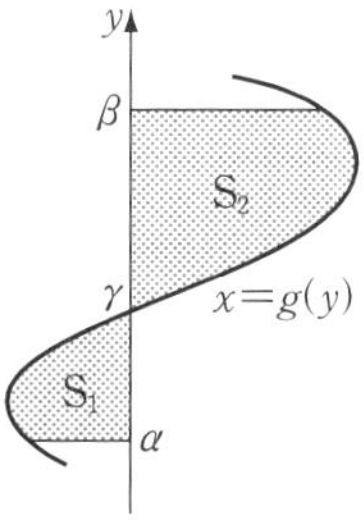


따라서 오른쪽 그림과 같이 구간 $[\alpha, \beta]$에서 $g(y)$의 부호가 일정하지 않을 때의 넓이는 $g(y)$의 값이 양수인 구간과 음수인 구간으로 나누어서 다음과 같이 구하면 된다.

$$S_1+S_2=-\int_{\alpha}^{\gamma} g(y)dy+\int_{\gamma}^{\beta} g(y)dy$$

**기본정석** — 곡선과 *y*축 사이의 넓이

(i) 구간 $[\alpha, \beta]$에서 $g(y)\ge0$인 경우

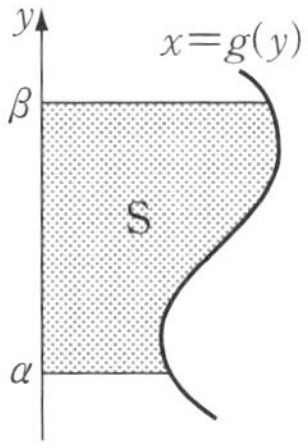


$$S=\int_{\alpha}^{\beta} g(y)dy$$

(ii) 구간 $[\alpha, \beta]$에서 $g(y)\le0$인 경우

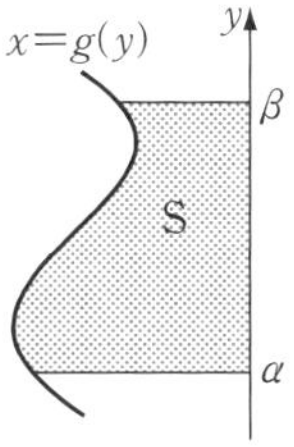


$$S=-\int_{\alpha}^{\beta} g(y)dy$$

(iii) 구간 $[\alpha, \beta]$에서 일반적인 경우

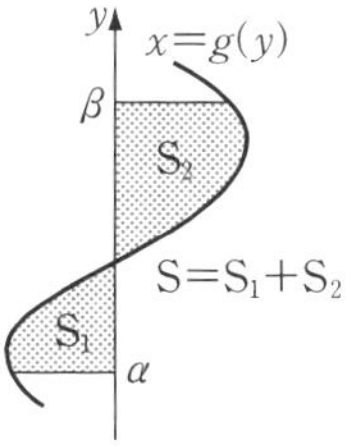


$$S=\int_{\alpha}^{\beta} |g(y)|dy$$

**Advice** | $x=ay^2\,(a\neq 0)$ **꼴의 곡선**

곡선과 $y$축 사이의 넓이를 다룰 때, 흔히 왼쪽으로 볼록한 포물선 또는 오른쪽으로 볼록한 포물선을 생각하게 된다.

이와 같은 곡선에 대해서는 이미 수학(하)에서 간단히 공부하였고, 기하에서 좀 더 자세히 공부한다. 여기서는 그 개형에 대하여 간단히 설명하기로 한다.

이를테면 곡선 $x=y^2$을 그려 보자.

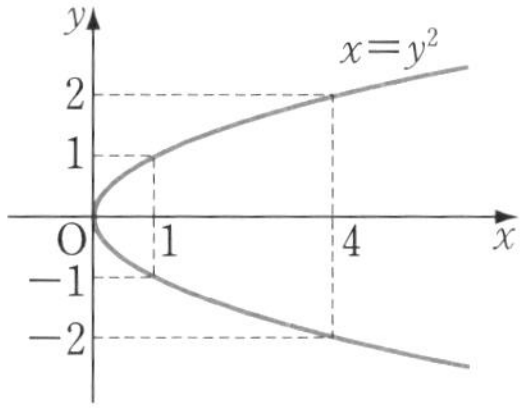


$y$에 $\cdots$, $-2$, $-1$, $0$, $1$, $2$, $\cdots$를 대입하고 이에 대응하는 $x$의 값을 구하여 이들 $x$, $y$의 순서쌍 $(x,\ y)$의 집합을 좌표평면 위에 나타내면 오른쪽 그림과 같이 꼭짓점이 원점, 축이 $x$축이고 왼쪽으로 볼록한 포물선임을 알 수 있다.

한편 $x=y^2$은 $y=x^2$에서 $x$ 대신 $y$를, $y$ 대신 $x$를 대입한 식이므로 곡선 $x=y^2$은 곡선 $y=x^2$과 직선 $y=x$에 대하여 대칭이며, 위의 곡선으로부터 이를 확인할 수 있다.

**정석** 곡선 $x=y^2$은

곡선 $y=x^2$과 직선 $y=x$에 대하여 대칭이다.

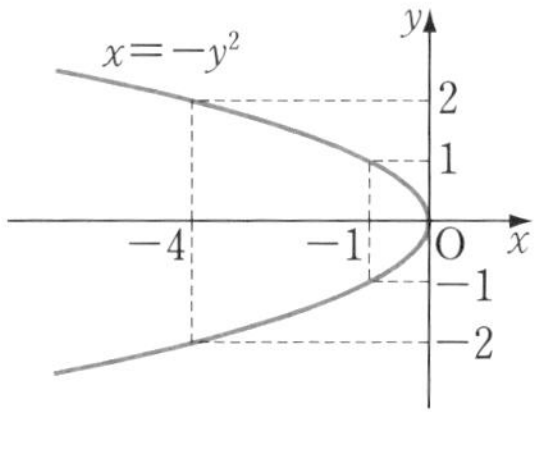


마찬가지로 생각하면 곡선 $x=-y^2$은 꼭짓점이 원점, 축이 $x$축이고 오른쪽으로 볼록한 포물선임을 알 수 있다.

이와 같이 생각하면 $x=ay^2$ 꼴의 곡선에 대한 성질을 알 수 있고, 이를 평행이동한

$$x=a(y-n)^2+m$$

꼴의 곡선도 그릴 수 있다.

**$a>0$일 때**

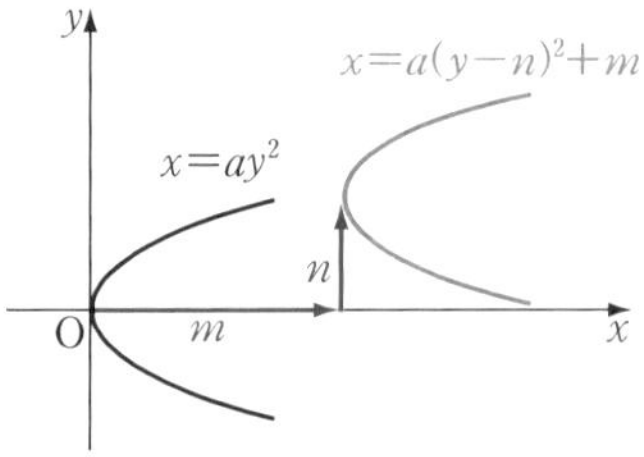


**$a<0$일 때**

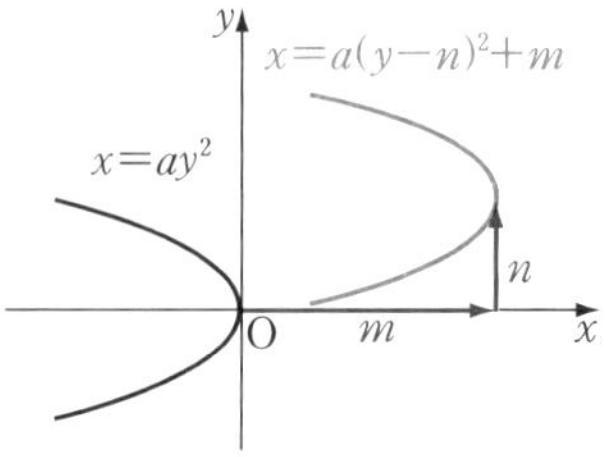

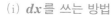

**보기 2** 포물선 $y^2=x$와 두 직선 $y=2$, $x=0$으로 둘러싸인 도형의 넓이를 구하여라.

연구 오른쪽 그림의 점 찍은 부분의 넓이를 구하는 것이다. 이 넓이를 S라고 하면 S는 다음 두 가지 방법으로 나타낼 수 있다.

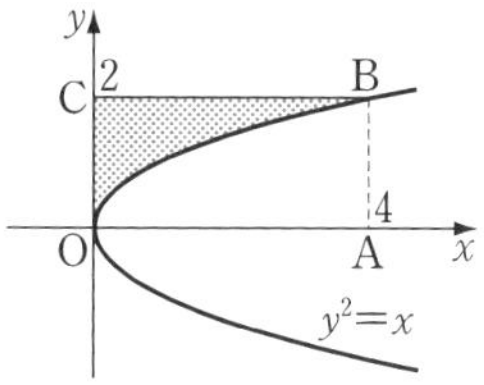


(i) $dx$를 쓰는 방법

$$S=(\text{사각형 OABC})-(\text{도형 OAB})$$
$$=2\times4-\int_0^4 y\,dx=8-\int_0^4\sqrt{x}\,dx$$

⇦ $y^2=x$에서 $y=\pm\sqrt{x}$

(ii) $dy$를 쓰는 방법

$$S=(\text{도형 OBC})=\int_0^2 x\,dy=\int_0^2 y^2dy$$

이때, (i)의 경우는 피적분함수가 무리함수 $\sqrt{x}$이다. 그런데 무리함수의 적분은 여기에서 다루지 않고 미적분에서 공부한다.

따라서 점 찍은 부분의 넓이는 (ii)의 방법에 따라

$$S=\int_0^2 x\,dy=\int_0^2 y^2dy=\left[\frac{1}{3}y^3\right]_0^2=\mathbf{\frac{8}{3}}$$

과 같이 구한다.

**정석** $dx$를 쓸 것인가, $dy$를 쓸 것인가를 판단하고

$dx$를 쓸 때는 $\Longrightarrow \int_a^b |y|\,dx$, $dy$를 쓸 때는 $\Longrightarrow \int_\alpha^\beta |x|\,dy$

**보기 3** 곡선 $y^2=4-x$와 $y$축으로 둘러싸인 도형의 넓이 S를 구하여라.

연구 $y^2=4-x$에서 $x=4-y^2$이므로

$$S=\int_{-2}^2 x\,dy=\int_{-2}^2(4-y^2)dy=2\int_0^2(4-y^2)dy$$
$$=2\left[4y-\frac{1}{3}y^3\right]_0^2=\mathbf{\frac{32}{3}}$$

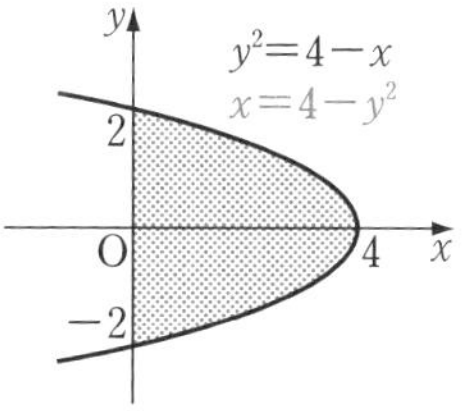


**보기 4** 곡선 $y^2=x+1$과 두 직선 $x=0$, $y=2$로 둘러싸인 두 부분의 넓이의 합 S를 구하여라.

연구 $y^2=x+1$에서 $x=y^2-1$이므로

$$S_1=-\int_{-1}^1 x\,dy=-\int_{-1}^1(y^2-1)dy=\frac{4}{3}$$
$$S_2=\int_1^2 x\,dy=\int_1^2(y^2-1)dy=\frac{4}{3}$$
$$\therefore\ S=S_1+S_2=\frac{4}{3}+\frac{4}{3}=\mathbf{\frac{8}{3}}$$

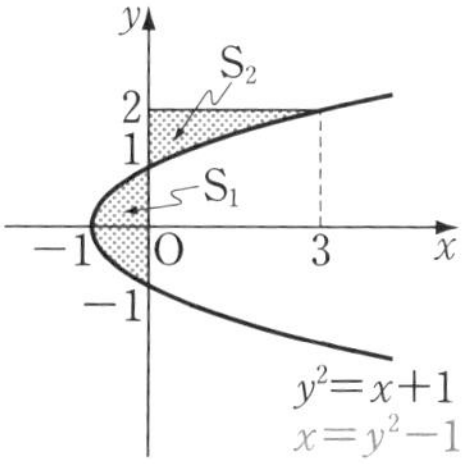

**기본 문제 12-1** 좌표평면 위의 네 직선

$$x=0,\quad x=1,\quad y=0,\quad y=1$$

로 둘러싸인 정사각형을 곡선 $y=x^3$이 오른쪽 그림과 같이 $A_1$, $A_2$의 두 부분으로 나눌 때, $A_1$과 $A_2$의 넓이의 비를 구하여라.

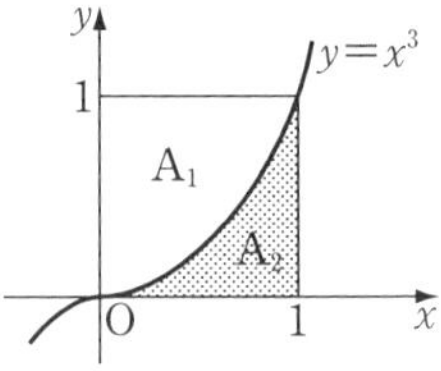


정석연구 $A_1$, $A_2$의 넓이를 각각 $S_1$, $S_2$라고 하면 $S_2$는

$$S_2=\int_0^1 x^3dx=\left[\frac{1}{4}x^4\right]_0^1=\frac{1}{4}$$

이다. 또, $S_1$은 $S_1+S_2=1$을 이용하여 구한다.

**정석** 구간 $[a,\ b]$에서 $f(x)\ge 0$일 때,
곡선 $y=f(x)$와 $x$축 사이의 넓이는 $\Longrightarrow \displaystyle\int_a^b f(x)dx$

모범답안 $A_1$, $A_2$의 넓이를 각각 $S_1$, $S_2$라고 하면

$$S_2=\int_0^1 x^3dx=\left[\frac{1}{4}x^4\right]_0^1=\frac{1}{4},\qquad S_1=1-S_2=1-\frac{1}{4}=\frac{3}{4}$$

$$\therefore\ S_1:S_2=\frac{3}{4}:\frac{1}{4}=\mathbf{3:1}\longleftarrow \boxed{\text{답}}$$

**유제 12-1.** 다음 곡선과 $x$축으로 둘러싸인 도형의 넓이를 구하여라.

(1) $y=9-x^2$　　(2) $y=(x+1)(3-x)$　　(3) $y=-x^2+4x-3$

답 (1) **36** (2) $\mathbf{\frac{32}{3}}$ (3) $\mathbf{\frac{4}{3}}$

**유제 12-2.** 좌표평면 위의 네 점

$$O(0,\ 0),\quad A(1,\ 0),\quad B(1,\ 1),\quad C(0,\ 1)$$

을 꼭짓점으로 하는 정사각형 OABC를 곡선 $y=x^2$이 오른쪽 그림과 같이 $A_1$, $A_2$의 두 부분으로 나눌 때, $A_1$과 $A_2$의 넓이의 비를 구하여라.

답 **2 : 1**

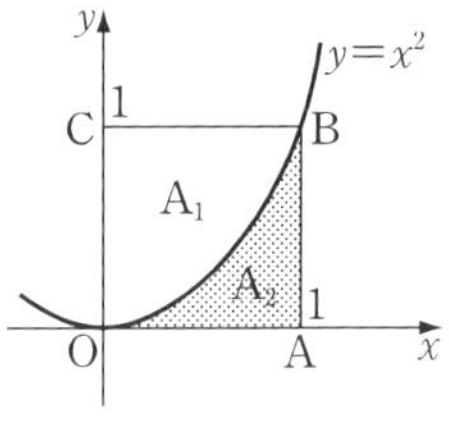


**유제 12-3.** 오른쪽 그림에서 $a<0$, $b>0$이다.

포물선 $y=x^2$의 아래쪽 점 찍은 두 부분의 넓이를 각각 $S_1$, $S_2$라고 할 때, $\dfrac{S_1}{S_2}$은?

① $-\dfrac{b}{a}$　② $\dfrac{b^2}{a^2}$　③ $-\dfrac{b^3}{a^3}$

④ $\dfrac{a^2}{b^2}$　⑤ $-\dfrac{a^3}{b^3}$　　답 ⑤

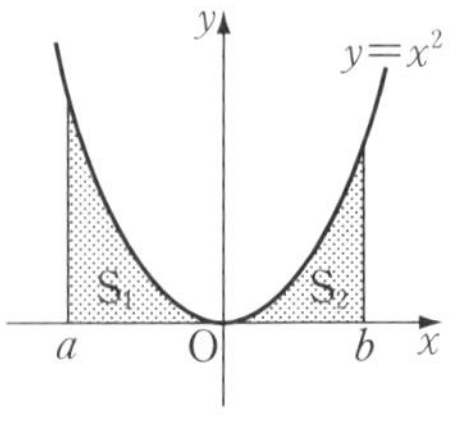

**기본 문제 12-2** 다음 물음에 답하여라.

(1) 곡선 $y=x^3+2x^2+x$와 $x$축으로 둘러싸인 도형의 넓이를 구하여라.

(2) 곡선 $y=x(x-a)^2$ (단, $a<0$)과 $x$축으로 둘러싸인 도형의 넓이가 12일 때, 상수 $a$의 값을 구하여라.

정석연구 곡선 $y=f(x)$와 $x$축으로 둘러싸인 도형의 넓이를 구할 때에는

**$x$축과 만나는 점, 적분구간에서 $y$의 값의 부호**

에 주의하여 $y=f(x)$의 그래프를 그려 본다.

특히 $y$의 값이 음수인 구간에서는 정적분에 '$-$'를 붙여서 넓이를 계산해야 한다는 것에 주의한다.

모범답안 (1) $y=x^3+2x^2+x=x(x+1)^2$이므로 이 곡선은 $x$축과 $x=-1$, $0$에서 만나고, 특히 $x=-1$에서는 $x$축에 접한다.

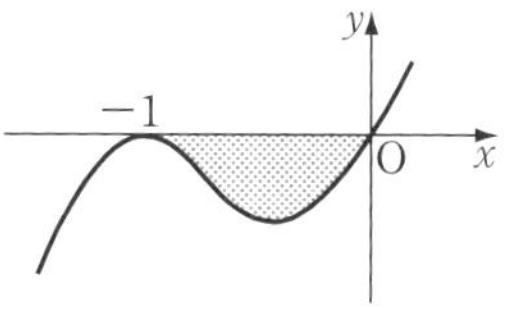


따라서 구하는 넓이를 S라고 하면

$$S=-\int_{-1}^{0} y\,dx=-\int_{-1}^{0}(x^3+2x^2+x)dx$$

$$=-\left[\frac{1}{4}x^4+\frac{2}{3}x^3+\frac{1}{2}x^2\right]_{-1}^{0}=\mathbf{\frac{1}{12}} \longleftarrow \text{답}$$

(2) $y=x(x-a)^2$이므로 이 곡선은 $x$축과 $x=0$, $a$에서 만난다. 특히 $x=a$에서는 $x$축에 접하고 $a<0$이므로 함수의 그래프는 오른쪽과 같다.

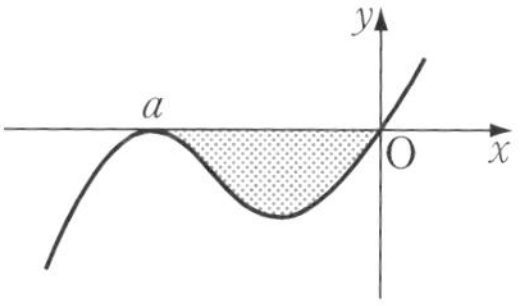


따라서 이 곡선과 $x$축으로 둘러싸인 도형의 넓이를 S라고 하면

$$S=-\int_{a}^{0} y\,dx=-\int_{a}^{0}(x^3-2ax^2+a^2x)dx$$

$$=-\left[\frac{1}{4}x^4-\frac{2}{3}ax^3+\frac{1}{2}a^2x^2\right]_{a}^{0}=\frac{1}{4}a^4-\frac{2}{3}a^4+\frac{1}{2}a^4=\frac{1}{12}a^4$$

S=12이므로 $\frac{1}{12}a^4=12$ $\quad\therefore\ a^2=12$

$a<0$이므로 $\mathbf{a=-2\sqrt{3}} \longleftarrow$ 답

**유제 12-4.** 다음 곡선과 $x$축으로 둘러싸인 도형의 넓이를 구하여라.

(1) $y=x^2-1$ (2) $y=x^3-x^2$

답 (1) $\frac{4}{3}$ (2) $\frac{1}{12}$

**유제 12-5.** 곡선 $y=x(x-a)$와 $x$축으로 둘러싸인 도형의 넓이가 $\frac{2}{3}$일 때, 양수 $a$의 값을 구하여라.

답 $a=\sqrt[3]{4}$

**기본 문제 12-3** 다음 물음에 답하여라.

(1) 곡선 $y=x^3-3x^2+2x$와 $x$축으로 둘러싸인 도형의 넓이 S를 구하여라.

(2) 곡선 $y=x(x-1)(x-a)$ (단, $a>1$)와 $x$축으로 둘러싸인 두 부분의 넓이가 같도록 상수 $a$의 값을 정하여라.

정석연구 (1) $y=x(x-1)(x-2)$이므로 이 곡선은 $x$축과 $x=0, 1, 2$에서 만난다.

따라서 오른쪽 그림에서

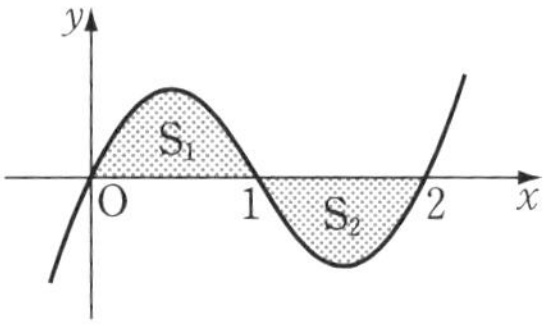


$$S_1=\int_0^1 y\,dx=\int_0^1 (x^3-3x^2+2x)dx=\left[\frac{1}{4}x^4-x^3+x^2\right]_0^1=\frac{1}{4}$$

$$S_2=-\int_1^2 y\,dx=-\int_1^2 (x^3-3x^2+2x)dx=-\left[\frac{1}{4}x^4-x^3+x^2\right]_1^2=\frac{1}{4}$$

$$\therefore\ S=S_1+S_2=\frac{1}{4}+\frac{1}{4}=\frac{1}{2} \longleftarrow \boxed{답}$$

한편 구간 [0, 2]에서의 정적분의 값을 계산하면

$$\int_0^2 y\,dx=\int_0^2 (x^3-3x^2+2x)dx=\left[\frac{1}{4}x^4-x^3+x^2\right]_0^2=0$$

이다. 이것은 구간 [0, 1]에서의 정적분의 값과 구간 [1, 2]에서의 정적분의 값이 그 절댓값은 같고 부호가 다르기 때문이다.

(2) 위의 설명에서 다음을 알 수 있다.

**정석** $S_1=S_2$이면 $\displaystyle\int_\alpha^\beta f(x)dx=0$

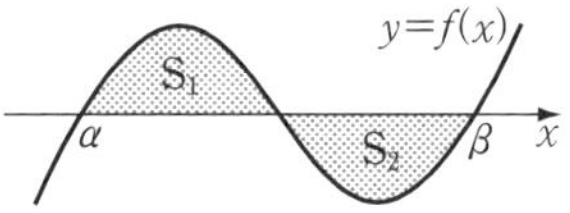


모범답안 (1) **정석연구** 참조 답 $\frac{1}{2}$

(2) 곡선 $y=x(x-1)(x-a)$는 $x$축과 $x=0, 1, a$에서 만나고 $a>1$이므로 문제의 뜻으로부터

$$\int_0^a y\,dx=\int_0^a \{x^3-(a+1)x^2+ax\}dx=\left[\frac{1}{4}x^4-\frac{a+1}{3}x^3+\frac{a}{2}x^2\right]_0^a=0$$

$$\therefore\ \frac{1}{4}a^4-\frac{a+1}{3}\times a^3+\frac{a}{2}\times a^2=0 \qquad \therefore\ a=2 \longleftarrow \boxed{답} \quad \Leftarrow a>1$$

**유제 12**-6. 다음 곡선과 $x$축으로 둘러싸인 도형의 넓이를 구하여라.

(1) $y=x(x+1)(x-1)$ (2) $y=x(x-1)(x+2)$ 답 (1) $\frac{1}{2}$ (2) $\frac{37}{12}$

**유제 12**-7. 곡선 $y=x(x-4)(x-a)$ (단, $0<a<4$)와 $x$축으로 둘러싸인 두 부분의 넓이가 같도록 상수 $a$의 값을 정하여라. 답 $a=2$

기본 문제 **12**-4 함수 $f(x)=x^3+x+2$의 역함수를 $g$라고 할 때,

$$\int_0^1 f(x)dx+\int_2^4 g(x)dx$$

의 값을 구하여라.

[정석연구] 역함수 $g$를 구하기가 곤란하다. 이런 경우에는

**정석** 함수 $\boldsymbol{f}$와 $\boldsymbol{g}$가 서로 역함수이면
⟹ 곡선 $\boldsymbol{y=f(x)}$와 $\boldsymbol{y=g(x)}$는 직선 $\boldsymbol{y=x}$에 대하여 대칭!

이라는 성질을 이용하여 $y=g(x)$의 그래프를 그린 다음, 정적분 $\int_2^4 g(x)dx$ 가 어느 부분의 넓이를 뜻하는지 찾아보아라.

[모범답안] $f'(x)=3x^2+1>0$
이므로 $y=f(x)$의 그래프는 점 $(0, 2)$를 지나고 증가하는 곡선이다.

또, $y=g(x)$의 그래프는 $y=f(x)$의 그래프와 직선 $y=x$에 대하여 대칭이다.

따라서 정적분

$$\int_0^1 f(x)dx, \qquad \int_2^4 g(x)dx$$

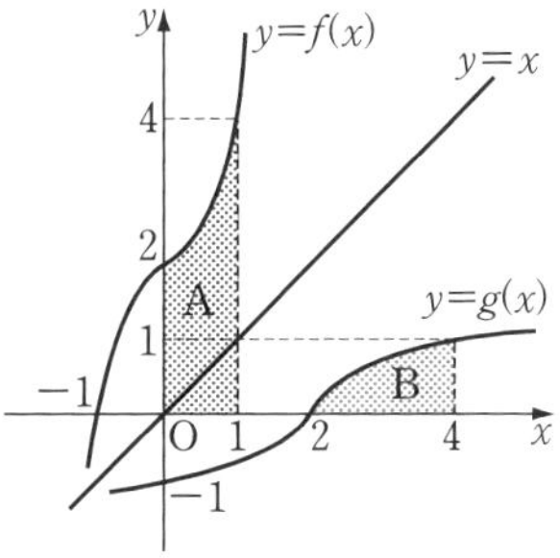


의 값은 각각 오른쪽 그림에서 점 찍은 부분 A, B의 넓이이다. 그런데 두 부분의 넓이의 합은 네 점

$$(0, 0),\quad (1, 0),\quad (1, 4),\quad (0, 4)$$

를 꼭짓점으로 하는 직사각형의 넓이와 같으므로

(준 식)$=1\times4=$**4** ← [답]

*Note $\int_2^4 g(x)dx$만 구할 때에는 $4-\int_0^1 f(x)dx$를 계산한다.

[유제] **12**-8. 함수 $f(x)=x^3+2$의 역함수를 $g$라고 할 때, $\int_2^{10} g(x)dx$의 값을 구하여라. [답] 12

[유제] **12**-9. 함수 $f(x)=x^3+1$의 역함수를 $g$라고 할 때,
$\int_0^1 f(x)dx+\int_{f(0)}^{f(1)} g(x)dx$의 값을 구하여라. [답] 2

[유제] **12**-10. 연속함수 $f(x)$의 역함수가 $g$이고 $f(0)=0$, $f(4)=8$일 때,
$\int_0^4 f(x)dx+\int_0^8 g(x)dx$의 값을 구하여라. [답] 32

# §2. 두 곡선 사이의 넓이

## 1 두 곡선 사이의 넓이

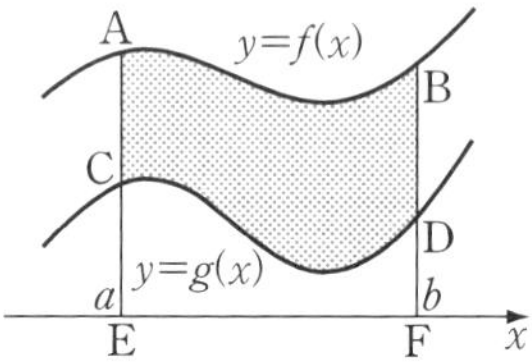


오른쪽 그림에서 도형 ACDB의 넓이 S는

$$S=(\text{도형 AEFB})-(\text{도형 CEFD})$$
$$=\int_a^b f(x)dx-\int_a^b g(x)dx$$
$$=\int_a^b \{f(x)-g(x)\}dx \quad \cdots\cdots ㉠$$

곧, 구간 $[a,\ b]$에서 $f(x)\ge g(x)$일 때, 두 곡선 $y=f(x)$, $y=g(x)$와 두 직선 $x=a$, $x=b$로 둘러싸인 도형의 넓이 S는 위에 있는 그래프의 식 $f(x)$에서 아래에 있는 그래프의 식 $g(x)$를 뺀 $f(x)-g(x)$를 $x=a$에서 $x=b$까지 적분한 값이 된다.

특히 아래 그림과 같이 구간 $[a,\ b]$에서 두 곡선이 모두 $x$축 아래에 있거나, $x$축을 사이에 두고 있는 경우에도 ㉠이 성립한다는 것에 주의하여라.

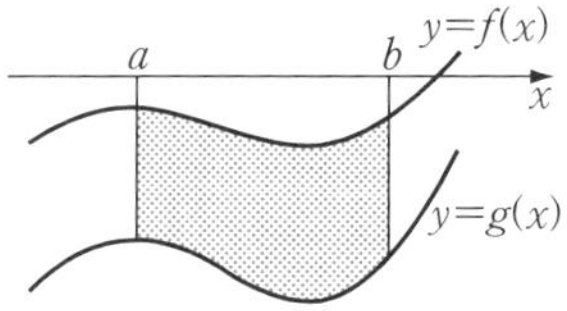


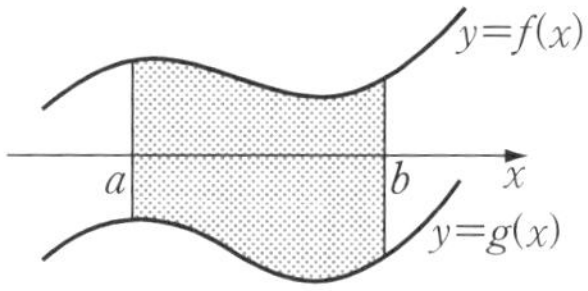


$dy$를 이용하여 적분할 때에도 같은 방법으로 생각할 수 있다.

**기본정석** **두 곡선 사이의 넓이**

(i) 구간 $[a,\ b]$에서 $f(x)\ge g(x)$일 때

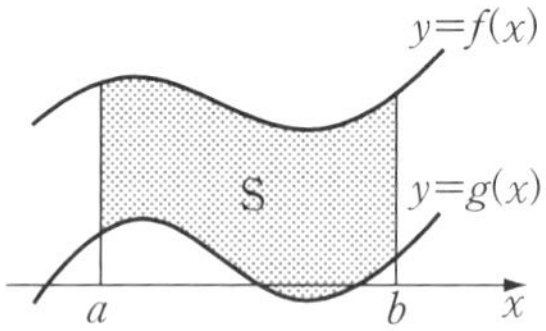


$$S=\int_a^b \{f(x)-g(x)\}dx$$

(ii) 구간 $[\alpha,\ \beta]$에서 $f(y)\ge g(y)$일 때

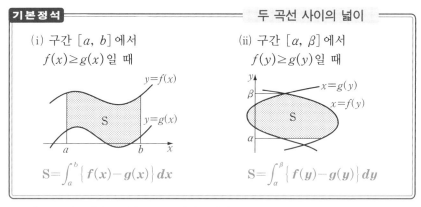

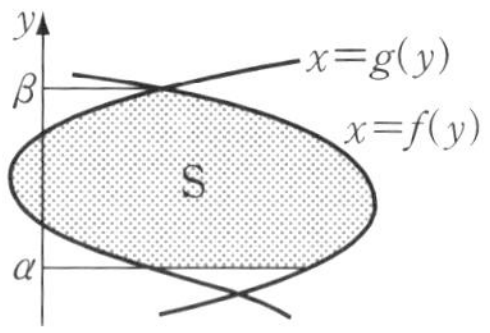


$$S=\int_\alpha^\beta \{f(y)-g(y)\}dy$$

*Advice* | $f(x)$, $g(x)$ 또는 $f(y)$, $g(y)$의 대소에 관계없이

$S=\int_a^b |f(x)-g(x)|dx$ 또는 $S=\int_\alpha^\beta |f(y)-g(y)|dy$라고 해도 된다.

**기본 문제 12-5** 다음 직선과 곡선 또는 곡선과 곡선으로 둘러싸인 도형의 넓이를 구하여라.

(1) $y=-x$, $y=-x^2+2x$ (2) $y=x^2-1$, $y=-x^2+2x+3$

정석연구 먼저 주어진 직선 또는 곡선을 좌표평면 위에 나타내어 보아라. 이 때, 이들의 교점의 $x$좌표도 같이 나타낼 수 있어야 한다.

모범답안 (1) 직선과 곡선의 교점의 $x$좌표는

$-x=-x^2+2x$ 에서 $x=0, 3$

또, 구간 $[0, 3]$ 에서 $-x^2+2x\ge -x$

이므로 구하는 넓이를 S라고 하면

$$S=\int_0^3\{(-x^2+2x)-(-x)\}dx$$

$$=\int_0^3(-x^2+3x)dx \quad \cdots\cdots ①$$

$$=\left[-\frac{1}{3}x^3+\frac{3}{2}x^2\right]_0^3=\mathbf{\frac{9}{2}} \leftarrow \text{답}$$

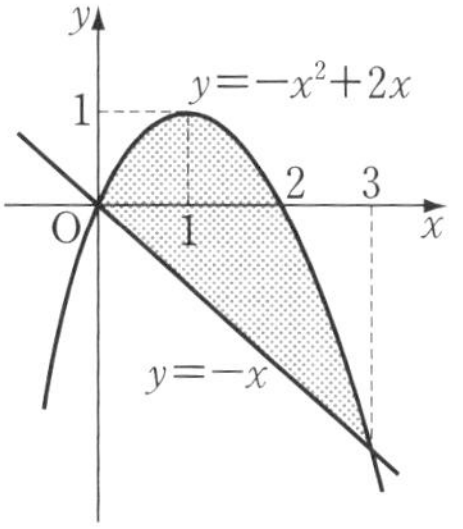


(2) 두 곡선의 교점의 $x$좌표는

$x^2-1=-x^2+2x+3$ 에서 $x=-1, 2$

또, 구간 $[-1, 2]$ 에서

$-x^2+2x+3\ge x^2-1$

이므로 구하는 넓이를 S라고 하면

$$S=\int_{-1}^2\{(-x^2+2x+3)-(x^2-1)\}dx$$

$$=\int_{-1}^2(-2x^2+2x+4)dx \quad \cdots\cdots ②$$

$$=\left[-\frac{2}{3}x^3+x^2+4x\right]_{-1}^2=\mathbf{9} \leftarrow \text{답}$$

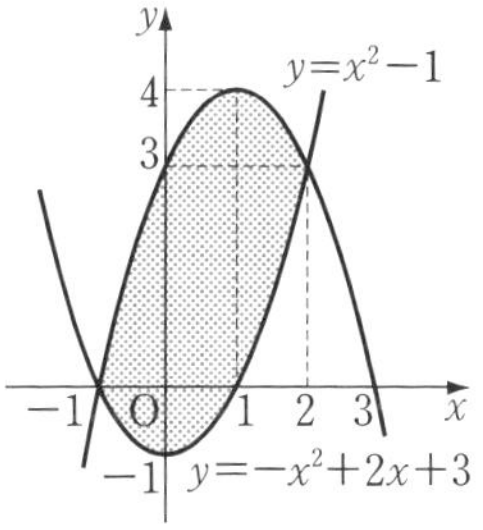


*Advice* | ①, ②에서 피적분함수는 이차함수이고, 위끝과 아래끝에서 피적분함수의 값은 0이다. 따라서 다음 **정석**을 이용할 수도 있다. ⇦ p. 153

$$\textbf{정석} \quad \int_\alpha^\beta a(x-\alpha)(x-\beta)dx=-\frac{a}{6}(\beta-\alpha)^3$$

유제 **12**-11. 다음 곡선과 직선 또는 곡선과 곡선으로 둘러싸인 도형의 넓이를 구하여라.

(1) $y=x^2$, $y=x$ (2) $y=x^2$, $y=x+1$, $x=0$, $x=1$

(3) $y=(x-1)^2$, $y=5-x^2$ (4) $y=2x^2-7x+5$, $y=-x^2+5x-4$

답 (1) $\mathbf{\frac{1}{6}}$ (2) $\mathbf{\frac{7}{6}}$ (3) **9** (4) **4**

**기본 문제 12-6** 다음 곡선과 직선 또는 곡선과 곡선으로 둘러싸인 도형의 넓이를 구하여라.

(1) $y=x^3-6x^2+9x$, $y=x$  (2) $y=x^2$, $y=x^3-2x$

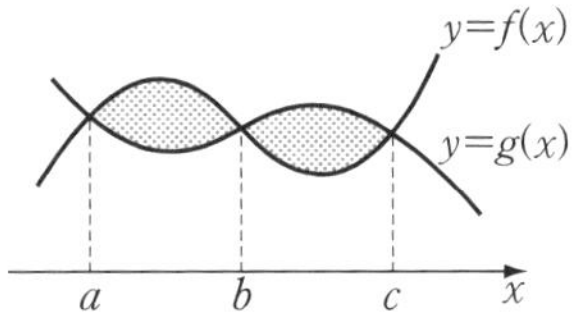


정석연구 오른쪽 그림과 같이 구간 $[a, c]$에서 $f(x)$와 $g(x)$의 대소가 바뀌면

$$\int_a^b \{f(x)-g(x)\}dx+\int_b^c \{g(x)-f(x)\}dx$$

와 같이 적분구간을 나누어 계산한다.

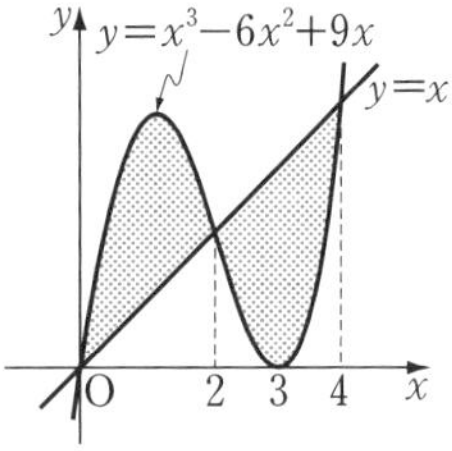


모범답안 (1) 곡선과 직선의 교점의 $x$좌표는

$x^3-6x^2+9x=x$에서 $x(x-2)(x-4)=0$

$\therefore x=0, 2, 4$

구간 $[0, 2]$에서 $x^3-6x^2+9x\ge x$

구간 $[2, 4]$에서 $x\ge x^3-6x^2+9x$

따라서 구하는 넓이를 S라고 하면

$$S=\int_0^2(x^3-6x^2+9x-x)dx+\int_2^4\{x-(x^3-6x^2+9x)\}dx$$

$$=\left[\frac{1}{4}x^4-2x^3+4x^2\right]_0^2+\left[-\frac{1}{4}x^4+2x^3-4x^2\right]_2^4=4+4=\mathbf{8}$$ ← 답

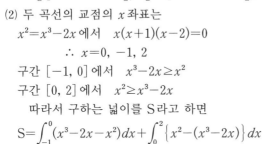

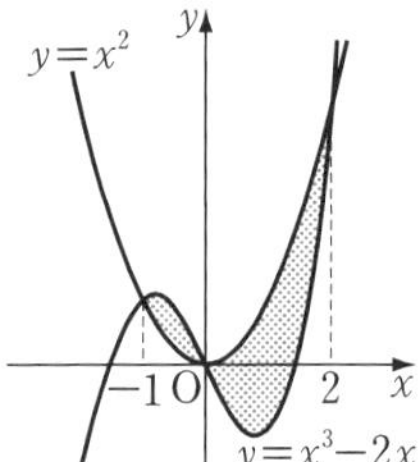


(2) 두 곡선의 교점의 $x$좌표는

$x^2=x^3-2x$에서 $x(x+1)(x-2)=0$

$\therefore x=0, -1, 2$

구간 $[-1, 0]$에서 $x^3-2x\ge x^2$

구간 $[0, 2]$에서 $x^2\ge x^3-2x$

따라서 구하는 넓이를 S라고 하면

$$S=\int_{-1}^0(x^3-2x-x^2)dx+\int_0^2\{x^2-(x^3-2x)\}dx$$

$$=\left[\frac{1}{4}x^4-x^2-\frac{1}{3}x^3\right]_{-1}^0+\left[\frac{1}{3}x^3-\frac{1}{4}x^4+x^2\right]_0^2=\frac{5}{12}+\frac{8}{3}=\mathbf{\frac{37}{12}}$$ ← 답

**유제 12-12.** 다음 곡선과 직선 또는 곡선과 곡선으로 둘러싸인 도형의 넓이를 구하여라.

(1) $y=x^3+2x^2-3x$, $y=x+8$  (2) $y=x^2(x-2)$, $y=x-2$

(3) $y=(x-1)^3$, $y=x^2-1$  (4) $y=x^3+x^2+2x$, $y=x^2+5x-2$

답 (1) $\mathbf{\frac{64}{3}}$ (2) $\mathbf{\frac{37}{12}}$ (3) $\mathbf{\frac{37}{12}}$ (4) $\mathbf{\frac{27}{4}}$

**기본 문제 12-7** 다음 곡선과 직선으로 둘러싸인 도형의 넓이 S를 구하여라.

(1) $y^2=x\ (y\ge0),\ \ y=0,\ \ x=4$  (2) $y^2=x,\ \ y=-x+2$

정석연구 (1) 오른쪽 그림에서 초록 점 찍은 부분의 넓이를 구하는 문제이다. 그런데

$$y^2=x \text{ 에서 } \quad y=\sqrt{x}\quad (\because\ y\ge0)$$

이므로 넓이 S를 $dx$를 써서 나타내면

$$S=\int_0^4 y\,dx=\int_0^4\sqrt{x}\,dx$$

와 같이 무리함수의 적분이 된다.

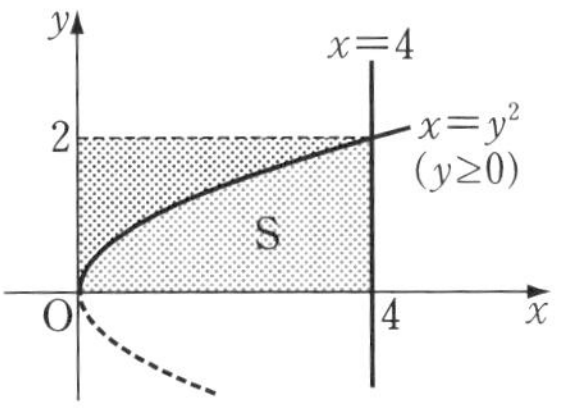


따라서 이를 피하기 위해서는 그림에서 붉은 점 찍은 부분의 넓이

$$\int_0^2 x\,dy=\int_0^2 y^2\,dy$$

를 이용하면 된다.

(2) 마찬가지로 넓이 S를 $dy$를 써서 나타낸다.

**정석** $dx$를 쓸 것인가, $dy$를 쓸 것인가를 판단하고

$dx$를 쓸 때는 $\Longrightarrow \displaystyle\int_a^b |y|\,dx$,  $dy$를 쓸 때는 $\Longrightarrow \displaystyle\int_\alpha^\beta |x|\,dy$

모범답안 (1) 직선 $x=4$와 곡선 $x=y^2\,(y\ge0)$의 교점의 $y$좌표는

$$4=y^2 \text{ 에서 } \quad y=2\ (\because\ y\ge0)$$

$$\therefore\ S=2\times4-\int_0^2 x\,dy=8-\int_0^2 y^2dy=8-\left[\frac{1}{3}y^3\right]_0^2=\frac{16}{3} \longleftarrow \boxed{\text{답}}$$

*Note 직선 $x=4$와 곡선 $x=y^2\,(y\ge0)$ 사이의 넓이이므로

$$S=\int_0^2(4-y^2)dy$$

를 계산해도 된다.

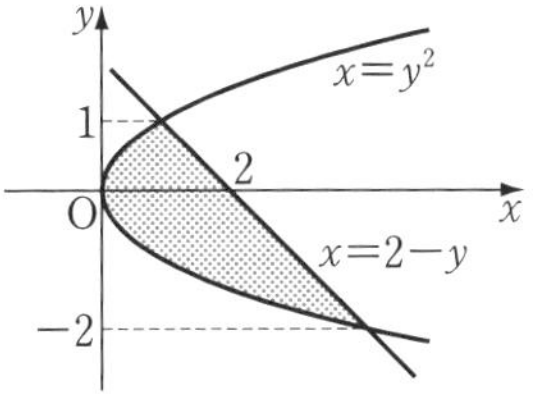


(2) $y^2=x$ 에서 $\quad x=y^2$

$y=-x+2$ 에서 $\quad x=2-y$

곡선과 직선의 교점의 $y$좌표는

$y^2=2-y$ 에서 $\quad y=-2,\ 1$

$$\therefore\ S=\int_{-2}^1\left\{(2-y)-y^2\right\}dy=\left[2y-\frac{1}{2}y^2-\frac{1}{3}y^3\right]_{-2}^1=\frac{9}{2} \longleftarrow \boxed{\text{답}}$$

**유제 12-13.** 다음 곡선과 직선으로 둘러싸인 도형의 넓이를 구하여라.

(1) $y=\sqrt{x},\ \ y=x-2,\ \ y=0$

(2) $y^2=-x,\ \ x-3y+4=0$

답 (1) $\dfrac{10}{3}$ (2) $\dfrac{125}{6}$

**기본 문제 12-8** 함수 $f(x)=x^3-x^2-5x+9$에 대하여 다음 물음에 답하여라.

(1) 곡선 $y=f(x)$ 위의 $x=2$인 점에서의 접선의 방정식을 구하여라.

(2) 곡선 $y=f(x)$와 (1)의 접선으로 둘러싸인 도형의 넓이를 구하여라.

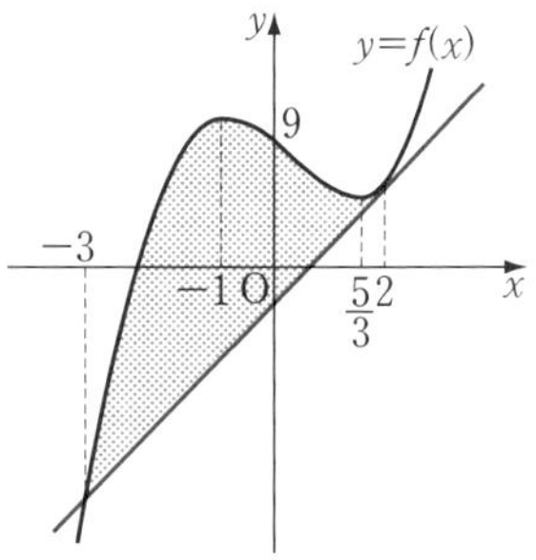


정석연구 $f'(x)=3x^2-2x-5=(x+1)(3x-5)$ 이므로 주어진 곡선의 개형과 $x=2$인 점에서의 접선을 나타내면 오른쪽 그림과 같다. 따라서 곡선과 접선의 교점을 찾으면 점 찍은 부분의 넓이를 구할 수 있다.

이때, 곡선이 직선보다 위에 있으므로 곡선의 식에서 직선의 식을 빼면 된다.

**정석** 넓이를 구할 때에는

⟹ 곡선의 개형부터 그려 본다.

모범답안 (1) $f'(x)=3x^2-2x-5$이므로 접선의 기울기는 $f'(2)=3$

또, $x=2$일 때 $y=3$이므로 접점의 좌표는 $(2, 3)$이다.

$\therefore\ y-3=3(x-2)$ $\therefore\ \boldsymbol{y=3x-3}$ ← 답

(2) 곡선과 접선의 교점의 $x$좌표는 $x^3-x^2-5x+9=3x-3$에서

$(x+3)(x-2)^2=0$ $\therefore\ x=-3,\ 2$ (중근)

또, 구간 $[-3, 2]$에서 곡선이 접선보다 위에 있다.

따라서 구하는 넓이를 S라고 하면

$$S=\int_{-3}^{2}\{(x^3-x^2-5x+9)-(3x-3)\}\,dx$$

$$=\left[\frac{1}{4}x^4-\frac{1}{3}x^3-4x^2+12x\right]_{-3}^{2}=\boldsymbol{\frac{625}{12}}$$ ← 답

유제 **12**-14. 곡선 $y=-x^3+2x^2$ 위의 원점 이외의 점에서의 접선이 원점을 지날 때, 이 접선과 곡선으로 둘러싸인 도형의 넓이를 구하여라. 답 $\boldsymbol{\frac{1}{12}}$

유제 **12**-15. 점 $(1, 0)$에서 곡선 $y=x^2$에 그은 두 접선과 이 곡선으로 둘러싸인 도형의 넓이를 구하여라. 답 $\boldsymbol{\frac{2}{3}}$

유제 **12**-16. 곡선 $y=x^3-x$ 위의 점 $\mathrm{O}(0, 0)$에서의 접선에 수직이고 점 O를 지나는 직선과 이 곡선으로 둘러싸인 도형의 넓이를 구하여라. 답 **2**

**기본 문제 12-9** 함수 $f(x)=x^3-6$의 역함수를 $g$라고 할 때, 두 곡선 $y=f(x)$, $y=g(x)$와 직선 $y=-x-6$으로 둘러싸인 도형의 넓이 S를 구하여라.

[정석연구] $y=g(x)$는 $y=f(x)$의 역함수이므로 $y=g(x)$의 그래프와 $y=f(x)$의 그래프는 직선 $y=x$에 대하여 대칭이다.

**정석** 함수 $f$와 $g$가 서로 역함수이면
⟹ 곡선 $y=f(x)$와 $y=g(x)$는 직선 $y=x$에 대하여 대칭!

따라서 두 함수의 그래프는 오른쪽과 같고, 점 찍은 부분의 넓이를 구하면 된다.

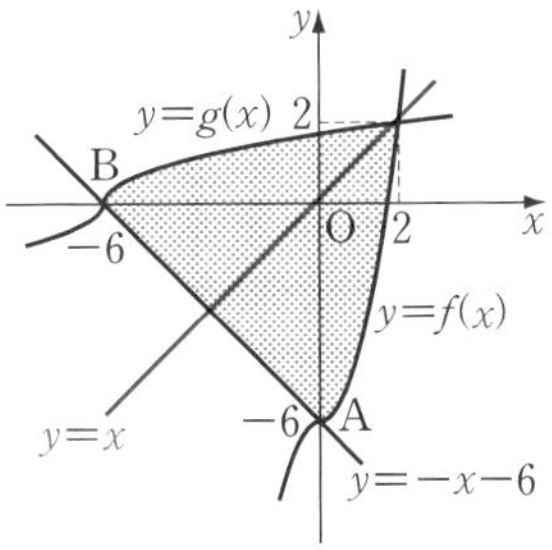


이와 같은 도형의 넓이는 하나의 정적분으로 나타내어 구하는 것보다 도형을 적당한 부분으로 나누어 각각의 넓이의 합을 구하는 것이 간편하다.

이를테면 삼각형 OAB의 넓이는 따로 구한다. 그리고 나머지 부분은 직선 $y=x$에 대하여 대칭이므로 이 직선 아랫부분의 넓이만 구하면 된다.

**정석** 도형의 넓이를 구할 때에는 ⟹ 대칭성을 충분히 활용한다.

[모범답안] 두 곡선 $y=f(x)$와 $y=g(x)$는 직선 $y=x$에 대하여 대칭이므로 위의 그림과 같고, $f(x)$가 증가함수이므로 두 곡선의 교점의 $x$좌표는 곡선 $y=x^3-6$과 직선 $y=x$의 교점의 $x$좌표와 같다. 따라서

$$x^3-6=x \text{ 에서 } \quad (x-2)(x^2+2x+3)=0 \qquad \therefore\ x=2$$

구하는 넓이는 위의 그림에서 점 찍은 부분의 넓이이므로 곡선 $y=f(x)$가 $y$축과 만나는 점을 A, 곡선 $y=g(x)$가 $x$축과 만나는 점을 B라고 하면

$$S=2\int_0^2 \left\{x-(x^3-6)\right\}dx+\triangle\text{OAB}$$

$$=2\left[\frac{1}{2}x^2-\frac{1}{4}x^4+6x\right]_0^2+\frac{1}{2}\times6\times6=\mathbf{38} \longleftarrow \text{답}$$

[유제] **12**-17. 다음 두 곡선으로 둘러싸인 도형의 넓이를 구하여라.

$$y^2=2x, \qquad x^2=2y$$

답 $\dfrac{4}{3}$

[유제] **12**-18. 함수 $f(x)=x^3+x^2+x$의 역함수를 $g$라고 할 때, 두 곡선 $y=f(x)$, $y=g(x)$로 둘러싸인 도형의 넓이를 구하여라. 답 $\dfrac{1}{6}$

**기본 문제 12-10** 원점을 지나고 기울기가 양수인 직선이 있다.
이 직선과 포물선 $y=x^2-x$로 둘러싸인 도형의 넓이가 $\frac{4}{3}$일 때, 이 직선의 방정식을 구하여라.

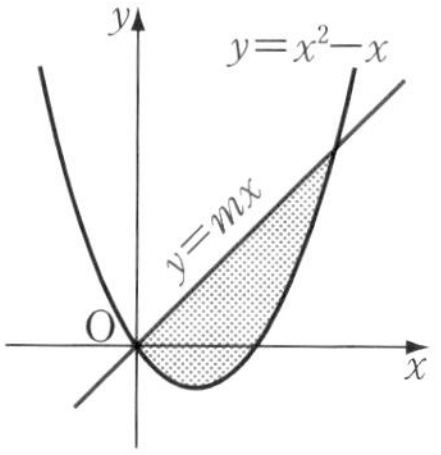


정석연구 직선의 방정식을 $y=mx\ (m>0)$로 놓고, 이 직선과 포물선 $y=x^2-x$가 만나는 점의 $x$좌표를 구하면 넓이를 구할 수 있다.

**정석** 곡선과 직선으로 둘러싸인 도형의 넓이는
⟹ 교점의 좌표부터 구한다.

모범답안 구하는 직선의 방정식을 $y=mx\ (m>0)$라 고 하면 포물선과의 교점의 $x$좌표는

$x^2-x=mx$에서 $x(x-m-1)=0$ $\therefore x=0,\ m+1$

문제의 조건에서 $m>0$이므로 $m+1>0$

이때, 포물선과 직선으로 둘러싸인 도형의 넓이가 $\frac{4}{3}$이므로

$$\int_0^{m+1}\left\{mx-(x^2-x)\right\}dx=\frac{4}{3} \qquad \cdots\cdots①$$

$$\therefore \frac{1}{6}(m+1-0)^3=\frac{4}{3} \qquad \therefore (m+1)^3=8$$

$m$은 실수이므로 $m+1=2$ $\therefore m=1$ $\therefore$ $\boldsymbol{y=x}$ ← 답

*Advice* | ①에서는 피적분함수 $mx-(x^2-x)$가 이차함수이고, 위끝 $m+1$과 아래끝 0에서 피적분함수의 값이 0이므로 아래 **정석**을 이용하였다.

**정석** $$\int_\alpha^\beta a(x-\alpha)(x-\beta)dx=-\frac{a}{6}(\beta-\alpha)^3$$

다음과 같이 직접 계산해도 된다.

$$\int_0^{m+1}\left\{mx-(x^2-x)\right\}dx=\int_0^{m+1}\left\{-x^2+(m+1)x\right\}dx$$
$$=\left[-\frac{1}{3}x^3+\frac{1}{2}(m+1)x^2\right]_0^{m+1}=\frac{1}{6}(m+1)^3$$

유제 **12**-19. 포물선 $y=x(3-x)$와 $x$축으로 둘러싸인 도형을 직선 $y=x$에 의하여 두 부분으로 나눌 때, 작은 쪽의 넓이를 $S_1$, 큰 쪽의 넓이를 $S_2$라고 하자. $S_1 : S_2$를 구하여라. 답 **8 : 19**

유제 **12**-20. 곡선 $y=\sqrt{mx}$와 $x$축 및 직선 $x=3$으로 둘러싸인 도형의 넓이가 6일 때, 양수 $m$의 값을 구하여라. 답 $\boldsymbol{m=3}$

유제 **12**-21. 직선 $y=ax$와 포물선 $y=x^2-3x$로 둘러싸인 도형의 넓이가 $x$축에 의하여 이등분되도록 실수 $a$의 값을 정하여라. 답 $\boldsymbol{a=3(\sqrt[3]{2}-1)}$

**기본 문제 12-11** 오른쪽 그림과 같이 포물선 $y=x^2$과 두 점

$$P\left(\frac{1}{2},\ \frac{1}{4}\right),\qquad Q\left(-\frac{1}{2},\ \frac{1}{4}\right)$$

에서 이 포물선에 접하는 원 A가 있다.

(1) 점 P에서의 법선의 방정식을 구하여라.

(2) $\angle$PAO의 크기를 구하여라.

(3) 초록 점 찍은 부채꼴의 넓이를 구하여라.

(4) 붉은 점 찍은 부분의 넓이를 구하여라.

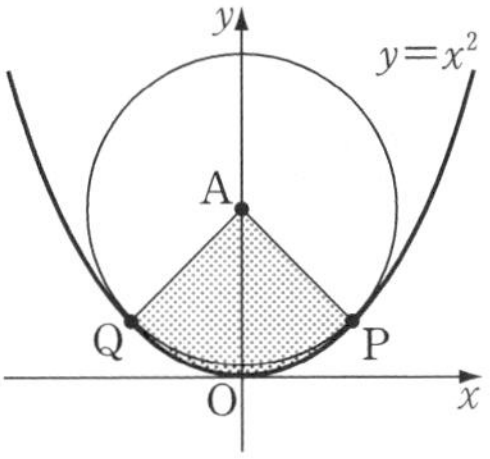


정석연구 점 P에서 원과 포물선이 접하므로 점 P에서 포물선의 접선이 원의 접선도 된다. 따라서 점 P에서의 법선은 원의 중심 A를 지난다.

**정석** 두 곡선이 점 **P**에서 접한다 $\Longrightarrow$ 점 **P**에서의 접선이 일치한다

모범답안 (1) $y'=2x$에서 $x=\dfrac{1}{2}$일 때 $y'=1$이므로 점 P에서의 법선의 방정식은

$$y-\frac{1}{4}=-1\times\left(x-\frac{1}{2}\right)\qquad \therefore\ \boldsymbol{y=-x+\frac{3}{4}} \longleftarrow \text{답} \qquad \cdots\cdots ⓐ$$

(2) 직선 ⓐ은 기울기가 $-1$이고 점 A를 지나므로 $\angle\mathbf{PAO=45^\circ}$ ← 답

(3) ⓐ에서 $x=0$을 대입하면 $A\left(0,\ \dfrac{3}{4}\right)$이다.

$$\therefore\ \overline{AP}=\sqrt{\left(0-\frac{1}{2}\right)^2+\left(\frac{3}{4}-\frac{1}{4}\right)^2}=\frac{1}{\sqrt{2}}$$

따라서 부채꼴의 넓이는

$$\pi\left(\frac{1}{\sqrt{2}}\right)^2\times\frac{90^\circ}{360^\circ}=\boldsymbol{\frac{\pi}{8}} \longleftarrow \text{답}$$

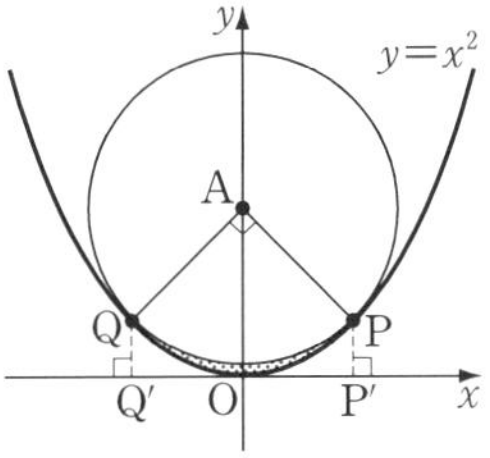


(4) 구하는 넓이를 S라고 하면 오른쪽 그림에서

$$S=2(\text{사다리꼴 APP}'\text{O})-(\text{부채꼴 APQ})-2\int_0^{\frac{1}{2}}x^2dx$$

$$=2\left\{\frac{1}{2}\left(\frac{3}{4}+\frac{1}{4}\right)\times\frac{1}{2}\right\}-\frac{\pi}{8}-2\left[\frac{1}{3}x^3\right]_0^{\frac{1}{2}}=\boldsymbol{\frac{5}{12}-\frac{\pi}{8}} \longleftarrow \text{답}$$

유제 **12**-22. 원 $x^2+(y-1)^2=1$과 포물선 $y=2x^2$이 오른쪽 그림과 같이 두 점 A, B에서 만난다.

원의 중심을 C라고 할 때,

(1) 두 점 A, B의 좌표를 구하여라.

(2) $\angle$ACB의 크기를 구하여라.

(3) 점 찍은 부분의 넓이를 구하여라.

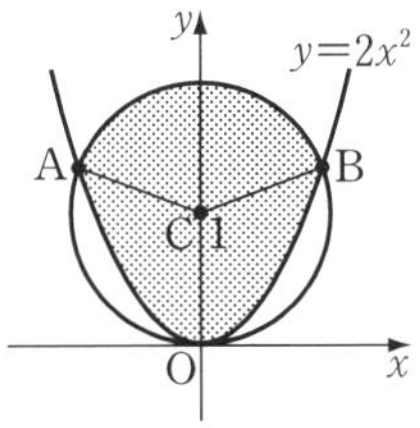


답 (1) $\mathbf{A}\left(-\dfrac{\sqrt{3}}{2},\ \dfrac{3}{2}\right)$, $\mathbf{B}\left(\dfrac{\sqrt{3}}{2},\ \dfrac{3}{2}\right)$ (2) $\mathbf{120^\circ}$ (3) $\dfrac{\pi}{3}+\dfrac{3\sqrt{3}}{4}$

## 연습문제 12

**12-1** 다음 곡선과 직선으로 둘러싸인 도형의 넓이를 구하여라.

(1) $y=x^2-3|x|+2$, $y=0$ (2) $y=|x^3+3x^2-x-3|$, $y=0$

(3) $y=3-|x^2-1|$, $y=0$ (4) $y=\sqrt{-x+1}$, $x=0$, $y=0$, $y=2$

**12-2** $x\ge0$에서 $f(x)\ge0$인 다항함수 $f(x)$가 있다. 곡선 $y=f(x)$와 $x$축 및 직선 $x=t$ (단, $t>0$)로 둘러싸인 도형의 넓이를 $\mathrm{F}(t)$라고 하면 $\mathrm{F}(t)=3t^4-7at^3+6a^2t^2+a^2t$ 이다. $f(0)=0$일 때, $f(1)$의 값은?

① 11 ② 12 ③ 13 ④ 14 ⑤ 15

**12-3** 오른쪽 그림의 오목 다각형을 K라고 하자.
직선 $x=t$의 왼쪽에 있는 K의 내부의 넓이를 $\mathrm{S}(t)$라고 할 때, $\int_0^3 \mathrm{S}(t)dt$의 값은?

① $\frac{13}{2}$ ② $\frac{15}{2}$ ③ 10 ④ 13 ⑤ 15

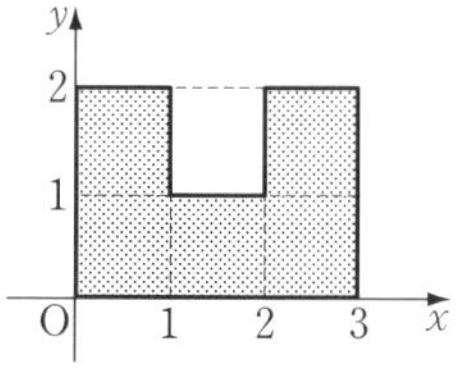


**12-4** 함수 $f(x)=x^2-2x+3$에 대하여 직선 $x=0$, $x=3$, $y=0$과 곡선 $y=f(x)$로 둘러싸인 도형의 넓이와 직선 $x=0$, $x=3$, $y=0$, $y=f(c)$로 둘러싸인 사각형의 넓이가 같게 되는 상수 $c$의 값은? 단, $0<c<3$이다.

① $\frac{3}{2}$ ② $\frac{5}{3}$ ③ 2 ④ $\frac{7}{3}$ ⑤ $\frac{5}{2}$

**12-5** 오른쪽 그림과 같이 포물선 $y=x^2-2x-1$과 $x$축, $y$축으로 둘러싸인 두 부분의 넓이를 각각 $\mathrm{S}_1$, $\mathrm{S}_2$라고 할 때, $\mathrm{S}_2-\mathrm{S}_1$의 값은?

① $\frac{8}{3}$ ② $\frac{10}{3}$ ③ 4 ④ $\frac{14}{3}$ ⑤ $\frac{16}{3}$

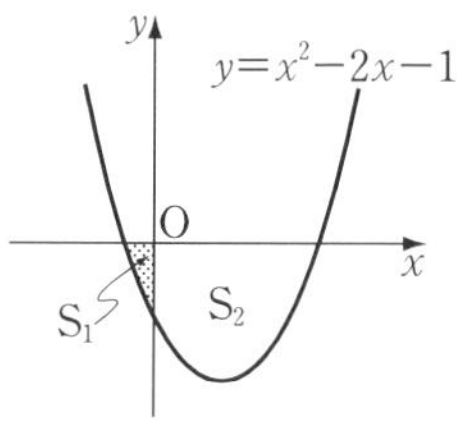


**12-6** $x^2$의 계수가 1인 이차함수 $f(x)$가

$$f(3)=0,\quad \int_0^{2020} f(x)dx=\int_3^{2020} f(x)dx$$

를 만족시킨다. 곡선 $y=f(x)$와 $x$축으로 둘러싸인 도형의 넓이를 구하여라.

**12-7** $0\le a\le2$일 때, 곡선 $y=x(x-a)(x-2)$와 $x$축으로 둘러싸인 도형의 넓이가 최소가 되는 상수 $a$의 값을 구하여라.

**12-8** 곡선 $y=ax^2$ (단, $a>0$)을 $x$축의 방향으로 4만큼 평행이동한 곡선을 L이라고 하자. 두 곡선 $y=ax^2$, L과 $x$축으로 둘러싸인 도형의 넓이가 16일 때, 상수 $a$의 값을 구하여라.

**12-9** 자연수 $n$에 대하여 곡선 $y=\frac{1}{n(n+1)}x(1-x)$와 $x$축으로 둘러싸인 도형의 넓이를 $S_n$이라고 할 때, $\sum_{n=1}^{10} S_n$의 값을 구하여라.

**12-10** 함수 $f(x)=2x^3-2x^2-4x$에 대하여 오른쪽 그림과 같이 곡선 $y=f(x)$와 $x$축으로 둘러싸인 도형 중 $x\le 0$인 부분의 넓이를 $S_1$이라 하고, $x\ge 0$인 부분을 직선 $x=k$ (단, $0<k<2$)로 나눈 두 부분의 넓이를 각각 $S_2$, $S_3$이라고 하자.

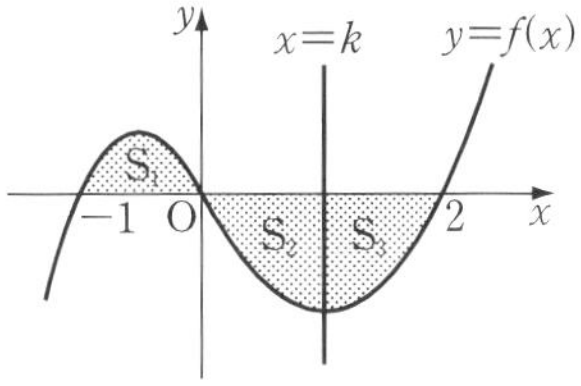


$S_1$, $S_2$, $S_3$이 이 순서로 등차수열을 이룰 때, $S_2$의 값을 구하여라.

**12-11** 다음 그래프로 둘러싸인 도형의 넓이를 구하여라.

(1) $y=x^2$, $y=x$, $y=x+2$ (2) $y=|x^2-4|$, $y=5$

(3) $y=\left|x(x-1)\right|$, $y=x+3$ (4) $y=x^2$, $y^2=8x$

**12-12** 두 곡선 $y=kx^2$, $y=-\frac{1}{k}x^2$과 직선 $x=1$로 둘러싸인 도형의 넓이를 $S(k)$라고 하자. $k>0$일 때, $S(k)$의 최솟값을 구하여라.

**12-13** 증가함수 $f(x)$에 대하여 곡선 $y=f(x)$와 직선 $y=x$의 교점의 $x$좌표가 $x=\alpha$, $0$, $\beta$ (단, $\alpha<0<\beta$)일 때, 두 곡선 $y=f(x)$, $x=f(y)$로 둘러싸인 도형의 넓이는?

① $\int_\alpha^\beta \left|f(x)\right|dx$ ② $2\int_\alpha^\beta \left|f(x)\right|dx$ ③ $\int_\alpha^\beta \left|f(x)-x\right|dx$

④ $2\int_\alpha^\beta \left|f(x)-x\right|dx$ ⑤ $4\int_\alpha^\beta \left|f(x)-2x\right|dx$

**12-14** 두 곡선 $y=x(a-x)$, $y=x^2(a-x)$로 둘러싸인 두 부분의 넓이가 같을 때, 상수 $a$의 값을 구하여라. 단, $a>1$이다.

**12-15** 두 곡선 $y=x^4-x^3$, $y=-x^4+x$로 둘러싸인 도형의 넓이가 곡선 $y=ax(1-x)$에 의하여 이등분될 때, 상수 $a$의 값을 구하여라.

단, $0<a<1$이다.

**12-16** 좌표평면 위에 점 A$(0, -2)$를 지나는 직선 $l$이 있다.

함수 $f(x)=x^3-6x^2$에 대하여 곡선 $y=f(x)$가 $x$축과 만나는 점 중 원점 O가 아닌 점을 B, 점 B를 지나고 $x$축에 수직인 직선이 $l$과 만나는 점을 C라고 하자. □OACB의 넓이가 곡선 $y=f(x)$와 $x$축으로 둘러싸인 도형의 넓이와 같을 때, 직선 $l$의 방정식을 구하여라.

단, 점 C의 $y$좌표는 음수이다.

**12-17** 오른쪽 그림과 같이 포물선 $y=x^2$ 위에서 원점과 점 A(2, 4) 사이를 움직이는 점 P가 있다.

이때, 점 찍은 부분의 넓이의 최솟값은?

① $\frac{1}{6}$　② $\frac{1}{3}$　③ $\frac{1}{2}$　④ $\frac{2}{3}$　⑤ $\frac{5}{6}$

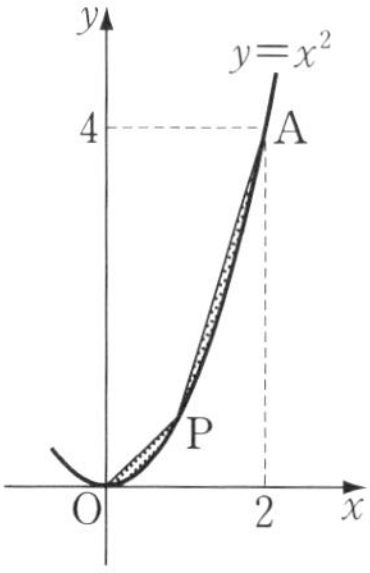


**12-18** 두 곡선 $y=x^3-x+2$, $y=x^3-x^2+x$와 두 직선 $x=a$, $x=a+1$로 둘러싸인 도형의 넓이를 S$(a)$라고 할 때, S$(a)$의 최솟값은?

① $\frac{3}{4}$　② $\frac{11}{12}$　③ $\frac{13}{12}$　④ $\frac{5}{4}$　⑤ $\frac{17}{12}$

**12-19** 곡선 $y=x^3$ 위의 원점이 아닌 점에서의 접선과 이 곡선으로 둘러싸인 도형이 $x$축, $y$축에 의하여 나누어진 세 부분의 넓이의 비를 구하여라.

**12-20** 두 곡선 $y=x^3-(a+1)x^2+ax$, $y=x^2-ax$가 $x=2$인 점에서 접할 때, 두 곡선으로 둘러싸인 도형의 넓이를 구하여라. 단, $a$는 상수이다.

**12-21** 곡선 $y=\sqrt{x}$ 위의 두 점 P$(a^2, a)$, Q$(b^2, b)$에 대하여 선분 PQ와 곡선 $y=\sqrt{x}$로 둘러싸인 도형의 넓이가 $\frac{9}{2}$일 때, $\lim_{a\to\infty}\frac{\overline{\mathrm{PQ}}}{a}$의 값을 구하여라.

단, $a<b$이다.

**12-22** 오른쪽 그림과 같이 한 변의 길이가 15인 정사각형이 두 곡선 $y=f(x)$와 $y=g(x)$에 의하여 나누어진 세 부분을 파란색과 노란색으로 칠했다. 파란색과 노란색이 칠해진 부분의 넓이의 비가 2 : 3일 때, $\int_0^{15} f(x)dx$의 값을 구하여라. 단, 함수 $g$는 함수 $f$의 역함수이다.

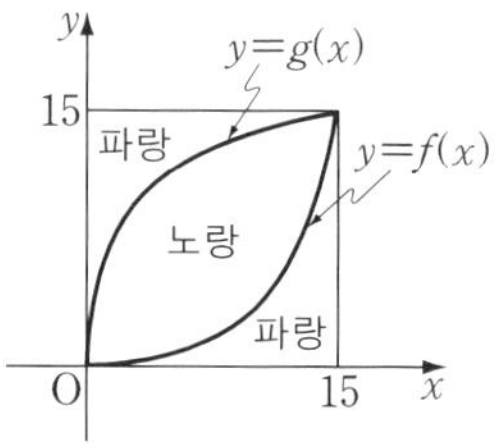


**12-23** 양수 $r$에 대하여 두 곡선 $y=x^2-2$, $y=-x^2+\frac{2}{r^2}$로 둘러싸인 도형의 넓이를 $\mathrm{S}_r$라고 할 때, $\lim_{r\to\infty}\mathrm{S}_r$의 값을 구하여라.

**12-24** 포물선 $y=x(2-x)$와 $x$축으로 둘러싸인 도형의 넓이를 F라고 할 때, 이 포물선과 직선 $y=mx$로 둘러싸인 도형의 넓이는 $\frac{1}{8}$F이다.

이때, 실수 $m$의 값을 구하여라.

**12-25** 포물선 $y=x^2$과 직선 $y=ax+1$로 둘러싸인 도형의 넓이의 최솟값을 구하여라.

# 13. 속도 · 거리와 적분

속도와 거리

## § 1. 속도와 거리

### 1 속도와 거리

수직선 위를 움직이는 점 P의 시각 $t$에서의 위치 $x$가 $x=f(t)$일 때, 속도 $v(t)$는

$$v(t)=\frac{dx}{dt}=f'(t)$$

이므로

$$\int_{t_0}^{t} v(t)dt=f(t)-f(t_0)$$

이다. 이때, 시각 $t_0$에서의 점 P의 위치를 $x_0$이라고 하면 시각 $t$에서의 점 P의 위치 $f(t)$는

$$f(t)=f(t_0)+\int_{t_0}^{t} v(t)dt=\boldsymbol{x_0+\int_{t_0}^{t} v(t)dt}$$

이다. 따라서 $t=a$일 때부터 $t=b$일 때까지 점 P의 위치의 변화량은

$$f(b)-f(a)=\left\{x_0+\int_{t_0}^{b} v(t)dt\right\}-\left\{x_0+\int_{t_0}^{a} v(t)dt\right\}=\boldsymbol{\int_{a}^{b} v(t)dt}$$

이다.

이를테면 수직선 위를 움직이는 점 P가 원점을 출발한 지 $t$초 후의 속도가 $v(t)=t+1$일 때, 4초 후의 점 P의 위치를 $x$라고 하면

$$x=\int_0^4 v(t)dt=\int_0^4 (t+1)dt=\left[\frac{1}{2}t^2+t\right]_0^4=\mathbf{12}$$

이다. 그리고 $v(t)=t+1>0$이므로 이것은 점 P가 움직인 거리를 뜻한다.

이제 원점을 출발한 점 P에 대하여 구간 $[a, b]$에서 $v(t)$의 부호가 바뀌는 경우 이를테면 $v(t)=4-t$로 주어질 때를 생각해 보자.

(i) $0\le t\le 4$일 때 $v(t)\ge 0$이므로 점 P는 양의 방향으로 움직이고, $t=4$일 때의 점 P의 위치는

$$\int_0^4 v(t)dt=\int_0^4 (4-t)dt=\left[4t-\frac{1}{2}t^2\right]_0^4=8$$

따라서 점 P는 오른쪽 그림의 점 A의 위치에 있고, 또 점 P가 움직인 거리는 8이다.

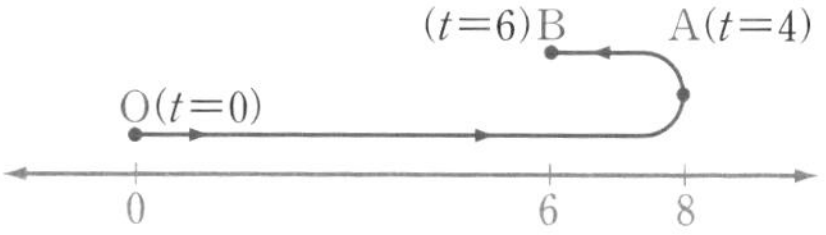


(ii) $t\ge 4$일 때 $v(t)\le 0$이므로 점 P는 음의 방향으로 움직이고, 이를테면 $t=4$일 때부터 $t=6$일 때까지 점 P의 위치의 변화량은

$$\int_4^6 v(t)dt=\int_4^6 (4-t)dt=\left[4t-\frac{1}{2}t^2\right]_4^6=-2$$

따라서 점 P는 위의 그림의 점 B의 위치에 있게 된다. 곧, $t=0$일 때부터 $t=6$일 때까지 점 P의 위치의 변화량은 6이고, 움직인 거리는

$$\overline{\text{OA}}+\overline{\text{AB}}=8+2=10$$

한편 구간 $[0, 6]$에서 속도 $v(t)$의 정적분의 값은

$$\int_0^6 v(t)dt=\int_0^6 (4-t)dt=\left[4t-\frac{1}{2}t^2\right]_0^6=6$$

이고, 이 값은 점 P의 위치의 변화량과 같다.

또, 구간 $[0, 6]$에서 속력 $|v(t)|$의 정적분의 값은

$$\int_0^6 |v(t)|dt=\int_0^6 |4-t|dt=\int_0^4 (4-t)dt+\int_4^6 (-4+t)dt=10$$

이고, 이 값은 점 P가 움직인 거리와 같다.

**기본정석** — 속도와 거리

수직선 위를 움직이는 점 P의 시각 $t$에서의 속도가 $v(t)$일 때, 점 P가 $t=a$일 때부터 $t=b$일 때까지 움직이면

점 **P**의 위치의 변화량 ⟹ $\displaystyle\int_a^b \boldsymbol{v(t)dt}$

점 **P**가 움직인 거리 ⟹ $\displaystyle\int_a^b |\boldsymbol{v(t)}|\boldsymbol{dt}$

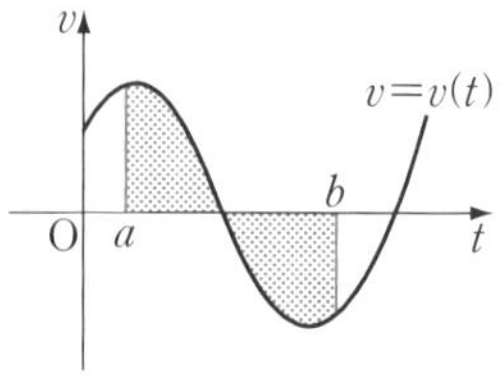


*Advice* | 위의 그림에서 점 P의 위치의 변화량은 구간 $[a, b]$에서 $v(t)$의 정적분의 값을, 점 P가 움직인 거리는 점 찍은 부분의 넓이의 합을 뜻한다.

**기본 문제 13-1** 원점을 출발하여 수직선 위를 움직이는 점 P의 시각 $t$에서의 속도 $v(t)$는 $v(t)=4-t^2$이라고 한다.

(1) $t=1, 2, 3$일 때의 점 P의 위치를 구하여라.

(2) $t=0$일 때부터 $t=3$일 때까지 점 P가 움직인 거리를 구하여라.

정석연구 점 P의 위치의 변화량과 점 P가 움직인 거리를 구분해야 한다.

오른쪽 그림에서

점 P의 위치의 변화량 ⟹ $\overline{AC}$

점 P가 움직인 거리 ⟹ $\overline{AB}+\overline{BC}$

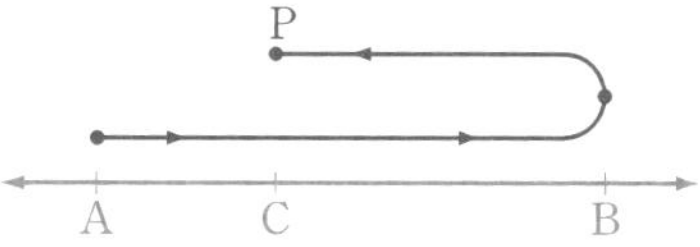


또, 점 P의 출발점 A가 원점일 때에는 점 P의 위치의 변화량은 점 P의 좌표이고, 점 P가 원점의 오른쪽에 있을 때에는 양수, 왼쪽에 있을 때에는 음수가 된다.

모범답안 (1) 점 P의 시각 $t$에서의 속도가 $v(t)=4-t^2$이므로 점 P의 시각 $t$에서의 위치를 $x(t)$라고 하면

$$x(t)=0+\int_0^t v(t)dt=\int_0^t (4-t^2)dt=\left[4t-\frac{1}{3}t^3\right]_0^t=4t-\frac{1}{3}t^3$$

$$\therefore\ x(1)=\mathbf{\frac{11}{3}},\ x(2)=\mathbf{\frac{16}{3}},\ x(3)=\mathbf{3} \longleftarrow \boxed{답}$$

(2) 점 P가 움직인 거리를 $l$이라고 하면

$$l=\int_0^3 |v(t)|dt=\int_0^3 |4-t^2|dt$$
$$=\int_0^2 (4-t^2)dt+\int_2^3 (-4+t^2)dt$$
$$=\left[4t-\frac{1}{3}t^3\right]_0^2+\left[-4t+\frac{1}{3}t^3\right]_2^3$$
$$=\frac{16}{3}+\frac{7}{3}=\mathbf{\frac{23}{3}} \longleftarrow \boxed{답}$$

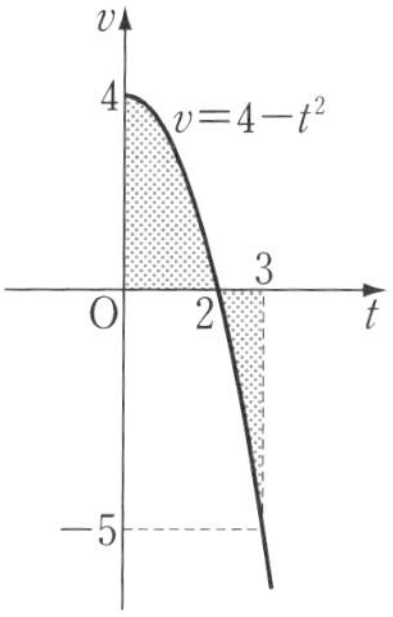


*Advice* | (1)은 함수 $v(t)=4-t^2$의 구간 $[0, 1]$, $[0, 2]$, $[0, 3]$에서의 정적분의 값을, (2)는 오른쪽 그림의 점 찍은 부분의 넓이의 합을 뜻한다.

유제 **13**-1. 원점을 출발하여 수직선 위를 움직이는 점 P의 시각 $t$에서의 속도 $v(t)$는 $v(t)=6t^2-18t+12$라고 한다.

(1) 시각 $t$에서의 점 P의 위치를 $t$로 나타내어라.

(2) $t=0$일 때부터 $t=3$일 때까지 점 P가 움직인 거리를 구하여라.

답 (1) $\mathbf{2t^3-9t^2+12t}$ (2) **11**

기본 문제 **13**-2 원점을 출발하여 수직선 위를 7초 동안 움직이는 점 P의 $t$초 후의 속도 $v(t)$의 그래프가 오른쪽과 같을 때, 다음 중 옳은 것은?

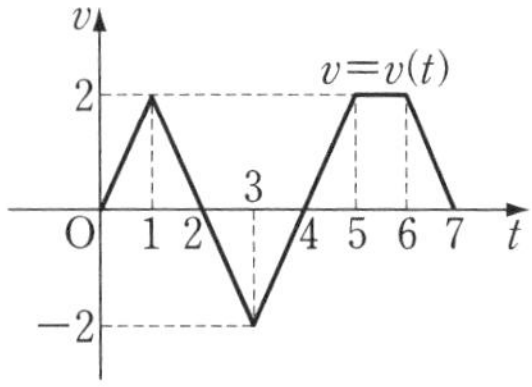


① 점 P는 출발하고 나서 1초 동안 멈춘 때가 있었다.

② 점 P는 움직이는 동안 방향을 4번 바꾸었다.

③ 점 P는 출발하고 나서 4초 후 원점에 있었다.

④ 점 P는 출발하고 나서 6초 후 원점에서 가장 멀리 있었다.

⑤ 점 P가 출발하고 나서 7초 동안 실제 움직인 거리는 6이다.

정석연구 직선 운동을 하는 점 P의 속도 $v(t)$가 주어진 경우이다.

**정석** 점 **P**의 위치의 변화량 $\Longrightarrow \displaystyle\int_a^b \boldsymbol{v(t)dt}$

점 **P**가 움직인 거리 $\Longrightarrow \displaystyle\int_a^b \left|\boldsymbol{v(t)}\right|\boldsymbol{dt}$

모범답안 ① 1초 동안 $v(t)=0$인 경우는 없으므로 멈춘 때도 없다.

② $t=2$, 4의 좌우에서 $v(t)$의 부호가 바뀌므로 이때 점 P가 움직이는 방향을 바꾼다. 따라서 두 번 방향을 바꾸었다.

③ 주어진 그림에서 $\displaystyle\int_0^4 v(t)dt=0$이므로 점 P는 4초 후 원점에 있었다.

④ $\displaystyle\int_0^n v(t)dt$의 값이 최대일 때 $n$의 값은 주어진 그림에서 $n=7$이다.

⑤ $\displaystyle\int_0^7 \left|v(t)\right|dt=\begin{pmatrix}\text{그래프와 } t\text{축으로}\\ \text{둘러싸인 부분의 넓이}\end{pmatrix}=8$ 답 ③

*Note ④ $\left|\displaystyle\int_0^n v(t)dt\right|$를 구해야 하지만, 이 문제에서는 $\displaystyle\int_0^n v(t)dt\ge0$이므로 절댓값을 생각하지 않아도 된다.

유제 **13**-2. 수직선 위를 움직이는 점 P의 속도 $v(t)$와 시각 $t$의 관계가 오른쪽 그림과 같을 때 (단, 곡선 부분은 포물선),

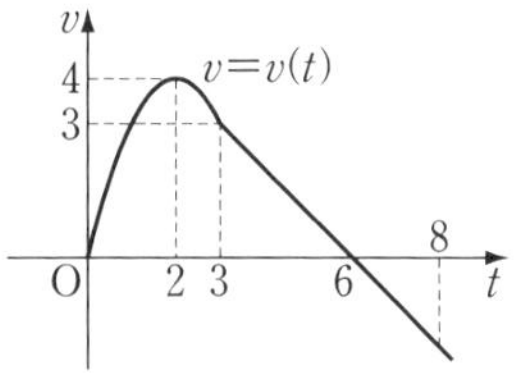


(1) 처음부터 속도가 최대일 때까지 점 P가 움직인 거리를 구하여라.

(2) 처음부터 진행 방향을 바꿀 때까지 점 P가 움직인 거리를 구하여라.

(3) $t=3$일 때부터 $t=8$일 때까지 점 P가 움직인 거리를 구하여라.

답 (1) $\dfrac{16}{3}$ (2) $\dfrac{27}{2}$ (3) $\dfrac{13}{2}$

**기본 문제 13-3** 다음은 P지점에서 Q지점까지 직선 경로를 따라 이동한 세 자동차 A, B, C의 시각 $t$에서의 속도 $v$를 나타낸 그래프이다.

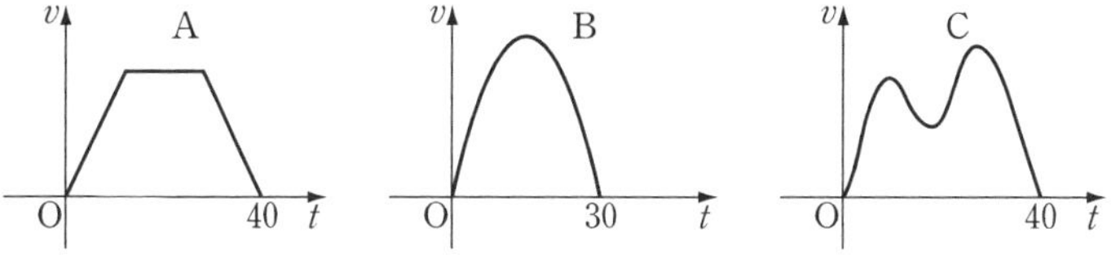


다음 설명이 참인지 거짓인지 말하여라.

(1) A와 C의 평균속도는 같다.

(2) B, C의 가속도가 0인 순간이 적어도 한 번씩 존재한다.

(3) 각각의 그래프와 $t$축으로 둘러싸인 도형의 넓이는 모두 같다.

정석연구 (1) 평균속도는 위치의 변화량을 움직인 시간으로 나눈 값이다.

(2) 가속도는 속도를 미분한 값이다.

**정석** 속도를 $\boldsymbol{v}$, 가속도를 $\boldsymbol{a}$라고 하면 $\Longrightarrow$ $\boldsymbol{a=v'}$

(3) $v\ge0$일 때 $\int_a^b v\,dt$는 시각 $t=a$일 때부터 $t=b$일 때까지 움직인 거리이다.

**정석** 위치의 변화량 $\Longrightarrow$ $\int_a^b \boldsymbol{v\,dt}$, 움직인 거리 $\Longrightarrow$ $\int_a^b |\boldsymbol{v}|\,\boldsymbol{dt}$

모범답안 (1) A, C가 움직인 시간도 같고 위치의 변화량도 같으므로 평균속도는 같다.

(2) $v'=0$인 점에서 가속도는 0이다. 그런데 B에서는 극값이 1개, C에서는 극값이 3개이므로 가속도가 0인 점이 각각 1개, 3개이다.

(3) $v\ge0$이면 $v$의 그래프와 $t$축으로 둘러싸인 도형의 넓이는 각 자동차가 움직인 거리이므로 모두 같다.

답 (1) 참 (2) 참 (3) 참

유제 **13**-3. 오른쪽 그림은 원점을 출발하여 수직선 위를 움직이는 점 P의 시각 $t\,(0\le t\le d)$에서의 속도 $v(t)$의 그래프이다.

$$\int_0^a |v(t)|\,dt=\int_a^d |v(t)|\,dt$$

일 때, 다음이 참인지 거짓인지 말하여라.

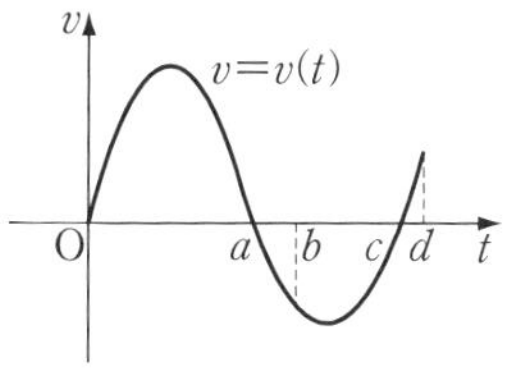


(1) 점 P는 출발하고 나서 원점을 다시 지난다.

(2) $\int_0^c v(t)dt=\int_c^d v(t)dt$ (3) $\int_0^b v(t)dt=\int_b^d |v(t)|\,dt$

답 (1) 거짓 (2) 참 (3) 참

기본 문제 **13**-4 지상 10 m의 높이에서 처음 속도 20 m/s로 똑바로 위로 발사한 물체의 $t$초 후의 속도 $v(t)$ m/s는 $v(t)=20-10t$ 라고 한다.

(1) 발사 후 3초가 지났을 때, 지면으로부터의 높이를 구하여라.

(2) 최고점에 도달했을 때의 지면으로부터의 높이를 구하여라.

(3) 발사 후 3초 동안 움직인 거리를 구하여라.

정석연구 $v(t)=20-10t=0$ 에서 $t=2$ 이므로

$t<2$ 에서 위로 이동하고,

$t=2$ 에서 최고점에 도달하며,

$t>2$ 에서 아래로 이동한다.

따라서 발사 후 3초가 지났을 때 지면으로부터의 높이는 그림에서 선분 PH의 길이이고, 3초 동안 움직인 거리는 그림의 붉은 선의 길이이다.

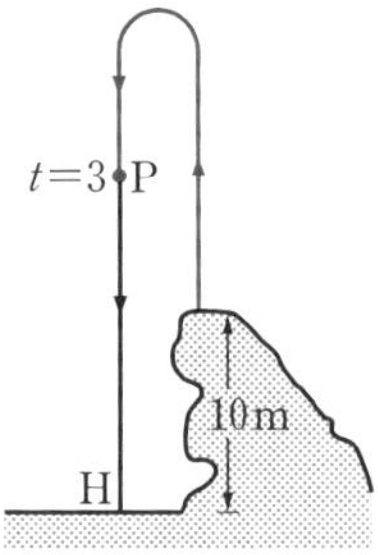


**정석** 위치의 변화량 ⟹ $\displaystyle\int_a^b v(t)\,dt$

움직인 거리 ⟹ $\displaystyle\int_a^b |v(t)|\,dt$

모범답안 (1) 발사한 지 $t$초 후 지면으로부터의 높이를 $x(t)$ m라고 하면

$$x(t)=10+\int_0^t(20-10t)dt=10+\Big[20t-5t^2\Big]_0^t=10+20t-5t^2$$

$$\therefore\ x(3)=10+20\times3-5\times3^2=\mathbf{25\,(m)}$$ ← 답

(2) 최고점에서 $v(t)=0$ 이므로 $20-10t=0$ 에서 $t=2$

$$\therefore\ x(2)=10+20\times2-5\times2^2=\mathbf{30\,(m)}$$ ← 답

(3) $$\int_0^3|v(t)|dt=\int_0^3|20-10t|dt=\int_0^2(20-10t)dt+\int_2^3(-20+10t)dt$$

$$=\Big[20t-5t^2\Big]_0^2+\Big[-20t+5t^2\Big]_2^3=20+5=\mathbf{25\,(m)}$$ ← 답

유제 **13**-4. 지상 20 m의 높이에서 처음 속도 30 m/s로 똑바로 위로 발사한 물체의 $t$초 후의 속도 $v(t)$ m/s는 $v(t)=30-10t$ 라고 한다.

(1) 발사 후 5초가 지났을 때, 지면으로부터의 높이를 구하여라.

(2) 최고점에 도달했을 때, 지면으로부터의 높이를 구하여라.

(3) 발사 후 5초 동안 움직인 거리를 구하여라.

답 (1) **45 m** (2) **65 m** (3) **65 m**

유제 **13**-5. 지면에서 처음 속도 $v_0$ m/s로 똑바로 위로 던진 물체의 $t$초 후의 속도 $v(t)$ m/s는 $v(t)=v_0-9.8t$ 라고 한다. 던지고 2초 후에 지상 5 m의 높이에 도달했을 때, $v_0$의 값을 구하여라. 답 $\mathbf{v_0=12.3}$

기본 문제 **13**-5 점 P는 처음 속도 6 m/s로 점 A를 출발하여 가속도 2 m/s$^2$으로 동쪽으로 달리고 있다. 점 P가 출발한 지 2초 후에 점 Q가 점 A를 출발하여 동쪽으로 일정한 속도 $k$ m/s로 점 P를 쫓아간다.
점 Q가 점 P를 따라잡기 위한 실수 $k$의 최솟값을 구하여라.

정석연구 수직선 위를 움직이는 점 P의 시각 $t$에서의 위치를 $x(t)$, 속도를 $v(t)$, 가속도를 $a(t)$라고 할 때, $x'(t)=v(t)$이므로

$$x(t)=x_0+\int_{t_0}^{t} v(t)dt \ \ (x_0\text{은 } t=t_0\text{일 때의 위치})$$

와 같이 $x(t)$를 구할 수 있다.

같은 방법으로 생각하면 $v'(t)=a(t)$이므로

$$v(t)=v_0+\int_{t_0}^{t} a(t)dt \ \ (v_0\text{은 } t=t_0\text{일 때의 속도})$$

임을 이용하여 속도 $v(t)$를 구할 수 있다.

**정석** $t=t_0$**일 때 점 P의 위치를** $x_0$**, 속도를** $v_0$**이라고 하면**

$$\boldsymbol{x(t)=x_0+\int_{t_0}^{t} v(t)dt,\quad v(t)=v_0+\int_{t_0}^{t} a(t)dt}$$

모범답안 점 P가 출발한 지 $t$초 후 점 P의 속도를 $v_{\text{P}}$라고 하면

$$v_{\text{P}}=6+\int_0^t 2\,dt=6+\Big[2t\Big]_0^t=2t+6$$

점 A를 원점으로 할 때, 점 P가 출발한 지 $t$초 후 점 P, Q의 위치를 각각 $x_{\text{P}}$, $x_{\text{Q}}$라고 하면

$$x_{\text{P}}=\int_0^t (2t+6)dt=\Big[t^2+6t\Big]_0^t=t^2+6t,\quad x_{\text{Q}}=k(t-2)\ (k>0,\ t\ge 2)$$

점 Q가 점 P를 따라잡을 때에는 $x_{\text{P}}=x_{\text{Q}}$이므로

$$t^2+6t=k(t-2) \quad \text{곧,}\ t^2-(k-6)t+2k=0$$

이 방정식을 만족시키고 $t>2$인 $t$가 존재해야 한다.

$f(t)=t^2-(k-6)t+2k$로 놓으면 $f(2)=16>0$이므로

$$\text{D}=(k-6)^2-8k\ge 0,\ (\text{축})=\frac{k-6}{2}>2 \quad \therefore\ k\ge 18$$

따라서 $k$의 최솟값은 18이다. 답 **18**

유제 **13**-6. 수직선 위를 움직이는 두 점 P, Q가 동시에 좌표가 2인 점에서 출발하였다. 점 P, Q의 시각 $t$에서의 속도 $v_{\text{P}}$, $v_{\text{Q}}$가 각각

$$v_{\text{P}}=3t^2-6t+2,\quad v_{\text{Q}}=2t-1$$

일 때, 출발 후 두 점 P, Q가 다시 만나는 시각 $t$를 구하여라.

답 $\boldsymbol{t=1,\ 3}$

## 연습문제 13

**13-1** 직선 궤도를 매초 24 m의 속도로 달리는 열차가 브레이크를 걸면 매초 1.6 m의 비율로 속도가 줄어든다고 한다.

(1) 브레이크를 건 후 10초 동안 움직인 거리를 구하여라.

(2) 브레이크를 건 후 정지할 때까지 움직인 거리를 구하여라.

**13-2** 열차가 A역을 출발하여 직선 경로를 따라 B역에 도착하는 데 10분이 걸리고, 그 사이의 속도를 측정한 결과 오른쪽 그림과 같은 포물선을 이루었다. 최고 속도는 출발 후 5분일 때 15 m/s라고 하면 A역과 B역 사이의 거리는?

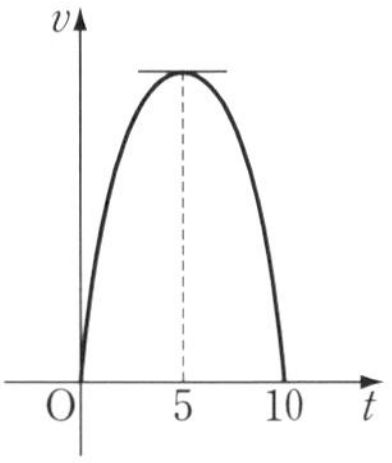


① 4 km ② 5 km ③ 6 km
④ 7 km ⑤ 8 km

**13-3** 단면의 넓이가 3 $\text{cm}^2$인 관에서 흘러나오는 물의 시각 $t$초에서의 속도 $v(t)$ cm/s는 $v(t)=2t$라고 한다. 물이 흘러나오기 시작한 후 5초 동안 흘러나온 물의 양을 구하여라.

**13-4** 열차가 출발하여 3 km를 달리는 동안은 시각 $t$분에서의 속도가

$$v(t)=\frac{3}{4}t^2+\frac{1}{2}t \text{ (km/min)}$$

이고, 이후로는 속도가 일정하다. 출발 후 5분 동안 이 열차가 달린 거리는?

① 15 km ② 17 km ③ 19 km ④ 21 km ⑤ 23 km

**13-5** 어떤 전망대에 설치된 엘리베이터는 1층에서 출발하여 꼭대기 층까지 올라가는 동안 출발 후 처음 2초까지는 3 $\text{m/s}^2$의 가속도로 올라가고, 2초 후부터 10초까지는 일정한 속도로 올라가며, 10초 후부터는 $-2$ $\text{m/s}^2$의 가속도로 올라가서 멈춘다. 이 엘리베이터가 출발하여 멈출 때까지 움직인 거리를 구하여라.

**13-6** 오른쪽 그림과 같은 원뿔 모양의 빈 용기에 물을 부을 때 물의 깊이가 $x$이면 수면의 넓이는 $S(x)=\pi x^2$이고, 물을 붓고 나서 $t$초 후의 수면의 상승 속도는

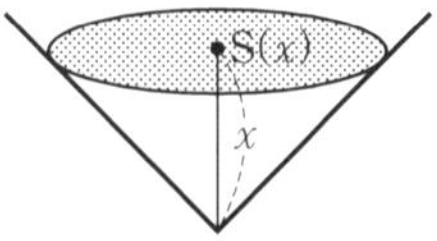


$$v(t)=3t(2-t) \text{ (단, } 0\le t\le 2)$$

라고 한다. 이 용기에 물의 양이 가장 많을 때, 물의 양을 구하여라.

# 연습문제
# 풀이 및 정답

# 연습문제 풀이 및 정답

**1-1.** $(\text{좌변})=\lim_{x\to1}\frac{8(x^2-1)(x^2+1)}{(x^2-1)f(x)}$

$=\lim_{x\to1}\frac{8(x^2+1)}{f(x)}=\frac{16}{f(1)}=1$

$\therefore\ f(1)=16$ 　　답 ③

**1-2.** 모든 실수 $x$에 대하여 $f(x+2)=f(x)$이므로

$\lim_{x\to-99+}f(x)+\lim_{x\to100-}f(x)+\lim_{x\to200+}f(x)$

$=\lim_{x\to1+}f(x)+\lim_{x\to2-}f(x)+\lim_{x\to0+}f(x)$

$=\lim_{x\to1+}(x^2-1)+\lim_{x\to2-}(x^2-1)+\lim_{x\to0+}(3-x)$

$=0+3+3=\mathbf{6}$

**1-3.** $0<x<1$일 때,

$[1-x]=0,\ [x-1]=-1$이므로

$\lim_{x\to0+}f(x)=0+(-1)=-1$

$-1<x<0$일 때,

$[1-x]=1,\ [x-1]=-2$이므로

$\lim_{x\to0-}f(x)=1+(-2)=-1$

$\therefore$ (준 식)$=(-1)\times(-1)=1$ 　　답 ④

**1-4.** (1) (준 식)$=\lim_{x\to0}\frac{x-\frac{f(x)}{x}}{x+\frac{f(x)}{x}}=\frac{0-1}{0+1}$

$=\mathbf{-1}$

(2) $\lim_{x\to\infty}\frac{f(x)}{x}=a$($a$는 실수)라고 하면

(준 식)$=\lim_{x\to\infty}\frac{1-\frac{1}{x}\times\frac{f(x)}{x}}{1+\frac{1}{x}\times\frac{f(x)}{x}}$

$=\frac{1-0\times a}{1+0\times a}=\mathbf{1}$

**1-5.** $a>1$이므로 $x\longrightarrow1$일 때

$x-a<0$

$\therefore\ \lim_{x\to1}\frac{|x-a|-(a-1)}{x-1}$

$=\lim_{x\to1}\frac{-(x-a)-(a-1)}{x-1}$

$=\lim_{x\to1}\frac{-(x-1)}{x-1}=-1$ 　　답 ②

**1-6.** $\lim_{x\to a}\frac{x^3+2x^2-a^2x-2a^2}{x^2-a^2}$

$=\lim_{x\to a}\frac{(x+2)(x+a)(x-a)}{(x+a)(x-a)}$

$=\lim_{x\to a}(x+2)=a+2$

$\therefore\ a+2=5$ 　 $\therefore\ \boldsymbol{a=3}$

**1-7.** $\lim_{x\to0}\frac{x}{\sqrt{a+x}-\sqrt{a}}$

$=\lim_{x\to0}\frac{x(\sqrt{a+x}+\sqrt{a})}{(a+x)-a}$

$=2\sqrt{a}=4$ 　 $\therefore\ a=4$

$\therefore$ (준 식)$=\lim_{x\to0}\frac{\sqrt{4+2x}-\sqrt{4-2x}}{x}$

$=\lim_{x\to0}\frac{(4+2x)-(4-2x)}{x(\sqrt{4+2x}+\sqrt{4-2x})}$

$=\lim_{x\to0}\frac{4}{\sqrt{4+2x}+\sqrt{4-2x}}$

$=\frac{4}{\sqrt{4}+\sqrt{4}}=\mathbf{1}$

**1-8.** 좌변의 분모를 1로 보고, 분자를 유리화한다.

(1) (좌변)$=\lim_{x\to\infty}\frac{(x^2+ax)-(x^2-ax)}{\sqrt{x^2+ax}+\sqrt{x^2-ax}}$

$=\lim_{x\to\infty}\frac{2ax}{\sqrt{x^2+ax}+\sqrt{x^2-ax}}$

$$=\lim_{x\to\infty}\frac{2a}{\sqrt{1+\frac{a}{x}}+\sqrt{1-\frac{a}{x}}}$$

$=a$ $\therefore$ $\boldsymbol{a=4}$

(2) $(\text{좌변})=\lim_{x\to\infty}\frac{(x+a)^2-(x^2+x+1)}{x+a+\sqrt{x^2+x+1}}$

$$=\lim_{x\to\infty}\frac{(2a-1)x+a^2-1}{x+a+\sqrt{x^2+x+1}}$$

$$=\lim_{x\to\infty}\frac{2a-1+\frac{a^2-1}{x}}{1+\frac{a}{x}+\sqrt{1+\frac{1}{x}+\frac{1}{x^2}}}$$

$=\frac{2a-1}{2}=0$ $\therefore$ $\boldsymbol{a=\frac{1}{2}}$

**1-9.** (1) $x\longrightarrow 2+$이므로 $2<x<3$인 경우만 생각하면 $[x]=2$

$\therefore$ $(\text{준 식})=\lim_{x\to 2+}\frac{(x+2)(x-2)}{x-2}$

$$=\lim_{x\to 2+}(x+2)=\boldsymbol{4}$$

(2) $x+2<[x+3]\le x+3$이므로

$x>1$일 때

$$\frac{x+2}{x-1}<\frac{[x+3]}{x-1}\le\frac{x+3}{x-1}$$

여기에서

$$\lim_{x\to\infty}\frac{x+2}{x-1}=1,\quad \lim_{x\to\infty}\frac{x+3}{x-1}=1$$

$\therefore$ $\lim_{x\to\infty}\frac{[x+3]}{x-1}=\boldsymbol{1}$

(3) $x^2+x-1<[x^2+x]\le x^2+x$에서

$$\sqrt{x^2+x-1}-x<\sqrt{[x^2+x]}-x\le\sqrt{x^2+x}-x$$

여기에서

$$\lim_{x\to\infty}\left(\sqrt{x^2+x-1}-x\right)$$

$$=\lim_{x\to\infty}\frac{x-1}{\sqrt{x^2+x-1}+x}$$

$$=\lim_{x\to\infty}\frac{1-\frac{1}{x}}{\sqrt{1+\frac{1}{x}-\frac{1}{x^2}}+1}=\frac{1}{2}$$

같은 방법으로 하면

$$\lim_{x\to\infty}\left(\sqrt{x^2+x}-x\right)=\frac{1}{2}$$

$\therefore$ $\lim_{x\to\infty}\left(\sqrt{[x^2+x]}-x\right)=\boldsymbol{\frac{1}{2}}$

* ***Note*** $[x]=x-h\,(0\le h<1)$를 이용할 수도 있다.

$[x^2+x]=x^2+x-h\,(0\le h<1)$로 놓으면

$(\text{준 식})=\lim_{x\to\infty}\left(\sqrt{x^2+x-h}-x\right)$

$$=\lim_{x\to\infty}\frac{x-h}{\sqrt{x^2+x-h}+x}$$

$$=\lim_{x\to\infty}\frac{1-\frac{h}{x}}{\sqrt{1+\frac{1}{x}-\frac{h}{x^2}}+1}$$

$$=\boldsymbol{\frac{1}{2}}$$

**1-10.**

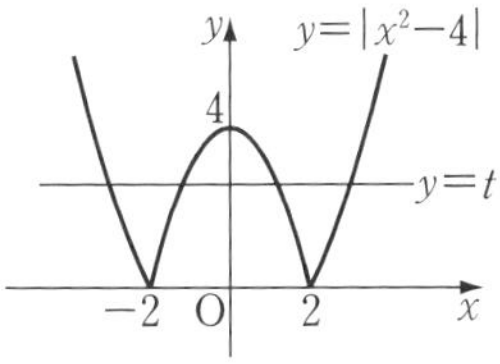


위의 그래프에서

$t>4$일 때 $f(t)=2$

$t=4$일 때 $f(t)=3$

$0<t<4$일 때 $f(t)=4$

$t=0$일 때 $f(t)=2$

$t<0$일 때 $f(t)=0$

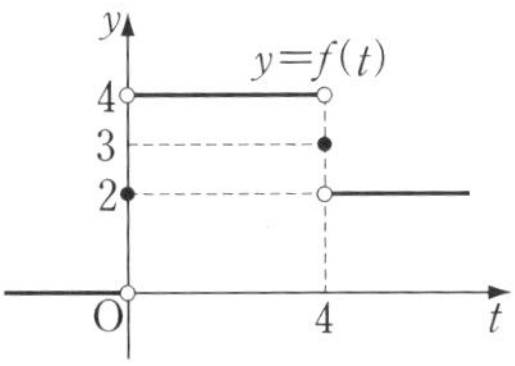


$y=f(t)$의 그래프는 위와 같으므로

$$\lim_{t\to 4-}f(t)\times\lim_{t\to 4+}f(t)=4\times 2=8$$

답 ④

**1-11.**

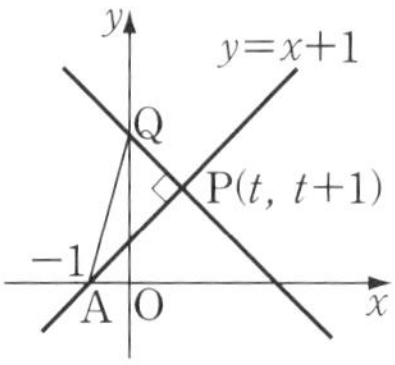


직선 PQ의 방정식은

$$y-(t+1)=-(x-t)$$

$x=0$일 때 $y=2t+1$이므로

$$Q(0,\ 2t+1)$$

$\therefore\ \overline{AP}^2=(t+1)^2+(t+1)^2=2t^2+4t+2,$

$\overline{AQ}^2=1^2+(2t+1)^2=4t^2+4t+2$

$$\therefore\ \lim_{t\to\infty}\frac{\overline{AQ}}{\overline{AP}}=\lim_{t\to\infty}\frac{\sqrt{4t^2+4t+2}}{\sqrt{2t^2+4t+2}}=\sqrt{2}$$

답 ②

**1-12.**

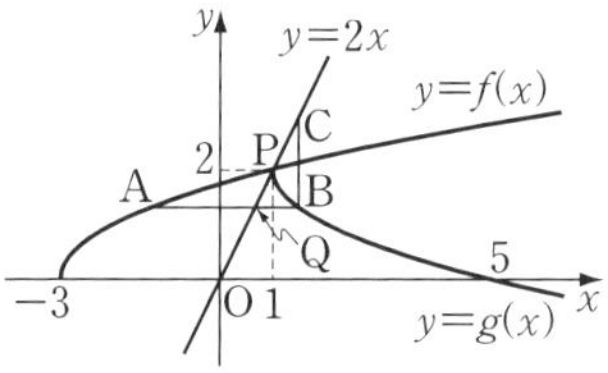


점 P의 좌표가 P(1, 2)이므로 직선 OP의 방정식은 $y=2x$

따라서 점 Q의 좌표는

$$Q(t,\ 2t)\ (0\le t\le 1)$$

$\sqrt{x+3}=2t$에서 $x=4t^2-3$이므로 점 A의 좌표는 $A(4t^2-3,\ 2t)$

$2-\sqrt{x-1}=2t$에서 $x=4t^2-8t+5$이므로 점 B의 좌표는

$$B(4t^2-8t+5,\ 2t)$$

$\therefore\ \overline{AB}=(4t^2-8t+5)-(4t^2-3)$

$=-8t+8$

한편 점 C는 직선 $y=2x$ 위의 점이므로 점 C의 좌표는

$$C(4t^2-8t+5,\ 8t^2-16t+10)$$

$\therefore\ \overline{BC}=(8t^2-16t+10)-2t$

$=8t^2-18t+10$

$$\therefore\ \lim_{t\to1-}\frac{\overline{BC}}{\overline{AB}}=\lim_{t\to1-}\frac{8t^2-18t+10}{-8t+8}=\lim_{t\to1-}\frac{2(t-1)(4t-5)}{-8(t-1)}=\lim_{t\to1-}\frac{4t-5}{-4}=\mathbf{\frac{1}{4}}$$

**1-13.** $\angle QOR=\angle ORP=\angle ORQ$이므로 $\triangle ORQ$는 이등변삼각형이다.

따라서 점 Q에서 선분 OR에 내린 수선의 발을 H라고 하면

$$\overline{OH}=\frac{1}{2}\overline{OR}=\frac{a}{2}$$

또, $\triangle OHQ \backsim \triangle RPO$이므로

$$\overline{OQ}:\overline{OH}=\overline{RO}:\overline{RP}$$

$$\therefore\ \overline{OQ}=\frac{\overline{OH}\times\overline{RO}}{\overline{RP}}$$

$\overline{OP}=x$로 놓으면 직각삼각형 OPR에서 $\overline{RP}=\sqrt{a^2-x^2}$

$$\therefore\ \overline{OQ}=\frac{a^2}{2\sqrt{a^2-x^2}}$$

$P\longrightarrow O$이면 $x\longrightarrow 0+$이므로

$$\lim_{P\to O}\overline{OQ}=\lim_{x\to0+}\frac{a^2}{2\sqrt{a^2-x^2}}=\frac{a}{2}$$

곧, 점 Q는 $\mathbf{\overline{OB}}$**의 중점**에 가까워진다.

**1-14.** (1) $(\text{좌변})=\lim_{x\to\infty}\dfrac{3+\dfrac{4}{x^2}-\dfrac{1}{x^3}}{a+\dfrac{2}{x}+\dfrac{2}{x^3}}$

의 값이 $\dfrac{1}{2}$이므로

$a\ne0$이고 $\dfrac{3}{a}=\dfrac{1}{2}$ $\quad\therefore\ \boldsymbol{a=6}$

(2) $(\text{좌변})=\lim_{x\to\infty}\dfrac{a}{\sqrt{1+\dfrac{1}{x^2}}-\dfrac{1}{x}}=a$

$\therefore\ \boldsymbol{a=2}$

**1-15.** (1) $x\longrightarrow 0$일 때 극한값이 존재하고 (분모) $\longrightarrow 0$이므로 (분자) $\longrightarrow 0$이어야 한다.

$\therefore \lim_{x\to0}\left(\sqrt{a+x}-\sqrt{2}\right)=0$

$\therefore \sqrt{a}-\sqrt{2}=0 \quad \therefore \boldsymbol{a=2}$

$$\therefore \boldsymbol{b}=\lim_{x\to0}\frac{\sqrt{2+x}-\sqrt{2}}{x}=\lim_{x\to0}\frac{x}{x\left(\sqrt{2+x}+\sqrt{2}\right)}=\lim_{x\to0}\frac{1}{\sqrt{2+x}+\sqrt{2}}=\frac{1}{2\sqrt{2}}=\boldsymbol{\frac{\sqrt{2}}{4}}$$

(2) $x\longrightarrow 2$일 때 극한값이 존재하고 (분모) $\longrightarrow 0$이므로 (분자) $\longrightarrow 0$이어야 한다.

$\therefore \lim_{x\to2}\left(a\sqrt{x-1}+b\right)=0$

$\therefore a+b=0 \quad \therefore b=-a \quad \cdots①$

$$\therefore (\text{좌변})=\lim_{x\to2}\frac{a\sqrt{x-1}-a}{x-2}=\lim_{x\to2}\frac{a\left(\sqrt{x-1}-1\right)}{x-2}=\lim_{x\to2}\frac{a(x-2)}{(x-2)\left(\sqrt{x-1}+1\right)}=\lim_{x\to2}\frac{a}{\sqrt{x-1}+1}=\frac{a}{2}$$

$\therefore \frac{a}{2}=1 \quad \therefore \boldsymbol{a=2}$

①에 대입하면 $\boldsymbol{b=-2}$

**1-16.** (1) $f(1)=0,\ f(2)=0$이므로

$f(x)=(x-1)(x-2)(ax+b)\ (a\neq0)$

로 놓으면

$$\lim_{x\to1}\frac{f(x)}{x-1}=\lim_{x\to1}(x-2)(ax+b)=-(a+b)=4 \quad \cdots\cdots①$$

$$\lim_{x\to2}\frac{f(x)}{x-2}=\lim_{x\to2}(x-1)(ax+b)=2a+b=3 \quad \cdots\cdots②$$

①, ②에서 $a=7,\ b=-11$

$\therefore \boldsymbol{f(x)=(x-1)(x-2)(7x-11)}$

(2) $f(0)=0,\ f(1)=0$이므로

$f(x)=x(x-1)(ax+b)\ (a\neq0)$

로 놓으면

$$\lim_{x\to0}\frac{f(x)}{x(x-1)}=\lim_{x\to0}(ax+b)=b=1$$

$$\lim_{x\to1}\frac{f(x)}{x(x-1)}=\lim_{x\to1}(ax+b)=a+b=2$$

$\therefore a=1$

$\therefore f(x)=x(x-1)(x+1)=\boldsymbol{x^3-x}$

**1-17.** $n=1$일 때 $\lim_{x\to1}\frac{f(x)}{g(x)}=0$이고,

$g(1)=0$이므로 $f(1)=0$

따라서 $f(x)=(x-1)(x+a)$,

$g(x)=(x-1)(x+b)$로 놓으면

$$\lim_{x\to1}\frac{f(x)}{g(x)}=\lim_{x\to1}\frac{x+a}{x+b}=0$$

에서 $1+a=0 \quad \therefore a=-1$

$\therefore f(x)=(x-1)^2$

또, $n=2$일 때 $\lim_{x\to2}\frac{f(x)}{g(x)}=2$이므로

$$\lim_{x\to2}\frac{f(x)}{g(x)}=\lim_{x\to2}\frac{(x-1)^2}{(x-1)(x+b)}=\lim_{x\to2}\frac{x-1}{x+b}=\frac{1}{2+b}=2$$

에서 $b=-\frac{3}{2}$

$\therefore g(x)=(x-1)\left(x-\frac{3}{2}\right)$

$\therefore g(7)=6\times\frac{11}{2}=\boldsymbol{33}$

**2-1.** $0<x<1$일 때 $f(x)=-1$

$1\le x<\sqrt{2}$일 때 $f(x)=0$

$\sqrt{2}\le x<\sqrt{3}$일 때 $f(x)=1$

$\sqrt{3}\le x<2$일 때 $f(x)=2$

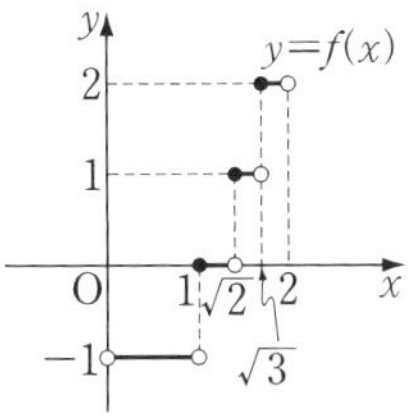

따라서 $f(x)$는 $x=1, \sqrt{2}, \sqrt{3}$에서 불연속이다. 답 ④

**2-2.** 함수 $\mathrm{F}(x)$가 $x=0$에서 연속이려면

$$\lim_{x\to0}\mathrm{F}(x)=\mathrm{F}(0)$$

$$\therefore \lim_{x\to0}(1+x^2)f(x)=0$$

$$\therefore \lim_{x\to0}f(x)=0$$

이때, $f(x)$가 $x=0$에서 연속이므로

$$\boldsymbol{f(0)=0}$$

****Note*** $\displaystyle\lim_{x\to0}f(x)$

$$=\lim_{x\to0}\left\{(1+x^2)f(x)\times\frac{1}{1+x^2}\right\}$$

$$=\lim_{x\to0}(1+x^2)f(x)\times\lim_{x\to0}\frac{1}{1+x^2}$$

$$=0\times1=0$$

**2-3.** $f(1)g(1)=0\times2=0$ ……①

$$\lim_{x\to1-}f(x)g(x)=\lim_{x\to1-}\left(\frac{1}{x}-1\right)(x^2+1)$$

$$=0\times2=0 \quad \cdots\cdots②$$

$$\lim_{x\to1+}f(x)g(x)=\lim_{x\to1+}\left(\frac{1}{x-1}-1\right)(x-1)^3$$

$$=\lim_{x\to1+}\left\{(x-1)^2-(x-1)^3\right\}$$

$$=0 \quad \cdots\cdots③$$

②, ③에서

$$\lim_{x\to1}f(x)g(x)=0 \quad \cdots\cdots④$$

①, ④에서 $\displaystyle\lim_{x\to1}f(x)g(x)=f(1)g(1)$

따라서 $f(x)g(x)$는 $x=1$에서 연속

**2-4.** (i) $0<r<1$일 때 (ii) $r=1$일 때

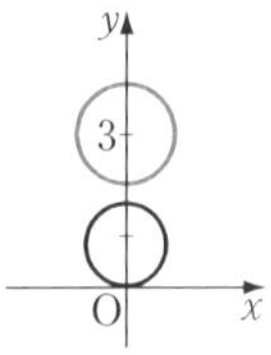


$f(r)=0$

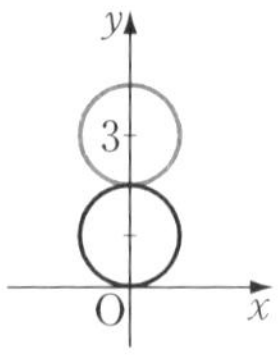


$f(r)=1$

(iii) $1<r<2$일 때 $f(r)=2$

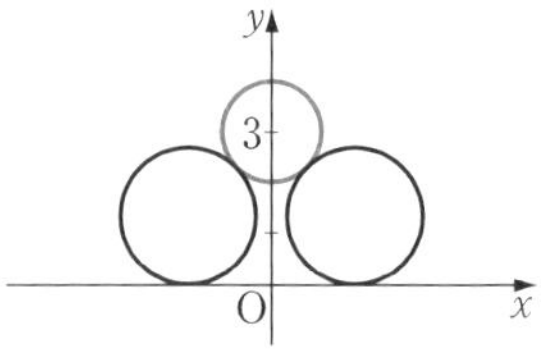


(iv) $r=2$일 때 $f(r)=3$

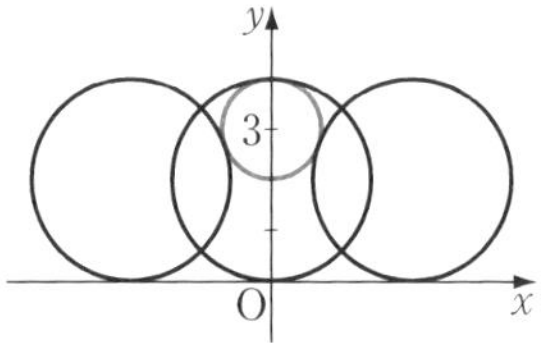


(v) $r>2$일 때 $f(r)=4$

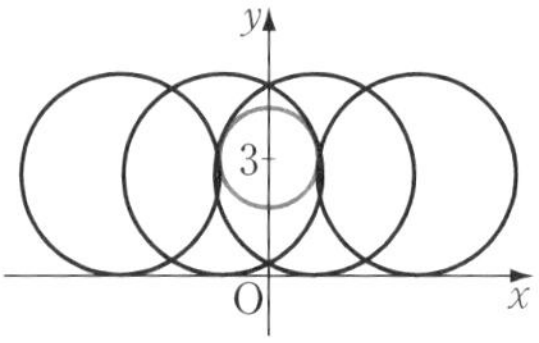


따라서 $0<r<4$에서 $y=f(r)$의 그래프는 오른쪽과 같으므로

$$\boldsymbol{r=1,\ 2}$$

에서 불연속이다.

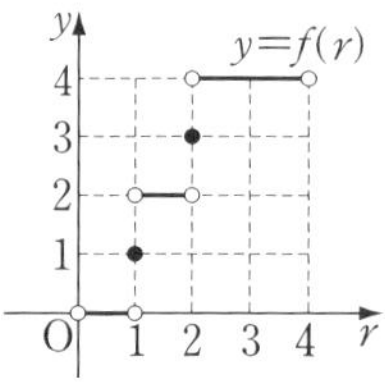


**2-5.** $f(x)$가 $x=1$에서 연속이면 실수 전체의 집합에서 연속이다.

따라서 $\displaystyle\lim_{x\to1}f(x)=f(1)$, 곧

$$\lim_{x\to1}\frac{2x^2+ax+a}{x-1}=b \quad \cdots\cdots①$$

이 성립해야 한다.

①에서 $x \longrightarrow 1$일 때 극한값이 존재하고 (분모) $\longrightarrow 0$이므로 (분자) $\longrightarrow 0$이어야 한다.

$$\therefore \lim_{x\to1}(2x^2+ax+a)=0$$

$$\therefore 2+a+a=0 \qquad \therefore \boldsymbol{a=-1}$$

이 값을 ①에 대입하면

$$b=\lim_{x\to1}\frac{2x^2-x-1}{x-1}$$
$$=\lim_{x\to1}\frac{(2x+1)(x-1)}{x-1}$$
$$=\lim_{x\to1}(2x+1)=\mathbf{3}$$

**2-6.** 함수 $f(x)$는 $|x|>1$, $|x|<1$에서 연속이다. 따라서 $x=1$, $-1$에서 연속이면 실수 전체의 집합에서 연속이다.

(i) $x=1$에서 연속이려면

$$f(1)=\lim_{x\to1-}f(x)=\lim_{x\to1+}f(x)$$
$$\therefore\ f(1)=\lim_{x\to1-}(-x^2+ax+b)$$
$$=\lim_{x\to1+}x(x-1)$$
$$\therefore\ -1+a+b=0 \qquad \cdots\cdots①$$

(ii) $x=-1$에서 연속이려면

$$f(-1)=\lim_{x\to-1-}f(x)=\lim_{x\to-1+}f(x)$$
$$\therefore\ f(-1)=\lim_{x\to-1-}x(x-1)$$
$$=\lim_{x\to-1+}(-x^2+ax+b)$$
$$\therefore\ -1-a+b=2 \qquad \cdots\cdots②$$

①, ②에서 $\boldsymbol{a=-1,\ b=2}$

**2-7.** 함수 $y=f(x)$의 그래프는 아래 그림과 같다.

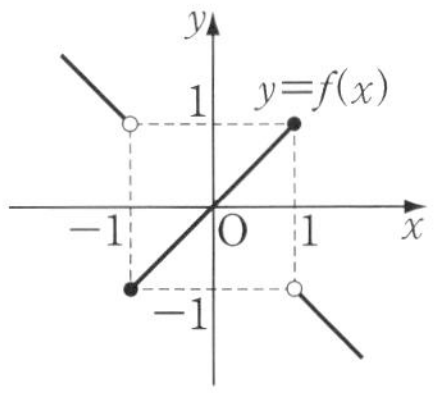


ㄱ. (참) 함수 $f(x)$는 $x=-1$, $1$에서만 불연속이므로 불연속인 $x$의 값은 2개이다.

ㄴ. (거짓) 주어진 조건에 의하여

$$\lim_{x\to0+}f(x+1)=\lim_{t\to1+}f(t)=-1,$$
$$\lim_{x\to0-}f(x+1)=\lim_{t\to1-}f(t)=1$$

이므로 $\lim_{x\to0}f(x+1)$이 존재하지 않는다. 따라서 $f(x+1)$은 $x=0$에서 불연속이다.

ㄷ. (참) $f(x)$가 $x=-1$, $1$에서만 불연속이므로 $\{f(x)\}^2$이 $x=-1$, $1$에서 연속이면 실수 전체의 집합에서 연속이다.

(i) $x=1$에서

$$\lim_{x\to1+}\{f(x)\}^2=\{\lim_{x\to1+}f(x)\}^2$$
$$=(-1)^2=1,$$
$$\lim_{x\to1-}\{f(x)\}^2=\{\lim_{x\to1-}f(x)\}^2$$
$$=1^2=1,$$
$$\{f(1)\}^2=1^2=1$$

곧, $\lim_{x\to1}\{f(x)\}^2=\{f(1)\}^2$이므로 $x=1$에서 연속이다.

(ii) $x=-1$에서

$$\lim_{x\to-1+}\{f(x)\}^2=\{\lim_{x\to-1+}f(x)\}^2$$
$$=(-1)^2=1,$$
$$\lim_{x\to-1-}\{f(x)\}^2=\{\lim_{x\to-1-}f(x)\}^2$$
$$=1^2=1,$$
$$\{f(-1)\}^2=(-1)^2=1$$

곧, $\lim_{x\to-1}\{f(x)\}^2=\{f(-1)\}^2$이므로 $x=-1$에서 연속이다.

따라서 함수 $\{f(x)\}^2$은 실수 전체의 집합에서 연속이다. 답 ④

*__Note__ ㄴ. $y=f(x+1)$의 그래프는 $y=f(x)$의 그래프를 $x$축의 방향으로 $-1$만큼 평행이동한 것이므로 함수 $f(x+1)$은 $x=-2$, $0$에서 불연속이다.

ㄷ. $\{f(x)\}^2=x^2$이므로 함수 $\{f(x)\}^2$은 실수 전체의 집합에서 연속이다.

**2-8.** (i) $f(x)g_1(x)$는 $f$와 $g_1$이 모두 연속이므로 연속이다.

(ii) $f(x)g_2(x)$는 $f$가 연속이고 $g_2$가 $x=0$에서만 불연속이므로 $x=0$에서의 연속성만 따지면 된다.

$$\lim_{x\to0+} f(x)g_2(x)=0\times3=0,$$
$$\lim_{x\to0-} f(x)g_2(x)=0\times1=0$$
$$곧,\ \lim_{x\to0} f(x)g_2(x)=0$$

한편 $f(0)g_2(0)=0\times2=0$이므로 $f(x)g_2(x)$는 연속이다.

(iii) $f(x)g_3(x)$는 $f$가 연속이고 $g_3$이 $x=2$에서만 불연속이므로 $x=2$에서의 연속성만 따지면 된다.

$$\lim_{x\to2+} f(x)g_3(x)=0\times0=0,$$
$$\lim_{x\to2-} f(x)g_3(x)=0\times1=0$$
$$곧,\ \lim_{x\to2} f(x)g_3(x)=0$$

한편 $f(2)g_3(2)=0\times0=0$이므로 $f(x)g_3(x)$는 연속이다. 답 ⑤

**2-9.** $g(x)=x^3+ax^2+bx+3$으로 놓자.

$f(x)$는 $x=0,\ 2$에서만 불연속이고, $g(x)$는 실수 전체의 집합에서 연속이므로 $g\big(f(x)\big)$가 $x=0,\ 2$에서 연속이면 실수 전체의 집합에서 연속이다.

$x=0$에서 연속이려면

$$\lim_{x\to0} g\big(f(x)\big)=g\big(f(0)\big)$$

$\lim_{x\to0} f(x)=1,\ f(0)=0$이므로

$$g(1)=g(0)$$
$$\therefore\ 1+a+b+3=3 \quad \cdots\cdots ①$$

$x=2$에서 연속이려면

$$\lim_{x\to2+} g\big(f(x)\big)=\lim_{x\to2-} g\big(f(x)\big)=g\big(f(2)\big)$$

그런데

$$\lim_{x\to2+} f(x)=-1,\ \lim_{x\to2-} f(x)=0,\ f(2)=0$$

이므로 $g(-1)=g(0)$

$$\therefore\ -1+a-b+3=3 \quad \cdots\cdots ②$$

①, ②에서 $a=0,\ b=-1$

$$\therefore\ \boldsymbol{g(x)=x^3-x+3}$$

**2-10.** ①, ②, ③, ④가 옳지 않은 예를 그래프로 나타내면 아래와 같다.

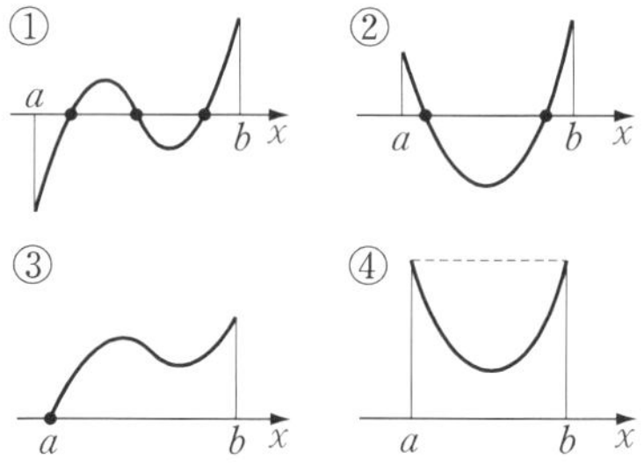


⑤는 최대 · 최소 정리로서 옳다.

답 ⑤

**2-11.** ㄱ. $g(x)=f(x)-x$라고 하면

$$g(0)=f(0)-0=1,$$
$$g(2)=f(2)-2=-3$$

이고 $g(x)$가 연속함수이므로 사잇값의 정리에 의하여 $g(x)=0$인 실수 $x$가 구간 $(0,\ 2)$에 반드시 존재한다.

ㄴ. $g(x)=f(x)+x-1$이라고 하면

$$g(0)=0,\ g(2)=0$$

이므로 구간 $(0,\ 2)$에서 방정식 $g(x)=0$이 실근을 가지는지 알 수 없다.

ㄷ. $g(x)=xf(x)+1$이라고 하면

$$g(0)=1,\ g(2)=-1$$

이고 $g(x)$가 연속함수이므로 사잇값의 정리에 의하여 $g(x)=0$인 실수 $x$가 구간 $(0,\ 2)$에 반드시 존재한다.

따라서 반드시 실근을 가지는 것은 ㄱ, ㄷ이다. 답 ③

**3-1.** $f(0+h)=f(0-h)$이므로

$$f'(0)=\lim_{h\to0}\frac{f(0+h)-f(0)}{h}$$
$$=\lim_{h\to0}\frac{f(0-h)-f(0)}{h}$$
$$=\lim_{h\to0}\left\{\frac{f(0-h)-f(0)}{-h}\times(-1)\right\}$$
$$=f'(0)\times(-1)$$

$\therefore\ 2f'(0)=0 \quad \therefore\ f'(0)=0$

답 ③

*Note $f(x)$가 우함수이고 미분가능하면 $f'(x)$는 기함수이다.

따라서 $f'(-0)=-f'(0)$이므로

$f'(0)=0$

**3-2.** (1) (준 식)$=\lim_{x\to1}\dfrac{\{f(x)\}^2-\{f(1)\}^2}{x-1}$

$=\lim_{x\to1}\dfrac{f(x)-f(1)}{x-1}\{f(x)+f(1)\}$

$=f'(1)\times2f(1)=3\times2\times1=\mathbf{6}$

(2) (준 식)$=\lim_{x\to1}\left\{\dfrac{1}{x+1}\times\dfrac{xf(x)-1}{x-1}\right\}$

$=\lim_{x\to1}\left\{\dfrac{1}{x+1}\times\dfrac{xf(x)-xf(1)+xf(1)-1}{x-1}\right\}$

$=\lim_{x\to1}\dfrac{1}{x+1}\left\{x\times\dfrac{f(x)-f(1)}{x-1}+\dfrac{x-1}{x-1}\right\}$

$=\dfrac{1}{2}\{1\times f'(1)+1\}=\dfrac{1}{2}(3+1)=\mathbf{2}$

**3-3.** (1) $\dfrac{2}{n}=x$로 놓으면 $n=\dfrac{2}{x}$이고,

$n\longrightarrow\infty$일 때 $x\longrightarrow0+$이므로

(준 식)$=\lim_{x\to0+}\left(\dfrac{2}{x}\right)^3\{f(x)-f(0)\}^3$

$=\lim_{x\to0+}8\left\{\dfrac{f(x)-f(0)}{x-0}\right\}^3$

$=8\{f'(0)\}^3=8\times\left(\dfrac{1}{2}\right)^3=\mathbf{1}$

(2) $\dfrac{2}{n}=x$로 놓으면 $n=\dfrac{2}{x}$이고,

$n\longrightarrow\infty$일 때 $x\longrightarrow0+$이므로

(준 식)$=\lim_{x\to0+}\dfrac{2}{x}\{f(a+x)-f(a-x)\}$

$=2\lim_{x\to0+}\left\{\dfrac{f(a+x)-f(a)}{x}+\dfrac{f(a-x)-f(a)}{-x}\right\}$

$=2\{f'(a)+f'(a)\}=4f'(a)$

$=4\times3=\mathbf{12}$

**3-4.** $\lim_{x\to2}\dfrac{f(x+1)-8}{x^2-4}=5$에서 $x\longrightarrow2$일 때 (분모) $\longrightarrow0$이므로 (분자) $\longrightarrow0$이어야 한다.

$\therefore\ \lim_{x\to2}\{f(x+1)-8\}=0$

$f(x)$는 다항함수이므로 $\boldsymbol{f(3)=8}$

또, $x+1=t$로 놓으면

$\lim_{x\to2}\dfrac{f(x+1)-8}{x^2-4}=\lim_{t\to3}\dfrac{f(t)-f(3)}{t^2-2t-3}$

$=\lim_{t\to3}\left\{\dfrac{f(t)-f(3)}{t-3}\times\dfrac{1}{t+1}\right\}$

$=f'(3)\times\dfrac{1}{4}=5$

$\therefore\ \boldsymbol{f'(3)=20}$

**3-5.** (1) 조건식에 $x=0,\ y=0$을 대입하면

$f(0)=f(0)+f(0)+0$

$\therefore\ \boldsymbol{f(0)=0}$

(2) $f'(2)=\lim_{h\to0}\dfrac{f(2+h)-f(2)}{h}$

$=\lim_{h\to0}\dfrac{f(2)+f(h)+2h-f(2)}{h}$

$=\lim_{h\to0}\left\{\dfrac{f(h)}{h}+2\right\}$

$=\lim_{h\to0}\left\{\dfrac{f(0+h)-f(0)}{h}+2\right\}$

$=f'(0)+2=2+2=\mathbf{4}$

**3-6.** $|f(2x)-f(x)|\le x^2$에서 $x\ne0$일 때 양변을 $|x|$로 나누면

$\left|\dfrac{f(2x)-f(x)}{x}\right|\le\dfrac{x^2}{|x|}=|x|$

$\therefore\ \left|\dfrac{f(2x)-f(0)}{x}-\dfrac{f(x)-f(0)}{x}\right|\le|x|$

$\lim_{x\to0}|x|=0$이므로

$\lim_{x\to0}\left|2\times\dfrac{f(2x)-f(0)}{2x}-\dfrac{f(x)-f(0)}{x}\right|\le0$

$\therefore\ |2f'(0)-f'(0)|\le0 \quad \therefore\ |f'(0)|\le0$

$\therefore\ f'(0)=0$

답 ③

**3-7.** $f'(1)=\lim_{x\to1}\dfrac{f(x)-f(1)}{x-1}$

그런데 $f(1)=2$, $f(x)\ge2x$에서

$f(x)-f(1)\ge2x-2$이므로

$x>1$일 때 $\dfrac{f(x)-f(1)}{x-1}\ge\dfrac{2x-2}{x-1}=2$,

$x<1$일 때 $\dfrac{f(x)-f(1)}{x-1}\le\dfrac{2x-2}{x-1}=2$

$\therefore\ \lim_{x\to1+}\dfrac{f(x)-f(1)}{x-1}\ge2$,

$\lim_{x\to1-}\dfrac{f(x)-f(1)}{x-1}\le2$

$\therefore\ \boldsymbol{f'(1)=2}$

또, $f(2)=6$, $f(x)\le3x$에서

$f(x)-f(2)\le3x-6$이므로

$\lim_{x\to2+}\dfrac{f(x)-f(2)}{x-2}\le\lim_{x\to2+}\dfrac{3x-6}{x-2}=3$,

$\lim_{x\to2-}\dfrac{f(x)-f(2)}{x-2}\ge\lim_{x\to2-}\dfrac{3x-6}{x-2}=3$

$\therefore\ \boldsymbol{f'(2)=3}$

***Note** 곡선 $y=f(x)$는 점 $(1, 2)$에서 직선 $y=2x$에 접하고, 점 $(2, 6)$에서 직선 $y=3x$에 접한다.

**3-8.** $f(x)=ax^3+bx^2+cx+d\ (a\ne0)$로 놓자.

$f(0)=1$, $f(1)=1$이므로

$d=1,\ a+b+c+d=1$ ……㉠

$f'(x)=3ax^2+2bx+c$이고

$f'(0)=4$, $f'(1)=3$이므로

$c=4,\ 3a+2b+c=3$ ……㉡

㉠, ㉡를 연립하여 풀면

$a=7,\ b=-11,\ c=4,\ d=1$

$\therefore\ f'(x)=21x^2-22x+4$

$\therefore\ f'(2)=44$ 답 ③

***Note** $f(x)=x(x-1)(ax+b)+1$ $(a\ne0)$로 놓고 풀어도 된다.

**3-9.** $f(x)=x+\dfrac{1}{3}x^3+\dfrac{1}{5}x^5+\cdots+\dfrac{1}{2n-1}x^{2n-1}$

$\therefore\ f'(x)=1+x^2+x^4+\cdots+x^{2n-2}$

$\therefore\ f'(2)=1+2^2+2^4+\cdots+2^{2n-2}$

$=\dfrac{1\times\{(2^2)^n-1\}}{2^2-1}=\dfrac{1}{3}(2^{2n}-1)$

$f'(2)=341$이므로 $\dfrac{1}{3}(2^{2n}-1)=341$

$\therefore\ 2^{2n}=1024=2^{10}\quad\therefore\ n=5$ 답 ③

***Note** 1° $n$개의 수 $a_1, a_2, a_3, \cdots, a_n$의 합을 기호 $\sum$(시그마)를 사용하여 다음과 같이 나타낸다.

$a_1+a_2+a_3+\cdots+a_n=\sum_{k=1}^{n}a_k$

⇦ 수학 I

2° 첫째항이 $a$, 공비가 $r\,(r\ne1)$인 등비수열의 첫째항부터 제 $n$항까지의 합은 다음과 같이 계산한다.

$a+ar+ar^2+\cdots+ar^{n-1}$

$=\dfrac{a(r^n-1)}{r-1}=\dfrac{a(1-r^n)}{1-r}$ ⇦ 수학 I

**3-10.** $f'(x)=2x+a$

이때, 주어진 방정식은

$x(2x+a)-2(x^2+ax+3)+x^2+3=0$

$\therefore\ x^2-ax-3=0$ ……㉠

이 방정식의 한 근이 $-3$이므로

$(-3)^2-a\times(-3)-3=0\quad\therefore\ \boldsymbol{a=-2}$

이때, ㉠은 $x^2+2x-3=0$

$\therefore\ x=-3, 1$

따라서 다른 한 근은 $\boldsymbol{x=1}$

**3-11.** 조건식에서

(좌변)$=\lim_{h\to0}\dfrac{1}{h}\left\{\sum_{k=1}^{n}f(1+kh)-\sum_{k=1}^{n}f(1)\right\}$

$=\lim_{h\to0}\sum_{k=1}^{n}\dfrac{f(1+kh)-f(1)}{h}$

$=\lim_{h\to0}\sum_{k=1}^{n}\left\{k\times\dfrac{f(1+kh)-f(1)}{kh}\right\}$

$=f'(1)\sum_{k=1}^{n}k=420$

그런데 $f'(x)=3x^2+4x-5$에서

$f'(1)=2$이므로 $\quad 2\sum_{k=1}^{n}k=420$

$\therefore\ n(n+1)=420$

$\therefore\ (n+21)(n-20)=0$

$n$은 자연수이므로 $\quad n=20$ 답 ⑤

***Note** 1° 기호 $\sum$에 대하여 다음 성질이 성립한다. ⇦ 수학 I

(i) $\sum_{k=1}^{n}c=cn$

(ii) $\sum_{k=1}^{n}ca_k=c\sum_{k=1}^{n}a_k$

(iii) $\sum_{k=1}^{n}a_k\pm\sum_{k=1}^{n}b_k=\sum_{k=1}^{n}(a_k\pm b_k)$ (복부호동순)

2° $\sum_{k=1}^{n}k=\dfrac{n(n+1)}{2}$ ⇦ 수학 I

**3-12.** 주어진 부등식에 $x=2$를 대입하면

$0\le f(2)\le 0$

이므로 $\quad f(2)=0$ ……①

따라서 주어진 부등식은

$24x-48\le f(x)-f(2)\le 2x^3-16$ …②

②에서 $x>2$일 때

$$\frac{24x-48}{x-2}\le\frac{f(x)-f(2)}{x-2}\le\frac{2x^3-16}{x-2}$$

이고,

$$\lim_{x\to2+}\frac{24x-48}{x-2}=\lim_{x\to2+}\frac{24(x-2)}{x-2}=24,$$

$$\lim_{x\to2+}\frac{2x^3-16}{x-2}=\lim_{x\to2+}\frac{2(x-2)(x^2+2x+4)}{x-2}=\lim_{x\to2+}2(x^2+2x+4)=24$$

이므로 함수의 극한의 대소 관계에 의하여

$$\lim_{x\to2+}\frac{f(x)-f(2)}{x-2}=24 \quad\cdots\cdots③$$

②에서 $x<2$일 때에도 같은 방법으로 생각하면

$$\lim_{x\to2-}\frac{f(x)-f(2)}{x-2}=24 \quad\cdots\cdots④$$

③, ④에서 $\quad\displaystyle\lim_{x\to2}\frac{f(x)-f(2)}{x-2}=24$

$\therefore\ f'(2)=24$ ……⑤

$f(x)=x^3+ax^2+bx-20$이므로 ①에서 $\quad f(2)=4a+2b-12=0$ ……⑥

$f'(x)=3x^2+2ax+b$이므로 ⑤에서

$f'(2)=12+4a+b=24$ ……⑦

⑥, ⑦을 연립하여 풀면

$\boldsymbol{a=3,\ b=0}$

**3-13.** $f(0)=1,\ g(0)=4$이므로

$h(x)=f(x)g(x)$로 놓으면 $\quad h(0)=4$

따라서

$$\lim_{x\to0}\frac{f(x)g(x)-4}{x}=\lim_{x\to0}\frac{h(x)-h(0)}{x}$$

이므로 $\quad h'(0)=0$

$h'(x)=f'(x)g(x)+f(x)g'(x)$이므로

$h'(0)=f'(0)g(0)+f(0)g'(0)$

$\therefore\ 0=-6\times4+1\times g'(0)$

$\therefore\ g'(0)=24$ 답 ④

**3-14.** (1) $f(x)$의 최고차항을 $ax^n\,(a\neq0)$이라고 하면 $2f(x)$의 최고차항은 $2ax^n$이고, $(x+1)f'(x)$의 최고차항은 $nax^n$이므로 $\quad 2a=na$

$a\neq0$이므로 $\quad \boldsymbol{n=2}$

(2) $f(x)=ax^2+bx+c\,(a\neq0)$로 놓으면

$f(0)=0$에서 $\quad c=0$

또, $f'(x)=2ax+b$이므로

$2f(x)=(x+1)f'(x)+1$은

$2ax^2+2bx=(x+1)(2ax+b)+1$

$\therefore\ 2ax^2+2bx=2ax^2+(2a+b)x+b+1$

$x$에 관한 항등식이므로

$2b=2a+b,\ b+1=0$

$\therefore\ b=-1,\ a=-\dfrac{1}{2}$

$\therefore\ \boldsymbol{f(x)=-\dfrac{1}{2}x^2-x}$

**3-15.** $f(a)=0,\ f'(a)=0$이므로 $f(x)$는 $(x-a)^2$으로 나누어 떨어진다.

⇦ p. 62 *Advice* 참조

또, $f(b)=0$이므로 $f(x)$는 $x-b$로 나누어 떨어진다. 따라서

$$f(x)=k(x-a)^2(x-b)\ (k\neq0)$$

로 놓으면

$$f'(x)=2k(x-a)(x-b)+k(x-a)^2$$
$$=k(x-a)(3x-2b-a)$$

그런데 $f'(c)=0$이므로

$$0=k(c-a)(3c-2b-a)$$

$k\neq0$, $c\neq a$이므로 $3c-2b-a=0$

$$\therefore\ \boldsymbol{c=\frac{a+2b}{3}}$$

**3-16.** $f_1(x)=1$, $f_2(x)=0$,

$$f_3(x)=ax^3+bx^2+cx+1$$

로 놓으면 주어진 그래프를 나타내는 함수는

$$f(x)=\begin{cases} f_1(x) & (x\leq0) \\ f_2(x) & (x\geq1) \\ f_3(x) & (0\leq x\leq1) \end{cases}$$

$x=0$, $1$에서 연속이므로

$$f_1(0)=f_3(0),\ f_2(1)=f_3(1)$$
$$\therefore\ a+b+c+1=0 \quad \cdots\cdots①$$

$x=0$, $1$에서 미분가능하므로

$$f_1'(0)=f_3'(0),\ f_2'(1)=f_3'(1)$$

그런데 $f_1'(x)=0$, $f_2'(x)=0$,

$$f_3'(x)=3ax^2+2bx+c$$

이므로

$$0=c,\ 0=3a+2b+c \quad \cdots\cdots②$$

①, ②를 연립하여 풀면

$$\boldsymbol{a=2,\ b=-3,\ c=0}$$

**3-17.** (i) $0<t\leq1$일 때 $f(t)=t^2$

(ii) $1<t\leq2$일 때

$$f(t)=t^2-(t-1)^2=2t-1$$

(iii) $2<t\leq3$일 때

$$f(t)=3+\frac{1}{2}\{1+(t-1)\}(t-2)$$
$$=\frac{1}{2}t^2-t+3$$

(iv) $3<t<4$일 때

$$f(t)=\frac{9}{2}+3(t-3)=3t-\frac{9}{2}$$

(i)~(iv)에서

$$f_1(t)=t^2,\ f_2(t)=2t-1,$$
$$f_3(t)=\frac{1}{2}t^2-t+3,\ f_4(t)=3t-\frac{9}{2}$$

로 놓으면

$$f_1'(t)=2t,\ f_2'(t)=2,$$
$$f_3'(t)=t-1,\ f_4'(t)=3$$

이때, $f_1(1)=f_2(1)=1$,

$$f_1'(1)=f_2'(1)=2$$

이므로 $f(t)$는 $t=1$에서 미분가능하다.

한편 $f_2(2)=f_3(2)=3$이지만 $f_2'(2)=2$, $f_3'(2)=1$에서 $f_2'(2)\neq f_3'(2)$이므로 $f(t)$는 $t=2$에서 미분가능하지 않다.

또, $f_3(3)=f_4(3)=\frac{9}{2}$이지만 $f_3'(3)=2$, $f_4'(3)=3$에서 $f_3'(3)\neq f_4'(3)$이므로 $f(t)$는 $t=3$에서 미분가능하지 않다.

따라서 구하는 $t$의 값의 합은

$$2+3=\boldsymbol{5}$$

**4-1.** $\mathrm{A}(a,\ f(a))$, $\mathrm{B}(b,\ f(b))$라 하고, 원점을 O라고 하자.

ㄱ. (거짓) 주어진 그림에서

$(\overline{\mathrm{OA}}$의 기울기$)>(\overline{\mathrm{OB}}$의 기울기$)$

이므로 $\dfrac{f(a)}{a}>\dfrac{f(b)}{b}$

ㄴ. (거짓) 주어진 그림에서

$(\overline{\mathrm{AB}}$의 기울기$)<1$이므로

$$\frac{f(b)-f(a)}{b-a}<1$$

$b-a>0$이므로

$$f(b)-f(a)<b-a$$

ㄷ. (참) 점 A에서의 접선의 기울기가 점 B에서의 접선의 기울기보다 크므로 $f'(a)>f'(b)$이다.

답 ③

**4-2.** $f'(5)=\displaystyle\lim_{h\to0}\frac{f(5+h)-f(5)}{h}$

$f(3+x)=f(3-x)$에 $x=2+h$를 대입하면

$$f(5+h)=f(1-h)$$

또, $x=2$를 대입하면 $f(5)=f(1)$

$$\therefore\ f'(5)=\lim_{h\to0}\frac{f(1-h)-f(1)}{h}$$
$$=\lim_{h\to0}\left\{\frac{f(1-h)-f(1)}{-h}\times(-1)\right\}$$
$$=-f'(1)=\mathbf{-5}$$

****Note*** $f(3+x)=f(3-x)$를 만족시키는 $y=f(x)$의 그래프는 직선 $x=3$에 대하여 대칭이다.

따라서 이 그래프 위의 점 중 직선 $x=3$에 대하여 대칭인 두 점에서의 접선의 기울기는 절댓값이 같고 부호가 서로 다르다.

**4-3.** $f(x)=-x^3+x^2+12x+3$,

$g(x)=x^3-2x^2+a$

로 놓으면

$f'(x)=-3x^2+2x+12$,

$g'(x)=3x^2-4x$

두 곡선이 $x=t$인 점에서 접한다고 하면 $f(t)=g(t)$이므로

$-t^3+t^2+12t+3=t^3-2t^2+a$ …①

$f'(t)=g'(t)$이므로

$-3t^2+2t+12=3t^2-4t$ ……②

②에서 $t^2-t-2=0$ $\therefore\ t=-1, 2$

①에 대입하면 $\boldsymbol{a=-4,\ 23}$

**4-4.** $y'=3x^2-12x+11=3(x-2)^2-1$ 이므로 $x=2$일 때 접선의 기울기의 최솟값은 $-1$이다.

$x=2$일 때 $y=2^3-6\times2^2+11\times2=6$이므로 접점의 좌표는 $(2, 6)$이다.

따라서 구하는 접선의 방정식은

$y-6=-(x-2)$ $\therefore\ \boldsymbol{y=-x+8}$

**4-5.** $f(x)=-\dfrac{1}{4}x^2$으로 놓으면

$$f'(x)=-\frac{1}{2}x$$

$x=2$인 점에서의 접선의 기울기는 $f'(2)=-1$이므로 접선의 방정식은

$y+1=(-1)\times(x-2)$

$\therefore\ y=-x+1$

$x$절편이 1, $y$절편이 1이므로 구하는 넓이는

$\dfrac{1}{2}\times1\times1=\dfrac{1}{2}$ 답 ②

**4-6.** 조건 (가)의 양변에 $x=1$을 대입하면

$f(1)+g(1)=4$ ……①

조건 (나)에서 $x\longrightarrow1$일 때 극한값이 존재하고 (분모) $\longrightarrow0$이므로 (분자) $\longrightarrow0$이어야 한다.

$\therefore\ \lim_{x\to1}\{f(x)-g(x)\}=0$

$\therefore\ f(1)-g(1)=0$ ……②

①, ②에서 $f(1)=g(1)=2$

한편 조건 (가)의 양변을 $x$에 관하여 미분하면

$f'(x)+g'(x)=8x$

$x=1$을 대입하면

$f'(1)+g'(1)=8$ ……③

또, 조건 (나)에서

$$\lim_{x\to1}\frac{f(x)-g(x)}{x-1}$$
$$=\lim_{x\to1}\frac{f(x)-f(1)-g(x)+g(1)}{x-1}\ \Leftarrow ②$$
$$=\lim_{x\to1}\left\{\frac{f(x)-f(1)}{x-1}-\frac{g(x)-g(1)}{x-1}\right\}$$
$$=f'(1)-g'(1)=2 \quad ……④$$

③, ④에서 $g'(1)=3$이므로 곡선 $y=g(x)$ 위의 점 $(1, g(1))$에서의 접선의 방정식은

$y-2=3(x-1)$ $\therefore\ y=3x-1$

따라서 $h(x)=3x-1$이므로

$\boldsymbol{h(10)=29}$

**4-7.** 원의 중심을 점 $(0, a)$, 반지름의 길

이를 $r$라고 하면

$$x^2+(y-a)^2=r^2$$

이 원이 점 (1, 1)을 지나므로

$$1+(1-a)^2=r^2 \quad \cdots\cdots ①$$

$f(x)=x^4$으로 놓으면 $f'(x)=4x^3$이므로 점 (1, 1)에서 곡선 $y=x^4$에 접하는 직선의 기울기는 $f'(1)=4$

따라서 점 (1, 1)에서의 법선의 방정식은 $y-1=-\frac{1}{4}(x-1)$

$$\therefore\ y=-\frac{1}{4}x+\frac{5}{4}$$

이 직선이 원의 중심 $(0,\ a)$를 지나야 하므로 $a=\frac{5}{4}$

①에 대입하면 $r=\frac{\sqrt{17}}{4}$

**4-8.** $y'=3x^2$이므로 점 $P(a,\ a^3)$에서의 접선의 방정식은

$$y-a^3=3a^2(x-a)$$

$x=0$을 대입하면 $y=-2a^3$

$$\therefore\ Q(0,\ -2a^3)$$

$a\neq0$일 때, 선분 PQ의 중점의 좌표는

$$\left(\frac{a}{2},\ -\frac{a^3}{2}\right)$$

$x=\frac{a}{2}$, $y=-\frac{a^3}{2}$으로 놓고 $a$를 소거하면 $\boldsymbol{y=-4x^3\ (x\neq0)}$

**4-9.** $y=x^3$에서 $y'=3x^2$

따라서 곡선 $y=x^3$ 위의 점 $(a,\ a^3)$에서의 접선의 방정식은

$$y-a^3=3a^2(x-a)$$

$$\therefore\ y=3a^2x-2a^3 \quad \cdots\cdots ①$$

같은 방법으로 곡선 $y=x^3+4$ 위의 점 $(b,\ b^3+4)$에서의 접선의 방정식은

$$y-(b^3+4)=3b^2(x-b)$$

$$\therefore\ y=3b^2x-2b^3+4 \quad \cdots\cdots ②$$

①, ②가 일치할 조건은

$$3a^2=3b^2,\ -2a^3=-2b^3+4$$

$a$, $b$는 실수이므로 $a=-1,\ b=1$

$$\therefore\ \boldsymbol{y=3x+2}$$

**4-10.** $y=x^3-2x+3$에서 $y'=3x^2-2$

직선 $y=x+2$에 평행한 직선의 기울기는 1이므로 접점의 $x$좌표는

$$3x^2-2=1\text{에서}\quad x=\pm1$$

따라서 접점의 좌표는 (1, 2), (−1, 4)이고 기울기는 1이므로

$$y-2=1\times(x-1),\ y-4=1\times(x+1)$$

$$\therefore\ y=x+1,\ y=x+5$$

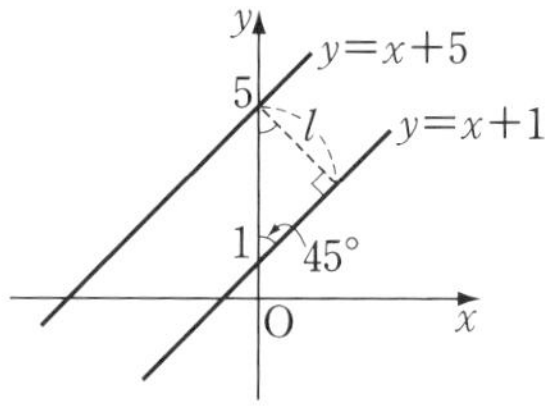


위의 그림에서 두 직선 사이의 거리 $l$은 $l=4\sin45°=2\sqrt{2}$ 답 ②

* ***Note*** 직선 $y=x+5$ 위의 점 (0, 5)와 직선 $y=x+1$ 사이의 거리를 구해도 된다.

**4-11.** $y'=4x^3-2x$이므로 곡선 위의 점 $(a,\ a^4-a^2+2)$에서의 접선의 방정식은

$$y-(a^4-a^2+2)=(4a^3-2a)(x-a)$$

이 직선이 원점을 지나므로

$$-(a^4-a^2+2)=(4a^3-2a)\times(-a)$$

$$\therefore\ (a^2-1)(3a^2+2)=0$$

$a$는 실수이므로 $a=\pm1$

따라서 두 접점 A, B를 A(−1, 2), B(1, 2)로 놓을 수 있다.

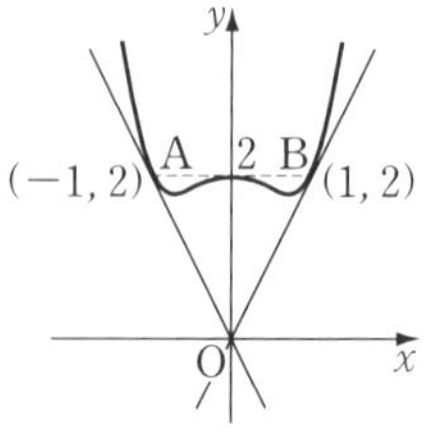

$\therefore\ \triangle OAB=\dfrac{1}{2}\times2\times2=2$ 답 ②

****Note*** $y=x^4-x^2+2$의 그래프를 그리는 방법은 p. 88, 91에서 공부한다.

**4-12.** $y=x^2$에서

$y'=2x$

이므로 곡선 위의 점 $(\alpha, \alpha^2)$에서의 접선의 방정식은

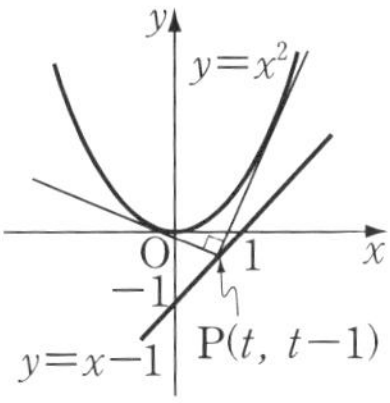


$y-\alpha^2=2\alpha(x-\alpha)$

이 직선이 점 $P(t,\ t-1)$을 지나므로

$(t-1)-\alpha^2=2\alpha(t-\alpha)$

$\therefore\ \alpha^2-2\alpha t+t-1=0$ ······①

이 방정식의 두 근을 $p,\ q$라고 하면 $p,\ q$는 접점의 $x$좌표이므로 접선의 기울기는 $2p,\ 2q$이다.

그런데 두 접선이 직교하므로

$2p\times2q=-1$

곧, $4pq=-1$ ······②

$p,\ q$는 ①의 두 근이므로 $pq=t-1$

②에 대입하면

$4(t-1)=-1\quad \therefore\ t=\dfrac{3}{4}$

$\therefore\ \mathbf{P}\left(\dfrac{3}{4},\ -\dfrac{1}{4}\right)$

**4-13.**

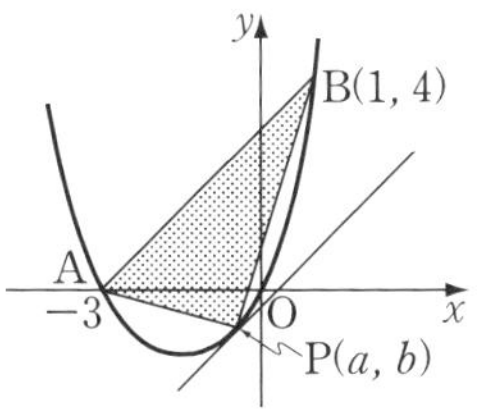


$A(-3,\ 0),\ B(1,\ 4)$이므로 선분 AB의 길이는 일정하다.

따라서 점 P에서 선분 AB까지의 거리가 최대일 때, 곧 점 P에서의 접선이 직선 AB와 평행할 때 △ABP의 넓이가 최대이다.

$f(x)=x^2+3x$로 놓으면 $f'(x)=2x+3$이므로 점 P에서의 접선의 기울기는

$f'(a)=2a+3$

한편 직선 AB의 기울기는 1이므로

$2a+3=1\quad \therefore\ \boldsymbol{a=-1}$

$b=a^2+3a$이므로 $\boldsymbol{b=-2}$

**4-14.** $y=x^3-px$ ······①

$y'=3x^2-p$이므로 곡선 위의 점 $P(a,\ a^3-pa)$에서의 접선의 방정식은

$y-(a^3-pa)=(3a^2-p)(x-a)$

$\therefore\ y=(3a^2-p)x-2a^3$ ······②

①, ②에서 $y$를 소거하면

$x^3-px=(3a^2-p)x-2a^3$

$\therefore\ (x+2a)(x-a)^2=0$ ······③

$\therefore\ x=-2a,\ a$

따라서 점 R의 $x$좌표는 $x=-2a$

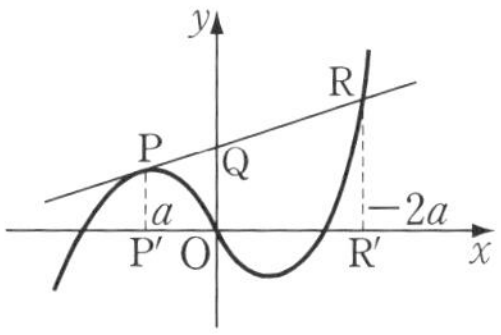


위의 그림에서

$\overline{PQ}:\overline{QR}=\overline{P'O}:\overline{OR'}=|a|:|-2a|$

$=\mathbf{1:2}$

****Note*** $x=a$인 점에서 직선 ②가 곡선 ①에 접하므로 방정식 ③은 $x=a$를 중근으로 가진다.

**4-15.** $f(x)=x^3+ax^2+x$에서

$f'(x)=3x^2+2ax+1$

점 $\big(t,\ f(t)\big)$에서의 접선의 방정식은

$y-(t^3+at^2+t)=(3t^2+2at+1)(x-t)$

$\therefore\ y=(3t^2+2at+1)x-2t^3-at^2$

따라서 점 P의 좌표는

$P(0,\ -2t^3-at^2)$

이므로

$$g(t)=|-2t^3-at^2|=t^2|2t+a|$$

이때, $a\neq0$이면 함수 $g(t)$는 $t=-\dfrac{a}{2}$ 에서 미분가능하지 않다.

한편 $a=0$이면 $g(t)=|2t^3|$이므로 실수 전체의 집합에서 미분가능하다.

$$\therefore\ \boldsymbol{a=0}$$

***Note** $a$의 범위에 따라 함수 $y=g(t)$의 그래프는 아래 그림과 같다.

(i) $a>0$일 때

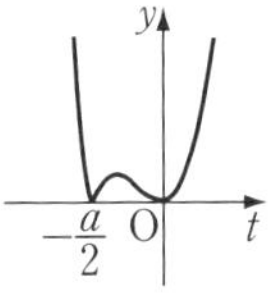


(ii) $a=0$일 때

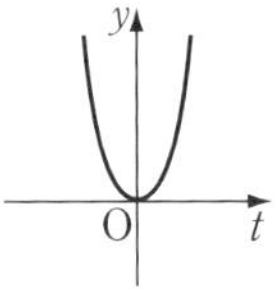


(iii) $a<0$일 때

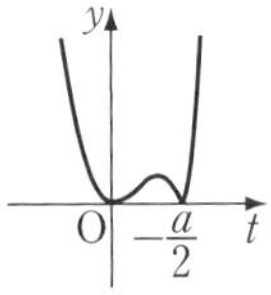


삼차 이상의 다항함수의 그래프를 그리는 방법에 대해서는 5단원에서 자세히 공부한다.

**4-16.** $f(x)=x^3-3x^2+2$에서

$$f'(x)=3x^2-6x$$

$f'(x)=3x^2-6x=9$에서 $x=-1,\ 3$

$f(-1)=-2,\ f(3)=2$이므로 기울기가 9인 두 접선 $l,\ m$의 방정식은

$$y+2=9(x+1),\ \ y-2=9(x-3)$$

$$\therefore\ y=9x+7,\ \ y=9x-25$$

또, $f'(x)=3x^2-6x=0$에서

$$x=0,\ 2$$

$f(0)=2,\ f(2)=-2$이므로 $y$축에 수직인 두 접선의 방정식은

$$y=2,\ \ y=-2$$

따라서 네 직선으로 둘러싸인 도형은 다음 그림의 평행사변형 ABCD이다.

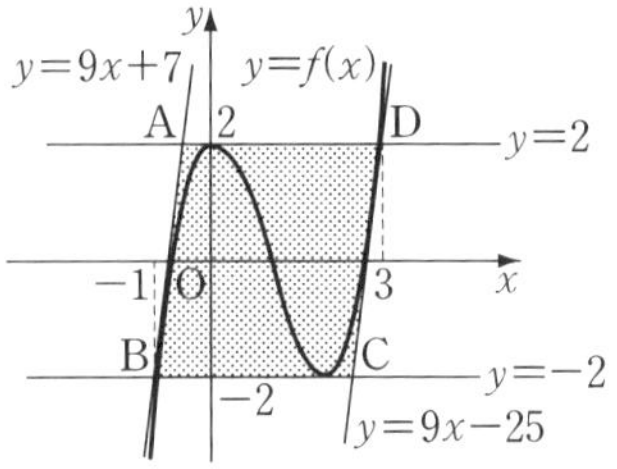


이때, 점 B는 직선 $y=9x+7$과 직선 $y=-2$의 교점이고, 점 D는 직선 $y=9x-25$와 직선 $y=2$의 교점이므로

$$\mathrm{B}(-1,\ -2),\ \ \mathrm{D}(3,\ 2)$$

한편 점 C의 $x$좌표는 두 직선 $y=9x-25,\ y=-2$에서

$$9x-25=-2 \qquad \therefore\ x=\frac{23}{9}$$

곧, 점 C의 좌표는 $\mathrm{C}\left(\dfrac{23}{9},\ -2\right)$이다.

따라서 구하는 넓이는

$$\overline{\mathrm{BC}}\times4=\left(\frac{23}{9}+1\right)\times4=\boldsymbol{\frac{128}{9}}$$

***Note** 점 $\mathrm{B}(-1,\ -2)$는 곡선 $y=f(x)$와 직선 $y=9x+7$의 접점이고, 점 $\mathrm{D}(3,\ 2)$는 곡선 $y=f(x)$와 직선 $y=9x-25$의 접점이다.

**4-17.** 함수 $f(x)$는 모든 실수 $x$에 대하여 구간 $[x,\ x+1]$에서 연속이고 구간 $(x,\ x+1)$에서 미분가능하다.

따라서 평균값 정리에 의하여

$$\frac{f(x+1)-f(x)}{(x+1)-x}=f'(c),\ \ x<c<x+1$$

곧,

$$f(x+1)-f(x)=f'(c),\ \ x<c<x+1$$

인 $c$가 적어도 하나 존재한다.

그런데 $x\longrightarrow\infty$일 때 $x<c$에서 $c\longrightarrow\infty$이므로

$$\lim_{x\to\infty}\{f(x+1)-f(x)\}=\lim_{c\to\infty}f'(c)=2$$

**4-18.** 평균값 정리에 의하여

$$\frac{f(x_2)-f(x_1)}{x_2-x_1}=f'(c),$$
$$0\le x_1<c<x_2\le 3$$

인 $c$가 적어도 하나 존재한다.

한편 $f'(x)=x^2-2x$에서

$$f'(c)=c^2-2c=(c-1)^2-1$$

$0<c<3$일 때 $-1\le f'(c)<3$

$\therefore\ S\subset\{t\mid -1\le t\le 3\}$ 답 ①

***Note** 일반적으로

$$S=\{f'(c)\mid 0<c<3\}$$

이라고 할 수 없다는 것에 주의하여라.

**5-1.** 역함수가 존재하려면 일대일대응이어야 하므로 $f(x)$는 증가함수 또는 감소함수이어야 한다. 그런데 $f(x)$는 최고차항의 계수가 양수인 삼차함수이므로 증가함수이다.

따라서 $f'(x)=x^2-2ax+3a\ge 0$에서

$$D/4=a^2-3a\le 0 \quad \therefore\ 0\le a\le 3$$

따라서 $a$의 최댓값은 3 답 ①

**5-2.** $f'(x)=3x^2-2(a+2)x+a$이므로 점 $\big(t, f(t)\big)$에서의 접선의 방정식은

$$y-\{t^3-(a+2)t^2+at\}=\{3t^2-2(a+2)t+a\}(x-t)$$

$x=0$일 때 $y=g(t)$이므로

$$g(t)-\{t^3-(a+2)t^2+at\}=\{3t^2-2(a+2)t+a\}(-t)$$

$$\therefore\ g(t)=-2t^3+(a+2)t^2$$

$$\therefore\ g'(t)=-6t^2+2(a+2)t$$

$g(t)$가 열린구간 $(0, 5)$에서 증가하려면 이 구간에서 $g'(t)\ge 0$이어야 한다.

그런데 $g'(0)=0$이고, $g'(t)$의 $t^2$의 계수가 음수이므로 $g'(5)\ge 0$

$$\therefore\ g'(5)=-150+10(a+2)\ge 0$$

$$\therefore\ \boldsymbol{a\ge 13}$$

**5-3.** $y'=3x^2-12x+9=3(x-1)(x-3)$

증감을 조사하면

극대점 $A(1, 5)$, 극소점 $B(3, 1)$

(1) $\sqrt{(3-1)^2+(1-5)^2}=\boldsymbol{2\sqrt{5}}$

(2) 선분 AB의 중점의 좌표는 $(2, 3)$이고, 선분 AB의 기울기는 $-2$이므로 선분 AB의 수직이등분선의 방정식은

$$y-3=\frac{1}{2}(x-2) \quad \text{곧,}\quad \boldsymbol{y=\frac{1}{2}x+2}$$

(3)

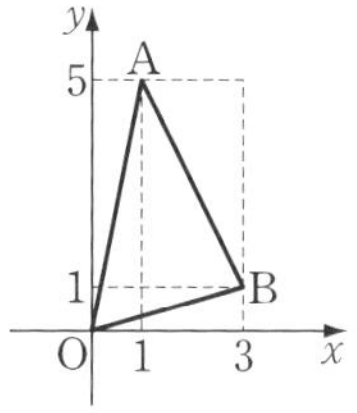


위의 그림에서 구하는 넓이는

$$3\times5-\frac{1}{2}(1\times5+3\times1+4\times2)=\boldsymbol{7}$$

***Note** 세 점 $O(0, 0)$, $A(1, 5)$, $B(3, 1)$을 꼭짓점으로 하는 $\triangle OAB$의 넓이는 다음과 같이 구해도 된다.

$$\triangle OAB=\frac{1}{2}\big|1\times1-3\times5\big|=\boldsymbol{7}$$

⇦ 기본 수학(하) p. 43

**5-4.** 
$$F(a)=\frac{f(a+1)-f(a)}{(a+1)-a}$$
$$=(a+1)^4-2(a+1)^3-(a^4-2a^3)$$
$$=4a^3-2a-1$$

$F'(a)=12a^2-2=2(6a^2-1)=0$에서

$$a=-\frac{1}{\sqrt{6}},\ \frac{1}{\sqrt{6}}$$

증감을 조사하면 $F(a)$는

$\boldsymbol{a=-\frac{1}{\sqrt{6}}}$에서 극대,

$\boldsymbol{a=\frac{1}{\sqrt{6}}}$에서 극소

**5-5.** $x=a$가 주어진 부등식을 만족시키면 $x=a$의 좌우에서 $f'(x)$의 부호가 바뀌거나 $f'(a)=0$이다. 곧, 함수 $f(x)$가

$x=a$에서 극값을 가지거나 미분계수가 0이다.

여기에서 $g(x)=\frac{1}{9}x^3(x+4)$로 놓으면

$$g'(x)=\frac{1}{9}\{3x^2(x+4)+x^3\}$$
$$=\frac{4}{9}x^2(x+3)$$

$g'(x)=0$에서 $x=-3,\ 0$

| $x$ | $\cdots$ | $-3$ | $\cdots$ | $0$ | $\cdots$ |
|---|---|---|---|---|---|
| $g'(x)$ | $-$ | $0$ | $+$ | $0$ | $+$ |
| $g(x)$ | ↘ | $-3$ | ↗ | $0$ | ↗ |

따라서 $y=g(x)$의 그래프와 $y=f(x)$의 그래프는 아래와 같다.

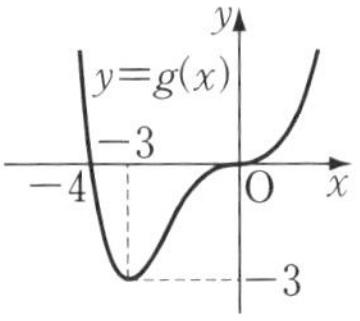


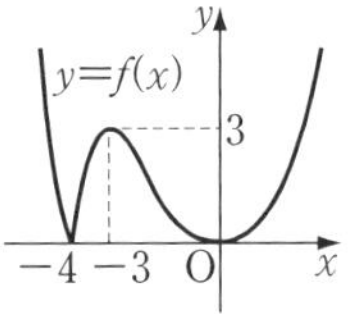


$y=f(x)$의 그래프에서 조건을 만족시키는 $x$의 값은 $-4,\ -3,\ 0$이므로 구하는 합은 $-7$이다. 답 ④

**5-6.** 조건 ㈎에서 $f(3t)=0$이고 $f(x)$는 최고차항의 계수가 1인 삼차함수이므로

$$f(x)=(x-3t)(x^2+ax+b)$$

로 놓을 수 있다.

이때, 조건 ㈏에 의하여 모든 실수 $x$에 대하여

$$(x+3)(x-3t)(x^2+ax+b)\ge 0$$

이므로 $x^2+ax+b=(x+3)(x-3t)$이어야 한다.

따라서 $f(x)=(x+3)(x-3t)^2$이므로

$$f'(x)=(x-3t)^2+2(x+3)(x-3t)$$
$$=3(x-3t)(x-t+2)$$

$f'(x)=0$에서 $x=3t,\ t-2$

$t>-1$이므로 $t-2<3t$이고, 증감을 조사하면 $f(x)$는 $x=t-2$에서 극대이다.

$$\therefore\ g(t)=f(t-2)=4(t+1)^3$$

$g(t)=108$에서

$$4(t+1)^3=108 \quad \therefore\ (t+1)^3=27$$

$t$는 실수이므로 $t+1=3$

$$\therefore\ t=2$$

답 ③

**5-7.**

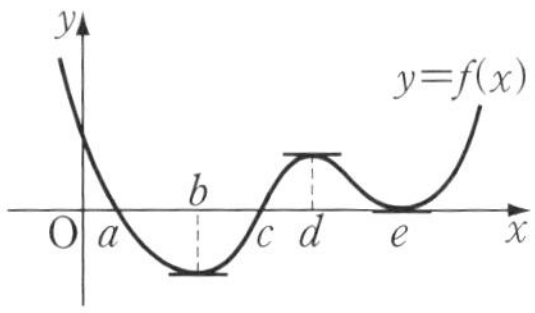


$f(x)=0$의 실근은 $a,\ c,\ e$

$f'(x)=0$의 실근은 $b,\ d,\ e$

따라서 $f(x)f'(x)=0$의 실근은

$a,\ b,\ c,\ d,\ e$ 답 ③

**5-8.** ① $x=0$의 주변에서 $f(x)$는 증가하므로 $f'(0)>0$이다.

② $\lim_{x\to 5-}f(x)=\lim_{x\to 5+}f(x)$이므로 $\lim_{x\to 5}f(x)$는 존재한다.

③ $x=2$에서 그래프가 뾰족하므로 미분가능하지 않고, $x=5,\ 6$에서 불연속이므로 미분가능하지 않다. 따라서 $f(x)$의 미분가능하지 않은 점은 3개이다.

④ $x=1,\ 3$에서 $f'(x)=0$이다.

⑤ $f(x)$는 $x=1$에서 극댓값을, $x=2,\ 5$에서 극솟값을 가지므로 극댓값과 극솟값이 모두 존재한다. 답 ⑤

*Note* $x=2$에서는

$$\lim_{h\to 0-}\frac{f(2+h)-f(2)}{h}<0,$$
$$\lim_{h\to 0+}\frac{f(2+h)-f(2)}{h}>0$$

이므로 미분가능하지 않다.

**5-9.** $h(x)=f(x)g(x)$에서

$$h'(x)=f'(x)g(x)+f(x)g'(x)$$

따라서 주어진 그래프를 이용하여 $h'(x)$의 부호와 $h(x)$의 증감을 조사하면 다음과 같다.

| $x$ | $\cdots$ | $a$ | $\cdots$ | $b$ | $\cdots$ | $c$ | $\cdots$ |
|---|---|---|---|---|---|---|---|
| $f'(x)g(x)$ | $+$ | $0$ | $-$ | $0$ | $+$ | $+$ | $+$ |
| $f(x)g'(x)$ | $+$ | $0$ | $-$ | $-$ | $-$ | $0$ | $+$ |
| $h'(x)$ | $+$ | $0$ | $-$ | $-$ | | $+$ | $+$ |
| $h(x)$ | ↗ | 극대 | ↘ | ↘ | | ↗ | ↗ |

위의 표에 따르면 구간 $(b,\ c)$에서 $h'(x)$의 부호가 음에서 양으로 바뀌므로 이 구간에 극소인 점이 존재한다.

$\therefore\ b<p<c$ 답 ③

***Note** 함수 $h'(x)$는 실수 전체의 집합에서 연속이므로 구간 $[b,\ c]$에서도 연속이다. 이때, $h'(b)<0$이고 $h'(c)>0$이므로 $h'(k)=0$인 $k$가 구간 $(b,\ c)$에 적어도 하나 존재한다.

⇦ 사잇값의 정리

한편 $h'(x)=0$은 이차방정식이고 위의 표에서 $h'(a)=0$이므로 구간 $(b,\ c)$에서 $h'(k)=0$을 만족시키는 실수 $k$는 오직 하나 존재한다.

**5-10.** $h'(x)=f'(x)-g'(x)$이므로 증감을 조사하면 아래와 같다.

| $x$ | $\cdots$ | $0$ | $\cdots$ | $2$ | $\cdots$ |
|---|---|---|---|---|---|
| $h'(x)$ | $+$ | $0$ | $-$ | $0$ | $+$ |
| $h(x)$ | ↗ | 극대 | ↘ | 극소 | ↗ |

(1) 참 (2) 참

(3) (거짓) 아래 그림과 같이 $h(0)>0$, $h(2)<0$일 때에만 $x$축과 서로 다른 세 점에서 만난다. 따라서 주어진 조건만으로는 알 수 없다.

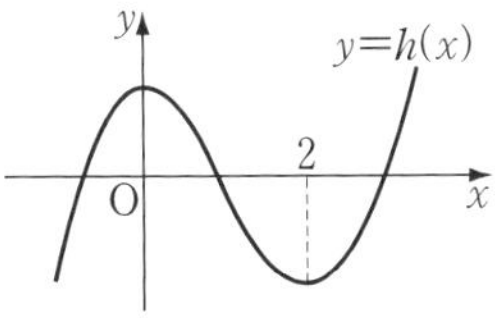


**5-11.** (1) (거짓) $f(x)=-x^2$은 $x=0$에서 극댓값을 가지지만, $|f(x)|=x^2$은 $x=0$에서 극솟값을 가진다.

(2) (참) $g(x)=f(|x|)$로 놓자.

$f(x)$가 $x=0$에서 극댓값을 가지므로 $x=0$을 포함하는 열린구간 $(a,\ b)$의 모든 $x$에 대하여 $f(x)\le f(0)$이다.

이때, $0\le x<b$인 모든 $x$에 대하여

$g(x)=f(|x|)=f(x)\le f(0)=g(0)$,

$g(-x)=f(|-x|)=f(x)$

$\le f(0)=g(0)$

이므로 열린구간 $(-b,\ b)$의 모든 $x$에 대하여 $g(x)\le g(0)$이다.

따라서 $g(x)$는 $x=0$에서 극댓값을 가진다.

**5-12.** $\displaystyle\lim_{x\to\infty}y=\lim_{x\to\infty}(ax^3+bx^2+cx+d)$

$\displaystyle=\lim_{x\to\infty}ax^3\left(1+\frac{b}{ax}+\frac{c}{ax^2}+\frac{d}{ax^3}\right)$

$=\infty$

이므로 $\boldsymbol{a>0}$

또, $y$절편이 양수이므로 $\boldsymbol{d>0}$

그리고 $y'=3ax^2+2bx+c=0$의 두 근이 $\alpha,\ \beta$이고, $\beta>|\alpha|$이므로 근과 계수의 관계로부터

$\alpha+\beta=-\dfrac{2b}{3a}>0 \quad \therefore\ \boldsymbol{b<0}$

$\alpha\beta=\dfrac{c}{3a}<0 \quad \therefore\ \boldsymbol{c<0}$

**5-13.** $f(x)=x^3-3ax^2+4a$로 놓으면

$f'(x)=3x^2-6ax=3x(x-2a)$

$f'(x)=0$에서 $x=0,\ 2a$

한편 그래프가 $x$축에 접할 때 극댓값 또는 극솟값이 0이다.

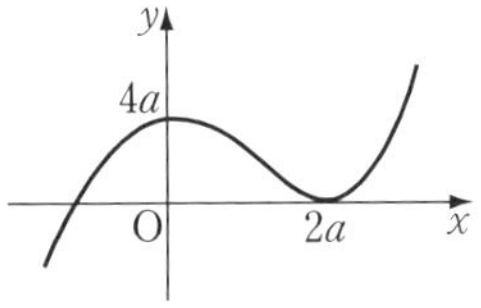

그런데 $f(0)=4a>0$이므로

$$f(2a)=-4a^3+4a=0$$

$$\therefore\ a(a+1)(a-1)=0$$

$a>0$이므로 $a=1$ 답 ①

**5-14.** $f'(x)=-3x^2+3a$

$f(x)$가 극값을 가지므로

$D=0^2-4\times(-3)\times3a>0 \quad \therefore\ a>0$

이때,

$$f'(x)=-3(x+\sqrt{a})(x-\sqrt{a})$$

$f'(x)=0$에서 $x=-\sqrt{a},\ \sqrt{a}$

증감을 조사하면 $x=-\sqrt{a}$에서 극소, $x=\sqrt{a}$에서 극대이다.

극댓값이 4, 극솟값이 0이므로

$$f(\sqrt{a})=2a\sqrt{a}+b=4,$$

$$f(-\sqrt{a})=-2a\sqrt{a}+b=0$$

연립하여 풀면 $\boldsymbol{a=1,\ b=2}$

**5-15.** $f(x)=ax^3+bx^2+cx+d\ (a\neq0)$로 놓으면

$$f'(x)=3ax^2+2bx+c$$

조건 ㈎에서 $f(1)=-4,\ f'(1)=0$

$\therefore\ a+b+c+d=-4 \quad \cdots\cdots$①

$3a+2b+c=0 \quad \cdots\cdots$②

조건 ㈏에서 $f(0)=0$이고,

$$\lim_{x\to0}\frac{f(x)-f(0)}{x-0}=-3 \quad \therefore\ f'(0)=-3$$

$\therefore\ d=0,\ c=-3$

①, ②에 대입하면 $a=5,\ b=-6$

$$\therefore\ \boldsymbol{f(x)=5x^3-6x^2-3x}$$

**5-16.** $f'(x)=3x^2-6ax+9=0$이 서로 다른 두 실근을 가져야 하므로

$$D/4=9a^2-27>0$$

$$\therefore\ (a+\sqrt{3})(a-\sqrt{3})>0$$

$\therefore\ a<-\sqrt{3},\ a>\sqrt{3} \quad \cdots\cdots$①

이때, $f'(x)=0$의 두 근을 $\alpha,\ \beta$라고 하면

$$\alpha+\beta=2a,\ \alpha\beta=3$$

극댓값과 극솟값의 합이 0이므로

$$\begin{aligned}f(\alpha)+f(\beta)&=(\alpha^3-3a\alpha^2+9\alpha+27)\\&\quad+(\beta^3-3a\beta^2+9\beta+27)\\&=(\alpha+\beta)^3-3\alpha\beta(\alpha+\beta)\\&\quad-3a\{(\alpha+\beta)^2-2\alpha\beta\}\\&\quad+9(\alpha+\beta)+54\\&=8a^3-3\times3\times2a-3a(4a^2-2\times3)\\&\quad+9\times2a+54\\&=-4a^3+18a+54=0\end{aligned}$$

$$\therefore\ (a-3)(2a^2+6a+9)=0$$

$a$는 실수이므로 $\boldsymbol{a=3}$

이 값은 ①을 만족시킨다.

**5-17.** $f'(x)=3x^2-2a^2x+a$

$y=f'(x)$의 그래프가 아래 그림과 같은 위치에 있으면 조건을 만족시킨다.

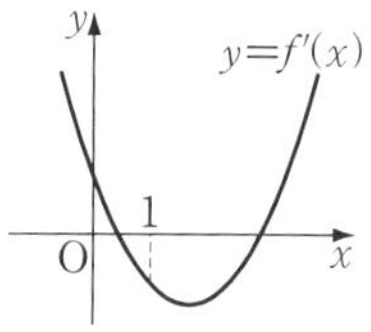


$$\therefore\ \begin{cases}f'(0)=a>0\\f'(1)=3-2a^2+a<0\end{cases} \quad \therefore\ \boldsymbol{a>\frac{3}{2}}$$

**5-18.** $f(x)=x^3+3ax^2+a^3$으로 놓으면

$$f'(x)=3x^2+6ax=3x(x+2a)$$

$f'(x)=0$에서 $x=0,\ -2a$이므로 $a\neq0$일 때 극점의 좌표는

$$(0,\ a^3),\ (-2a,\ 5a^3)$$

따라서 두 극점을 잇는 선분의 중점의 좌표는 $(-a,\ 3a^3)$

$x=-a,\ y=3a^3$으로 놓고 $a$를 소거하면 $y=-3x^3$

한편 $a\neq0$이므로 $x\neq0$

$$\therefore\ \boldsymbol{y=-3x^3\ (x\neq0)}$$

**5-19.** $f'(x)=3x^2+2ax+b$

$f'(1)=0$이므로 $3+2a+b=0$

$\therefore\ b=-2a-3 \quad \cdots\cdots$①

이때,

$$f'(x)=3x^2+2ax-2a-3$$
$$=(x-1)(3x+2a+3)$$

따라서 $x=1$에서 극소이기 위해서는

$$-\frac{2a+3}{3}<1$$

$\therefore\ a>-3\quad\cdots②$

①, ②에서 점 $(a,\ b)$는 오른쪽 그림의 반직선 위에 있다.

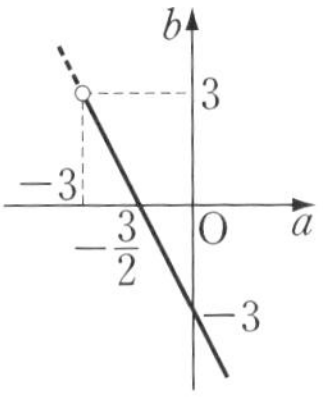


**5-20.** $f(-x)=-f(x)$이므로 $f(x)$는 기함수이다. 따라서

$f(x)=ax^3+bx$ ($a,\ b$는 정수, $a\neq0$)

로 놓을 수 있다.

$f(1)=5$이므로 $\quad a+b=5\quad\cdots\cdots①$

또, $1<f'(1)<7$이고, $f'(x)=3ax^2+b$이므로

$$1<3a+b<7\qquad\cdots\cdots②$$

①에서 $b=5-a$이므로 ②에 대입하면

$1<3a+5-a<7\quad\therefore\ -2<a<1$

$a$는 0이 아닌 정수이므로 $\quad a=-1$

$\therefore\ b=6$

따라서 $\quad f(x)=-x^3+6x,$

$\qquad\quad f'(x)=-3x^2+6$

$f'(x)=0$에서 $\quad x=\pm\sqrt{2}$

증감을 조사하면 $x=\sqrt{2}$에서 극대이고, 극댓값은

$$f(\sqrt{2})=-(\sqrt{2})^3+6\times\sqrt{2}=\mathbf{4\sqrt{2}}$$

**5-21.** $f(x)$는 $x^3$의 계수가 1이고 $f(-x)=-f(x)$이므로 $y=f(x)$의 그래프는 다음 두 가지 꼴이 가능하다.

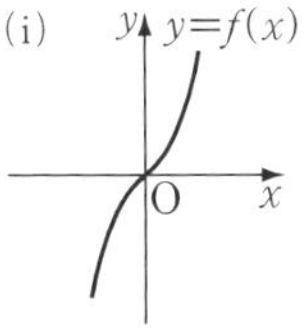


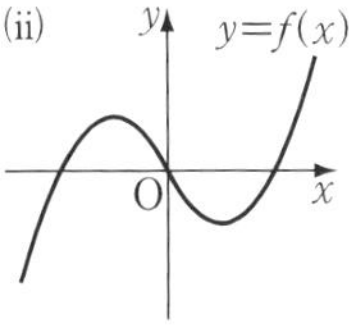


이 중 $|f(x)|=2$가 서로 다른 네 실근을 가질 수 있는 것은 (ii)의 꼴이다.

이때, $y=|f(x)|$의 그래프는 아래와 같고, $f(x)$의 극솟값은 $-2$, 극댓값은 2이다.

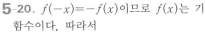

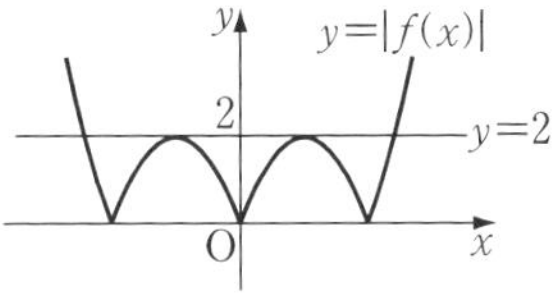


(ii)와 같은 꼴이고, $x^3$의 계수가 1이므로 $f(x)=x^3-bx\ (b>0)$로 놓을 수 있다.

$f'(x)=3x^2-b=0$에서 $\quad x=\pm\sqrt{\dfrac{b}{3}}$

$f\left(\sqrt{\dfrac{b}{3}}\right)=-2$이므로

$$\left(\sqrt{\frac{b}{3}}\right)^3-b\times\sqrt{\frac{b}{3}}=-2$$

$\therefore\ b\sqrt{b}=3\sqrt{3}\qquad\therefore\ b=3$

$\therefore\ f(3)=3^3-3\times3=\mathbf{18}$

**5-22.** $x=1$에서 극값 $-9$를 가지므로

$f(1)=1+a+b-12=-9$

$\therefore\ a+b=2\qquad\cdots\cdots①$

또, $f'(x)=4x^3+3ax^2+2bx-12$에서

$f'(1)=4+3a+2b-12=0$

$\therefore\ 3a+2b=8\qquad\cdots\cdots②$

①, ②를 연립하여 풀면

$$\boldsymbol{a=4,\ \ b=-2}$$

$\therefore\ f(x)=x^4+4x^3-2x^2-12x,$

$\quad f'(x)=4x^3+12x^2-4x-12$

$\qquad\quad =4(x+3)(x+1)(x-1)$

$f'(x)=0$에서 $\quad x=-3,\ -1,\ 1$

증감을 조사하면 $f(x)$는 $x=-1$에서 극대이고, 극댓값은 $\quad f(-1)=\mathbf{7}$

****Note*** $\quad x=-3,\ 1$에서 극소이다.

**5-23.** $x^4$의 계수가 1이고, 그래프가 원점을 지나므로

$$f(x)=x^4+ax^3+bx^2+cx$$

로 놓을 수 있다.

한편 $f(2+x)=f(2-x)$이므로 그래프는 직선 $x=2$에 대하여 대칭이다.

이때, $f(x)$가 $x=1$에서 극소이므로 $x=3$에서도 극소이다. 또, $x=2$에서 극대이다.

곧, $f'(x)=0$의 세 근이 $x=1, 2, 3$이므로

$$f'(x)=4x^3+3ax^2+2bx+c$$
$$=4(x-1)(x-2)(x-3)$$

전개하여 동류항의 계수를 비교하면

$$a=-8,\ b=22,\ c=-24$$

$$\therefore\ f(x)=x^4-8x^3+22x^2-24x$$

따라서 극댓값은 $f(2)=-8$

**Note* 곡선 $y=f(x)$가 직선 $x=2$에 대하여 대칭이므로 $x=3$에서도 극소이고, $f(1)=f(3)$이다.

따라서 함수 $f(x)-f(1)$은 $x=1, 3$에서 극값 0을 가지므로 $(x-1)^2$, $(x-3)^2$으로 나누어 떨어진다.

⇦ p. 62 Advice

그런데 이 함수는 최고차항의 계수가 1인 사차함수이므로

$$f(x)-f(1)=(x-1)^2(x-3)^2$$

또, $f(0)=0$이므로

$$0-f(1)=1^2\times3^2 \qquad \therefore\ f(1)=-9$$

$$\therefore\ f(x)=(x-1)^2(x-3)^2-9$$

**5-24.** $f(x)=x^4+ax^3+bx^2+cx+d$ 로 놓으면

$$f'(x)=4x^3+3ax^2+2bx+c$$

조건 (나)에서 $f'(2)=0$, $f(2)=2$이고, 조건 (다)에서 $f'(0)=0$이므로

$$32+12a+4b+c=0,$$
$$16+8a+4b+2c+d=2,$$
$$c=0$$

$c=0$을 첫 번째 식에 대입하면

$$b=-3a-8$$

$c=0$, $b=-3a-8$을 두 번째 식에 대입하면 $d=4a+18$

$$\therefore\ f(x)=x^4+ax^3+(-3a-8)x^2+(4a+18)$$
$$=a(x^3-3x^2+4)+(x^4-8x^2+18)$$
$$=a(x+1)(x-2)^2+(x^4-8x^2+18)$$

따라서 $a$의 값에 관계없이 $f(-1)=11$, $f(2)=2$이다. 곧, $a$의 값에 관계없이 지나는 점의 좌표는

$$(-1, 11),\ (2, 2)$$

**5-25.** (1) (참) $f(x)$가 다항식이고,

$$f(\alpha)=0,\ f'(\alpha)=0$$

이면 $f(x)$는 $(x-\alpha)^2$으로 나누어 떨어진다. ⇦ p. 62 Advice

(2) (참) $f'(\alpha)f'(\beta)=0$에서 $f'(\alpha)=0$이면 $f(x)$는 $(x-\alpha)^2$으로 나누어 떨어진다. 따라서

$f(x)=(x-\alpha)^2p(x)$ ($p(x)$는 이차식)

로 놓을 수 있다. 이때, $p(x)=0$의 한 근이 실근 $\beta$이므로 나머지 한 근도 실근이다.

따라서 $f(x)=0$은 허근을 가지지 않는다.

$f'(\beta)=0$일 때에도 같은 이유로 $f(x)=0$은 허근을 가지지 않는다.

(3) (참) $f(x)=(x-\alpha)(x-\beta)p(x)$ ($p(x)$는 이차식)로 놓으면

$$f'(x)=(x-\beta)p(x)+(x-\alpha)p(x)+(x-\alpha)(x-\beta)p'(x)$$

$$\therefore\ f'(\alpha)f'(\beta)=(\alpha-\beta)p(\alpha)\times(\beta-\alpha)p(\beta)$$
$$=-(\alpha-\beta)^2p(\alpha)p(\beta)$$

$f'(\alpha)f'(\beta)>0$이면 $p(\alpha)p(\beta)<0$

$p(x)$가 이차식이므로 $p(x)=0$은 서로 다른 두 실근을 가지고, 이 근은 $\alpha$, $\beta$가 아니다.

따라서 $f(x)=0$은 서로 다른 네 실근을 가진다.

***Note** $\alpha<\beta$이고 $f(x)$의 최고차항의 계수가 양수인 경우만 생각해도 충분하다.

이때, (2), (3)은 다음과 같이 그래프의 개형을 그려 설명할 수 있다.

(2) $f'(\alpha)=0$이면 $y=f(x)$의 그래프는 $x=\alpha$인 점에서 $x$축에 접한다.

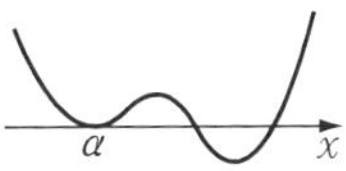


따라서 $f(\beta)=0$이면 $y=f(x)$의 그래프는 위와 같은 꼴이다. 그러므로 $f(x)=0$은 허근을 가지지 않는다.

$f'(\beta)=0$일 때에도 같은 이유로 $f(x)=0$은 허근을 가지지 않는다.

(3) $f'(\alpha)f'(\beta)>0$이면 $f'(\alpha)$와 $f'(\beta)$의 부호가 같다.

따라서 $y=f(x)$의 그래프는 아래와 같은 꼴이므로 $f(x)=0$은 서로 다른 네 실근을 가진다.

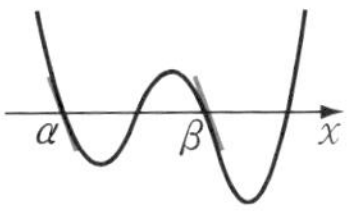


$f'(\alpha)<0,\ f'(\beta)<0$

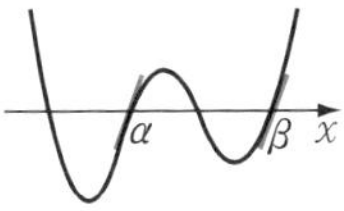


$f'(\alpha)>0,\ f'(\beta)>0$

**6-1.** $x^2-4x+3=t$로 놓으면

$$y=(x^2-4x+3)^3-3(x^2-4x+3)-4$$
$$=t^3-3t-4$$

$t=(x-2)^2-1$이고 $0\le x\le 3$이므로

$$-1\le t\le 3$$

$y'=3t^2-3=3(t+1)(t-1)=0$에서

$$t=-1,\ 1$$

$-1\le t\le 3$에서 증감을 조사하면

$t=3$일 때 **최댓값 14,**

$t=1$일 때 **최솟값 $-6$**

**6-2.** $g(x)=(x-1)^2-3$이므로

$-2\le x\le 2$에서 $-3\le g(x)\le 6$

$g(x)=t$로 놓으면 $-3\le t\le 6$이고

$$y=(f\circ g)(x)=f\big(g(x)\big)=f(t)$$
$$=t^3-6t^2+10$$

$f'(t)=3t^2-12t=3t(t-4)=0$에서

$$t=0,\ 4$$

$-3\le t\le 6$에서 증감을 조사하면

$t=0,\ 6$일 때 **최댓값 10,**

$t=-3$일 때 **최솟값 $-71$**

**6-3.** $x^2+3y^2=9$에서

$$y^2=\frac{1}{3}(9-x^2) \qquad \cdots\cdots ㉠$$

$y^2\ge 0$이므로 $-3\le x\le 3$

$x^2+xy^2$에 ㉠을 대입하고 $f(x)$라고 하면

$$f(x)=x^2+x\times\frac{1}{3}(9-x^2)$$
$$=-\frac{1}{3}x^3+x^2+3x$$

$$\therefore\ f'(x)=-x^2+2x+3$$
$$=-(x+1)(x-3)$$

$f'(x)=0$에서 $x=-1,\ 3$

$-3\le x\le 3$에서 증감을 조사하면 $f(x)$는 $x=-1$일 때 최소이고, 최솟값은

$$f(-1)=-\boldsymbol{\frac{5}{3}}$$

**6-4.** $f'(x)=3x^2+2ax+b$이므로

$$f(3)=27+9a+3b+1=1,$$
$$f'(3)=27+6a+b=0$$
$$\therefore\ a=-6,\ b=9$$
$$\therefore\ f(x)=x^3-6x^2+9x+1$$
$$\therefore\ f'(x)=3x^2-12x+9$$
$$=3(x-1)(x-3)$$

$f'(x)=0$에서 $x=1,\ 3$

구간 $[-1,\ 3]$에서 증감을 조사하면 $f(x)$는 $x=1$일 때 최대이고, 최댓값은 $f(1)=5$이다.

답 ②

**6-5.** $f'(x)=-4x^3+3ax^2$

$f'(-1)=-8$이므로 $\quad 4+3a=-8$

$$\therefore\ \boldsymbol{a=-4}$$

$$\therefore\ f(x)=-x^4-4x^3+b$$

$$\therefore\ f'(x)=-4x^3-12x^2=-4x^2(x+3)$$

$f'(x)=0$에서 $\quad x=0,\ -3$

증감을 조사하면 $f(x)$는 $x=-3$일 때 최대이므로

$$f(-3)=27+b=30 \quad \therefore\ \boldsymbol{b=3}$$

**6-6.** $f'(x)=3x^2-6x-9=3(x+1)(x-3)$

$f'(x)=0$에서 $\quad x=-1,\ 3$

$-2\le x\le 3$에서 증감을 조사하면

최댓값은 $\quad f(-1)=a+5$

$f(-2)=a-2,\ f(3)=a-27$이므로

최솟값은 $\quad f(3)=a-27$

조건에서 $\quad (a+5)+(a-27)=0$

$\therefore\ a=11$ 답 ①

**6-7.** $f'(x)=3x^2-6x=3x(x-2)$

$f'(x)=0$에서 $\quad x=0,\ 2$

증감을 조사하여 $y=f(x)$의 그래프를 그리면 아래와 같다.

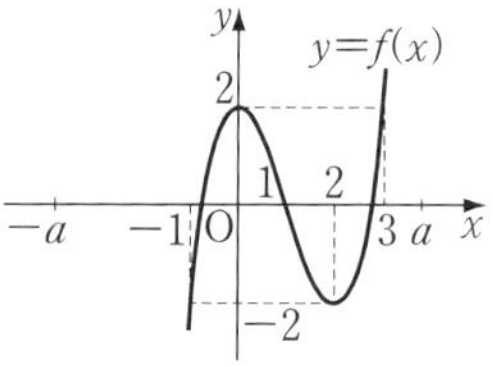


$a\ge 3$이므로 구간 $[-a,\ a]$에서

최댓값은 $\quad f(a)=a^3-3a^2+2,$

최솟값은 $\quad f(-a)=-a^3-3a^2+2$

조건에서 $\quad f(a)+f(-a)=-92$

$$\therefore\ -6a^2+4=-92$$

$a\ge 3$이므로 $\quad a=4$ 답 ②

**6-8.** $f'(x)=3x^2+8ax-3a^2=(x+3a)(3x-a)$

$f'(x)=0$에서 $\quad x=-3a,\ \dfrac{a}{3}$

$-a\le x\le a$에서 증감을 조사하면 $f(x)$는 $x=\dfrac{a}{3}$일 때 최소이고, 최솟값은

$$f\left(\frac{a}{3}\right)=-\frac{14}{27}a^3+1$$

조건에서 $\quad -\dfrac{14}{27}a^3+1=\dfrac{13}{27}$

$a$는 실수이므로 $\quad a=1$

$$\therefore\ f(x)=x^3+4x^2-3x+1$$

이때, $f(-1)=7,\ f(1)=3$이므로

$\mathrm{M}=7 \quad \therefore\ a+\mathrm{M}=8$ 답 ③

**6-9.** $f'(x)=3x^2-12x+9=3(x-1)(x-3)$

$f'(x)=0$에서 $\quad x=1,\ 3$

증감을 조사하여 $y=f(x)$의 그래프를 그리면 아래와 같다.

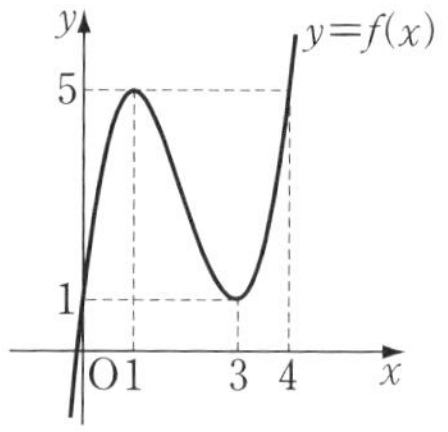


따라서

$$g(t)=\begin{cases} t^3-6t^2+9t+1 & (0<t<1,\ t>4) \\ 5 & (1\le t\le 4) \end{cases}$$

이므로 함수 $y=g(t)$의 그래프는 아래와 같다.

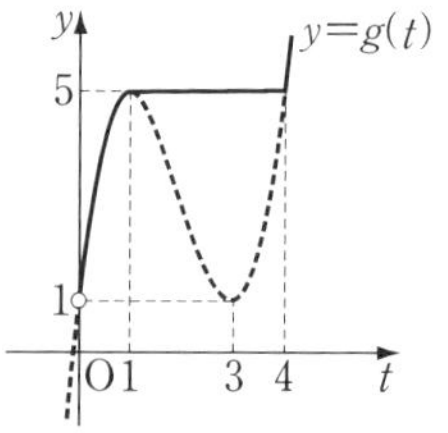


따라서 함수 $g(t)$는 $t=4$에서 미분가능하지 않으므로 $a$의 최댓값은 4이다.

답 ④

**6-10.** $h(x)=f(x)-g(x)$라고 하자.

$h(x)$는 미분가능하고, $h(a)=h(b)=0$이다.

또, $x=c$에서 최대 또는 최소이다.

따라서 $h(x)$는 $x=c$에서 극대 또는 극소이므로 $h'(c)=0$이다.

$\therefore\ h'(c)=f'(c)-g'(c)=0$

$\therefore\ f'(c)=g'(c)$ 답 ②

**6-11.**

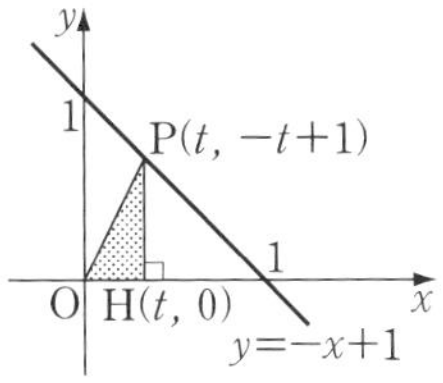


$\mathrm{P}(t,\ -t+1)$이라고 하면 $\mathrm{H}(t,\ 0)$

회전체의 부피를 V라고 하면

$$\mathrm{V}=\frac{\pi}{3}(-t+1)^2t=\frac{\pi}{3}(t^3-2t^2+t)\ (0<t<1)$$

$$\therefore\ \frac{d\mathrm{V}}{dt}=\frac{\pi}{3}(3t^2-4t+1)=\frac{\pi}{3}(3t-1)(t-1)$$

$0<t<1$에서 증감을 조사하면 V는 $t=\frac{1}{3}$일 때 최대이고, 최댓값은

$$\frac{\pi}{3}\left(-\frac{1}{3}+1\right)^2\times\frac{1}{3}=\boldsymbol{\frac{4}{81}\pi}$$

**6-12.** 원기둥의 부피를 V라고 하면

$$\mathrm{V}=\pi r^2h \quad\cdots\cdots①$$

또, $r+h=a$(일정)로 놓으면

$$h=a-r \quad\cdots\cdots②$$

②를 ①에 대입하면

$$\mathrm{V}=\pi r^2(a-r)=\pi(ar^2-r^3)\ (0<r<a)$$

$$\therefore\ \frac{d\mathrm{V}}{dr}=\pi(2ar-3r^2)=-\pi r(3r-2a)$$

$0<r<a$에서 증감을 조사하면 V는 $r=\frac{2}{3}a$일 때 최대이다.

이때, ②에서 $h=\frac{1}{3}a$이므로

$$r:h=\frac{2}{3}a:\frac{1}{3}a=\mathbf{2:1}$$

**6-13.** 목재의 강도를 $f(x)$라고 하면

$f(x)=kxy^2$ ($k$는 비례상수, $k>0$)

한편 $x^2+y^2=a^2$이므로

$$y^2=a^2-x^2 \quad\cdots\cdots①$$

$$\therefore\ f(x)=kx(a^2-x^2)=k(a^2x-x^3)\ (0<x<a)$$

$$\therefore\ f'(x)=k(a^2-3x^2)=-3k\left(x+\frac{a}{\sqrt{3}}\right)\left(x-\frac{a}{\sqrt{3}}\right)$$

$0<x<a$에서 증감을 조사하면 $f(x)$는 $x=\frac{a}{\sqrt{3}}$일 때 최대이고, 이때 ①에서

$$y=\frac{\sqrt{2}\,a}{\sqrt{3}}\ (\because\ 0<y<a)$$

$$\therefore\ x:y=\frac{a}{\sqrt{3}}:\frac{\sqrt{2}\,a}{\sqrt{3}}=\mathbf{1:\sqrt{2}}$$

**6-14.** 원뿔의 밑면의 반지름의 길이를 $a$, 높이를 $h$, 부피를 V라고 하면

$$\mathrm{V}=\frac{1}{3}\pi a^2h \quad\cdots\cdots①$$

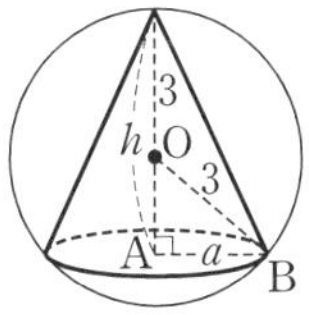


위의 그림의 △OAB에서

$(h-3)^2+a^2=3^2 \quad \therefore\ a^2=6h-h^2$

①에 대입하면

$$\mathrm{V}=\frac{1}{3}\pi(6h-h^2)h=\frac{1}{3}\pi(6h^2-h^3)\ (0<h<6)$$

$$\therefore\ \frac{d\mathrm{V}}{dh}=\frac{1}{3}\pi(12h-3h^2)=-\pi h(h-4)$$

$0<h<6$에서 증감을 조사하면 V는 $h=$**4 cm**일 때 최대이다.

**6**-15.

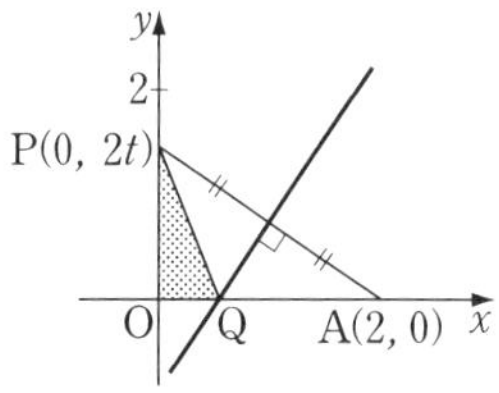


직선 PA의 기울기는 $-t$이고, 선분 PA의 중점의 좌표는 $(1,\ t)$이므로 선분 PA의 수직이등분선의 방정식은

$$y=\frac{1}{t}(x-1)+t$$

이 직선의 $x$절편은

$0=\frac{1}{t}(x-1)+t$에서 $\quad x=-t^2+1$

$$\therefore\ Q(-t^2+1,\ 0)$$

$$\therefore\ f(t)=\frac{1}{2}(-t^2+1)\times 2t$$
$$=-t^3+t\ (0<t<1)$$
$$\therefore\ f'(t)=-3t^2+1$$
$$=-3\left(t+\frac{1}{\sqrt{3}}\right)\left(t-\frac{1}{\sqrt{3}}\right)$$

$0<t<1$에서 증감을 조사하면 $f(t)$는 $t=\frac{1}{\sqrt{3}}$일 때 최대이고, 최댓값은

$$f\left(\frac{1}{\sqrt{3}}\right)=\boldsymbol{\frac{2\sqrt{3}}{9}}$$

**6**-16. $P\left(x,\ \frac{1}{4}x^2\right)$이라 하고, □PQAR와 □PSCT의 넓이의 합을 $f(x)$라고 하면

$$f(x)=(4-x)\times\frac{1}{4}x^2+x\left(4-\frac{1}{4}x^2\right)$$
$$=-\frac{1}{2}x^3+x^2+4x\ (0<x<4)$$
$$\therefore\ f'(x)=-\frac{3}{2}x^2+2x+4$$

$f'(x)=0$에서 $0<x<4$이므로

$$x=\frac{2+2\sqrt{7}}{3}$$

$0<x<4$에서 증감을 조사하면 $f(x)$는 $\boldsymbol{x=\frac{2+2\sqrt{7}}{3}}$일 때 최대이다.

**6**-17.

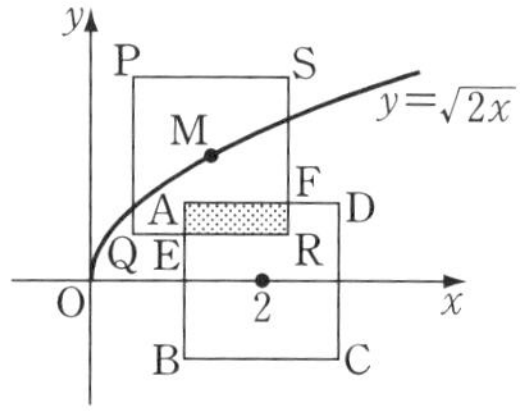


정사각형 PQRS의 두 대각선의 교점을 M이라고 하자.

점 M이 곡선 $y=\sqrt{2x}$ 위에 있으므로 점 M의 $y$좌표를 $t$라고 하면

$t=\sqrt{2x}$에서 $\quad x=\frac{1}{2}t^2$

$$\therefore\ M\left(\frac{1}{2}t^2,\ t\right)$$

$A(1,\ 1)$, $R\left(\frac{1}{2}t^2+1,\ t-1\right)$이고, 두 선분 AB, QR의 교점을 E라고 하면

$$E(1,\ t-1)$$

이때, 두 정사각형의 내부의 공통부분이 생기려면

$t>0,\ t-1<1 \quad \therefore\ 0<t<2$

두 정사각형의 내부의 공통부분의 넓이를 $f(t)$라고 하면

$$f(t)=\overline{AE}\times\overline{ER}$$
$$=\{1-(t-1)\}\left\{\left(\frac{1}{2}t^2+1\right)-1\right\}$$
$$=-\frac{1}{2}t^3+t^2\ (0<t<2)$$

$\therefore\ f'(t)=-\frac{3}{2}t^2+2t=-\frac{1}{2}t(3t-4)$

$0<t<2$에서 증감을 조사하면 $f(t)$는 $t=\frac{4}{3}$일 때 최대이고, 최댓값은

$$f\left(\frac{4}{3}\right)=\boldsymbol{\frac{16}{27}}$$

**7**-1. $f(x)=x^3+(a-1)x^2+b$로 놓으면

$$f'(x)=3x^2+2(a-1)x$$

$x=2$에서 극값 0을 가져야 하므로

$$f'(2)=0,\ f(2)=0$$

$\therefore\ 12+4(a-1)=0,\ 8+4(a-1)+b=0$

$\therefore\ a=-2,\ b=4$

$\therefore\ a+b=2$ 답 ⑤

**7-2.** 삼차함수 $f(x)$가 극값을 가지므로

$$f'(x)=6x^2-6a=6(x^2-a)=0$$

이 서로 다른 두 실근을 가진다.

$\therefore\ a>0$

$f'(x)=6x^2-6a=6(x+\sqrt{a})(x-\sqrt{a})$

이고, 증감을 조사하면

극댓값 $f(-\sqrt{a})=a(4\sqrt{a}-3)$,

극솟값 $f(\sqrt{a})=-a(4\sqrt{a}+3)$

$f(x)=0$이 오직 하나의 실근을 가지면 극값이 모두 양수이거나 모두 음수이므로

$$a(4\sqrt{a}-3)\{-a(4\sqrt{a}+3)\}>0$$

$\therefore\ a^2(16a-9)<0$

$a>0$이므로 $\mathbf{0<a<\dfrac{9}{16}}$

**7-3.** $3x^2-x^3-a=0$에서

$$-x^3+3x^2=a$$

$f(x)=-x^3+3x^2$으로 놓으면 준 방정식의 실근은 곡선 $y=f(x)$와 직선 $y=a$의 교점의 $x$좌표이다.

$f'(x)=-3x^2+6x=-3x(x-2)$이므로

극댓값 $f(2)=4$, 극솟값 $f(0)=0$

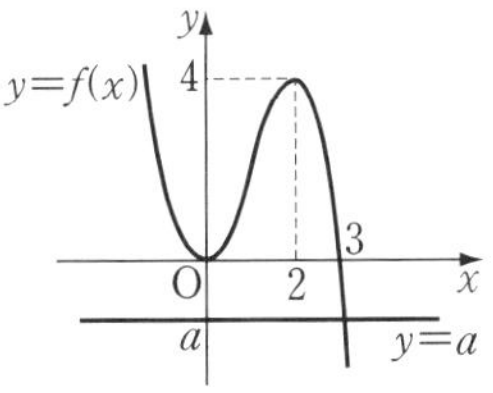


위의 그림에서 곡선 $y=f(x)$와 직선 $y=a$의 교점의 $x$좌표가 3보다 커야 하므로 $a<0$

따라서 정수 $a$의 최댓값은 $-1$이다.

답 ③

**7-4.** $f(x)=|x|(x-2)^2$으로 놓으면

$f(0)=0$이고,

$x>0$일 때 $f(x)=x(x-2)^2$,

$f'(x)=(x-2)(3x-2)$

$x<0$일 때 $f(x)=-x(x-2)^2$,

$f'(x)=-(x-2)(3x-2)$

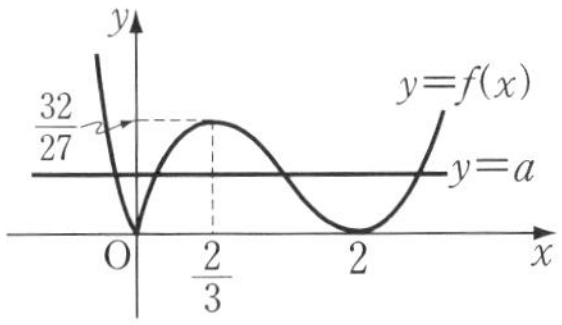


증감을 조사하여 $y=f(x)$의 그래프를 그리면 위와 같다.

이 그래프와 직선 $y=a$가 서로 다른 네 점에서 만나야 하므로

$$\mathbf{0<a<\frac{32}{27}}$$

*__Note__ $|x|(x-2)^2=|x(x-2)^2|$이므로 $y=x(x-2)^2$의 그래프를 그려 $x$축 아랫부분을 꺾어 올리면 $y=|x|(x-2)^2$의 그래프를 얻을 수 있다.

**7-5.** $f(x)=2x^3-3x^2-12x-10+a$

문제의 조건에서 $f(x)$의 극댓값 또는 극솟값이 0이어야 한다. 이때,

$$f'(x)=6x^2-6x-12$$
$$=6(x+1)(x-2)$$

증감을 조사하면

극댓값은 $f(-1)=-3+a$,

극솟값은 $f(2)=-30+a$

이므로

$-3+a=0$ 또는 $-30+a=0$

$\therefore\ \mathbf{a=3,\ 30}$

**7-6.** $f(x)=6x^3-x,\ g(x)=|x-a|$

로 놓자.

$y=f(x)$와 $y=g(x)$의 그래프가 서로 다른 두 점에서 만나는 경우는 다음 그림과 같다.

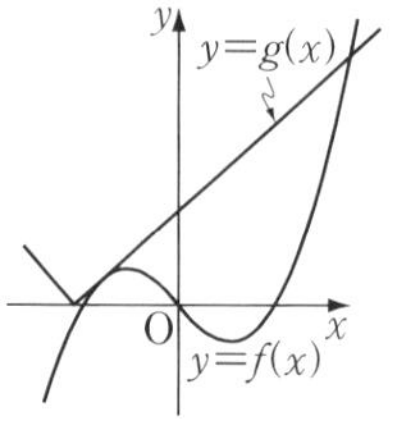

그림 (i)

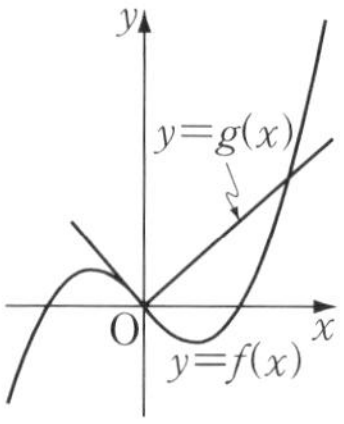

그림 (ii)

그림 (i)과 같이 직선 $y=x-a$가 곡선 $y=f(x)$에 접할 때,

$f'(x)=1$에서 $18x^2-1=1$

$x<0$이므로 $x=-\frac{1}{3}$

이때, 접점의 좌표는 $\left(-\frac{1}{3}, \frac{1}{9}\right)$이고, 직선 $y=x-a$가 이 점을 지나므로

$$\frac{1}{9}=-\frac{1}{3}-a \quad \therefore\ a=-\frac{4}{9}$$

그림 (ii)와 같이 직선 $y=-x+a$가 곡선 $y=f(x)$에 접할 때,

$f'(x)=-1$에서

$$18x^2-1=-1 \quad \therefore\ x=0$$

이때, 접점의 좌표는 $(0, 0)$이고, 직선 $y=-x+a$가 이 점을 지나므로

$$0=0+a \quad \therefore\ a=0$$

따라서 구하는 $a$의 값은 $\boldsymbol{a=-\frac{4}{9},\ 0}$

**7-7.** $f(x)=x^4-4x^3-2x^2+12x-a$ 로 놓으면

$$f'(x)=4x^3-12x^2-4x+12$$
$$=4(x+1)(x-1)(x-3)$$

증감을 조사하면

극댓값은 $f(1)=7-a$,

극솟값은 $f(-1)=-9-a$,

$f(3)=-9-a$

이때, $f(x)=0$이 중근을 가지려면 극댓값 또는 극솟값이 0이어야 하므로

$$7-a=0 \text{ 또는 } -9-a=0$$

$$\therefore\ \boldsymbol{a=7,\ -9}$$

***Note** $a=-9$일 때, $f(x)=0$은 두 개의 이중근을 가진다.

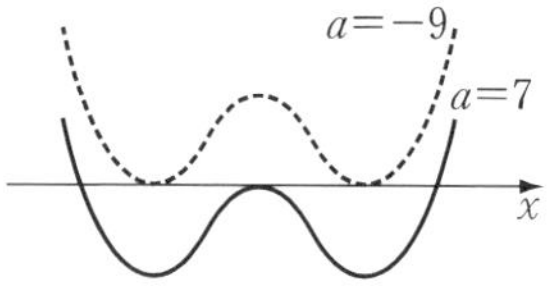


**7-8.** $y'=4x^3-12x+2a=0$, 곧 $2x^3-6x+a=0$이 서로 다른 세 실근을 가질 때, 주어진 함수가 극댓값을 가진다.

$f(x)=2x^3-6x+a$로 놓으면

$$f'(x)=6x^2-6=6(x+1)(x-1)$$

증감을 조사하면

극댓값 $f(-1)=4+a$,

극솟값 $f(1)=-4+a$

$f(x)=0$이 서로 다른 세 실근을 가지면 극댓값이 양수, 극솟값이 음수이므로

$$4+a>0,\ -4+a<0$$

$$\therefore\ \boldsymbol{-4<a<4}$$

**7-9.** 두 함수의 그래프가 만나는 점의 $x$좌표는 방정식

$$x^4-4x+a=-x^2+2x-a$$

곧, $x^4+x^2-6x+2a=0$ ……㉮

의 실근이다.

두 함수의 그래프가 오직 한 점에서 만날 때, ㉮은 오직 하나의 실근을 가진다.

$f(x)=x^4+x^2-6x+2a$로 놓으면

$$f'(x)=4x^3+2x-6$$
$$=2(x-1)(2x^2+2x+3)$$

$2x^2+2x+3>0$이므로 증감을 조사하면 $f(x)$는 $x=1$에서 극소이다.

따라서 $f(x)=0$이 하나의 실근을 가지려면 극솟값이 0이어야 하므로

$$f(1)=-4+2a=0$$

$$\therefore\ a=2$$ 답 ②

**7-10.** $f(x)=4x^3-3x^2-6x-a+3$ 으로 놓으면

$f'(x)=12x^2-6x-6=6(2x+1)(x-1)$

증감을 조사하면 $f(x)$는

$x=-\frac{1}{2}$에서 극대, $x=1$에서 극소

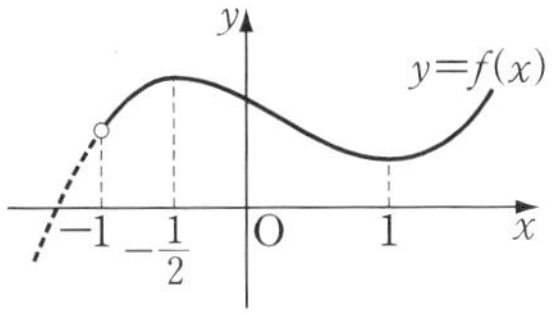


$x>-1$에서 $y=f(x)$의 그래프가 $x$축보다 위쪽에 존재해야 하므로

$f(-1)=2-a\geq 0,\ f(1)=-2-a>0$

$\therefore$ $\boldsymbol{a<-2}$

**7-11.** $g(x)=f(x)-f'(x)$로 놓으면

$g(x)=(x^3+ax^2+bx+4)-(3x^2+2ax+b)$

$=x^3+(a-3)x^2+(b-2a)x+4-b$

조건 ㈎에서 $g(1)=0$이므로

$1+a-3+b-2a+4-b=0$

$\therefore a=2$

$\therefore g(x)=x^3-x^2+(b-4)x+4-b$

이때, $g(1)=0$이고 조건 ㈏에서 $x\geq 0$인 모든 실수 $x$에 대하여 $g(x)\geq 0$이므로 아래 그림과 같이 $g(x)$는 $x=1$에서 극솟값 0을 가진다.

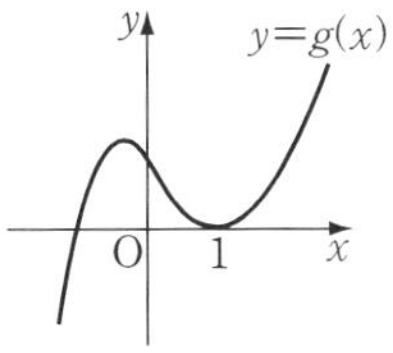


곧, $g'(x)=3x^2-2x+b-4$에서

$g'(1)=b-3=0$ $\therefore b=3$

따라서 $f(x)=x^3+2x^2+3x+4$이므로

$\boldsymbol{f(2)=26}$

**7-12.** $f(x)=(x^{n+1}-2^{n+1})-(n+1)\times 2^n(x-2)$

로 놓으면

$f'(x)=(n+1)\times x^n-(n+1)\times 2^n$

$=(n+1)(x^n-2^n)$

$n$이 자연수이고 $x>2$이므로

$n+1>0,\ x^n>2^n$ $\therefore f'(x)>0$

따라서 함수 $f(x)$는 $x>2$에서 증가한다.

그런데 $f(2)=0$이므로 $x>2$일 때

$f(x)>0$

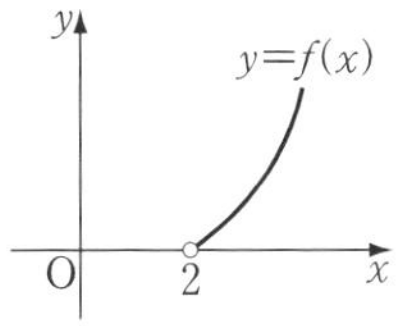


$\therefore$ $\boldsymbol{x^{n+1}-2^{n+1}>(n+1)\times 2^n(x-2)}$

**8-1.** $\frac{dx}{dt}=24-0.8t$

정지할 때의 속도가 0이므로

$24-0.8t=0$ $\therefore t=30$

따라서 30초 동안 움직인 거리는

$x=24\times 30-0.4\times 30^2=360$ (m)

답 ④

**8-2.** 두 점 P, Q가 서로 반대 방향으로 움직이면 속도의 부호가 반대이다. 곧,

$f'(t)g'(t)<0$ $\therefore (4t-2)(2t-8)<0$

$\therefore$ $\boldsymbol{\frac{1}{2}<t<4}$

**8-3.** 점 P의 속도는

$f'(t)=4t^3-24t^2+36t$

점 Q의 속도는 $g'(t)=m$

따라서 방정식 $4t^3-24t^2+36t=m$이 서로 다른 세 양의 실근을 가질 조건을 구하면 된다.

$h(t)=4t^3-24t^2+36t-m$으로 놓으면

$h'(t)=12(t-1)(t-3)$

증감을 조사하면 $t=1$에서 극대, $t=3$에서 극소이므로

$h(1)h(3)=(16-m)(-m)<0,$
$h(0)=-m<0$
$\therefore$ **$0<m<16$**

**8-4.** 두 점 P, Q가 만나기 위해서는 $t>0$ 에서 $y=x_1(t)$와 $y=x_2(t)$의 그래프가 만나야 한다.

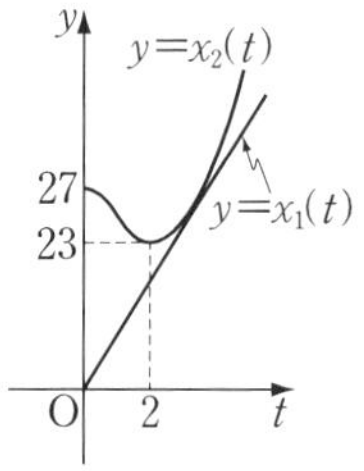


$x_2'(t)=3t(t-2)$ 이므로 $y=x_2(t)$의 그래프는 오른쪽과 같고, $y=x_1(t)$의 그래프는 원점을 지나고 기울기가 $k$인 직선이다.

따라서 $y=x_1(t)$의 그래프가 $y=x_2(t)$의 그래프에 접할 때 $k$의 값은 최소이다.

접점의 좌표를 $(a,\ a^3-3a^2+27)$이라고 하면 접선의 방정식은

$$y-(a^3-3a^2+27)=(3a^2-6a)(t-a)$$

이 직선이 원점을 지나므로

$$-(a^3-3a^2+27)=(3a^2-6a)(-a)$$

$$\therefore\ (a-3)(2a^2+3a+9)=0$$

$a$는 실수이므로 $a=3$

$a=3$일 때 접선의 기울기는 9이므로 $k$의 최솟값은 **9**

**8-5.** 조건 ㈎에서 $t=20$일 때 A와 B가 만난다.

조건 ㈏에서 $10\le t\le 30$일 때

(A의 속도)<(B의 속도)

따라서 $10\le t<20$에서는 A가 B보다 앞에 있고, $20<t\le 30$에서는 B가 A보다 앞에 있으므로 B가 A를 한 번 ($t=20$일 때) 추월한다. 답 ③

***Note** $h(t)=g(t)-f(t)$로 놓으면 $10\le t\le 30$에서

$$h'(t)=g'(t)-f'(t)>0$$

따라서 $h(t)$는 $10\le t\le 30$에서 증가하고, $h(20)=0$이므로

$10\le t<20$일 때 $h(t)<0$
$\therefore\ g(t)<f(t)$
$20<t\le 30$일 때 $h(t)>0$
$\therefore\ g(t)>f(t)$

**8-6.** $t$초 후의 점 P, Q의 좌표는 $\mathrm{P}(2t,\ 0)$, $\mathrm{Q}(0,\ 4t)$이므로 직선 PQ의 방정식은 $\dfrac{x}{2t}+\dfrac{y}{4t}=1$

이것과 $y=2x$를 연립하여 풀면

$x=t,\ y=2t\quad \therefore\ \mathrm{R}(t,\ 2t)$

선분 OR의 길이를 $l$이라고 하면

$$l=\sqrt{t^2+(2t)^2}=\sqrt{5}\,t$$

$$\therefore\ \frac{dl}{dt}=\boldsymbol{\sqrt{5}}$$

**8-7.** 원의 반지름의 길이가 증가한 지 $t$초 후의 반지름의 길이는 $10+0.1t$ (cm)이므로 넓이를 $\mathrm{S}(t)$ (cm²)라고 하면

$$\mathrm{S}(t)=\pi(10+0.1t)^2$$

$$\therefore\ \mathrm{S}'(t)=2\pi(10+0.1t)\times 0.1$$

$$\therefore\ \mathrm{S}'(10)=\boldsymbol{2.2\pi}\ \textbf{(cm}^2\textbf{/s)}$$

**8-8.** 밑면의 반지름의 길이가 3 cm, 높이가 10 cm일 때를 $t=0$으로 하고, 그 이전은 $t<0$으로 생각한다.

부피를 $\mathrm{V}(t)$ (cm³)라고 하면

$$\mathrm{V}(t)=\pi(3+t)^2(10-t)$$

$$\therefore\ \mathrm{V}'(t)=2\pi(3+t)(10-t)-\pi(3+t)^2=\pi(3+t)(17-3t)$$

$$\therefore\ \mathrm{V}'(0)=\boldsymbol{51\pi}\ \textbf{(cm}^3\textbf{/s)}$$

**9-1.** 양변을 $x$에 관하여 미분하면

$$\frac{d}{dx}\int\{1-f(x)\}dx=\frac{d}{dx}\left(-\frac{1}{4}x^4+\frac{3}{2}x^2+\mathrm{C}\right)$$

$$\therefore\ 1-f(x)=-x^3+3x$$

$$\therefore\ f(x)=x^3-3x+1$$

$$\therefore\ f'(x)=3(x+1)(x-1)$$

증감을 조사하면

극댓값 $f(-1)=\mathbf{3}$, 극솟값 $f(1)=\mathbf{-1}$

**9-2.** $f(x)=\int\{(3x^2+4x-3)-(3x^2+2x)\}dx$

$=\int(2x-3)dx=x^2-3x+C$

$f(0)=2$이므로 $C=2$

$\therefore f(x)=x^2-3x+2$

$\therefore$ $\boldsymbol{f(5)=12}$

**9-3.** $f'(x)=g'(x)$에서

$f(x)=g(x)+C$ 곧, $f(x)-g(x)=C$

$f(0)-g(0)=1$이므로 $C=1$

$\therefore f(x)-g(x)=1$

$\therefore f(1)-g(1)=1$ 답 ④

**9-4.** $f'(x)=\lim_{\Delta x\to 0}\dfrac{\Delta y}{\Delta x}$

$=\lim_{\Delta x\to 0}\dfrac{(x+1)\Delta x+\frac{1}{2}(\Delta x)^2}{\Delta x}$

$=\lim_{\Delta x\to 0}\left(x+1+\frac{1}{2}\Delta x\right)$

$=x+1$

$\therefore f(x)=\int f'(x)dx=\int(x+1)dx$

$=\frac{1}{2}x^2+x+C$

$f(0)=2$이므로 $C=2$

$\therefore f(x)=\frac{1}{2}x^2+x+2$

$\therefore f(2)=6$ 답 ③

**9-5.** $F(x)=xf(x)-6x^4+6x^3$이므로

$F'(x)=f(x)+xf'(x)-24x^3+18x^2$

$F'(x)=f(x)$이므로

$xf'(x)=24x^3-18x^2$

$f'(x)$는 이차함수이므로

$f'(x)=24x^2-18x$

$\therefore f(x)=\int(24x^2-18x)dx$

$=8x^3-9x^2+C$

$f(1)=0$이므로

$8-9+C=0$ $\therefore C=1$

$\therefore f(x)=8x^3-9x^2+1$ $\therefore$ $\boldsymbol{f(0)=1}$

****Note*** $f(x)=ax^3+bx^2+cx+d$ $(a\neq0)$로 놓고 $a, b, c, d$의 값을 구해도 된다.

**9-6.** $f(x)=px^2+qx+r$ $(p\neq0)$로 놓으면

$g(x)=\int\{(p+2)x^2+qx+r\}dx$

$=\frac{p+2}{3}x^3+\frac{q}{2}x^2+rx+C$

이때, $f(x)+g(x)=3x+2$이므로

$\frac{p+2}{3}x^3+\left(p+\frac{q}{2}\right)x^2+(q+r)x+r+C$

$=3x+2$

양변의 동류항의 계수를 비교하면

$\frac{p+2}{3}=0,\quad p+\frac{q}{2}=0,$

$q+r=3,\quad r+C=2$

$\therefore p=-2,\ q=4,\ r=-1,\ C=3$

$\therefore g(x)=2x^2-x+3$ $\therefore$ $\boldsymbol{g(2)=9}$

****Note*** $f(x)=px^2+qx+r$ $(p\neq0)$로 놓자.

$g(x)=\int\{2x^2+f(x)\}dx$의 양변을 $x$에 관하여 미분하면

$g'(x)=2x^2+f(x)$

$=(p+2)x^2+qx+r$ $\cdots$①

$f(x)+g(x)=3x+2$의 양변을 $x$에 관하여 미분하면

$f'(x)+g'(x)=3$

$\therefore g'(x)=3-f'(x)=3-(2px+q)$

$=-2px+3-q$ $\cdots\cdots$②

①, ②에서

$(p+2)x^2+qx+r=-2px+3-q$

양변의 동류항의 계수를 비교하면

$p+2=0,\ q=-2p,\ r=3-q$

$\therefore p=-2,\ q=4,\ r=-1$

$\therefore f(x)=-2x^2+4x-1$

이때, $f(2)+g(2)=3\times2+2=8$이고

$f(2)=-1$이므로

$g(2)=8-f(2)=\boldsymbol{9}$

**9-7.** $g(x)+2f'(1)x=x^2$에서

$g(x)=x^2-2f'(1)x$ ……①

$\therefore\ g'(x)=2x-2f'(1)$

$f'(x)+g'(x)=3x^2+1$에 대입하여 정리하면

$f'(x)=3x^2-2x+2f'(1)+1$ …②

$x=1$을 대입하면

$f'(1)=3-2+2f'(1)+1$

$\therefore\ f'(1)=-2$

①에서 $\boldsymbol{g(x)=x^2+4x}$

②에서 $f'(x)=3x^2-2x-3$

$\therefore\ f(x)=\int(3x^2-2x-3)dx$

$=x^3-x^2-3x+C$

$f'(1)+f(1)=-1$이므로

$-2+(1-1-3+C)=-1$ $\therefore$ C=4

$\therefore\ \boldsymbol{f(x)=x^3-x^2-3x+4}$

**9-8.** $f'(x)=\begin{cases} 2x & (x\ge 0) \\ -2x & (x<0)\end{cases}$

$\therefore\ f(x)=\begin{cases} x^2+C_1 & (x\ge 0) \\ -x^2+C_2 & (x<0)\end{cases}$ ……①

$f(x)$는 $x=0$에서 연속이므로

$f(0)=\lim_{x\to0+}f(x)=\lim_{x\to0-}f(x)$

$\therefore\ f(0)=C_1=C_2$

한편 $f(1)=3$이므로 ①에서

$1+C_1=3$ $\therefore\ C_1=2$ $\therefore\ C_2=2$

$\therefore\ f(x)=\begin{cases} x^2+2 & (x\ge 0) \\ -x^2+2 & (x<0)\end{cases}$

$\therefore\ f(-1)=-(-1)^2+2=\mathbf{1}$

**9-9.** $f'(x)=2x-a$이므로

$f(x)=\int(2x-a)dx=x^2-ax+C$

$\lim_{x\to1}\dfrac{f(x)}{x-1}=a-4$에서

$\lim_{x\to1}f(x)=f(1)=0$이므로

$1-a+C=0$ $\therefore\ C=a-1$

또,

$$\lim_{x\to1}\frac{f(x)}{x-1}=\lim_{x\to1}\frac{f(x)-f(1)}{x-1}$$
$$=f'(1)=2-a$$

이므로 $2-a=a-4$

$\therefore\ \boldsymbol{a=3}$ $\therefore$ C=2

$\therefore\ f(x)=x^2-3x+2$ $\therefore\ \boldsymbol{f(0)=2}$

**9-10.** 조건식에 $y=0$을 대입하면

$f(x)=f(x)+f(0)+0$ $\therefore\ f(0)=0$

$$f'(x)=\lim_{h\to0}\frac{f(x+h)-f(x)}{h}$$
$$=\lim_{h\to0}\frac{f(x)+f(h)+3xh-f(x)}{h}$$
$$=\lim_{h\to0}\left\{3x+\frac{f(h)}{h}\right\}\quad \Leftarrow f(0)=0$$
$$=\lim_{h\to0}\left\{3x+\frac{f(0+h)-f(0)}{h}\right\}$$
$$=3x+f'(0)=3x+1\quad \Leftarrow f'(0)=1$$

$\therefore\ f(x)=\int f'(x)dx=\int(3x+1)dx$

$=\dfrac{3}{2}x^2+x+C$

$f(0)=0$이므로 C=0

$\therefore\ f(x)=\dfrac{3}{2}x^2+x$ $\therefore\ f(2)=8$

답 ③

**10-1.** $\int_0^2(3x^2+a)dx=\Big[x^3+ax\Big]_0^2$

$=8+2a=10$

$\therefore\ a=1$

답 ①

**10-2.** (1) $x^2-4x+2=0$의 두 근이 $2+\sqrt{2}$, $2-\sqrt{2}$ 이므로

(준 식)$=-\dfrac{3}{6}\{(2+\sqrt{2})-(2-\sqrt{2})\}^3$

$=\boldsymbol{-8\sqrt{2}}$

(2) (준 식)$=\Big[\dfrac{1}{3}x^3+\dfrac{1}{3}\times\dfrac{1}{5}x^5$

$+\cdots+\dfrac{1}{19}\times\dfrac{1}{21}x^{21}\Big]_0^1$

$=\dfrac{1}{1\times3}+\dfrac{1}{3\times5}+\cdots+\dfrac{1}{19\times21}$

$$=\frac{1}{2}\left\{\left(\frac{1}{1}-\frac{1}{3}\right)+\left(\frac{1}{3}-\frac{1}{5}\right)+\cdots+\left(\frac{1}{19}-\frac{1}{21}\right)\right\}$$

$$=\frac{1}{2}\left(1-\frac{1}{21}\right)=\mathbf{\frac{10}{21}}$$

(3) (준 식) $=\int_{-2}^{2}|x^3-1|\,dx$

$$=\int_{-2}^{1}(-x^3+1)dx+\int_{1}^{2}(x^3-1)dx$$

$$=\left[-\frac{1}{4}x^4+x\right]_{-2}^{1}+\left[\frac{1}{4}x^4-x\right]_{1}^{2}$$

$$=\frac{27}{4}+\frac{11}{4}=\mathbf{\frac{19}{2}}$$

**10-3.** $S_n=\sum_{k=1}^{n}a_k$라고 하면

$$S_n=\int_0^n(4x+1)dx$$

$$=\left[2x^2+x\right]_0^n=2n^2+n$$

이므로

$$a_{10}=S_{10}-S_9$$

$$=(2\times10^2+10)-(2\times9^2+9)$$

$$=39$$

답 ①

**10-4.** $a_n=\int_0^1(x^n-x^{n+1})dx$

$$=\left[\frac{x^{n+1}}{n+1}-\frac{x^{n+2}}{n+2}\right]_0^1$$

$$=\frac{1}{n+1}-\frac{1}{n+2}$$

$$\therefore \sum_{n=1}^{10}a_n=\sum_{n=1}^{10}\left(\frac{1}{n+1}-\frac{1}{n+2}\right)$$

$$=\left(\frac{1}{2}-\frac{1}{3}\right)+\left(\frac{1}{3}-\frac{1}{4}\right)+\cdots+\left(\frac{1}{11}-\frac{1}{12}\right)$$

$$=\frac{1}{2}-\frac{1}{12}=\frac{5}{12}$$

답 ⑤

**10-5.** $\int_0^1\left(\sum_{k=1}^{n}\frac{1}{k}x^k\right)dx$

$$=\int_0^1\left(x+\frac{1}{2}x^2+\cdots+\frac{1}{n}x^n\right)dx$$

$$=\left[\frac{1}{2}x^2+\frac{1}{2\times3}x^3+\cdots+\frac{1}{n(n+1)}x^{n+1}\right]_0^1$$

$$=\frac{1}{1\times2}+\frac{1}{2\times3}+\cdots+\frac{1}{n(n+1)}$$

$$=\left(\frac{1}{1}-\frac{1}{2}\right)+\left(\frac{1}{2}-\frac{1}{3}\right)+\cdots+\left(\frac{1}{n}-\frac{1}{n+1}\right)$$

$$=1-\frac{1}{n+1}=\frac{12}{13}$$

$$\therefore \frac{1}{n+1}=\frac{1}{13} \qquad \therefore n=12$$

답 ②

**10-6.** $\int_0^{0.5}\left(\sum_{k=1}^{n}kx^{k-1}\right)dx$

$$=\int_0^{0.5}(1+2x+3x^2+\cdots+nx^{n-1})dx$$

$$=\left[x+x^2+x^3+\cdots+x^n\right]_0^{0.5}$$

$$=\frac{1}{2}+\left(\frac{1}{2}\right)^2+\cdots+\left(\frac{1}{2}\right)^n=1-\left(\frac{1}{2}\right)^n$$

이므로 주어진 부등식은

$$1-\left(\frac{1}{2}\right)^n\ge0.99 \qquad \therefore \left(\frac{1}{2}\right)^n\le\frac{1}{100}$$

$$\therefore 2^n\ge100$$

따라서 자연수 $n$의 최솟값은 **7**

**10-7.** $\left(x-\frac{1}{2}\right)^3=x^3-\frac{3}{2}x^2+\frac{3}{4}x-\frac{1}{8}$

따라서

(준 식) $=\int_0^1x^3f(x)dx-\frac{3}{2}\int_0^1x^2f(x)dx+\frac{3}{4}\int_0^1xf(x)dx-\frac{1}{8}\int_0^1f(x)dx$

$$=1-\frac{3}{2}\times0+\frac{3}{4}\times0-\frac{1}{8}\times0$$

$$=1$$

답 ④

**10-8.** $\sum_{n=1}^{99}a_n=\int_1^2 3t^2dt+\int_2^3 3t^2dt+\cdots+\int_{99}^{100}3t^2dt$

$$=\int_1^{100}3t^2dt=\left[t^3\right]_1^{100}$$

$$=100^3-1=\mathbf{999999}$$

**10-9.** $0\le x\le 1$일 때 $x^2\le x$,

$x>1$일 때 $x^2>x$

이므로

$$\int_0^3 (x\wedge x^2)dx=\int_0^1 x^2dx+\int_1^3 x\,dx$$
$$=\left[\frac{1}{3}x^3\right]_0^1+\left[\frac{1}{2}x^2\right]_1^3$$
$$=\frac{1}{3}+4=\mathbf{\frac{13}{3}}$$

**10-10.** $(\text{준 식})=\int_0^6 f(x)dx+\int_{-2}^0 f(x)dx$

$$=\int_{-2}^6 f(x)dx$$
$$=\int_{-2}^6 \big|\,|x-2|-3\,\big|dx$$

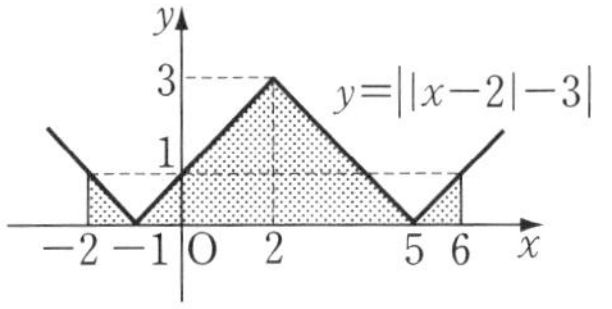


구하는 정적분의 값은 위의 그림에서 점 찍은 부분의 넓이이므로

$$(\text{준 식})=\frac{1}{2}\times1\times1+\frac{1}{2}\times6\times3+\frac{1}{2}\times1\times1$$
$$=\mathbf{10}$$

**10-11.** 조건식에서

$$\int_{-b}^{-a} f(x)dx=\int_a^b f(x)dx$$
$$\therefore \int_{-5}^{-3} f(x)dx=\int_3^5 f(x)dx$$
$$\therefore \int_1^3 f(x)dx=\int_1^5 f(x)dx-\int_3^5 f(x)dx$$
$$=5-10=\mathbf{-5}$$

***Note**

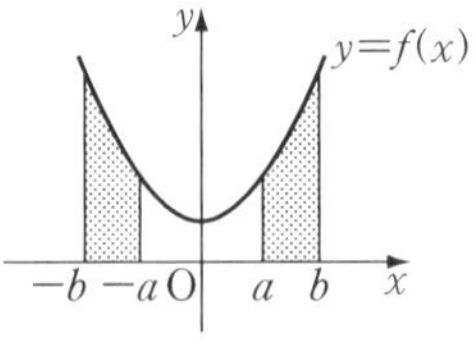


위의 그림에서 모든 실수 $a$, $b$에 대하여

$$\int_a^b f(x)dx-\int_{-b}^{-a} f(x)dx=0$$

이면 $f(x)$는 우함수이고 그래프는 $y$축에 대하여 대칭임을 알 수 있다.

**10-12.** $f(-x)=f(x)$이므로 그래프는 $y$축에 대하여 대칭이다.

또, $f(x)=f(x+2)$이므로 $-1\le x\le 1$에서의 그래프가 반복하여 나타난다.

$$\therefore \int_{-5}^5 f(x)dx=10\int_0^1 f(x)dx$$
$$=10\int_0^1(-x+1)dx$$
$$=10\left[-\frac{1}{2}x^2+x\right]_0^1$$
$$=10\times\frac{1}{2}=5$$

답 ③

***Note** $y=f(x)$의 그래프는 아래와 같다.

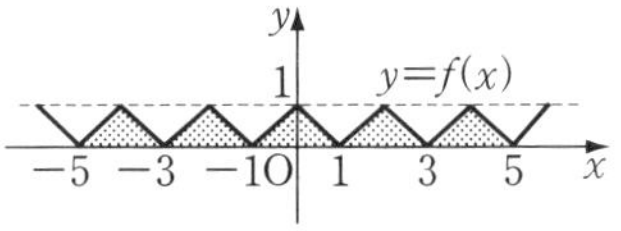


구하는 정적분의 값은 위의 그림에서 점 찍은 부분의 넓이이므로

$$\int_{-5}^5 f(x)dx=5\times\left(\frac{1}{2}\times2\times1\right)=5$$

**10-13.** $f(2+x)=f(2-x)$이므로 $y=f(x)$의 그래프는 직선 $x=2$에 대하여 대칭이다.

$$\therefore \int_2^6 f(x)dx=\int_{-2}^2 f(x)dx$$
$$=2k+4 \quad\cdots\cdots ㉮$$

또, $\int_0^6 f(x)dx=k^2$에서

$$\int_0^2 f(x)dx+\int_2^6 f(x)dx=k^2$$

㉮을 대입하고 정리하면

$$\int_0^2 f(x)dx=k^2-2k-4$$

$\therefore \int_0^4 f(x)dx=2\int_0^2 f(x)dx$

$=2k^2-4k-8$

$=2(k-1)^2-10$

따라서 $\int_0^4 f(x)dx$의 값이 최소일 때

$\boldsymbol{k=1}$

**10-14.** (1)

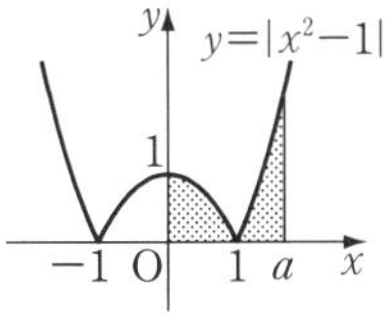


$a\ge1$이므로

$\int_0^a |x^2-1|dx$

$=\int_0^1(-x^2+1)dx+\int_1^a(x^2-1)dx$

$=\left[-\frac{1}{3}x^3+x\right]_0^1+\left[\frac{1}{3}x^3-x\right]_1^a$

$=\frac{2}{3}+\left(\frac{1}{3}a^3-a+\frac{2}{3}\right)$

$=\frac{1}{3}a^3-a+\frac{4}{3}=a$

$\therefore (a-2)(a^2+2a-2)=0$

$a\ge1$일 때 $a^2+2a-2>0$이므로

$\boldsymbol{a=2}$

(2) $0\le a<1$일 때 $a\ge1$일 때

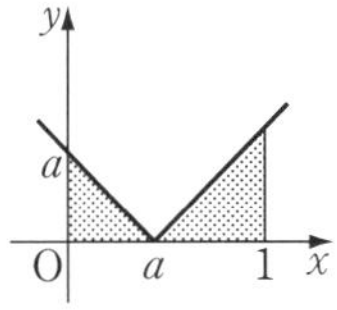


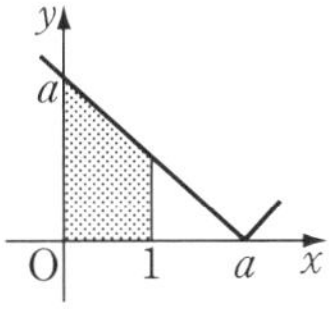


(i) $0\le a<1$일 때

$\int_0^1 |x-a|dx$

$=\int_0^a(-x+a)dx+\int_a^1(x-a)dx$

$=\left[-\frac{1}{2}x^2+ax\right]_0^a+\left[\frac{1}{2}x^2-ax\right]_a^1$

$=\frac{1}{2}a^2+\left(\frac{1}{2}a^2-a+\frac{1}{2}\right)$

$=a^2-a+\frac{1}{2}=\frac{5}{2}$

$\therefore a=-1,\ 2$ (부적합)

(ii) $a\ge1$일 때

$\int_0^1 |x-a|dx=\int_0^1(-x+a)dx$

$=\left[-\frac{1}{2}x^2+ax\right]_0^1$

$=a-\frac{1}{2}=\frac{5}{2}$

$\therefore a=3$ (적합)

(i), (ii)에서 $\boldsymbol{a=3}$

**10-15.** $y=f(x)$의 그래프에서

$0\le x\le1$일 때 $f(x)$는 증가하므로

$f'(x)\ge0$

$1\le x\le3$일 때 $f(x)$는 감소하므로

$f'(x)\le0$

따라서

(준 식)$=\int_0^1 |f'(x)|dx+\int_1^3 |f'(x)|dx$

$=\int_0^1 f'(x)dx+\int_1^3\{-f'(x)\}dx$

$=\Big[f(x)\Big]_0^1-\Big[f(x)\Big]_1^3$

$=\{f(1)-f(0)\}-\{f(3)-f(1)\}$

$=1-(-3)-(-3-1)=8$

***Note** $f'(x)=a(x-1)(x-3)\ (a>0)$으로 놓고 풀어도 된다.

**10-16.** $f(x)$는 최고차항의 계수가 양수인 삼차함수이므로 조건 (가)에 의하여 $x=0$에서 극댓값을, $x=1$에서 극솟값을 가진다.

따라서 1보다 큰 실수 $t$에 대하여

$0\le x\le1$일 때 $f'(x)\le0$,

$1\le x\le t$일 때 $f'(x)\ge0$

이므로

$\int_0^t |f'(x)|dx=\int_0^1\{-f'(x)\}dx$

$+\int_1^t f'(x)dx$

$$=-\Big[f(x)\Big]_0^1+\Big[f(x)\Big]_1^t$$
$$=-\{f(1)-f(0)\}+\{f(t)-f(1)\}$$
$$=f(t)+f(0)-2f(1)$$

이때, 조건 (나)에 의하여

$$f(t)+f(0)-2f(1)=f(t)+f(0)$$
$$\therefore\ f(1)=\mathbf{0}$$

***Note** $f'(x)=ax(x-1)\ (a>0)$로 놓고 풀어도 된다.

**10-17.** $f'(x)=3x^2-3=3(x+1)(x-1)$ 이므로 $y=f(x)$, $y=|f(x)|$의 그래프는 아래와 같다.

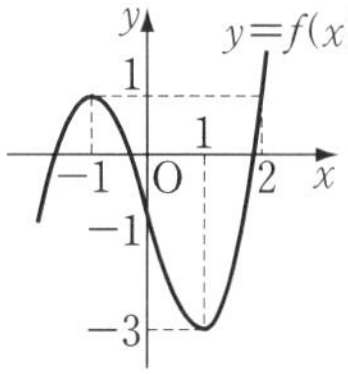


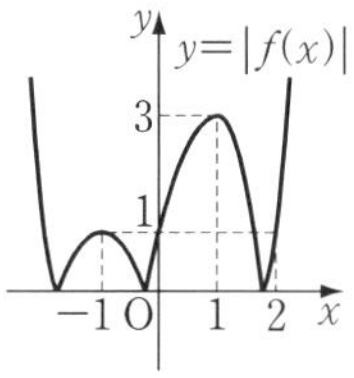


따라서 $-1\le t\le 2$에서

$$g(t)=\begin{cases}1 & (-1\le t<0)\\ -t^3+3t+1 & (0\le t<1)\\ 3 & (1\le t\le 2)\end{cases}$$

$$\therefore\ \int_{-1}^{2}g(t)dt=\int_{-1}^{0}1\,dt+\int_0^1(-t^3+3t+1)dt+\int_1^2 3\,dt$$
$$=\Big[t\Big]_{-1}^{0}+\Big[-\frac{1}{4}t^4+\frac{3}{2}t^2+t\Big]_0^1+\Big[3t\Big]_1^2$$
$$=1+\frac{9}{4}+3=\mathbf{\frac{25}{4}}$$

**10-18.** $f(x)=-x^3+a^2x$ 에서 $y=f(x)$의 그래프는 원점에 대하여 대칭이므로 $f(x)$는 $x=-b$에서 극솟값을 가진다.

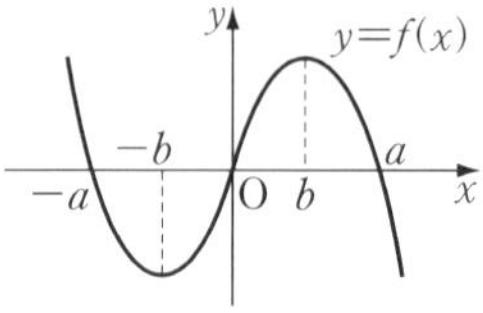


$-b\le x\le 0$에서 $f(x)\le 0$,
$0\le x\le a$에서 $f(x)\ge 0$이므로

$$\int_{-b}^{a}|f(x)|dx=\int_{-b}^{0}\{-f(x)\}dx+\int_0^a f(x)dx \quad \cdots ①$$

한편 $y=f(x-b)$의 그래프는 $y=f(x)$의 그래프를 $x$축의 방향으로 $b$만큼 평행이동한 것이므로

$$\int_0^a f(x)dx=\int_b^{a+b}f(x-b)dx=q$$
$$\therefore\ \int_{-b}^{0}f(x)dx=\int_{-b}^{a}f(x)dx-\int_0^a f(x)dx$$
$$=p-q$$

①에 대입하면

$$\int_{-b}^{a}|f(x)|dx=-(p-q)+q$$
$$=\mathbf{-p+2q}$$

**10-19.** $y=x^3$의 그래프를 $x$축의 방향으로 $a$만큼, $y$축의 방향으로 $b$만큼 평행이동하면 $y-b=(x-a)^3$이므로

$$g(x)=(x-a)^3+b$$

$g(0)=0$이므로 $-a^3+b=0$

$$\therefore\ b=a^3 \quad \cdots\cdots ①$$

한편

$$\int_a^{3a}g(x)dx=\int_a^{3a}\{(x-a)^3+b\}dx$$
$$=\int_0^{2a}(x^3+b)dx \quad \cdots *$$

이므로

$$\int_a^{3a}g(x)dx-\int_0^{2a}f(x)dx$$
$$=\int_0^{2a}(x^3+b)dx-\int_0^{2a}x^3dx$$
$$=\int_0^{2a}b\,dx=\Big[bx\Big]_0^{2a}$$
$$=2ab=32$$
$$\therefore\ ab=16 \quad \cdots\cdots ②$$

①을 ②에 대입하면 $a^4=16$

$a>0$이므로 $\mathbf{a=2}$ $\therefore\ \mathbf{b=8}$

***Note** $y=f(x-a)$의 그래프는

$y=f(x)$의 그래프를 $x$축의 방향으로 $a$만큼 평행이동한 것이므로

$$\int_b^c f(x)dx=\int_{b+a}^{c+a} f(x-a)dx$$

가 성립한다. *에서는 이 성질을 이용하였다.

**10-20.** $f(x)=3x^2+(2x-1)\int_0^1 f(t)dt$

에서 $\int_0^1 f(t)dt=a$로 놓으면

$$f(x)=3x^2+(2x-1)\times a$$
$$=3x^2+2ax-a$$

$$\therefore\ a=\int_0^1 f(t)dt$$
$$=\int_0^1 (3t^2+2at-a)dt$$
$$=\Big[t^3+at^2-at\Big]_0^1=1$$

$$\therefore\ \int_0^1 f(x)dx=\int_0^1 f(t)dt=1$$

답 ①

**10-21.** $\int_0^1 f(x)dx=a$ ……①

$\int_0^2 f(x)dx=b$ ……②

로 놓으면

$$f(x)=4x^3+3x^2+2ax+b$$

이것을 ①, ②에 대입하면

$$\int_0^1 (4x^3+3x^2+2ax+b)dx=a,$$
$$\int_0^2 (4x^3+3x^2+2ax+b)dx=b$$

$$\therefore\ \Big[x^4+x^3+ax^2+bx\Big]_0^1=a,$$
$$\Big[x^4+x^3+ax^2+bx\Big]_0^2=b$$

$\therefore\ 2+a+b=a,\ 24+4a+2b=b$

$$\therefore\ a=-\frac{11}{2},\ b=-2$$

$$\therefore\ \int_1^2 f(x)dx=\int_0^2 f(x)dx-\int_0^1 f(x)dx$$
$$=b-a=\mathbf{\frac{7}{2}}$$

*Note $\int_1^2 f(x)dx$

$$=\int_1^2 (4x^3+3x^2-11x-2)dx$$

를 직접 계산해도 된다.

**10-22.** $f(x)=1+x^2\int_{-1}^1 f(t)dt-\int_{-1}^1 tf(t)dt$

에서

$\int_{-1}^1 f(t)dt=a$ ……①

$\int_{-1}^1 tf(t)dt=b$ ……②

로 놓으면

$f(x)=ax^2-b+1$ ……③

①, ③에서

$$a=\int_{-1}^1 (at^2-b+1)dt$$
$$=2\int_0^1 (at^2-b+1)dt$$
$$=2\Big[\frac{1}{3}at^3-bt+t\Big]_0^1$$
$$=\frac{2}{3}a-2b+2$$

$\therefore\ a=-6b+6$ ……④

②, ③에서

$$b=\int_{-1}^1 (at^3-bt+t)dt=0$$

④에 대입하면 $a=6$

$$\therefore\ \boldsymbol{f(x)=6x^2+1}$$

*Note ③에서 $f(x)$가 우함수이므로 $xf(x)$는 기함수이다. 따라서 $\int_{-1}^1 tf(t)dt=0$이다.

**10-23.** $\int_0^2 g(t)dt=a$ ……①

$\int_0^1 f(t)dt=b$ ……②

로 놓으면

$f(x)=x+1+a$ ……③

$g(x)=2x-3+b$ ……④

①, ④에서

$a=\int_0^2(2t-3+b)dt=\left[t^2-3t+bt\right]_0^2$

$=2b-2$ ······⑤

②, ③에서

$b=\int_0^1(t+1+a)dt=\left[\frac{1}{2}t^2+t+at\right]_0^1$

$=a+\frac{3}{2}$ ······⑥

⑤, ⑥을 연립하여 풀면

$a=-1,\ b=\frac{1}{2}$

$\therefore\ f(x)=x,\ g(x)=2x-\frac{5}{2}$

$\therefore\ f(2)g(2)=2\times\frac{3}{2}=3$ 답 ③

**10-24.** $g(x)=mx+n\,(m\neq0)$이라고 하면

$\int_{-1}^1(x^2+ax+b)g(x)dx$

$=\int_{-1}^1(x^2+ax+b)(mx+n)dx$

$=m\int_{-1}^1(x^3+ax^2+bx)dx$

$+n\int_{-1}^1(x^2+ax+b)dx$

$=2m\int_0^1 ax^2dx+2n\int_0^1(x^2+b)dx$

$=2m\left[\frac{1}{3}ax^3\right]_0^1+2n\left[\frac{1}{3}x^3+bx\right]_0^1$

$=\frac{2}{3}am+2\left(\frac{1}{3}+b\right)n=0$

모든 $m$, $n$에 대하여 성립하므로

$\frac{2}{3}a=0,\ 2\left(\frac{1}{3}+b\right)=0$

$\therefore\ \boldsymbol{a=0,\ b=-\frac{1}{3}}$

**10-25.** $f(x)=ax^3+bx^2+cx+d$라고 하면

(좌변)$=\int_{-1}^1(ax^3+bx^2+cx+d)dx$

$=2\int_0^1(bx^2+d)dx$

$=2\left[\frac{1}{3}bx^3+dx\right]_0^1=\frac{2}{3}b+2d$

(우변)$=\left\{f\left(-\frac{1}{\sqrt{2}}\right)+f\left(\frac{1}{\sqrt{2}}\right)\right\}p+f(0)q$

$=2\left(\frac{1}{2}b+d\right)p+dq$

$=bp+(2p+q)d$

$\therefore\ \frac{2}{3}b+2d=bp+(2p+q)d$

모든 $b$, $d$에 대하여 성립하므로

$\boldsymbol{p=\frac{2}{3}},\ 2p+q=2\quad\therefore\ \boldsymbol{q=\frac{2}{3}}$

***Note** 삼차 이하의 모든 다항함수 $f(x)$에 대하여 성립하므로 $f(x)=1$, $f(x)=x^2$ 등을 대입해도 성립한다.

(i) $f(x)=1$일 때

(좌변)$=\int_{-1}^1 1\,dx=\left[x\right]_{-1}^1=2$

(우변)$=1\times p+1\times q+1\times p$

$\therefore\ 2p+q=2$ ······①

(ii) $f(x)=x^2$일 때

(좌변)$=\int_{-1}^1x^2dx=\left[\frac{1}{3}x^3\right]_{-1}^1=\frac{2}{3}$

(우변)$=\frac{1}{2}\times p+0\times q+\frac{1}{2}\times p$

$\therefore\ \boldsymbol{p=\frac{2}{3}}$

①에 대입하면 $\boldsymbol{q=\frac{2}{3}}$

**10-26.** $f(x)$의 차수를 $n$이라고 하자.

$n\ge2$이면 $f\big(f(x)\big)$의 차수는 $n^2$이고, $\int_0^x f(t)dt$의 차수는 $n+1$이므로 성립하지 않는다.

$n=0$이면 좌변은 상수, 우변은 이차식이 되어 성립하지 않는다.

$n=1$이면, 곧 $f(x)=ax+b\,(a\neq0)$라고 하면

(좌변)$=f\big(f(x)\big)=a(ax+b)+b$

$=a^2x+ab+b$

(우변)$=\int_0^x(at+b)dt-x^2+3x+3$

$$=\left[\frac{1}{2}at^2+bt\right]_0^x-x^2+3x+3$$
$$=\frac{1}{2}ax^2+bx-x^2+3x+3$$
$$=\left(\frac{1}{2}a-1\right)x^2+(b+3)x+3$$

양변의 동류항의 계수를 비교하면

$$0=\frac{1}{2}a-1,\ a^2=b+3,\ ab+b=3$$
$$\therefore\ a=2,\ b=1$$
$$\therefore\ f(1)=a+b=\mathbf{3}$$

**11-1.** $\int f(t)dt=F(t)+C$ ⋯⋯㉮

이라고 하면

$$(\text{준 식})=\lim_{x\to1}\frac{F(x^3)-F(1)}{x^2-1}$$
$$=\lim_{x\to1}\left\{\frac{F(x^3)-F(1)}{x^3-1}\times\frac{x^3-1}{x^2-1}\right\}$$
$$=F'(1)\lim_{x\to1}\frac{(x-1)(x^2+x+1)}{(x+1)(x-1)}$$
$$=\frac{3}{2}F'(1)$$

한편 ㉮에서 $F'(t)=f(t)=t^5+3t$ 이므로

$$(\text{준 식})=\frac{3}{2}F'(1)=\frac{3}{2}\times4=6$$ 답 ⑤

**11-2.** $S(h)=\int_{1-h}^{1+h}(6x^2+1)dx$ 이므로

$$\int(6x^2+1)dx=F(x)+C \quad ⋯⋯㉮$$

이라고 하면

$$\lim_{h\to0+}\frac{S(h)}{h}=\lim_{h\to0+}\frac{1}{h}\int_{1-h}^{1+h}(6x^2+1)dx$$
$$=\lim_{h\to0+}\frac{1}{h}\{F(1+h)-F(1-h)\}$$
$$=\lim_{h\to0+}\left\{\frac{F(1+h)-F(1)}{h}+\frac{F(1-h)-F(1)}{-h}\right\}$$
$$=F'(1)+F'(1)=2F'(1)$$

한편 ㉮에서 $F'(x)=6x^2+1$이므로

$$\lim_{h\to0+}\frac{S(h)}{h}=2F'(1)=2\times7=\mathbf{14}$$

**11-3.** $$(\text{준 식})=\lim_{h\to2}\frac{1}{h^2-4}\Big[f(x)\Big]_2^h$$
$$=\lim_{h\to2}\frac{f(h)-f(2)}{h^2-4}$$
$$=\lim_{h\to2}\left\{\frac{f(h)-f(2)}{h-2}\times\frac{1}{h+2}\right\}$$
$$=\frac{1}{4}f'(2)$$

한편 조건식에서

$$f'(x)=|x^2-x+2|$$
$$\therefore\ (\text{준 식})=\frac{1}{4}f'(2)=\frac{1}{4}\times4=1$$

답 ①

**11-4.** $x\neq a$일 때

$$\int_a^x f(t)dt=(x+1)|x-a|$$
$$=\begin{cases}(x+1)(x-a) & (x>a)\\(x+1)(-x+a) & (x<a)\end{cases}$$

양변을 $x$에 관하여 미분하면

$$f(x)=\begin{cases}2x-a+1 & (x>a)\\-2x+a-1 & (x<a)\end{cases}$$

$f(x)$가 $x=a$에서 연속이려면

$$\lim_{x\to a+}f(x)=\lim_{x\to a-}f(x)$$
$$\therefore\ 2a-a+1=-2a+a-1$$
$$\therefore\ \mathbf{a=-1}$$

**11-5.** $g(x)=f(x)+2x+\int_2^x f(t)dt$

로 놓고, 양변을 $x$에 관하여 미분하면

$$g'(x)=f'(x)+2+f(x)$$

그런데 $g(x)$가 $(x-2)^2$으로 나누어 떨어지면 $g(2)=0,\ g'(2)=0$이므로

⇦ p. 62 Advice

$$g(2)=f(2)+4+0=0 \quad ⋯㉮$$
$$g'(2)=f'(2)+2+f(2)=0 \quad ⋯㉯$$

㉮에서 $f(2)=-4$

㉯에 대입하면 $f'(2)=2$

따라서 $f'(x)$를 $x-2$로 나눈 나머지는

$$f'(2)=\mathbf{2}$$

**11-6.** $f(x)=a(x-1)(x-4)$

$$=a(x^2-5x+4)\ (a>0)$$

로 놓자.

$g(x)=\int_x^{x+1} f(t)dt$의 양변을 $x$에 관하여 미분하면

$$g'(x)=f(x+1)-f(x)$$
$$=a\{(x+1)^2-5(x+1)+4\}-a(x^2-5x+4)$$
$$=2a(x-2)$$

증감을 조사하면 $g(x)$는 $x=2$에서 극소이고, 이때 최소이다. 답 ②

**Note*

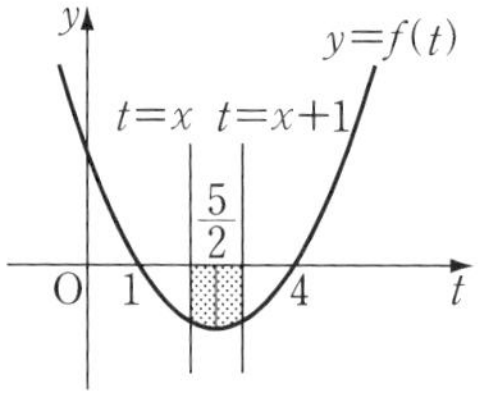


포물선 $y=f(t)$의 축이 직선 $t=\frac{5}{2}$이므로 위의 그림에서 $x=2$일 때

$$g(x)=\int_x^{x+1} f(t)dt$$

가 최소임을 알 수 있다.

**11-7.** $\mathrm{F}(x)=\int_0^x f(t)dt$의 양변을 $x$에 관하여 미분하면

$$\mathrm{F}'(x)=f(x)$$

이때, $f(x)$가 최고차항의 계수가 양수인 삼차함수이므로 $\mathrm{F}(x)$는 최고차항의 계수가 양수인 사차함수이다.

따라서 $\mathrm{F}(x)$가 극댓값을 가지기 위해서는 $\mathrm{F}'(x)=0$이 서로 다른 세 실근을 가져야 한다. ⇦ p. 98

곧, 삼차방정식 $f(x)=0$이 서로 다른 세 실근을 가져야 하므로 함수 $f(x)$에서

$$(\text{극댓값})\times(\text{극솟값})<0$$

이어야 한다. ⇦ p. 113, 115

$f(x)=x^3-3x+a$에서

$$f'(x)=3x^2-3=3(x+1)(x-1)$$

증감을 조사하면 $f(x)$는 $x=-1$에서 극대, $x=1$에서 극소이므로

$$f(-1)f(1)<0$$

$\therefore\ (a+2)(a-2)<0 \qquad \therefore\ \boldsymbol{-2<a<2}$

**11-8.** 첫 번째 식의 양변에 $x=1$을 대입하면

$$f(1)=f'(1)+3 \qquad \cdots\cdots①$$

두 번째 식의 양변을 $x$에 관하여 미분하면

$$f'(x)+12x^2+6x=2xf(x)+6$$

양변에 $x=1$을 대입하면

$$f'(1)+12+6=2f(1)+6 \qquad \cdots\cdots②$$

①에서 $f'(1)=f(1)-3$

②에 대입하면

$$f(1)-3+12+6=2f(1)+6$$

$$\therefore\ \boldsymbol{f(1)=9}$$

**11-9.** $f'(x)+g(x)=4x+3 \qquad \cdots\cdots①$

$f(x)-\int_0^x g(t)dt=-x+1 \qquad \cdots\cdots②$

②의 양변을 $x$에 관하여 미분하면

$$f'(x)-g(x)=-1 \qquad \cdots\cdots③$$

①$-$③하면 $2g(x)=4x+4$

$$\therefore\ \boldsymbol{g(x)=2x+2}$$

②에 대입하면

$$\boldsymbol{f(x)}=\int_0^x g(t)dt-x+1$$
$$=\int_0^x (2t+2)dt-x+1$$
$$=\Big[t^2+2t\Big]_0^x-x+1$$
$$=\boldsymbol{x^2+x+1}$$

**11-10.** $2x-1=z$로 놓으면

$x=\frac{1}{2}(z+1)$이므로 준 식은

$$\int_a^z f(t)dt=\frac{1}{4}(z^2-2z-3) \quad \cdots ㉮$$

$z=a$를 대입하면 $\quad 0=\frac{1}{4}(a^2-2a-3)$

$\therefore\ (a+1)(a-3)=0$

$a>0$이므로 $\quad a=3$

또, ㉮의 양변을 $z$에 관하여 미분하면

$$f(z)=\frac{1}{2}z-\frac{1}{2}$$

$$\therefore\ f(a)=f(3)=\frac{3}{2}-\frac{1}{2}=\mathbf{1}$$

**12-1.** 구하는 넓이를 S라고 하자.

(1)

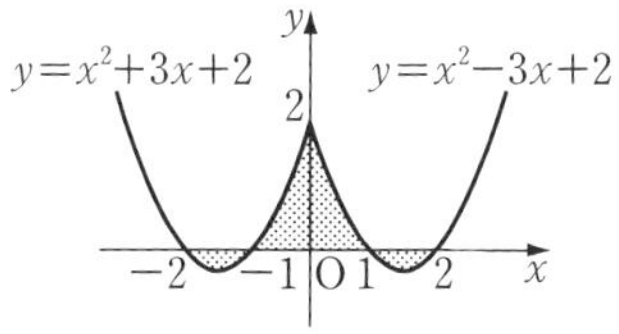


$$S=2\left\{\int_0^1(x^2-3x+2)dx-\int_1^2(x^2-3x+2)dx\right\}$$

$$=2\left(\left[\frac{1}{3}x^3-\frac{3}{2}x^2+2x\right]_0^1-\left[\frac{1}{3}x^3-\frac{3}{2}x^2+2x\right]_1^2\right)$$

$$=2\left(\frac{5}{6}+\frac{1}{6}\right)=\mathbf{2}$$

(2)

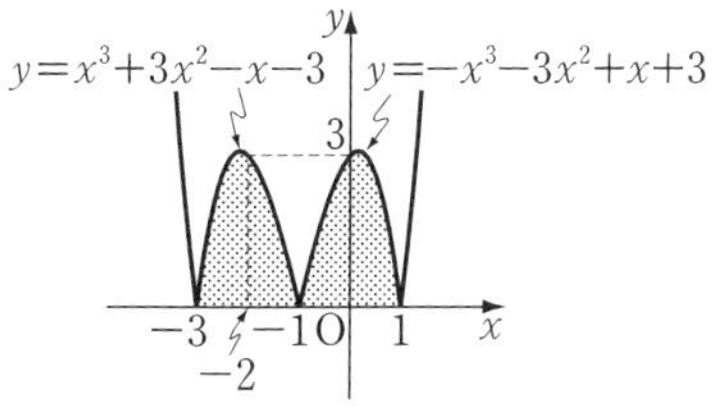


$$S=\int_{-3}^{-1}(x^3+3x^2-x-3)dx+\int_{-1}^1(-x^3-3x^2+x+3)dx$$

$$=\int_{-3}^{-1}(x^3+3x^2-x-3)dx+2\int_0^1(-3x^2+3)dx$$

$$=\left[\frac{1}{4}x^4+x^3-\frac{1}{2}x^2-3x\right]_{-3}^{-1}+2\left[-x^3+3x\right]_0^1$$

$$=4+4=\mathbf{8}$$

(3)

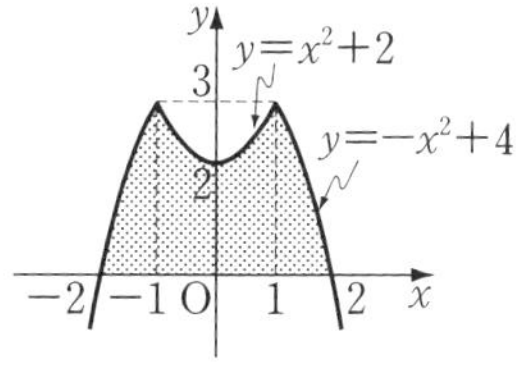


$$S=2\left\{\int_0^1(x^2+2)dx+\int_1^2(-x^2+4)dx\right\}$$

$$=2\left(\left[\frac{1}{3}x^3+2x\right]_0^1+\left[-\frac{1}{3}x^3+4x\right]_1^2\right)$$

$$=2\left(\frac{7}{3}+\frac{5}{3}\right)=\mathbf{8}$$

(4)

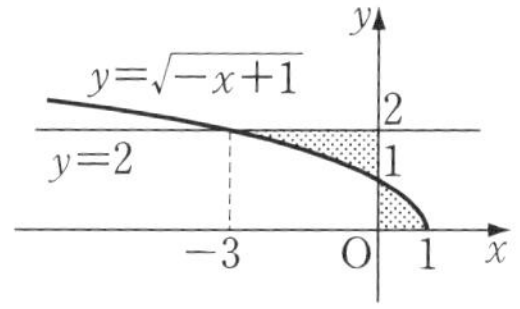


$y=\sqrt{-x+1}$에서

$y^2=-x+1\ (y\ge0) \quad \therefore\ x=1-y^2$

$$\therefore\ S=\int_0^1(1-y^2)dy-\int_1^2(1-y^2)dy$$

$$=\left[y-\frac{1}{3}y^3\right]_0^1-\left[y-\frac{1}{3}y^3\right]_1^2$$

$$=\frac{2}{3}+\frac{4}{3}=\mathbf{2}$$

**12-2.** $F(t)=\int_0^t f(x)dx$이므로

$$\int_0^t f(x)dx=3t^4-7at^3+6a^2t^2+a^2t$$

양변을 $t$에 관하여 미분하면

$$f(t)=12t^3-21at^2+12a^2t+a^2$$

$f(0)=0$이므로 $\quad a^2=0 \quad \therefore\ a=0$

$\therefore\ f(t)=12t^3 \quad \therefore\ f(1)=12$

답 ②

**12-3.** $0\le t<1$일 때 $\quad S(t)=2t$

$1\le t<2$일 때

$$S(t)=2+(t-1)=t+1$$

$2\le t\le 3$일 때

$$S(t)=3+2(t-2)=2t-1$$

$$\therefore \int_0^3 S(t)dt=\int_0^1 2t\,dt+\int_1^2(t+1)dt+\int_2^3(2t-1)dt$$

$$=\Big[t^2\Big]_0^1+\Big[\frac{1}{2}t^2+t\Big]_1^2+\Big[t^2-t\Big]_2^3$$

$$=1+\frac{5}{2}+4=\frac{15}{2}$$

답 ②

**12-4.**

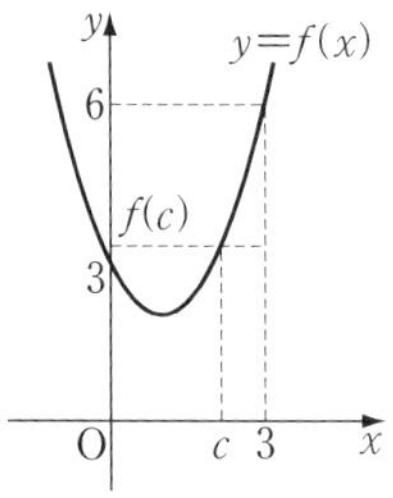


직선 $x=0,\ x=3,\ y=0$과 곡선 $y=f(x)$로 둘러싸인 도형의 넓이는

$$\int_0^3 f(x)dx=\int_0^3(x^2-2x+3)dx$$

$$=\Big[\frac{1}{3}x^3-x^2+3x\Big]_0^3=9$$

또, 직선 $x=0,\ x=3,\ y=0,\ y=f(c)$로 둘러싸인 사각형의 넓이는 $3f(c)$

두 넓이가 같으므로 $9=3f(c)$

$\therefore\ 3=c^2-2c+3 \quad \therefore\ c(c-2)=0$

$0<c<3$이므로 $c=2$

답 ③

**12-5.**

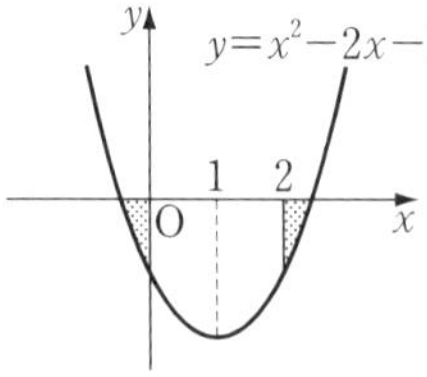


포물선 $y=x^2-2x-1$의 축이 직선 $x=1$이므로 위의 그림에서 점 찍은 두 부분의 넓이가 같다.

$$\therefore\ S_2-S_1=-\int_0^2(x^2-2x-1)dx$$

$$=-\Big[\frac{1}{3}x^3-x^2-x\Big]_0^2=\frac{10}{3}$$

답 ②

**12-6.** $x^2$의 계수가 1이고 $f(3)=0$인 이차함수이므로

$$f(x)=(x-3)(x-a)$$

$$=x^2-(a+3)x+3a$$

로 놓을 수 있다.

$\displaystyle\int_0^{2020} f(x)dx=\int_3^{2020} f(x)dx$에서

$$\int_0^3 f(x)dx=0$$

$$\therefore\ \int_0^3\{x^2-(a+3)x+3a\}dx$$

$$=\Big[\frac{1}{3}x^3-\frac{a+3}{2}x^2+3ax\Big]_0^3$$

$$=\frac{9}{2}a-\frac{9}{2}=0 \qquad \therefore\ a=1$$

$$\therefore\ f(x)=(x-1)(x-3)$$

구하는 넓이를 S라고 하면

$$S=-\int_1^3(x-1)(x-3)dx$$

$$=\frac{1}{6}(3-1)^3=\mathbf{\frac{4}{3}}$$

**12-7.**

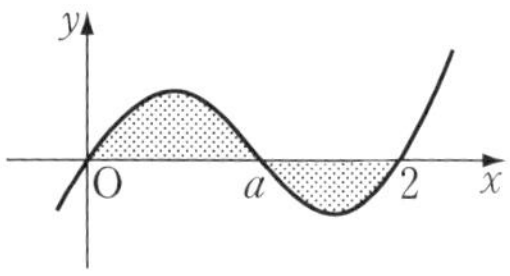


곡선 $y=x(x-a)(x-2)$와 $x$축으로 둘러싸인 도형의 넓이를 $S(a)$라고 하면

$$S(a)=\int_0^a\{x^3-(a+2)x^2+2ax\}dx-\int_a^2\{x^3-(a+2)x^2+2ax\}dx$$

$$=\Big[\frac{1}{4}x^4-\frac{a+2}{3}x^3+ax^2\Big]_0^a-\Big[\frac{1}{4}x^4-\frac{a+2}{3}x^3+ax^2\Big]_a^2$$

$=-\frac{1}{6}a^4+\frac{2}{3}a^3-\frac{4}{3}a+\frac{4}{3}$

$\therefore\ S'(a)=-\frac{2}{3}a^3+2a^2-\frac{4}{3}$

$=-\frac{2}{3}(a-1)(a^2-2a-2)$

$0\le a\le 2$일 때 $a^2-2a-2<0$이므로 $S'(a)=0$에서 $a=1$

증감을 조사하면 S($a$)는 $\boldsymbol{a=1}$에서 극소이고, 이때 최소이다.

**12-8.** 곡선 L의 방정식은

$y=a(x-4)^2$

따라서 두 곡선 L, $y=ax^2$의 교점의 $x$좌표는

$a(x-4)^2=ax^2$에서 $x=2$ ($\because\ a>0$)

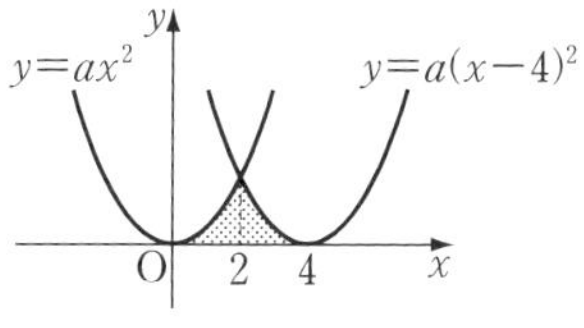


위의 그림에서 점 찍은 부분의 넓이가 16이므로

$2\int_0^2 ax^2dx=2\left[\frac{1}{3}ax^3\right]_0^2=16$

$\therefore\ \frac{16}{3}a=16 \quad \therefore\ \boldsymbol{a=3}$

**12-9.** $y=0$을 대입하면 $x$절편은

$x=0,\ 1$

$\therefore\ S_n=\int_0^1\frac{1}{n(n+1)}x(1-x)dx$

$=\frac{1}{n(n+1)}\int_0^1\{-x(x-1)\}dx$

$=\frac{1}{n(n+1)}\times\frac{1}{6}(1-0)^3$

$=\frac{1}{6n(n+1)}$

$\therefore\ \sum_{n=1}^{10}S_n=\sum_{n=1}^{10}\frac{1}{6n(n+1)}$

$=\frac{1}{6}\sum_{n=1}^{10}\left(\frac{1}{n}-\frac{1}{n+1}\right)$

$=\frac{1}{6}\left(1-\frac{1}{11}\right)=\boldsymbol{\frac{5}{33}}$

**12-10.** $S_1,\ S_2,\ S_3$이 이 순서로 등차수열을 이루므로 $2S_2=S_1+S_3$

$\therefore\ 3S_2=S_1+S_2+S_3$

$=\int_{-1}^0(2x^3-2x^2-4x)dx$

$-\int_0^2(2x^3-2x^2-4x)dx$

$=\left[\frac{1}{2}x^4-\frac{2}{3}x^3-2x^2\right]_{-1}^0$

$-\left[\frac{1}{2}x^4-\frac{2}{3}x^3-2x^2\right]_0^2$

$=\frac{5}{6}+\frac{16}{3}=\frac{37}{6}$

$\therefore\ \boldsymbol{S_2=\frac{37}{18}}$

***Note** 세 수 $a,\ b,\ c$가 이 순서로 등차수열을 이루면 $b-a=c-b$이므로

$2b=a+c$ ⇦ 수학 I

**12-11.** 구하는 넓이를 S라고 하자.

(1)

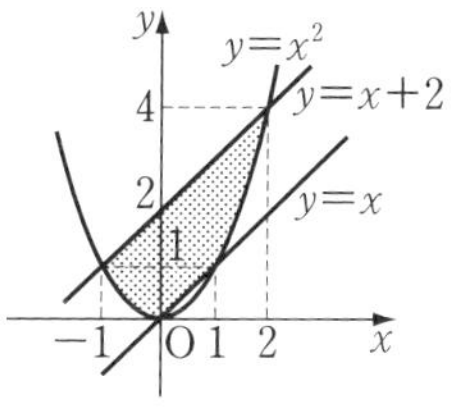


$S=\int_{-1}^2(x+2-x^2)dx-\int_0^1(x-x^2)dx$

$=\left[\frac{1}{2}x^2+2x-\frac{1}{3}x^3\right]_{-1}^2-\left[\frac{1}{2}x^2-\frac{1}{3}x^3\right]_0^1$

$=\frac{9}{2}-\frac{1}{6}=\boldsymbol{\frac{13}{3}}$

(2)

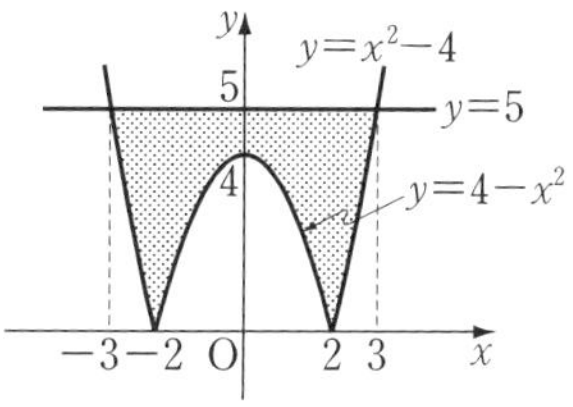

$$S=2\left[\int_0^2\{5-(4-x^2)\}\,dx+\int_2^3\{5-(x^2-4)\}\,dx\right]$$

$$=2\left(\left[\frac{1}{3}x^3+x\right]_0^2+\left[-\frac{1}{3}x^3+9x\right]_2^3\right)$$

$$=2\left(\frac{14}{3}+\frac{8}{3}\right)=\mathbf{\frac{44}{3}}$$

(3)

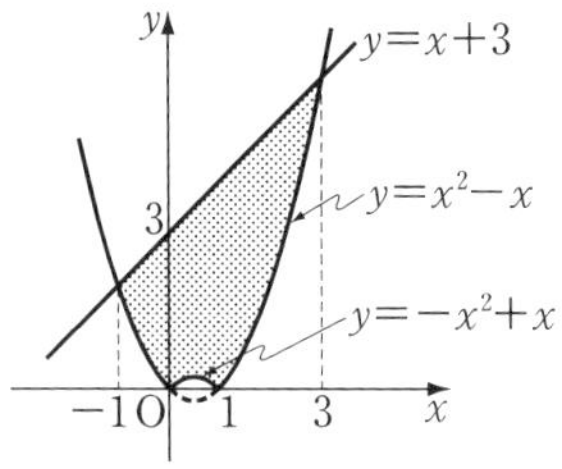


$$S=\int_{-1}^3\{(x+3)-(x^2-x)\}\,dx-2\int_0^1(-x^2+x)\,dx$$

$$=\left[-\frac{1}{3}x^3+x^2+3x\right]_{-1}^3-2\left[-\frac{1}{3}x^3+\frac{1}{2}x^2\right]_0^1$$

$$=\frac{32}{3}-\frac{1}{3}=\mathbf{\frac{31}{3}}$$

(4)

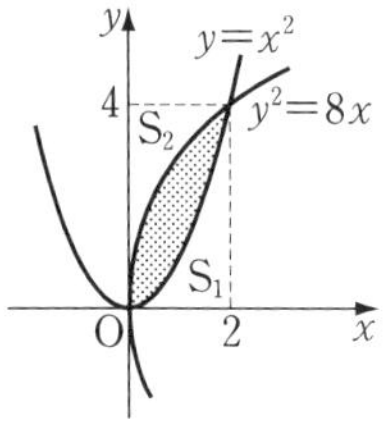


위의 그림에서

$$S_1=\int_0^2 x^2\,dx=\left[\frac{1}{3}x^3\right]_0^2=\frac{8}{3}$$

$$S_2=\int_0^4\frac{1}{8}y^2\,dy=\left[\frac{1}{24}y^3\right]_0^4=\frac{8}{3}$$

$$\therefore\ S=2\times4-(S_1+S_2)=\mathbf{\frac{8}{3}}$$

**12-12.** $S(k)=\int_0^1\left\{kx^2-\left(-\frac{1}{k}x^2\right)\right\}dx$

$$=\left(k+\frac{1}{k}\right)\int_0^1 x^2\,dx$$

$$=\left(k+\frac{1}{k}\right)\left[\frac{1}{3}x^3\right]_0^1=\frac{1}{3}\left(k+\frac{1}{k}\right)$$

$$\geq\frac{2}{3}\sqrt{k\times\frac{1}{k}}=\frac{2}{3}\qquad\Leftarrow k>0$$

등호는 $k=\frac{1}{k}$, 곧 $k=1$일 때 성립하고, 최솟값은 $\mathbf{\frac{2}{3}}$

**12-13.** $f(x)$는 증가함수이고, 곡선 $y=f(x)$와 $x=f(y)$는 직선 $y=x$에 대하여 대칭이므로 두 곡선의 교점은 직선 $y=x$ 위에 있다.

따라서 곡선 $y=f(x)$와 $x=f(y)$의 교점의 $x$좌표는 $x=\alpha,\ 0,\ \beta\ (\alpha<0<\beta)$ 이외에는 없다.

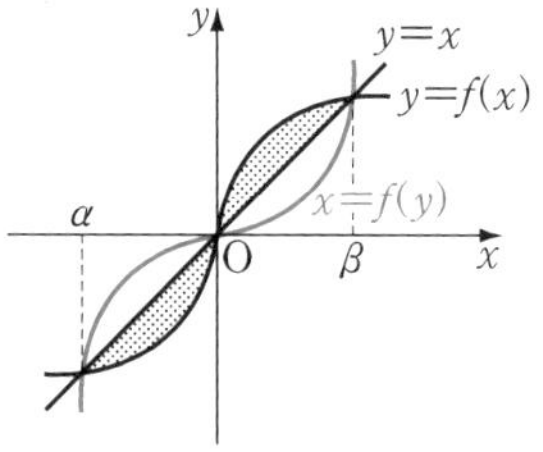


따라서 구하는 넓이는 위의 그림에서 점 찍은 부분의 넓이의 2배이므로

$$2\int_\alpha^\beta|f(x)-x|\,dx$$ 답 ④

**12-14.**

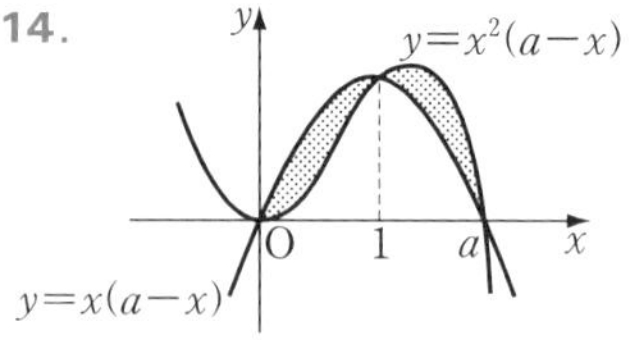


위의 그림에서 점 찍은 두 부분의 넓이가 같으므로

$$\int_0^a\{x(a-x)-x^2(a-x)\}\,dx=0$$

$$\therefore\ \left[\frac{1}{4}x^4-\frac{a+1}{3}x^3+\frac{a}{2}x^2\right]_0^a=0$$

$\therefore\ -\dfrac{1}{12}a^4+\dfrac{1}{6}a^3=0 \quad \therefore\ a^3(a-2)=0$

$a>1$이므로 $\boldsymbol{a=2}$

***Note** $y_1=x(a-x),\ y_2=x^2(a-x)$ 로 놓으면 위의 그림에서 점 찍은 두 부분의 넓이가 같으므로

$$\int_0^1(y_1-y_2)dx=\int_1^a(y_2-y_1)dx$$

$$\therefore\ \int_0^1(y_1-y_2)dx+\int_1^a(y_1-y_2)dx=0$$

$$\therefore\ \int_0^a(y_1-y_2)dx=0$$

⇦ 기본 문제 12-3

**12-15.** $y=x^4-x^3=x^3(x-1)$,

$y=-x^4+x$

$=-x(x-1)(x^2+x+1)$

이므로 주어진 세 곡선은 모두 점 (0, 0), (1, 0)을 지난다.

또, 두 곡선 $y=x^4-x^3$, $y=-x^4+x$ 의 교점의 $x$좌표는

$x^4-x^3=-x^4+x$에서

$x(x-1)(2x^2+x+1)=0$

$\therefore\ x=0,\ 1$

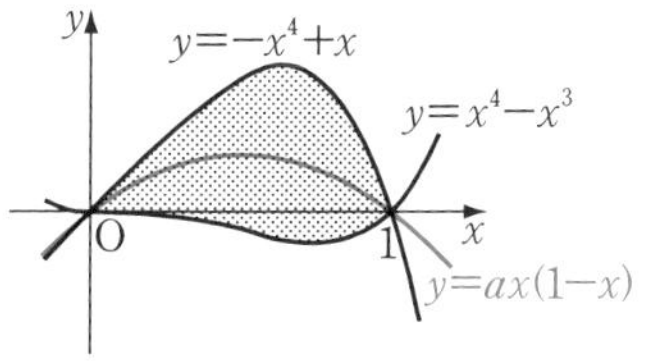


위의 그림에서

$$\frac{1}{2}\int_0^1\{(-x^4+x)-(x^4-x^3)\}dx$$
$$=\int_0^1\{(-x^4+x)-(ax-ax^2)\}dx$$

$$\therefore\ \frac{1}{2}\left[-\frac{2}{5}x^5+\frac{1}{4}x^4+\frac{1}{2}x^2\right]_0^1$$
$$=\left[-\frac{1}{5}x^5+\frac{a}{3}x^3-\frac{a-1}{2}x^2\right]_0^1$$

$$\therefore\ \frac{7}{40}=\frac{3}{10}-\frac{a}{6} \quad \therefore\ \boldsymbol{a=\frac{3}{4}}$$

**12-16.**

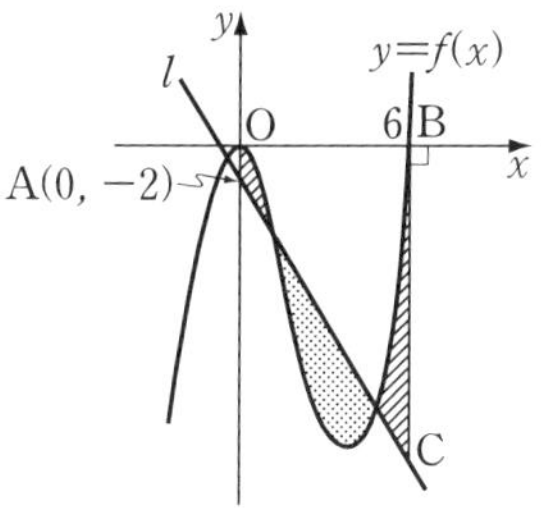


문제의 조건으로부터 위의 그림에서 빗금 친 두 부분의 넓이의 합과 점 찍은 부분의 넓이가 같다.

직선 $l$의 방정식을 $y=mx-2$로 놓으면 점 B(6, 0)이므로

$$\int_0^6\{(x^3-6x^2)-(mx-2)\}dx=0$$

$$\therefore\ \left[\frac{1}{4}x^4-2x^3-\frac{1}{2}mx^2+2x\right]_0^6=0$$

$$\therefore\ -96-18m=0 \quad \therefore\ m=-\frac{16}{3}$$

따라서 직선 $l$의 방정식은

$$\boldsymbol{y=-\frac{16}{3}x-2}$$

**12-17.**

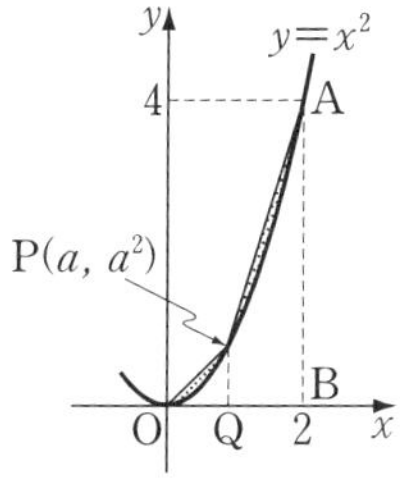


점 P의 좌표를 $(a,\ a^2)\ (0<a<2)$으로 놓고, 위의 그림에서 점 찍은 부분의 넓이를 S$(a)$라고 하면

$$\mathrm{S}(a)=\triangle\mathrm{POQ}+\square\mathrm{PQBA}-\int_0^2x^2dx$$
$$=\frac{1}{2}\times a\times a^2+\frac{1}{2}(4+a^2)(2-a)-\left[\frac{1}{3}x^3\right]_0^2$$
$$=a^2-2a+\frac{4}{3}$$

$=(a-1)^2+\dfrac{1}{3}\ (0<a<2)$

따라서 $a=1$일 때 최솟값은 $\dfrac{1}{3}$이다.

답 ②

*Note △AOP의 넓이가 최대일 때 S($a$)는 최소이다.

$\overline{\text{OA}}$의 길이가 일정하므로 $\overline{\text{PH}}$의 길이가 최대일 때 △AOP의 넓이는 최대이다.

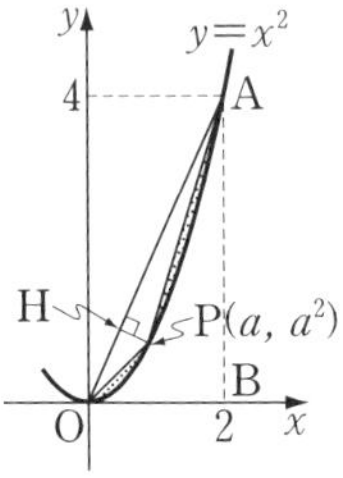


이때, 점 P($a$, $a^2$)에서의 접선의 기울기가 직선 OA의 기울기와 같으므로

$y'=2x$에서 $2a=2$ ∴ $a=1$

**12-18.** $f(x)=x^3-x+2$, $g(x)=x^3-x^2+x$로 놓자.

$f(x)-g(x)=x^2-2x+2$
$=(x-1)^2+1>0$

이므로 $f(x)>g(x)$

$$\therefore \text{S}(a)=\int_a^{a+1}\{f(x)-g(x)\}dx$$
$$=\int_a^{a+1}(x^2-2x+2)dx$$
$$=\left[\frac{1}{3}x^3-x^2+2x\right]_a^{a+1}$$
$$=a^2-a+\frac{4}{3}=\left(a-\frac{1}{2}\right)^2+\frac{13}{12}$$

따라서 $a=\dfrac{1}{2}$일 때 최솟값은 $\dfrac{13}{12}$이다.

답 ③

**12-19.** $y'=3x^2$이므로 점 P($a$, $a^3$) ($a>0$)에서의 접선의 방정식은

$y-a^3=3a^2(x-a)$

∴ $y=3a^2x-2a^3$

$x^3=3a^2x-2a^3$

에서

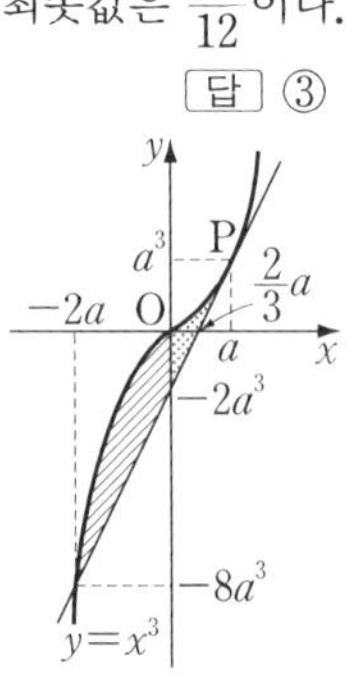


$(x-a)^2(x+2a)=0$

∴ $x=a$(중근), $-2a$

따라서 접선과 곡선 $y=x^3$의 교점 중 점 P가 아닌 점의 좌표는 $(-2a,\ -8a^3)$이고, 접선의 $x$절편은 $\dfrac{2}{3}a$, $y$절편은 $-2a^3$이다.

검은 점 찍은 부분의 넓이를 $\text{S}_1$이라고 하면

$$\text{S}_1=\int_0^a x^3dx-\frac{1}{2}\times\frac{1}{3}a\times a^3$$
$$=\left[\frac{1}{4}x^4\right]_0^a-\frac{1}{6}a^4=\frac{1}{12}a^4$$

초록 점 찍은 부분의 넓이를 $\text{S}_2$라 하면

$$\text{S}_2=\frac{1}{2}\times\frac{2}{3}a\times 2a^3=\frac{2}{3}a^4$$

빗금 친 부분의 넓이를 $\text{S}_3$이라고 하면

$$\text{S}_3=\int_{-2a}^0\{x^3-(3a^2x-2a^3)\}dx$$
$$=\left[\frac{1}{4}x^4-\frac{3}{2}a^2x^2+2a^3x\right]_{-2a}^0=6a^4$$

∴ $\text{S}_1:\text{S}_2:\text{S}_3=$**1 : 8 : 72**

*Note $a<0$인 경우도 위와 같이 하면 세 부분의 넓이의 비는 1 : 8 : 72이다.

**12-20.** $f(x)=x^3-(a+1)x^2+ax$, $g(x)=x^2-ax$로 놓으면

$f'(x)=3x^2-2(a+1)x+a$,
$g'(x)=2x-a$

두 곡선 $y=f(x)$, $y=g(x)$가 $x=2$인 점에서 접하므로 $f'(2)=g'(2)$

∴ $12-4(a+1)+a=4-a$ ∴ $a=2$

∴ $f(x)=x^3-3x^2+2x$
$=x(x-1)(x-2)$,
$g(x)=x^2-2x=x(x-2)$

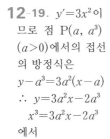

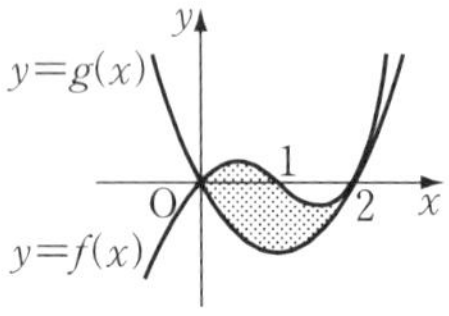

구하는 넓이를 S라고 하면

$$S=\int_0^2\left\{(x^3-3x^2+2x)-(x^2-2x)\right\}dx$$

$$=\left[\frac{1}{4}x^4-\frac{4}{3}x^3+2x^2\right]_0^2=\mathbf{\frac{4}{3}}$$

**12-21.**

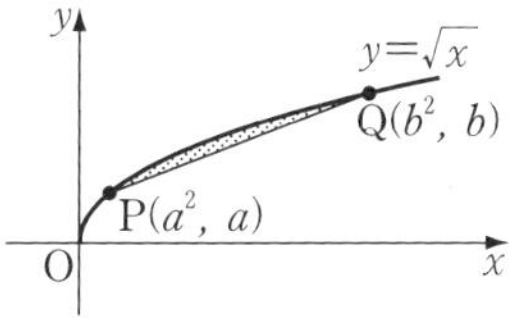


직선 PQ의 방정식은

$$y-a=\frac{b-a}{b^2-a^2}(x-a^2)$$

$$\therefore\ x=(b+a)y-ab$$

이때, 곡선 $y=\sqrt{x}$, 곧 $x=y^2\ (y\ge 0)$과 직선 PQ의 교점의 $y$좌표는 $a$, $b$이므로 선분 PQ와 곡선 $x=y^2$으로 둘러싸인 도형의 넓이를 S라고 하면

$$S=\int_a^b\left\{(b+a)y-ab-y^2\right\}dy$$

$$=\int_a^b\left\{-(y-a)(y-b)\right\}dy$$

$$=\frac{1}{6}(b-a)^3$$

주어진 조건에 의하여

$$\frac{1}{6}(b-a)^3=\frac{9}{2}\qquad\therefore\ (b-a)^3=27$$

$a$, $b$는 실수이므로 $b-a=3$

따라서

$$\overline{PQ}=\sqrt{(b^2-a^2)^2+(b-a)^2}$$

$$=\sqrt{(b-a)^2\left\{(b+a)^2+1\right\}}$$

$$=\sqrt{9\left\{(2a+3)^2+1\right\}}$$

$$=3\sqrt{4a^2+12a+10}$$

$$\therefore\ \lim_{a\to\infty}\frac{\overline{PQ}}{a}=\lim_{a\to\infty}\frac{3\sqrt{4a^2+12a+10}}{a}$$

$$=\lim_{a\to\infty}3\sqrt{4+\frac{12}{a}+\frac{10}{a^2}}$$

$$=\mathbf{6}$$

**12-22.**

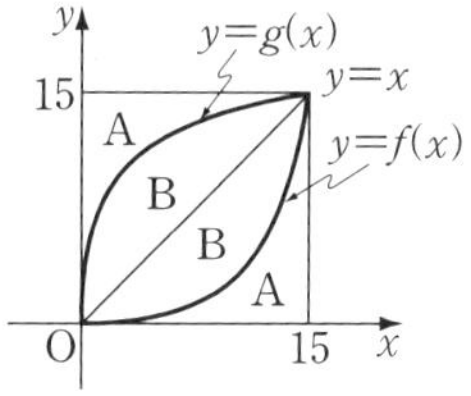


두 곡선 $y=f(x)$와 $y=g(x)$는 직선 $y=x$에 대하여 대칭이다.

따라서 곡선 $y=f(x)$, $y=g(x)$와 직선 $y=x$에 의하여 나누어진 부분의 넓이를 위의 그림과 같이 A, B, B, A라고 하면

$$2A : 2B=2 : 3,\ 2A+2B=15^2$$

연립하여 풀면 $A=45,\ B=\frac{135}{2}$

$$\therefore\ \int_0^{15}f(x)dx=A=\mathbf{45}$$

**12-23.** 두 곡선의 교점의 $x$좌표는 $x^2-2=-x^2+\frac{2}{r^2}$의 실근이다. 이때,

$x^2=1+\frac{1}{r^2}$에서 $x=\pm\sqrt{1+\frac{1}{r^2}}$

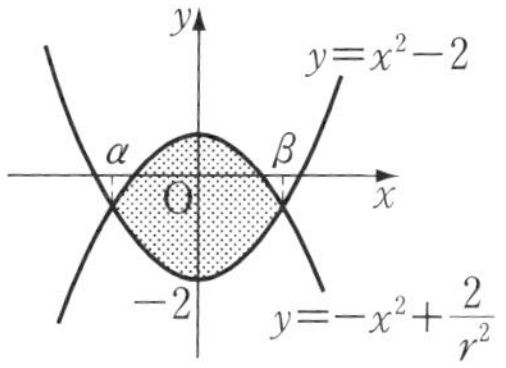


$$\alpha=-\sqrt{1+\frac{1}{r^2}},\ \beta=\sqrt{1+\frac{1}{r^2}}$$

이라고 하면

$$S_r=\int_\alpha^\beta\left\{\left(-x^2+\frac{2}{r^2}\right)-(x^2-2)\right\}dx$$

$$=\frac{2}{6}(\beta-\alpha)^3=\frac{1}{3}\left(2\sqrt{1+\frac{1}{r^2}}\right)^3$$

$$\therefore\ \lim_{r\to\infty}S_r=\lim_{r\to\infty}\frac{1}{3}\left(2\sqrt{1+\frac{1}{r^2}}\right)^3=\mathbf{\frac{8}{3}}$$

***Note** $r\longrightarrow\infty$일 때 $y=-x^2+\frac{2}{r^2}$는

$y=-x^2$에 한없이 가까워지므로 두 곡선 $y=-x^2$, $y=x^2-2$로 둘러싸인 도형의 넓이를 구해도 된다.

**12-24.** $F=\int_0^2 x(2-x)dx$

$$=\frac{1}{6}(2-0)^3=\frac{4}{3} \quad \cdots\cdots ①$$

또, 포물선과 직선 $y=mx$의 교점의 $x$좌표는 $x(2-x)=mx$에서

$$x=0,\ 2-m$$

(i) $m<2$일 때

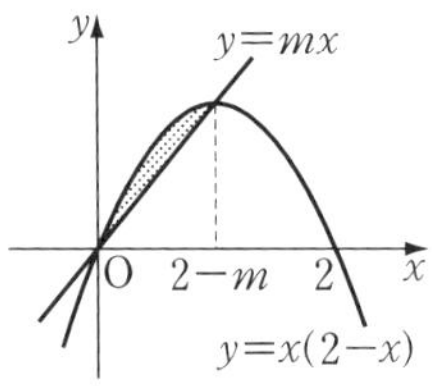


$$\frac{1}{8}F=\int_0^{2-m}\{x(2-x)-mx\}dx$$

$$=\frac{1}{6}(2-m)^3$$

①에서 $F=\frac{4}{3}$이므로

$$\frac{1}{8}\times\frac{4}{3}=\frac{1}{6}(2-m)^3 \quad \therefore (2-m)^3=1$$

$m$은 실수이므로 $m=1$

(ii) $m>2$일 때

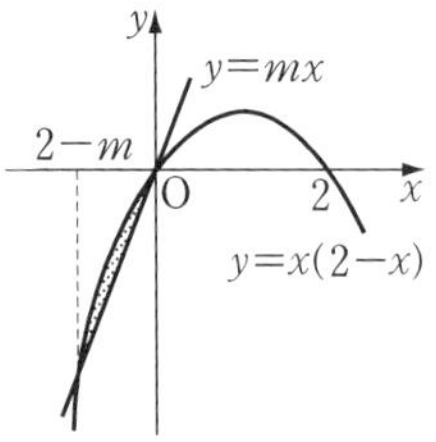


$$\frac{1}{8}F=\int_{2-m}^0\{x(2-x)-mx\}dx$$

$$=-\frac{1}{6}(2-m)^3$$

①에서 $F=\frac{4}{3}$이므로

$$\frac{1}{8}\times\frac{4}{3}=-\frac{1}{6}(2-m)^3$$

$$\therefore (2-m)^3=-1$$

$m$은 실수이므로 $m=3$

(i), (ii)에서 $\boldsymbol{m=1,\ 3}$

****Note*** $m=2$일 때, 직선 $y=mx$가 포물선 $y=x(2-x)$에 접하므로 조건을 만족시키지 않는다.

**12-25.**

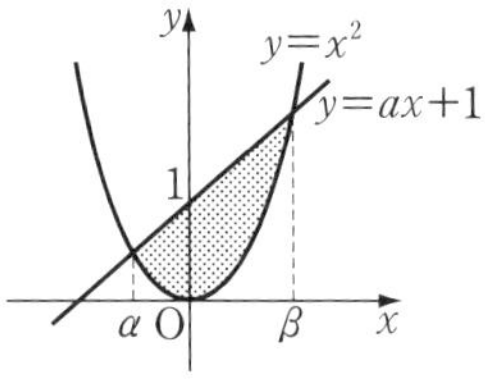


포물선과 직선의 교점의 $x$좌표는

$$x^2=ax+1,\ 곧\ x^2-ax-1=0$$

의 두 실근이다.

두 실근을 $\alpha$, $\beta(\alpha<\beta)$라 하고, 포물선과 직선으로 둘러싸인 도형의 넓이를 S라고 하면

$$S=\int_\alpha^\beta(ax+1-x^2)dx=\frac{1}{6}(\beta-\alpha)^3$$

한편 $\alpha+\beta=a$, $\alpha\beta=-1$이므로

$$\beta-\alpha=\sqrt{(\beta-\alpha)^2}=\sqrt{(\alpha+\beta)^2-4\alpha\beta}$$

$$=\sqrt{a^2+4}$$

$$\therefore S=\frac{1}{6}\left(\sqrt{a^2+4}\right)^3$$

따라서 S는 $a=0$일 때 최소이고, 최솟값은 $\frac{1}{6}\times2^3=\boldsymbol{\frac{4}{3}}$

**13-1.** 브레이크를 건 후 $t$초 후의 속도를 $v(t)$ m/s라고 하면

$$v(t)=24-1.6t$$

(1) $\int_0^{10}|v(t)|dt=\int_0^{10}(24-1.6t)dt$

$$=\Big[24t-0.8t^2\Big]_0^{10}$$

$$=\mathbf{160\,(m)}$$

(2) 정지할 때까지 걸린 시간은

$v(t)=24-1.6t=0$에서 $t=15$

$$\therefore \int_0^{15}|v(t)|dt=\int_0^{15}(24-1.6t)dt$$
$$=\Big[24t-0.8t^2\Big]_0^{15}$$
$$=\mathbf{180\,(m)}$$

**13**-2. 출발한 지 $t$분 후의 속도를 $v(t)$ m/min이라고 하면

$v(t)=at(10-t)$ $(a>0)$ ……①

로 놓을 수 있다.

$v(5)=15$ m/s$=900$ m/min

이므로 ①에 대입하면

$900=a\times5\times(10-5)$ $\therefore a=36$

$\therefore v(t)=36t(10-t)$

따라서 A역과 B역 사이의 거리는

$$\int_0^{10}|v(t)|dt=\int_0^{10}36t(10-t)dt\cdots②$$
$$=\Big[180t^2-12t^3\Big]_0^{10}$$
$$=6000\,(\text{m})$$

답 ③

*__Note__ ②에서 다음 공식을 이용해도 된다.

$$\int_\alpha^\beta \boldsymbol{a(x-\alpha)(x-\beta)dx=-\frac{a}{6}(\beta-\alpha)^3}$$

**13**-3. 5초 사이에 물이 흐르는 거리는

$$\int_0^5|v(t)|dt=\int_0^5 2t\,dt$$
$$=\Big[t^2\Big]_0^5=25\,(\text{cm})$$

따라서 5초 동안 흘러나온 물의 양은 단면의 넓이가 3 cm$^2$이고 길이가 25 cm인 물기둥의 부피와 같으므로

$3\times25=\mathbf{75\,(cm^3)}$

**13**-4. 출발하고 $x$분 동안 3km를 달렸다고 하면

$$\int_0^x\left(\frac{3}{4}t^2+\frac{1}{2}t\right)dt=\left[\frac{1}{4}t^3+\frac{1}{4}t^2\right]_0^x$$
$$=\frac{1}{4}x^3+\frac{1}{4}x^2=3$$

$\therefore x^3+x^2-12=0$

$\therefore (x-2)(x^2+3x+6)=0$

$x^2+3x+6>0$이므로 $x=2$

또, $v(2)=\frac{3}{4}\times2^2+\frac{1}{2}\times2=4$

이므로 2분 후에는 속도가 4 km/min으로 일정하다.

따라서 열차가 달린 거리는 처음 2분 동안은 3 km이고, 나머지 3분 동안은 $4\times3=12$ (km)이므로

$3+12=15$ (km)

답 ①

**13**-5. 출발한 지 $t$초 후의 속도를 $v(t)$ m/s라고 하면

$$v(t)=\begin{cases} 3t & (0\le t\le2) \\ 6 & (2\le t\le10) \\ 6-2(t-10) & (t\ge10) \end{cases}$$

멈출 때 $v(t)=0$이므로

$6-2(t-10)=0$에서 $t=13$

따라서 멈출 때까지 움직인 거리는

$$\int_0^{13}|v(t)|dt=\int_0^2 3t\,dt+\int_2^{10}6\,dt$$
$$+\int_{10}^{13}(-2t+26)dt$$
$$=\left[\frac{3}{2}t^2\right]_0^2+\Big[6t\Big]_2^{10}+\Big[-t^2+26t\Big]_{10}^{13}$$
$$=6+48+9=\mathbf{63\,(m)}$$

**13**-6. $v(t)=3t(2-t)$에서 $0<t<2$일 때 $v(t)>0$이고 $t=2$일 때 $v(t)=0$이므로, $t=2$일 때 수면이 상승하는 것을 중지한다.

$t=2$일 때 물의 깊이 $x$는

$$x=\int_0^2|v(t)|dt=\int_0^2 3t(2-t)dt$$
$$=\Big[3t^2-t^3\Big]_0^2=4$$

이때의 부피는

$$\frac{1}{3}\times\text{S}(4)\times4=\frac{1}{3}\times16\pi\times4=\boldsymbol{\frac{64}{3}\pi}$$

# 유제
# 풀이 및 정답

# 유제 풀이 및 정답

**1**-1. $f(-x)=f(x)$이므로 함수 $y=f(x)$의 그래프는 $y$축에 대하여 대칭이다.

따라서 그 그래프는 아래 그림과 같다.

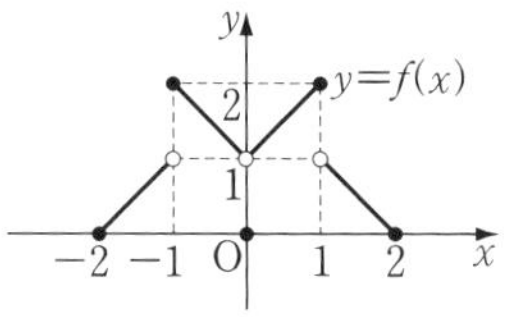


$\lim_{x\to0+}f(x)=1$, $\lim_{x\to0-}f(x)=1$이므로

$$\lim_{x\to0}f(x)=1$$

또, $\lim_{x\to-1-}f(x)=1$이므로

$$(\text{준 식})=1+1=\mathbf{2}$$

**1**-2. $f(-x)=-f(x)$이므로 함수 $y=f(x)$의 그래프는 원점에 대하여 대칭이다.

따라서 그 그래프는 아래 그림과 같다.

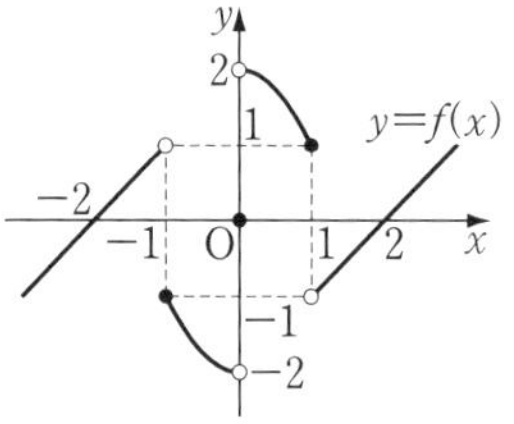


$$\therefore \lim_{x\to-1+}f(x)+\lim_{x\to0-}f(x)=-1+(-2)$$
$$=\mathbf{-3}$$

**1**-3. (1) $(\text{준 식})=\lim_{x\to1}\dfrac{(x-1)(x+1)}{x-1}$
$=\lim_{x\to1}(x+1)=\mathbf{2}$

(2) $(\text{준 식})=\lim_{x\to0}\dfrac{x(6x-4)}{x(3x+4)}$
$=\lim_{x\to0}\dfrac{6x-4}{3x+4}=\mathbf{-1}$

(3) $(\text{준 식})=\lim_{x\to1}\dfrac{x(x-1)}{(x-1)(x+2)}$
$=\lim_{x\to1}\dfrac{x}{x+2}=\mathbf{\dfrac{1}{3}}$

(4) $(\text{준 식})=\lim_{x\to2}\dfrac{(x-2)(x^2+2x+4)}{x-2}$
$=\lim_{x\to2}(x^2+2x+4)=\mathbf{12}$

(5) $(\text{준 식})=\lim_{x\to\sqrt{2}}\dfrac{(x^2-2)(x^2+2)}{x^2-2}$
$=\lim_{x\to\sqrt{2}}(x^2+2)=\mathbf{4}$

(6) $(\text{준 식})=\lim_{x\to a}\dfrac{(x-a)(x^2+a^2)}{x-a}$
$=\lim_{x\to a}(x^2+a^2)=\mathbf{2a^2}$

**1**-4. (1) $(\text{준 식})=\lim_{x\to4}\dfrac{(x-4)(\sqrt{x}+2)}{(\sqrt{x}-2)(\sqrt{x}+2)}$
$=\lim_{x\to4}\dfrac{(x-4)(\sqrt{x}+2)}{x-4}$
$=\lim_{x\to4}(\sqrt{x}+2)=\mathbf{4}$

(2) $(\text{준 식})=\lim_{x\to0}\dfrac{(\sqrt{x+1}-1)(\sqrt{x+1}+1)}{x(\sqrt{x+1}+1)}$
$=\lim_{x\to0}\dfrac{x}{x(\sqrt{x+1}+1)}$
$=\lim_{x\to0}\dfrac{1}{\sqrt{x+1}+1}=\mathbf{\dfrac{1}{2}}$

(3) $(\text{준 식})=\lim_{x\to1}\dfrac{(\sqrt{x+8}-3)(\sqrt{x+8}+3)}{(x-1)(\sqrt{x+8}+3)}$
$=\lim_{x\to1}\dfrac{x-1}{(x-1)(\sqrt{x+8}+3)}$
$=\lim_{x\to1}\dfrac{1}{\sqrt{x+8}+3}=\mathbf{\dfrac{1}{6}}$

(4) $(\text{준 식})=\lim_{x\to0}\dfrac{x(\sqrt{x+9}+3)}{(\sqrt{x+9}-3)(\sqrt{x+9}+3)}$

$$=\lim_{x\to0}\frac{x(\sqrt{x+9}+3)}{x}$$
$$=\lim_{x\to0}(\sqrt{x+9}+3)=\mathbf{6}$$

(5) $\left(\sqrt{1+x+x^2}+x-1\right)$
$$\times\left(\sqrt{1+x+x^2}-x+1\right)=3x$$
이므로
$$(\text{준 식})=\lim_{x\to0}\frac{3x}{x\left(\sqrt{1+x+x^2}-x+1\right)}$$
$$=\lim_{x\to0}\frac{3}{\sqrt{1+x+x^2}-x+1}$$
$$=\frac{\mathbf{3}}{\mathbf{2}}$$

(6) $$(\text{준 식})=\lim_{x\to1}\frac{\left(\sqrt[3]{x}-1\right)\left(\sqrt[3]{x^2}+\sqrt[3]{x}+1\right)}{(x-1)\left(\sqrt[3]{x^2}+\sqrt[3]{x}+1\right)}$$
$$=\lim_{x\to1}\frac{x-1}{(x-1)\left(\sqrt[3]{x^2}+\sqrt[3]{x}+1\right)}$$
$$=\lim_{x\to1}\frac{1}{\sqrt[3]{x^2}+\sqrt[3]{x}+1}=\frac{\mathbf{1}}{\mathbf{3}}$$

**1**-5. (1) 분모, 분자를 $x^2$으로 나누면
$$(\text{준 식})=\lim_{x\to\infty}\frac{\frac{2}{x}-\frac{5}{x^2}}{4-\frac{5}{x}+\frac{1}{x^2}}=\mathbf{0}$$

(2) 분모, 분자를 $x^3$으로 나누면
$$(\text{준 식})=\lim_{x\to\infty}\frac{4+\frac{2}{x^2}}{2-\frac{4}{x}+\frac{5}{x^2}}=\mathbf{2}$$

(3) 분모, 분자를 $x^2$으로 나누면
$$(\text{준 식})=\lim_{x\to\infty}\frac{3x-\frac{5}{x}+\frac{2}{x^2}}{1+\frac{1}{x^2}}=\boldsymbol{\infty}$$

**1**-6. 분모, 분자를 $x$로 나누면

(1) $$(\text{준 식})=\lim_{x\to\infty}\frac{\sqrt{\frac{x^2+1}{x^2}}-\frac{1}{x}}{1+\frac{1}{x}}$$
$$=\lim_{x\to\infty}\frac{\sqrt{1+\frac{1}{x^2}}-\frac{1}{x}}{1+\frac{1}{x}}=\mathbf{1}$$

(2) $$(\text{준 식})=\lim_{x\to-\infty}\frac{-\sqrt{\frac{x^2+1}{x^2}}-\frac{1}{x}}{1+\frac{1}{x}}$$
$$=\lim_{x\to-\infty}\frac{-\sqrt{1+\frac{1}{x^2}}-\frac{1}{x}}{1+\frac{1}{x}}=\mathbf{-1}$$

****Note*** (2) $-x=t$로 치환하면
$x\longrightarrow-\infty$일 때 $t\longrightarrow\infty$이므로
$$(\text{준 식})=\lim_{t\to\infty}\frac{\sqrt{t^2+1}-1}{-t+1}$$
$$=\lim_{t\to\infty}\frac{\sqrt{1+\frac{1}{t^2}}-\frac{1}{t}}{-1+\frac{1}{t}}=\mathbf{-1}$$

**1**-7. (1) $$(\text{준 식})=\lim_{x\to-\infty}x^5\left(4+\frac{1}{x^3}+\frac{4}{x^5}\right)$$
$$=\boldsymbol{-\infty}$$

(2) 분모를 1로 보고, 분자를 유리화하면
$$(\text{준 식})=\lim_{x\to\infty}\frac{(x^2+1)-x^2}{\sqrt{x^2+1}+x}$$
$$=\lim_{x\to\infty}\frac{1}{\sqrt{x^2+1}+x}=\mathbf{0}$$

(3) 분모를 1로 보고, 분자를 유리화하면
$$(\text{준 식})=\lim_{x\to\infty}\frac{(x^2+2x)-x^2}{\sqrt{x^2+2x}+x}$$
$$=\lim_{x\to\infty}\frac{2x}{\sqrt{x^2+2x}+x}$$
$$=\lim_{x\to\infty}\frac{2}{\sqrt{1+\frac{2}{x}}+1}=\mathbf{1}$$

(4) $$(\text{준 식})=\lim_{x\to0}\left\{\frac{1}{x}\times\frac{-x^2-4x}{4(x+2)^2}\right\}$$
$$=\lim_{x\to0}\frac{-(x+4)}{4(x+2)^2}=-\frac{\mathbf{1}}{\mathbf{4}}$$

**1**-8. 모든 양의 실수 $x$에 대하여 $3x^2+2x>0$이므로 주어진 부등식에서

$$\frac{4x^2+3x}{3x^2+2x}<\frac{f(x)}{3x^2+2x}<\frac{4x^2+5x}{3x^2+2x}$$

이때,

$$\lim_{x\to\infty}\frac{4x^2+3x}{3x^2+2x}=\lim_{x\to\infty}\frac{4x^2+5x}{3x^2+2x}=\frac{4}{3}$$

이므로 함수의 극한의 대소 관계에 의하여

$$\lim_{x\to\infty}\frac{f(x)}{3x^2+2x}=\mathbf{\frac{4}{3}}$$

**1**-9. $0\le\frac{1}{x}-\left[\frac{1}{x}\right]<1$이므로

$x>0$일 때 $\quad -x<x\left(\left[\frac{1}{x}\right]-\frac{1}{x}\right)\le 0$

$x<0$일 때 $\quad 0\le x\left(\left[\frac{1}{x}\right]-\frac{1}{x}\right)<-x$

이때, $\lim_{x\to0}0=\lim_{x\to0}(-x)=0$이므로 함수의 극한의 대소 관계에 의하여

$$\lim_{x\to0}x\left(\left[\frac{1}{x}\right]-\frac{1}{x}\right)=\mathbf{0}$$

**1**-10. (1) $0<x<2$에서 $f(x)=2$(상수함수)이므로

$f(f(x))=f(2)$ (상수함수)

$\therefore \lim_{x\to0+}f(f(x))=f(2)=0$

$x\longrightarrow 0-$ 일 때 $f(x)=t$로 놓으면 $t\longrightarrow 0+$ 이므로

$$\lim_{x\to0-}f(f(x))=\lim_{t\to0+}f(t)=2$$

따라서 극한값은 존재하지 않는다.

(2) $x\longrightarrow 2+$ 일 때 $f(x)=t$로 놓으면 $t\longrightarrow 0-$ 이므로

$$\lim_{x\to2+}f(f(x))=\lim_{t\to0-}f(t)=0$$

또, $0<x<2$에서 $f(x)=2$(상수함수)이므로

$f(f(x))=f(2)$ (상수함수)

$\therefore \lim_{x\to2-}f(f(x))=f(2)=0$

$\therefore \lim_{x\to2}f(f(x))=\mathbf{0}$

**1**-11. 원 P의 반지름의 길이를 $r$라고 하면 $y$축에 접하므로

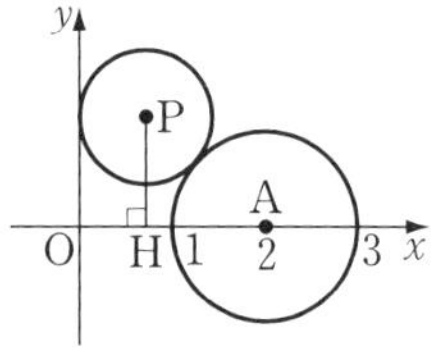


$\mathrm{P}(r,\ a)$, $\overline{\mathrm{PH}}=|a|$

로 놓을 수 있다.

또, 원 P와 원 A는 외접하므로

$$\sqrt{(r-2)^2+a^2}=r+1\ (=\overline{\mathrm{PA}})$$

양변을 제곱하여 정리하면

$$a^2=6r-3$$

$$\therefore \lim_{r\to\infty}\frac{\overline{\mathrm{PH}}^2}{\overline{\mathrm{PA}}}=\lim_{r\to\infty}\frac{6r-3}{r+1}=\mathbf{6}$$

**1**-12.

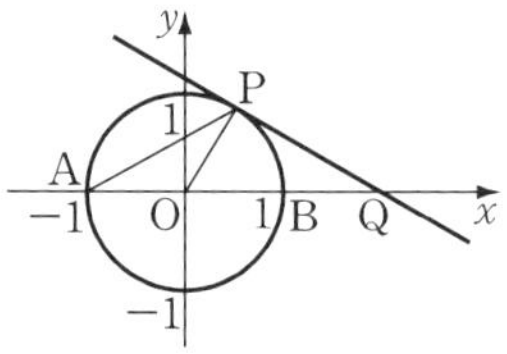


$$\frac{\triangle\mathrm{PAQ}}{\triangle\mathrm{POQ}}=\frac{\overline{\mathrm{AQ}}}{\overline{\mathrm{OQ}}}=\frac{\overline{\mathrm{OQ}}+1}{\overline{\mathrm{OQ}}}$$

한편 $\mathrm{P}(a,\ b)$라고 하면

$$a^2+b^2=1$$

또, 점 P를 지나는 접선은 반지름 OP와 수직이므로 접선의 기울기는 $-\frac{a}{b}$이다. 따라서 접선의 방정식은

$$y-b=-\frac{a}{b}(x-a)$$

점 Q의 $x$좌표는 이 직선의 $x$절편이므로 $y=0$을 대입하면

$$-b=-\frac{a}{b}(x-a)\quad \therefore\ x=\frac{a^2+b^2}{a}=\frac{1}{a}$$

점 P가 점 B에 한없이 가까워지면 $a\longrightarrow 1-$ 이므로

$$\lim_{a\to1-}\frac{\triangle\mathrm{PAQ}}{\triangle\mathrm{POQ}}=\lim_{a\to1-}\frac{\overline{\mathrm{OQ}}+1}{\overline{\mathrm{OQ}}}$$

$$=\lim_{a\to 1-}\frac{(1/a)+1}{1/a}=\mathbf{2}$$

**1**-13. (1) $x \longrightarrow 1$일 때 극한값이 존재하고 (분모) $\longrightarrow 0$이므로 (분자) $\longrightarrow 0$이어야 한다.

$\therefore \lim_{x\to 1}(x^2+ax-3)=0$

$\therefore a-2=0 \quad \therefore \boldsymbol{a=2}$

$$\therefore \boldsymbol{b}=\lim_{x\to 1}\frac{x^2+ax-3}{x-1}=\lim_{x\to 1}\frac{x^2+2x-3}{x-1}=\lim_{x\to 1}\frac{(x-1)(x+3)}{x-1}=\lim_{x\to 1}(x+3)=\mathbf{4}$$

(2) $x \longrightarrow 2$일 때 극한값이 존재하고 (분모) $\longrightarrow 0$이므로 (분자) $\longrightarrow 0$이어야 한다.

$\therefore \lim_{x\to 2}(x^2+ax+b)=0$

$\therefore 4+2a+b=0 \quad \therefore b=-2a-4$

$$\therefore (\text{좌변})=\lim_{x\to 2}\frac{x^2+ax-2a-4}{x-2}=\lim_{x\to 2}\frac{(x-2)(x+a+2)}{x-2}=\lim_{x\to 2}(x+a+2)=a+4$$

$\therefore a+4=5 \quad \therefore \boldsymbol{a=1}$

$\therefore \boldsymbol{b=-6}$

(3) $x \longrightarrow 2$일 때 극한값이 존재하고 (분모) $\longrightarrow 0$이므로 (분자) $\longrightarrow 0$이어야 한다.

$\therefore \lim_{x\to 2}(x^3-2x^2+ax+b)=0$

$\therefore 8-8+2a+b=0 \quad \therefore b=-2a$

$$\therefore (\text{좌변})=\lim_{x\to 2}\frac{x^3-2x^2+ax-2a}{x^2+x-6}=\lim_{x\to 2}\frac{(x-2)(x^2+a)}{(x-2)(x+3)}=\lim_{x\to 2}\frac{x^2+a}{x+3}=\frac{a+4}{5}$$

$\therefore \frac{a+4}{5}=\frac{1}{5} \quad \therefore \boldsymbol{a=-3} \quad \therefore \boldsymbol{b=6}$

(4) $x \longrightarrow -2$일 때 0이 아닌 극한값이 존재하고 (분자) $\longrightarrow 0$이므로 (분모) $\longrightarrow 0$이어야 한다.

$\therefore \lim_{x\to -2}(ax^2+bx+4)=0$

$\therefore 4a-2b+4=0 \quad \therefore b=2a+2$

$$\therefore (\text{좌변})=\lim_{x\to -2}\frac{x+2}{ax^2+(2a+2)x+4}=\lim_{x\to -2}\frac{x+2}{(x+2)(ax+2)}=\lim_{x\to -2}\frac{1}{ax+2}=\frac{1}{-2a+2}$$

$\therefore \frac{1}{-2a+2}=\frac{1}{4}$

$\therefore \boldsymbol{a=-1} \quad \therefore \boldsymbol{b=0}$

**1**-14. $\lim_{x\to\infty}f(x)=1$이므로 분자 $ax^3+bx^2+cx+d$는 분모와 차수가 같은 이차식이다. $\therefore a=0$

$$\therefore \lim_{x\to\infty}f(x)=\lim_{x\to\infty}\frac{bx^2+cx+d}{x^2+x-2}=b$$

$\therefore b=1$

또, $\lim_{x\to 1}f(x)=2$에서

$$\lim_{x\to 1}\frac{x^2+cx+d}{x^2+x-2}=\lim_{x\to 1}\frac{x^2+cx+d}{(x-1)(x+2)}=2$$

$\therefore \lim_{x\to 1}(x^2+cx+d)=0$

$\therefore 1+c+d=0 \quad \therefore d=-c-1$

이때,

$$\lim_{x\to 1}\frac{x^2+cx+d}{(x-1)(x+2)}=\lim_{x\to 1}\frac{x^2+cx-c-1}{(x-1)(x+2)}=\lim_{x\to 1}\frac{(x-1)(x+c+1)}{(x-1)(x+2)}=\frac{2+c}{3}$$

$\therefore \frac{2+c}{3}=2 \quad \therefore c=4 \quad \therefore d=-5$

$\therefore f(x)=\frac{x^2+4x-5}{x^2+x-2} \quad \therefore \boldsymbol{f(2)=\frac{7}{4}}$

**1**-15. $\displaystyle\lim_{x\to\infty}\frac{f(x)-2x^3}{x^2}=1$ ……①

$\displaystyle\lim_{x\to 0}\frac{f(x)}{x}=-3$ ……②

①에서 $f(x)-2x^3$은 이차식이므로

$f(x)-2x^3=ax^2+bx+c\ (a\neq 0)$

곧, $f(x)=2x^3+ax^2+bx+c$로 놓으면 ①은

$\displaystyle\lim_{x\to\infty}\frac{ax^2+bx+c}{x^2}=1 \quad \therefore\ a=1$

또, ②에서

$\displaystyle\lim_{x\to 0}\frac{f(x)}{x}=\lim_{x\to 0}\frac{2x^3+x^2+bx+c}{x}=-3$

$\therefore\ \displaystyle\lim_{x\to 0}(2x^3+x^2+bx+c)=0 \quad \therefore\ c=0$

이때,

$\displaystyle\lim_{x\to 0}\frac{f(x)}{x}=\lim_{x\to 0}\frac{2x^3+x^2+bx}{x}$

$\displaystyle=\lim_{x\to 0}\frac{x(2x^2+x+b)}{x}$

$\displaystyle=\lim_{x\to 0}(2x^2+x+b)=b$

$\therefore\ b=-3 \quad \therefore\ \boldsymbol{f(x)=2x^3+x^2-3x}$

**2**-1. (1) $f(0)=-1$, 곧 $f(0)$은 정의된다.

또, $\displaystyle\lim_{x\to 0}f(x)=\lim_{x\to 0}\frac{3x-1}{x+1}=-1$

$\therefore\ \displaystyle\lim_{x\to 0}f(x)=f(0)$

따라서 $f(x)$는 $x=0$에서 연속

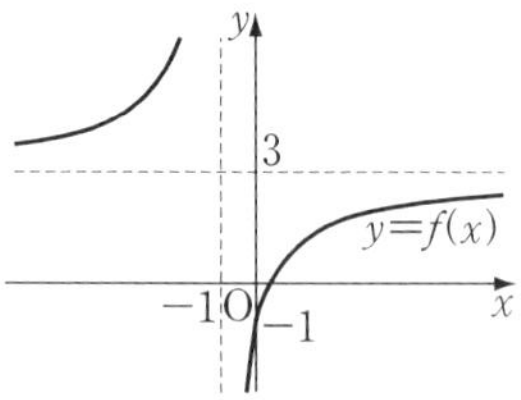


(2) $f(0)=0$, 곧 $f(0)$은 정의된다.

또, $\displaystyle\lim_{x\to 0}f(x)=\lim_{x\to 0}(x^2+1)=1$

$\therefore\ \displaystyle\lim_{x\to 0}f(x)\neq f(0)$

따라서 $f(x)$는 $x=0$에서 불연속

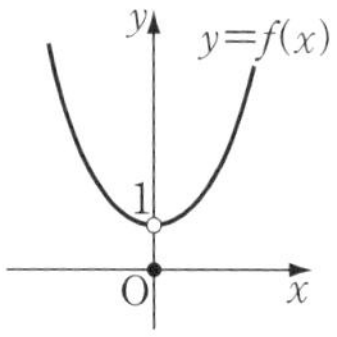


**2**-2. $x=0$에서 연속이므로

$\displaystyle\lim_{x\to 0}f(x)=f(0)$

그런데

$\displaystyle\lim_{x\to 0}f(x)=\lim_{x\to 0}\frac{\sqrt{1+x}-\sqrt{1-x}}{x}$

$\displaystyle=\lim_{x\to 0}\frac{2x}{x(\sqrt{1+x}+\sqrt{1-x})}$

$\displaystyle=\lim_{x\to 0}\frac{2}{\sqrt{1+x}+\sqrt{1-x}}=1$

이고 $f(0)=a$이므로 $\boldsymbol{a=1}$

**2**-3. $f(x)$는 실수 전체의 집합에서 연속이고, $g(x)$는 $x=1$에서만 불연속이므로 $f(x)g(x)$가 $x=1$에서 연속이면 실수 전체의 집합에서 연속이다.

$x=1$에서 연속이려면

$\displaystyle\lim_{x\to 1}f(x)g(x)=f(1)g(1)$

$\therefore\ \displaystyle\lim_{x\to 1}\frac{x^2+ax+b}{x-1}=a+b+1$ …①

$x \longrightarrow 1$일 때 극한값이 존재하고 (분모) $\longrightarrow 0$이므로 (분자) $\longrightarrow 0$이어야 한다.

$\therefore\ \displaystyle\lim_{x\to 1}(x^2+ax+b)=0$

$\therefore\ 1+a+b=0$ ……②

이때,

$x^2+ax+b=x^2+ax-a-1$

$=(x-1)(x+a+1)$

이므로 ①의 좌변은

$\displaystyle\lim_{x\to 1}\frac{x^2+ax+b}{x-1}=\lim_{x\to 1}(x+a+1)$

$=a+2$

$\therefore\ a+2=a+b+1 \quad \therefore\ \boldsymbol{b=1}$

②에 대입하면 $\boldsymbol{a=-2}$

**2**-4.

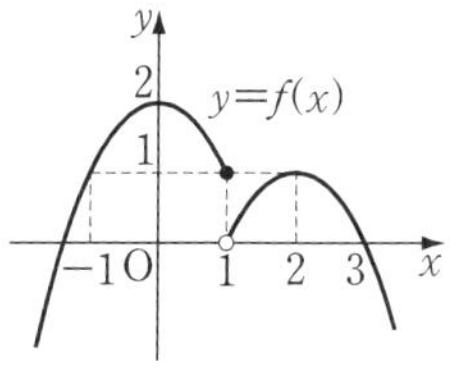


$f(x)$는 $x=1$에서 불연속이고,
$f(x)=1$의 해는 $x=-1, 1, 2$이다.

$x=1$에서

$$\lim_{x\to1+}g(x)=\lim_{x\to1+}f\big(f(x)\big)=\lim_{t\to0+}f(t)=2,$$

$$\lim_{x\to1-}g(x)=\lim_{x\to1-}f\big(f(x)\big)=\lim_{t\to1+}f(t)=0$$

이므로 $g(x)$는 $x=1$에서 불연속이다.

$x=-1$에서

$$\lim_{x\to-1+}g(x)=\lim_{x\to-1+}f\big(f(x)\big)=\lim_{t\to1+}f(t)=0,$$

$$\lim_{x\to-1-}g(x)=\lim_{x\to-1-}f\big(f(x)\big)=\lim_{t\to1-}f(t)=1$$

이므로 $g(x)$는 $x=-1$에서 불연속이다.

$x=2$에서

$$\lim_{x\to2}g(x)=\lim_{x\to2}f\big(f(x)\big)=\lim_{t\to1-}f(t)=1$$

이고, $g(2)=f\big(f(2)\big)=f(1)=1$이므로 $g(x)$는 $x=2$에서 연속이다.

따라서 $g(x)$는 $\boldsymbol{x=-1, 1}$에서 불연속이다.

**2**-5. (1) $f(x)=x^3+2x+2$로 놓으면 $f(x)$는 구간 $[-1, 0]$에서 연속이고

$$f(-1)=-1<0,\ f(0)=2>0$$

따라서 사잇값의 정리에 의하여 방정식 $f(x)=0$은 구간 $(-1, 0)$에서 적어도 하나의 실근을 가진다.

(2) $f(x)=\dfrac{2x-1}{x^3+1}-x+1$로 놓으면

$f(x)$는 구간 $\left[\dfrac{1}{2}, 2\right]$에서 연속이고

$$f\left(\frac{1}{2}\right)=\frac{1}{2}>0,\ f(2)=-\frac{2}{3}<0$$

따라서 사잇값의 정리에 의하여 방정식 $f(x)=0$은 구간 $\left(\dfrac{1}{2}, 2\right)$에서 적어도 하나의 실근을 가진다.

(3) $f(x)=x^2-1-\sqrt{-x}$로 놓으면 $f(x)$는 구간 $[-2, -1]$에서 연속이고

$$f(-2)=3-\sqrt{2}>0,$$
$$f(-1)=-1<0$$

따라서 사잇값의 정리에 의하여 방정식 $f(x)=0$은 구간 $(-2, -1)$에서 적어도 하나의 실근을 가진다.

**3**-1. $y=f(x)$에서

$$\frac{\Delta y}{\Delta x}=\frac{f(4)-f(1)}{4-1}=\frac{63-0}{3}=21,$$

$$f'(c)=\lim_{\Delta x\to0}\frac{f(c+\Delta x)-f(c)}{\Delta x}$$
$$=\lim_{\Delta x\to0}\frac{\{(c+\Delta x)^3-1\}-(c^3-1)}{\Delta x}$$
$$=\lim_{\Delta x\to0}\{3c^2+3c\Delta x+(\Delta x)^2\}$$
$$=3c^2$$

문제의 조건으로부터 $21=3c^2$

$1<c<4$이므로 $\boldsymbol{c=\sqrt{7}}$

**3**-2. (1) (준 식)

$$=\lim_{h\to0}\left\{\frac{f(a-h)-f(a)}{-h}\times(-1)\right\}$$
$$=f'(a)\times(-1)=1\times(-1)=\mathbf{-1}$$

(2) (준 식)$=-\lim_{h\to0}\left\{\dfrac{f(a+2h)-f(a)}{2h}\times2\right\}$

$$=-f'(a)\times2=-1\times2=\mathbf{-2}$$

(3) (준 식)

$$=\lim_{h\to0}\frac{f(a+3h)-f(a)+f(a)-f(a-2h)}{h}$$
$$=\lim_{h\to0}\left\{\frac{f(a+3h)-f(a)}{h}-\frac{f(a-2h)-f(a)}{h}\right\}$$
$$=\lim_{h\to0}\left\{\frac{f(a+3h)-f(a)}{3h}\times3-\frac{f(a-2h)-f(a)}{-2h}\times(-2)\right\}$$
$$=f'(a)\times3-f'(a)\times(-2)$$

$=5f'(a)=\mathbf{5}$

(4) (준 식) $=\lim_{h\to0}\left\{\frac{f(a+h^3)-f(a)}{h^3}\times h^2\right\}$

$=f'(a)\times0=\mathbf{0}$

**3**-3. (1) (준 식)

$=\lim_{x\to2}\left\{\frac{f(x)-f(2)}{x-2}\times\frac{1}{x+2}\right\}$

$=f'(2)\times\frac{1}{4}=\mathbf{\frac{3}{4}}$

(2) (준 식)

$=\lim_{x\to2}\left\{\frac{x-2}{f(x)-f(2)}\times(x^2+2x+4)\right\}$

$=\lim_{x\to2}\left\{\frac{1}{\frac{f(x)-f(2)}{x-2}}\times(x^2+2x+4)\right\}$

$=\frac{1}{f'(2)}\times12=\mathbf{4}$

**3**-4. (1) (준 식)

$=\lim_{x\to a}\left\{\frac{f(x^3)-f(a^3)}{x^3-a^3}\times(x^2+ax+a^2)\right\}$

$=\boldsymbol{3a^2f'(a^3)}$

(2) (준 식)

$=\lim_{x\to a}\frac{af(x)-af(a)+af(a)-xf(a)}{x-a}$

$=\lim_{x\to a}\left\{a\times\frac{f(x)-f(a)}{x-a}-f(a)\right\}$

$=\boldsymbol{af'(a)-f(a)}$

**3**-5. (i) $\lim_{x\to1}f(x)=\lim_{x\to1}|x-1|=0$

$f(1)=0$이므로 $f(1)=\lim_{x\to1}f(x)$

따라서 $f(x)$는 $x=1$에서 연속이다.

(ii) $\lim_{h\to0}\frac{f(1+h)-f(1)}{h}=\lim_{h\to0}\frac{|h|-0}{h}$

$=\lim_{h\to0}\frac{|h|}{h}$

그런데

$\lim_{h\to0-}\frac{|h|}{h}=-1,\quad \lim_{h\to0+}\frac{|h|}{h}=1$

이므로 극한값이 존재하지 않는다.

따라서 $f(x)$는 $x=1$에서 미분가능하지 않다.

**3**-6. (1) $f(x)=3x^2$으로 놓으면

$f'(x)=\lim_{\Delta x\to0}\frac{f(x+\Delta x)-f(x)}{\Delta x}$

$=\lim_{\Delta x\to0}\frac{3(x+\Delta x)^2-3x^2}{\Delta x}$

$=\lim_{\Delta x\to0}(6x+3\Delta x)=\boldsymbol{6x}$

$\therefore f'(1)=6\times1=\mathbf{6}$

(2) $f(x)=x^2+4x+3$으로 놓으면

$f(x+\Delta x)-f(x)$

$=\left\{(x+\Delta x)^2+4(x+\Delta x)+3\right\}-(x^2+4x+3)$

$=(2x+\Delta x+4)\Delta x$

이므로

$f'(x)=\lim_{\Delta x\to0}\frac{f(x+\Delta x)-f(x)}{\Delta x}$

$=\lim_{\Delta x\to0}(2x+\Delta x+4)$

$=\boldsymbol{2x+4}$

$\therefore f'(1)=2\times1+4=\mathbf{6}$

(3) $f(x)=x^3+1$로 놓으면

$f'(x)=\lim_{\Delta x\to0}\frac{f(x+\Delta x)-f(x)}{\Delta x}$

$=\lim_{\Delta x\to0}\frac{\left\{(x+\Delta x)^3+1\right\}-(x^3+1)}{\Delta x}$

$=\lim_{\Delta x\to0}\left\{3x^2+3x\Delta x+(\Delta x)^2\right\}$

$=\boldsymbol{3x^2}$

$\therefore f'(1)=3\times1^2=\mathbf{3}$

(4) $f(x)=\sqrt{x}$로 놓으면

$f'(x)=\lim_{\Delta x\to0}\frac{f(x+\Delta x)-f(x)}{\Delta x}$

$=\lim_{\Delta x\to0}\frac{\sqrt{x+\Delta x}-\sqrt{x}}{\Delta x}$

$=\lim_{\Delta x\to0}\frac{\left(\sqrt{x+\Delta x}-\sqrt{x}\right)\left(\sqrt{x+\Delta x}+\sqrt{x}\right)}{\Delta x\left(\sqrt{x+\Delta x}+\sqrt{x}\right)}$

$=\lim_{\Delta x\to0}\frac{1}{\sqrt{x+\Delta x}+\sqrt{x}}=\boldsymbol{\frac{1}{2\sqrt{x}}}$

$\therefore\ f'(1)=\dfrac{1}{2\sqrt{1}}=\mathbf{\dfrac{1}{2}}$

(5) $f(x)=\sqrt{x}+2$로 놓으면

$$f'(x)=\lim_{\Delta x\to0}\frac{f(x+\Delta x)-f(x)}{\Delta x}$$

$$=\lim_{\Delta x\to0}\frac{(\sqrt{x+\Delta x}+2)-(\sqrt{x}+2)}{\Delta x}$$

$$=\lim_{\Delta x\to0}\frac{\sqrt{x+\Delta x}-\sqrt{x}}{\Delta x}$$

$$=\lim_{\Delta x\to0}\frac{(\sqrt{x+\Delta x}-\sqrt{x})(\sqrt{x+\Delta x}+\sqrt{x})}{\Delta x(\sqrt{x+\Delta x}+\sqrt{x})}$$

$$=\lim_{\Delta x\to0}\frac{1}{\sqrt{x+\Delta x}+\sqrt{x}}=\mathbf{\frac{1}{2\sqrt{x}}}$$

$\therefore\ f'(1)=\dfrac{1}{2\sqrt{1}}=\mathbf{\dfrac{1}{2}}$

(6) $f(x)=\dfrac{1}{x}$로 놓으면

$$f'(x)=\lim_{\Delta x\to0}\frac{f(x+\Delta x)-f(x)}{\Delta x}$$

$$=\lim_{\Delta x\to0}\frac{\dfrac{1}{x+\Delta x}-\dfrac{1}{x}}{\Delta x}$$

$$=\lim_{\Delta x\to0}\frac{-\Delta x}{\Delta x(x+\Delta x)x}$$

$$=\lim_{\Delta x\to0}\frac{-1}{(x+\Delta x)x}=-\mathbf{\frac{1}{x^2}}$$

$\therefore\ f'(1)=-\dfrac{1}{1^2}=\mathbf{-1}$

**3**-7. (1) $y'=(2x-5)'(4x^2+7x-5)$
$+(2x-5)(4x^2+7x-5)'$
$=2(4x^2+7x-5)+(2x-5)(8x+7)$
$=\mathbf{24x^2-12x-45}$

(2) $y'=(x^2-1)'(1-2x)(3x-5)$
$+(x^2-1)(1-2x)'(3x-5)$
$+(x^2-1)(1-2x)(3x-5)'$
$=2x(1-2x)(3x-5)$
$+(x^2-1)\times(-2)\times(3x-5)$
$+(x^2-1)(1-2x)\times3$
$=\mathbf{-24x^3+39x^2+2x-13}$

(3) $y'=6\{3(3x-1)^2(3x-1)'\}$
$-2\{2(3x-1)(3x-1)'\}$
$=18(3x-1)^2\times3-4(3x-1)\times3$
$=\mathbf{6(3x-1)(27x-11)}$

(4) $y'=\{(x^2-1)^5\}'(x+6)^7$
$+(x^2-1)^5\{(x+6)^7\}'$
$=5(x^2-1)^4\times2x\times(x+6)^7$
$+(x^2-1)^5\times7(x+6)^6$
$=\mathbf{(x^2-1)^4(x+6)^6(17x^2+60x-7)}$

**3**-8. (준 식)
$=(x^2+\sqrt{2}x+1)'(x^2-\sqrt{2}x+1)$
$+(x^2+\sqrt{2}x+1)(x^2-\sqrt{2}x+1)'$
$=(2x+\sqrt{2})(x^2-\sqrt{2}x+1)$
$+(x^2+\sqrt{2}x+1)(2x-\sqrt{2})$
$=\mathbf{4x^3}$

****Note*** (준 식)$=\dfrac{d}{dx}\{(x^2+1)^2-(\sqrt{2}x)^2\}$
$=\dfrac{d}{dx}(x^4+1)=\mathbf{4x^3}$

**3**-9. $f'(x)=2(x^5+x)(x^5+x)'$
$=2(x^5+x)(5x^4+1)$
$\therefore\ f'(1)=2(1^5+1)(5\times1^4+1)=\mathbf{24}$

**3**-10. $f'(x)=2x+a$이므로 조건식은
$x(2x+a)-3(x^2+ax+b)+x^2-3=0$
$\therefore\ -2ax-3b-3=0$
$x$에 관한 항등식이므로
$-2a=0,\ -3b-3=0$
$\therefore\ \mathbf{a=0,\ b=-1}$

**3**-11. $\displaystyle\lim_{x\to2}\frac{x-2}{f(x)-f(2)}=\lim_{x\to2}\frac{1}{\dfrac{f(x)-f(2)}{x-2}}$
$=\dfrac{1}{f'(2)}=\dfrac{1}{8}$
$\therefore\ f'(2)=8$
한편 $f'(x)=5x^4+3ax^2$이므로
$f'(2)=80+12a=8\quad\therefore\ \mathbf{a=-6}$

**3**-12. 첫 번째 조건식에서 $f(x)$는 이차식이므로 $\boldsymbol{a=0}$

이때,

$$\lim_{x\to\infty}\frac{f(x)}{x^2-5x+5}=\lim_{x\to\infty}\frac{bx^2+cx+1}{x^2-5x+5}=2$$

$\therefore$ $\boldsymbol{b=2}$

두 번째 조건식에서 $f'(1)=5$

한편 $f(x)=2x^2+cx+1$이므로

$f'(x)=4x+c$

$\therefore$ $f'(1)=4+c=5$ $\quad\therefore$ $\boldsymbol{c=1}$

**3**-13. $f(a)=\displaystyle\lim_{x\to a}\frac{x^3-a^3}{x-a}$

$$=\lim_{x\to a}\frac{(x-a)(x^2+ax+a^2)}{x-a}$$

$$=\lim_{x\to a}(x^2+ax+a^2)=3a^2$$

또,

(준 식)

$$=\lim_{h\to 0}\frac{f(a+h)-f(a)+f(a)-f(a-h)}{h}$$

$$=\lim_{h\to 0}\left\{\frac{f(a+h)-f(a)}{h}+\frac{f(a-h)-f(a)}{-h}\right\}$$

$=f'(a)+f'(a)=2f'(a)$

한편 $f(a)=3a^2$이므로 $f'(a)=6a$

$\therefore$ (준 식)$=2\times6a=\boldsymbol{12a}$

**3**-14. $f(x)=x^n-3x$로 놓으면 $f(1)=-2$이므로

$$\lim_{x\to1}\frac{x^n-3x+2}{x-1}=\lim_{x\to1}\frac{f(x)-f(1)}{x-1}$$

$=f'(1)$

한편 $f'(x)=nx^{n-1}-3$이므로

$f'(1)=n-3$ $\quad\therefore$ $n-3=10$

$\therefore$ $\boldsymbol{n=13}$

**3**-15. $f_1(x)=ax^2$, $f_2(x)=6x-b$ 로 놓으면

$f_1'(x)=2ax$, $f_2'(x)=6$

(i) $f(x)$는 $x=1$에서 연속이므로

$f_1(1)=f_2(1)$ $\quad\therefore$ $a=6-b$ …①

(ii) $f(x)$는 $x=1$에서 미분가능하므로

$f_1'(1)=f_2'(1)$ $\quad\therefore$ $2a=6$

$\therefore$ $\boldsymbol{a=3}$

①에 대입하면 $\boldsymbol{b=3}$

**3**-16. 몫을 $Q(x)$, 나머지를 $ax+b$라고 하면

$x^{10}=(x-1)^2Q(x)+ax+b$ $\quad$ …①

양변에 $x=1$을 대입하면

$1=a+b$ $\quad$ ……②

①의 양변을 $x$에 관하여 미분하면

$10x^9=2(x-1)Q(x)+(x-1)^2Q'(x)+a$

양변에 $x=1$을 대입하면 $10=a$

②에 대입하면 $b=-9$

따라서 구하는 나머지는 $\boldsymbol{10x-9}$

**3**-17. 몫을 $Q(x)$라고 하면

$x^{10}+ax+b=(x-1)^2Q(x)$ $\quad$ …①

양변에 $x=1$을 대입하면

$1+a+b=0$ $\quad$ ……②

①의 양변을 $x$에 관하여 미분하면

$10x^9+a=2(x-1)Q(x)+(x-1)^2Q'(x)$

양변에 $x=1$을 대입하면

$10+a=0$ $\quad\therefore$ $\boldsymbol{a=-10}$

②에 대입하면 $\boldsymbol{b=9}$

****Note*** $f(x)=x^{10}+ax+b$로 놓고

$f(1)=0$, $f'(1)=0$

일 조건을 찾아도 된다.

**3**-18. 몫을 $Q(x)$, 나머지를 $ax+b$라고 하면

$f(x)=(x-1)^2Q(x)+ax+b$

$f(1)=2$에서 $a+b=2$

또,

$f'(x)=2(x-1)Q(x)+(x-1)^2Q'(x)+a$

이므로 $f'(1)=3$에서

$a=3$ $\quad\therefore$ $b=-1$

따라서 구하는 나머지는 $\boldsymbol{3x-1}$

**4**-1. $f(x)=x^3+ax^2+bx$로 놓으면

$$f'(x)=3x^2+2ax+b$$

문제의 조건에서

$$f(1)=5,\ f'(-1)=1$$

$\therefore\ 1+a+b=5,\ 3-2a+b=1$

$\therefore\ \boldsymbol{a=2,\ b=2}$

**4**-2. $f(x)=x^3+ax^2+bx+c$로 놓으면

$$f'(x)=3x^2+2ax+b$$

문제의 조건에서

$$f(1)=3,\ f(2)=8,\ f'(2)=11$$

$\therefore\ 1+a+b+c=3,$

$8+4a+2b+c=8,$

$12+4a+b=11$

$\therefore\ \boldsymbol{a=1,\ b=-5,\ c=6}$

**4**-3. $f(x)=ax^3+bx^2+cx+d$로 놓으면

$$f'(x)=3ax^2+2bx+c$$

문제의 조건에서

$$f(0)=1,\ f'(0)=1,$$
$$f(3)=4,\ f'(3)=-2$$

$\therefore\ d=1,\ c=1,\ 27a+9b+3c+d=4,$

$27a+6b+c=-2$

$\therefore\ \boldsymbol{a=-\frac{1}{3},\ b=1,\ c=1,\ d=1}$

**4**-4. $f(x)=ax+2,\ g(x)=x^3$으로 놓으면

$$f'(x)=a,\ g'(x)=3x^2$$

$x=t$인 점에서 접한다고 하면

$f(t)=g(t)$에서 $at+2=t^3$ ……①

$f'(t)=g'(t)$에서 $a=3t^2$ ……②

②를 ①에 대입하면

$$3t^3+2=t^3 \quad \therefore\ t^3=-1$$

$t$는 실수이므로 $t=-1$

②에 대입하면 $\boldsymbol{a=3}$

**4**-5. $f(x)=ax^3-x,\ g(x)=bx^2+c$ 로 놓으면

$$f'(x)=3ax^2-1,\ g'(x)=2bx$$

두 곡선이 점 (1, 0)을 지나므로

$$f(1)=0,\ g(1)=0$$

$\therefore\ a-1=0,\ b+c=0$ ……①

$x=1$인 점에서 공통접선을 가지므로

$$f'(1)=g'(1)$$

$\therefore\ 3a-1=2b$ ……②

①, ②에서 $\boldsymbol{a=1,\ b=1,\ c=-1}$

**4**-6. $f(x)=x^2,\ g(x)=a-x^2$으로 놓으면

$$f'(x)=2x,\ g'(x)=-2x$$

두 곡선이 $x=t$인 점에서 만난다고 하면 $f(t)=g(t)$에서

$t^2=a-t^2$ ……①

두 곡선의 접선이 $x=t$인 점에서 직교하므로

$$f'(t)g'(t)=-1$$

$\therefore\ 2t\times(-2t)=-1 \quad \therefore\ t^2=\frac{1}{4}$

①에 대입하면 $\boldsymbol{a=\frac{1}{2}}$

**4**-7. $f(x)=x^3-4x^2+5x$로 놓으면

$$f'(x)=3x^2-8x+5$$

$x=2$인 점에서의 접선의 기울기는

$$f'(2)=3\times2^2-8\times2+5=1$$

따라서 점 (2, 2)를 지나고 기울기가 1인 직선이므로

$y-2=1\times(x-2) \quad \therefore\ \boldsymbol{y=x}$

**4**-8. $f(x)=x^3-3x^2+4$로 놓으면

$$f'(x)=3x^2-6x$$

$x=1$인 점에서의 접선의 기울기는

$$f'(1)=3-6=-3$$

이므로 점 (1, 2)에서의 법선의 기울기는 $\frac{1}{3}$이다.

따라서 구하는 직선의 방정식은

$y-2=\frac{1}{3}(x-1) \quad \therefore\ \boldsymbol{y=\frac{1}{3}x+\frac{5}{3}}$

**4**-9. $y'=2x$이므로 접선의 기울기가 $\tan45^\circ=1$인 접점의 $x$좌표는

$2x=1$에서 $x=\frac{1}{2}$

따라서 접점의 좌표는 $\left(\frac{1}{2},\ \frac{1}{4}\right)$이고 기울기가 1이므로

$$y-\frac{1}{4}=1\times\left(x-\frac{1}{2}\right)\qquad \therefore\ \boldsymbol{y=x-\frac{1}{4}}$$

**4**-10. $y'=3x^2-12$이고 직선 $9x+y-2=0$에 평행한 직선의 기울기는 $-9$이므로 $3x^2-12=-9$에서

$$x^2=1\qquad \therefore\ x=\pm1$$

$x=1$일 때 $y=-8$,
$x=-1$일 때 $y=14$

따라서 접점의 좌표는 $(1,\ -8)$, $(-1,\ 14)$이고 기울기는 $-9$이므로

$$y+8=-9(x-1),$$
$$y-14=-9(x+1)$$

$$\therefore\ \boldsymbol{y=-9x+1,\ y=-9x+5}$$

**4**-11. $y'=3x^2-3$이므로 접선의 기울기가 9인 접점의 $x$좌표는 $3x^2-3=9$에서

$$x^2=4\qquad \therefore\ x=\pm2$$

$x=2$일 때 $y=3$,
$x=-2$일 때 $y=-1$

따라서 두 접점의 좌표는 $(2,\ 3)$, $(-2,\ -1)$이고, 이 두 점 사이의 거리는

$$\sqrt{(2+2)^2+(3+1)^2}=\boldsymbol{4\sqrt{2}}$$

**4**-12. (1) $y'=x^3$이므로 곡선 위의 점 $\left(a,\ \frac{1}{4}a^4+3\right)$에서의 접선의 방정식은

$$y-\left(\frac{1}{4}a^4+3\right)=a^3(x-a)$$

$$\therefore\ y=a^3x-\frac{3}{4}a^4+3$$

이 직선이 점 $(0,\ 0)$을 지나므로

$$-\frac{3}{4}a^4+3=0\qquad \therefore\ a^4=4$$

$a$는 실수이므로 $a=\pm\sqrt{2}$

$$\therefore\ \boldsymbol{y=2\sqrt{2}\,x,\ y=-2\sqrt{2}\,x}$$

(2) $y'=3x^2-8x+5$이므로 곡선 위의 점 $(a,\ a^3-4a^2+5a-2)$에서의 접선의 방정식은

$$y-(a^3-4a^2+5a-2)=(3a^2-8a+5)(x-a)$$

$$\therefore\ y=(3a^2-8a+5)x-2a^3+4a^2-2$$

이 직선이 점 $(2,\ 8)$을 지나므로

$$8=(3a^2-8a+5)\times2-2a^3+4a^2-2$$

$$\therefore\ a(a^2-5a+8)=0$$

$a$는 실수이므로 $a=0$

$$\therefore\ \boldsymbol{y=5x-2}$$

**4**-13. $y'=3x^2-2$이므로 곡선 위의 점 $\mathrm{P}(a,\ a^3-2a)$에서의 접선의 방정식은

$$y-(a^3-2a)=(3a^2-2)(x-a)$$

$$\therefore\ y=(3a^2-2)x-2a^3$$

이 직선이 점 $(0,\ 2)$를 지나므로

$$2=-2a^3\qquad \therefore\ a^3=-1$$

$a$는 실수이므로 $a=-1$

따라서 접점은 $\mathrm{P}(-1,\ 1)$이고, 접선의 방정식은 $y=x+2$이다.

$y=x^3-2x$, $y=x+2$에서

$$x^3-2x=x+2$$

$$\therefore\ (x+1)^2(x-2)=0\qquad \therefore\ x=-1,\ 2$$

$$\therefore\ \mathrm{Q}(2,\ 4)$$

$$\therefore\ \overline{\mathrm{PQ}}=\sqrt{(2+1)^2+(4-1)^2}=\boldsymbol{3\sqrt{2}}$$

**4**-14. $y'=3x^2$이므로 접점의 좌표를 $(a,\ a^3+5)$라고 하면 접선의 방정식은

$$y-(a^3+5)=3a^2(x-a)$$

$$\therefore\ y=3a^2x-2a^3+5$$

이 직선이 점 $(0,\ 3)$을 지나므로

$$3=-2a^3+5\qquad \therefore\ a^3=1$$

$a$는 실수이므로 $a=1$

이때, 접점의 좌표는 $(1,\ 6)$이고 접선의 기울기는 3이므로 접선에 수직인 직선의 기울기는 $-\frac{1}{3}$이다.

$$\therefore\ y-6=-\frac{1}{3}(x-1)$$

$$\therefore\ \boldsymbol{y=-\frac{1}{3}x+\frac{19}{3}}$$

**4**-15.

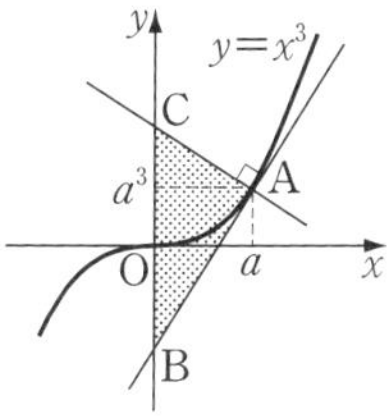


$y'=3x^2$이므로 점 $A(a,\ a^3)$에서의 접선의 방정식은

$$y-a^3=3a^2(x-a)$$

$\therefore\ y=3a^2x-2a^3 \quad \therefore\ B(0,\ -2a^3)$

또, 점 A에서의 법선의 기울기는 $-\dfrac{1}{3a^2}$이므로 법선의 방정식은

$$y-a^3=-\frac{1}{3a^2}(x-a)$$

$$\therefore\ y=-\frac{1}{3a^2}x+\frac{1}{3a}+a^3$$

$$\therefore\ C\left(0,\ \frac{1}{3a}+a^3\right)$$

$$\therefore\ S=\frac{1}{2}\left|\left(\frac{1}{3a}+a^3+2a^3\right)a\right|$$

$$=\frac{1}{6}+\frac{3}{2}a^4$$

$$\therefore\ \lim_{a\to0}S=\lim_{a\to0}\left(\frac{1}{6}+\frac{3}{2}a^4\right)=\boldsymbol{\frac{1}{6}}$$

**4**-16. $y'=4x^3$이므로 점 $(1,\ 1)$에서의 접선의 방정식은

$$y-1=4(x-1) \quad \therefore\ y=4x-3$$

$y=0$일 때 $x=a_1$이므로

$$0=4a_1-3 \quad \therefore\ a_1=\frac{3}{4}$$

또, 점 $(a_n,\ a_n^4)$에서의 접선의 방정식은 $y-a_n^4=4a_n^3(x-a_n)$

$y=0$일 때 $x=a_{n+1}$이므로

$$-a_n^4=4a_n^3(a_{n+1}-a_n)$$

$a_n\neq0$이므로 $\quad -a_n=4(a_{n+1}-a_n)$

$$\therefore\ a_{n+1}=\frac{3}{4}a_n\ (n=1,\ 2,\ 3,\ \cdots)$$

따라서 수열 $\{a_n\}$은 첫째항이 $a_1=\dfrac{3}{4}$, 공비가 $\dfrac{3}{4}$인 등비수열이다.

$$\therefore\ a_n=\frac{3}{4}\times\left(\frac{3}{4}\right)^{n-1}=\left(\frac{3}{4}\right)^n$$

$$\therefore\ \boldsymbol{a_{20}=\left(\frac{3}{4}\right)^{20}}$$

**4**-17. $f(x)$는 다항함수이므로 구간 $(-\infty,\ \infty)$에서 연속이고 미분가능하다.

(1) $f(0)<0,\ f(1)>0$이므로 사잇값의 정리에 의하여 $f(x)=0$은 구간 $(0,\ 1)$에서 적어도 하나의 실근을 가진다.

또, $f(1)>0,\ f(2)<0$이므로 사잇값의 정리에 의하여 $f(x)=0$은 구간 $(1,\ 2)$에서 적어도 하나의 실근을 가진다.

따라서 구간 $(0,\ 2)$에서 $f(x)=0$은 적어도 두 개의 실근을 가진다.

(2) $f(0)=f(2)$이므로 롤의 정리에 의하여 구간 $(0,\ 2)$에서 $f'(x)=0$은 적어도 하나의 실근을 가진다.

(3) 평균값 정리에 의하여

$$\frac{f(1)-f(0)}{1-0}=f'(c),\ 0<c<1$$

을 만족시키는 $c$가 적어도 하나 존재한다.

그런데 $f(1)=1,\ f(0)=-1$이므로 $f'(c)=2$이다.

따라서 구간 $(0,\ 1)$에서 $f'(x)=2$는 적어도 하나의 실근을 가진다.

**5**-1. $f'(x)=x^2+2ax+5a-4$

모든 실수 $x$에 대하여 $f'(x)\geq0$이므로

$D/4=a^2-(5a-4)\leq0 \quad \therefore\ \boldsymbol{1\leq a\leq4}$

**5**-2. $f'(x)=-3x^2+2ax-3$

모든 실수 $x$에 대하여 $f'(x)\leq0$이므로

$D/4=a^2-9\leq0 \quad \therefore\ \boldsymbol{-3\leq a\leq3}$

**5**-3. $f'(x)=6x^2-6(a+2)x+12a$

$$=6(x-2)(x-a)$$

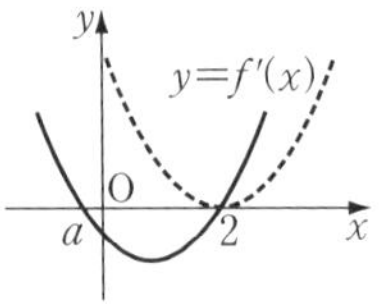


$x \geq 2$일 때 $f'(x) \geq 0$이어야 하므로 위의 그림에서

$a<2$ 또는 $a=2$ $\quad \therefore$ $\boldsymbol{a \leq 2}$

**5**-4. (1) $f'(x)=3x^2-3=3(x+1)(x-1)$

$f'(x)=0$에서 $\quad x=-1,\ 1$

| $x$ | $-\infty$ | $\cdots$ | $-1$ | $\cdots$ | $1$ | $\cdots$ | $\infty$ |
|---|---|---|---|---|---|---|---|
| $f'(x)$ | | $+$ | $0$ | $-$ | $0$ | $+$ | |
| $f(x)$ | $-\infty$ | ↗ | 극대 | ↘ | 극소 | ↗ | $\infty$ |

$\therefore$ **극댓값 $\boldsymbol{f(-1)=4}$,**

**극솟값 $\boldsymbol{f(1)=0}$**

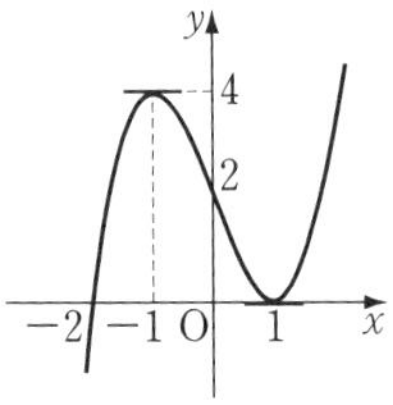


(2) $f'(x)=3-3x^2=-3(x+1)(x-1)$

$f'(x)=0$에서 $\quad x=-1,\ 1$

| $x$ | $-\infty$ | $\cdots$ | $-1$ | $\cdots$ | $1$ | $\cdots$ | $\infty$ |
|---|---|---|---|---|---|---|---|
| $f'(x)$ | | $-$ | $0$ | $+$ | $0$ | $-$ | |
| $f(x)$ | $\infty$ | ↘ | 극소 | ↗ | 극대 | ↘ | $-\infty$ |

$\therefore$ **극댓값 $\boldsymbol{f(1)=3}$,**

**극솟값 $\boldsymbol{f(-1)=-1}$**

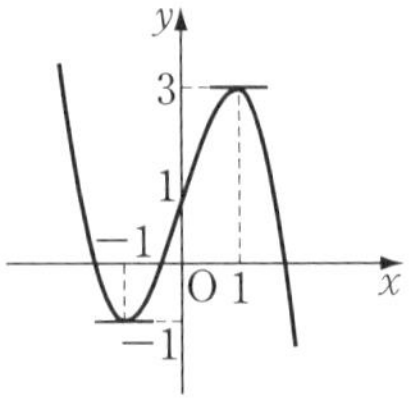


(3) $f'(x)=3x^2-6x-9=3(x+1)(x-3)$

$f'(x)=0$에서 $\quad x=-1,\ 3$

| $x$ | $-\infty$ | $\cdots$ | $-1$ | $\cdots$ | $3$ | $\cdots$ | $\infty$ |
|---|---|---|---|---|---|---|---|
| $f'(x)$ | | $+$ | $0$ | $-$ | $0$ | $+$ | |
| $f(x)$ | $-\infty$ | ↗ | 극대 | ↘ | 극소 | ↗ | $\infty$ |

$\therefore$ **극댓값 $\boldsymbol{f(-1)=32}$,**

**극솟값 $\boldsymbol{f(3)=0}$**

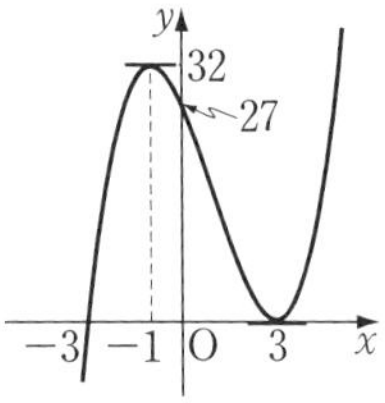


(4) $f'(x)=-3x^2+6x=-3x(x-2)$

$f'(x)=0$에서 $\quad x=0,\ 2$

| $x$ | $-\infty$ | $\cdots$ | $0$ | $\cdots$ | $2$ | $\cdots$ | $\infty$ |
|---|---|---|---|---|---|---|---|
| $f'(x)$ | | $-$ | $0$ | $+$ | $0$ | $-$ | |
| $f(x)$ | $\infty$ | ↘ | 극소 | ↗ | 극대 | ↘ | $-\infty$ |

$\therefore$ **극댓값 $\boldsymbol{f(2)=-2}$,**

**극솟값 $\boldsymbol{f(0)=-6}$**

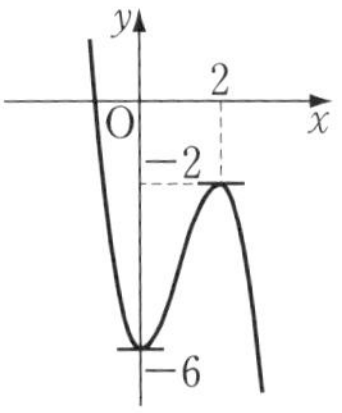


**5**-5. (1) $f'(x)=3x^2+6x+5$

$=3(x+1)^2+2>0$

따라서 $f(x)$는 구간 $(-\infty,\ \infty)$에서 증가하고 극값은 없다.

(2) $f'(x)=-3x^2+6x-3$

$=-3(x-1)^2 \leq 0$

따라서 $f(x)$는 구간 $(-\infty,\ \infty)$에서

감소하고 극값은 없다.

(1)

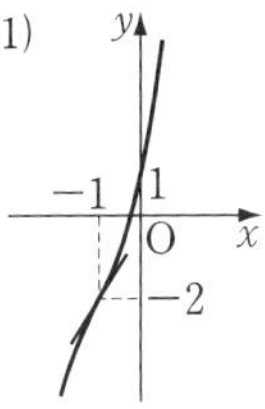


(2)

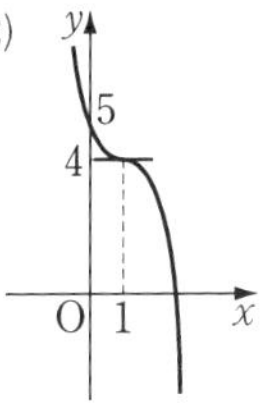


**5**-6. (1) $f'(x)=4x^3-12x^2+8x$

$=4x(x-1)(x-2)$

$f'(x)=0$에서 $x=0,\ 1,\ 2$

| $x$ | $\cdots$ | 0 | $\cdots$ | 1 | $\cdots$ | 2 | $\cdots$ |
|---|---|---|---|---|---|---|---|
| $f'(x)$ | − | 0 | + | 0 | − | 0 | + |
| $f(x)$ | ↘ | 극소 | ↗ | 극대 | ↘ | 극소 | ↗ |

∴ 극댓값 $\boldsymbol{f(1)=7}$,

극솟값 $\boldsymbol{f(0)=6}$, $\boldsymbol{f(2)=6}$

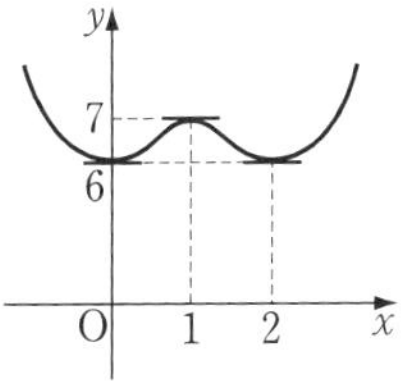


(2) $f'(x)=-4x^3+12x^2=-4x^2(x-3)$

$f'(x)=0$에서 $x=0,\ 3$

| $x$ | $\cdots$ | 0 | $\cdots$ | 3 | $\cdots$ |
|---|---|---|---|---|---|
| $f'(x)$ | + | 0 | + | 0 | − |
| $f(x)$ | ↗ | | ↗ | 극대 | ↘ |

∴ 극댓값 $\boldsymbol{f(3)=24}$

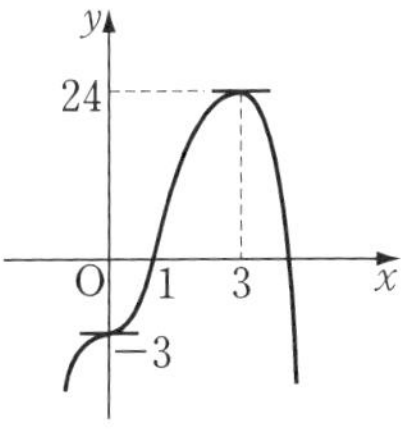


(3) $f'(x)=4x^3-12x^2+12x-4$

$=4(x-1)^3$

$f'(x)=0$에서 $x=1$

| $x$ | $\cdots$ | 1 | $\cdots$ |
|---|---|---|---|
| $f'(x)$ | − | 0 | + |
| $f(x)$ | ↘ | 극소 | ↗ |

∴ 극솟값 $\boldsymbol{f(1)=1}$

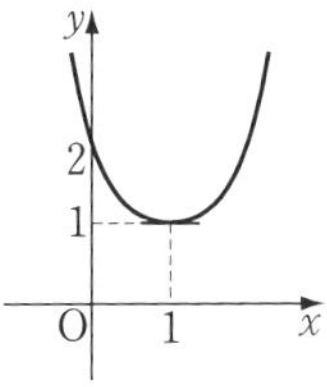


**5**-7. $f'(x)$의 부호를 조사하여 $f(x)$의 증감을 표로 나타내면 아래와 같다.

| $x$ | $\cdots$ | −1 | $\cdots$ | 2 | $\cdots$ | 4 | $\cdots$ |
|---|---|---|---|---|---|---|---|
| $f'(x)$ | − | 0 | + | 0 | − | 0 | + |
| $f(x)$ | ↘ | 극소 | ↗ | 극대 | ↘ | 극소 | ↗ |

답 ③

**5**-8. $f'(x)=3x^2-3a^2=3(x+a)(x-a)$

$f'(x)=0$에서 $x=-a,\ a$

$a>0$이므로 증감을 조사하면 아래와 같다.

| $x$ | $\cdots$ | $-a$ | $\cdots$ | $a$ | $\cdots$ |
|---|---|---|---|---|---|
| $f'(x)$ | + | 0 | − | 0 | + |
| $f(x)$ | ↗ | 극대 | ↘ | 극소 | ↗ |

$x=a$에서 극소이고, 극솟값이 $-8$이므로

$f(a)=a^3-3a^3+8=-8$ ∴ $a^3=8$

$a>0$이므로 $\boldsymbol{a=2}$

또, $x=-a=-2$에서 극대이므로 극댓값은

$f(-2)=(-2)^3-3\times2^2\times(-2)+8=\boldsymbol{24}$

**5**-9. $f'(x)=-4x^3+12x-8$
$=-4(x-1)^2(x+2)$

$f'(x)=0$에서 $x=1, -2$

| $x$ | $\cdots$ | $-2$ | $\cdots$ | $1$ | $\cdots$ |
|---|---|---|---|---|---|
| $f'(x)$ | $+$ | $0$ | $-$ | $0$ | $-$ |
| $f(x)$ | ↗ | 극대 | ↘ |  | ↘ |

$x=-2$에서 극대이고, 극댓값이 0이므로

$f(-2)=-16+24+16+a=0$

$\therefore$ $\boldsymbol{a=-24}$

또, 위의 증감표에서 극솟값은 없다.

**5**-10. (1) $f'(x)=3x^2+6ax+3b$

$x=1$, 2에서 극값을 가지므로

$f'(1)=3+6a+3b=0,$

$f'(2)=12+12a+3b=0$

연립하여 풀면 $\boldsymbol{a=-\frac{3}{2}}$, $\boldsymbol{b=2}$

(2) $x=1$에서 극대, $x=2$에서 극소이고

$f(x)=x^3-\frac{9}{2}x^2+6x+c$이므로

극댓값 : $f(1)=1-\frac{9}{2}+6+c=c+\frac{5}{2}$,

극솟값 : $f(2)=8-18+12+c=c+2$

따라서 극댓값과 극솟값의 차는

$\left(c+\frac{5}{2}\right)-(c+2)=\boldsymbol{\frac{1}{2}}$

(3) 극솟값이 $-2$이므로

$c+2=-2$ $\therefore$ $\boldsymbol{c=-4}$

따라서 극댓값은

$f(1)=c+\frac{5}{2}=-4+\frac{5}{2}=\boldsymbol{-\frac{3}{2}}$

**5**-11. $f'(x)=3x^2+2ax+b$

$f(x)$는 $x=-1$에서 극값을 가지므로

$f'(-1)=3-2a+b=0$ ……①

또, 곡선 $y=f(x)$는 점 $(0, 1)$을 지나고 이 점에서의 접선의 기울기가 1이므로

$f(0)=c=1$, $f'(0)=b=1$

①에 대입하면 $a=2$

$\therefore$ $f(x)=x^3+2x^2+x+1$

$\therefore$ $\boldsymbol{f(1)=5}$

**5**-12. $f(x)=ax^3+bx^2+cx+d\ (a\neq0)$로 놓으면

$f'(x)=3ax^2+2bx+c$

함수 $f(x)$가 $x=-1$에서 극댓값 5를 가지므로

$f(-1)=-a+b-c+d=5$ …①

$f'(-1)=3a-2b+c=0$ …②

또, 함수 $f(x)$가 $x=1$에서 극솟값 1을 가지므로

$f(1)=a+b+c+d=1$ ……③

$f'(1)=3a+2b+c=0$ ……④

①, ②, ③, ④를 연립하여 풀면

$a=1$, $b=0$, $c=-3$, $d=3$

$\therefore$ $\boldsymbol{f(x)=x^3-3x+3}$

**5**-13. $f'(x)=3x^2+2ax+a$

(1) $f'(x)=0$이 중근 또는 허근을 가져야 하므로

$D/4=a^2-3a\le0$ $\therefore$ $\boldsymbol{0\le a\le3}$

(2) $0<x<1$에서 $f'(x)=0$이 오직 하나의 실근을 가져야 하므로

$f'(0)f'(1)<0$

$\therefore$ $a(3+2a+a)<0$ $\therefore$ $\boldsymbol{-1<a<0}$

**5**-14. $f'(x)=4x^3-12(a-1)x^2+4(a^2-1)x$
$=4x\{x^2-3(a-1)x+a^2-1\}$

$f(x)$가 극댓값을 가지기 위해서는 $f'(x)=0$이 서로 다른 세 실근을 가져야 하므로

$g(x)=x^2-3(a-1)x+a^2-1=0$

이 0이 아닌 서로 다른 두 실근을 가지면 된다.

따라서 $g(0)=a^2-1\neq0$이고

$D=9(a-1)^2-4(a^2-1)$
$=(a-1)(5a-13)>0$

$\therefore$ $\boldsymbol{a<-1,\ -1<a<1,\ a>\frac{13}{5}}$

**6**-1. (1) $y'=3x^2-12=3(x+2)(x-2)$

$y'=0$에서 $x=-2,\ 2$

| $x$ | $-3$ | $\cdots$ | $-2$ | $\cdots$ | $2$ | $\cdots$ | $3$ |
|---|---|---|---|---|---|---|---|
| $y'$ | | $+$ | $0$ | $-$ | $0$ | $+$ | |
| $y$ | $9$ | $\nearrow$ | $16$ | $\searrow$ | $-16$ | $\nearrow$ | $-9$ |

$x=-2$일 때 **최댓값 16,**
$x=2$일 때 **최솟값 $-16$**

(2) $f(x)=x^2(x-3)$으로 놓으면

$f'(x)=3x^2-6x=3x(x-2)$

$f'(x)=0$에서 $x=0,\ 2$

| $x$ | $-2$ | $\cdots$ | $0$ | $\cdots$ | $2$ | $\cdots$ | $4$ |
|---|---|---|---|---|---|---|---|
| $f'(x)$ | | $+$ | $0$ | $-$ | $0$ | $+$ | |
| $f(x)$ | $-20$ | $\nearrow$ | $0$ | $\searrow$ | $-4$ | $\nearrow$ | $16$ |

따라서 $y=|f(x)|$의 그래프를 그리면 아래와 같다.

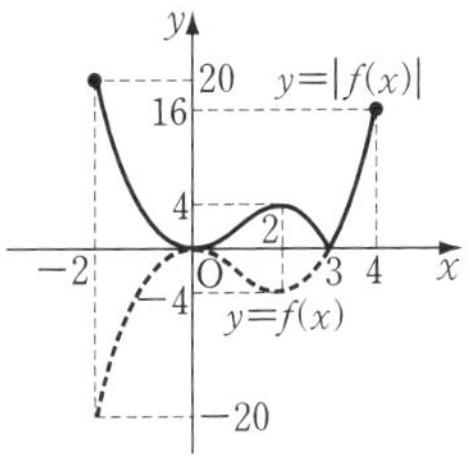


따라서
$x=-2$일 때 **최댓값 20,**
$x=0,\ 3$일 때 **최솟값 0**

**6**-2. $f'(x)=-4x^3+4x$

$=-4x(x+1)(x-1)$

$f'(x)=0$에서 $x=0,\ -1,\ 1$

| $x$ | $\cdots$ | $-1$ | $\cdots$ | $0$ | $\cdots$ | $1$ | $\cdots$ |
|---|---|---|---|---|---|---|---|
| $f'(x)$ | $+$ | $0$ | $-$ | $0$ | $+$ | $0$ | $-$ |
| $f(x)$ | $\nearrow$ | $1$ | $\searrow$ | $0$ | $\nearrow$ | $1$ | $\searrow$ |

$x=-1,\ 1$일 때 **최댓값 1,**
**최솟값 없다.**

**6**-3. $f'(x)=3ax^2-12ax=3ax(x-4)$

$f'(x)=0$에서 $x=0,\ 4$

$a>0$이므로 구간 $[-1,\ 2]$에서 증감을 조사하면

| $x$ | $-1$ | $\cdots$ | $0$ | $\cdots$ | $2$ |
|---|---|---|---|---|---|
| $f'(x)$ | | $+$ | $0$ | $-$ | |
| $f(x)$ | $-7a+b$ | $\nearrow$ | $b$ | $\searrow$ | $-16a+b$ |

따라서 최댓값은 $f(0)=b$

또, $f(-1)=-7a+b$,
$f(2)=-16a+b$이고 $a>0$이므로
$f(-1)>f(2)$이다.

따라서 최솟값은 $f(2)=-16a+b$

$\therefore\ b=3,\ -16a+b=-29$

$\therefore\ \boldsymbol{a=2,\ b=3}$

**6**-4. 상자의 부피를 V라고 하면

$\mathrm{V}=(12-2x)^2x$

$=4x^3-48x^2+144x\ (0<x<6)$

$\therefore\ \mathrm{V}'=12x^2-96x+144$

$=12(x-2)(x-6)$

| $x$ | $(0)$ | $\cdots$ | $2$ | $\cdots$ | $(6)$ |
|---|---|---|---|---|---|
| $\mathrm{V}'$ | | $+$ | $0$ | $-$ | |
| $\mathrm{V}$ | $(0)$ | $\nearrow$ | $128$ | $\searrow$ | $(0)$ |

따라서 $\boldsymbol{x=2}$ **cm**일 때 **128 cm$^3$**

**6**-5. 정삼각기둥의 밑면은 한 변의 길이가 $(a-2x)$인 정삼각형이고, 높이는 $\dfrac{1}{\sqrt{3}}x$이다.

상자의 부피를 V라고 하면

$\mathrm{V}=\dfrac{\sqrt{3}}{4}(a-2x)^2\times\dfrac{1}{\sqrt{3}}x$

$=\dfrac{1}{4}(4x^3-4ax^2+a^2x)\ \left(0<x<\dfrac{a}{2}\right)$

$\therefore\ \dfrac{d\mathrm{V}}{dx}=\dfrac{1}{4}(12x^2-8ax+a^2)$

$=\dfrac{1}{4}(6x-a)(2x-a)$

| $x$ | (0) | $\cdots$ | $\frac{a}{6}$ | $\cdots$ | $\left(\frac{a}{2}\right)$ |
|---|---|---|---|---|---|
| V′ | | + | 0 | − | |
| V | (0) | ↗ | 최대 | ↘ | (0) |

따라서 V는 $\boldsymbol{x=\frac{a}{6}}$ **cm**일 때 최대이다.

* ***Note*** 한 변의 길이가 $a$인 정삼각형의 넓이는 $\frac{\sqrt{3}}{4}a^2$임을 이용하였다.

**6**-6.

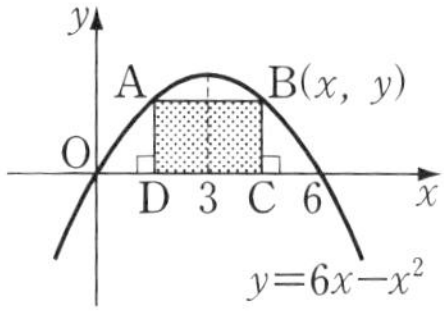


주어진 포물선의 축이 직선 $x=3$이므로 점 B의 좌표를 B$(x,\ y)$라고 하면 점 A의 좌표는 A$(6-x,\ y)$이다.

이때, $y>0$이므로 $3<x<6$

직사각형 ABCD의 넓이를 $S(x)$라고 하면

$$S(x)=\overline{AB}\times\overline{BC}=\{x-(6-x)\}y$$
$$=(2x-6)(6x-x^2)$$
$$=-2x^3+18x^2-36x\ (3<x<6)$$

$$\therefore\ S'(x)=-6x^2+36x-36$$
$$=-6(x^2-6x+6)$$

$S'(x)=0$에서 $3<x<6$이므로

$$x=3+\sqrt{3}$$

| $x$ | (3) | $\cdots$ | $3+\sqrt{3}$ | $\cdots$ | (6) |
|---|---|---|---|---|---|
| $S'(x)$ | | + | 0 | − | |
| $S(x)$ | (0) | ↗ | 최대 | ↘ | (0) |

따라서 최댓값은

$$S(3+\sqrt{3})=2\sqrt{3}\times6=\boldsymbol{12\sqrt{3}}$$

**6**-7. 포물선과 직선의 두 교점 중 $x$좌표가 양수인 점을 A라고 하자.

A$(x,\ k)$라고 하면 $x>0,\ k=12-x^2$

이때, $k>0$이므로 $0<x<2\sqrt{3}$

△OAB의 넓이를 $S(x)$라고 하면

$$S(x)=\frac{1}{2}\overline{AB}\times k=\frac{1}{2}\times2x(12-x^2)$$
$$=12x-x^3\ (0<x<2\sqrt{3})$$

$$\therefore\ S'(x)=12-3x^2=-3(x+2)(x-2)$$

| $x$ | (0) | $\cdots$ | 2 | $\cdots$ | $(2\sqrt{3})$ |
|---|---|---|---|---|---|
| $S'(x)$ | | + | 0 | − | |
| $S(x)$ | (0) | ↗ | 최대 | ↘ | (0) |

따라서 최댓값은

$$S(2)=12\times2-2^3=16$$

이때, $k=12-2^2=8$

따라서 $\boldsymbol{k=8}$**일 때 16**

**6**-8. 원뿔의 밑면의 반지름의 길이를 $r$, 높이를 $h$, 부피를 V라고 하면

$$V=\frac{1}{3}\pi r^2h \qquad \cdots\cdots①$$

오른쪽 그림에서

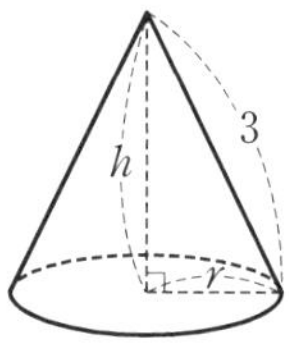


$$r^2+h^2=3^2$$
$$\therefore\ r^2=9-h^2$$

①에 대입하면

$$V=\frac{1}{3}\pi(9-h^2)h$$
$$=\frac{1}{3}\pi(9h-h^3)\ (0<h<3)$$

$$\therefore\ \frac{dV}{dh}=\frac{1}{3}\pi(9-3h^2)$$
$$=-\pi(h+\sqrt{3})(h-\sqrt{3})$$

| $h$ | (0) | $\cdots$ | $\sqrt{3}$ | $\cdots$ | (3) |
|---|---|---|---|---|---|
| V′ | | + | 0 | − | |
| V | (0) | ↗ | 최대 | ↘ | (0) |

따라서 V는 $h=\sqrt{3}$ cm일 때 최대이고, 최댓값은 $\boldsymbol{2\sqrt{3}\pi}$ **cm³**

**6**-9. 원기둥의 밑면의 반지름의 길이를 $r$, 높이를 $h$, 부피를 V라고 하면

$$V=\pi r^2h \qquad \cdots\cdots①$$

오른쪽 그림에서

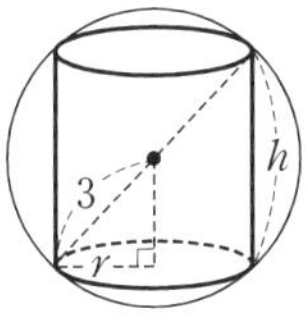


$$r^2+\left(\frac{h}{2}\right)^2=3^2$$

$$\therefore\ r^2=9-\frac{h^2}{4}$$

㉮에 대입하면

$$V=\pi\left(9-\frac{h^2}{4}\right)h$$

$$=\frac{1}{4}\pi(36h-h^3)\ (0<h<6)$$

$$\therefore\ \frac{dV}{dh}=\frac{1}{4}\pi(36-3h^2)$$

$$=-\frac{3}{4}\pi(h+2\sqrt{3})(h-2\sqrt{3})$$

| $h$ | (0) | $\cdots$ | $2\sqrt{3}$ | $\cdots$ | (6) |
|---|---|---|---|---|---|
| $V'$ | | + | 0 | − | |
| $V$ | (0) | ↗ | 최대 | ↘ | (0) |

따라서 V는 $h=\mathbf{2\sqrt{3}}$ **cm**일 때 최대이다.

**6**-10. $P(t,\ t^2)$이라고 하면

$$l^2=(t-6)^2+(t^2-3)^2$$

$$=t^4-5t^2-12t+45$$

여기에서 $f(t)=t^4-5t^2-12t+45$로 놓으면

$$f'(t)=4t^3-10t-12$$

$$=2(t-2)(2t^2+4t+3)$$

그런데

$$2t^2+4t+3=2(t+1)^2+1>0$$

이므로 $f'(t)=0$의 실근은 $t=2$이다.

| $t$ | $\cdots$ | 2 | $\cdots$ |
|---|---|---|---|
| $f'(t)$ | − | 0 | + |
| $f(t)$ | ↘ | 최소 | ↗ |

위의 증감표에서 $f(t)$는 $t=2$일 때 최솟값 17을 가진다.

따라서 $l$의 최솟값 $\sqrt{\mathbf{17}}$, $\mathbf{P(2,\ 4)}$

******Note*** $l$이 최소일 때 $P(t,\ t^2)$이라고 하면 $t\neq0$이다.

$y=x^2$에서 $y'=2x$이므로 점 P에서의 법선의 방정식은

$$y-t^2=-\frac{1}{2t}(x-t)$$

이 직선이 점 (6, 3)을 지나므로

$$3-t^2=-\frac{1}{2t}(6-t)$$

양변에 $2t$를 곱하여 정리하면

$$2t^3-5t-6=0$$

$$\therefore\ (t-2)(2t^2+4t+3)=0$$

$t$는 실수이므로 $t=2$

따라서 $\mathbf{P(2,\ 4)}$일 때 $l$은 최소이고, 최솟값은

$$\sqrt{(6-2)^2+(3-4)^2}=\sqrt{\mathbf{17}}$$

**6**-11. $P(t,\ t^2+1)$이라고 하면

$$\overline{OP}^2+\overline{AP}^2=t^2+(t^2+1)^2+(t-10)^2+(t^2+1)^2$$

$$=2t^4+6t^2-20t+102$$

여기에서 $f(t)=2t^4+6t^2-20t+102$로 놓으면

$$f'(t)=8t^3+12t-20$$

$$=4(t-1)(2t^2+2t+5)$$

그런데

$$2t^2+2t+5=2\left(t+\frac{1}{2}\right)^2+\frac{9}{2}>0$$

이므로 $f'(t)=0$의 실근은 $t=1$이다.

| $t$ | $\cdots$ | 1 | $\cdots$ |
|---|---|---|---|
| $f'(t)$ | − | 0 | + |
| $f(t)$ | ↘ | 최소 | ↗ |

따라서 최솟값은 $f(1)=\mathbf{90}$

**6**-12. $P(x,\ y)$라고 하면

$$\overline{OP}^2=x^2+y^2$$

$$=\left\{t(2-t)\right\}^2+\left\{\sqrt{2}(t-1)\right\}^2$$

$$=t^4-4t^3+6t^2-4t+2$$

여기에서 $f(t)=t^4-4t^3+6t^2-4t+2$로 놓으면

$f'(t)=4t^3-12t^2+12t-4=4(t-1)^3$

$f'(t)=0$에서 $t=1$

| $t$ | $\cdots$ | 1 | $\cdots$ |
|---|---|---|---|
| $f'(t)$ | $-$ | 0 | $+$ |
| $f(t)$ | ↘ | 최소 | ↗ |

위의 증감표에서 $f(t)$는 $t=1$일 때 최솟값을 가진다.

따라서 점 P가 원점 O에 가장 가까울 때의 시각 $t$는 $\boldsymbol{t=1}$

**7**-1. $f(x)=x^3+6x^2+9x+k$로 놓으면

$f'(x)=3x^2+12x+9=3(x+3)(x+1)$

| $x$ | $\cdots$ | $-3$ | $\cdots$ | $-1$ | $\cdots$ |
|---|---|---|---|---|---|
| $f'(x)$ | $+$ | 0 | $-$ | 0 | $+$ |
| $f(x)$ | ↗ | 극대 | ↘ | 극소 | ↗ |

따라서 극댓값 $f(-3)=k$,

극솟값 $f(-1)=k-4$

(1) 극댓값 또는 극솟값이 0이어야 하므로

$k=0$ 또는 $k-4=0$ $\therefore$ $\boldsymbol{k=0,\ 4}$

(2) 극값이 모두 양수이거나 모두 음수이어야 하므로

$k(k-4)>0$ $\therefore$ $\boldsymbol{k<0,\ k>4}$

(3) $0<k<4$이므로 극댓값 $k>0$이고, 극솟값 $k-4<0$이다.

따라서 $f(x)=0$의 서로 다른 실근의 개수는 **3**

***Note** $x^3+6x^2+9x+k=0$

$\iff x^3+6x^2+9x=-k$

이므로

$y=x^3+6x^2+9x$ ……①

$y=-k$ ……②

로 놓고, 곡선 ①과 직선 ②의 교점의 개수를 조사해도 된다.

**7**-2. $f(x)=x^3-3x^2-9x-m$으로 놓으면

$f'(x)=3x^2-6x-9=3(x+1)(x-3)$

| $x$ | $\cdots$ | $-1$ | $\cdots$ | 3 | $\cdots$ |
|---|---|---|---|---|---|
| $f'(x)$ | $+$ | 0 | $-$ | 0 | $+$ |
| $f(x)$ | ↗ | 극대 | ↘ | 극소 | ↗ |

따라서 극댓값 $f(-1)=5-m$,

극솟값 $f(3)=-27-m$

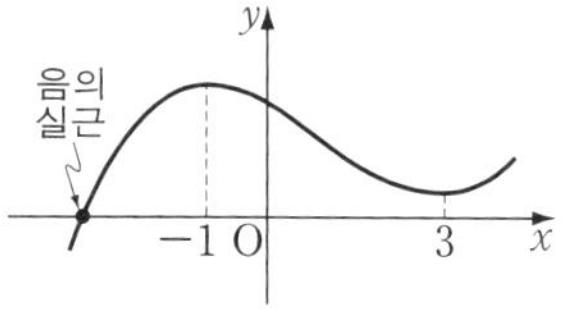


위의 그림에서 (극솟값)>0

$\therefore$ $-27-m>0$ $\therefore$ $\boldsymbol{m<-27}$

**7**-3. $f(x)=2x^3+3x^2-12x+m$으로 놓으면

$f'(x)=6x^2+6x-12=6(x+2)(x-1)$

| $x$ | $\cdots$ | $-2$ | $\cdots$ | 1 | $\cdots$ |
|---|---|---|---|---|---|
| $f'(x)$ | $+$ | 0 | $-$ | 0 | $+$ |
| $f(x)$ | ↗ | 극대 | ↘ | 극소 | ↗ |

따라서 극댓값 $f(-2)=m+20$,

극솟값 $f(1)=m-7$

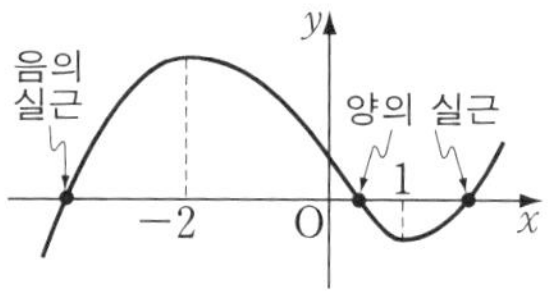


위의 그림에서

(극댓값)>0, (극솟값)<0, ($y$절편)>0

$\therefore$ $m+20>0,\ m-7<0,\ m>0$

$\therefore$ $\boldsymbol{0<m<7}$

**7**-4. 두 식에서 $y$를 소거하면

$x^3-3x^2-a^2+3a+4=0$ …①

$f(x)=x^3-3x^2-a^2+3a+4$로 놓으면

$f'(x)=3x^2-6x=3x(x-2)$

이때, 극댓값 $f(0)=-a^2+3a+4$,

극솟값 $f(2)=-a^2+3a$

(1) ①이 중근을 가져야 하므로 극댓값 또는 극솟값이 0이다. 따라서

$-a^2+3a+4=0 \quad \therefore\ a=-1, 4$

$-a^2+3a=0 \quad \therefore\ a=0, 3$

구하는 $a$의 값은 $\boldsymbol{a=-1, 0, 3, 4}$

(2) ①이 서로 다른 세 실근을 가져야 하므로 극댓값은 양수, 극솟값은 음수이다. 따라서

$-a^2+3a+4>0 \quad \therefore\ -1<a<4$

$-a^2+3a<0 \quad \therefore\ a<0,\ a>3$

공통 범위를 구하면

$\boldsymbol{-1<a<0,\ 3<a<4}$

**7**-5. $y'=3x^2+a$이므로 곡선 위의 점 $(t,\ t^3+at-2)$에서의 접선의 방정식은

$y-(t^3+at-2)=(3t^2+a)(x-t)$

이 직선이 점 $(-2, 0)$을 지나므로

$0-(t^3+at-2)=(3t^2+a)(-2-t)$

$\therefore\ t^3+3t^2+a+1=0$

이 방정식이 삼중근을 가지거나 하나의 실근과 두 개의 허근을 가지면 된다.

$f(t)=t^3+3t^2+a+1$로 놓으면

$f'(t)=3t^2+6t=3t(t+2)$

$f(t)$가 극값을 가지므로 $f(t)=0$은 삼중근을 가질 수 없다. 따라서

(극댓값)×(극솟값)>0

$\therefore\ f(-2)f(0)=(a+5)(a+1)>0$

$\therefore\ \boldsymbol{a<-5,\ a>-1}$

****Note*** 접선이 세 개 존재할 조건은 $f(-2)f(0)<0$에서 $-5<a<-1$

**7**-6. $y'=3x^2+6x$이므로 곡선 위의 점 $(t,\ t^3+3t^2)$에서의 접선의 방정식은

$y-(t^3+3t^2)=(3t^2+6t)(x-t)$

이 직선이 점 $(0, a)$를 지나므로

$a-(t^3+3t^2)=(3t^2+6t)(-t)$

$\therefore\ -2t^3-3t^2=a \quad \cdots\cdots①$

이 방정식이 서로 다른 세 실근을 가져야 한다. 따라서

$y=-2t^3-3t^2 \quad \cdots\cdots②$

$y=a \quad \cdots\cdots③$

으로 놓을 때, 곡선 ②와 직선 ③이 세 점에서 만나도록 $a$의 값의 범위를 정하면 된다.

②에서 $y'=-6t^2-6t=-6t(t+1)$

| $t$ | $\cdots$ | $-1$ | $\cdots$ | $0$ | $\cdots$ |
|---|---|---|---|---|---|
| $y'$ | $-$ | $0$ | $+$ | $0$ | $-$ |
| $y$ | ↘ | $-1$ | ↗ | $0$ | ↘ |

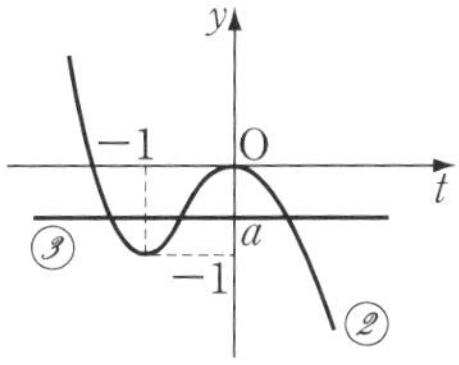


따라서 위의 그림에서 $\boldsymbol{-1<a<0}$

****Note*** 다음과 같이 방정식의 실근의 개수를 조사하여 풀 수도 있다.

①을 정리하면 $2t^3+3t^2+a=0$

$f(t)=2t^3+3t^2+a$로 놓으면

$f'(t)=6t^2+6t=6t(t+1)$

따라서 극댓값 $f(-1)=a+1$,

극솟값 $f(0)=a$

①이 서로 다른 세 실근을 가지려면 극댓값이 양수, 극솟값이 음수이어야 하므로 $a+1>0,\ a<0$

$\therefore\ \boldsymbol{-1<a<0}$

**7**-7. $f(x)=(x^4+4x^3+9)-(2x^2+12x)$

$=x^4+4x^3-2x^2-12x+9$

로 놓으면

$f'(x)=4x^3+12x^2-4x-12$

$=4(x+3)(x+1)(x-1)$

증감을 조사하면 $x=-3, 1$에서 극소이므로 $x=-3$ 또는 $x=1$에서 최소이다.

그런데 $f(-3)=f(1)=0$이므로

$f(x)\ge 0$

$\therefore\ x^4+4x^3+9\geq 2x^2+12x$

(등호는 $x=-3,\ 1$일 때 성립)

**7**-8. $f(x)=(x^4+6x^2+a)-(4x^3+8x)$

$=x^4-4x^3+6x^2-8x+a$

로 놓으면

$f'(x)=4x^3-12x^2+12x-8$

$=4(x-2)(x^2-x+1)$

$x^2-x+1>0$이므로 증감을 조사하면 $f(x)$는 $x=2$일 때 최소이다.

$\therefore\ f(2)=-8+a\geq 0 \quad \therefore\ \boldsymbol{a\geq 8}$

**7**-9. $f'(x)=-3x^2+12x=-3x(x-4)$

$x\geq 0$에서 증감을 조사하면 $f(x)$는 $x=4$일 때 최대이다. 따라서 $x\geq 0$에서 $f(x)<0$이려면

$f(4)=32-4a<0 \quad \therefore\ \boldsymbol{a>8}$

**7**-10. $h(x)=f(x)-g(x)$로 놓으면

$h(x)=2x^3-3x^2-12x+a$

$\therefore\ h'(x)=6x^2-6x-12$

$=6(x+1)(x-2)$

$x\geq 0$에서 증감을 조사하면 $h(x)$는 $x=2$일 때 최소이다. 따라서 $x\geq 0$에서 $h(x)\geq 0$이려면

$h(2)=-20+a\geq 0 \quad \therefore\ \boldsymbol{a\geq 20}$

**8**-1. $t$초 후의 속도를 $v(t)$ (m/s)라고 하면

$$v(t)=\frac{dh}{dt}=15-9.8t \quad \cdots\cdots ㉮$$

(1) $t=0$일 때의 속도이므로

$v(0)=15-9.8\times 0=$**15(m/s)**

(2) 최고 높이에 도달했을 때는 $v(t)=0$이므로 ㉮에서

$15-9.8t=0 \quad \therefore\ t=\boldsymbol{\frac{75}{49}}$ (초)

**8**-2. $x=f(t)=t^3-6t^2+5t$로 놓으면

$f'(t)=3t^2-12t+5$

(1) 원점을 지날 때 $x=f(t)=0$이므로

$t(t-1)(t-5)=0 \quad \therefore\ t=0,\ 1,\ 5$

따라서 마지막으로 원점을 지날 때에는 $t=5$이고, 이때의 속도는

$f'(5)=3\times 5^2-12\times 5+5=$**20**

(2) $f'(t)=3(t-2)^2-7$이므로 $v=f'(t)$의 그래프는 아래와 같고, $|f'(t)|$의 최댓값은 $|f'(2)|=|-7|=$**7**

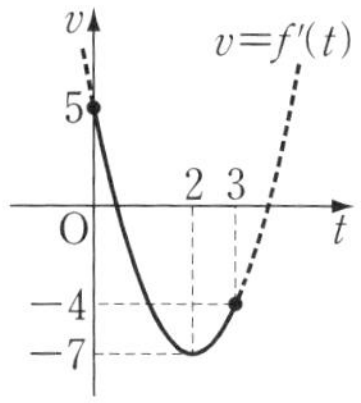


**8**-3.

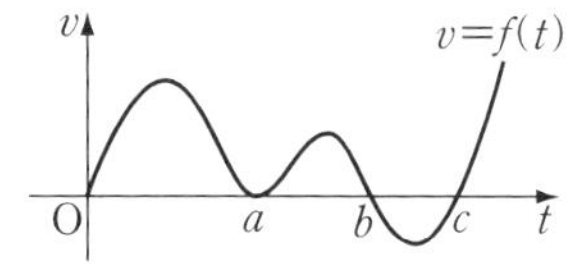


위의 그림과 같이 $f(t)=0$인 $t$의 값을 $0,\ a,\ b,\ c$라 하고, $f(t)$의 부호를 조사하면 아래와 같다.

| $t$ | 0 | $\cdots$ | $a$ | $\cdots$ | $b$ | $\cdots$ | $c$ | $\cdots$ |
|---|---|---|---|---|---|---|---|---|
| $f(t)$ | 0 | + | 0 | + | 0 | − | 0 | + |

그런데 속도 $f(t)$가 양수에서 음수로 또는 음수에서 양수로 바뀔 때, 움직이는 방향이 바뀌므로 $t=b,\ c$에서 점 P는 움직이는 방향이 바뀐다.

따라서 움직이는 방향이 바뀌는 횟수는 **2**

**8**-4. $f'(t)=v(t)=0$인 $t$의 값은

$t=0,\ b,\ d$

이므로 이 값을 경계로 하여 구간 $[0,\ d]$에서 $f(t)$의 증감을 조사하면 아래와 같다.

| $t$ | 0 | $\cdots$ | $b$ | $\cdots$ | $d$ |
|---|---|---|---|---|---|
| $v(t)$ | 0 | + | 0 | − | 0 |
| $f(t)$ | | ↗ | 최대 | ↘ | |

따라서 $f(t)$는 $t=b$에서 최대이고, 최댓값은 $f(b)$이다. [답] ③

**8**-5.

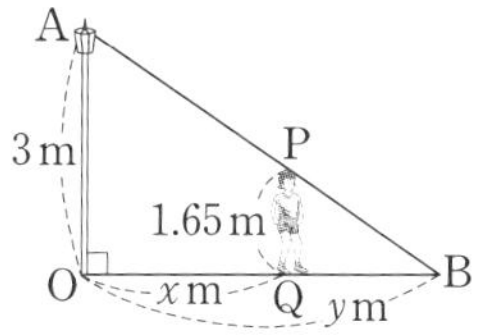


위의 그림과 같이 가로등의 위 끝을 A, 아래 끝을 O라 하고, $t$분 후에 점 O로부터 $x$ m 떨어진 지점 Q에 도달했을 때 머리 끝 P의 그림자 B와 O 사이의 거리를 $y$ m라고 하면

$$\frac{\overline{\mathrm{OB}}}{\overline{\mathrm{OA}}}=\frac{\overline{\mathrm{QB}}}{\overline{\mathrm{QP}}} \quad \therefore \frac{y}{3}=\frac{y-x}{1.65}$$

$t$분 후에는 $x=90t$이므로 $y=200t$

$$\therefore \frac{dy}{dt}=\mathbf{200\,(m/min)}$$

**8**-6. $t$초 후의 점 P의 좌표는 P$(3t,\ 4t)$이므로 선분 OP의 길이를 $l$이라고 하면

$$l=\sqrt{(3t)^2+(4t)^2}=5t \quad \therefore \frac{dl}{dt}=\mathbf{5}$$

**8**-7. 파문이 생기고 $t$초 후의 맨 바깥 원의 반지름의 길이를 $r$ (cm), 이 원의 넓이를 S (cm$^2$)라고 하면 $r=20t$이므로

$$\mathrm{S}=\pi r^2=\pi(20t)^2=400\pi t^2$$

$$\therefore \frac{d\mathrm{S}}{dt}=800\pi t$$

$$\therefore \left[\frac{d\mathrm{S}}{dt}\right]_{t=3}=\mathbf{2400\pi\,(cm^2/s)}$$

**8**-8. 정육면체의 모서리의 길이가 증가한 지 $t$분 후의 모서리의 길이를 $x$ (cm), 부피를 V (cm$^3$)라고 하면

$x=0.002t$ …① $\quad$ $\mathrm{V}=x^3$ …②

①을 ②에 대입하면 $\mathrm{V}=(0.002t)^3$

$$\therefore \frac{d\mathrm{V}}{dt}=3(0.002t)^2\times0.002$$
$$=0.006\times(0.002t)^2$$

모서리의 길이가 3 cm인 시각 $t$는 ①에서 $3=0.002t$ $\quad\therefore t=1500$(분)

$$\therefore \left[\frac{d\mathrm{V}}{dt}\right]_{t=1500}=0.006\times3^2$$
$$=\mathbf{0.054\,(cm^3/min)}$$

**9**-1. $\dfrac{d}{dx}\displaystyle\int(ax^2+3x+2)dx=ax^2+3x+2$ 이므로 준 식은

$$ax^2+3x+2=9x^2+bx+c$$

$$\therefore \boldsymbol{a=9,\ b=3,\ c=2}$$

**9**-2. $\dfrac{d}{dx}\displaystyle\int(6x^2+ax-3)dx=6x^2+ax-3$ 이므로 준 식의 양변을 $x$에 관하여 미분하면

$$6x^2+ax-3=3bx^2+4x-c$$

$$\therefore 6=3b,\ a=4,\ -3=-c$$

$$\therefore \boldsymbol{a=4,\ b=2,\ c=3}$$

**9**-3. (1) (준 식)$=\displaystyle\int(t^3-8)dt$

$$=\boldsymbol{\frac{1}{4}t^4-8t+\mathrm{C}}$$

(2) (준 식)$=\displaystyle\int\frac{(x+2)(x^2-2x+4)}{x+2}dx$

$$=\int(x^2-2x+4)dx$$
$$=\boldsymbol{\frac{1}{3}x^3-x^2+4x+\mathrm{C}}$$

(3) (준 식)$=\displaystyle\int\{(x-1)^3-(x+1)^3\}dx$

$$=\int(-6x^2-2)dx$$
$$=\boldsymbol{-2x^3-2x+\mathrm{C}}$$

(4) (준 식)$=\displaystyle\int\left(\frac{x^3+3x^2}{x^2+x-1}-\frac{x^2+1}{x^2+x-1}\right)dx$

$$=\int\frac{(x+1)(x^2+x-1)}{x^2+x-1}dx$$
$$=\int(x+1)dx=\boldsymbol{\frac{1}{2}x^2+x+\mathrm{C}}$$

**9**-4. $f(x)=\displaystyle\int f'(x)dx$

$$=\int(3x^2+6x-1)dx$$
$$=x^3+3x^2-x+\mathrm{C}$$

$f(0)=3$이므로 $\quad C=3$

$\therefore\ \boldsymbol{f(x)=x^3+3x^2-x+3}$

**9**-5. $f(x)=\int(2x+a)dx$라고 하면

$$f(x)=x^2+ax+C$$

$f(1)=3$이므로 $\quad 1+a+C=3$

$f(3)=5$이므로 $\quad 9+3a+C=5$

연립하여 풀면 $\quad a=-3,\ C=5$

$\therefore\ f(x)=\boldsymbol{x^2-3x+5}$

**9**-6. 문제의 조건에서

$$f'(x)=3x^2+2x-4$$

$$\therefore\ f(x)=\int f'(x)dx$$
$$=\int(3x^2+2x-4)dx$$
$$=x^3+x^2-4x+C$$

곡선 $y=f(x)$가 점 $(1,\ 3)$을 지나므로

$3=1+1-4+C \quad \therefore\ C=5$

$\therefore\ \boldsymbol{f(x)=x^3+x^2-4x+5}$

**9**-7. $f(x)=\int f'(x)dx$
$$=\int(3x^2-12x+9)dx$$
$$=x^3-6x^2+9x+C \quad \cdots\cdots㉮$$

$f'(x)=3(x-1)(x-3)$

증감을 조사하면 $f(x)$는 $x=1$에서 극대이므로 $f(1)=4$이다.

㉮에서 $\quad 1-6+9+C=4 \quad \therefore\ C=0$

$\therefore\ \boldsymbol{f(x)=x^3-6x^2+9x}$

또, $f(x)$는 $x=3$에서 극소이므로 극솟값은 $\quad f(3)=\boldsymbol{0}$

**9**-8. $f'(x)=a(x+2)(x-2)$
$$=a(x^2-4)\ (a>0)$$

로 놓을 수 있다. 이때,

$$f(x)=\int f'(x)dx=\int a(x^2-4)dx$$
$$=a\left(\frac{1}{3}x^3-4x\right)+C \quad \cdots\cdots㉮$$

$y=f'(x)$의 그래프로부터 $f(x)$는 $x=-2$에서 극대, $x=2$에서 극소이므로

$$f(-2)=20,\ f(2)=-12$$

㉮에서

$$\frac{16}{3}a+C=20,\ -\frac{16}{3}a+C=-12$$

연립하여 풀면 $\quad a=3,\ C=4$

$\therefore\ \boldsymbol{f(x)=x^3-12x+4}$

**9**-9. $\{f(x)g(x)\}'=2x-3$에서

$$f(x)g(x)=x^2-3x+C$$

$x=0$을 대입하면 $\quad f(0)g(0)=C$

조건에서

$$f(0)=-1,\ g(0)=-2 \quad \cdots\cdots㉮$$

이므로 $\quad C=2$

$\therefore\ f(x)g(x)=x^2-3x+2$
$$=(x-1)(x-2)$$

이때, $f(x)$, $g(x)$는 계수가 정수인 일차함수이고 ㉮을 만족시켜야 하므로

$$\boldsymbol{f(x)=x-1,\ g(x)=x-2}$$

**9**-10. (1) $\dfrac{d}{dx}\{f(x)+g(x)\}=2$에서

$$f(x)+g(x)=2x+C_1$$

양변에 $x=0$을 대입하면

$$f(0)+g(0)=C_1$$

$f(0)=1,\ g(0)=2$이므로 $\quad C_1=3$

$\therefore\ f(x)+g(x)=\boldsymbol{2x+3}$

(2) $\dfrac{d}{dx}\{f(x)g(x)\}=2x+3$에서

$$f(x)g(x)=x^2+3x+C_2$$

양변에 $x=0$을 대입하면

$$f(0)g(0)=C_2$$

$f(0)=1,\ g(0)=2$이므로 $\quad C_2=2$

$\therefore\ f(x)g(x)=\boldsymbol{x^2+3x+2}$

(3) $f(x)+g(x)=2x+3$,

$f(x)g(x)=(x+1)(x+2)$

인 다항함수 $f(x)$, $g(x)$는

$$\begin{cases} f(x)=x+1 \\ g(x)=x+2 \end{cases} \text{ 또는 } \begin{cases} f(x)=x+2 \\ g(x)=x+1 \end{cases}$$

$f(0)=1,\ g(0)=2$이므로

$$\boldsymbol{f(x)=x+1,\ g(x)=x+2}$$

**10**-1. (1) (준 식)$=\left[\frac{1}{4}x^4+3x^3-3x^2-4x\right]_{-1}^{2}$

$=\mathbf{\frac{39}{4}}$

(2) (준 식)$=\int_{-1}^{1}(x-2x^2+x^3)dx$

$=\left[\frac{1}{2}x^2-\frac{2}{3}x^3+\frac{1}{4}x^4\right]_{-1}^{1}$

$=-\mathbf{\frac{4}{3}}$

(3) (준 식)$=\int_{2}^{3}(y^3-8)dy$

$=\left[\frac{1}{4}y^4-8y\right]_{2}^{3}=\mathbf{\frac{33}{4}}$

**10**-2. 구하는 넓이를 S라고 하자.

(1) $S=\int_0^1 x^3dx=\left[\frac{1}{4}x^4\right]_0^1=\mathbf{\frac{1}{4}}$

(2) $S=\int_0^4\left\{-(x^2-4x)\right\}dx$

$=\int_0^4(-x^2+4x)dx$

$=\left[-\frac{1}{3}x^3+2x^2\right]_0^4=\mathbf{\frac{32}{3}}$

(3) $S=\int_{-1}^{0}\left\{-(x^3+2x^2+x)\right\}dx$

$+\int_0^1(x^3+2x^2+x)dx$

$=\left[-\frac{1}{4}x^4-\frac{2}{3}x^3-\frac{1}{2}x^2\right]_{-1}^{0}$

$+\left[\frac{1}{4}x^4+\frac{2}{3}x^3+\frac{1}{2}x^2\right]_0^1$

$=\frac{1}{12}+\frac{17}{12}=\mathbf{\frac{3}{2}}$

**10**-3. (1) (준 식)$=\int_2^3(x-2)(x-3)dx$

$=-\frac{1}{6}(3-2)^3=-\mathbf{\frac{1}{6}}$

(2) (준 식)$=-\int_0^2 x(x-2)dx$

$=\frac{1}{6}(2-0)^3=\mathbf{\frac{4}{3}}$

(3) (준 식)$=-2\int_1^3(x-1)(x-3)dx$

$=\frac{2}{6}(3-1)^3=\mathbf{\frac{8}{3}}$

***Note** 다음 공식을 이용하였다.

$$\int_\alpha^\beta \boldsymbol{a(x-\alpha)(x-\beta)dx=-\frac{a}{6}(\beta-\alpha)^3}$$

**10**-4. (1) (준 식)

$=\int_0^1\left\{(x+1)^3-(x-1)^3\right\}dx$

$=\int_0^1(6x^2+2)dx$

$=\left[2x^3+2x\right]_0^1=\mathbf{4}$

(2) (준 식)$=\int_0^2\frac{x^3}{x-4}dx+\int_2^0\frac{4x^2}{x-4}dx$

$=\int_0^2\frac{x^3}{x-4}dx-\int_0^2\frac{4x^2}{x-4}dx$

$=\int_0^2\frac{x^3-4x^2}{x-4}dx$

$=\int_0^2\frac{x^2(x-4)}{x-4}dx$

$=\int_0^2 x^2dx=\left[\frac{1}{3}x^3\right]_0^2=\mathbf{\frac{8}{3}}$

**10**-5. (1) (준 식)$=\int_{-1}^{1}(x^5-2x^4+x^3)dx$

$=\int_{-1}^{1}(x^5+x^3)dx+\int_{-1}^{1}(-2x^4)dx$

$=0+2\int_0^1(-2x^4)dx$

$=2\left[-\frac{2}{5}x^5\right]_0^1=-\mathbf{\frac{4}{5}}$

(2) (준 식)$=\int_{-1}^{1}(x^5+x^3)dx=\mathbf{0}$

**10**-6. $f(x)=\begin{cases}1 & (x\le1)\\ -\frac{1}{2}x+\frac{3}{2} & (x\ge1)\end{cases}$

(1) (준 식)$=\int_0^1 f(x)dx+\int_1^3 f(x)dx$

$=\int_0^1 1\,dx+\int_1^3\left(-\frac{1}{2}x+\frac{3}{2}\right)dx$

$=\left[x\right]_0^1+\left[-\frac{1}{4}x^2+\frac{3}{2}x\right]_1^3$

$=1+1=\mathbf{2}$

(2) (준 식)$=\int_0^1 xf(x)dx+\int_1^3 xf(x)dx$

$=\int_0^1 x\,dx+\int_1^3\left(-\frac{1}{2}x^2+\frac{3}{2}x\right)dx$

$=\left[\frac{1}{2}x^2\right]_0^1+\left[-\frac{1}{6}x^3+\frac{3}{4}x^2\right]_1^3$

$=\frac{1}{2}+\frac{5}{3}=\mathbf{\frac{13}{6}}$

***Note** (1) $\int_0^3 f(x)dx$의 값은 구간 $[0, 3]$에서 $y=f(x)$의 그래프와 $x$축 사이의 넓이와 같으므로

$$\int_0^3 f(x)dx=\frac{1}{2}\times(1+3)\times1=\mathbf{2}$$

**10**-7. (1) (준 식)$=\int_{-1}^0(x-x+1)dx+\int_0^2(x+x+1)dx$

$=\int_{-1}^0 1\,dx+\int_0^2(2x+1)dx$

$=\left[x\right]_{-1}^0+\left[x^2+x\right]_0^2$

$=1+6=\mathbf{7}$

(2) (준 식)$=\int_0^2\{-(x^2-4)\}dx+\int_2^3(x^2-4)dx$

$=\left[-\frac{1}{3}x^3+4x\right]_0^2+\left[\frac{1}{3}x^3-4x\right]_2^3$

$=\frac{16}{3}+\frac{7}{3}=\mathbf{\frac{23}{3}}$

**10**-8. $y=f'(x)$의 그래프로부터 $f(x)$의 증감을 조사하면

| $x$ | $\cdots$ | 0 | $\cdots$ | 2 | $\cdots$ |
|---|---|---|---|---|---|
| $f'(x)$ | $-$ | 0 | $+$ | 0 | $-$ |
| $f(x)$ | ↘ | 극소 | ↗ | 극대 | ↘ |

그런데 $f(0)=f(3)=0$이므로 $y=f(x)$의 그래프의 개형은 다음과 같다.

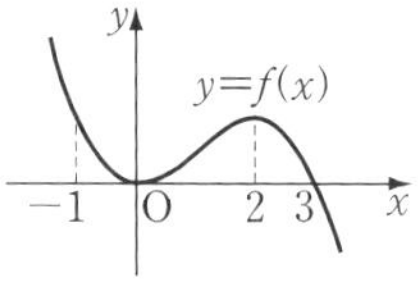


따라서 $n=3$일 때 $\int_{-1}^n f(x)dx$의 값은 최대이다. 답 ④

***Note** $n<-1$일 때

$$\int_{-1}^n f(x)dx=-\int_n^{-1}f(x)dx<0$$

**10**-9. $f(x)=ax+b\ (a\neq0)$ ……①

로 놓으면 $f(2)=0$이므로

$f(2)=2a+b=0$ ……②

또,

$\int_0^1 xf(x)dx=\int_0^1 x(ax+b)dx$

$=\left[\frac{a}{3}x^3+\frac{b}{2}x^2\right]_0^1=\frac{a}{3}+\frac{b}{2}$

이므로 조건에서

$\frac{a}{3}+\frac{b}{2}=\frac{1}{3}$ ……③

②, ③에서 $a=-\frac{1}{2}$, $b=1$

①에 대입하면 $\mathbf{f(x)=-\frac{1}{2}x+1}$

**10**-10. $f'(x)=2x-1$이므로

$f(x)=x^2-x+C$ ……①

따라서

$\int_0^2 f(x)dx=\int_0^2(x^2-x+C)dx$

$=\left[\frac{1}{3}x^3-\frac{1}{2}x^2+Cx\right]_0^2$

$=\frac{2}{3}+2C$

조건에서 $\frac{2}{3}+2C=13$ $\therefore C=\frac{37}{6}$

①에 대입하면 $f(x)=x^2-x+\frac{37}{6}$

$\therefore \int_0^1 f(x)dx=\int_0^1\left(x^2-x+\frac{37}{6}\right)dx$

$=\left[\frac{1}{3}x^3-\frac{1}{2}x^2+\frac{37}{6}x\right]_0^1=\mathbf{6}$

**10**-11. $f(0)=2$이므로

$f(x)=ax^2+bx+2\ (a\neq0)$ ……①

로 놓을 수 있다.

$\int_0^1 f(x)dx=3$에서

$\int_0^1(ax^2+bx+2)dx$

$=\left[\frac{a}{3}x^3+\frac{b}{2}x^2+2x\right]_0^1$

$=\frac{a}{3}+\frac{b}{2}+2=3$ ……②

$\int_0^1 xf(x)dx=2$에서

$\int_0^1(ax^3+bx^2+2x)dx$

$=\left[\frac{a}{4}x^4+\frac{b}{3}x^3+x^2\right]_0^1$

$=\frac{a}{4}+\frac{b}{3}+1=2$ ……③

②, ③에서 $a=12,\ b=-6$

①에 대입하면 $\boldsymbol{f(x)=12x^2-6x+2}$

**10**-12. (1) $\int_0^3 xf'(x)dx=p$ ……①

로 놓으면 $f(x)=4x+p$ ……②

이때, $f'(x)=4$이므로 ①에 대입하면

$\int_0^3 4x\,dx=p$ $\therefore\ p=\left[2x^2\right]_0^3=18$

②에 대입하면 $\boldsymbol{f(x)=4x+18}$

(2) $\int_0^2 f(x)dx=q$ ……①

로 놓으면

$f(x)=x^3-3x+q$ ……②

②를 ①에 대입하면

$\int_0^2(x^3-3x+q)dx=q$

$\therefore\ \left[\frac{1}{4}x^4-\frac{3}{2}x^2+qx\right]_0^2=q$

$\therefore\ -2+2q=q$ $\therefore\ q=2$

②에 대입하면 $\boldsymbol{f(x)=x^3-3x+2}$

**11**-1. (1) $y=(x^2+1)\int_1^x(2t+1)dt$이므로

$y'=(x^2+1)'\int_1^x(2t+1)dt$

$+(x^2+1)\left\{\int_1^x(2t+1)dt\right\}'$

$=2x\int_1^x(2t+1)dt+(x^2+1)(2x+1)$

$=2x\left[t^2+t\right]_1^x+(x^2+1)(2x+1)$

$=2x(x^2+x-2)+(x^2+1)(2x+1)$

$=\boldsymbol{4x^3+3x^2-2x+1}$

(2) $y=x\int_x^{x+2}2t\,dt+\int_x^{x+2}3t^2\,dt$이므로

$y'=\frac{d}{dx}\left(x\int_x^{x+2}2t\,dt\right)+\frac{d}{dx}\int_x^{x+2}3t^2\,dt$

$=\int_x^{x+2}2t\,dt+x\{2(x+2)-2x\}$

$+\{3(x+2)^2-3x^2\}$

$=\left[t^2\right]_x^{x+2}+4x+(12x+12)$

$=(x+2)^2-x^2+16x+12$

$=\boldsymbol{20x+16}$

**11**-2. (1) $\int(3t+1)(t-2)dt$

$=\mathrm{F}(t)+\mathrm{C}$ ……①

이라고 하면

$\int_2^x(3t+1)(t-2)dt=\left[\mathrm{F}(t)\right]_2^x$

$=\mathrm{F}(x)-\mathrm{F}(2)$

$\therefore$ (준 식)$=\lim_{x\to2}\frac{\mathrm{F}(x)-\mathrm{F}(2)}{x-2}=\mathrm{F}'(2)$

한편 ①에서

$\mathrm{F}'(t)=(3t+1)(t-2)$ $\therefore\ \mathrm{F}'(2)=\mathbf{0}$

(2) $\int|t-a|dt=\mathrm{F}(t)+\mathrm{C}$ ……②

라고 하면

$\int_0^x|t-a|dt=\left[\mathrm{F}(t)\right]_0^x=\mathrm{F}(x)-\mathrm{F}(0)$

$\therefore$ (준 식)$=\lim_{x\to0}\frac{\mathrm{F}(x)-\mathrm{F}(0)}{x}=\mathrm{F}'(0)$

한편 ②에서 $\mathrm{F}'(t)=|t-a|$

$\therefore\ F'(0)=|-a|=|\boldsymbol{a}|$

(3) $\int(t^4-3t^3+2t^2+1)dt$
$=F(t)+C \quad \cdots\cdots ③$

이라고 하면

$$\int_1^{x^2}(t^4-3t^3+2t^2+1)dt=\Big[F(t)\Big]_1^{x^2}=F(x^2)-F(1)$$

$$\therefore\ (\text{준 식})=\lim_{x\to1}\frac{F(x^2)-F(1)}{x-1}=\lim_{x\to1}\left\{\frac{F(x^2)-F(1)}{x^2-1}\times(x+1)\right\}=2F'(1)$$

한편 ③에서 $F'(t)=t^4-3t^3+2t^2+1$ 이므로 $F'(1)=1$

$\therefore\ (\text{준 식})=2F'(1)=2\times1=\mathbf{2}$

**11**-3. (1) $\int(x^2+x+1)dx$
$=F(x)+C \quad \cdots\cdots ①$

이라고 하면

$$\int_2^{2+2h}(x^2+x+1)dx=\Big[F(x)\Big]_2^{2+2h}=F(2+2h)-F(2)$$

이므로

$$(\text{준 식})=\lim_{h\to0}\frac{F(2+2h)-F(2)}{h}=\lim_{h\to0}\left\{\frac{F(2+2h)-F(2)}{2h}\times2\right\}=2F'(2)$$

한편 ①에서 $F'(x)=x^2+x+1$ 이므로 $F'(2)=7$

$\therefore\ (\text{준 식})=2F'(2)=2\times7=\mathbf{14}$

(2) $\int(x^4+x+1)dx=F(x)+C \quad \cdots\cdots ②$

라고 하면

$$\int_{-h}^{2h}(x^4+x+1)dx=\Big[F(x)\Big]_{-h}^{2h}=F(2h)-F(-h)$$

이므로

$$(\text{준 식})=\lim_{h\to0}\frac{F(2h)-F(-h)}{h}=\lim_{h\to0}\left\{\frac{F(2h)-F(0)}{2h}\times2+\frac{F(-h)-F(0)}{-h}\right\}=2F'(0)+F'(0)=3F'(0)$$

한편 ②에서 $F'(x)=x^4+x+1$ 이므로 $F'(0)=1$

$\therefore\ (\text{준 식})=3F'(0)=3\times1=\mathbf{3}$

(3) $\int(x^2+3)|x-2|dx$
$=F(x)+C \quad \cdots\cdots ③$

이라고 하면

$$\int_0^{\frac{2}{t}}(x^2+3)|x-2|dx=\Big[F(x)\Big]_0^{\frac{2}{t}}=F\left(\frac{2}{t}\right)-F(0)$$

이므로

$$(\text{준 식})=\lim_{t\to\infty}t\left\{F\left(\frac{2}{t}\right)-F(0)\right\}$$

$\dfrac{2}{t}=h$로 놓으면 $t \longrightarrow \infty$일 때 $h \longrightarrow 0+$ 이므로

$$(\text{준 식})=\lim_{h\to0+}\frac{2}{h}\{F(h)-F(0)\}=2F'(0)$$

한편 ③에서 $F'(x)=(x^2+3)|x-2|$ 이므로 $F'(0)=6$

$\therefore\ (\text{준 식})=2F'(0)=2\times6=\mathbf{12}$

**11**-4. (1) 준 식에 $x=2$를 대입하면

$0=2^2+a\times2+2 \quad \therefore\ a=-3$

$$\therefore\ \int_2^x f(t)dt=x^2-3x+2$$

양변을 $x$에 관하여 미분하면

$f(x)=2x-3 \quad \therefore\ \boldsymbol{f(10)=17}$

(2) $\int_x^a f(t)dt=-\int_a^x f(t)dt$ 이므로

$$\int_a^x f(t)dt=2x^2-3x+1$$

양변을 $x$에 관하여 미분하면

$f(x)=4x-3 \quad \therefore\ \boldsymbol{f(10)=37}$

*Note $\int f(x)dx=\mathrm{F}(x)+\mathrm{C}$라 하면

$$\int_x^a f(t)dt=\mathrm{F}(a)-\mathrm{F}(x)$$

따라서 준 식의 양변을 $x$에 관하여 미분하면

$$-f(x)=-4x+3$$

$$\therefore\ f(x)=4x-3$$

(3) 준 식의 양변을 $x$에 관하여 미분하면

$$(x-1)f(x)=x^3-1$$

$$\therefore\ (x-1)f(x)=(x-1)(x^2+x+1)$$

$f(x)$는 다항함수이므로

$f(x)=x^2+x+1 \quad \therefore\ \boldsymbol{f(10)=111}$

**11**-5. $\int_0^x f(t)dt=x^2+x$의 양변을 $x$에 관하여 미분하면 $f(x)=2x+1$

$$\therefore\ \int_0^1 f(3x^2)dx=\int_0^1(6x^2+1)dx$$

$$=\Big[2x^3+x\Big]_0^1=\mathbf{3}$$

**11**-6. $\int_1^x f(t)dt=xf(x)-x^2+4$ ⋯①

양변을 $x$에 관하여 미분하면

$$f(x)=f(x)+xf'(x)-2x$$

$$\therefore\ xf'(x)=2x$$

$f'(x)$는 다항함수이므로 $f'(x)=2$

$$\therefore\ f(x)=\int 2\,dx=2x+\mathrm{C} \quad \cdots\cdots②$$

한편 ①에 $x=1$을 대입하면

$0=f(1)-1+4 \quad \therefore\ f(1)=-3$

따라서 ②에서 $f(1)=2+\mathrm{C}=-3$

$$\therefore\ \mathrm{C}=-5$$

②에 대입하면 $f(x)=2x-5$

$$\therefore\ \boldsymbol{f(2)=-1}$$

**11**-7. $\{f(x)\}^2=1+\int_0^x f(t)dt$ ⋯⋯①

양변을 $x$에 관하여 미분하면

$$2f(x)f'(x)=f(x)$$

$f(0)>0$이고 $f'(x)$는 다항함수이므로

$$f'(x)=\frac{1}{2}$$

$$\therefore\ f(x)=\int\frac{1}{2}\,dx=\frac{1}{2}x+\mathrm{C} \cdots②$$

또, ①에 $x=0$을 대입하면

$$\{f(0)\}^2=1$$

$f(0)>0$이므로 $f(0)=1$

②에서 $\mathrm{C}=1 \quad \therefore\ \boldsymbol{f(x)=\frac{1}{2}x+1}$

**11**-8. $\mathrm{G}(x)=\int_0^x(x-t)f'(t)dt$

$$=x\int_0^x f'(t)dt-\int_0^x tf'(t)dt$$

이므로

$$\mathrm{G}'(x)=(x)'\int_0^x f'(t)dt+x\Big\{\int_0^x f'(t)dt\Big\}'-\Big\{\int_0^x tf'(t)dt\Big\}'$$

$$=\int_0^x f'(t)dt+xf'(x)-xf'(x)$$

$$=\int_0^x f'(t)dt=\Big[f(t)\Big]_0^x$$

$$=f(x)-f(0)=(x^3+x^2+x+1)-1$$

$$=\boldsymbol{x^3+x^2+x}$$

**11**-9. 준 식의 좌변을 $\mathrm{G}(x)$라고 하면

$$\mathrm{G}(x)=x\int_1^x f(t)dt-\int_1^x tf(t)dt$$

이므로

$$\mathrm{G}'(x)=(x)'\int_1^x f(t)dt+x\Big\{\int_1^x f(t)dt\Big\}'-\Big\{\int_1^x tf(t)dt\Big\}'$$

$$=\int_1^x f(t)dt+xf(x)-xf(x)$$

$$=\int_1^x f(t)dt$$

따라서 준 식의 양변을 $x$에 관하여 미분하면

$$\int_1^x f(t)dt=4x^3+2ax+b \quad \cdots\cdots①$$

다시 $x$에 관하여 미분하면

$$f(x)=12x^2+2a \quad \cdots\cdots②$$

한편 준 식에 $x=1$을 대입하면

$0=1+a+b$ ······③

①에 $x=1$을 대입하면

$0=4+2a+b$ ······④

③, ④를 연립하여 풀면

$a=-3,\ b=2$

②에 대입하면 $\boldsymbol{f(x)=12x^2-6}$

**11**-10. (1) 양변을 $x$에 관하여 미분하면

$$f'(x)=x^2-2x=x(x-2)$$

증감을 조사하면 $f(x)$는 $x=0$에서 극대, $x=2$에서 극소이다.

따라서 $f(x)$의 극솟값은

$$f(2)=\int_1^2(t^2-2t)dt$$
$$=\left[\frac{1}{3}t^3-t^2\right]_1^2=-\boldsymbol{\frac{2}{3}}$$

(2) $g(t)=t(t-1)$로 놓으면

$$f(x)=\int_x^{x+2}g(t)dt$$

양변을 $x$에 관하여 미분하면

$$f'(x)=g(x+2)-g(x)$$
$$=(x+2)(x+1)-x(x-1)$$
$$=4x+2$$

따라서 $f(x)$는 $x=-\dfrac{1}{2}$에서 극소이고, 극솟값은

$$f\left(-\frac{1}{2}\right)=\int_{-\frac{1}{2}}^{\frac{3}{2}}t(t-1)dt$$
$$=\left[\frac{1}{3}t^3-\frac{1}{2}t^2\right]_{-\frac{1}{2}}^{\frac{3}{2}}=\boldsymbol{\frac{1}{6}}$$

**11**-11. $f'(x)=|x|(1-x)$이므로

$-1\le x\le 1$일 때 $f'(x)\ge 0$,

$x>1$일 때 $f'(x)<0$

증감을 조사하면 $f(x)$는 $x=1$에서 극대이고, 이때 최대이다.

따라서 최댓값은

$$f(1)=\int_{-1}^1|t|(1-t)dt$$
$$=\int_{-1}^0(t^2-t)dt+\int_0^1(t-t^2)dt$$
$$=\left[\frac{1}{3}t^3-\frac{1}{2}t^2\right]_{-1}^0+\left[\frac{1}{2}t^2-\frac{1}{3}t^3\right]_0^1$$
$$=\frac{5}{6}+\frac{1}{6}=\mathbf{1}$$

**11**-12. 조건식의 양변을 $x$에 관하여 미분하면

$$f(x)=3x^2-3 \qquad \therefore\ f'(x)=6x$$

$$\therefore\ (\text{준 식})=\lim_{h\to 0}\left\{\frac{f(1+3h)-f(1)}{3h}\times 3\right\}$$
$$=3f'(1)=3\times 6=\mathbf{18}$$

**12**-1. 구하는 넓이를 S라고 하자.

(1)

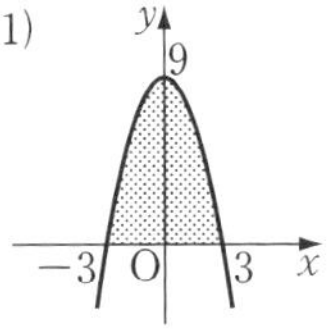


(2)

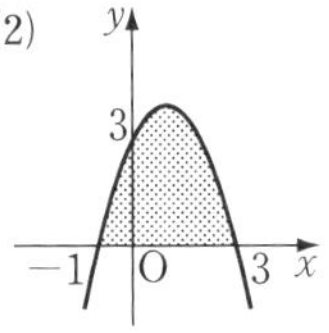


(1) $S=\int_{-3}^3(9-x^2)dx=2\int_0^3(9-x^2)dx$

$$=2\left[9x-\frac{1}{3}x^3\right]_0^3=\mathbf{36}$$

(2) $S=\int_{-1}^3(x+1)(3-x)dx$

$$=\int_{-1}^3(-x^2+2x+3)dx$$
$$=\left[-\frac{1}{3}x^3+x^2+3x\right]_{-1}^3=\boldsymbol{\frac{32}{3}}$$

(3)

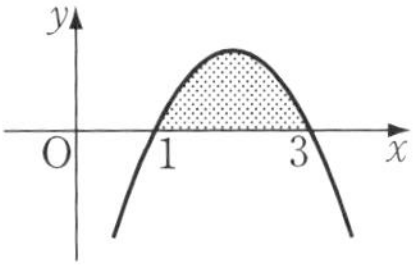


$$S=\int_1^3(-x^2+4x-3)dx$$
$$=\left[-\frac{1}{3}x^3+2x^2-3x\right]_1^3=\boldsymbol{\frac{4}{3}}$$

***Note** 다음 공식을 이용해도 된다.

$$\int_\alpha^\beta \boldsymbol{a(x-\alpha)(x-\beta)dx=-\frac{a}{6}(\beta-\alpha)^3}$$

곧, (1) $S=-\dfrac{-1}{6}(3+3)^3=\mathbf{36}$

(2) $S=-\frac{-1}{6}(3+1)^3=\mathbf{\frac{32}{3}}$

(3) $S=-\frac{-1}{6}(3-1)^3=\mathbf{\frac{4}{3}}$

**12**-2. $A_1$, $A_2$의 넓이를 각각 $S_1$, $S_2$라고 하면

$$S_2=\int_0^1 x^2dx=\left[\frac{1}{3}x^3\right]_0^1=\frac{1}{3}$$

$$S_1=1-S_2=1-\frac{1}{3}=\frac{2}{3}$$

$$\therefore\ S_1:S_2=\frac{2}{3}:\frac{1}{3}=\mathbf{2:1}$$

**12**-3. $S_1=\int_a^0 x^2dx=\left[\frac{1}{3}x^3\right]_a^0=-\frac{1}{3}a^3$

$$S_2=\int_0^b x^2dx=\left[\frac{1}{3}x^3\right]_0^b=\frac{1}{3}b^3$$

$$\therefore\ \frac{S_1}{S_2}=-\frac{a^3}{b^3}$$

답 ⑤

**12**-4. 구하는 넓이를 S라고 하자.

(1)

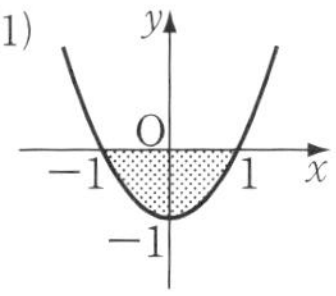


(2)

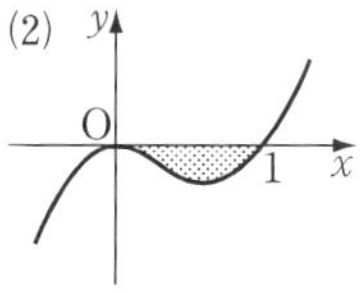


(1) $S=-\int_{-1}^1 y\,dx=-\int_{-1}^1(x^2-1)dx$

$$=-2\int_0^1(x^2-1)dx$$

$$=-2\left[\frac{1}{3}x^3-x\right]_0^1=\mathbf{\frac{4}{3}}$$

(2) $S=-\int_0^1 y\,dx=-\int_0^1(x^3-x^2)dx$

$$=-\left[\frac{1}{4}x^4-\frac{1}{3}x^3\right]_0^1=\mathbf{\frac{1}{12}}$$

**12**-5.

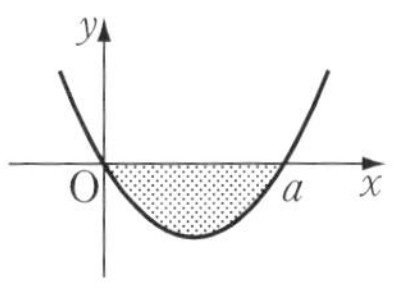


곡선 $y=x(x-a)$와 $x$축으로 둘러싸인 도형의 넓이를 S라고 하면

$$S=-\int_0^a x(x-a)dx$$

$$=\int_0^a\{-x(x-a)\}dx$$

$$=-\frac{-1}{6}(a-0)^3=\frac{1}{6}a^3$$

주어진 조건에 의하여

$$\frac{1}{6}a^3=\frac{2}{3}\quad\therefore\ a^3=4$$

$a$는 실수이므로 $\mathbf{a=\sqrt[3]{4}}$

**12**-6. 구하는 넓이를 S라고 하자.

(1)

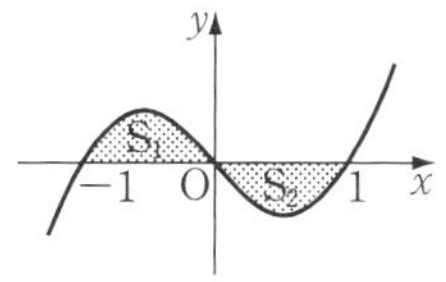


위의 그림에서

$$S_1=\int_{-1}^0 y\,dx=\int_{-1}^0(x^3-x)dx$$

$$=\left[\frac{1}{4}x^4-\frac{1}{2}x^2\right]_{-1}^0=\frac{1}{4}$$

$$S_2=-\int_0^1 y\,dx=-\int_0^1(x^3-x)dx$$

$$=-\left[\frac{1}{4}x^4-\frac{1}{2}x^2\right]_0^1=\frac{1}{4}$$

$$\therefore\ S=S_1+S_2=\frac{1}{4}+\frac{1}{4}=\mathbf{\frac{1}{2}}$$

(2)

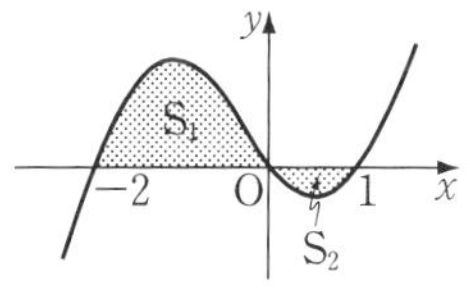


위의 그림에서

$$S_1=\int_{-2}^0 y\,dx=\int_{-2}^0(x^3+x^2-2x)dx$$

$$=\left[\frac{1}{4}x^4+\frac{1}{3}x^3-x^2\right]_{-2}^0=\frac{8}{3}$$

$$S_2=-\int_0^1 y\,dx=-\int_0^1(x^3+x^2-2x)dx$$

$$=-\left[\frac{1}{4}x^4+\frac{1}{3}x^3-x^2\right]_0^1=\frac{5}{12}$$

$$\therefore\ S=S_1+S_2=\frac{8}{3}+\frac{5}{12}=\mathbf{\frac{37}{12}}$$

**12**-7.

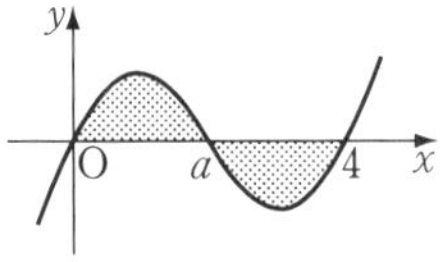


위의 그림에서 점 찍은 두 부분의 넓이가 같으므로

$$\int_0^4 \{x^3-(a+4)x^2+4ax\}dx=0$$

$$\therefore \left[\frac{1}{4}x^4-\frac{a+4}{3}x^3+2ax^2\right]_0^4=0$$

$$\therefore 64-\frac{a+4}{3}\times 64+32a=0$$

$$\therefore \boldsymbol{a=2}$$

**12**-8. $f'(x)=3x^2\ge 0$이므로 $y=f(x)$의 그래프는 점 (0, 2)를 지나고 증가하는 곡선이다.

또, $y=g(x)$의 그래프는 $y=f(x)$의 그래프와 직선 $y=x$에 대하여 대칭이다.

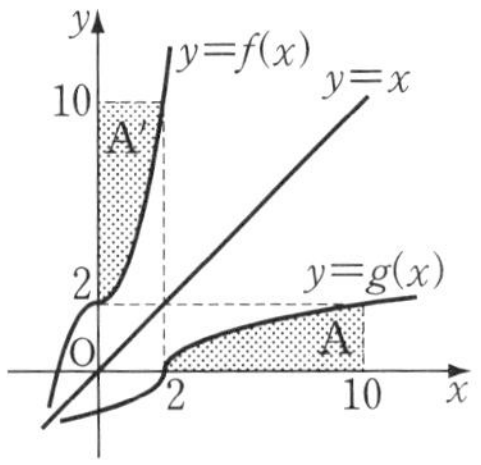


따라서 정적분 $\int_2^{10} g(x)dx$의 값은 위의 그림에서 점 찍은 부분 A의 넓이이고, 이것은 A′의 넓이와 같다.

$$\therefore \int_2^{10} g(x)dx=2\times 10-\int_0^2 f(x)dx$$

$$=20-\int_0^2 (x^3+2)dx$$

$$=20-\left[\frac{1}{4}x^4+2x\right]_0^2=\mathbf{12}$$

**12**-9. $f'(x)=3x^2\ge 0$이므로 $y=f(x)$의 그래프는 점 (0, 1)을 지나고 증가하는 곡선이다.

또, $y=g(x)$의 그래프는 $y=f(x)$의 그래프와 직선 $y=x$에 대하여 대칭이다.

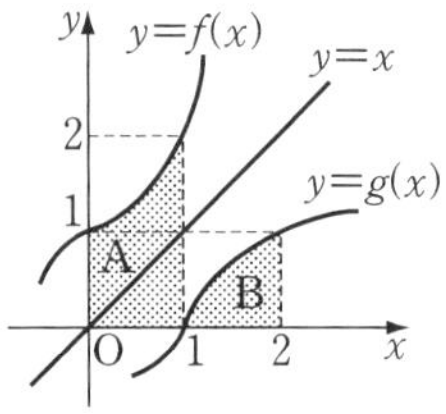


따라서 정적분

$$\int_0^1 f(x)dx,\quad \int_{f(0)}^{f(1)} g(x)dx$$

의 값은 각각 위의 그림에서 점 찍은 부분 A, B의 넓이이다.

그런데 두 부분의 넓이의 합은 네 점 (0, 0), (1, 0), (1, 2), (0, 2)를 꼭짓점으로 하는 직사각형의 넓이와 같으므로

$$\int_0^1 f(x)dx+\int_{f(0)}^{f(1)} g(x)dx=1\times 2=\mathbf{2}$$

**12**-10.

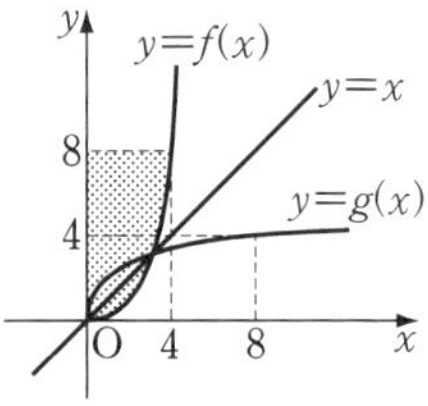


$y=f(x)$와 $y=g(x)$의 그래프는 직선 $y=x$에 대하여 대칭이므로 $\int_0^8 g(x)dx$의 값은 위의 그림에서 점 찍은 부분의 넓이와 같다.

$$\therefore \int_0^4 f(x)dx+\int_0^8 g(x)dx=4\times 8=\mathbf{32}$$

**12**-11. 구하는 넓이를 S라고 하자.

(1)

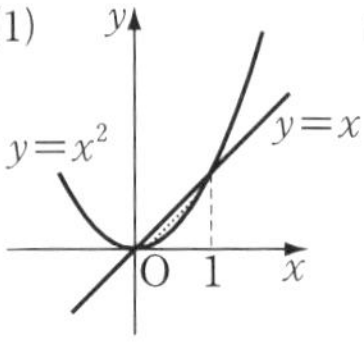


(2)

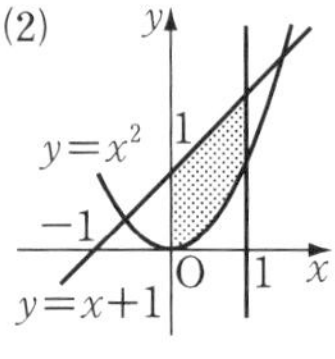

(1) 곡선과 직선의 교점의 $x$좌표는

$x^2=x$에서 $x=0,\ 1$

$$\therefore\ S=\int_0^1(x-x^2)dx$$

$$=\left[\frac{1}{2}x^2-\frac{1}{3}x^3\right]_0^1=\mathbf{\frac{1}{6}}$$

(2) $$S=\int_0^1(x+1-x^2)dx$$

$$=\left[\frac{1}{2}x^2+x-\frac{1}{3}x^3\right]_0^1=\mathbf{\frac{7}{6}}$$

(3)
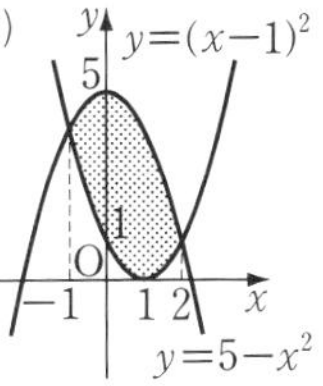


(4)
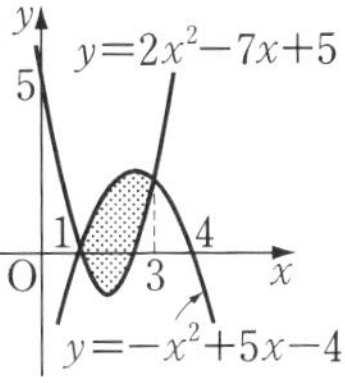


(3) 두 곡선의 교점의 $x$좌표는

$(x-1)^2=5-x^2$에서 $x=-1,\ 2$

$$\therefore\ S=\int_{-1}^2\{(5-x^2)-(x-1)^2\}dx$$

$$=\int_{-1}^2(-2x^2+2x+4)dx$$

$$=\left[-\frac{2}{3}x^3+x^2+4x\right]_{-1}^2=\mathbf{9}$$

(4) 두 곡선의 교점의 $x$좌표는

$2x^2-7x+5=-x^2+5x-4$

에서 $x=1,\ 3$

$$\therefore\ S=\int_1^3\{(-x^2+5x-4)-(2x^2-7x+5)\}dx$$

$$=\int_1^3(-3x^2+12x-9)dx$$

$$=\left[-x^3+6x^2-9x\right]_1^3=\mathbf{4}$$

****Note*** (1), (3), (4)에서는

$$\int_\alpha^\beta \boldsymbol{a(x-\alpha)(x-\beta)dx=-\frac{a}{6}(\beta-\alpha)^3}$$

을 이용해도 된다.

**12**-12. 구하는 넓이를 S라고 하자.

(1) 곡선과 직선의 교점의 $x$좌표는

$x^3+2x^2-3x=x+8$에서

$(x+2)^2(x-2)=0$

$\therefore\ x=-2$(중근), $2$

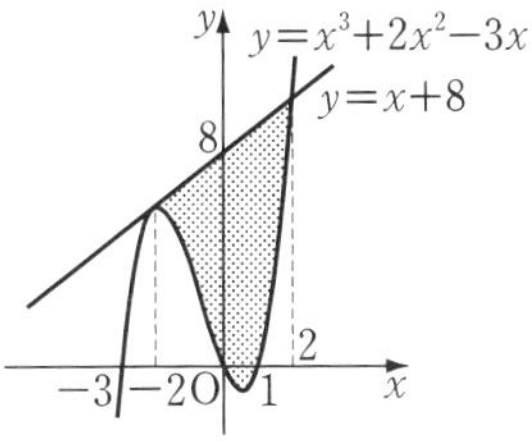


$$\therefore\ S=\int_{-2}^2\{(x+8)-(x^3+2x^2-3x)\}dx$$

$$=2\int_0^2(-2x^2+8)dx$$

$$=2\left[-\frac{2}{3}x^3+8x\right]_0^2=\mathbf{\frac{64}{3}}$$

(2) 곡선과 직선의 교점의 $x$좌표는

$x^2(x-2)=x-2$에서

$(x+1)(x-1)(x-2)=0$

$\therefore\ x=-1,\ 1,\ 2$

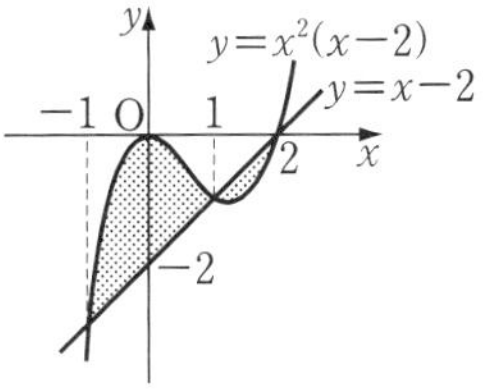


$$\therefore\ S=\int_{-1}^1\{(x^3-2x^2)-(x-2)\}dx+\int_1^2\{(x-2)-(x^3-2x^2)\}dx$$

$$=2\int_0^1(-2x^2+2)dx+\int_1^2(-x^3+2x^2+x-2)dx$$

$$=2\left[-\frac{2}{3}x^3+2x\right]_0^1+\left[-\frac{1}{4}x^4+\frac{2}{3}x^3+\frac{1}{2}x^2-2x\right]_1^2$$

$$=\frac{8}{3}+\frac{5}{12}=\mathbf{\frac{37}{12}}$$

(3) 두 곡선의 교점의 $x$좌표는

$(x-1)^3=x^2-1$에서

$x(x-1)(x-3)=0$ $\quad\therefore\ x=0,\ 1,\ 3$

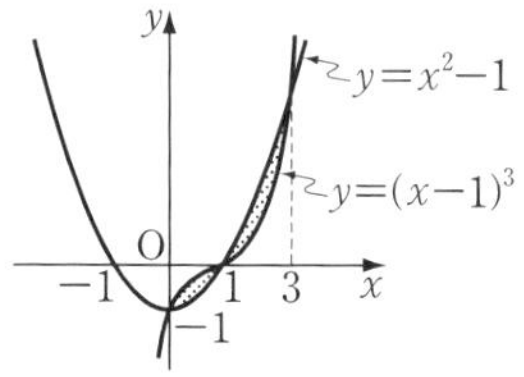


$$\therefore\ S=\int_0^1\{(x-1)^3-(x^2-1)\}dx+\int_1^3\{(x^2-1)-(x-1)^3\}dx$$

$$=\int_0^1(x^3-4x^2+3x)dx+\int_1^3(-x^3+4x^2-3x)dx$$

$$=\left[\frac{1}{4}x^4-\frac{4}{3}x^3+\frac{3}{2}x^2\right]_0^1+\left[-\frac{1}{4}x^4+\frac{4}{3}x^3-\frac{3}{2}x^2\right]_1^3$$

$$=\frac{5}{12}+\frac{8}{3}=\mathbf{\frac{37}{12}}$$

(4) 두 곡선의 교점의 $x$좌표는

$x^3+x^2+2x=x^2+5x-2$에서

$(x+2)(x-1)^2=0$

$\therefore\ x=-2,\ 1$(중근)

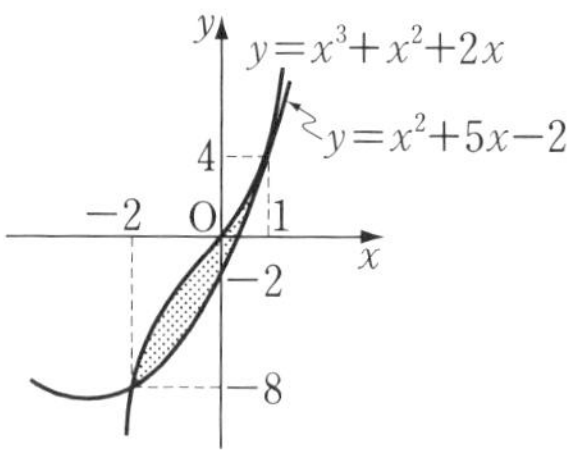


$$\therefore\ S=\int_{-2}^1\{(x^3+x^2+2x)-(x^2+5x-2)\}dx$$

$$=\int_{-2}^1(x^3-3x+2)dx$$

$$=\left[\frac{1}{4}x^4-\frac{3}{2}x^2+2x\right]_{-2}^1=\mathbf{\frac{27}{4}}$$

**12**-13. 구하는 넓이를 S라고 하자.

(1) $y=\sqrt{x}$에서 $\quad x=y^2\ (y\ge0)$

곡선과 직선의 교점의 $y$좌표는

$y^2=y+2$에서 $\quad(y+1)(y-2)=0$

$y\ge0$이므로 $\quad y=2$

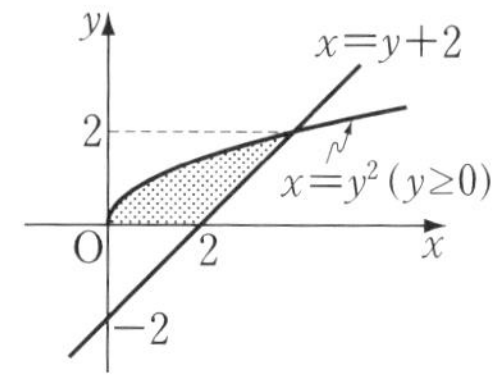


$$\therefore\ S=\int_0^2\{(y+2)-y^2\}dy$$

$$=\left[\frac{1}{2}y^2+2y-\frac{1}{3}y^3\right]_0^2=\mathbf{\frac{10}{3}}$$

(2) 곡선과 직선의 교점의 $y$좌표는

$-y^2=3y-4$에서 $\quad y=-4,\ 1$

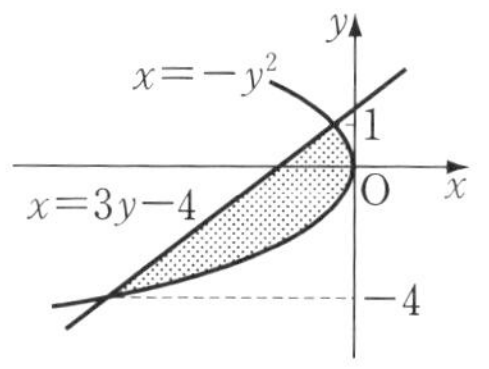


$$\therefore\ S=\int_{-4}^1\{-y^2-(3y-4)\}dy$$

$$=\left[-\frac{1}{3}y^3-\frac{3}{2}y^2+4y\right]_{-4}^1=\mathbf{\frac{125}{6}}$$

***Note** (2)에서는

$$\int_\alpha^\beta \boldsymbol{a(x-\alpha)(x-\beta)dx=-\frac{a}{6}(\beta-\alpha)^3}$$

을 이용해도 된다.

**12**-14. $y=-x^3+2x^2$ $\quad\cdots\cdots①$

에서 $\quad y'=-3x^2+4x$

따라서 접점의 좌표를 $(a,\ -a^3+2a^2)$ $(a\ne0)$으로 놓으면 접선의 방정식은

$y-(-a^3+2a^2)$

$\quad=(-3a^2+4a)(x-a)\ \cdots\cdots②$

원점 $(0,\ 0)$을 지나므로

$$a^3-2a^2=(-3a^2+4a)(-a)$$

$$\therefore\ a^2(a-1)=0$$

$a\neq0$이므로 $a=1$

이때, ②는 $y=x$ ……③

①, ③의 교점의 $x$좌표는

$-x^3+2x^2=x$에서 $x(x-1)^2=0$

$$\therefore\ x=0,\ 1(\text{중근})$$

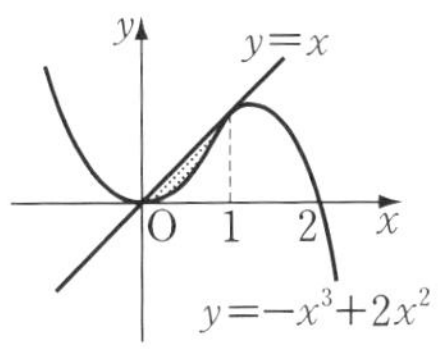


구간 $[0,\ 1]$에서 접선이 곡선보다 위에 있으므로 구하는 넓이를 S라고 하면

$$S=\int_0^1\{x-(-x^3+2x^2)\}dx$$

$$=\left[\frac{1}{2}x^2+\frac{1}{4}x^4-\frac{2}{3}x^3\right]_0^1=\mathbf{\frac{1}{12}}$$

**12**-15. $y'=2x$이므로 접점의 좌표를 $(a,\ a^2)$이라고 하면 접선의 방정식은

$$y-a^2=2a(x-a) \quad\cdots\cdots①$$

①이 점 $(1,\ 0)$을 지나므로

$$-a^2=2a(1-a) \quad \therefore\ a=0,\ 2$$

이 값을 ①에 대입하면

$$y=0,\ \ y=4x-4$$

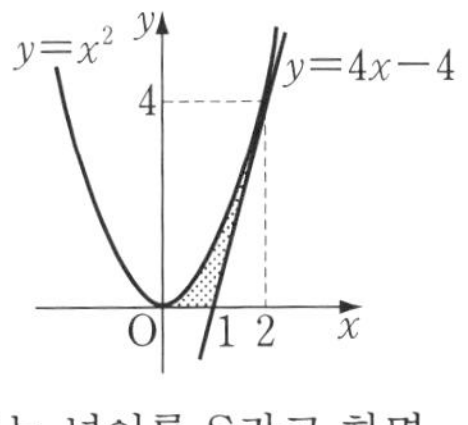


구하는 넓이를 S라고 하면

$$S=\int_0^2 x^2dx-\int_1^2(4x-4)dx$$

$$=\left[\frac{1}{3}x^3\right]_0^2-\left[2x^2-4x\right]_1^2$$

$$=\frac{8}{3}-2=\mathbf{\frac{2}{3}}$$

**12**-16. $y'=3x^2-1$이므로 점 $O(0,\ 0)$에서의 접선의 기울기는 $-1$이다.

따라서 점 O에서의 접선에 수직이고 점 O를 지나는 직선의 방정식은 $y=x$이다.

이 직선과 곡선의 교점의 $x$좌표는

$x=x^3-x$에서 $x(x+\sqrt{2})(x-\sqrt{2})=0$

$$\therefore\ x=0,\ -\sqrt{2},\ \sqrt{2}$$

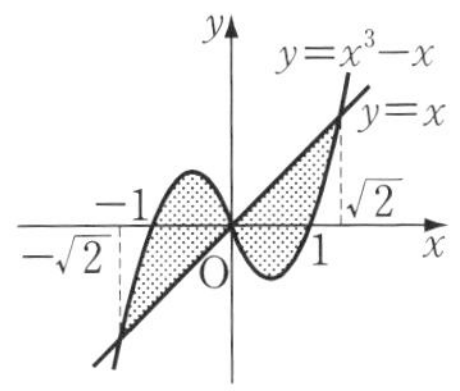


구하는 넓이를 S라고 하면

$$S=2\int_0^{\sqrt{2}}\{x-(x^3-x)\}dx$$

$$=2\left[-\frac{1}{4}x^4+x^2\right]_0^{\sqrt{2}}=\mathbf{2}$$

**12**-17. 곡선 $y^2=2x$와 $x^2=2y$는 직선 $y=x$에 대하여 대칭이므로 두 곡선의 교점의 $x$좌표는 곡선 $x^2=2y$와 직선 $y=x$의 교점의 $x$좌표와 같다.

따라서 $x^2=2x$에서 $x=0,\ 2$

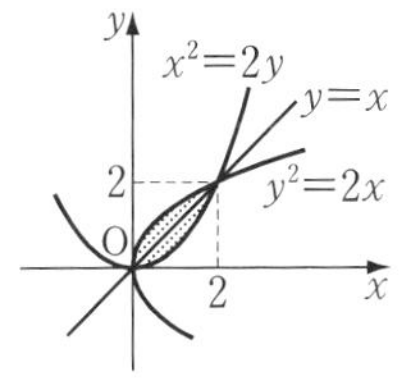


구하는 넓이를 S라고 하면

$$S=2\int_0^2\left(x-\frac{1}{2}x^2\right)dx$$

$$=2\left[\frac{1}{2}x^2-\frac{1}{6}x^3\right]_0^2=\mathbf{\frac{4}{3}}$$

**12**-18. 곡선 $y=f(x)$와 $y=g(x)$는 직선 $y=x$에 대하여 대칭이고,

$$f'(x)=3x^2+2x+1=3\left(x+\frac{1}{3}\right)^2+\frac{2}{3}>0$$

에서 $f(x)$는 증가함수이므로 두 곡선의 교점의 $x$좌표는 곡선 $y=f(x)$와 직선 $y=x$의 교점의 $x$좌표와 같다.

따라서 $x^3+x^2+x=x$에서

$x^2(x+1)=0 \quad \therefore\ x=0$(중근), $-1$

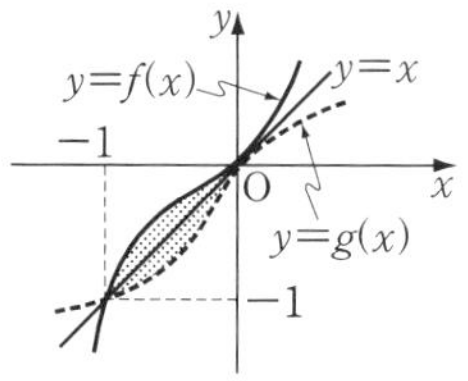


구하는 넓이를 S라고 하면

$$S=2\int_{-1}^{0}\{(x^3+x^2+x)-x\}dx$$

$$=2\left[\frac{1}{4}x^4+\frac{1}{3}x^3\right]_{-1}^{0}=\mathbf{\frac{1}{6}}$$

**12**-19. 포물선 $y=x(3-x)$와 $x$축으로 둘러싸인 도형의 넓이를 S라고 하면

$$S=\int_0^3 x(3-x)dx=\frac{1}{6}(3-0)^3=\frac{9}{2}$$

포물선 $y=x(3-x)$와 직선 $y=x$의 교점의 $x$좌표는

$x(3-x)=x$에서 $\quad x=0,\ 2$

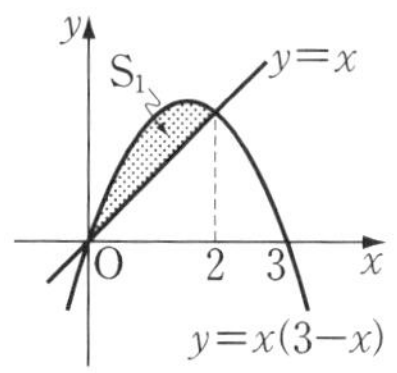


위의 그림에서 포물선 $y=x(3-x)$와 직선 $y=x$로 둘러싸인 도형의 넓이가 $S_1$이므로

$$S_1=\int_0^2\{x(3-x)-x\}dx$$

$$=\frac{1}{6}(2-0)^3=\frac{4}{3}$$

$$\therefore\ S_2=S-S_1=\frac{19}{6}$$

$$\therefore\ S_1 : S_2=\mathbf{8 : 19}$$

**12**-20. $y=\sqrt{mx}$에서 $\quad x=\frac{1}{m}y^2$

또, $x=3$일 때 $\quad y=\sqrt{3m}$

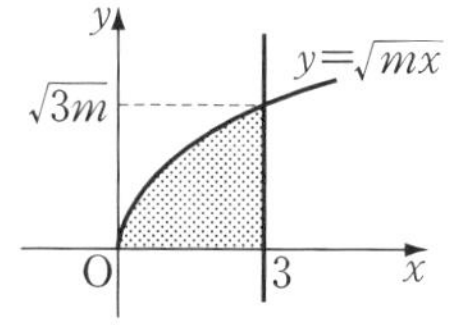


구하는 도형의 넓이를 S라고 하면

$$S=\int_0^{\sqrt{3m}}\left(3-\frac{1}{m}y^2\right)dy$$

$$=\left[3y-\frac{1}{3m}y^3\right]_0^{\sqrt{3m}}=2\sqrt{3m}$$

문제의 조건에서

$2\sqrt{3m}=6 \quad \therefore\ \boldsymbol{m=3}$

**12**-21. 직선 $y=ax$와 포물선 $y=x^2-3x$의 교점의 $x$좌표는

$ax=x^2-3x$에서 $\quad x=0,\ a+3$

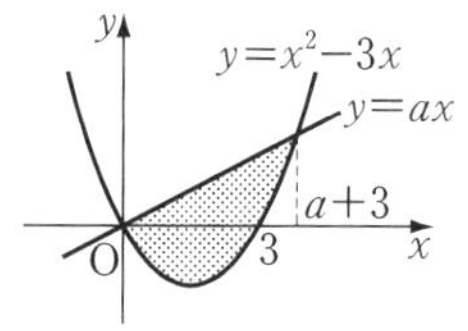


문제의 뜻에 따라 $a>0$이고, 직선 $y=ax$와 포물선 $y=x^2-3x$로 둘러싸인 도형의 넓이는 포물선 $y=x^2-3x$와 $x$축으로 둘러싸인 도형의 넓이의 2배이어야 하므로

$$\int_0^{a+3}\{ax-(x^2-3x)\}dx$$

$$=2\left\{-\int_0^3(x^2-3x)dx\right\}$$

$$\therefore\ \frac{1}{6}(a+3-0)^3=\frac{2}{6}(3-0)^3$$

$$\therefore\ (a+3)^3=2\times 3^3$$

$a$는 실수이므로 $\quad a+3=3\sqrt[3]{2}$

$$\therefore\ \boldsymbol{a=3(\sqrt[3]{2}-1)}$$

**12**-22. (1) $x^2+(y-1)^2=1$과 $y=2x^2$을

연립하여 풀면

$(x,\ y)=\left(-\frac{\sqrt{3}}{2},\ \frac{3}{2}\right),\ \left(\frac{\sqrt{3}}{2},\ \frac{3}{2}\right),$
$(0,\ 0)$

$\therefore\ \mathbf{A}\left(-\frac{\sqrt{3}}{2},\ \frac{3}{2}\right),\ \mathbf{B}\left(\frac{\sqrt{3}}{2},\ \frac{3}{2}\right)$

(2) 직선 BC의 기울기가 $\frac{1}{\sqrt{3}}$이므로

$\angle ACB=2\times60°=\mathbf{120°}$

(3)

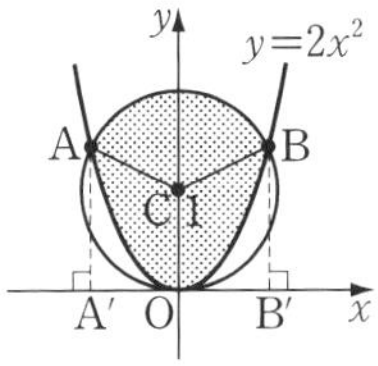


구하는 넓이를 S라고 하면

S=2(사다리꼴 CBB′O)

$+$(부채꼴 CAB)$-2\int_0^{\frac{\sqrt{3}}{2}} 2x^2dx$

$=2\left\{\frac{1}{2}\left(1+\frac{3}{2}\right)\times\frac{\sqrt{3}}{2}\right\}+\frac{\pi}{3}-2\left[\frac{2}{3}x^3\right]_0^{\frac{\sqrt{3}}{2}}$

$=\boldsymbol{\frac{\pi}{3}+\frac{3\sqrt{3}}{4}}$

**Note* (3)은 다음과 같이 풀 수도 있다.

직선 BC의 방정식은 $y=\frac{1}{\sqrt{3}}x+1$이므로

$S=2\int_0^{\frac{\sqrt{3}}{2}}\left(\frac{1}{\sqrt{3}}x+1-2x^2\right)dx$ +(부채꼴 CAB)

$=2\left[\frac{1}{2\sqrt{3}}x^2+x-\frac{2}{3}x^3\right]_0^{\frac{\sqrt{3}}{2}}+\frac{\pi}{3}$

$=\boldsymbol{\frac{\pi}{3}+\frac{3\sqrt{3}}{4}}$

**13**-1. (1) 시각 $t$에서의 점 P의 위치를 $x(t)$라고 하면

$x(t)=0+\int_0^t v(t)dt$

$=\int_0^t(6t^2-18t+12)dt$

$=\left[2t^3-9t^2+12t\right]_0^t$

$=\mathbf{2t^3-9t^2+12t}$

(2)

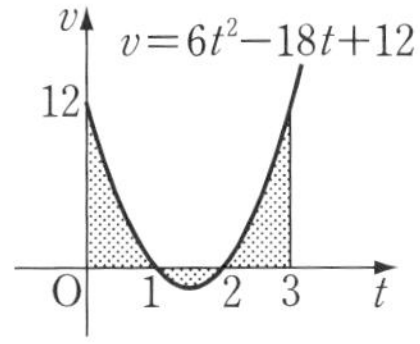


점 P가 움직인 거리를 $l$이라고 하면

$l=\int_0^3|v(t)|dt$

$=\int_0^3|6t^2-18t+12|dt$

$=\int_0^1(6t^2-18t+12)dt-\int_1^2(6t^2-18t+12)dt+\int_2^3(6t^2-18t+12)dt$

$=\left[2t^3-9t^2+12t\right]_0^1-\left[2t^3-9t^2+12t\right]_1^2+\left[2t^3-9t^2+12t\right]_2^3$

$=5-(-1)+5=\mathbf{11}$

**13**-2. $v(t)=\begin{cases}-t^2+4t & (0\le t\le3)\\ -t+6 & (t\ge3)\end{cases}$

(1) $t=2$일 때 속도가 최대이므로 점 P가 움직인 거리 $l$은

$l=\int_0^2|v(t)|dt=\int_0^2(-t^2+4t)dt$

$=\left[-\frac{1}{3}t^3+2t^2\right]_0^2=\mathbf{\frac{16}{3}}$

(2) $v(t)=0$, 곧 $t=6$에서 진행 방향을 바꾸므로 점 P가 움직인 거리 $l$은

$l=\int_0^6|v(t)|dt$

$=\int_0^3(-t^2+4t)dt+\int_3^6(-t+6)dt$

$=\left[-\frac{1}{3}t^3+2t^2\right]_0^3+\left[-\frac{1}{2}t^2+6t\right]_3^6$

$=9+\frac{9}{2}=\mathbf{\frac{27}{2}}$

(3) $t=3$일 때부터 $t=8$일 때까지 점 P가 움직인 거리 $l$은

$l=\int_3^8|v(t)|dt$

$=\int_3^6(-t+6)dt+\int_6^8(t-6)dt$

$=\left[-\frac{1}{2}t^2+6t\right]_3^6+\left[\frac{1}{2}t^2-6t\right]_6^8$

$=\frac{9}{2}+2=\mathbf{\frac{13}{2}}$

**13**-3.

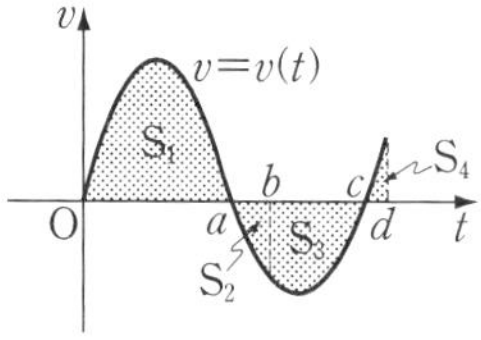


위의 그림과 같이 점 찍은 네 부분의 넓이를 각각 $S_1$, $S_2$, $S_3$, $S_4$라고 하면 조건에서

$S_1=S_2+S_3+S_4$ ……㉠

(1) (거짓) $S_1>S_2+S_3$이므로 다시 원점을 지나지 않는다.

(2) (참) $\int_0^c v(t)dt=S_1-S_2-S_3$

$\int_c^d v(t)dt=S_4=S_1-S_2-S_3$ ⇦ ㉠

$\therefore \int_0^c v(t)dt=\int_c^d v(t)dt$

(3) (참) $\int_0^b v(t)dt=S_1-S_2$

$\int_b^d |v(t)|dt=S_3+S_4=S_1-S_2$ ⇦ ㉠

$\therefore \int_0^b v(t)dt=\int_b^d |v(t)|dt$

**13**-4. (1) 발사한 지 $t$초 후 지면으로부터의 높이를 $x(t)$ m라고 하면

$x(t)=20+\int_0^t(30-10t)dt$

$=20+\left[30t-5t^2\right]_0^t$

$=20+30t-5t^2$

$\therefore x(5)=20+30\times5-5\times5^2=\mathbf{45\,(m)}$

(2) 최고점에서 $v(t)=0$이므로

$30-10t=0$에서 $t=3$

$\therefore x(3)=20+30\times3-5\times3^2=\mathbf{65\,(m)}$

(3) 움직인 거리를 $l$ m라고 하면

$l=\int_0^5|v(t)|dt=\int_0^5|30-10t|dt$

$=\int_0^3(30-10t)dt+\int_3^5(-30+10t)dt$

$=\left[30t-5t^2\right]_0^3+\left[-30t+5t^2\right]_3^5$

$=45+20=\mathbf{65\,(m)}$

**13**-5. 던진 지 $t$초 후 지면으로부터의 높이를 $x(t)$ m라고 하면

$x(t)=\int_0^t(v_0-9.8t)dt$

$=\left[v_0t-4.9t^2\right]_0^t=v_0t-4.9t^2$

$x(2)=5$이므로 $5=2v_0-4.9\times2^2$

$\therefore \mathbf{v_0=12.3}$

**13**-6. 시각 $t$에서의 점 P, Q의 위치를 각각 $x_P$, $x_Q$라고 하면

$x_P=2+\int_0^t(3t^2-6t+2)dt$

$=2+\left[t^3-3t^2+2t\right]_0^t$

$=t^3-3t^2+2t+2$

$x_Q=2+\int_0^t(2t-1)dt$

$=2+\left[t^2-t\right]_0^t=t^2-t+2$

점 P, Q가 만날 때에는 $x_P=x_Q$이므로

$t^3-3t^2+2t+2=t^2-t+2$

$\therefore t(t-1)(t-3)=0$

$t>0$이므로 $\mathbf{t=1,\ 3}$

# 찾 아 보 기

# 기본 수학의 정석

## 수학 II

1966년 초판 발행
총개정 제12판 발행

지 은 이　홍 성 대 (洪 性 大)

도 운 이　남 진 영
　　　　　박 재 희

발 행 인　홍 상 욱

발 행 소　**성지출판(주)**

06743 서울특별시 서초구 강남대로 202
등록 1997.6.2. 제22-1152호
전화 02-574-6700(영업부), 6400(편집부)
Fax 02-574-1400, 1358

인쇄 : 동화인쇄공사 · 제본 : 국일문화사

• 파본은 구입 서점 및 본사에서 교환해드립니다.



ISBN 979-11-5620-033-8 53410

# 수학의 정석 시리즈

홍성대 지음

개정 교육과정에 따른

## 수학의 정석 시리즈 안내

**기본 수학의 정석** 수학(상)
**기본 수학의 정석** 수학(하)
**기본 수학의 정석** 수학 I
**기본 수학의 정석** 수학 II
**기본 수학의 정석** 미적분
**기본 수학의 정석** 확률과 통계
**기본 수학의 정석** 기하

**실력 수학의 정석** 수학(상)
**실력 수학의 정석** 수학(하)
**실력 수학의 정석** 수학 I
**실력 수학의 정석** 수학 II
**실력 수학의 정석** 미적분
**실력 수학의 정석** 확률과 통계
**실력 수학의 정석** 기하